Conectados

SECOND EDITION

Patti J. Marinelli

University of South Carolina

Karin Fajardo

 CENGAGE

Australia • Brazil • Canada • Mexico • Singapore • United Kingdom • United States

CENGAGE

Conectados, **Second Edition**
Patti Marinelli & Karin Fajardo

Senior Product Team Manager: Heather Bradley Cole

Senior Product Manager: Lara Semones Ramsey

Marketing Manager: Sean Ketchem

Market Development Manager: Patricia V. Velazquez

Senior Content Manager: Aileen Mason

Product Assistant: Catherine Bradley

IP Analyst: Christine Myaskovsky

Senior IP Project Manager: Betsy Hathaway

Production Service: Lumina Datamatics

Compositor: Lumina Datamatics, Inc.

Senior Designer: Sarah B. Cole

Text Designer: Polo Barrera

Cover Designer: Sarah B. Cole

Cover Image: Caia Image/Glow Images, Inc.

> For product information and technology assistance, contact us at
> **Cengage Customer & Sales Support, 1-800-354-9706
> or support.cengage.com.**
>
> For permission to use material from this text or product, submit all requests online at **www.cengage.com/permissions.**

Library of Congress Control Number: 2018954246

Student Edition ISBN: 978-0-357-03022-6
Loose-leaf Edition ISBN: 978-1-337-90693-7

Cengage
200 Pier 4 Boulevard
Boston, MA 02210
USA

Cengage is a leading provider of customized learning solutions with employees residing in nearly 40 different countries and sales in more than 125 countries around the world. Find your local representative at: **www.cengage.com.**

To learn more about Cengage platforms and services, register or access your online learning solution, or purchase materials for your course, visit **www.cengage.com**.

Printed at CLDPC, USA, 11-20

To my beloved husband, Stephen Fitzer.

—P.J.M.

To all those strangers I've met on my travels

who are now my friends.

—K.F.

Acknowledgments

This new edition of **Conectados** reflects the creative work of many dedicated professionals. Some of you were with us at the beginning of the journey; others joined us farther down the road. No matter when you became part of this project, we extend our sincere thanks to you for your many contributions.

It is impossible to mention here all the ways in which all of you have guided and supported us, but we hope that you realize how much we admire and appreciate the talent, creativity, and energy you have brought to bear in **Conectados**. We're especially indebted to Lara Semones Ramsey and Heather Bradley-Cole, Senior Product Manager and Senior Product Team Manager; Gabriela Ferland, Freelance Content Developer; Kim Beuttler, Learning Designer; John Sarantakis, Senior Content Project Manager; Christine Myaskovsky, Intellectual Property Analyst; Patricia Velazquez, Market Development Manager; Sean Ketchem, Marketing Manager; and Lori Mele Hawke, Subject Matter Expert. Though no longer at Cengage, we would still like to recognize Mark Overstreet and Dan Cruse.

Of course, the creation of the content for **Conectados** was only part of the picture. We are indebted to the **Conectados** design and production teams for producing yet another beautiful Student Edition and an amazing state-of-the-art MindTap Online Program. Our special thanks go to Aileen Mason, Senior Content Manager, for her expert supervision over each detail of that process; and to Katy Gabel, Senior Project Manager at Lumina Datamatics, Inc., for the day-to-day coordination of the many production elements. We also thank at Cengage Sarah Cole, Senior Designer, and Betsy Hathaway, Senior Intellectual Property Project Manager. We thank photo researcher Veerabhagu Nagarajan for his help not only in finding striking images, but also for managing all of the information related to them.

We are indebted to the incredibly talented professionals at Cengage for the creation of the **Conectados** digital learning platform. Thank you for your meticulous attention to detail and for the superbly reliable and user-friendly interface. We would especially like to thank Ralph Zerbonia, Director, Digital Production, World Languages and K–12; Tamar Forman Gejrot, Content Engineer; and Maya Whelan, Senior Digital Delivery Lead, World Languages, for answering questions regarding the platform. For the development and production of MindTap, we would like to recognize the following Digital Development Team: John Lambert, Maya Whelan, Zachary Hunt, and Nancy Kindraka, as well as our Quality Assurance team: Elena Demina and Garegin Yesayan. We are also grateful to Carolyn Nichols and John O'Brien for editing the new **Preguntas esenciales** videos, and Elyssa Healy for managing the extensive audio program.

We are especially grateful to all those native speakers around the globe who collaborated in the new sections of **Mi país** and **Preguntas esenciales**: Joely Morales, Emilio de la Fuente, Minette Bonilla Ramos, Rodolfo Luna Martínez, Mynor Estrada, Alicia Campos, Marisabel Echeverría, Antonio Mijares, Daniella Delius, Paula Soria, Álvaro Ramírez, and Andrés Arroyave. We offer our heartfelt thanks to Angie Rubino for her contribution as the narrator of these new video sections. We extend special thanks, in addition, to those who agreed to be interviewed for the video podcasts, including Mariana Sequeira, Luis Pinedo, Ricardo Rivers, Ricardo Delius, Judith Márquez, and Tomás Arroyo.

We want to acknowledge all our colleagues from around the country who have taught with **Conectados** or who have participated in reviews and focus groups. Because your observations and suggestions helped shape this program, we consider you integral members of our team. Thank you for your candid remarks, helpful criticism, and enthusiastic support.

Reviewers and Contributors

We would like to thank the reviewers of *Conectados* and MindTap from past and present.

James Abraham, *Glendale Community College*
Claudia Acosta, *College of the Canyons*
Amy Adrian, *Ivy Tech Community College*
Ana Afzali, *Citrus College*
Susana Alaiz Losada, *Queensborough Community College*
Pilar Alcalde, *The University of Memphis*
Juan Alcarria, *Georgia College*
Frances Alpren, *Vanderbilt University*
Tim Altanero, *Austin Community College*
Daniel Althoff, *Southeastern Oklahoma State University*
Carlos C. Amaya, *Eastern Illinois University*
Rafael Arias, *Los Angeles Valley College*
Teresa Arrington, *Blue Mountain College*
Clara Arroyo, *Case Western Reserve University*
Yuly Asención, *Northern Arizona University*
Carlos Báez, *North Hennepin Community College*
Graciela Báez, *New York University*
Ann Baker, *University of Evansville*
Clare Bennett, *University of Alaska Southeast - Ketchikan*
Antonio Barbagallo, *Stonehill College*
Erika Barragan, *Tarrant County College - Northeast Campus*
Sonia Barrios Tinoco, *Seattle University*
Roschelle Bautista, *Dalten State College*
Anne Becher, *University of Colorado - Boulder*
Maritza Bell-Corales, *Middle Georgia State College*
David Beltrán, *Harold Washington College*
Ana Benito, *Indiana University-Purdue University Fort Wayne*
Hsiao-Ping Biehl, *La Salle University*
Graciela Susana Boruszko, *Pepperdine University*
Catherine Briggs, *North Lake College*
Suzanne Buck, *Central New Mexico Community College*
Steven Budge, *Mesa Community College*
Oscar Cabrera, *Community College of Philadelphia*
Elizabeth Calvera, *Virginia Tech*
Kellie Campbell, *Saint Michael's College*
Douglas Canfield, *University of Tennessee*
Antonio Cardenas, *Mesa Community College*
Aurora Castillo, *Georgia College & State University*
Francisca Castillo, *Lee College*
Esther Castro, *San Diego State University*
Isabel Castro, *Towson University*
An Chung Cheng, *University of Toledo*
Ralph Cherry, *Wayland Baptist University*
Selfa Chew, *University of Texas at El Paso and UTEP - Spain*
Silvia Choi, *Georgia Gwinnett College*
Kellye Church, *University of North Texas*
Robert Colvin, *Brigham Young University-Idaho*

Elizabeth Combier, *University of North Georgia*
Norma Corrales-Martin, *Temple University*
William Cowan, *University of Texas - Arlington*
Angela Cresswell, *Holy Family University*
Adam Crofts, *College of Southern Idaho*
José Cruz, *Fayetteville Technical Community College*
Marius Cucurny, *Golden West College*
Cathleen Cuppett, *Coker College*
Elena Davidiak, *Stony Brook University*
Kelly Davidson, *Clemson University*
Dulce De Castro, *Collin College*
Luis Delgado, *Olive-Harvey College*
David Detwiler, *MiraCosta College*
John Deveny, *Oklahoma State University*
Michael Dillon, *Morehouse College*
Vilma Dones de Herrera, *Grand Canyon University*
Bill Dooley, *Baylor University*
Indira Dortolina, *Lone Star College - Cy Fair*
Judith Downing, *Rutgers University - Camden*
Kimberly Eherenman, *University of San Diego*
John Ellis, *Scottsdale Community College*
Maria Enciso, *Saddleback College*
Hector Enriquez, *University of Texas at El Paso*
Margaret Eomurian, *Houston Community College - Central*
Angela Erickson-Grussing, *College of St. Benedict & Saint John's University*
Luz Marina Escobar, *Tarrant County College - Southeast Campus*
Deborah Esparza, *Milwaukee Area Technical College*
Angela Felix, *Rio Salado College*
Francisco J. Fernández-Rubiera, *University of Central Florida*
Daniel Figueroa, *University of Dayton*
Leah Fonder-Solano, *University of Southern Mississippi*
Alberto Fonseca, *North Central College*
Vasant Gadre, *Richland College*
Carmen Garcia, *Texas Southern University*
Gerardo García-Muñoz, *Prairie View A&M University*
Danielle Geary, *Georgia Institute of Technology*
Amy George-Hirons, *Tulane University*
Carolina Ghanem-Cameron, *Georgia Perimeter College*
Alicia Gignoux, *University of Montana*
Jennifer Góngora, *Sam Houston State University*
Charlene Grant, *Skidmore College*
Susan Griffin, *Boston University*
Sergio Guzmán, *College of Southern Nevada*
Judy Haisten, *College of Central Florida*
Devon Hanahan, *College of Charleston*
Michelle Harkins, *Burlington County College*
Luis Hermosilla, *Kent State University*

Nancy Stucker, *Cabrillo College*
Haiqing Sun, *Texas Southern University*
Mingyu Sun, *University of Wisconsin - Milwaukee*
Linda Tracy, *Santa Rosa Junior College*
Toni Trives, *Santa Monica College*
Walteria Tucker, *South Florida State College*
Ángel Tuninetti, *West Virginia University*
Sierra Turner, *University of Alabama*
Amy Uribe, *Lone Star College - CyFair*
Victoria Uricoechea, *Winthrop University*
Elizabeth Valencia-Borgert, *St. Cloud State University*
Miguel Vázquez, *Florida Atlantic University*
Kimberly Vega, *Temple University*
Evangeline Velez-Cobb, *Palo Alto College*
Felix Versaguis, *North Hennepin Community College*
María Villalobos-Buehner, *Rider University*
Kimberly Vitchkoski, *University of Massachusetts Lowell*

Hilde Votaw, *University of Oklahoma*
Natalie Wagener, *University of Texas at Arlington*
Tamara Wagner, *University of Wisconsin - Milwaukee*
Mellissia Walles, *Merrimack College*
Sandra Watts, *University of North Carolina at Charlotte*
Kathleen Wheatley, *University of Wisconsin - Milwaukee*
Joseph Wieczorek, *Notre Dame of Maryland University*
Susanna Williams, *Macomb Community College*
Catherine Wiskes, *University of South Carolina*
Ingrid Wollank, *Long Beach City College*
Renee Wooten, *Vernon College*
Francisco Zabaleta, *San Diego Mesa College*
Monique Zibi, *Lone Star College - Kingwood*
U. Theresa Zmurkewycz, *Saint Joseph's University*

Faculty Development Partners

Our thanks also go to our Faculty Development Partners:

Claudia Acosta, *College of the Canyons*
Stephanie Blankenship, *Liberty University*
Amy Bomke, *Indiana University-Purdue University Indianapolis*
Suzanne Buck, *Central New Mexico Community College*
Julia Emilia Bussade, *University of Mississippi*
Oscar Cabrera, *Community College of Philadelphia*
Katie Chapman, *University of Georgia*
Renata A. Creekmur, *Kennesaw State University*
Dorian Dorado, *Louisiana State University*
Hope Doyle D'Ambrosio, *Temple University*
Leah Fonder-Solano, *The University of Southern Mississippi*
Mónica García, *Sacramento State University*
Marilyn Harper, *Pelissippi State Community College*
Becky S. Jaimes, *Austin Community College*
Bryan Koronkiewicz, *The University of Alabama*
Kajsa Larson, *Northern Kentucky University*
Laura Levi Altstaedter, *East Carolina University*
Gabriela Miranda-Recinos, *Stephen F. Austin State University*

Geoff Mitchell, *Maryville College*
Cristina Moon, *Chabot College*
John Moran, *New York University*
Marilyn Palatinus, *Pelissippi State Community College*
Tina Peña, *Tulsa Community College*
Goretti Prieto Botana, *University of Southern California*
Joseph Edward Price, *University of Arizona*
Michelle F. Ramos Pellicia, *California State University San Marcos*
Gabriela Recinos, *Stephen F. Austin State University*
Eva Rodríguez González, *University of New Mexico*
Borja Ruiz de Arbulo, *Boston University*
Laura Sánchez Rodríguez, *Longwood University*
Steven Sheppard, *University of North Texas*
Magdalena Tarnawska Senel, *University of California, Los Angeles*
Sandy Trapani, *University of Missouri—St Louis*
Valerie Wust, *North Carolina State University*
Maureen Zamora, *Clemson University*

To the Student

Welcome to *Conectados*! The title of this program means *connected*, and we chose it because we firmly believe that language connects us all, regardless of our differences. We hope that *Conectados* helps you learn to communicate effectively in Spanish and to become part of the global Spanish-speaking community.

An Introduction to *Conectados*

Conectados has two components: this printed **Student Edition**, which features activities for exclusive use in class; and an online component, called **MindTap**, which consists of a wide array of learning and practice activities to complete at home. You can access all the content in MindTap on your computer or any mobile device. When you need to study on the go, you can access your eReader, flashcards, and personal progress tracker through the MindTap Mobile App. That means you can study Spanish whenever and wherever you want!

Chapter Overview

You'll start each chapter by learning about the countries and cultures where Spanish is spoken. This section is called **Nuestro mundo** and includes personal narratives, maps, photos, and videos.

The next major section of each chapter is **Vocabulario**—vocabulary. Here you'll learn new words and phrases, which is key to speaking and writing Spanish. Another important tool for communicating in Spanish is grammar—**Gramática**. This section will help you learn how to put words together to form sentences, so you can express your own ideas. All the language concepts in *Conectados* are broken into small digestible bits so you can easily comprehend each topic. There are also plenty of practice activities, but not to worry: Our practice activities are not boring repetition drills but rather engaging exercises and real-life tasks.

The vocabulary and grammar sections are followed by **En acción**, which consists of two sections: **Preguntas esenciales** and **Comunicación**. In **Preguntas esenciales**, you will discuss thought-provoking questions, such as "How do you define success?" and "Why do people travel?" In **Comunicación**, you will read, discuss, and write about a variety of culturally rich topics ranging from Seville's science lectures in a local bar to Argentina's inventor of 3D-printed prosthetic hands.

The last major section of each chapter is **Nuestra comunidad**. The purpose of this section is to help you feel part of the global Spanish-speaking community as well as to build a classroom community. Here, you will watch interviews with your Spanish-speaking peers and explore websites in Spanish. You will also share posts and comments in an online class discussion forum.

Online, there are several additional sections (**Lectura / Lectura auténtica**, **Composición**, **Pronunciación**, **Síntesis**) that will help you further develop your reading, writing, and speaking skills further. Each section has a strategy designed to help you comprehend and communicate more effectively—we want you to succeed!

MINDTAP *Conectados* MindTap

- The *Conectados* MindTap online component provides a complete array of learning, practice, and assessment activities delivered with user-friendly, intuitive technology.

- The complete *Conectados* MindTap course can be accessed from any desktop computer or mobile device with an internet connection.

- The MindTap Mobile app for *Conectados* provides access to a progress tracker, eReader, pronunciation practice, and flashcard quizzes. These may be accessed without an internet connection. The MindTap Mobile app is free with the purchase of the MindTap course.

The Online Learning Path

The activities that your instructor assigns in MindTap are organized into a carefully designed **Learning Path**. The five steps of this path will help you move step by step along the path to success.

Ready? In the first step, you will familiarize yourself with the learning outcomes or preview the new material.

Learn it! In the second step, you will work though interactive instructional presentations that are "chunked" into manageable amounts of information. Before moving on to the next "chunk," you can check your grasp of the material with simple **Try it!** activities that are not graded. In this step, be sure to click on any audio icon to hear native speakers speak. And in the grammar explanations, if you want, you can view short video tutorials.

Practice it! In the third step, you practice using the new material in a variety of contextualized contexts with visual, audio, and written prompts. As an aid to memory, activities in this step regularly incorporate themes and structures from earlier chapters as well. All **Practice it!** activities are auto-graded so you get immediate feedback. You can also access review links to view recent vocabulary items and grammar explanations.

Use it! In this step, you apply what you have learned in a more personalized way. Activity types include individual speaking and partner chat, short readings, open-ended writing, video viewing, cultural exploration, and discussion board activities. Activities in the **Use it!** Learning Path may be auto-graded or instructor reviewed. (By the way, keep in mind that if the activity is instructor reviewed, you won't see your score until your instructor has a chance to look at your work.)

Got it? In the final step of the learning path, you are challenged to recall what you have learned and to assess your performance.

Tips for Language-Learning Success

To learn to communicate in Spanish, you will need to spend time *using* the language regularly, by listening to recordings, watching videos, making your own recordings, speaking with others, and reading all kinds of short articles. You will also want to learn how culture impacts what we say to others and how we say it. Here are our top three tips for success:

- Complete your work on time and don't get behind. Cramming does not work when it comes to learning languages.

- Remember that you may not get everything right the first time. Making mistakes is a normal part of the learning process. Keep at it!

- Find ways to use your Spanish outside of class. Watch Spanish TV shows, listen to Spanish music, or set up live online chat sessions with a language exchange partner. You will be amazed by how quickly your skills grow.

As you begin the new term, we wish you success in Spanish and in all your studies. We hope *Conectados* will inspire you to become a lifelong learner of Spanish and an admirer of its incredible cultures!

Sincerely,

P.J.M. and K.F.

Contenido / Contents

MINDTAP provides additional activities online for each of the sections listed below.

Contenido / Contents

MINDTAP provides additional activities online for each of the sections listed below.

Contenido / Contents

MINDTAP provides additional activities online for each of the sections listed below.

Contenido / Contents

MINDTAP provides additional activities online for each of the sections listed below.

CAPÍTULO 12
¡Adelante!
pages 471–512

MÁS EN MINDTAP

LECTURA	**La literatura de Francisco Jiménez** **Estrategia:** Keys to understanding short stories
LECTURA AUTÉNTICA	**La literatura de Julia Álvarez** **Estrategia:** Keys to understanding short stories
COMPOSICIÓN	An article for your school newspaper **Estrategia:** Review of key writing strategies (Chapters 7–11)
PRONUNCIACIÓN	Review
SÍNTESIS	Interpersonal, interpretive, and presentational activities

Appendix

Icons

 Individual work

 Collaborative work with a partner

 Oral communication with a partner

 Oral communication with two or more classmates

 Oral class activity

 Activity that recycles material from previous chapters

¡Hola!

Objetivos Motivation is a key factor in learning a language. Think about why you are studying Spanish and then ask yourself exactly what you want to accomplish. Set specific and realistic goals for yourself and feel proud of each achievement!

⚡ MINDTAP Take note of the learning outcomes for each section of the lesson. At the end of each **Paso**, use the self-assessment activity to reflect on and evaluate what you have learned and what you need to work on.

LP-1 **Mi meta.** Why are you studying Spanish? What is your goal for this class? Think about these questions and then complete the statements.

1. I want to study Spanish because . . . (Check all that apply.)
   - ☐ Spanish is spoken by 50 million people in the United States and by over 400 million people worldwide. It's everywhere!
   - ☐ I want to connect with my cultural heritage.
   - ☐ I want to travel / work in a Spanish-speaking country.
   - ☐ I will be able to use Spanish in my career.
   - ☐ I want to make new friends and meet new people.
   - ☐ I have to take Spanish as a graduation requirement.

2. By the end of this course, I want to be able to _____.

Para presentarte
To introduce yourself

Vocabulario We need vocabulary—words and phrases that make up a language—to communicate with others. When you encounter new vocabulary, try to guess what the words and phrases mean by using visual cues and words you do know. In the dialogue above, what do you think **Me llamo Lucía** means? If you guessed *My name is Lucía*, you're right!

Learning vocabulary is perhaps the most important task in learning a new language. The more words you know, the more you understand, and the more you can say. The best way to learn new words and phrases is to see and hear them in sentences, say them, write them, and use them in various situations. Consistent, regular practice is important to your success.

MINDTAP First, listen to and read a short dialogue that models the use of some of the new words you will learn. In the next step, take the time to listen to the vocabulary multiple times, until the words and phrases sound familiar. Then, work thoughtfully through the assigned activities. This study plan will help you move from recognizing the words to using them to express your own thoughts.

LP-2 ¿Cómo te llamas? It's time to meet your classmates! Walk around the classroom and ask five fellow students their names.

Modelo   **Estudiante A:** Hola. ¿Cómo te llamas?
               Estudiante B: Me llamo *(name)*. ¿Y tú?
               Estudiante A: Me llamo *(name)*.

Para deletrear

To spell

¿Cómo se escribe tu nombre?

Se escribe ene-i-ce-o.

El alfabeto

a	a	h	hache	ñ	eñe	u	u
b	be	i	i	o	o	v	uve
c	ce	j	jota	p	pe	w	uve doble
d	de	k	ka	q	cu	x	equis
e	e	l	ele	r	erre	y	ye
f	efe	m	eme	s	ese	z	zeta
g	ge	n	ene	t	te		

Pronunciación y composición Part of learning a language is learning its sounds and symbols—how to pronounce them and how to write them. What have you noticed so far? In the written language, which Spanish letter doesn't exist in the English alphabet? What punctuation marks are unique to the Spanish language? And what about spoken Spanish? How does it sound to you compared to English?

MINDTAP You will have many opportunities to train your ear by listening to audio recordings of native speakers and watching short authentic videos. Be sure to practice your pronunciation by repeating the words and phrases you hear. Next, write sentences with those new words and phrases. And always keep this in mind: It is normal to make mistakes as you learn a new language, and practice does make perfect!

LP-3 **¿Cómo se escribe?** Find out the names of four classmates you haven't met yet. Ask how their names are spelled and write them in the chart.

Modelo **Estudiante A:** Hola. ¿Cómo te llamas?

Estudiante B: Me llamo Jayden.

Estudiante A: ¿Cómo se escribe Jayden?

Estudiante B: Se escribe jota-a-ye-de-e-ene. ¿Y tú? ¿Cómo te llamas?

	Nombre
1.	
2.	
3.	
4.	

Para saludar

To greet someone

¡Hola! ¿Cómo estás?

Bien, gracias. ¿Y tú?

¿Cómo está usted, doctora Pérez?

Bien, gracias. ¿Y usted?

Títulos	Titles				
Señor (Sr.)	Mr.	Profesor	Professor (male)	Doctor (Dr.)	Doctor (male)
Señora (Sra.)	Mrs.; Ms.	Profesora	Professor (female)	Doctora (Dra.)	Doctor (female)
Señorita (Srta.)	Miss; Ms.				

Cultura Learning a new language is closely tied to learning about the people who speak that language and their way of life—in other words, their culture. Culture is broad: It encompasses everything from customs and habits of daily life to religious and political institutions to artistic and literary creations.

One important cultural concept is the notion of *formal* and *informal* speech. In Spanish, the two words for *you*—**tú** and **usted**—signal this difference. In the dialogues above, which is used in the more formal situation?

MINDTAP You will visit the regions where Spanish is spoken through videos and by exploring sites on the internet. You will also explore daily life as well as the great achievements of Spanish-speaking people from around the world through videos and readings.

Colaborar

LP-4 **¿Cómo estás?** How would you ask each of the following people in Spanish how he or she is doing? Working with a classmate, decide whether you should use a formal or an informal greeting. Use the name of the person in the picture and say the greeting aloud.

Modelo ¿Cómo está usted, señor Calvo?

Señor Calvo

1. Sofía

2. Doctora Moreno

3. Profesor García

4. Juan

Las asignaturas

Academic subjects

Las ciencias naturales	*Science*	la informática	*computer science*
la biología	*biology*	la ingeniería	*engineering*
la física	*physics*	**Las humanidades y**	*Humanities and*
la química	*chemistry*	**bellas artes**	*fine arts*
Las ciencias sociales	*Social sciences*	el arte	*art*
las ciencias políticas	*political science*	la cinematografía	*filmmaking*
la historia	*history*	las lenguas	*languages*
la psicología	*psychology*	la literatura	*literature*
Los estudios profesionales	*Professional studies*	la música	*music*
la administración de	*business*	el teatro	*theater*
empresas	*administration*	**Las matemáticas**	*Math*
la comunicación	*communication*	el álgebra	*algebra*
el derecho	*law*	el cálculo	*calculus*
la educación	*education*	la geometría	*geometry*

Conexiones By learning another language, you also open the door to a world of new information. Imagine being able to use your Spanish to learn about other subjects of interest to you! To help you do this, keep in mind that many words are similar in Spanish and English. These cognates, or **cognados** as they are known in Spanish, have the same meanings but slight differences in spelling and pronunciation.

MINDTAP You will learn new information drawn from other academic disciplines by watching brief documentary-style videos and by reading short articles from newspapers, magazines, and internet sites.

Colaborar

LP-5 **Las asignaturas.** What academic subject do you associate with each of the following terms? Working with a classmate, read each list of terms, select the corresponding academic subject, and say it aloud in Spanish. How many cognates do you recognize?

1. los experimentos, los elementos, las reacciones

2. las repúblicas, la democracia, la constitución

3. las computadoras, los programas, los sistemas binarios

4. el español, el inglés, el italiano, el chino, el árabe

5. las ecuaciones, los factores, $a + b = c$

Colaborar

LP-6 **¿Qué clase es?** What do you think these people are studying? Working with a partner, say the name of each class aloud in Spanish. Then say aloud the name of the corresponding course category (such as **las ciencias naturales** or **las humanidades**).

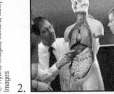

1. © Hybrid Images/Cultura/Getty Images
2. © Adam Burn/fStop/Getty Images
3. © iStock.com/racheldonahue
4. © Adam Crowley/Blend Images/ Getty Images

Para hablar de las clases

To talk about classes

¿Qué clases tienes?

Tengo historia, inglés, biología y español.

© iStock.com/Jamie Carroll

Gramática To communicate effectively, you need to know how to put words together to create sentences. In both English and Spanish, verbs—words like *have*, *is*, *read*, and *watch*—are a key part of every sentence. In Spanish, verbs have different forms. For example, in the dialogue above, two verb forms are used: **tengo** and **tienes**. Which one means *I have*? Which one means *do you have*?

⁂ MINDTAP You will learn more about the structures and word order of Spanish in the **Gramática** sections. Take time to observe how language is used in the model conversations, where new grammar is presented. Work through each point of the explanation and test your comprehension by completing the **Try it!** questions before you begin the assigned practice activities.

👤👤👤 **LP-7** **Las clases.** Ask four classmates what classes they are taking. Fill in the chart in Spanish with at least two courses (other than Spanish!) for each person.

Modelo **Estudiante A:** Hola. ¿Cómo te llamas?
Estudiante B: Hola. Me llamo Kelly.
Estudiante A: ¿Qué clases tienes, Kelly?
Estudiante B: Tengo español, química, inglés y música.

	Nombre	Clases
1.		
2.		
3.		
4.		

Para entender en clase

To understand in class

¿Entienden? ¿Sí? ¡Excelente!

© Rubberball/Getty Images

Las instrucciones del profesor

Su atención, por favor.
Abran los libros en la página (cinco).
Cierren los libros.
Escuchen.
Repitan.
Miren aquí.
Escriban la respuesta.
Contesten las preguntas.
¿Entienden?
Trabajen con un(a) compañero(a) de clase.

Professor's instructions

Your attention, please.
Open your books to page (five).
Close your books.
Listen.
Repeat.
Look over here.
Write the answer.
Answer the questions.
Do you understand?
Work with a classmate.

Comunidad In class, you will join with your classmates and instructor to form a new community where you use your Spanish to learn together and share ideas.

✦ MINDTAP To build your class community, you may be asked to post your own videos and photos or to work with a partner to make a recording. Take advantage of social networking sites and forums on the internet to connect with a global community of Spanish speakers and learners.

Colaborar

LP-8 Las instrucciones del profesor. What might your Spanish instructor say in each situation? With a partner, match the appropriate expression to the situation.

_____ 1. To introduce new words to the class

_____ 2. If several class members appear confused

_____ 3. Before passing out a quiz

_____ 4. To organize the class members for an activity

_____ 5. To make sure everyone is listening

_____ 6. While pointing to a drawing

a. Cierren los libros, por favor.

b. Escuchen y repitan.

c. Trabajen con un compañero de clase.

d. ¿Entienden?

e. Su atención, por favor.

f. Miren aquí.

Vocabulario

Congratulations! You now know how to do the following:

- Say hello and ask someone's name
- State your name and spell it
- Greet people in informal and formal situations
- Say what classes you have
- Follow your professor's instructions

Para aprender mejor

Study vocabulary according to your learning style preference. For example, visual learners like to see the words written; auditory learners benefit from hearing and repeating words aloud; kinesthetic learners prefer to act out the words. In addition, some learners prefer to study by themselves while others study better in groups. As you begin your study of Spanish, try different styles and see what works best for you.

Preguntas	*Questions*
¿Cómo está usted?	*How are you? (formal)*
¿Cómo estás?	*How are you? (informal)*
¿Cómo se escribe tu nombre?	*How do you spell your name?*
¿Cómo te llamas?	*What's your name?*
¿Qué clases tienes?	*What classes do you have?*
¿Y tú?	*And you? (informal)*
¿Y usted?	*And you? (formal)*

Palabras útiles	*Useful words*
Bien.	*Fine; Good.*
Gracias.	*Thank you; Thanks.*
Hola.	*Hi; Hello.*
Me llamo...	*My name is . . .*
No. / Sí.	*No. / Yes.*
Se escribe...	*It's spelled . . .*
Tengo...	*I have . . .*
y	*and*

Títulos	*Titles*
Doctor (Dr.)	*Doctor (male)*
Doctora (Dra.)	*Doctor (female)*
Profesor	*Professor (male)*
Profesora	*Professor (female)*
Señor (Sr.)	*Mr.*
Señora (Sra.)	*Mrs.; Ms.*
Señorita (Srta.)	*Miss; Ms.*

Las asignaturas	*Academic subjects*
Las ciencias naturales	*Science*
la biología	*biology*
la física	*physics*
la química	*chemistry*
Las ciencias sociales	*Social sciences*
las ciencias políticas	*political science*
la historia	*history*
la psicología	*psychology*
Los estudios profesionales	*Professional studies*
la administración de empresas	*business administration*
la comunicación	*communication*
el derecho	*law*
la educación	*education*
la informática	*computer science*
la ingeniería	*engineering*
Las humanidades y bellas artes	*Humanities and fine arts*
el arte	*art*
la cinematografía	*filmmaking*
las lenguas	*languages*
la literatura	*literature*
la música	*music*
el teatro	*theater*
Las matemáticas	*Math*
el álgebra	*algebra*
el cálculo	*calculus*
la geometría	*geometry*

The alphabet, p. 3

¡Vamos a conocernos!

In this chapter you will . . .

- introduce yourself and others
- greet others and ask how they're feeling
- count and use numbers up to 100
- exchange basic personal information
- describe your classroom and campus
- say where you're going around campus
- write a message to a former roommate
- share information about yourself in a discussion forum

You will also . . .

- gain knowledge about the Spanish-speaking world
- identify appropriate gestures and expressions used in greetings
- discuss technology use in classrooms in different countries
- compare where US and Latin American college students live
- discover connections to geography and neuroscience
- explore the profiles of famous Spanish-speaking people
- take a tour of the University of Costa Rica

Amigos en Miami, Florida

© franckreporter/E+/Getty Images

NUESTRO **MUNDO**

El mundo hispanohablante

The Spanish-speaking world is made up of half a billion people and counting. Spanish places second in the world, after Mandarin, for the number of native speakers.

1-1 **Mi país.** Joely Morales Villela is a graduate student at the University of New Mexico. Working with a classmate, read her message and answer the questions.

¡Hola! Me llamo Joely Magdalena Morales Villela. I was born in Tampico, a port city on the east coast of Mexico. Mexico is one of the biggest countries in Latin America and the one with the largest number of Spanish speakers in the Spanish-speaking world, **el mundo hispanohablante**. Spanish is the national language of 20 **(veinte)** countries in the Americas, Europe, and Africa. Also, there are Spanish speakers and Hispanic communities spread out all over the world, including countries where Spanish is not the official or dominant language, for example, the United States of America—**Estados Unidos**.

© Joely Morales Villela

Joely en Tampico, México

1. ¿De dónde es Joely? (*Where is Joely from?*)
2. ¿El español es el idioma oficial de cuántos países? (*Spanish is the official language of how many countries?*)

¡Ahora tú!

- ¿De qué país eres tú? (*What country are you from?*)
- ¿Qué países del mundo hispanohablante has visitado? (*What Spanish-speaking countries have you visited?*)

As of right now, I'm an MA candidate in Hispanic Literature at the **Universidad de Nuevo México**. My goal is to become a professor of Hispanic literature, because I love Spanish and I believe that learning languages and studying literature changes one's perspective and gives us a different sensitivity toward world issues. It makes me happy that language study is an important part of the curriculum. Did you know that Spanish is the language most often taught in schools in the United States?

EL **ESPAÑOL** EN CIFRAS

+DE **540**
MILLONES
DE PERSONAS
HABLAN EL **ESPAÑOL**
COMO LENGUA NATIVA,
SEGUNDA O EXTRANJERA

3ª LENGUA
MÁS UTILIZADA
EN INTERNET

POR DETRÁS
DEL INGLÉS
Y DEL CHINO

CASI **20**
MILLONES
DE ALUMNOS
ESTUDIAN ESPAÑOL COMO LENGUA
EXTRANJERA

2050
AÑO EN QUE EE UU
SERÁ EL PAÍS CON MÁS
HISPANOHABLANTES

Fuente: Foro Internacional del Español

3. ¿Dónde estudia Joely? (*Where does Joely study?*)

4. ¿Cuántos estudiantes estudian español? (*How many students study Spanish?*)

5. ¿En qué año será Estados Unidos el país con más hispanohablantes? (*In what year will the United States be the country with the most Spanish speakers?*)

¡Ahora tú!

- ¿Dónde estudias tú? (*Where do you study?*)
- ¿Qué dato de la infografía te sorprende más? (*What fact shown in the infographic surprises you the most?*)

It is good to be aware that spoken and written Spanish, just like English, has regional variations. For example, popcorn is called **palomitas de maíz** in Mexico, **pochoclos** in Argentina, **canchitas** in Perú, and **poporopo** in Guatemala. Isn't that cool? The more we learn, the more our world grows. So keep your mind open to always being a learner, a student of the world.

«rosetas»
«palomitas de maíz»
«canchitas»
«pochoclos»
«poporopo»
«millo»
«canguil»
«crispetas»
«cotufas»
«rositas de maíz»

Palomitas y sus nombres regionales

6. ¿Cómo se dice *popcorn* en México? ¿Y en Perú? ¿En Guatemala?

¡Ahora tú!

- ¿Qué ejemplos de regionalismos hay en inglés? (*What are some examples of regionalisms in English?*)

Go to ꙮ MINDTAP for these additional activities:

- **Perfil: Almanaque** and **Mapa**
- **Mi país:** Extended version of Joely's narrative
- **Conexiones: Historia, Religión, Deportes**
- **Reportaje:** Video of Bolivia's Madidi National Park

PASO 1 VOCABULARIO

El primer día de clase

In this *Paso*, you will . . .
- greet others and say good-bye
- introduce yourself and others
- exchange phone numbers, emails, and addresses
- describe how you and others feel

Entre profesores y estudiantes

Saludos	Greetings
Buenos días.	*Good morning.*
Buenas tardes.	*Good afternoon.*
Buenas noches.	*Good evening.*
¿Qué tal?	*How's it going? (informal)*
Muy bien.	*Very well; Great.*
No muy bien.	*Not so well.*
Regular.	*So-so.*
¿Qué hay de nuevo?	*What's new?*
Nada.	*Nothing.*
Todo bien.	*Everything's fine; Everything's okay.*

Reacciones	Reactions
Lo siento (mucho).	*I'm (very) sorry.*
Me alegro (mucho).	*I'm (really) glad.*

Entre profesores y estudiantes (cont.)

Presentaciones	Introductions
¿Cómo se llama usted?	*What's your name? (formal)*
¿Cómo te llamas?	*What's your name? (informal)*
Le presento a...	*I'd like you to meet . . . (formal)*
Te presento a...	*I'd like you to meet . . . (informal)*
Mucho gusto.	*Nice to meet you.*
Igualmente.	*Same here; Likewise.*

Despedidas	Leave-Takings
Adiós.	*Good-bye.*
Buenas noches.	*Good night.*
Chao.	*Bye; Ciao. (informal)*
Hasta luego.	*See you later.*
Hasta mañana.	*See you tomorrow.*
¡Nos vemos (en clase)!	*See you (in class)!*
Hablamos más tarde.	*We'll talk later.*

PASO 1 VOCABULARIO

¡Aplícalo!

🔄 Basic greetings and titles of address, **Lección preliminar**

👤×👤
Colaborar

1-2 Categorías. How many of the following basic phrases do you understand? Working with a classmate, take turns reading each list aloud; then circle the words and phrases that fit each category. The number of correct answers per category will vary.

Modelo Alfabeto: (jota) / (equis) / nada / sí / (ye)

1. **Saludos:** ¡Hola! / Hasta mañana. / Buenas noches. / Chao. / Buenos días.

2. **Despedidas:** ¡Nos vemos! / Hasta luego. / Buenas noches. / ¿Qué tal? / Igualmente.

3. **Títulos:** Profesora / Regular / Srta. / Señora / Doctor

4. **Presentaciones:** Me llamo Ana. / Lo siento mucho. / Te presento a José. / Mucho gusto. / Regular.

5. **Variantes de "¿Cómo estás?":** ¿Qué tal? / ¿Cómo se llama usted? / ¿Qué hay de nuevo? / ¿Y usted? / ¿Cómo se escribe?

6. **Respuestas a _(Responses to)_ "¿Cómo estás?":** Bien, gracias. / Igualmente. / No muy bien. / Mucho gusto. / Adiós.

👤×👤
Colaborar

1-3 Lo lógico. How would you respond to the following questions and statements? Write the letter of the most logical response in each blank. Then read each conversational exchange aloud with a classmate and decide whether each one is formal, informal, or possibly both!

_____ 1. Buenas tardes. ¿Cómo está usted?

_____ 2. Te presento a Tamisha.

_____ 3. ¿Cómo te llamas?

_____ 4. ¿Qué hay de nuevo?

_____ 5. Todo bien, gracias.

_____ 6. Mucho gusto, señor.

_____ 7. Hablamos más tarde.

a. Me alegro mucho.

b. Bien. ¿Y usted?

c. Hasta luego.

d. Hola, mucho gusto.

e. Igualmente.

f. Nada.

g. Me llamo Hugo.

👤×👤
Colaborar

1-4 Una conversación. Working with a classmate, read the following conversation between two students. As you read your part, choose the more logical words in parentheses.

ROSA   (1. Adiós / Hola), Paco. ¿Qué (2. estás / hay de nuevo)?

PACO   Todo bien, (3. igualmente / gracias). ¿Y tú? ¿Cómo (4. estás / está)?

ROSA   No (5. regular / muy bien).

PACO   Ah... ¡(6. Me alegro / Lo siento)!

ROSA   Bueno, (7. nos vemos / mucho gusto) en clase.

PACO   (8. Buenos días / Chao).

¡Exprésate!

1-5 Hola. Let's see how everyone is doing today! Using the model, walk around the classroom and talk briefly with five different classmates.

Modelo   **Estudiante A:** Hola, *Julia.*

Estudiante B: Hola, *Sam.*

Estudiante A: ¿Cómo estás?

Estudiante B: Muy bien, gracias. ¿Y tú?

Estudiante A: Muy bien.

Estudiante B: Bueno, hablamos más tarde.

Estudiante A: ¡Hasta luego!

> **¡Ojo!**
>
> *If you don't recall a classmate's name, ask:* ¿Cómo te llamas?
>
> *If your classmate isn't doing so well, say:* ¡Lo siento!

1-6 Presentaciones. Have you met everyone in our class?

- First, introduce yourself to a classmate sitting near you.

- Then, walk around the room together and introduce that classmate to other students in your class.

Modelo   *To introduce yourself to a classmate*

Estudiante A (Sam): Hola. Me llamo *Sam.*
¿Cómo te llamas?

Estudiante B (Julia): Hola, *Sam.*
Me llamo *Julia.*

Estudiante A (Sam): Mucho gusto, *Julia.*

Estudiante B (Julia): Igualmente.

To introduce two classmates

Estudiante A (Sam): *Ana*, te presento a *Julia.*

Estudiante C (Ana): Mucho gusto, *Julia.*

Estudiante B (Julia): Igualmente.

> **Nota cultural**
>
> In Spain and Latin America, relatives usually greet each other with one or two kisses on the cheek. Greetings among friends vary from place to place, but can include several pats on the back or kisses on the cheek. In formal situations, handshakes are preferred.

1-7 En una fiesta. In groups of three, write a dialogue for each of the following situations. Be prepared to act these out in front of the class.

1.

2.

3.

Los números del 0 al 100

LUIS	¡Hola, Carmen!
MABEL	¿Carmen? Soy Mabel.
LUIS	¿Es el cuatro, sesenta y cinco, cero, tres, veinte?
MABEL	No, es el cuatro, sesenta y cinco, cero, tres, veintiuno.

■■■
Descúbrelo

- What telephone number is Luis trying to call?
- Did he call the correct number? Which digit did he get wrong?
- What number in the conversation is written as three separate words?

1. In Spanish, the numbers (**los números**) 0–30 and 40, 50, 60 . . . 100 are each generally written as one word. The numbers 31–39, 41–49, 51–59, etc., are each written as three separate words.

Los números del 0 al 100

0	cero						
1	uno	11	once	21	veintiuno	31	treinta y uno
2	dos	12	doce	22	veintidós	32	treinta y dos
3	tres	13	trece	23	veintitrés	33	treinta y tres
4	cuatro	14	catorce	24	veinticuatro	40	cuarenta
5	cinco	15	quince	25	veinticinco	50	cincuenta
6	seis	16	dieciséis	26	veintiséis	60	sesenta
7	siete	17	diecisiete	27	veintisiete	70	setenta
8	ocho	18	dieciocho	28	veintiocho	80	ochenta
9	nueve	19	diecinueve	29	veintinueve	90	noventa
10	diez	20	veinte	30	treinta	100	cien

2. There are common patterns for how numbers are used in phone numbers, home addresses, and email addresses.

- Telephone numbers are often stated in groups of two. If there is an uneven number of digits, the first digit is stated, then the pairs. For example, 516-8596 is said: "five, sixteen, eighty-five, ninety-six."

MARTA	**¿Cuál es tu número de teléfono?**	*What's your phone number?*
LUIS	**Es el dos, veintidós, treinta y tres, cincuenta.**	*It's 222-3350.*

- When saying a street address, the building number is given after the name of the street.

JUAN	**¿Cuál es tu dirección?**	*What's your address?*
PACO	**Es calle Colón, número ochenta y seis.**	*It's 86 Colón Street.*

- The words **arroba** (@) and **punto com** are used in email addresses.

ELENA	**¿Cuál es tu correo electrónico?**	*What's your email?*
CLARA	**Es vargas99@yahoo.com (vargas, noventa y nueve, arroba, yahoo punto com)**	*It's . . .*

3. The number **uno** and numbers that end in **uno** have different forms depending on the gender of the noun that follows.

- **Uno** becomes **un** before a masculine noun. Notice the accent mark over **veintiún**.

  un libro   **veintiún libros**   **cincuenta y un libros**

- **Uno** becomes **una** before a feminine noun.

  una página   **veintiuna páginas**   **cincuenta y una páginas**

Colaborar

1-8 **Las secuencias.** With a partner, read the following sequences of numbers aloud in Spanish and fill in the gaps.

1. 2, 4, 6, 8... 20
2. 100, 90, 80... 20
3. 21, 24, 27... 45
4. 50, 55, 60... 90
5. 19, 18, 17... 11
6. 63, 62, 61... 55
7. (Create your own sequence and have your partner finish it with 5 more numbers.)

Colaborar

1-9 **En el café.** How many people came to the coffee shop this week? Write out each number in words. Afterwards, check your answers by using the Spanish alphabet to spell each number aloud to a classmate.

The alphabet, **Lección preliminar**

1. 21 estudiantes

2. 1 doctora

3. 31 profesores

4. 1 doctor

5. 21 profesoras

Colaborar

1-10 **Información básica.** Working with a partner, complete the following dialogue between the department secretary and a student. Use logical words and phrases from the **Gramática** section on pages 16–17. Afterwards, read it aloud again and substitute your own personal information for Felicia's.

SECRETARIA   ¿Cómo se llama usted?

FELICIA   Felicia Torres.

SECRETARIA   ¿Cuál es su (1) _____ de teléfono?

FELICIA   (2) _____ el 762-0897.

SECRETARIA   ¿(3) _____ es su dirección?

FELICIA   Es (4) _____ Jacinto, número 41.

SECRETARIA   ¿Cuál es su (5) _____ electrónico?

FELICIA   Es felicia dos (6) _____ gmail punto com.

SECRETARIA   Gracias.

1-11 Caracoles. With four to six classmates, sit in a circle and play the number game "**Caracoles**."

- One student starts counting: **uno**.

- The person to the right says the next number: **dos**. Continue counting in a circle.

- When the number is 7, has a 7 in it, or is a multiple of 7, the person says **caracoles** instead of the number. For example: ... **10, 11, 12, 13, caracoles, 15, 16, caracoles, 18**...

- When someone makes a mistake, start over with **uno**. The first group to reach **cien** wins the game.

1-12 Tarjetas de presentación. You've just returned from a meeting of the Chamber of Commerce. With a partner, look at the business cards you collected. Take turns reading a phone number, address, or email at random. Your partner needs to say whose it is.

Modelo **Estudiante A:** El número de teléfono es el cuarenta y nueve, cuarenta y uno, setenta y ocho, once.

Estudiante B: Gregorio López Blanco.

GREGORIO LÓPEZ BLANCO
Gerente Director

Tel. 4941-7811
GLB@importadoraperusa.com

María Echeverry Cabrera
Agente de turismo

www.viaturs.com
Calle Princesa, 310
Celulares: 2483-4524
5941-0399

LORENZO CASTAÑO RUIZ
MERCADÓLOGO

Sintex S.A.
Calle San Francisco, 13
lcastaño@sintex.com
Teléfono: 3367-2115

Mónica Alejandra Casona
Fotógrafa

Calle 23, #55
Cel. 2176-5042
acasona123@gmail.com

1-13 El directorio. Fill out the directory by doing the following:

- Introduce yourself to four classmates you don't know very well.

- Ask for and write each person's name, local address, phone number, and email.

- For extra practice, follow the Hispanic custom of using two last names.

- To ask for the spelling, say **¿Cómo se escribe... ?**

Nombre	Dirección	Teléfono	Correo electrónico

Los pronombres de sujeto y el verbo *estar*

NURIA   ¡Hola, Pablo! ¿Cómo estás?

PABLO   Bien, pero *(but)*... ¿dónde está Diego?

NURIA   Él está en Nueva York.

PABLO   ¿Y Ana?

NURIA   Ella está en Miami.

PABLO   ¡Suertudos! *(Lucky ones!)*

Descúbrelo

- Where are Diego and Ana?
- What word is used to ask and tell where Diego is?
- To whom does the subject pronoun **ella** refer?

1. The subject of a sentence is the person who performs the action or is the topic of the sentence. It can be a name (such as **Diego**), a noun (such as **amigo**), or a subject pronoun, such as *I* or *we* in English. Here are the subject pronouns in Spanish. Notice that there is no Spanish equivalent for the subject pronoun *it*.

Los pronombres de sujeto	
Singular	**Plural**
yo *I*	**nosotros** *we (males / mixed group)* **nosotras** *we (females)*
tú *you (informal)* **usted (Ud.)** *you (formal)*	**vosotros** *you (males / mixed group; informal; used in Spain)* **vosotras** *you (females; informal; used in Spain)* **ustedes (Uds.)** *you (formal; also informal in Latin America)*
él *he* **ella** *she*	**ellos** *they (males / mixed group)* **ellas** *they (females)*

2. Spanish has several ways of expressing the subject pronoun *you*.

   - Use the informal **tú** to address someone you're on a first-name basis with, such as a friend, a family member, a classmate, or a peer.

   - Use the more formal **usted**, oftentimes written as **Ud.**, to address an older person, an acquaintance, or an authority figure.

   - In Latin America, use **ustedes (Uds.)** to address a group of two or more people, in all circumstances. In Spain, use **vosotros** and **vosotras** to address two or more friends, family members, classmates, or peers; use **ustedes** to address two or more authority figures or people much older than yourself.

3. Because there are different verb forms for most subject pronouns, subject pronouns are not used when the meaning is clear. Instead, subject pronouns are added primarily to clarify or emphasize their meaning. In the following sentence, for example, the understood subject is **yo**: **Estoy bien.**

4. Here are the forms for the verb **estar** *(to be)* in the present tense. **Estar** *(to be)* is the basic form, called the infinitive. The different verb forms, called conjugations, correspond to different subjects: *I am, you are, he is,* etc. When the subject is *it*, the form **está** is used.

El presente del verbo *estar* to be

yo	estoy	nosotros/nosotras	estamos
tú	estás	vosotros/vosotras	estáis
usted	está	ustedes	están
él/ella	está	ellos/ellas	están

5. The verb **estar** is used to express where someone or something is located. To ask about a location, begin your question with **¿Dónde... ?** For example: **¿Dónde está Guinea Ecuatorial?**

6. The verb **estar** is also used to express how someone feels. Here are some key words for physical and emotional conditions. Notice that nearly all these adjectives have two forms: Use the word ending in **-o** to refer to a male, and the one ending in **-a** to refer to a female. Adjectives that end in **-e**, such as **triste**, can refer to a male or a female.

cansado / cansada	estresado / estresada
contento / contenta	ocupado / ocupada
emocionado / emocionada	preocupado / preocupada
enfermo / enferma	triste
enojado / enojada	

¡Aplícalo!

Colaborar

1-14 **De vacaciones.** Where are the following people vacationing? Working with a classmate, create six sentences with the verb **estar** like the one in the model. Help your partner identify the country that corresponds to each capital city.

Modelo Mi familia y yo: Quito
    Estudiante A: Mi familia y yo estamos en Quito.
    Estudiante B: Mi familia y yo estamos en Quito, Ecuador.

1. Marta y Ana: Madrid
2. Nosotros: San José
3. Sergio: Buenos Aires
4. Srta. Ruiz: Lima
5. Ustedes: Santiago
6. Tú: Bogotá

Colaborar

1-15 **Situaciones.** How do you feel in the following situations? Compare your answers with those of a classmate. (Don't forget: Use the appropriate **-o** or **-a** ending!)

Modelo The police stop you on the highway.
    Estudiante A (Alan): ¡Estoy estresado!
    Estudiante B (Sara): ¡Estoy preocupada!

1. Your dog died.
2. You have 5 classes and 3 meetings.
3. Your roommate lost your iPod.
4. You ate some bad food.
5. Your parents are buying you a car.
6. Your favorite aunt is in the hospital.

¡Exprésate!

1-16 **¿Dónde estás?** Imagine that these are photos from your recent vacation. Taking turns with a partner, say where you are and your classmate guesses which is the corresponding photo.

Modelo **Estudiante A:** En esta foto (*In this photo*), estoy en Nueva York.

Estudiante B: Número 2 (dos)

 1.  2.  3.  4.  5.

1-17 **Ta-Te-Ti con emociones.** With a partner, play two games of tic-tac-toe. Taking turns, pretend you are each one of the people in the drawings and say how you feel. If you give the correct expression, mark the corresponding box with **X** or **O**. Think before choosing a drawing so that your partner doesn't get three in a row!

Modelo   **Estoy contento. / Estoy contenta.**

1-18 **Dramatización.** With a partner, role-play the following situation, **en español,** of course! Be prepared to present it to the class.

Professor Ramírez	Alicia, an employee in the dean's office
1. You walk into your dean's office and greet his assistant.	2. You greet the professor who just walked in and whom you don't know.
3. Say who you are and ask where the dean, **el doctor Blanco,** is.	4. The dean, **el doctor Blanco,** is in the hospital (**en el hospital**); he's ill.
5. React to the news.	6. Say that you are worried.
7. Ask where the hospital is located.	8. The hospital is on Alamos Street.
9. Say thank you and good-bye.	10. Reply appropriately.

EN ACCIÓN: Preguntas esenciales

¿Cómo saludas a tus amigos? ¿Y a los profesores?

Colaborar

1-19 **Piénsalo.** How do you and your friends greet one another? How do you greet your instructors on campus? With a classmate, read the list of some ways of greeting others and say whether they are commonly used on your campus: **(No) Es común…**

- decir *(to say)* "Hola"
- decir "Buenos días"
- besarse *(to kiss each other)*
- decir "Choca esos cinco" *("give me five")*

Colaborar

1-20 **La opinión de Joely.** Joely Morales Villela is a student from Mexico who is doing graduate studies in the United States. Working with a classmate, read her comments about greetings; then, answer the questions in Spanish.

1. ¿Qué dice Joely *(What does Joely say)* para saludar a los amigos? ¿Y a los profesores?

2. ¿Qué gestos *(gestures)* usa con los amigos? ¿Y con los profesores?

greet

close / smile
wiggling the fingers of one hand
with those that you have to show respect to / I nod my head

Hay muchas formas de saludar° a los amigos. Lo más común es decir simplemente «Hola» o «¿Qué tal?» o «¿Qué onda?» si quieres ser muy informal. Cuando son amigas muy cercanas° digo «Holis», con una sonrisa° y moviendo los dedos de una mano°. Cuando saludo a los profesores o a personas mayores con las que hay que tener respeto°, saludo de forma muy diferente: digo «Buenos días» o «Buenas tardes, profesor» e inclino ligeramente la cabeza°.

© Joely Morales Villela

Colaborar

1-21 **Otras opiniones.** This excerpt from a news article in the Spanish newspaper **La Vanguardia** discusses the custom of kissing as part of a greeting. With a classmate, read the excerpt and then say whether the following statements are true **(cierto)** or false **(falso)**.

1. Es común besar *(to kiss)* a una persona como parte de una presentación *(introduction)*.

2. Es común besar a una persona como parte de un saludo *(greeting)*.

to kiss
has just been introduced / is spreading

"La etiqueta social y el protocolo internacional establecen no besar° a la persona que acaba de ser presentada°. Pero la costumbre de besar al saludarse se propaga°. La globalización puede explicar en parte esta tendencia".

Jordi Jarque "El saludo con besos," *La Vanguardia*.

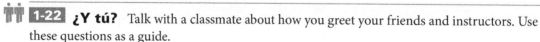
1-22 **¿Y tú?** Talk with a classmate about how you greet your friends and instructors. Use these questions as a guide.

1. ¿Qué dices *(What do you say)* para saludar a los amigos? ¿A los profesores?

2. ¿Qué gestos *(gestures)* usas?

EN ACCIÓN: Comunicación interpretativa

Spanish speakers, like everyone else, use abbreviations when texting and communicating with each other online. Read the following article to learn some common abbreviations that you can use to chat and decipher messages in Spanish.

Diccionario de abreviaturas que más se usan y su significado

Aquí os dejamos la lista de algunas de las palabras más comunes que se utilizan en el Messenger, Whatsapp, sms, Facebook, Twitter, Instagram y su abreviatura por orden alfabético.

a2 = adiós
bn = bien
d = de
dnd = dónde
ft = foto
gcs = gracias
hl = hasta luego
ksa = casa
mb = muy bien
mña = mañana

mx = mucho
n = en / no
nv = nos vemos
qtl = qué tal
s = es
sds = saludos
sts = estás
xdon = perdón
x fa = por favor

Fuentes: www.estudiantes.info; www.cabinas.net

abreviatura *abbreviation*   casa *house*

1-23 **¿Qué entiendes?** With a partner, read aloud the following text messages. Then answer these questions: **¿Cómo está Juan? ¿Dónde *(Where)* está él?**

Colaborar

Juan

Hola, qt?

sds! mb, gcs.

dnd sts?

ksa d Pau

nv + tarde?

si, hl

a2

1-24 **Tertulia** Working with a classmate, take turns saying a word or phrase from "Diccionario de abreviaturas" and spelling the abbreviation for it.

How to spell, **Lección preliminar**

Modelo   **Estudiante A:** ¿Cuál es la abreviatura de "perdón"?
             Estudiante B: Es equis, de, o, ene.

En el salón de clase

In this *Paso*, you will . . .

- identify classroom objects
- use common classroom expressions
- ask and tell where someone is from
- express possession

El salón

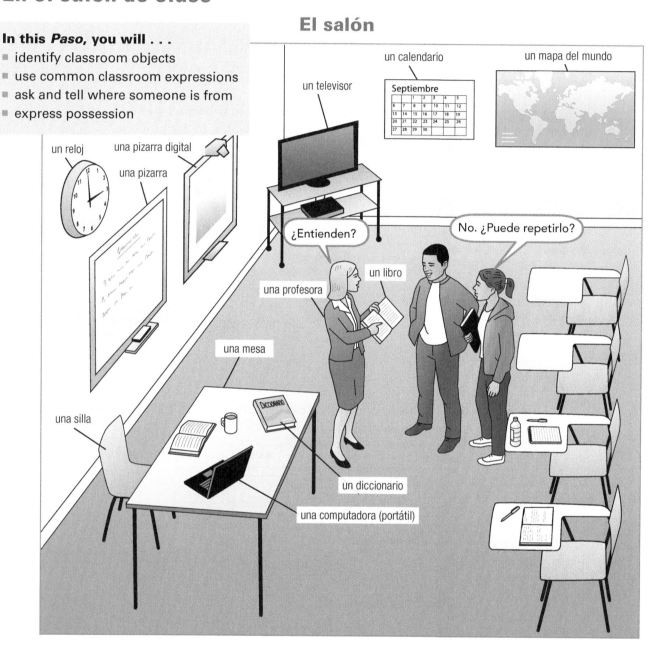

un calendario

un mapa del mundo

un televisor

Septiembre

un reloj

una pizarra digital

una pizarra

¿Entienden?

No. ¿Puede repetirlo?

una profesora

un libro

una mesa

una silla

DICCIONARIO

un diccionario

una computadora (portátil)

¿Qué hay en el salón de clase?	*What's in the classroom?*
Hay...	*There is / There are . . .*
También hay...	*Also, there is / there are . . .*
Expresiones de cortesía	*Courtesy expressions*
Por favor.	*Please.*
Gracias.	*Thank you.*
De nada.	*You're welcome; No problem.*
Perdón.	*Excuse me; Sorry.*

El salón (cont.)

una pared
una luz
un profesor
una ventana
una botella (de agua)
una puerta
un estudiante
un bolígrafo
un pupitre
un lápiz
una mochila
una hoja de papel
un (teléfono) celular
un cuaderno
una tableta
una memoria USB
una estudiante

Expresiones útiles en una clase	Useful classroom expressions
¿Cómo se dice... ?	*How do you say . . . ?*
¿Qué significa... ?	*What does . . . mean?*
¿Qué es esto?	*What is this?*
Tengo una pregunta.	*I have a question.*
No entiendo.	*I don't understand.*
No sé.	*I don't know.*
¿Puede repetirlo? / ¿Puedes repetirlo?	*Can you repeat that? (formal / informal)*
¿En qué página estamos?	*What page are we on?*
Trabajen con un(a) compañero(a) de clase.	*Work with a classmate.*

PASO 2 **VOCABULARIO**

¡Aplícalo!

1-25 **Categorías.** With a partner, take turns reading all the words in each category aloud. Then, identify one word that isn't related to the category.

1. **Para tomar apuntes** *(To take notes):* un bolígrafo / una botella de agua / una computadora portátil / un cuaderno

2. **Para indicar la fecha / la hora** *(To tell the date / time):* un calendario / un teléfono celular / un reloj / una mesa

3. **Dentro de una mochila** *(Inside a backpack):* una ventana / un lápiz / una botella de agua / una memoria USB

4. **Muebles** *(Furniture):* una silla / un estudiante / una mesa / un pupitre

5. **Para estudiar** *(To study):* un mapa / un diccionario / un libro / una puerta

6. **Aparatos electrónicos** *(Electronic devices):* una pizarra digital / una tableta / una pared / una computadora

1-26 **Expresiones útiles.** What are these students saying to their instructor during Spanish class? With a partner, read the three conversations aloud and complete each one in a logical way. Refer to the **Vocabulario** section on pages 24–25.

1. EMMA KATHERINE   Profesora Ramos, tengo una _____.

   PROFESORA RAMOS   ¿Sí? Dime. *(Tell me.)*

   EMMA KATHERINE   ¿_____ significa "pared"?

   PROFESORA RAMOS   Significa *wall.*

2. LAKEISHA   Profesora, ¿en qué página _____?

   PROFESORA RAMOS   En la página diez.

   LAKEISHA   Perdón, ¿_____ repetirlo?

   PROFESORA RAMOS   Sí, claro. Estamos en la página diez.

3. JOHN MICHAEL   Profesora, ¿_____ se dice *tomorrow* en español?

   PROFESORA RAMOS   Se dice "mañana".

   JOHN MICHAEL   Ah, sí. Muchas _____.

   PROFESORA RAMOS   De nada.

1-27 **En el salón de clase.** What objects are in your Spanish classroom? With a partner, take turns stating whether each object in the list is in the classroom. Follow the model.

Modelo   una computadora
   Hay una computadora. / No hay una computadora.

1. un mapa del mundo
2. una pizarra digital
3. un televisor
4. un calendario
5. un reloj en la pared
6. un diccionario
7. una puerta
8. un escritorio

¡Exprésate!

Clase

1-28 ¿Dónde está? Your Spanish instructor has hidden some objects around the room. Can you and your classmates find them?

- Divide the class into two or three teams.
- Listen to your instructor's question and raise your hand as soon as you see the object.
- Your instructor will call on someone on the first team to have three or more people with their hands up.

Algunos objetos en el salón de clase:

el bolígrafo
la botella de agua
el cuaderno
el lápiz
el libro
el mapa
la memoria USB
el teléfono celular

Modelo   **Profesor(a):** ¿Dónde está mi libro?
Estudiante: Aquí está (*Here it is*), profesor(a). (*pointing to the book*)
Profesor(a): Muchas gracias.
Estudiante: De nada.

1-29 El ahorcado. Using the expressions in **Frases útiles**, invite a classmate to work with you. Then, play a game of Hangman using the names of classroom objects.

- Think of a word and draw a line for every letter in that word.
- Your partner will guess one letter at a time.
- If the letter is correct, write it on the appropriate line. If it's wrong, write the letter on the page and draw a body part on the gallows.

Are you ready for a bigger challenge? Try using short phrases in addition to classroom objects.

Frases útiles

¿Quieres trabajar conmigo? *Do you want to work together?*
Claro que sí. *Sure.*
Te toca a ti. *It's your turn.*
Está bien. *Okay.*

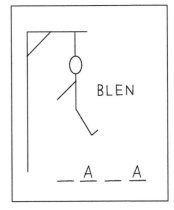

1-30 Profesor y estudiante. Take turns being professor. The "professor" reads an item (in random order) and points to a student who must give an appropriate response. That student then plays professor and so on.

- ¿Cómo se dice *notebook* en español?
- ¿Qué hay en la mesa?
- ¿Qué significa "mochila"?
- ¿Qué es esto? (*pointing to a chair*)

- Abran el libro.
- Gracias.
- ¿Entienden?
- ¿En qué página estamos?

1-31 ¿Cómo se dice... ? With a partner, take turns asking the Spanish names for eight objects in the classroom.

Modelo   **Estudiante A:** ¿Cómo se dice *window*?
Estudiante B: Se dice "ventana". ¿Cómo se dice... ?

Los sustantivos y los artículos

> **RAMONA** Tengo todo *(everything)* para las clases: la computadora portátil, unos cuadernos, un bolígrafo...
>
> **PACO** ¿Y los libros?
>
> **RAMONA** ¡Ay, no! ¿Dónde están los libros?
>
> **PACO** ¡Mira! *(Look!)* Están en la mesa.

■ ■ ■
Descúbrelo

- What materials does Ramona have ready for class? What seems to be missing?
- What do you think **la** and **los** mean?
- Which words mean *a* or *some*?
- Which of these is a plural noun: **computadora**, **cuadernos**, or **bolígrafo**?

1. Nouns (**los sustantivos**) are words that identify people, places, things, and abstract concepts. In Spanish, all nouns have gender (**género**) and are referred to as masculine or feminine. Here's a general rule.

Masculino	Femenino
• Words that end in **-o** are usually masculine: **un libro**	• Words that end in **-a** are usually feminine: **una computadora**
• Words that refer to males are masculine, regardless of ending: **un profesor, un estudiante, un artista**	• Words that refer to females are feminine, regardless of ending: **una profesora, una estudiante, una artista**

2. Some nouns don't follow the general rule for gender.

   ■ Nouns that end in **-e** or a consonant may be masculine or feminine. You must memorize the genders of these nouns individually.

       Masculine: **un pupitre, un reloj**   Feminine: **una serie, una luz**

   ■ A few nouns must be memorized as exceptions. For example, **el día** *(day)* and **el mapa** end in **-a** but are masculine.

3. Nouns are classified as singular or plural. To make a noun plural:

   ■ Add **-s** if the noun ends in a vowel: **cuaderno → cuadernos**

   ■ Add **-es** if the noun ends in a consonant: **profesor → profesores**

   ■ If the final consonant is **z**, change **z** to **c** and add **-es**: **luz → luces**

   To refer to a mixed group of males and females, use the masculine plural: **profesores** *(male and female professors)*

4. Nouns are often used with definite articles (**los artículos definidos**), which express *the*. You must choose the article that matches the noun in gender and number.

       Los libros están en **la** mesa.   *The books are on the table.*

Los artículos definidos

	Masculino	Femenino
Singular	**el** libro	**la** mesa
Plural	**los** libros	**las** mesas

- Definite articles are used before titles such as **señor**, **profesora**, etc., when you talk about a person, but not when you talk directly to a person.

  La señora Perales está enferma. *but* ¿Cómo está usted, señora Perales?

- The English *'s* (apostrophe *s*) is never used in Spanish to express possession. Use this formula instead:

  DEFINITE ARTICLE + THING POSSESSED + **DE** + POSSESSOR

  el + libro + **de** + Juan *Juan's book*

5. Indefinite articles (**los artículos indefinidos**) are used with nouns and express *a/an* and *some*. You must choose the article that matches the noun in gender and number.

Hay **unos** bolígrafos y **una** botella en la mesa. *There are **some** pens and **a** bottle on the table.*

Los artículos indefinidos

	Masculino	Femenino
Singular	**un** bolígrafo	**una** botella
Plural	**unos** bolígrafos	**unas** botellas

Colaborar

1-32 **En la mochila.** What's in this backpack? Challenge a classmate to see which of you unscrambles all the words faster. Afterwards, take turns saying each word aloud with its indefinite article: **un**, **una**, **unos**, or **unas**.

1. llastebo
2. dcarlnioea
3. fogarlíbos
4. spálice

5. onfoelté cruella
6. emmoair BSU
7. slobir
8. draunoce

© Kim Reinick/Shutterstock.com

1-33 **¿Qué número?** Working with a partner, play a guessing game. The first person randomly selects a drawing and identifies the object. The second person listens and says the corresponding number of that object. Don't forget to include the appropriate definite article: **el**, **la**, **los**, or **las**.

Modelo Estudiante A: el pupitre
Estudiante B: número 8
Estudiante A: ¡Correcto!

1.
2.
3.
4.
5.
6.
7.
8.
9.
10.

¡Exprésate!

1-34 **¿Qué es esto?** Find out how many words your classmate remembers. Taking turns, do the following.

- Point to different items in your classroom and ask **¿Qué es esto?** You can also point to items in drawings in your book. (But be sure to cover up the labels!)
- Your classmate should first identify the object together with the corresponding indefinite article (**un**, **una**, **unos**, **unas**) and then give the plural.

Modelo   Estudiante A: ¿Qué es esto? *(pointing to a backpack)*
Estudiante B: una mochila
Estudiante A: ¿Y en plural?
Estudiante B: unas mochilas

Nota lingüística

Use the preposition **en** to mean *in* or *on*. For example: **en la mochila** *in the backpack*, **en la pared** *on the wall*.

1-35 **¿Dónde está?** Form a group with three or four classmates. Look at the drawing of the office of **Profesor Caos**. Taking turns, ask **¿Dónde está / Dónde están** *(definite article + name of object(s) in drawing)*? The person to your right replies and the others say whether the answer is correct.

Modelo   Estudiante A: ¿Dónde están los mapas?
Estudiante B: Los mapas están en la mochila.
Estudiante C: No. Los mapas están en la pared.

1-36 **Nuestro salón de clase.** What does your Spanish classroom look like? What is in it? Play this true-false game with a classmate or with two teams of two.

- First, each of you (or each team) should write eight statements about what is in your classroom; these statements may be true or false. For example:

  Hay veinte estudiantes en nuestro salón de clase.
  No hay un mapa.

- Next, take turns reading the statements aloud. Your partner (or opposing team) must say whether the statement is true (**cierto**) or false (**falso**). Each correct answer scores one point.
- Want to make the game more challenging? Make it a rule that the players cannot look around the room and must say from memory whether each statement is true or false.

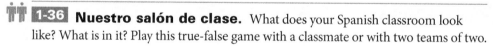

El verbo *ser*

CARLA   ¿Profesor Jones? Yo soy Carla Aguado y ella es mi amiga Alicia Ríos. Estamos en su clase de inglés.

PROF. JONES   ¡Mucho gusto! Eh... ¿De dónde son ustedes?

ALICIA   Somos de Colombia. Yo soy de Cartagena y Carla es de Bogotá.

1. The verb **ser** means *to be*. Here are its forms in the present tense.

<table>
<tr><th colspan="4">El presente del verbo ser to be</th></tr>
<tr><td>yo</td><td>soy</td><td>nosotros/nosotras</td><td>somos</td></tr>
<tr><td>tú</td><td>eres</td><td>vosotros/vosotras</td><td>sois</td></tr>
<tr><td>usted</td><td>es</td><td>ustedes</td><td>son</td></tr>
<tr><td>él/ella</td><td>es</td><td>ellos/ellas</td><td>son</td></tr>
</table>

2. The verb **ser** is known as a linking verb because it connects two parts of the sentence together. It is often used before nouns to identify people, places, or things. Notice the question words that are used to request identification: **¿qué?** *(what?)* and **¿quién?** *(who?)*

DAVID ¿Qué **es** esto?	*What **is** this?*
PROFESOR **Es** una tableta.	*It's a tablet computer.*
ANA ¿Quién **es** ese señor?	*Who **is** that man?*
LUISA **Es** el Profesor Sánchez.	*He's Professor Sánchez.*

3. **Ser** is used with the preposition **de** to tell where somebody or something is from. Notice the question words **¿De dónde... ?** *(Where . . . from?)*

PACO ¿**De** dónde **eres**?	*Where **are you from**?*
JUAN **Soy de** México.	*I'm **from** Mexico.*

4. **Ser** is also used with the preposition **de** to express to whom something belongs. Notice the question words **¿De quién... ?** *(Whose . . . ? / To whom . . . ?)*

RITA ¿**De** quién **son** los cuadernos?	***Whose** notebooks **are** these? / To whom do the notebooks belong?*
ANITA **Son de** Rafael.	*They **are** Rafael's. / They belong to Rafael.*

5. While the verb **ser** is used in many cases to express *is* and *are*, Spanish uses the word **hay** to say *There is . . .* and *There are . . . .* **Hay** is a present tense form of the verb **haber**.

Hay veinticinco estudiantes en la clase de español.
There are twenty-five students in Spanish class.

■ ■ ■
Descúbrelo

■ With whom are Carla and Alicia speaking?

■ What question is used to ask Carla and Alicia where they are from?

■ What three verb forms does Alicia use to explain where the two women are from?

PASO 2 GRAMÁTICA B

¡Aplícalo!

1-37 **El primer día de clase.** What are these students talking about on the first day of class? Working in groups of three, each person should read aloud the lines for one of the students in the dialogue. Complete each sentence with the appropriate form of the verb **ser**.

ANA   Marcos, te presento a Rafael. Rafael (1) _____ un nuevo *(new)* estudiante.

MARCOS   Hola, Rafael. ¿De dónde (2) _____ (tú)?

RAFAEL   Yo (3) _____ de Chile.

MARCOS   ¿Sí? Ana y yo (4) _____ de Chile, también. ¡Qué casualidad! *(What a coincidence!)*

RAFAEL   Oye *(Listen)*, ¿quién (5) _____ la señora rubia *(blond)*?

ANA   (6) _____ la Sra. Smith, nuestra *(our)* profesora de inglés.

RAFAEL   ¿De dónde (7) _____ ella?

ANA   De Estados Unidos. Ella y su esposo *(her husband)* (8) _____ de Nueva York.

1-38 **Concentración.** Test your memory! Form groups of three or four and do the following.

- One person begins by completing this sentence: **Yo soy de** *(any city that begins with A).*

- The next person repeats the sentence (**Yo soy de…**) and says: **Tú eres de** *(any city that begins with B).*

- The third person repeats both sentences and then says: **Usted es de** *(any city that begins with C).*

- The game continues until all subject pronouns are used.

Modelo   Yo soy de Acapulco. Tú eres de Bogotá. …

Colaborar

1-39 **¿Qué es esto?** Working with a classmate, read the descriptions of the mystery people, places, and things. Many of the unfamiliar words look like English words, so try to guess their meanings as you read. Then, identify what or who is being described. Use the proper form of **ser** in your response.

Modelo   **Estudiante A:** Es un papel. Indica continentes y océanos. ¿Qué es?
             Estudiante B: Es un mapa.

1. Es el primer *(first)* presidente de Estados Unidos. ¿Quién es?

2. Son libros con *(with)* definiciones. ¿Qué son?

3. Está en la Polinesia. La capital es Honolulú. ¿Qué es?

4. Es estudiante en el Colegio de Hogwarts. Los padres *(parents)* son Lily y James. ¿Quién es?

5. Son similares a los lápices. ¿Qué son?

6. Está en el salón de clase. Habla *(He/She speaks)* español bien. ¿Quién es?

¡Exprésate!

Clase **1-40** **Mis compañeros y yo.** Walk around the class and talk to four different classmates to complete the chart below. To request spelling, say **¿Cómo se escribe... ?**

Modelo **Estudiante A:** Hola. ¿Cómo te llamas?

Estudiante B: Me llamo Kelly.

Estudiante A: ¿De dónde eres, Kelly?

Estudiante B: Soy de Augusta, Georgia. ¿Y tú? ¿Cómo te llamas?

	Nombre	**Ciudad** *(City)* **y estado** *(state)*
Estudiante 1		
Estudiante 2		
Estudiante 3		
Estudiante 4		

1-41 **Superestrellas.** Do you recognize these stars? With a partner, follow the model to exchange information about each one.

Profesiones: actriz *(actress)*, autora, cantante *(singer)*, director, futbolista, jugador de béisbol, tenista

Modelo **Estudiante A:** ¿Quién es? *(pointing to the photograph)*

Estudiante B: Es Alfonso Cuarón.

Estudiante A: ¿Cuál es su profesión?

Estudiante B: Es director.

Estudiante A: ¿De dónde es?

Estudiante B: Es de México.

Alfonso Cuarón, México

1. Daddy Yankee, Puerto Rico

2. Albert Pujols, República Dominicana

3. Sofía Vergara, Colombia

4. Rafael Nadal, España

5. Isabel Allende, Chile

6. Lionel Messi, Argentina

Clase **1-42** **¿De quién es?** Your instructor is going to borrow some things from several of you and then place them on the desk. Do you recall what belongs to whom?

Modelo **Profesor(a):** ¿De quién es *(name of object in Spanish)*?

Estudiante: Es de *(name of student)*.

EN ACCIÓN: Preguntas esenciales

¿Es esencial la tecnología en el salón de clase de la universidad?

 1-43 **Piénsalo.** What kind of technology is commonly used at your university? With a partner, indicate which of the following are found in most classrooms.

- libros digitales
- computadoras
- pizarra digital
- proyector
- tabletas
- Wi-Fi

Colaborar
1-44 **La opinión de Joely.** Joely Morales Villela tells us about the use of technology at universities in Mexico. Working with a classmate, read her comments and then answer the questions in Spanish.

1. ¿Hay más *(more)* tecnología en el salón de clase en México o en Estados Unidos?
2. Describan *(Describe)* una clase típica en México.

classrooms

underlines

> En México, el uso de la tecnología no es tan común como en las aulas° de las universidades estadounidenses. La mayoría de las clases son dadas de forma tradicional: el profesor lee del libro y escribe en la pizarra, y el estudiante toma notas en su cuaderno o subraya° el libro. No es común que los estudiantes tengan aparatos electrónicos durante las clases.

© Joely Morales Villela

Colaborar
1-45 **Otras opiniones.** This infographic from an Ecuadoran newspaper mentions two advantages of using smartphones and similar mobile devices in class. With a classmate, read the information and then say which of the following advantages are mentioned in the infographic.

1. Es conveniente usar el teléfono como una agenda electrónica.
2. Es posible tomar videos de las clases con un teléfono.
3. El teléfono es bueno para buscar *(look up)* información para la clase.
4. Es fácil *(easy)* estar en contacto con la familia en caso de emergencia.

Uso del celular en clases

Investigación rápida
Los teléfonos inteligentes tienen acceso a varias aplicaciones que ayudan sobre alguna materia o tema con mayor rapidez.

Registro de las clases
Los celulares tienen una cámara que capta imágenes o videos. Los alumnos pueden grabar la clase o tomar fotografías de lo que se explicó en la pizarra.

Fuente: "Uso del celular en clase," *El Telégrafo.*

1-46 **¿Y tú?** Talk with a classmate about what technologies you find essential in the classroom. Use these questions as a guide.

1. Para ti *(For you)*, ¿es esencial usar una computadora en clase? ¿Un teléfono?
2. ¿Qué tecnologías te ayudan más *(help you most)*?
3. En tu opinión, ¿en qué clases no es esencial usar tecnología?

EN ACCIÓN: Comunicación interpersonal

Spanish speakers love to use social media to stay in touch with friends and family. According to a recent study, WhatsApp and Facebook are the top networks among internet users in Central America and the Caribbean. Which one is your favorite?

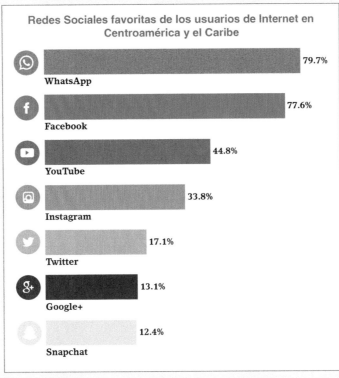

Redes Sociales favoritas de los usuarios de Internet en Centroamérica y el Caribe

WhatsApp	79.7%
Facebook	77.6%
YouTube	44.8%
Instagram	33.8%
Twitter	17.1%
Google+	13.1%
Snapchat	12.4%

Fuente: Datos iLifebelt

1-47 **¡A dialogar!** What chat app would you use to communicate with a Spanish-speaking friend?

- First, fill in the chart below with your personal information.
- Then, interview a classmate with the same questions.
- Based on your responses, choose a chat app to send messages to a Spanish-speaking friend.

La aplicación que usaríamos (that we would use) es _____.

Preguntas	Yo	Mi compañero(a)
¿Tienes una tableta?		
¿Tienes un teléfono celular inteligente?		
¿Tienes WhatsApp en tu celular?		
¿Cuál es tu número de teléfono en WhatsApp?		
¿Usas Snapchat?		
¿Qué otras aplicaciones usas para chatear?		
¿Cuántos mensajes (messages) mandas en un día (do you send in a day)?		

Por el campus

In this *Paso*, you will . . .
- identify places around campus
- say where buildings are located
- say where someone is going
- say what you have

Nuestro campus

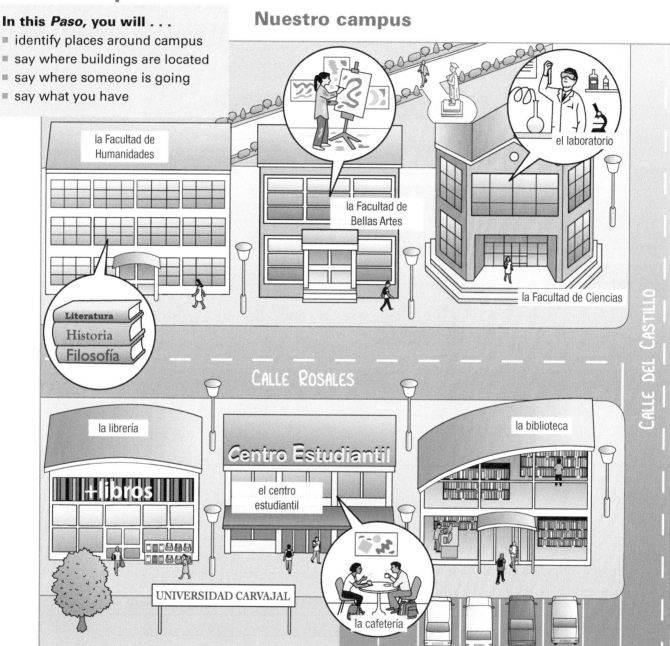

la Facultad de Humanidades

la Facultad de Bellas Artes

el laboratorio

la Facultad de Ciencias

Literatura
Historia
Filosofía

CALLE DEL CASTILLO

CALLE ROSALES

la librería

+libros

Centro Estudiantil

el centro estudiantil

la biblioteca

UNIVERSIDAD CARVAJAL

la cafetería

Para expresar ubicación	*To express location*
¿Dónde está... ?	*Where is . . . ?*
Está...	*It's . . .*
aquí / allí	*here / there*
en la calle / la avenida...	*on . . . street / avenue*
cerca de...	*close to . . .*
lejos de...	*far from . . .*
al lado de...	*next to . . .; beside . . .*
enfrente de...	*across from . . .; facing . . .*

Nuestro campus (cont.)

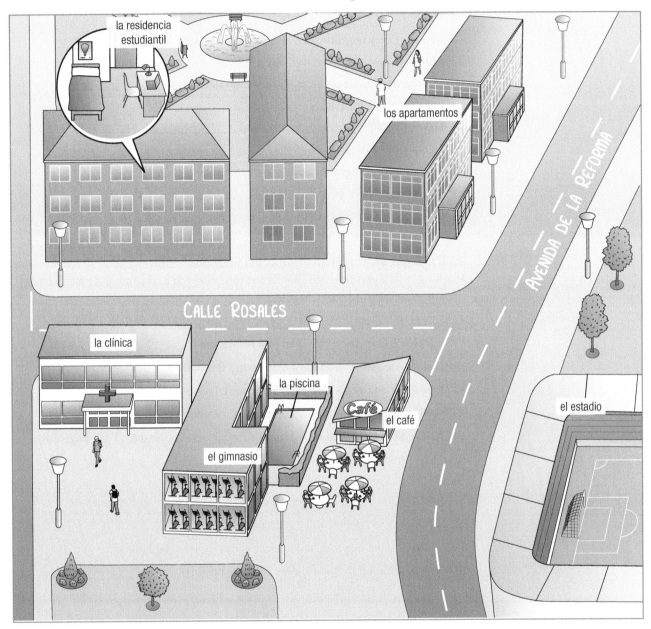

Para hablar de tu domicilio

¿Dónde vives?

    Vivo con mi familia.

    Vivo en una residencia / un apartamento.

¿Cómo es tu cuarto?

    Es (muy) grande. / Es (muy) pequeño.

¿Tienes compañero(a) de cuarto?

    Sí, se llama...

    No, no tengo compañero(a) de cuarto.

To talk about where you live

Where do you live?

    I live with my family.

    I live in a dorm / an apartment.

What's your room like?

    It's (very) big. / It's (very) small.

Do you have a roommate?

    Yes, his/her name is . . .

    No, I don't have a roommate.

PASO 3 **VOCABULARIO**

¡Aplícalo!

Colaborar

1-48 **¿Dónde?** Working with a partner, complete the sentences with places around campus.

1. Sirven *(They serve)* pizza en la _____ .

2. Venden *(They sell)* libros en la _____ .

3. Muchos estudiantes viven *(live)* en la _____ estudiantil.

4. La competición de natación *(swimming)* es en la _____ .

5. Los doctores y los pacientes están en la _____ .

6. Hay actividades para estudiantes en el _____ estudiantil.

7. La clase de biología es en el _____ .

8. La profesora de español está en la Facultad de _____ .

9. La clase de Pilates es en el _____ .

10. El partido de fútbol *(soccer match)* es en el _____ .

Colaborar

1-49 **Este semestre.** Victoria and Eugenio are talking about where they live. Working with a partner, read their conversation aloud and complete it by choosing the more logical words in parentheses.

EUGENIO ¿(1. Dónde / Cómo) vives este semestre *(this semester)*, Victoria?

VICTORIA (2. Pequeño / Vivo) en una residencia.

EUGENIO Ah, ¿sí? ¿Cómo es tu (3. cuarto / familia)?

VICTORIA Es un poco (4. al lado / pequeño).

EUGENIO ¿Tienes (5. familia / compañera) de cuarto?

VICTORIA Sí. (6. Me llamo / Se llama) Sabrina y es de México. ¿Y tú, Eugenio? ¿Dónde vives?

EUGENIO Vivo en un (7. facultad / apartamento).

VICTORIA ¡Qué bien! *(That's great!)* ¿Está (8. cerca / la calle) del campus?

EUGENIO Sí. Está (9. avenida / enfrente) del estadio.

VICTORIA Bueno, Eugenio, tengo clase ahora *(now)*. ¡Hablamos más tarde!

EUGENIO ¡Chao! (10. Buenos días. / ¡Hasta luego!)

Colaborar

1-50 **¿Dónde está?** Imagine that you are studying at the **Universidad Carvajal**, pictured on pages 36–37. Taking turns with a classmate, describe the campus by completing the statements with street names (**en la calle...**) or logical phrases of location (**cerca de, al lado de, enfrente de**).

Modelo   Los apartamentos están... **cerca del estadio.**

1. El gimnasio está...

2. La librería está...

3. Las residencias están...

4. El estadio está...

5. La Facultad de Ciencias está...

6. La Facultad de Humanidades está...

7. La clínica está...

8. El centro estudiantil está...

¡Exprésate!

 1-51 Charadas. In groups of three or four, play a game of charades with places on campus. (Names of common places are found on pages 36–37.) One person uses pantomime and the others try to guess where on campus she or he is. The person who guesses correctly goes next.

Modelo **Estudiante A:** *(moving arms in a swimming motion)*
Estudiante B: Estás en la piscina.
Estudiante A: ¡Sí!

 1-52 ¿Dónde está? A Spanish-speaking student would like to know where these places are located on your campus. With a classmate, follow the model and create short dialogues.

Modelo el gimnasio
Estudiante A: Perdón, ¿dónde está el gimnasio?
Estudiante B: Está en la calle Franklin, enfrente de la Residencia Jefferson.
Estudiante A: Gracias.
Estudiante B: ¡De nada!

1. el centro estudiantil
2. la clínica
3. el estadio
4. la librería
5. la Facultad de Humanidades
6. la residencia *(Add the name of a dorm on your campus.)*

 1-53 Una encuesta. What is the most popular kind of living arrangement in your class? Interview four classmates with these questions and take notes on their answers.

¿Dónde vives?

¿Cómo es tu cuarto?

¿Tienes compañero(a) de cuarto?

1-54 Por nuestro campus. Role-play the following situation with a classmate. One of you (**Estudiante A**) is a new student from Colombia who isn't familiar with the campus. The other (**Estudiante B**) is a local student walking around campus.

Estudiante A : Estudiante de Colombia	Estudiante B : Estudiante local
1. You're lost! Stop a student on the street and find out whether that person speaks Spanish: **¿Hablas español?**	2. Respond appropriately.
3. Ask where the library is.	4. Respond and then introduce yourself.
5. Respond appropriately and then introduce yourself. Say where you're from and ask where the student is from.	6. Say where you're from and where you're living; then, ask where the student is living.
7. Reply and close the conversation by thanking the student.	8. Respond appropriately and say good-bye.

El verbo *tener*

> IVÁN ¿Tienes clase ahora *(now)*?
>
> JUAN MANUEL No. Estoy en la cafetería. ¡Tengo hambre!
>
> IVÁN Yo tengo hambre también. ¡Muuuucha hambre!

■ ■ ■
Descúbrelo

■ Does Juan Manuel have class now?

■ Where is Juan Manuel?

■ What verb form is used to ask a friend whether he/she *has* something?

■ What expression is used to say *I'm hungry*?

1. The verb **tener** means *to have*. Here are its forms in the present tense.

El presente del verbo *tener* to have			
yo	**tengo**	nosotros/nosotras	**tenemos**
tú	**tienes**	vosotros/vosotras	**tenéis**
usted	**tiene**	ustedes	**tienen**
él/ella	**tiene**	ellos/ellas	**tienen**

2. The verb **tener** is used to express what somebody has.

¿**Tienes** clase ahora?   ***Do you have*** *class now?*

3. **Tener** is also used to express age. Notice that in English *to be* is used for this purpose.

¿Cuántos años **tiene** Elisa?   *How old **is** Elisa?*
Tiene veinte años.   *She's twenty (years old).*

4. Here are other common expressions that use **tener**.

LOLA ¿**Tienes** hambre?   *Are you hungry?*
ELVIRA No, pero **tengo** mucha sed.   *No, but I'm really thirsty.*

tener (mucho) calor	*to be (very) hot*
tener (mucho) frío	*to be (very) cold*
tener (mucha) hambre	*to be (very) hungry*
tener (mucha) sed	*to be (very) thirsty*
tener (mucho) cuidado	*to be (very) careful*
tener (mucho) miedo	*to be (very) afraid*
tener (mucha) prisa	*to be in a (big) hurry*
tener razón	*to be right / correct*
tener (mucho) sueño	*to be (very) sleepy*
tener (mucha) suerte	*to be (very) lucky*
tener que (+ *infinitive*)	*to have to (do something)*

 1-55 **Ta-Te-Ti con *tener*.** With a partner, play two games of tic-tac-toe using the verb **tener**. Before you place your **X** or **O** on the board, you have to conjugate and write the verb correctly with the subject in that square. For example: **ella → ella tiene.**

Carlos y yo	ella	los profesores
tú	yo	usted
ustedes	los compañeros de cuarto	Marcos

yo	Ana y yo	él
usted	tú	ustedes
Juan y David	Claudia	Miguel y yo

Colaborar

1-56 **Motivo de ruptura *(Deal-breaker).*** Beatriz and Carla are talking with a woman who has a room to rent in her large house. With two partners, choose the correct words in parentheses as you read the dialogue aloud.

BEATRIZ   Me llamo Beatriz Calvo y ella es Carla Molino. Somos estudiantes. Yo (1. tengo / tienes) veinte (2. cuidado / años) y Carla tiene diecinueve.

SEÑORA   Muy bien... Aquí está el cuarto. (3. Es / Eres) grande y tiene mucha luz.

CARLA   Sí, tiene (4. prisa / razón), señora. Es muy grande.

BEATRIZ   Tengo (5. una pregunta / mucha hambre): ¿Hay teléfono en el cuarto?

SEÑORA   No, pero *(but)* ¿ustedes no (6. tienes / tienen) celular?

BEATRIZ   Sí, nosotras (7. tienen / tenemos) celular...

CARLA   ¡Uy! ¡La temperatura está a 100 grados Fahrenheit! Tengo (8. calor / frío).

BEATRIZ   Yo también. ¿El cuarto no (9. tengo / tiene) aire acondicionado?

SEÑORA   No, pero *(but)*...

CARLA   Lo siento, señora...

Colaborar

1-57 **La vida del estudiante.** Student life can present many challenges. With a partner, use the verb **tener** and take turns reacting to each situation.

Modelo   It's midnight and you're walking alone through a dark part of campus.
   Estudiante A: ¡Tengo miedo!
   Estudiante B: Tengo miedo y ¡tengo cuidado!

1. It's 2:30 a.m. and you've been studying for hours for a big chemistry test.

2. As you wake up the next day, you're shocked to see that it's already 9:55. Your chemistry test is at 10:00!

3. You made it to chemistry class and the next two classes after that. But there was no time to have breakfast or to stop for coffee.

4. You finally get to have lunch. But as you leave the restaurant, you notice that the temperature has dropped to 45°. What's with the weather?

5. Back in your super-heated dorm, you settle in for another night of studying. You wonder whether they'll ever fix the thermostat.

1-58 Personas de renombre. With a partner, take turns talking about these well-known individuals and guessing who they are. Follow the model.

Modelo **Estudiante A:** Tiene *(number)* años y es de *(country)*. ¿Quién es?
Estudiante B: ¿Es *(name of person)*?

Lorena Ochoa, exgolfista / México / 1981

Rodolfo Neri Vela, científico y astronauta / México / 1952

Shakira, cantante y compositora / Colombia / 1977

Juanes, cantante y compositor / Colombia / 1972

Óscar Hijuelos, escritor / Estados Unidos / 1951

Sonia Sotomayor, juez asociada / Estados Unidos / 1954

1-59 En la mochila. What is in the typical student's backpack? Interview three classmates by asking **¿Tienes… ?** Record your answers in the chart.

¿Tienes… ?	Yo	Estudiante 1	Estudiante 2	Estudiante 3
una botella de agua				
una tableta				
muchos libros				
un teléfono celular				
(another item)				

1-60 ¿Quién? Play a guessing game with your partner. Taking turns, one person describes how one of the students in the drawing is feeling by saying **Tiene + hambre, miedo**, etc. The other person identifies the name of the person.

El verbo *ir*

ALONSO ¡Hola, Jimena! ¿Adónde vas?

JIMENA Voy al gimnasio. ¿Y tú?

ALONSO Yo voy a mi cuarto. Estoy muy cansado.

JIMENA Bueno, ¡hasta luego!

1. The verb **ir** means *to go*. Here are its forms in the present tense.

<table>
<tr><td colspan="4" align="center">**El presente del verbo *ir*** *to go*</td></tr>
<tr><td>yo</td><td>**voy**</td><td>nosotros/nosotras</td><td>**vamos**</td></tr>
<tr><td>tú</td><td>**vas**</td><td>vosotros/vosotras</td><td>**vais**</td></tr>
<tr><td>usted</td><td>**va**</td><td>ustedes</td><td>**van**</td></tr>
<tr><td>él/ella</td><td>**va**</td><td>ellos/ellas</td><td>**van**</td></tr>
</table>

■ ■ ■
Descúbrelo

■ Where is Jimena going?

■ Where is Alonso going? What is he probably going to do there?

■ What word is used to ask *where to*?

■ What very short word follows **voy**?

2. To say where somebody is going, use **ir** + **a** + destination. To ask where someone is going, use the question word **¿adónde?**

SERGIO **¿Adónde** vas, Cristal?   **Where** *are you going, Cristal?*

CRISTAL **Voy a** clase.   *I am going to class.*

3. If the destination is preceded by the definite article **el**, combine **a** + **el** → **al**.

Van **al** café.   *They're going **to the** coffee shop.*

4. To say *Let's go!*, use the expression **¡Vamos!**

CLARA ¿Vamos a la piscina?   *Shall we go to the pool?*

JOSÉ Sí, **¡vamos!**   *Yes, **let's go!***

Colaborar

1-61 Una conversación en el campus. With a partner, read the following conversation aloud. As you read, choose the correct forms of the verb **ir**.

¡Aplícalo!

PEDRO ¡Hola, Leila! ¡Hola, Zaida! ¿Adónde (1. voy / van) ustedes?

ZAIDA Nosotras (2. van / vamos) a la Facultad de Bellas Artes.

PEDRO ¡Está lejos! Yo (3. vas / voy) a la biblioteca.

LEILA ¿No (4. vas / voy) al laboratorio, Pedro? ¿Y la clase de química?

PEDRO ¡Tienes razón! ¡Tengo que (5. va / ir) al laboratorio! ¡Chao!

LEILA ¡Hasta luego, Pedro! *(a Zaida)* ¡Oh, no! El laboratorio está en la calle Alameda ¡y Pedro (6. va / van) a la calle Cádiz!

1-62 **¿Adónde vas?** With a classmate, take turns asking each other where you are going. Answer according to the place pictured.

Colaborar

Modelo Estudiante A: ¿Adónde vas?
Estudiante B: Voy a la biblioteca.

1.

2.

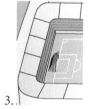

3.

4.

5.

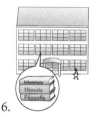

6.

7.

8.

1-63 **¿Adónde van los estudiantes?** With a partner, take turns asking and telling where the following students are going to study abroad. Each city is given on the map; be sure to add the names of the corresponding countries.

Modelo Estudiante A: ¿Adónde va Susana?
Estudiante B: Susana va a Quito, Ecuador.

¡Exprésate!   **1-64** **¿Adónde van ustedes?** You and two or three classmates bump into each other on campus. Ask each other where you're going. Do this three times, in each instance pretending it's the time of day shown on the clock. Answer according to where you would normally go on campus at that time of day.

Modelo   **Estudiante A:** ¡Hola! ¿Adónde van ustedes?
Estudiante B: Yo voy a la Facultad de Ciencias.
Estudiante C: Yo voy al centro estudiantil. ¿Y tú?
Estudiante A: Yo voy al gimnasio. / Yo también voy al centro estudiantil.

1.

2.

3.

1-65 **Lista de planes futuros.** Where are you going on these different occasions? Working with a classmate, follow the model to share your plans.

Modelo   Para las próximas vacaciones (*On my next vacation*)…
Estudiante A: Para las próximas vacaciones, voy a Bahamas. ¿Y tú?
Estudiante B: Voy a Arizona.

1. El próximo verano (*Next summer*)…
2. El próximo fin de semana (*Next weekend*)…
3. Esta noche (*Tonight*)…
4. Después de graduarme (*After I graduate*)…
5. Después de clase (*After class*)…

1-66 **¡Vamos!** With a partner, use each of the statements below as a starting point to create a short conversation. Be sure to choose a logical place to go.

Modelo   **Estudiante A:** Tengo hambre.
Estudiante B: Yo también. ¿Vamos a la cafetería?
Estudiante A: ¡Sí! ¡Vamos!

1. Tengo sed.
2. Tengo sueño.
3. Estoy enfermo(a).
4. Tengo que estudiar (*study*).

5. ¡Ay, no! ¡Mi tableta está en mi cuarto!
6. Necesito (*I need*) unos bolígrafos para las clases.
7. Tengo que hablar (*speak*) con mi profesor de historia.

EN ACCIÓN: Preguntas esenciales
¿Dónde viven los estudiantes universitarios?

 1-67 **Piénsalo.** Where do students at your college tend to live? With a classmate, make a list of the top three places in Spanish.

1-68 **La opinión de Joely.** Joely Morales Villela tells us about where university students live in Mexico. Working with a classmate, read her comments and then answer the questions.

Colaborar

1. ¿Dónde viven la mayoría *(majority)* de los estudiantes mexicanos?

2. ¿Qué otra opción hay?

3. Principalmente, ¿quiénes *(who)* viven en residencias estudiantiles?

the majority

their own

foreign
other states

> Pues, la mayoría° de los estudiantes universitarios en México viven con sus familias, en casa.
> Algunos estudiantes deciden tener sus propios° apartamentos, generalmente en compañía de amigos.
> En las residencias estudiantiles viven mayormente estudiantes extranjeros°, que no son del país, o estudiantes mexicanos que son de otros estados°, de otras partes de la república.

© Joely Morales Villela

1-69 **Otras opiniones.** The graph below presents the results of a survey of college students in Uruguay. With a classmate, read the graph and complete the statements.

Colaborar

1. En Uruguay, la mayoría *(majority)* de los estudiantes viven ___.

2. Otra opción popular es vivir *(to live)* ___.

3. La opción menos común *(least common)* es vivir ___.

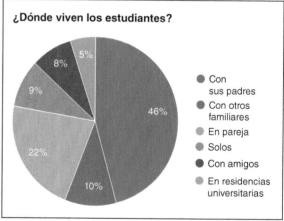

¿Dónde viven los estudiantes?

- Con sus padres
- Con otros familiares
- En pareja
- Solos
- Con amigos
- En residencias universitarias

46% 22% 10% 9% 8% 5%

Fuente: PRO Universitarios

En pareja *As a couple*   Solos *Alone*

1-70 **¿Y tú?** Talk with a classmate about student living arrangements. Use these questions as a guide.

1. En tu universidad, ¿dónde viven la mayoría de los estudiantes de primer año *(first year)*? ¿Y los otros *(other)* estudiantes?

2. ¿Cuál es la opción menos *(less)* popular en tu universidad?

3. ¿Dónde vives tú? ¿Cómo es?

EN ACCIÓN: Comunicación presentacional

You and your classmates are looking for a Spanish-speaking pen pal to practice your writing skills and make new friends. Read the following letter of introduction from a language exchange site. Would Adriana make a good pen pal for you?

 Puebla

Adriana
#español #música #animales

< Escribe

Querido amigo°:

    Me llamo Adriana y tengo 20 años. Vivo en Puebla, México, con mi familia. Soy estudiante de la Universidad de las Américas. Es una universidad muy grande: tiene 38 edificios°.

      ¿Cómo te llamas y cuántos años tienes? ¿Dónde vives? ¿Cómo se llama tu universidad? ¿Es grande? ¿Qué clases tienes? ¿Hay mexicanos en tu universidad?

    Escríbeme pronto°.

Saludos,

Adriana

Dear friend

buildings

Write back soon

1-71 **¡A escribir!** Write a letter to Adriana.

Primera parte: Write a draft that includes the following:

- a salutation (for example, **Hola Adriana:** or **Querida Adriana:**)
- answers to all of Adriana's questions
- two or three questions for Adriana to answer in her next letter to you
- a closing (for example: **Saludos,**)

Segunda parte: Exchange papers with a classmate and edit each other's work.

- Has your classmate included all the requested information? Write one positive comment and one suggestion for improvement.
- Is the phrasing accurate? Is the spelling correct? Circle any possible errors. Check carefully for accent marks, any words with the letter **ñ**, and question marks (**¿?**).

1-72 **Nosotros: ¿Quién soy yo?** Which new classmates did you get to "meet" online? Let's talk about the introductory photos and videos that you and your classmates posted in MindTap's discussion forum.

Primera parte: ¡Prepárate para hablar! To get ready to talk with your classmates, think about three photos or videos that you viewed and complete the chart with the information you recall. Write words and phrases in Spanish. Put a star by your favorite one.

¿Cómo se llama la persona?	¿De dónde es?	¿Cuántos años tiene?	¿Dónde vive?
1.			
2.			
3.			

Segunda parte: ¡A hablar! With two or three classmates, take turns naming the classmates with whom you have something in common.

Modelo *(Name of classmate)* es de *(city / state of origin)* y yo también.

(Name of classmate) tiene *(years / age)* años y yo también.

(Name of classmate) vive en *(current residence)* y yo también.

© Michaelpuche/Shutterstock.com

1-73 **Perspectivas: ¿De dónde eres?** In MindTap, you watched a video of nine college students from Spanish-speaking countries as they introduced themselves. Do you know where each is from? With one or two classmates, play this game: One classmate says what country one of the students is from; another identifies the student by looking at the photos and cities of origin.

Modelo **Estudiante A:** Esta persona *(This person)* es de España.

Estudiante B: Gonzalo es de Madrid, España.

Arturo, Ciudad de Guatemala

Paulina, Ciudad de México

Stefano, Caracas

Susana, Barranquilla

Abby, Córdoba   Gonzalo, Madrid   Marisel, Caguas   Iván, Santo Domingo   Stephanie, Ciudad de México

1-74 **Videopodcast: Por el campus de UCR.** In MindTap, you took a tour of the **Universidad de Costa Rica** and saw short interviews of two students there. Let's interview some classmates on the same topics.

Primera parte: ¡Prepárate para hablar! To get ready to interview a classmate—and to be interviewed—complete the chart below with phrases and sentences that you would like to use to answer the questions.

How will you start the interview?	• Hola.	*To respond, you say:* _____
How will you gather basic personal information?	• ¿Cómo te llamas? • ¿De dónde eres? • ¿Dónde vives?	*To respond, you say:* _____ *To respond, you say:* _____ *To respond, you say:* _____
How will you ask about the university and campus?	• ¿Cómo se llama tu universidad? • ¿Es grande o pequeña? • ¿Dónde está la biblioteca?	*To respond, you say:* _____ *To respond, you say:* _____ *To respond, you say:* _____
What else can you ask?	• ¿Qué tienes en tu mochila? • ¿Adónde vas después de (after) clase? • *Create an original question:* _____	*To respond, you say:* _____ *To respond, you say:* _____
How will you end the interview?	• ¡Muchas gracias!	*To respond, you say:* _____

Segunda parte: ¡A hablar! Interview a classmate with the questions above. Then, switch roles and answer your classmate's questions.

Practice reading, writing, and speaking skills in ⚡ MINDTAP:

• **Lectura: La geografía**
• **Lectura auténtica: La neurociencia**
• **Composición:** A message to a former roommate

• **Pronunciación:** Vowels
• **Síntesis:** Interpersonal, interpretive, and presentational activities

VOCABULARIO

Para aprender mejor

Before studying long lists of words, classify them into meaningful categories. The words in this section are organized by parts of speech (nouns, verbs, adjectives), but you could also classify them as *things in my backpack*, *cognates*, etc.

Sustantivos

el apartamento *apartment*
la arroba *@*
la avenida *avenue*
la biblioteca *library*
el bolígrafo *pen*
la botella (de agua) *(water) bottle*
el café *coffee shop*
la cafetería *cafeteria*
el calendario *calendar*
la calle *street*
el campus *campus*
el (teléfono) celular *cell phone*
el centro estudiantil *student center*
la clínica *health center*
la compañera (de clase, de cuarto) *partner, classmate, roommate (female)*
el compañero (de clase, de cuarto) *partner, classmate, roommate (male)*
la computadora (portátil) *(laptop) computer*
el correo electrónico *email*
el cuaderno *spiral notebook*
el cuarto *room*
el diccionario *dictionary*
la dirección *address*
el estadio *stadium*
el estudiante *student (male)*
la estudiante *student (female)*
la facultad *college*
la familia *family*
el gimnasio *gym, fitness center*
la hoja de papel *sheet of paper*
el laboratorio *lab*
el lápiz *pencil*
la librería *bookstore*
el libro *book*

la luz *light*
el mapa (del mundo) *(world) map*
la memoria USB *flash drive*
la mesa *table*
la mochila *backpack*
el número (de teléfono) *(telephone) number*
la pared *wall*
la piscina *swimming pool*
la pizarra (digital) *(interactive) board*
el profesor *professor (male)*
la profesora *professor (female)*
la puerta *door*
el punto *dot*
el pupitre *desk*
el reloj *clock*
la residencia estudiantil *dorm*
el salón de clase *classroom*
la silla *chair*
la tableta *tablet (computer)*
el televisor *television, TV*
la universidad *university*
la ventana *window*

Verbos

estar *to be*
hay *there is / there are*
ir *to go*
ser *to be*
tener *to have*
Vivo... *I live...*

Adjetivos

cansado(a) *tired*
contento(a) *happy*
emocionado(a) *excited*
enfermo(a) *ill, sick*
enojado(a) *angry, mad*
estresado(a) *stressed*
grande *big, large*

mucho(a) *a lot of, many*
ocupado(a) *busy, occupied*
pequeño(a) *small*
preocupado(a) *worried, concerned*
triste *sad*

Adverbios

allí *there*
aquí *here*
muy *very*
también *also, too*
un poco *a little*

Preposiciones

al lado de *next to, beside*
cerca de *close to*
con *with*
en *on, in*
enfrente de *across from, facing*
lejos de *far from*

Preguntas

¿Adónde...? *Where...?*
¿Cómo...? *How...?*
¿Cuál...? *What...?*
¿De dónde...? *Where... from?*
¿De quién...? *Who... belong to?*
¿Dónde...? *Where...?*
¿Quién...? *Who...?*

Greetings and reactions, p. 12
Introductions, p. 13
Leave-takings, p. 13
Numbers 0–100, p. 16
Subject pronouns, p. 19
Courtesy expressions, p. 24
Classroom expressions, p. 25
Definite and indefinite articles, pp. 28–29
Expressions with *tener*, p. 40

La vida estudiantil

In this chapter you will . . .

- describe your classes and professors
- tell time
- talk about weekday and weekend activities
- extend, accept, and decline invitations
- make statements and ask questions
- write a message to an exchange student
- share your favorite place on campus

You will also . . .

- identify familiar landmarks in Spain
- experience Barcelona's street life
- identify popular majors in Spain
- recognize similarities and differences between your schedule and that of a peer in Spain and in Argentina
- discover connections to filmmaking and sociology
- compare social life at different Hispanic universities
- explore curricula in a Spanish university

Universidad de Granada, España

NUESTRO **MUNDO**
España

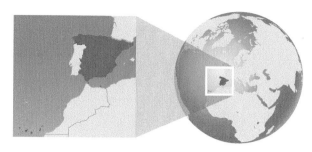

España es un país europeo muy diverso. Está compuesto por diecisiete comunidades autónomas y dos ciudades autónomas.

2-1 **Mi país.** Emilio de la Fuente, a student from Spain, tells us about his country. Working with a classmate, read his message. As you read, answer the corresponding questions in Spanish with a phrase or—when you can—a sentence. Don't worry about not knowing the meaning of every word you read; aim to understand the gist of each paragraph.

¡Hola! Me llamo Emilio, tengo 22 años y vivo en Sevilla, una preciosa ciudad *(city)* al sur *(south)* de España.

Soy estudiante de la Universidad de Sevilla. Elegí *(I chose)* la Universidad de Sevilla porque es la universidad con más historia de mi ciudad. ¡Tiene más de 500 años!

Me encanta *(I love)* mi ciudad porque tiene muchos monumentos y lugares históricos; además *(besides)*, el clima *(weather)* es genial.

En esta foto estoy enfrente de *(in front of)* La Giralda. La Giralda es el monumento más emblemático de Sevilla.

Emilio en Sevilla

1. ¿De dónde es Emilio?

2. ¿Cómo se llama la universidad de Emilio? ¿Cuántos años tiene?

3. ¿Cuál es el monumento más conocido *(best known)* de la ciudad de Sevilla?

¡Ahora tú!

• ¿Cuántos años tiene tu universidad?

• ¿Hay monumentos en tu campus o en tu ciudad?

• ¿Cuál es el monumento más conocido *(best known)*?

En España es muy habitual salir a comer *(go out to eat)* tapas a bares que tienen sus sillas y mesas en la calle. Además *(Besides)* de ser divertido, nuestra gastronomía es muy buena y todas las tapas son deliciosas.

Un bar en Sevilla

© travelstock44/Alamy Stock Photo

4. ¿Cuál es una tradición de España?

5. ¿Dónde están las mesas y las sillas?

¡Ahora tú!

- ¿Has comido tapas?
- ¿Qué bar (o café) es popular en tu ciudad *(city)*?

Si decides estudiar *(study)* fuera de *(outside)* los Estados Unidos, España es un lugar genial para hacerlo *(to do it)*. Hay muchísimos lugares interesantes para visitar. En la ciudad de Cádiz hay unas playas *(beaches)* fantásticas; en Barcelona hay algunos monumentos impresionantes como la Sagrada Familia; y cuando fui *(when I went)* a Asturias, me impresionó la naturaleza *(nature)* que hay allí. Espero que vengas a España a descubrir mi país por ti mismo. *(I hope you come to Spain and discover my country for yourself.)*

Un parque en Asturias

© Daniel Viñé Garcia/Moment/Getty Images

6. ¿En qué ciudad de España hay playas fantásticas? ¿Monumentos impresionantes? ¿Dónde hay naturaleza extraordinaria?

¡Ahora tú!

- ¿Cuál de los tres lugares *(places)* es más interesante para ti *(for you)*?

Go to ⁘ MINDTAP for these additional activities:

- **Perfil: Almanaque** and **Mapa**
- **Mi país:** Extended version of Emilio's narrative
- **Conexiones: Lenguas, Historia, Celebraciones**
- **Reportaje:** Video of street life in Barcelona

Háblame de tus clases

In this *Paso*, you will . . .
- describe your classes and professors
- talk about the days of the week
- create affirmative and negative sentences

Las carreras

¿Qué carrera estudias?

Estudio historia.

¿Es difícil?

No, pero hay mucha tarea.

Para describir las clases	*Describing classes*
¿Cómo es la clase de... ?	*What's . . . class like?*
Es...	*It's . . .*
interesante / aburrida	*interesting / boring*
fácil / difícil	*easy / difficult*
divertida	*fun*
No está mal.	*It's okay.*
... pero (no) hay...	*. . . but . . . there is(n't) / there are(n't) . . .*
muchos / pocos exámenes	*a lot of / few tests*
mucha / poca tarea	*a lot of / little homework*
muchos / pocos informes	*a lot of / few papers, reports*

Para hablar de las clases	*Talking about classes*
¿Cuál es tu clase preferida?	*What's your favorite class?*
Mi clase preferida es... porque...	*My favorite class is . . . because . . .*
Me gusta la clase de (música).	*I like (music) class.*

Las clases

lunes	martes	miércoles	jueves	viernes	sábado	domingo
inglés	historia	inglés	historia	inglés		
arte	cálculo	arte	cálculo	arte		
biología		biología		biología		

¿Qué clases tienes este semestre?

Los lunes, miércoles y viernes tengo inglés, arte y biología. Los martes y jueves tengo historia y cálculo.

Para describir a los profesores

¿Qué tal el profesor (la profesora)?
Él/Ella es...
   simpático(a) / antipático(a)
   bueno(a) / malo(a)
   organizado(a) / despistado(a)
   amable
   exigente

Describing professors

What do you think of the professor?
He/She is . . .
   nice / mean, unpleasant
   good / bad
   organized / scatterbrained, absentminded
   kind and helpful
   demanding, strict

Para hablar de los días de la semana

¿Qué día es?
Hoy / Mañana es (lunes).
¿Cuándo tienes la clase de (inglés)?
   Tengo inglés los (martes) y (jueves).
¿Cuándo es el examen de biología?
   Es el (miércoles).

Talking about days of the week

What day is it?
Today / Tomorrow is (Monday).
When do you have (English) class?
   I have English on (Tuesdays) and (Thursdays).
When is the biology exam?
   It's this (Wednesday).

PASO 1 VOCABULARIO

¡Aplícalo!

Colaborar

2-2 **¿Qué carrera estudias?** With a partner, choose the correct words in parentheses and then read the dialogue aloud.

CAMILO ¿Qué (1. día / carrera) estudias, Malena?

MALENA Estudio (2. administración / comunicación) de empresas.

CAMILO ¡Yo también! ¿Qué (3. clases / informes) tienes?

MALENA Los lunes y miércoles tengo (4. historia / semana), lenguas y sociología. Los (5. días / martes) y jueves tengo cálculo y economía.

CAMILO ¿Qué (6. cómo / tal) la clase de economía? ¿Es difícil?

MALENA No, es (7. fácil / amable). No hay (8. muy / mucha) tarea y la profesora es muy buena. Es mi clase (9. antipática / preferida).

2-3 **Opiniones.** What do you think of your classes this semester? Complete each of the following statements with the name of a class or professor. Then share your opinions with two other classmates. How many responses were the same?

1. En la clase de _____ hay mucha tarea pero no es muy difícil.

2. El (La) profesor(a) _____ es inteligente y muy amable.

3. Los exámenes son muy difíciles en la clase de _____.

4. La clase de _____ es interesante pero hay muchos informes.

5. Me gusta la clase de _____ porque hay mucha interacción con los compañeros.

6. Mi clase preferida este semestre es _____.

2-4 **Los días de la semana.** Work in groups of four or five to practice the days of the week. How fast can your group name the days?

- One of you begins by saying **Hoy es martes** and points to a classmate.

- That student replies **Mañana es miércoles**, then chooses a different day, says **Hoy es (+ día)**, and points to someone else.

- If you can't reply, say **¡Paso!** *(I pass!)* and point to another person.

Academic subjects, **Lección preliminar**

Clase

2-5 **¿Qué clase tienes?** How many of your classmates have course schedules like yours? Create a chart on paper like the one here and fill it out with your classes. Then, circulate and ask your classmates questions to try to find somebody who has a similar class on the same day. When you find someone who does, ask that person to sign your paper.

Modelo Estudiante A: ¿Tienes inglés los lunes?

Estudiante B: Sí. Tengo inglés los lunes, miércoles y viernes. / No, lo siento.

Estudiante A: Firma aquí *(Sign here)*. / Gracias.

lunes	martes	miércoles	jueves	viernes

¡Exprésate!

↻ Exchanging basic information, **Capítulo 1 Paso 1**

2-6 **En la oficina de admisión.** Imagine you work in the Admissions Office and that your partner is a transfer student. Interview him/her to fill out the following information sheet. Then switch roles.

- Begin the interview by asking **¿Cómo te llamas?**
- To ask for spelling, say **¿Cómo se escribe?**
- To request repetition, say **¿Puedes repetirlo?**

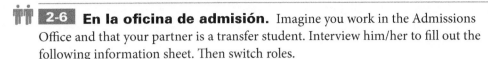

ADMISIÓN A LA FACULTAD DE HUMANIDADES

Nombre: _____

Teléfono: _____

Correo electrónico: _____

Carrera: _____

Cursos este semestre: _____

_____

_____

2-7 **¿Cómo es?** Based on the comments in the photos, what do you think these classes are like? What about your classes? What are they like?

Primera parte: Working with a partner, follow the model and create three short conversations about them.

Modelo **Estudiante A:** ¿Cómo es la clase de lenguas clásicas? ¿Qué tal el profesor?
Estudiante B: El profesor es bueno, pero la clase es muy difícil.

> Me gusta el profe, pero estoy estresada porque ¡no entiendo!

Clase de lenguas clásicas

> ¿Dónde está mi bolígrafo? Ah, sí, aquí está. ¿Y el libro de texto? ¿Dónde está mi libro?

Clase de física

> El profesor es amable, pero la clase es bla, bla, bla. Tengo sueño.

Clase de historia del arte

> Su atención, por favor. Mañana hay examen. Y la tarea es un informe de diez páginas.

Clase de ciencias políticas

Segunda parte: Ask each other what classes you have this semester and discuss one of the classes in more detail.

Modelo **Estudiante A:** ¿Qué clases tienes este semestre?
Estudiante B: Tengo inglés, español y química.
Estudiante A: ¿Cómo es la clase de inglés?
Estudiante B: Es…

Los adjetivos

MANOLO	La doctora Zolé es una profesora muy simpática.
VICTORIA	Sí, pero sus exámenes son muy difíciles.
MANOLO	Yo te ayudo. *(I'll help you.)*
VICTORIA	Eres un buen amigo, Manolo. ¡Gracias!

■ ■ ■
Descúbrelo

- What does Victoria think of her class with Doctor Zolé?
- What kind of friend is Manolo?
- What adjective does Manolo use to describe his professor? What letter does that adjective end in? Is that adjective placed before or after the word for *professor?*

1. Adjetives (**los adjetivos**) are words that describe people, places, or things.

- Use masculine adjective endings with masculine nouns and feminine endings with feminine nouns.

  El Sr. Calvo es **organizado**.   *Mr. Calvo is **organized**.*
  La Sra. García es **simpática**.   *Mrs. García is **nice**.*

- Additionally, use the plural endings when the noun is plural.

  Tengo dos clases **difíciles**.   *I have two **hard** classes.*

2. Follow this chart to choose the correct adjective endings.

Adjective ends in:	Masculine		Feminine	
	Singular	**Plural**	**Singular**	**Plural**
-o	buen**o**	buen**os**	buen**a**	buen**as**
-e	amabl**e**	amabl**es**	amabl**e**	amabl**es**
a consonant	informa**l**	informa**les**	informa**l**	informa**les**
-dor	trabaja**dor**	trabaja**dores**	trabaja**dora**	trabaja**doras**
-ista	optim**ista**	optim**istas**	optim**ista**	optim**istas**

3. Descriptive adjectives are normally placed *after* the nouns they describe. They can also be placed after the linking verbs **ser** and **estar**.

  Tengo unas clases **interesantes**.   *I have some **interesting** classes.*
  El profesor de inglés es **amable**.   *The English professor is **kind**.*

4. Adjectives that express *how many* (**muchos / muchas, pocos / pocas**) or *how much* (**mucho / mucha, poco / poca**) are placed *before* nouns.

  Hay **pocos** exámenes en arte.   *There are **few** exams in art.*
  Hay **mucha** tarea en historia.   *There's **a lot of** homework in history.*

5. The adjectives **bueno** and **malo** can be placed before or after nouns. When placed before a masculine singular noun, these adjectives drop the final **-o**.

un **buen** amigo	*a **good** friend (male)*	una **buena** amiga	*a **good** friend (female)*
un **mal** ejemplo	*a **bad** example*	unos **malos** ejemplos	*some **bad** examples*

6. The meaning of the adjective **grande** changes slightly depending on its placement. **Grande** is shortened to **gran** before a singular noun of either gender.

Before the noun:	una **gran** universidad	*a **great** university*
After the noun:	una universidad **grande**	*a **large** university*

Colaborar

2-8 Las clases de Blanca y Lucas. Blanca and Lucas are talking about their classes this semester. Working with a partner, choose the correct form of the adjective in each case and then read the conversation aloud.

¡Aplícalo!

LUCAS ¿Qué tal tus clases este semestre, Blanca? ¿Son (1. buenos / buenas)?

BLANCA No están mal, pero ¡estoy (2. estresado / estresada) porque son muy (3. difícil / difíciles)!

LUCAS Sí, entiendo. Yo también tengo profesores muy (4. exigente / exigentes). Estoy (5. preocupado / preocupada) por mis notas (*grades*).

BLANCA ¿Cuál es tu clase (6. preferido / preferida)?

LUCAS La informática. Hay (7. mucha / muchas) tarea, pero la profesora es (8. organizado / organizada).

BLANCA Mi profesor de informática es muy (9. despistado / despistada). Peor aún (*Even worse*), hay un examen el lunes y no entiendo el material.

LUCAS Yo te ayudo (*I'll help you*).

BLANCA Eres un (10. buen / bueno) amigo, Lucas.

2-9 Ta-Te-Ti con adjetivos. Challenge a classmate to a game of adjective tic-tac-toe. To mark your square with X or O, you must first say the phrase with the adjective in its correct form. For example: **unas clases (informal) → unas clases informales**.

unas clases (informal)	un cuarto (pequeño)	unos libros (interesante)
un examen (fácil)	una profesora (simpático)	una tarea (aburrido)
una universidad (importante)	unos compañeros (divertido)	un diccionario (grande)

unos profesores (exigente)	un gimnasio (grande)	unas universidades (central)
una clase (organizado)	una compañera (antipático)	un amigo (despistado)
una residencia (divertido)	unos informes (difícil)	unas amigas (simpático)

¡Exprésate!

Frases útiles

Para mí *For me, In my view*
En mi opinión *In my opinion*
¿Qué piensan ustedes? *What do you think?*
(No) Estoy de acuerdo. *I (dis)agree.*

2-10 Encuesta. Which courses, professors, and places around campus fit the descriptions below? Compare opinions with several classmates.

Modelo una clase aburrida pero fácil

Estudiante A: En mi opinión, la clase de historia es aburrida pero fácil. ¿Qué piensan ustedes?

Estudiante B: Estoy de acuerdo.

Estudiante C: Para mí, la clase de historia es muy interesante.

1. una clase aburrida pero fácil
2. un gimnasio moderno
3. dos clases muy divertidas
4. dos profesores muy simpáticos
5. un restaurante excelente
6. una clase difícil pero interesante

2-11 ¿Cierto o falso? With a partner, take turns making either true or false statements about the drawing. Say **cierto** (if it's true) or **falso** (if it's false).

Some useful words: **amable, antipático, bueno, despistado, difícil, divertido, exigente, grande, malo, organizado, pequeño, simpático.**

Modelo **Estudiante A:** El profesor es **aburrido.**

Estudiante B: Falso. El profesor es divertido.

2-12 En el club de español. To practice Spanish, you have decided to go to the conversation hour sponsored by Spanish Club. With a classmate, role-play talking with a club member there. Follow the numbering and use the phrases provided to guide you.

Estudiante A	Estudiante B
1. Say hello and introduce yourself: **¡Hola! Me llamo...**	2. Return the greeting and introduce yourself: **¡Hola! Yo soy...**
3. Respond to the introduction and ask what classes your partner has this semester.	4. Say what classes you have. Then say what your favorite class is and describe the class and the professor.
5. Say what your favorite class is. Then describe the class and the professor.	6. Say who your favorite professor is and describe that person.
7. End the conversation by thanking the student for talking and say good-bye: **Gracias por conversar...**	8. Say good-bye.

¡Exprésate!

Frases útiles

Para mí *For me, In my view*
En mi opinión *In my opinion*
¿Qué piensan ustedes? *What do you think?*
(No) Estoy de acuerdo. *I (dis)agree.*

2-10 Encuesta. Which courses, professors, and places around campus fit the descriptions below? Compare opinions with several classmates.

Modelo una clase aburrida pero fácil

Estudiante A: En mi opinión, la clase de historia es aburrida pero fácil. ¿Qué piensan ustedes?

Estudiante B: Estoy de acuerdo.

Estudiante C: Para mí, la clase de historia es muy interesante.

1. una clase aburrida pero fácil
2. un gimnasio moderno
3. dos clases muy divertidas
4. dos profesores muy simpáticos
5. un restaurante excelente
6. una clase difícil pero interesante

2-11 ¿Cierto o falso? With a partner, take turns making either true or false statements about the drawing. Say **cierto** (if it's true) or **falso** (if it's false).

Some useful words: **amable, antipático, bueno, despistado, difícil, divertido, exigente, grande, malo, organizado, pequeño, simpático.**

Modelo **Estudiante A:** El profesor es **aburrido.**

Estudiante B: Falso. El profesor es divertido.

2-12 En el club de español. To practice Spanish, you have decided to go to the conversation hour sponsored by Spanish Club. With a classmate, role-play talking with a club member there. Follow the numbering and use the phrases provided to guide you.

Estudiante A	Estudiante B
1. Say hello and introduce yourself: **¡Hola! Me llamo...**	2. Return the greeting and introduce yourself: **¡Hola! Yo soy...**
3. Respond to the introduction and ask what classes your partner has this semester.	4. Say what classes you have. Then say what your favorite class is and describe the class and the professor.
5. Say what your favorite class is. Then describe the class and the professor.	6. Say who your favorite professor is and describe that person.
7. End the conversation by thanking the student for talking and say good-bye: **Gracias por conversar...**	8. Say good-bye.

60 Capítulo 2

La oración y la negación

ALICIA	Mi clase preferida es cálculo.
ENRIQUE	Mi clase preferida no es cálculo. Es literatura.
ALICIA	Cada loco con su tema (*To each his own*).

■■■
Descúbrelo

■ Does Alicia like mathematics?

■ Who likes literature?

■ What is the verb in the first sentence? Does it come before or after the subject of the sentence?

■ To say that something *isn't*, what word is placed before the verb **es**?

1. A complete sentence (**una oración**) consists of a subject (**el sujeto**) and a verb (**el verbo**); other elements may be added to complete the thought.

SUBJECT	+	CONJUGATED VERB	+	OTHER ELEMENTS
Mi clase preferida		es		literatura.
My favorite class		*is*		*literature.*

2. The verb in a complete sentence is always conjugated. That is, the verb is changed from its infinitive form (**estar, ir, ser, tener**) to a new form that corresponds to the subject of the sentence. For example, in the sentence below, **está** is the form of **estar** that corresponds to the subject **Marta (ella)**.

   Marta **está** en la biblioteca.   *Marta **is** in the library.*

3. The conjugated form of a verb also indicates *when* the action takes place. In the sentence below, for instance, the verb is conjugated in the present tense (**el presente de indicativo**); this verb tense tells us that the action is taking place now or that it takes place regularly.

   Alicia y Enrique **van** al gimnasio los martes y jueves.
   *Alicia and Enrique **go** to the gym on Tuesdays and Thursdays.*

4. Subjects may be nouns (**María, los estudiantes**) or subject pronouns (**yo, tú, él, ella, nosotros, nosotras, ellos, ellas**). In Spanish, the subject pronoun is not stated if the verb ending and the context of the conversation make the subject clear. This is known as an understood subject.

   Alicia está en la cafetería. **Tiene** hambre. (*understood subject = **ella***)
   *Alicia is in the cafeteria. **She is** hungry.*

5. A negative sentence (**una oración negativa**) conveys the idea that somebody *doesn't* do something. To make a sentence negative, add **no** before the verb. In negative sentences in Spanish, the words *do* and *does* are not expressed.

   Enrique **no** tiene clase hoy.   *Enrique **doesn't** have class today.*

PASO 1 GRAMÁTICA B

¡Aplícalo! **2-13** **En España.** Ingrid is studying Spanish in Spain this semester. To find out why she's enjoying this experience, work with a classmate to unscramble each group of words and use them to write a complete sentence.

Modelo buena / la / es / universidad
La universidad es buena.

1. son / los / amables / profesores
2. los / viernes / clase / no / tenemos
3. cerca / campus / residencia / la / del / está
4. fiestas *(parties)* / vamos / a / sábados / los
5. es / no / tarea / la / difícil

2-14 **Magaly y yo.** What is Penélope saying about campus life? Working with a partner, take turns reading the sentences aloud. For the second sentence in each set, you must decide what the understood subject is and conjugate the verb in parentheses in the present tense.

1. Mi compañera de cuarto se llama Magaly. (Ser) _____ de Sevilla, España.
2. Magaly está muy ocupada este semestre. (Tener) _____ seis clases.
3. Yo no estoy muy ocupada este semestre. (Tener) _____ solo *(only)* cuatro clases.
4. Magaly y yo tenemos muchos amigos en la universidad. (Ir) _____ al gimnasio con ellos *(with them)* los lunes y jueves.
5. Me gusta la universidad. Los profesores son muy buenos. También (ser) _____ muy amables.

2-15 **España.** Working with a partner, make the statements about Spain negative and then provide the correct information from the list, as in the model.

Modelo España es una república.
España **no** es una república. Es una monarquía parlamentaria.

Información sobre España

Es Madrid.
Es el euro.
Tiene diecisiete comunidades autónomas.
Es una monarquía parlamentaria.
Está en Europa.
Tiene dos colores principales.

1. España está en América del Sur.
2. La capital es Salamanca.
3. Tiene siete comunidades autónomas.
4. La moneda *(currency)* es el dólar.
5. La bandera *(flag)* tiene cuatro colores principales.

¡Exprésate!

2-16 **¡No!** You disagree with almost everything your friend Marcos says. With a partner, take turns reading aloud and responding to his remarks. First, create a negative sentence that contradicts Marcos; then, create an affirmative one with your opinion.

Modelo **Estudiante A (Marcos):** La clase de biología es difícil.

Estudiante B: ¡No es verdad! *(That's not true!)* La clase de biología **no** es difícil. Es fácil y hay poca tarea.

1. El profesor de inglés es aburrido.
2. Las residencias son pequeñas.
3. La cafetería es mala.
4. Tenemos un examen de informática hoy.
5. La biblioteca está lejos de las residencias.
6. Hay mucha tarea en la clase de psicología.

2-17 **Nominaciones.** With a partner, decide which professor you would like to nominate for "Professor of the Year" at your college. Then, using the cues as a guide, write at least five sentences that support your nomination. Include the following information:

Nombre del profesor / de la profesora: _____

Nombre de la clase: _____

Descripción del profesor / de la profesora: _____

Descripción de la clase: _____

Información sobre exámenes y tarea: _____

↻ The verb **tener, Capítulo 1 Paso 3**

2-18 **¿Qué tienen?** Take turns with a partner. One person uses the verb **tener** to create a statement about one of the photos, but without saying the name indicated in the drawing. Then the other person identifies which photo was described.

Modelo **Estudiante A:** Tiene hambre.

Estudiante B: ¿Juan?

Estudiante A: ¡Correcto!

Julia

Marina

Armando

Juan

Lola

Mariluz

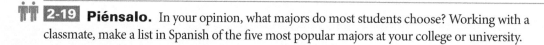

EN ACCIÓN: Preguntas esenciales

¿Cuáles son las carreras más populares? ¿Por qué eligen (choose) los estudiantes esas carreras?

 2-19 Piénsalo. In your opinion, what majors do most students choose? Working with a classmate, make a list in Spanish of the five most popular majors at your college or university.

 2-20 La opinión de Emilio. Emilio de la Fuente is a student from Seville, Spain. Working with a classmate, read his comments about popular majors; then, answer the questions in Spanish.

1. Según (According to) Emilio, ¿cuáles son las carreras más populares en España? ¿Por qué eligen (choose) los estudiantes esas carreras?

2. ¿Qué estudia Emilio? ¿Por qué?

Besides

tends to

Sports

> Las carreras más populares son las relacionadas con la medicina y la educación. La mayoría de la gente elige estas carreras por vocación. Además°, la gente que las estudia suele° tener un trabajo más estable que con otras carreras. Yo estudio Ciencias de la Actividad Física y del Deporte°. Elegí esta carrera porque me gusta mucho el deporte desde pequeño.

© Emilio de la Fuente

2-21 Otras opiniones. The graph summarizes the results of a survey done by the **Universidad de Granada** in Spain. With a classmate, complete the statements with information from the survey.

1. La mayoría (majority) de los estudiantes de la Universidad de Granada, España, eligen su carrera por _____.

2. Hay otra razón (reason) importante. Muchos estudiantes eligen su carrera porque _____.

3. Un porcentaje pequeño de los estudiantes eligen su carrera por _____.

RAZÓN PRINCIPAL PARA ELEGIR CARRERA

Por recomendación de otras personas — Por tradición familiar

5%

9%

Porque hay más posibilidades de trabajo — 28%

58%

Por vocación

Fuente: Estudio de los Egresados de la Universidad de Granada

2-22 ¿Y tú? Talk with a classmate about your own major and why you chose it. Use these questions as a guide.

1. ¿Cuál es tu carrera?

2. ¿Por qué escogiste (did you choose) esa carrera?

EN ACCIÓN: Comunicación interpretativa

Wednesdays are special days at the Bulebar Café in Seville, Spain. That's when everyone—from students to retirees—comes together to listen to professors from the **Universidad de Sevilla** talk about science. Topics range from the chemistry of tsunamis to the ethical use of animals in experimentation. Ready to find out more?

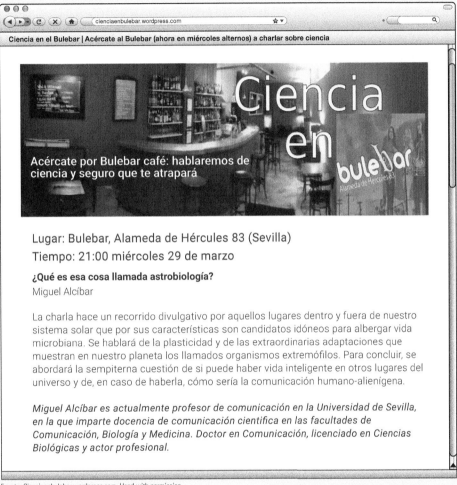

ciencienbulebar.wordpress.com

Ciencia en el Bulebar | Acércate al Bulebar (ahora en miércoles alternos) a charlar sobre ciencia

Acércate por Bulebar café: hablaremos de ciencia y seguro que te atrapará

Ciencia en bulebar

Lugar: Bulebar, Alameda de Hércules 83 (Sevilla)
Tiempo: 21:00 miércoles 29 de marzo

¿Qué es esa cosa llamada astrobiología?
Miguel Alcíbar

La charla hace un recorrido divulgativo por aquellos lugares dentro y fuera de nuestro sistema solar que por sus características son candidatos idóneos para albergar vida microbiana. Se hablará de la plasticidad y de las extraordinarias adaptaciones que muestran en nuestro planeta los llamados organismos extremófilos. Para concluir, se abordará la sempiterna cuestión de si puede haber vida inteligente en otros lugares del universo y de, en caso de haberla, cómo sería la comunicación humano-alienígena.

Miguel Alcíbar es actualmente profesor de comunicación en la Universidad de Sevilla, en la que imparte docencia de comunicación científica en las facultades de Comunicación, Biología y Medicina. Doctor en Comunicación, licenciado en Ciencias Biológicas y actor profesional.

Fuente: Cienciaenbulebar.wordpress.com. Used with permission.

2-23 ¿Qué entiendes? Read the announcement about an event at the Bulebar Café. Then answer the questions.

1. ¿Cuándo y dónde es la charla *(talk)*?

2. ¿Quién presenta la charla?

3. ¿Cuál es el tema de la charla?

2-24 Tertulia. Talk with two or three classmates about science lectures. Use these questions as a point of departure.

1. En tu opinión, ¿cuál de las ciencias es más interesante: la biología, la química, la astronomía, la geología o la física?

2. ¿Hay un café parecido al *(similar to)* Café Bulebar en tu comunidad? ¿Cómo se llama? ¿Cuándo tienen charlas?

Un día típico entre semana

In this *Paso*, you will . . .
- tell time
- talk about weekday activities
- ask and answer yes/no questions

La hora

¿Qué hora es?

Son las tres.

¡Ay, no! ¡Tengo clase en cinco minutos!

Iván

Puri

Es la una.

Son las tres.

Son las seis y cuarto.

Son las siete y media.

Son las nueve menos diez. / Son las ocho y cincuenta.

Para decir la hora	*Telling time*
¿Qué hora es?	*What time is it?*
Es mediodía. / Es medianoche.	*It's noon. / It's midnight.*
de la mañana	*a.m. (6 a.m. to noon)*
de la tarde	*p.m. (noon to sundown)*
de la noche	*p.m. (sundown to midnight)*
de la madrugada	*a.m. (late night, early morning hours)*
Son las tres y cincuenta de la madrugada.	*It's 3:50 a.m.*
Son las cuatro menos diez de la madrugada.	*It's ten 'til four in the morning.*

Para hablar de los horarios	*Talking about schedules*
¿A qué hora es tu primera / última clase?	*What time is your first / last class?*
Mi primera / última clase es a (las nueve).	*My first / last class is at (9:00).*
No tengo clases por la mañana / tarde / noche.	*I don't have classes in the morning / afternoon / evening.*

Un día típico

Hola, soy Nuria. **Normalmente, llego** a la universidad (**comunitaria**) a las nueve.

Paso la mañana en clases. ¡**Tomo** muchos **apuntes**!

Por la tarde, **practico deportes**.

También **trabajo de** tres **a** seis.

Por la noche, **estudio** por dos horas.

También **miro la tele**.

Actividades cotidianas	*Everyday activities*
descansar	*to relax*
escuchar música	*to listen to music*
estudiar para una clase en línea	*to study for an online class*
hablar por teléfono	*to talk on the phone*
participar en un grupo estudiantil	*to participate in a student organization*
pasar el rato con amigos	*to spend time / to hang out with friends*
pasar horas en Internet	*to spend hours online*
regresar a casa	*to go back home*
terminar la tarea	*to finish up homework*
tocar (la guitarra, el piano)	*to play (the guitar, the piano)*

PASO 2 VOCABULARIO

👥✕👤 Colaborar **2-25** **El horario de clases.** Pablo Castillo is getting a degree in social work (**trabajo social**). With a partner, look at his class schedule and complete the sentences by adding a number, a time, or the name of a class.

Nota cultural

The 24-hour system for telling time is often used in schedules. In this system, 10:30 p.m. is written as 22.30 h. (The abbreviation **h** stands for **horas**.) To convert a 24-hour time to the 12-hour clock, subtract twelve from it (22.30 − 12 = 10.30).

Facultad de Ciencias Sociales			HORARIO 1° TRABAJO SOCIAL		
HORARIOS	LUNES	MARTES	MIÉRCOLES	JUEVES	VIERNES
14.30–16.00			Prácticas de Trabajo Social		Prácticas de Trabajo Social
16.00–17.30	Psicología General	Introducción a la Antropología		Introducción al Trabajo Social	
17.30–19.00	Introducción al Trabajo Social	Derecho	Introducción a la Antropología	Sociología	Sociología
19.00–20.30		Introducción a los Servicios Sociales	Introducción a los Servicios Sociales	Psicología General	Derecho

1. Pablo tiene _____ clases en total.
2. Los lunes, la primera clase es a las _____ de la tarde y la última es de _____ a _____ de la noche.
3. Las prácticas son los _____ y _____ a las _____ de la tarde.
4. La clase de antropología es los _____ a las _____ de la tarde y los _____ a las _____ de la tarde.
5. La clase de sociología es los _____ y los _____ a las _____ de la tarde.
6. Los viernes, la última clase de Pablo es _____, de _____ a _____ de la noche.

 Places around campus, **Capítulo 1 Paso 3**

👥✕👤 Colaborar **2-26** **¿Dónde están?** Where are these students when they do these things? With a partner, take turns reading aloud the descriptions of their activities and saying where they most likely are.

Modelo **Estudiante A:** Bárbara estudia y termina la tarea.
Estudiante B: Está en la biblioteca.

la biblioteca	**el estadio**	**la librería**
el café	**el gimnasio**	**la piscina**
la clase de historia	**el laboratorio**	**la residencia**

1. Dulce María escucha al profesor y toma apuntes.
2. José Luis practica el hockey con amigos.
3. Mariana pasa horas en los experimentos de biología.
4. Paulina mira sus programas favoritos en la tele.
5. Eduardo mira los partidos de fútbol (*soccer matches*) con los amigos.
6. Ana pasa el rato con amigos.

2-27 **¿Qué hora es?** Working with a partner, take turns asking and answering what time it is. When one partner says the time, the other indicates which image corresponds to that time. Add the appropriate phrase for a.m. or p.m. (**de la mañana, de la tarde, de la noche, de la madrugada**).

Modelo   **Estudiante A:** ¿Qué hora es?
Estudiante B: Son las nueve y diez de la mañana.
Estudiante A: *(Pointing to the image with the time mentioned)* Es este. *(It's this one.)*

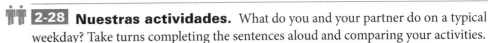

2-28 **Nuestras actividades.** What do you and your partner do on a typical weekday? Take turns completing the sentences aloud and comparing your activities.

1. Normalmente llego a la universidad a las (ocho / diez / once / ¿ ... ?). ¿Y tú?

2. Paso la mañana en (clase / la residencia / el gimnasio / ¿ ... ?). ¿Y tú?

3. Por lo general estudio por (dos / tres / ¿ ... ?) horas. ¿Y tú?

4. Hablo mucho de (política / deportes / música / ¿ ... ?). ¿Y tú?

5. A veces *(Sometimes)* practico (el tenis / el voleibol / el básquetbol / ¿ ... ?). ¿Y tú?

6. (Participo / No participo) en un grupo estudiantil. ¿Y tú?

7. Por la noche miro videos de (YouTube / Netflix / TedTalks / ¿ ... ?). ¿Y tú?

8. También descanso y escucho música (hip hop / clásica / rock / ¿ ... ?). ¿Y tú?

9. Normalmente termino la tarea antes de *(before)* (las once / medianoche / la una / ¿ ... ?). ¿Y tú?

10. *(Mention one other thing you do on a typical weekday.)* ¿Y tú?

2-29 **¿Dónde están?** In small groups, talk about where you are at certain hours. Taking turns, first say a day and a time; then ask the others where they are.

Modelo   **Estudiante A:** Es martes y son las ocho de la noche. ¿Dónde están ustedes?
Estudiante B: Normalmente estoy en la residencia estudiantil.
Estudiante C: Por lo general *(Generally)*, yo estoy en el gimnasio.

El presente de los verbos regulares -*ar*

HORACIO ¿Trabajas este semestre?

BEATRIZ Sí. Normalmente trabajo de seis a nueve de la noche. ¿Y tú?

HORACIO No trabajo, pero estudio mucho. ¡Soy un comelibros *(bookworm)*!

■ ■ ■
Descúbrelo

- Which of the two students has a job?
- Does this person work three hours routinely or rarely?
- What ending does the verb have when Horacio asks Beatriz whether she works?
- What ending does the verb have when Beatriz answers Horacio's question?

1. The present tense (**el presente de indicativo**) expresses these notions:

- an action that occurs regularly or routinely

  Trabajo los lunes y los martes.　　***I work** on Mondays and Tuesdays.*

- an ongoing action or condition

  Tomo cuatro clases este semestre.　　***I'm taking** four classes this semester.*

- an action that will take place in the near future

  Hablo con el profesor mañana.　　***I'm talking** with the professor tomorrow.*

2. Here are the endings for the **-ar** verbs in the present tense. These endings are used with all the new verbs in this **Paso**: **contestar, descansar, escuchar, estudiar, hablar, llegar, mirar, participar, pasar, practicar, regresar, terminar, tocar, tomar,** and **trabajar**.

<table>
<tr><td colspan="4" align="center">**El presente indicativo de los verbos regulares -*ar***</td></tr>
<tr><td colspan="4" align="center">**tomar** *to take*</td></tr>
<tr><td align="right">yo</td><td>tom**o**</td><td align="right">nosotros/nosotras</td><td>tom**amos**</td></tr>
<tr><td align="right">tú</td><td>tom**as**</td><td align="right">vosotros/vosotras</td><td>tom**áis**</td></tr>
<tr><td align="right">usted</td><td>tom**a**</td><td align="right">ustedes</td><td>tom**an**</td></tr>
<tr><td align="right">él/ella</td><td>tom**a**</td><td align="right">ellos/ellas</td><td>tom**an**</td></tr>
</table>

3. To create a complete sentence with any of these verbs, first say the subject (who is doing the action), then add the conjugated verb (the action itself), and finally finish with the rest of the thought.

SUBJECT	+	VERB	+	OTHER ELEMENTS
Muchos estudiantes		trabaj**an**		por la noche.
Many students		*work*		*in the evenings.*

Subject pronouns are often omitted because the verb ending indicates who the subject is.

Estudio por la tarde.　　*I study in the afternoons.*

Colaborar

2-30 El blog de Daniel. With a partner, complete Daniel's blog about a typical day at the **Universidad de Salamanca**. Choose the more logical verb in each case and write it in the present tense.

¡Aplícalo!

---

www.uni.es/blogs/daniel

| Vida en el Campus | Blogs | Visitas | Coste | Matricular | Aceptado | Consejeros |

Inicio ▾ Blogs ▾ Daniel

Buscar

En un día típico yo (1. regresar / llegar) _____ a la universidad a las nueve. Mis compañeros y yo (2. pasar / trabajar) _____ la mañana en clase. En clase, nosotros (3. tocar / estudiar) _____ la gramática. Yo (4. tomar / escuchar) _____ muchos apuntes en esa *(that)* clase porque el profesor Cruz (5. ser / ir) _____ muy exigente. A las once, yo (6. ir / trabajar) _____ a la clase de cultura española con la profesora Sánchez. Ella (7. participar / hablar) _____ mucho de la historia de España. ¡(8. Tener / Ser) _____ muy interesante! Por la tarde, normalmente yo (9. pasar / mirar) _____ el rato con amigos.

Colaborar

2-31 Nuria Carrillo. Imagine you are studying abroad in Spain. What is life like there for you and your friend Nuria? With a partner, complete the sentences with logical verbs in the present tense. Add other words where you see this cue: (¿ ... ?)

1. Nuria Carrillo _____ la carrera de psicología.
Yo _____ la carrera de (¿ ... ?) _____.

2. Nuria _____ a la universidad a las nueve.
Yo _____ a (¿ ... ?) _____.

3. Nuria y yo _____ deportes los domingos.
A veces yo _____ deportes los (¿ ... ?) _____.

4. Los martes y jueves, Nuria _____ en una cafetería.
Yo no _____. /
Yo _____ en (¿ ... ?) _____.

5. Nuria no _____ mucho la tele porque está ocupada.
Yo _____ la tele (¿ ... ?) _____.

6. Nuria _____ horas en la biblioteca cuando hay un examen. Cuando tengo un examen, yo _____ horas en (¿ ... ?) _____.

2-32 El estudiante modelo. What does a model student usually do? Take turns creating sentences and responding by saying **cierto** (*true*) or **falso** (*false*).

Modelo   mirar la tele todas las noches (*every night*)
Estudiante A: El estudiante modelo mira la tele todas las noches.
Estudiante B: Falso.

tomar buenos apuntes en clase	estar en Twitter en clase
ir a fiestas todas las noches	ser organizado
llegar a clase tarde (*late*)	pasar horas y horas en la biblioteca
no escuchar a los profesores en clase	hablar por teléfono en clase
estudiar mucho para los exámenes	no terminar la tarea normalmente

2-33 Un lunes típico. What time do you and your partner do these things on a typical Monday? Interview a classmate by creating questions with the phrases in the chart. Listen to each response and then check the appropriate column.

Note: If you do not engage in the activity you're asked about, reply with **no**; for example: **No trabajo.**

Modelo   **participar** en un grupo estudiantil
Estudiante A: ¿A qué hora participas en un grupo estudiantil?
Estudiante B: Participo a las ocho de la noche. ¿Y tú? (*Estudiante A checks* **Por la noche**.)
Estudiante A: Yo participo a la una. (*Estudiante B checks* **Por la tarde**.)

Actividad	Por la mañana	Por la tarde	Por la noche
1. **llegar** a la universidad			
2. **regresar** a casa			
3. **trabajar**			
4. **pasar** el rato con amigos			
5. **mirar** la televisión			
6. **terminar** la tarea normalmente			
7. **descansar** en casa			

Colaborar

2-34 Estamos súper ocupados. A friend from Spain wants to know how things are going for you this semester. Working with a classmate, complete the note below and explain how busy you and your friends are. Write at least five sentences.

¡Hola Carlos!
¿Cómo estás? Aquí todo va bien, pero mis amigos y yo estamos súper ocupados. Tenemos cinco clases todos los días. Normalmente, nosotros...

_____
_____
_____
_____

Bueno, tengo que ir a clase ahora. ¡Estamos en contacto!
Saludos de...

Las preguntas de sí/no

CARLOS ¿Toca Miguel la guitarra?

MARÍA No, no toca la guitarra. Toca el piano.

CARLOS ¡Ah! ¿Y tú, María? ¿Tocas el piano también?

MARÍA Un poco. ¡No soy Alicia Keys!

■ ■ ■
Descúbrelo

- What instrument does Miguel play?
- Who else plays the piano?
- When Carlos asks whether Miguel plays the guitar, which word comes first—the subject or the verb?
- To say that somebody *doesn't* do something, what word is placed before the verb?

1. There are three main patterns for yes/no questions (**preguntas**).

¿CONJUGATED VERB + SUBJECT + OTHER ELEMENTS?

¿Toca   Miguel   el piano?

Does Miguel play the piano?

¿CONJUGATED VERB + OTHER ELEMENTS + SUBJECT?

¿Toca   la guitarra   Miguel?

Does Miguel play the guitar?

¿SUBJECT + CONJUGATED VERB + OTHER ELEMENTS?

¿Miguel   toca   el violín?

Miguel plays the violin?

2. The subject of a yes/no question may also be understood rather than stated.

¿Tocas el violín?   *Do you play the violin?*

3. Yes/No questions may also be negative. In this case, the word **no** is added just before the conjugated verb. The words *doesn't* and *don't* are not expressed in Spanish.

¿**No** toca Miguel el piano?   **Doesn't** *Miguel play the piano?*

4. To answer a yes/no question in the affirmative, say **sí** *(yes)* and then add a statement with more information.

CARLOS ¿Estudias mucho?   *Do you study a lot?*

MARÍA **Sí,** normalmente estudio por tres horas.   **Yes,** *I usually study for three hours.*

5. To answer a yes/no question in the negative, say **no** and add a negative statement, or say **no** and add the correct information.

CARLOS ¿Estudias química?   *Do you study chemistry?*

MARÍA **No, no** estudio química.   *No, I **don't** study chemistry.*

PASO 2 GRAMÁTICA B

¡Aplícalo! Colaborar **2-35** **Universidad de Sevilla.** Would you like to study abroad one day in Seville, Spain? Taking turns with a classmate, one person reads aloud a question about the **Universidad de Sevilla** and the other gives the most logical response.

Preguntas	Respuestas
_____ 1. ¿Es pequeña la universidad?	a. Sí, practican rugby, hockey, fútbol y más.
_____ 2. ¿Está cerca de Madrid?	b. No, no tengo, pero hay uno en Internet.
_____ 3. ¿Tiene muchas bibliotecas?	c. Sí, y también apartamentos.
_____ 4. ¿Practican los estudiantes deportes?	d. No, es grande. Tiene 70 000 (setenta mil) estudiantes.
_____ 5. ¿Hay residencias estudiantiles?	e. No, está lejos.
_____ 6. ¿Tienes un mapa del campus?	f. Sí, tiene veinte.

 Colaborar **2-36** **Cuatro personas, dos conversaciones.** What are the people in the photos talking about? With a partner, first decide which lines go with which pictures. Then, put the lines in order to form one short conversation for each photo. Write the two short exchanges on a piece of paper and read them aloud with a classmate.

¿Escuchas música flamenca? **No, no mucho. ¿Y tú?** **Sí, es muy buena.**
No, es el lunes. **Sí. ¿Es el examen el viernes?** **¿Tienes una pregunta?**

© Diego Cervo/Shutterstock.com

© Yellow Dog Productions/Photodisc/ Getty Images

 Colaborar **2-37** **Por teléfono.** Work with a classmate to complete the following telephone conversation. First, read it through to get the gist. Then create logical yes/no questions for the missing lines. Finally, read the dialogue aloud with your partner.

ALE   ¡Hola, Cris! Habla Ale. ¿(1) _____?

CRIS   Sí, muy ocupado. Tengo tarea de español. ¿(2) _____?

ALE   No, no tengo tarea hoy. ¿(3) _____?

CRIS   No, estoy en el centro estudiantil.

ALE   ¡Yo también estoy en el centro estudiantil!

CRIS   ¿(4) _____?

ALE   Sí, estoy enfrente del televisor. ¿Y tú? ¿(5) _____?

CRIS   Sí, estoy en el café, cerca de la puerta. ¿(6) _____?

ALE   Sí, miro deportes. Cris, ¡tienes que hacer la tarea aquí!

¡Exprésate!

Clase

2-38 **¿Qué haces?** Circulate around the class and ask your fellow students yes/no questions formed from the phrases in the chart. When somebody answers **sí** to a question, ask that person to sign your book or paper. The first person to get all the items signed is the winner.

¡Ojo! A maximum of two signatures per person is allowed.

Modelo **tener** inglés los lunes

Estudiante A: Hola, *(name)*. ¿Tienes inglés los lunes?

Estudiante B: ¡Sí!, tengo inglés los lunes. / No, lo siento. No tengo inglés los lunes.

Estudiante A: Firma *(Sign)* aquí, por favor. / Gracias.

Actividad	Firma *(Signature)*
escuchar música clásica	
tomar buenos apuntes en historia	
tocar bien el piano	
participar en un grupo estudiantil	
tener examen mañana	
mirar deportes en la televisión	
ir al gimnasio por la noche	
estudiar los sábados	

2-39 **Tengo muchas preguntas.** One of the members of the Spanish Club is studying in Spain at the same university that you would like to attend. You want to know more! Working with a partner, write a list of six to eight questions that you want to ask the next time you chat. At least four of the questions should be yes/no questions.

Modelo ¿Es grande la universidad?

¿Tienes muchos amigos españoles?

¿Tienes clase a las ocho de la mañana?

2-40 **¡Sí!** With a classmate, take turns asking each other ten yes/no questions. The person who gets the most **sí** answers wins the game.

Modelo **Estudiante A:** ¿Escuchas música reggaetón?

Estudiante B: Sí. ¿Estudias en la biblioteca?

Estudiante A: ¡No! ¿Participas... ?

EN ACCIÓN: Preguntas esenciales
¿Cómo es el horario de un estudiante universitario?

 2-41 **Piénsalo.** What do you think the typical schedule is like for students at your college? Working with a classmate, compare your ideas by answering the questions.

1. ¿Cuándo tienen clases la mayoría (*majority*) de los estudiantes?

2. ¿A qué hora comen (*have lunch*)?

3. ¿Cuándo tienen tiempo libre (*free time*)? ¿Qué hacen (*What do they do*)?

Colaborar
2-42 **La opinión de Emilio.** Emilio de la Fuente, a student at the **Universidad de Sevilla,** tells us what the schedule is like for a typical university student in Spain. With a classmate, read his comments and then answer the questions in Spanish.

1. Según (*According to*) Emilio, ¿a qué hora es la primera clase de los estudiantes?

2. ¿Hay clases por la tarde normalmente?

3. ¿Qué hacen los estudiantes (*What do students do*) en el tiempo libre (*free time*)?

usually

have lunch

free
travel

> Un estudiante universitario en España suele° tener clases por la mañana desde las 8:00 o 9:00 hasta un máximo de las 15:00, cuando es normal comer° en España. Después de clases tiene las tardes y los fines de semana libres° para estudiar, estar con sus amigos, viajar°...

© Emilio de la Fuente

Colaborar
2-43 **Otras opiniones.** Here is the class schedule of a law student at ESADE, a university in Spain. With a classmate, read it and then indicate whether the statements are true (**cierto**) or false (**falso**).

1. La primera clase del estudiante es a las ocho.

2. Por la mañana tiene cinco clases.

3. Normalmente come (*eats lunch*) a la dos y media.

4. Estudia a las seis y media.

5. Practica deportes todos los días de la semana.

8.00	Inicio de la clase de Derecho Procesal II
9.30	Descanso hasta la siguiente clase
10.00	Inicio de la clase de Derecho Laboral I
11.00	Descanso hasta la siguiente clase
12.30	Inicio de la clase Inglés III
14.30	Fin de las clases y hora de comer
16.30	Dos horas de estudio diarias y momento destinado a los trabajos de equipo
19.00	Martes, jueves, viernes y ⊠n de semana entrena un equipo de baloncesto

Fuente: www.esade.edu

baloncesto *basketball*

 2-44 **¿Y tú?** Talk with a classmate and compare your class schedules.

1. ¿Qué días de la semana tienes clases? ¿A qué hora es tu primera clase? ¿Y tu última clase?

2. ¿Cuándo tienes tiempo libre (*free time*)?

Local **cafés** and **bares** have long been a popular meeting place for friends—somewhere to relax, have a drink, and talk about matters large and small. In Seville, Spain, this custom has been taken to a new level. The Wednesday evening talks about science at the **Café Bulebar** have been so well received that a new venue has been added for discussions about music, poetry, and literature: **BuleBar Poético**. What kind of event like this would you like to see in your community?

Fuente: fundacioncajasol.com

2-45 **¡A dialogar!** What kind of café lecture event would you hold in your city or on your campus? With a classmate or two, use the questions as a point of departure to discuss the options and plan an event. Brainstorm ideas and take notes on professors who would make good guest lecturers, what they could talk about, and where/when the event could be held.

1. ¿Quiénes son tus profesores más interesantes este semestre? ¿Qué asignaturas enseñan *(do they teach)*? ¿Quiénes son buenos candidatos para dar una charla *(to give a talk)*?

2. ¿Qué día de la semana es bueno para el evento? ¿Qué hora es buena para tener mucho público?

3. ¿Cuál es un buen lugar para el evento? ¿Por qué es bueno? ¿A qué hora vamos a tener el evento?

Información necesaria	Apuntes
Candidatos y temas (*topics*) para la charla	
Lugares	
Día y hora	

El fin de semana

In this *Paso*, you will . . .
- extend, accept, and decline invitations
- talk about weekend activities
- say how often you do things
- ask information questions

Una invitación

Invitaciones	Invitations
¿Por qué no... ?	*Why don't we . . . ?*
¿Qué tal si... ?	*What if we . . . ?*
¿Tienes ganas de... ?	*Do you feel like . . . ?*
¡Buena idea!	*Good idea!*
¡Claro que sí!	*Of course!*
De acuerdo.	*Okay.*
Lo siento, pero tengo que...	*I'm sorry, but I have to . . .*
Tal vez otro día.	*Perhaps another day.*

Actividades de ocio	Leisure activities
asistir a los partidos de (fútbol)	*to go to (soccer) games*
fútbol americano / béisbol / baloncesto	*football / baseball / basketball*
bailar en un club	*to dance at a club*
correr en el parque	*to run in the park*

Un fin de semana típico

Los viernes casi siempre **como en un restaurante chino** con mis amigos.

Los sábados normalmente **asisto a los partidos de baloncesto**.

A veces **lavo la ropa**.

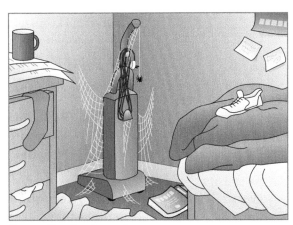

Nunca **limpio el cuarto**.

Actividades de ocio	*Leisure activities*
escribir un blog	*to write a blog*
ir a un concierto / a una fiesta / al cine	*to go to a concert / to a party / to the movies*
ir de compras	*to go shopping*
leer una novela	*to read a novel*
mandar mensajes de texto a mis amigos	*to text my friends*
tuitear	*to tweet*
visitar a mi familia	*to visit my family*

Expresiones de frecuencia	*Expressions of frequency*
normalmente	*normally, usually*
por lo general	*generally, in general*
(casi) todos los días	*(almost) every day*
(casi) siempre	*(almost) always*
a menudo	*often*
a veces	*sometimes*
nunca / no... nunca	*never*

¡Aplícalo!

Colaborar

2-46 **Una invitación.** Working with a partner, choose the more logical word or phrase in each set of parentheses; then read the conversation aloud.

CELSO   Margarita, ¿(1. por qué / cómo) no vamos a un concierto el viernes? La orquesta sinfónica toca una obra *(work)* de Manuel de Falla.

MARGARITA   (2. ¡Buena idea! / Lo siento), Celso. Tengo que trabajar el viernes por la noche.

CELSO   Entonces *(Then)*, ¿(3. me gusta / tienes ganas de) ir al partido de fútbol el sábado?

MARGARITA   (4. ¡Claro que sí! / Te llamo más tarde.) ¿A qué hora es?

CELSO   A las cuatro (5. de la tarde / de la madrugada).

MARGARITA   Muy bien. Y por la noche, ¿(6. qué tal / cómo) si comemos en un restaurante chino?

CELSO   (7. Adiós / De acuerdo).

2-47 **Unas excusas.** You keep inviting a friend to do things together and your friend keeps turning you down! Working with a classmate, follow the model and create four short conversations.

- To invite, say: **¿Tienes ganas de** *(verb in infinitive form + other elements)***?**
- To make an excuse, say: **Tengo que** *(verb in infinitive form + other elements)*.

Modelo   **Estudiante A:** ¿Tienes ganas de comer en Taco Bell el sábado?
            Estudiante B: Lo siento. Tengo que estudiar para un examen.
            Estudiante A: Tal vez otro día.

2-48 **¿Con qué frecuencia?** How often do you do these things on weekends? Describe your habits by completing each sentence with one of the expressions in the list. Ask **¿Y tú?** to find out your partner's response.

Modelo   Asisto a los partidos de fútbol americano.
            Estudiante A: Asisto a los partidos de fútbol americano **a menudo. ¿Y tú?**
            Estudiante B: **Nunca** asisto a los partidos de fútbol americano.

(casi) todos los días	**a menudo**
a veces	**nunca** (+ *verb*)
(casi) todas las semanas	**no** (+ *verb*) **nunca**

1. Asisto a los partidos de fútbol.
2. Voy a fiestas.
3. Lavo la ropa.
4. Voy al cine.
5. Tuiteo.
6. Visito a mi familia.
7. Limpio mi cuarto.
8. Como en un restaurante chino.

Nota lingüística

- Most expressions of frequency can appear before or after a verb, at the beginning or at the end of a sentence:

  Mis amigos <u>siempre</u> van a fiestas.

  Mis amigos van a fiestas <u>siempre</u>.

- When **nunca** goes after a verb, the word **no** must be used before the verb:

  <u>Nunca</u> trabajo los fines de semana.

  <u>No</u> trabajo <u>nunca</u> los fines de semana.

¡Exprésate!

↻ Numbers 0–100, **Capítulo 1, Paso 3**

2-49 **Actividades de ocio entre la juventud española.** This bar graph depicts how young Spaniards (from ages 15 to 29) spend their free time. How do they compare to young people in the United States?

■ With a partner, summarize the information in the chart by creating ten sentences in the **ellos** form of the present tense. For example: **El 93% (noventa y tres por ciento) de los jóvenes escuchan música.**

■ After completing your summary, answer these questions.

1. ¿Cuáles son las tres actividades más populares entre *(most popular among)* los españoles?

2. ¿Cuáles son las tres actividades más populares entre tus amigos *(among your friends)*?

3. ¿Cuáles de las actividades son tus preferidas?

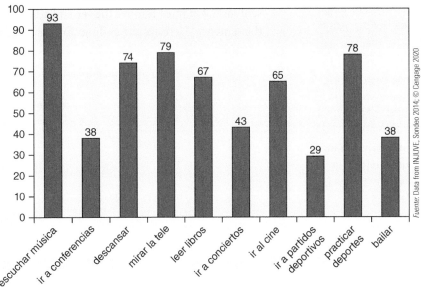

ACTIVIDADES DE OCIO ENTRE LA JUVENTUD ESPAÑOLA

Fuente: Data from INJUVE, Sondeo 2014; © Cengage 2020

2-50 **Una invitación.** What would you like to do next weekend? Working with a classmate, role-play inviting a friend to get together for some fun.

■ First, write on paper a list of five things you enjoy doing on weekends:

Mis actividades preferidas son: (bailar en un club, comer en restaurantes italianos, …)

■ Next, trade lists with your partner and read them silently. Which of the activities on your partner's list do you like best?

■ Finally, invite your partner to participate in that activity together. When you finish, switch roles and role-play the invitation again.

Modelo Estudiante A: ¿Por qué no comemos en un restaurante italiano el sábado?
Estudiante B: ¡Buena idea! ¿A qué hora vamos?
Estudiante A: ¿A las siete?
Estudiante B: Sí, perfecto.

PASO 3 GRAMÁTICA A

El presente de los verbos regulares -*er* / -*ir*

HORACIO ¿Lees blogs a menudo?

BEATRIZ Sí, y también escribo un blog, "Crítica de política".

HORACIO ¡Leo tu blog todos los días! Es muy interesante.

Descúbrelo

- What kind of blog does Beatriz write?
- What does Horacio think of her blog?
- What verb ending is used when the subject of **leer** and **escribir** is **yo**?
- What verb ending is used with **leer** when the subject is **tú**?

1. In Spanish, verb infinitives may end in -**ar**, -**er**, or -**ir**. To use a regular -**er** verb in a sentence, you must remove the -**er** and add the ending that matches the subject of the sentence. Here are the endings for -**er** verbs in the present tense.

El presente indicativo de los verbos regulares -*er*

comer *to eat*

yo	com**o**	nosotros/nosotras	com**emos**
tú	com**es**	vosotros/vosotras	com**éis**
usted	com**e**	ustedes	com**en**
él/ella	com**e**	ellos/ellas	com**en**

Common -*er* verbs

aprender *to learn*   **comer** *to eat*   **comprender** *to understand*
correr *to run*   **leer** *to read*

2. To use a regular -**ir** verb in a sentence, you must remove the -**ir** and add the ending that matches the subject of the sentence. Here are the endings for -**ir** verbs in the present tense.

El presente indicativo de los verbos regulares -*ir*

vivir *to live*

yo	viv**o**	nosotros/nosotras	viv**imos**
tú	viv**es**	vosotros/vosotras	viv**ís**
usted	viv**e**	ustedes	viv**en**
él/ella	viv**e**	ellos/ellas	viv**en**

Common -*ir* verbs

asistir (a) *to attend*   **escribir** *to write*
recibir *to receive, to get*   **vivir** *to live*

3. Verbs that end in **-er** and **-ir** use the same word order in sentences as **-ar** verbs do. When the context is clear, the subject pronoun is usually omitted.

SUBJECT	+ (NO)	+ CONJUGATED VERB	+ OTHER ELEMENTS
Mis amigos y yo	(no)	**comemos**	en la cafetería.
My friends and I	*(don't)*	*eat*	*in the cafeteria.*

¡Aplícalo!

2-51 **El estudiante típico.** What is the typical student like at your school? Are you a typical student? Working with a partner, complete these two activities.

Colaborar

Primera parte: First, take turns conjugating the verbs in the present tense and reading the descriptions. Then check the appropriate column to indicate whether or not each statement describes the typical student at your school.

El estudiante típico...	Sí	No
1. (asistir) _____ a clase de lunes a viernes.		
2. (leer) _____ dos o tres horas todos los días.		
3. (vivir) _____ en una residencia estudiantil en el campus.		
4. (comer) _____ en la cafetería casi todos los días.		
5. (recibir) _____ mensajes de texto en clase.		
6. (comprender) _____ bien a los profesores.		
7. (aprender) _____ una lengua extranjera *(foreign)*.		

Segunda parte: Using the phrases in the chart, ask each other whether the activities mentioned apply to you. To ask the question, use the **tú** form of the verb; to answer, use the **yo** form. Are either of you "typical students"?

Modelo **Estudiante A:** ¿Asistes a clase de lunes a viernes?

Estudiante B: No, asisto a clase de lunes a jueves. ¿Y tú?

Colaborar

2-52 **Unas opiniones.** What do you think of your classes this semester? What's the workload like? Working with a partner, share your opinions by taking turns reading each statement aloud. First, identify the subject; then, conjugate each verb to match the subject; finally, finish the sentence by naming a class.

Modelo **Estudiante A:** Mis compañeros y yo (escribir) **escribimos** mucho en la clase de **inglés**.

Estudiante B: Mis compañeros y yo (escribir) **escribimos** mucho en la clase de **historia**.

1. Mis compañeros de clase y yo (leer) _____ mucho en la clase de _____.

2. (Nosotros: escribir) _____ muchos informes en la clase de _____.

3. (Nosotros: aprender) _____ información interesante en la clase de _____.

4. A veces (yo: estar) _____ estresado(a) en la clase de _____.

5. No (yo: comprender) _____ muy bien al profesor (a la profesora) en la clase de _____.

6. (Yo: recibir) _____ mucho correo electrónico de mi profesor(a) de _____.

⟳ Academic subjects, **Lección preliminar**

2-53 Los fines de semana del profe. What do you think your instructor does on weekends?

- With a partner, read the list of weekend activities in the chart. Indicate how often the two of you think that your instructor engages in each of the activities by marking the appropriate column with a **P** (for **predicción**).
- After everyone has marked the predictions, take turns asking your instructor questions about these activities. For example: **¿Con qué frecuencia come usted en restaurantes mexicanos?**
- As you listen to the responses, record your instructor's answers with a check mark. How many of your predictions were correct?

	Todos los fines de semana	A menudo	A veces	Nunca
comer en restaurantes mexicanos				
asistir a partidos (de fútbol, etcétera)				
escribir un blog				
practicar deportes con otros profesores				
correr en el parque				
leer novelas en español				

 2-54 Dos verdades y una mentira (Two truths and a lie). Write three sentences describing what you do on the weekends: Two must be true and one must be a lie. Then, working in small groups, take turns reading your sentences aloud. Your classmates have to guess which one is a lie. How well do you know one another?

Modelo **Estudiante A:** Toco la guitarra en una banda. Tuiteo todos los días. A veces asisto a conciertos de jazz.

Estudiantes B y C: No tocas la guitarra en una banda.

Estudiante A: Sí toco la guitarra en una banda, pero nunca tuiteo.

2-55 ¿Cierto o falso? With a partner, take turns making either true or false statements about what the people are doing in the drawing. Say **cierto** (if it's true) or **falso** (if it's false).

la familia Ruiz
los amigos
el señor Peralta
Fabiana
Samir
Sara y Pol

Some useful verbs: **comer, correr, escribir, leer, practicar, tocar.**

Modelo

Estudiante A: La familia Ruiz practica deportes.

Estudiante B: Falso. La familia Ruiz come pizza.

Las preguntas de información y de confirmación

LORENA   ¿Dónde comemos?

SAMANTHA   Normalmente comemos comida china los viernes, ¿verdad?

LORENA   Sí.

SAMANTHA   Entonces, ¿por qué no vamos al nuevo *(new)* restaurante Pekín?

LORENA   ¡Buena idea!

1. Tag questions (**las preguntas de confirmación**) are a variation of yes/no questions. They are formed by adding a short confirming word at the end of a statement.

> AFFIRMATIVE STATEMENT, + **¿VERDAD?** OR **¿NO?**
>
> La comida italiana es buena, **¿verdad?**   *Italian food is good, **isn't it?***

> NEGATIVE STATEMENT, + **¿VERDAD?**
>
> **No** tenemos clase mañana, **¿verdad?**   *We don't have class tomorrow, **right?***

2. Information questions (**las preguntas de información**) require answers with specific information rather than a simple *yes* or *no*. They start with interrogative words (**interrogativos**), such as the following. Notice that all these question words use accent marks. Also, unlike English, Spanish uses **quiénes**—a plural version of *who*—to refer to more than one person.

Los interrogativos

¿A qué hora? *At what time?*	**¿Cuántos? / ¿Cuántas?** *How many?*
¿Adónde? *To where?*	**¿De dónde?** *From where?*
¿Cómo? *How?*	**¿Dónde?** *Where?*
¿Con qué frecuencia? *How often?*	**¿Para qué?** *What for?*
¿Cuál? / ¿Cuáles? *Which one(s)?*	**¿Por qué?** *Why? How come?*
¿Cuándo? *When?*	**¿Qué?** *What?*
¿Cuánto? / ¿Cuánta? *How much?*	**¿Quién? / ¿Quiénes?** *Who?*

3. To form information questions, use the following pattern. Recall that subjects may be understood rather than stated.

> ¿INTERROGATIVE + CONJUGATED VERB + SUBJECT + OTHER ELEMENTS?
>
> **¿Dónde**   viven   Marcela y José   este semestre?
>
> *Where are Marcela and José living this semester?*

4. In informal English it is acceptable to place a preposition at the end of a question; however, in Spanish, prepositions (**a, de, con,** etc.) always appear before interrogative words, at the beginning of questions.

> **¿Con quién** vas a la fiesta?   *Who are you going to the party **with**? /*
> *With whom are you going to the party?*

■ ■ ■

Descúbrelo

■ What is Lorena asking about?

■ What suggestion does Samantha make?

■ What question word does Samantha use to confirm that they eat Chinese food on Fridays?

■ What expression does Samantha use to suggest a restaurant?

5. Use the appropriate endings for gender and number with **cuánto(a)**, **cuántos(as)**, **cuál(es)**, and **quién(es)**.

¿Cuánt**os** partid**os** hay esta semana?　　*How many games are there this week?*

6. In Spanish there are two ways to express *What is / What are . . . ?*

- To ask for definitions and explanations or to identify an object, use **¿Qué es... ?**

¿**Qué es** un blog?　　　　　　***What's*** *a blog?*

- To inquire about specific details or information (but not a definition), use **¿Cuál es... ? / ¿Cuáles son... ?**

¿**Cuáles son** tus clases preferidas?　　***What / Which are*** *your favorite classes?*

¡Aplícalo!

Colaborar

2-56 **Una invitación.** With a partner, play the roles of Andrea and Rubén, two friends from Barcelona, Spain. As you read your roles, choose the correct question words from the list below. Some of the question words will be used more than once and some not at all.

cómo	cuál	cuándo	cuántas	de dónde
no	por qué	qué	quiénes	verdad

RUBÉN　Oye, Andrea, tú no trabajas hoy, ¿(1) _____?

ANDREA　No. ¿(2) _____ preguntas?

RUBÉN　Pues, ¿(3) _____ no vamos de compras a El Corte Inglés?

ANDREA　Buena idea. ¿A (4) _____ vamos? Porque hay muchos.

RUBÉN　Vamos a El Corte Inglés de la Plaza de Cataluña. Está muy cerca.

ANDREA　De acuerdo. ¿(5) _____ van con nosotros? ¿Martina? ¿Jesús? ¿Arnau?

RUBÉN　Tú, Arnau y yo: ¡los tres mosqueteros *(musketeers)*!

Colaborar

2-57 **El club de español.** The Spanish Club skyped a student in Spain to learn about her experiences at the **Universidad de Murcia**. Below are her responses during the Q&A session. With a partner, create a logical question for each response. Hint: Choose a question word that corresponds to the underlined information.

Modelo　Estudio <u>en Murcia</u>.
　　　　　¿Dónde estudias?

1. El programa se llama <u>Erasmus</u>.

2. Hay <u>dos</u> campus: el campus de Espinardo y el campus de la Merced.

3. La Facultad de Matemáticas está <u>en el campus de Espinardo</u>.

4. Vivo con <u>Carola y Flavia</u>, dos estudiantes de Italia.

5. Las fiestas son <u>los jueves, viernes y sábados</u>.

6. No hay muchos clubs de deportes o música <u>porque muchos estudiantes regresan a sus casas los fines de semana</u>.

2-58 ¡Adivina (Guess) la actividad! With a partner, take turns choosing one of the listed activities. Your partner needs to guess which activity you selected by using any three interrogative words (not complete questions) to get more information.

Modelo Estudiante A: *(Chooses "estudiar para la clase de español" but does not reveal it.)*

Estudiante B: ¿Dónde?

Estudiante A: en la biblioteca o en el cuarto

Estudiante B: ¿Cuándo?

Estudiante A: por la noche

Estudiante B: ¿Qué?

Estudiante A: el vocabulario

Estudiante B: ¿Estudiar para la clase de español?

Estudiante A: ¡Sí!

bailar salsa	lavar la ropa
comer en un restaurante con amigos	leer una novela
correr un maratón	mandar mensajes de texto a mis amigos
estudiar para la clase de español	practicar el baloncesto
ir de compras	visitar a mi familia

2-59 ¿Verdad? Work with a classmate with whom you haven't partnered yet. Taking turns, make five statements about your partner and attach a tag question at the end. Your partner will then affirm or deny your statements. How many correct assumptions did you make?

Modelo Estudiante A: Asistes a los partidos de béisbol a menudo, ¿no?

Estudiante B: No, nunca asisto a los partidos de béisbol. / Sí, asisto a casi todos los partidos.

Clase

2-60 ¡Jeopardy® en español! Your instructor will divide the class into three to five teams to play a game.

- Taking turns, one team chooses a category and dollar amount (for example: **Un día típico por cincuenta dólares**), and the instructor reads an answer aloud.
- The first team to raise hands and give the correct question wins the dollar amount and chooses next.
- The team with the highest dollar amount at the end of the game wins.

Nuestra clase de español	Un día típico	Las actividades de ocio	España
$25	$25	$25	$25
$50	$50	$50	$50
$75	$75	$75	$75
$100	$100	$100	$100

EN ACCIÓN: Preguntas esenciales
¿Cómo es un fin de semana perfecto?

 2-61 **Piénsalo.** What do you do on the perfect weekend?

- First, individually, make a list in Spanish of three to five activities you associate with the perfect weekend. For example, write: **ir a un concierto, descansar…**

- Then, get together with two or three classmates and take turns reading your lists. Is there a consensus on what constitutes a perfect weekend?

> **Frases útiles**
>
> ¿Qué tienes en tu lista?
> *What's on your list?*
> En mi opinión…
> *In my opinion. . .*
> Creo que…
> *I think that. . .*
> (No) Estoy de acuerdo.
> *I (dis)agree.*

Colaborar

2-62 **La opinión de Emilio.** According to Emilio de la Fuente, a student from Seville, Spain, what is a perfect Saturday? With a classmate, read his response and then answer the questions.

1. En un sábado perfecto, ¿qué hace Emilio *(What does Emilio do)* por la mañana? ¿Por la tarde? ¿Por la noche?

2. ¿Con quiénes pasa Emilio su sábado perfecto?

3. ¿Menciona Emilio una actividad en tu lista de la actividad 2-61? (¿Cuál?)

would be

girlfriend
make it better

> Posiblemente mi sábado perfecto sería°: dormir mucho por la mañana, jugar al fútbol por la tarde, y por la noche ver a mi novia° y a mis amigos. ¡Creo que es imposible de mejorar°!

© Emilio de la Fuente

Colaborar

2-63 **Otras opiniones.** Listen on YouTube to the salsa pop song **"Hoy es Domingo (Official Video),"** which features Argentine pop singer Diego Torres and Panamanian artist Rubén Blades. According to this music video, what makes a perfect Sunday? Pay special attention to the visuals and check only those activities shown in the video.

- ☐ hacer café
- ☐ dormir mucho
- ☐ ir de compras
- ☐ asistir a un concierto
- ☐ descansar
- ☐ hacer un asado *(barbecue)*
- ☐ ir al cine
- ☐ comer con amigos
- ☐ visitar la familia
- ☐ trabajar
- ☐ jugar al fútbol
- ☐ bailar

2-64 **¿Y tú?** Talk with a classmate about your idea of the perfect weekend. Use these questions as a guide.

1. ¿Qué haces *(do you do)* en un sábado perfecto?

2. ¿Qué haces *(do you do)* en un domingo perfecto?

3. ¿Con quiénes pasas el rato normalmente? ¿Qué hacen ustedes?

EN ACCIÓN: Comunicación presentacional

Ciencia en el Bulebar and **BuleBar Poético** draw people from all walks of life to listen to topics related to science or literature as they unwind and have something to drink. What gathering like that would you like to see in your campus or city? How will you get the word out?

2-65 **¡A crear!** Working with a classmate, create an ad for a café lecture event. If you previously completed the activity on page 77, you can use your notes to create your ad. Be sure to include the following information:

- the name of the event
- a short description of the topic
- the name of the presenter
- some biographical information about the presenter
- location of the event
- day and time of the event

Cuándo: Miércoles, 22 de febrero a las 21:00 horas

Dónde: Café Bulebar, Alameda Hércoles, 83 (Sevilla)

Qué: Charla de Susana Gaytán

¡Vamos de compras! Mitos y realidades del "Neuro-Marketing"

La Neuro-Fisiología puede explicar perfectamente por qué se necesita

(o se quiere) adquirir algo.

Susana P. Gaytán es Profesora Titular de Fisiología de la Universidad de Sevilla.

Fuente: Cienciaenbulebar.wordpress.com. Used with permission.

2-66 **¡A invitar!** Invite a classmate to the café lecture event you created in activity 2-65. Your classmate should ask two to three questions about the event and then accept or decline the invitation.

Modelo   **Estudiante A:** ¿Tienes ganas de ir a una charla de neuro-fisiología?

Estudiante B: ¿Dónde y cuándo es?

Estudiante A: Es en el Café Bulebar el miércoles a las ocho de la noche.

Estudiante B: Lo siento, pero tengo que trabajar. ¿Por qué no vamos a la charla *(talk)* de... ?

NUESTRA COMUNIDAD

2-67 **Nosotros: Mi lugar preferido.** What are some favorite places on or near campus? Why do students like to go there? Let's talk about the photos and videos that you and your classmates posted in MindTap's discussion forum.

Primera parte: ¡Prepárate para hablar! To get ready to talk with your classmates, think about the three photos / videos that you viewed and complete the chart with words and phrases in Spanish. Put a star by your favorite one.

¿Cómo se llama la persona?	¿Cuál es su lugar (*place*) preferido?	¿Dónde está?	¿Por qué le gusta? (*Why does he/she like it?*)
1.			
2.			
3.			

Segunda parte: ¡A hablar! With two or three classmates, take turns describing your favorite photo/video from your classmate's posts on **Mi lugar preferido.**

Modelo   Me gusta mucho el video de *(name of classmate).*
Su *(His / Her)* lugar preferido es *(name of place).*
Está (en la calle… / cerca de… / al lado de…).
A *(name of classmate)* le gusta el lugar porque…

© Tyler Olson/Shutterstock.com

2-68 **Perspectivas: La vida social.** In MindTap, you watched a video of Arturo, Stephanie, and Iván as they answered questions about social life at their universities. With two or three classmates, use the questions and phrases below to talk about social life on your campus.

Questions to discuss:	Useful phrases:	
1. En tu opinión, ¿es divertida o aburrida la vida social en nuestro campus?	En mi opinión… ¿Qué piensas tú?	*In my opinion. . .* *What do you think?*
2. ¿Cuáles son los grupos estudiantiles más populares?	___ es muy popular. También…	___ *is popular.* *Also. . .*
3. ¿Qué hacen los estudiantes los viernes por la noche? ¿Qué hacen los sábados?	Muchos estudiantes… Pocos estudiantes…	*Many students. . .* *Few students. . .*
4. ¿Es parecida (*similar*) o diferente la vida social en nuestra (*our*) universidad y en las universidades de Arturo, Iván y Stephanie?	Creo que…	*I think that. . .*

2-69 **Videopodcast: Entrevista con un estudiante.** In MindTap, you watched an interview with Ricardo Rivers as he talked about his major, his classes, and a typical day. Let's interview some classmates on the same topics.

Primera parte: ¡Prepárate para hablar! To get ready to interview a classmate—and to be interviewed—complete the chart below with phrases and sentences that you would like to use. Some suggestions have been provided to get you started.

How will you start the interview?	• Hola. • _____
How will you gather basic personal information?	• ¿Cómo te llamas? • _____ • _____ • _____
How will you ask for information about classes and majors?	• ¿Qué carrera estudias? • _____ • _____ • _____ • _____
How will you ask about a typical day's activities?	• ¿Cómo es un lunes típico? • _____ • _____ • _____ • _____
How will you end the interview?	• ¡Muchas gracias! • _____

Segunda parte: ¡A hablar! Using the notes you created above, interview a classmate. Then, switch roles and answer your classmate's questions.

Practice reading, writing, and speaking skills in MINDTAP:

- **Lectura: La cinematografía**
- **Lectura auténtica: La sociología**
- **Composición:** A message to an exchange student
- **Pronunciación:** The letter combinations **ll, ñ, r,** and **rr**
- **Síntesis:** Interpersonal, interpretive, and presentational activities

VOCABULARIO

Para aprender mejor
Learn words in pairs. They can be pairs of opposite meanings (**aburrido / interesante**), pairs of related words (**música / concierto**), or verbs that commonly occur with certain nouns (**practicar deportes**).

Sustantivos
los apuntes *notes*
el baloncesto *basketball*
el béisbol *baseball*
la carrera *major, degree*
el cine *movies, movie theater*
la clase en línea *online class*
el club *club*
el concierto *concert*
el examen *test*
la familia *family*
la fiesta *party*
el fútbol *soccer*
el fútbol americano *football*
el grupo estudiantil *student organization*
la guitarra *guitar*
la hora *time; hour*
el horario *schedule*
el informe *paper, report*
el mensaje de texto *text message*
la música *music*
la novela *novel*
el parque *park*
el partido *game*
el piano *piano*
el restaurante *restaurant*
el semestre *semester*
la tarea *homework*

Verbos
aprender (a) *to learn (how)*
asistir a *to go to, to attend*
bailar *to dance*
comer *to eat*
comprender *to understand*
contestar *to answer, to reply*
correr *to run*
descansar *to relax*
escribir *to write*
escuchar música *to listen to music*

estudiar *to study*
hablar (por teléfono) *to talk (on the phone)*
ir de compras *to go shopping*
lavar (la ropa) *to wash (clothes)*
leer *to read*
limpiar *to clean*
llegar *to arrive*
mandar mensajes de texto *to text, to send a text message*
mirar (la tele) *to watch TV*
participar *to participate*
pasar (horas, el rato) *to spend (hours, time)*
practicar (un deporte) *to play (a sport)*
recibir *to receive, to get*
regresar *to go back*
terminar *to finish*
tocar *to play (a musical instrument)*
tomar *to take*
trabajar *to work*
tuitear *to tweet*
visitar *to visit*
vivir *to live*

Adjetivos
aburrido(a) *boring*
amable *kind and helpful*
antipático(a) *mean, unpleasant*
bueno(a) *good*
chino(a) *Chinese*
comunitario(a) *community*
despistado(a) *absentminded, scatterbrained*
difícil *difficult*
divertido(a) *fun*
exigente *strict, demanding*
fácil *easy*
interesante *interesting*
malo(a) *bad*

organizado(a) *organized*
perfecto(a) *perfect*
poco(a) *little, not much*
pocos(as) *few, not many*
preferido(a) *favorite*
simpático(a) *nice*
típico(a) *typical*

Los días de la semana
el lunes *Monday*
el martes *Tuesday*
el miércoles *Wednesday*
el jueves *Thursday*
el viernes *Friday*
el sábado *Saturday*
el domingo *Sunday*
entre semana *during the week, on weekdays*
el fin de semana *weekend*

Expresiones útiles
a menudo *often*
a veces *sometimes*
hoy *today*
mañana *tomorrow*
me gusta *I like*
No está mal. *It's okay.*
normalmente *usually*
nunca *never*
por la madrugada *in the late night/early morning*
por la mañana *in the morning*
por la noche *in the evening*
por la tarde *in the afternoon*
por lo general *usually*
porque *because*
(casi) siempre *(almost) always*
todos los días *every day*

Telling time, p. 66
Invitations, p. 78
Question words, p. 85

Entre familia y amigos

In this chapter you will . . .

- talk about family, friends, and pets
- express possession
- describe people and make comparisons
- describe some gatherings and celebrations
- express likes and dislikes
- write a letter to a host family
- share information about a special person in your life

You will also . . .

- gain insight into Puerto Rico, Cuba, and the Dominican Republic
- consider the significance of family and friends in Puerto Rico
- identify what makes a good party in Caribbean cultures
- compare how birthdays are celebrated in different countries
- discover connections to biology and the sciences
- explore pet adoption in Spanish-speaking countries

Una familia cariñosa

© fstop123/E+/Getty Images

Cuba, República Dominicana y Puerto Rico

Estas tres islas *(islands)* hispanohablantes están en el mar Caribe, cerca de Estados Unidos. Su cultura tiene influencias españolas, indígenas y africanas.

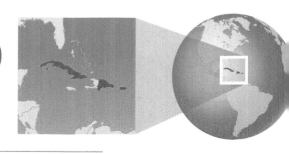

3-1 **Mi país.** Minette Bonilla Ramos is from Añasco, Puerto Rico. Working with a classmate, read her message about Puerto Rico, Cuba, and the Dominican Republic. As you read, answer the corresponding questions in Spanish with a phrase or—when you can—a sentence. Don't worry about not knowing the meaning of every word you read: Aim to understand the gist of each paragraph.

Mi nombre es Minette Bonilla Ramos. Soy estudiante de Arquitectura de la Universidad de Puerto Rico, Río Piedras Campus, en San Juan.

Los boricuas (o puertorriqueños) somos personas muy sociables; somos fiesteros *(fun-loving)* y amistosos *(friendly)*. Esta última característica nos da la capacidad de crear lazos estrechos *(close ties)* con familia y compañeros, lazos necesarios en momentos en que nuestra población emigra en masa *(migrate in large numbers)*.

El fin de semana los amigos usualmente vamos a "janguear" *(hang out)*. Buenos sitios *(places)* en San Juan son La Placita de Santurce y El Bori en Río Piedras.

Minette en Playa Flamenco, Puerto Rico

1. ¿Dónde estudia Minette?
2. Según *(According to)* Minette, ¿son reservados o sociables los puertorriqueños?
3. ¿Cuál es una actividad favorita de Minette y sus amigos?

¡Ahora tú!

• ¿Cómo son las personas de tu estado *(state)*: reservadas o sociables?
• ¿Cuál es un buen sitio *(place)* para "janguear" en tu campus o en tu ciudad *(city)*?

Puerto Rico tiene muchas similitudes *(similarities)* culturales con Cuba y República Dominicana. Los colonizadores españoles nos dejaron *(gave us)* el idioma —el español— y la arquitectura. Las influencias de los indígenas y los africanos son evidentes en la gastronomía y en la música.

Músicos en La Habana, Cuba.

© Gil K/Shutterstock.com

4. ¿Qué país de Europa colonizó Puerto Rico, Cuba y República Dominicana?

5. ¿En qué son evidentes las influencias indígena y africana?

¡Ahora tú!

- ¿Hay influencias españolas en tu estado? ¿Hay influencias africanas o indígenas?

- ¿Qué tipos de música caribeña escuchas?

Sin duda *(Without a doubt)*, ustedes deben *(should)* visitar las capitales, con sus cascos *(centers)* históricos. El Viejo San Juan, en Puerto Rico, tiene arquitectura colonial; es colorido y caminable *(walkable)*. La Vieja Habana, en Cuba, tiene arquitectura que va desde el estilo barroco hasta el art déco. La Zona Colonial es el casco histórico de Santo Domingo, la capital de República Dominicana. Construida en 1502, Santo Domingo es la primera ciudad española del Nuevo Mundo.

Santo Domingo, República Dominicana

© photobeginner/Shutterstock.com

6. ¿Cómo se llama el casco histórico de la capital de Puerto Rico?

7. ¿En qué país está la Vieja Habana?

8. ¿Cuál fue *(was)* la primera ciudad española en el Nuevo Mundo?

¡Ahora tú!

- ¿Tiene tu ciudad *(city)* un casco histórico?

- ¿Qué ciudades en Estados Unidos tienen arquitectura colonial española?

Go to ⚡MINDTAP for these additional activities:

- **Perfil: Almanaque** and **Mapa**
- **Mi país:** Extended version of Minette's narrative

- **Conexiones: Astronomía, Agricultura, Música**
- **Reportaje:** Video of Cuba through the eyes of a photographer

PASO 1 VOCABULARIO

La familia, los amigos y las mascotas

Mi familia

In this *Paso*, you will . . .
- talk about family, friends, and pets
- describe family relationships
- express possession

mi abuela, Celia .... mi abuelo, Justo

mi mamá, Irene	mi papá, Ernesto

mi tía, Teresa	mi tío, Roberto

mi hermana, Maya	mi hermano, Antonio	**Yo soy Eva.**

mi prima, Adriana	mi primo, Daniel

Otros parientes / Other relatives

el esposo / la esposa	*husband / wife; spouse*
el hijo / la hija	*son / daugther*
el hijo único / la hija única	*only child*
el nieto / la nieta	*grandson / granddaughter*
el padre / la madre	*father / mother*
los padres	*parents*
el sobrino / la sobrina	*nephew / niece*

Los amigos / Friends

el mejor amigo / la mejor amiga	*best friend*
el novio / la novia	*boyfriend; groom / girlfriend; bride*

Las mascotas / Pets

el perro / el gato / el pájaro	*dog / cat / bird*
el pez, los peces	*fish*

Mis fotos

Este es **mi novio** David. Tiene dos **perros** muy **cariñosos**.

Esta es **mi mejor amiga**, Gabi. Su familia es de Venezuela pero **llevan muchos años aquí** en República Dominicana.

Aquí estamos **todos** en **la boda** de mi prima Inés. **¡Qué día más emocionante!**

Esta soy yo **de bebé**, en mi fiesta de **cumpleaños**. **Qué linda**, ¿verdad?

Para hablar sobre las fotos

¿Quién es este señor / esta señora?
¿Quiénes son estos chicos / estas chicas?
¡Qué foto más bonita / tierna / divertida!
¡Qué día más emocionante / inolvidable!
el hombre / la mujer
el niño / la niña

Más información sobre la familia

¿Cómo es tu familia?
   Es bastante loca, pero nos queremos.
   Es muy unida; nos llevamos bien.
Quiero (mucho) a... / No soporto (a)...
Falleció hace unos años.
estar soltero(a) / casado(a) / divorciado(a)
llevar años aquí / allí

Talking about photos

Who's this man / woman?
Who are these guys (boys) / young women (girls)?
What a pretty / sweet / fun picture!
What an exciting / memorable day!
man / woman
little boy / little girl

More family information

What's your family like?
   It's pretty crazy, but we love one another.
   We're very close; we get along well.
I love . . . (a lot). / I can't stand . . .
He/She passed away a few years ago.
to be single / married / divorced
to have been living here / there for years

PASO 1 VOCABULARIO

↻ Affirmative and negative sentences, **Capítulo 2 Paso 1**

Colaborar

3-2 **¡Qué foto más linda!** Leticia is asking you about the photos that your friend Eva has posted. Working with a partner, take turns answering her questions. Refer to the photos on page 97 and follow the model.

Modelo Leticia: "David es el hermano de Eva, ¿verdad?"
Estudiante A: No, David es el novio de Eva.

1. "Gabi es la prima de Eva, ¿verdad?"
2. "La familia de Gabi es de Cuba, ¿no?"
3. "¿Lleva muchos años en República Dominicana la familia de Gabi?"
4. "¿Quién es la novia en esta foto de la boda? Es Inés, ¿verdad?"
5. "Inés es la hermana de Eva, ¿no?"
6. "¡Qué foto más tierna! ¿Quién es el bebé? ¿Es Inés?"
7. "En esta foto, Eva tiene uno o dos años, ¿verdad?"
8. "Mi foto preferida es la de David y los perros. ¿Cuál es tu foto preferida?"

Colaborar

3-3 **Una celebración.** Angélica is describing one of her favorite pictures. With a partner, select the more logical words and read the description aloud.

Mi familia es muy (1. unida / soltera) y siempre tenemos reuniones familiares para celebrar (2. los cumpleaños / las mascotas). Aquí estamos en la (3. boda / fiesta) de mi sobrina, Lisette. Ella está con su papá, mi (4. hermano / primo). Los señores son mis (5. hijos / abuelos). Son muy (6. emocionantes / cariñosos), ¿verdad? (7. Quiero / No soporto) mucho a mis abuelos, especialmente a mi abuela. Mi mamá (8. falleció / lleva) hace unos años y mi abuela es como una segunda (second) mamá. Los otros chicos en la foto son los (9. tíos / primos) de Lisette. Qué foto más (10. tierna / divorciada), ¿verdad?

© Tim Dolan Photography/UpperCut Images/Getty Images

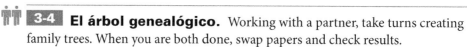
3-4 **El árbol genealógico.** Working with a partner, take turns creating family trees. When you are both done, swap papers and check results.

- **Estudiante A:** Describe your family, beginning with grandparents. Mention each person's relationship, name, and age.
- **Estudiante B:** Listen and draw a family tree, based on your partner's description.

🔄 Yes/No questions,
Capítulo 2 Paso 2

👥👥👥 **3-5** **Adivina la palabra.** With three or four classmates, form a circle and play a guessing game with words from the **Vocabulario** on pages 96–97. The goal is to guess the hidden word you're holding by asking eight or fewer yes/no questions.

- First, each person writes the word for a family member or pet on a piece of paper and folds the paper in half.

- Next, each person passes that folded paper to the group member on the left.

- The first player opens the paper without looking at the word and holds it facing out, so that the rest of the group can see it.

- This player tries to guess the word by asking yes/no questions to the group.

Modelo **Estudiante A:** ¿Es una mascota?
Estudiante B: No, es un pariente.
Estudiante A: ¿Es un hombre?
Estudiante C: No, es una mujer. ...

👥👥 **3-6** **Las fotos.** Imagine these are pictures of your friends and family. With a partner, take turns asking questions and making comments about them. For example, talk about the relationship, age, event, etc. Afterwards, do the same with some pictures of your real family and friends that you have with you.

Modelo **Estudiante A:** *(pointing to the little girl)* ¿Quién es esta niña?
Estudiante B: Es mi sobrina Mariana. Tiene tres años. Es una foto de su fiesta de cumpleaños.
Estudiante A: ¡Qué foto más divertida!

Nota lingüística

To say *this* or *these* in Spanish, use these forms:

este chico *this boy*
esta chica *this girl*
estos chicos *these boys*
estas chicas *these girls*

The same forms are used when the person or thing is understood: **Este** es mi tío. *This (man) is my uncle.*

1.

2.

3.

👥👥 **3-7** **¿Cómo es tu familia?** Working with a classmate, ask each other these questions to find out more about your respective families.

1. ¿Cómo es tu familia? ¿Es muy unida? ¿Un poco loca?

2. ¿Dónde vive tu familia? ¿Llevan muchos años allí?

3. ¿Tienes hermanos o eres hijo(a) único(a)? *(If your partner has siblings, ask:)* ¿Cuántos?

4. ¿Visitas con frecuencia a tus abuelos? ¿Cuántos años tienen?

5. ¿Tienes muchos tíos y primos? ¿Pasas mucho tiempo con ellos?

6. ¿Cuál de tus amigos es como parte de tu familia *(is like part of your family)*? ¿Asiste a muchas fiestas de tu familia?

7. ¿Qué mascotas tienes? ¿Cómo se llaman?

PASO 1 GRAMÁTICA A

Los adjetivos y los pronombres posesivos

SALMA	Tu familia tiene muchas mascotas, ¿verdad?
DEX	Sí, mira esta foto. Aquí está mi hermanito con sus perros.
SALMA	¡Qué foto más divertida! ¿De quién son el gato y el pájaro?
DEX	El gato es mío y el pájaro es de nuestra abuela.

Descúbrelo

- What are Salma and Dex talking about?
- Which pets belong to Dex? To his brother? To his grandmother?
- What are the Spanish words for *your, his,* and *our?*
- What are the Spanish words for *my* and *mine?*

1. Possessive adjectives (**los adjetivos posesivos**) are words such as *my, his,* and *our* that indicate possession, ownership, and relationships.

   Aquí está **mi** hermanito con **sus** perros. *Here's **my** little brother with **his** dogs.*

Los adjetivos posesivos

mi(s)	*my*	**nuestro(s) / nuestra(s)**	*our*
tu(s)	*your (informal)*	**vuestro(s) / vuestra(s)**	*your (informal, Spain)*
su(s)	*your (formal)*	**su(s)**	*your (informal / formal)*
su(s)	*his/her/its*	**su(s)**	*their*

2. Possessive adjectives are placed in front of nouns and match these nouns in number. For example: **mi<u>s</u> perro<u>s</u>** *(my dogs)*.

   Two of the possessive adjectives, **nuestro** and **vuestro**, match nouns in both number and gender. For example: **nuestr<u>a</u> tí<u>a</u>** *(our aunt)*.

3. Spanish has several equivalents for *your.*

   - To refer to a friend or family member (informal): **tu(s)**
   - To refer to a stranger, an older person, or someone in authority (formal): **su(s)**
   - When *your* refers to more than one person: **su(s)** *(informal or formal in Latin America; formal in Spain)*; **vuestro(s) / vuestra(s)** *(informal in Spain)*

4. **Su(s)** has several meanings: *your, his, her, its,* and *their.* When the context is not clear, replace **su** with the phrase: **de + él / ella / ellos / ellas / usted / ustedes**.

Enrique y Alicia viven en Georgia.	*Enrique and Alicia live in Georgia.*
La casa **de él** está en Atlanta.	***His** house is in Atlanta.*
La casa **de ella** está en Augusta.	***Her** house is in Augusta.*

5. Possessive pronouns (**los pronombres posesivos**) are used when a noun is understood, rather than stated. Like possessive adjectives, possessive pronouns agree in gender and number with the nouns they refer to. For example: **Mis <u>perros</u> son muy cariñosos. ¿Cómo son <u>los tuyos</u>?**

Los pronombres posesivos

	Masculino singular	Masculino plural	Femenino singular	Femenino plural
mine	el mío	los míos	la mía	las mías
yours (inf.)	el tuyo	los tuyos	la tuya	las tuyas
yours (form.)/his/hers/its	el suyo	los suyos	la suya	las suyas
ours	el nuestro	los nuestros	la nuestra	las nuestras
yours (inf., Spain)	el vuestro	los vuestros	la vuestra	las vuestras
yours (inf. / form., Lat. Am.; form., Spain)/theirs	el suyo	los suyos	la suya	las suyas

3-8 Una familia grande. Eduardo is asking his friend Adela about her family. Working with a partner, play the roles of the two friends and complete their conversation in a logical way.

EDUARDO ¿Dónde vive (1. tu / su) familia, Adela?

ADELA Es un poco complicado porque (2. mi / mis) padres están divorciados. Yo vivo aquí con mi mamá y (3. nuestros / mis) dos hermanos.

EDUARDO ¿Y (4. tu / tus) papá? ¿Vive aquí?

ADELA No, él está en Nueva York, con (5. su / sus) nueva *(new)* esposa, Rosa.

EDUARDO ¿Están casados (6. nuestros / tus) hermanos?

ADELA Mi hermano Rubén sí está casado. Él, (7. tu / su) esposa Linda y (8. su / sus) tres hijos tienen una casa muy cerca de la nuestra.

EDUARDO ¡(9. Tu / Tus) familia es muy interesante, Adela!

ADELA Bueno, (10. nuestro / nuestra) familia es un poco loca, pero nos queremos mucho.

3-9 Comparaciones. How do your family and friends compare to César's? With a partner, take turns reading César's statements aloud; then each of you should make a similar statement using a possessive pronoun.

Modelo "Mi mejor amigo se llama Osvaldo".
Estudiante A: El mío se llama Austin.
Estudiante B: El mío se llama Patrick.

1. "Mi familia vive en Florida".
2. "Nuestra familia es grande y unida".
3. "Nuestros abuelos viven muy cerca".
4. "Mi mejor amigo tiene 21 años".
5. "Mis tíos tienen un gato y tres pájaros".
6. "Mi prima preferida se llama Lidia y está casada".

3-10 Una familia interesante Every family is unique. What makes yours special?

- First, write interesting facts about five different family members. Use **mi(s)**, **nuestro(s)**, and **nuestra(s)** to describe the relationship of each family member to you.

Modelo   Mis tíos viven en Alaska.

Nuestra abuela tiene 92 años.

- Then, working with a classmate, take turns reading the sentences aloud, one by one. When it is your turn to listen, ask your classmate a follow-up question about the family member that was just mentioned.

Modelo   **Estudiante A:** ¡Mi prima Luisa tiene cuatro gatos!

Estudiante B: ¿Tiene tu prima perros también?

Estudiante A: No, pero tiene unos peces.

3-11 Esmeralda Santiago. Read the following article on a well-known Puerto Rican writer and ask your partner the following questions.

1. ¿Por qué es Esmeralda Santiago bicultural? ¿Te consideras tú *(Do you consider yourself)* bicultural también? ¿Por qué sí o por qué no?

2. ¿Cómo se llama su primer libro? ¿Cómo se llamaría *(would be called)* tu primer libro?

3. ¿Cómo es su familia: grande o pequeña? ¿Cómo es la tuya?

4. ¿Qué apodo *(nickname)* usa su familia para hablar con Esmeralda? ¿Qué apodo usa tu familia para hablar contigo *(with you)*?

5. ¿Con quién vive Esmeralda ahora *(now)*? ¿Con quién(es) vives tú ahora?

Conozca a Esmeralda Santiago: una escritora entre dos culturas

Esmeralda Santiago nació[1] en Puerto Rico en 1948 pero lleva muchos años en Estados Unidos. Sus experiencias como inmigrante latina y su identidad bicultural son temas[2] de muchas de sus novelas autobiográficas. En su primer libro, *Cuando era puertorriqueña,* Esmeralda narra[3] sobre su niñez[4]. "Negi", como su familia la llama, es la mayor[5] de once hijos. Cuando tiene trece años, emigra a Nueva York con su madre y siete hermanos. La vida de inmigrante no es fácil pero Esmeralda logra[6] "el sueño americano": estudia en la Universidad de Harvard y es una prominente escritora. Hoy, vive en Nueva York con su esposo Frank y tiene dos hijos adultos: Lucas e Ila.

Photo: © ZUMA Press, Inc./Alamy Stock Photo

[1]*was born* [2]*subjects* [3]*narrates* [4]*childhood* [5]*oldest* [6]*achieves*

3-12 Los preferidos. Get together with a classmate and share information about your favorites. Follow the model. Be prepared to tell the class the results.

Modelo   película *(movie)*

Estudiante A: Mi película preferida es *Titanic.* ¿Cuál es la tuya?

Estudiante B: La mía es *Harry Potter and the Deathly Hallows.*

1. película *(movie)*
2. libro
3. café
4. clase
5. conjuntos *(bands)*
6. restaurantes
7. mascota
8. deporte

Los verbos *ser* y *estar*

NIÑA ¿Por qué estás enojado, abuelito?

ABUELO ¡Porque los programas de televisión son muy aburridos!

NIÑA No es un televisor, abuelito, ¡es un microondas *(microwave)*!

ABUELO ¡Ay bendito *(Good grief)*! ¿Dónde están mis anteojos *(glasses)*?

■ ■ ■
Descúbrelo
- Why is the grandfather angry? What was he really doing?
- Does the grandfather use a form of **ser** or **estar** to describe the TV shows? And to refer to the location of the glasses?
- What verb does the girl use to ask her grandfather why he's angry: **ser** or **estar**? And to identify the microwave?

1. **Ser** and **estar** both mean *to be* but have different uses. You should use **estar** to say or ask about the following:

- Where someone is or where something is located

  Mi tío **está** <u>en el hospital</u>. *My uncle **is** <u>in the hospital</u>.*

- How people (or animals) are feeling or how they are doing

  Mi tía **está** <u>preocupada</u>. *My aunt **is** <u>worried</u>.*

- Someone's marital status

  Mis padres **están** <u>divorciados</u>. *My parents **are** <u>divorced</u>.*

2. You should use **ser** in these cases:

- In front of a noun phrase, to identify people and things

  Luis **es** <u>mi hermano</u>. *Luis **is** <u>my brother</u>.*

- Before an adjective, to describe what someone or something is like

  Mis hermanos **son** <u>inteligentes</u>. *My brothers **are** <u>smart</u>.*

- Before **de**, to tell where someone / something is from or to whom something belongs

  Mis abuelos **son** <u>de Bonao</u>. *My grandparents **are** <u>from Bonao</u>.*

- To say where an event is taking place

  La boda **es** <u>en la catedral</u>. *The wedding **is** <u>at the cathedral</u>.*

- To give the day, date, time, and information such as addresses and phone numbers

  Mi teléfono **es** <u>el 555-0671</u>. *My phone number **is** <u>555-0671</u>.*

3. Here are three important questions that use **ser** and **estar**:

ser	¿De quién **es**... (este perro)?	*Whose (dog) is this?*
ser	¿Cómo **es**... (tu sobrino)?	*What is (your nephew) like?*
estar	¿Cómo **está**... (tu sobrino)?	*How is (your nephew) doing / feeling?*

PASO 1 GRAMÁTICA B

¡Aplícalo! Colaborar **3-13** **Una conversación por teléfono.** Work with a partner to complete this telephone conversation.

- First, complete Armando's questions with the correct forms of **ser** and **estar**.
- Then, match each question to Casandra's answers.
- Finally, read the exchanges aloud.

Las preguntas de Armando

1. Hola. ¿Cómo _____ (tú)?

2. ¿Dónde _____ (tú)?

3. Ah, ¿sí? ¿_____ muy ocupada?

4. ¿A qué hora _____ la fiesta y dónde _____?

5. ¿Quién _____ Rita?

6. ¿Dónde _____ la casa de Rita?

Las respuestas de Casandra

a. En la casa de Rita a las ocho de la noche.

b. Bien, pero un poco cansada.

c. Es mi amiga de Santo Domingo.

d. En la biblioteca. Tengo mucha tarea.

e. Sí. Pero, después de *(after)* terminar la tarea, voy a una fiesta.

f. En la calle Central, cerca del campus.

 Clase **3-14** **Firma, por favor.** Time to collect signatures! Circulate around the class and ask your classmates yes/no questions formed from the phrases in the chart. When somebody answers **sí**, ask that person to sign. **¡Ojo!** You can only collect two signatures per person.

Modelo   **estar** enfermo(a)
  Estudiante A: Hola, Ada. ¿Estás enferma?
  Estudiante B: Sí, estoy enferma. / No, no estoy enferma.
  Estudiante A: Firma aquí *(Sign here)*, por favor. / Gracias.

Condiciones y descripciones	Firma (*Signature*)
1. **estar** enfermo(a)	
2. **ser** hijo(a) único(a)	
3. **ser** de otro estado *(another state)*	
4. **estar** un poco estresado(a) hoy	
5. **ser** muy organizado(a)	
6. **estar** contento(a) hoy	
7. **estar** cerca de la puerta	
8. **ser** un poco despistado(a)	
9. **ser** de esta ciudad *(city)*	
10. **estar** enfrente de la ventana	

3-15 **Entrevista.** With a partner, complete the questions with the present tense forms of **ser** and **estar**. Then, interview each other with them. You can answer with information about your own family or another family you know.

1. ¿En qué ciudad *(town)* _____ la casa de tus padres?

2. ¿Cuál _____ la dirección de la casa?

3. ¿Cómo _____ tu familia? ¿Grande o pequeña?

4. ¿De dónde _____ tus padres?

5. ¿Cómo _____ tus padres? ¿Estrictos o flexibles?

6. ¿_____ (tú) emocionado(a) cuando tus padres visitan la universidad?

3-16 **¡Qué día más inolvidable!** It is Ernesto's wedding day and all is not well. With a partner, write sentences that describe the scene. Give yourselves 1 point for each sentence that you create and a bonus point for each sentence that uses **ser** or **estar**. How many points can you get before your instructor calls time?

Modelo   Ernesto y su familia están en un parque. (2 puntos)
Lα abuela tiene calor. (1 punto)

3-17 **¡Qué absurdo!** Working in small groups, create absurd mini-stories:

- First, each person writes a response to question #1 at the top of a sheet of paper.

- Each person folds the paper to cover what was written and passes it to the person on the right.

- Next, each person writes a response to question #2, folds the paper, and passes it again. Continue in this way until all six questions have been answered.

- Finally, each person takes a turn unfolding the paper and reading the story on the paper aloud. Which one is the most absurd?

Preguntas

1. ¿Quién es el chico?

2. ¿Con quién está?

3. ¿Dónde están?

4. ¿Qué hora es?

5. ¿Qué hacen *(are they doing)*?

6. ¿Cómo están o cómo se sienten? *(How do they feel?)*

EN ACCIÓN: Preguntas esenciales

¿Qué importancia tiene la familia extendida?

 3-18 Piénsalo. What is the importance of the extended family? With a classmate, read the list of benefits and say which is the most important.

- colaborar en la crianza *(upbringing)* de los niños
- ayudar *(help)* en una crisis económica
- cuidar a *(take care of)* las personas mayores en casa
- aprender a compartir *(share)*

Colaborar **3-19 La opinión de Minette.** Minette Bonilla Ramos is a student from Puerto Rico. Read her comment about the extended family; then, answer the questions in Spanish.

1. Para Minette, ¿quiénes son los miembros *(members)* de una familia? ¿Quiénes son los amigos?

2. Para ella, ¿qué papel *(role)* tienen los tíos, primos y padrinos en la familia?

extremely

godparents
involvement /
very strong /
upbringing

> El puertorriqueño es sumamente° familiar. Y eso usualmente significa que todo lo que es familia extendida —sean tíos, primos, padrinos°— todos ellos también tienen una injerencia° bien fuerte° en la crianza° de los hijos. La familia extendida usualmente son los amigos.

© Minette Bonilla Ramos

Colaborar **3-20 Otras opiniones.** Read the following excerpt from **Diario Libre**, a newspaper from the Dominican Republic. With a classmate, indicate whether the following statements are true **(cierto)** or false **(falso)**. Correct the false statements so that they are true.

1. La Dra. Vargas es experta en psicología.

2. Según la Dra. Vargas, la familia extendida es característica de Puerto Rico, Cuba y República Dominicana.

3. En el Caribe, la familia extendida ofrece apoyo *(support)* para los adultos.

4. Debido a *(Because of)* la estructura familiar, normalmente las personas mayores viven en asilos *(nursing homes)*.

support network

elderly
nursing homes
stay
care

> La antropóloga social Tahira Vargas explica que la familia extendida es típica de la cultura afrocaribeña. Crea una red de apoyo° para que las personas adultas puedan trabajar. "Tú sabes que en nuestra cultura no es frecuente llevar a los envejecientes° a asilos°, entonces en estas familias los envejecientes se quedan° también como parte de esa red de cuidados°..."

Fuente: Kirsis Díaz "La unión libre se arraiga en la familia dominicana," *Diario Libre.*

3-21 ¿Y tú? With a classmate, use these questions as a point of departure to talk about the extended family.

1. Para ti, ¿qué significa "familia extendida"?

2. En tu opinión, ¿cuál es el beneficio más importante de la familia extendida? ¿Hay alguna desventaja *(disadvantage)*?

EN ACCIÓN: Comunicación interpretativa

Amelia Vega Horford is not just famous in her own right. Her family includes a number of celebrities. Among them are her uncle—popular singer and composer Juan Luis Guerra—and her husband—pro basketball player Al Horford. Ready to find out more?

Biografía

Amelia Vega Horford es una modelo, cantante, presentadora y empresaria dominicana. Amelia nació el 7 noviembre de 1984 en Santiago de los Caballeros, hija del médico Otto Vega y de Patricia Polanco, una de las tres primeras mujeres en graduarse como piloto en el país y Miss Mundo República Dominicana 1980.

Actualmente, Amelia Vega está casada con el basketbolista dominicano Al Horford, con quien contrajo nupcias de manera sorpresiva el 24 de diciembre del 2011, en la residencia de sus tíos Nora Vega y Juan Luis Guerra, durante una íntima ceremonia a la cual asistieron familiares y amigos más cercanos. La joven pareja se convirtió en padres el 23 de febrero del 2015, con el nacimiento de su primogénito Ean Horford Vega.

Fuente: Julissa Grullón "Amelia Vega, la multifacética beldad dominicana," www.conectate.com.

cantante *singer*   empresaria *entrepreneur*   nació *was born*   país *country*   Actualmente *Currently*   se convirtió *became*
primogénito *first born*

Colaborar

3-22 ¿Qué entiendes? Read the article and then work with a partner to write the answers to the questions with words, phrases, and—when you can—sentences in Spanish.

Pregunta	Respuesta
¿De dónde es Amelia Vega?	
¿Cuántos años tiene ella?	
¿Cuáles son sus profesiones?	
¿Cómo se llaman sus padres?	
¿Qué distinción (*distinction*) tiene su mamá?	
¿Quién es su esposo?	
¿Cómo se llama su hijo?	

3-23 Tertulia. Talk with one or two classmates about Amelia Vega, her family, and other persons of note. Use these questions as a point of departure.

1. En tu opinión, ¿quién es la persona más notable de la familia de Amelia? ¿Por qué?

2. ¿A qué persona famosa admiras? ¿Cómo es? ¿Por qué admiras a esa persona?

Mis amigos y mi familia

In this *Paso*, you will . . .
- describe physical characteristics and personality traits
- make comparisons
- refer to an extreme quality

Unas fotos

¡Hola! Soy Juan. Mira las fotos de mis amigos y mi familia.

Estos son mis amigos.

El **rubio** se llama Luis. Es **callado** pero muy **buena gente**.

El **moreno** se llama Ángel y es muy **bromista**.

El **de barba** se llama Juan, **como yo**. Es **el más intelectual de todos**.

Los rasgos físicos	*Physical characteristics*
¿Cómo es físicamente?	*What does he (she) look like?*
Es...	*He (She) is . . .*
joven / viejo(a), mayor	*young / old*
alto(a) / bajo(a)	*tall / short*
gordo(a) / delgado(a)	*fat / thin*
rubio(a) / moreno(a) / pelirrojo(a)	*blond / dark-haired / red-headed*
calvo(a) / canoso(a)	*bald / white-haired*
guapo(a) / feo(a)	*good-looking / ugly*
Usa gafas / anteojos.	*He (She) wears glasses.*
Tiene bigote / barba.	*He has a moustache / a beard.*
¿Es alto(a) como tú?	*Is he (she) tall like you are?*
Sí, es alto(a) como yo.	*Yes, he's (she's) tall like me.*
¿Tiene el pelo... ?	*Does he (she) have . . . hair?*
largo / corto	*long / short*
rubio / castaño / negro	*blond / brown / black*
¿Tiene los ojos... ?	*Does he (she) have . . . eyes?*
castaños / azules / verdes	*brown / blue / green*

Unas fotos (cont.)

Estos son mis abuelos. Mi abuelita es **un amor**. Es muy **comprensiva** y **generosa**.

Mi abuelo —para ser **sincero**— **tiene mal genio**. Bueno, aquí está contento.

Esta es mi novia Valeria. Es **guapísima**, ¿verdad?

Aquí está con sus gatas, Princesa y Reina. ¡Son muy **mimadas**!

La edad

¿Son ustedes de la misma edad?
Sí, somos (casi) de la misma edad.
No, yo soy mayor / menor.

El carácter y la personalidad

¿Cómo es?
Tiene mal genio.
Es...
    atlético(a)
    buena gente
    callado(a)
    extrovertido(a) / tímido(a)
    inteligente / tonto(a)
    optimista / pesimista
    serio(a) / bromista
    trabajador(a) / perezoso(a)
¿Es como tú?
    No, no somos (nada) parecidos(as).

Age

Are you the same age? / Is he (she) as old as you are?
    Yes, we're (almost) the same age.
    No, I'm older / younger.

Character and personality traits

What is he (she) like?
He (She) is bad-tempered.
He (She) is . . .
    athletic
    a good person, "good people"
    quiet
    outgoing / shy
    smart / dumb, silly
    optimistic / pessimistic
    serious / a jokester
    hardworking / lazy
Is he (she) like you?
    No, we're not much alike (at all).

PASO 2 **VOCABULARIO**

¡Aplícalo!

↻ Adjectives,
Capítulo 2 Paso 1

Colaborar

3-24 **¿Cierto o falso?** With a partner, take turns reading aloud the following statements based on the photographs on pages 108–109. As you read each statement, use the form of the adjective that agrees with the noun. Then say whether it's **cierto** *(true)* or **falso** *(false)* and correct the false statements.

Modelo La abuela tiene los ojos _____. (azul)

Estudiante A: La abuela tiene los ojos azules.

Estudiante B: Falso. La abuela tiene los ojos castaños.

1. Luis es _____. (moreno)
2. Luis y Juan no son muy _____. (alto)
3. Ángel es _____. (rubio)
4. Valeria es muy _____. (guapo)
5. Valeria tiene los ojos _____. (castaño)
6. Las gatas son _____. (bonito)
7. La abuela es muy _____. (joven)
8. El abuelo tiene el pelo _____. (largo)

Colaborar

3-25 **Los nuevos (new) compañeros.** José Luis is studying abroad in Santo Domingo and has met a number of new classmates. What are they like? Work with a classmate to complete his description with the most appropriate words from the list.

atlético(a)	comprensivo(a)	perezoso(a)
buen	extrovertido(a)	pesimista
callado(a)	mal	

Me gusta el grupo de compañeros de la universidad. Mi mejor amigo se llama Rafael. Él practica muchos deportes: ¡es muy (1) _____! Su novia, Odalys, es guapa pero no habla mucho; es bastante (2) _____. Ramona es muy diferente. ¡Habla todo el día! Es muy expresiva y (3) _____. Juan Carlos es un (4) _____ amigo. Siempre escucha con paciencia y tolerancia; es muy (5) _____. Hay dos compañeros de clase que *(that)* no son muy simpáticos. Roberto tiene una actitud muy negativa; es muy (6) _____ y Caridad siempre está enojada; tiene (7) _____ genio. Ella nunca estudia; es (8) _____. Pero por lo general, los estudiantes son muy amables y divertidos.

3-26 **Mi mejor amigo(a).** What is your best friend like?

■ Complete the sentences below and share the information with a classmate.

■ Your classmate should ask you two follow-up questions about your friend.

> Mi mejor amigo(a) se llama...
> Es de...
> Tiene... años.
> Físicamente, es... y...
> Tiene el pelo... y los ojos...
> Tiene una personalidad interesante. Es... y... También es muy...

3-27 **Memoria fotográfica.** Let's put your memory to the test!

- In pairs, look at the following photograph closely for twenty seconds. When your instructor says time is up, close your books.
- Then, with your partner, write sentences with as much as you remember about the people in the photograph. After a few minutes your instructor will call time again.
- You should then get together with another pair and compare notes. Which pair has a better photographic memory?

Nora   Samuel   Victoria

© Lisa F. Young/Shutterstock.com

3-28 **Nuestros ideales.** With a classmate, compare your notions of the following ideal people.

Modelo   el compañero de cuarto ideal

Estudiante A: El compañero de cuarto ideal es sociable y extrovertido.

Estudiante B: Estoy de acuerdo *(I agree)*. También es organizado y sincero. / No estoy de acuerdo *(I don't agree)*. El compañero de cuarto ideal es callado y serio.

1. el profesor ideal
2. los amigos ideales
3. los padres ideales
4. el hermano / la hermana ideal
5. el novio / la novia ideal
6. la compañera de trabajo ideal

3-29 **El ladrón *(The thief).*** A "robbery" has been committed in your classroom and you need to figure out who did it!

- First, everyone puts their heads down, eyes closed, and your instructor—the victim and witness of the crime—will tap someone on the shoulder. That person is **el ladrón** or **la ladrona.**
- Then, everyone opens their eyes and become detectives. Each detective (including the "thief"!) asks the witness (your instructor) one yes/no question about the thief's appearance. For example: **¿Tiene pelo corto?**
- At the end of the interrogation, write down the name of the thief. Who's a good detective?

PASO 2 GRAMÁTICA A

Los comparativos

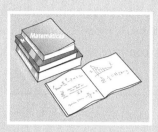

AMAYA Yo tengo más tarea que tú.

ERNESTO No, yo tengo tanta tarea como tú.

AMAYA Pero tu tarea es menos difícil que la mía.

ERNESTO ¡¿Menos difícil?! ¡Mi tarea es más complicada que calzoncillo de pulpo *(octopus's underwear)*!

■ ■ ■
Descúbrelo

- What are Amaya and Ernesto arguing about?
- Who thinks he or she has more homework than the other person? What Spanish phrase means *more homework than you*?
- What words does Ernesto use to say *as much . . . as*?
- What words does Amaya use to say *less . . . than*?

1. Comparisons of inequality are used when two people / animals / things have different amounts of something. To express the notion of *more . . . than*, use this phrase:

MÁS + (ADJECTIVE / ADVERB / NOUN) + QUE

adjective: Mi perro es **más** <u>cariñoso</u> **que** mi gato.
*My dog is **more** <u>affectionate</u> **than** my cat.*

adverb: Mi perro come **más** <u>rápidamente</u> **que** mi gato.
*My dog eats **more** <u>quickly</u> **than** my cat (does).*

noun: Mi perro tiene **más** <u>energía</u> **que** mi gato.
*My dog has **more** <u>energy</u> **than** my cat (does).*

2. To express the idea of *less . . . than*, use this phrase:

MENOS + (ADJECTIVE / ADVERB / NOUN) + QUE

adjective: Mi gato es **menos** <u>inteligente</u> **que** mi perro.
*My cat is **less** <u>intelligent</u> **than** my dog.*

adverb: Mi perro duerme **menos** <u>tranquilamente</u> **que** mi gato.
*My dog sleeps **less** <u>peacefully</u> **than** my cat.*

noun: Mi perro tiene **menos** <u>juguetes</u> **que** mi gato.
*My dog has **fewer** <u>toys</u> **than** my cat does.*

3. Some comparative expressions have irregular forms: **Mi prima es <u>menor que</u> yo.**
My cousin is <u>younger than</u> I am.

joven → **menor que**	*younger than*
viejo → **mayor que**	*older than*
bueno → **mejor que**	*better than*
malo → **peor que**	*worse than*

4. Comparisons of equality are used when two people / animals / things have the same amount of something.

To compare equal quantities of nouns and express the notion *as much / many . . . as*, choose the form of **tanto** that agrees with the noun:

TANTO / TANTA / TANTOS / TANTAS + (NOUN) + COMO

Carlos tiene **tantos** <u>hermanos</u> **como** yo. *Carlos has **as many** <u>siblings</u> **as** I do.*

5. To compare adjectives and adverbs and express the idea *as . . . as,* use this phrase:

TAN + (ADJECTIVE / ADVERB) + COMO

adjective: Mi perro es **tan** <u>viejo</u> **como** mi gato.
                   *My dog is **as** <u>old</u> **as** my cat.*

adverb: Elisa juega al tenis casi **tan** <u>bien</u> **como** su hermano.
                   *Elisa plays tennis almost **as** <u>well</u> **as** her brother.*

6. To express *as much as* with verbs, use **tanto como**.

Yo <u>estudio</u> **tanto como** tú.   *I <u>study</u> **as much as** you do.*

Colaborar

3-30 **Dos amigas.** What are Alicia and Casandra like? With a partner, complete the comparisons with the most logical words and phrases from the list.

¡Aplícalo!

mayor que   **mejor que**   **menos**   **tan**   **tantos**

1. Alicia es un año _____ Casandra.

2. Casandra tiene _____ hermanos como Alicia.

3. Alicia toca la guitarra _____ Casandra.

4. Casandra es _____ atlética que Alicia.

5. Alicia no es _____ extrovertida como Casandra.

Colaborar

3-31 **La familia Quintana.** How are these family members alike or different?

- First, write five sentences that compare their physical or personal qualities. Some of the sentences should be true and some should be false.

- Then, take turns reading your sentences aloud to a classmate. Your classmate should say whether the statements are true (**cierto**) or false (**falso**).

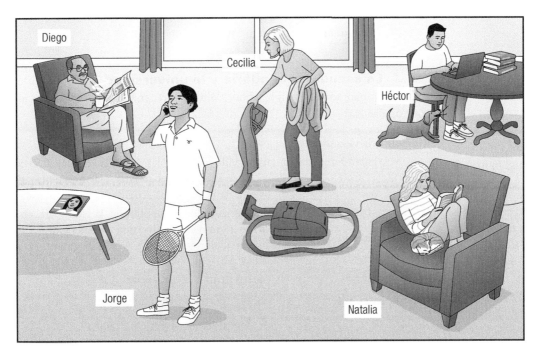

†† 3-32 Comparaciones. How do you compare to your classmate? First, ask each other the questions in the first column. Then, compare yourself to your classmate by completing the sentence in the second column. Are the two of you somewhat alike or very different?

Modelo   **Estudiante A:** ¿Cuántos años tienes?

   Estudiante B: Tengo 19 años. ¿Y tú?

   Estudiante A: Tengo 20 años. Yo soy **mayor que** tú.

Pregunta	Comparación
1. ¿Cuántos años tienes?	Yo soy (**mayor que / menor que**) tú. O: Somos de la misma edad.
2. ¿Cuántas horas estudias o trabajas en un día típico?	Yo soy (**más / tan / menos**) trabajador(a) (**que / como**) tú.
3. ¿Cuántas mascotas tienes?	Yo tengo (**más / tantas / menos**) mascotas (**que / como**) tú.
4. ¿Cuántos hermanos tienes?	Yo tengo (**más / tantos / menos**) hermanos (**que / como**) tú.
5. ¿Cuántas horas practicas deportes en una semana típica?	Yo soy (**más / tan / menos**) atlético(a) (**que / como**) tú.

†† 3-33 Las quejas *(Complaints)*. Life is hard! With a classmate, take turns complaining and exaggerating. The first person complains about some real or imaginary problem, and the second creates a comparison that describes an even bigger problem.

Modelo   **Estudiante A:** Tengo un problema. Mi perro es gordo.

   Estudiante B: ¡Mi perro es más gordo que el tuyo! Tengo otro problema. Solo tengo $20.

   Estudiante A: ¡Yo tengo $10! ¡Tengo menos dinero que tú!...

†† 3-34 La escuela secundaria y la universidad. How does life at college compare to life in high school? With a partner, make comparisons and share your opinions.

Modelo   la vida social

   Estudiante A: Para mí, la vida social en la universidad es más divertida que la vida social en la escuela secundaria. Hay más fiestas, partidos, grupos estudiantiles y otras actividades. ¿Qué piensas tú?

   Estudiante B: No estoy de acuerdo. En mi opinión, la vida social en la escuela secundaria es tan divertida como la vida social en la universidad.

Frases útiles

Para mí *For me, In my view*
En mi opinión *In my opinion*
¿Qué piensas tú? *What do you think?*
(No) Estoy de acuerdo. *I (dis)agree.*

1. la vida social
2. los profesores
3. la tarea
4. el programa deportivo
5. los grupos estudiantiles
6. las opciones para comer
7. las oportunidades para conocer gente nueva *(meet new people)*

Los superlativos

LEOPOLDO ¿Cómo son tus tres gatos, Ramona?

RAMONA Cada uno *(Each one)* es diferente. Garfield es el más perezoso y el más gordo de los tres. Condesa es la más bonita. ¡Tiene los ojos grandísimos! Silvestre es el menos inteligente pero es el más cariñoso.

LEOPOLDO ¡Son parecidos a mis tres hermanos!

■ ■ ■
Descúbrelo

■ Which of Ramona's cats is the laziest? The prettiest? The least intelligent?

■ What do the cats remind Leopoldo of?

■ What phrase indicates that someone / something has the most of a particular quality? The least of a quality?

■ What ending is added to **grande** to mean *extremely*?

1. Superlatives are similar to comparatives, but are used to refer to the extremes within a group, such as the *tallest* person, the *least playful* animal, the *best* dormitories, or the *worst* classes.

> Garfield es **el más gordo de** mis gatos.   *Garfield is **the fattest** of my cats.*

2. To say that someone / something has the most of a quality, use this phrasing:

> EL / LA / LOS / LAS (NOUN) + MÁS (ADJECTIVE) + DE (GROUP / PLACE)
> Felicia es **la (chica) más cariñosa de** su familia.
> *Felicia **is the most affectionate (girl)** in her family.*

3. To indicate that someone / something has the least of a quality, use this phrasing:

> EL / LA / LOS / LAS (NOUN) + MENOS (ADJECTIVE) + DE (GROUP / PLACE)
> Carlos y Elisa son **los menos serios de** todos.
> *Carlos and Elisa are **the least serious of all.***

4. These irregular forms are also used with definite articles to form the superlative.

el (la) mejor	los (las) mejores	*the best*
el (la) peor	los (las) peores	*the worst*
el (la) mayor	los (las) mayores	*the oldest* (with people)
el (la) menor	los (las) menores	*the youngest* (with people)

5. Another kind of superlative—the absolute superlative—expresses the idea of *very, very,* or *extremely.* This is formed by adding to an adjective the new ending that matches the gender and number of the noun: **-ísimo / -ísima / -ísimos / -ísimas.** If the adjective ends in a vowel, drop the last vowel before adding the ending.

> Mi gata Condesa tiene los ojos **grandísimos.** (grande + ísimos = grandísimos)
> *My cat, Condesa, has **extremely large** eyes.*

PASO 2 GRAMÁTICA B

¡Aplícalo!

Colaborar

3-35 ***People* en español.** *People* magazine is taking a survey on the best and the worst. How would you respond to the poll? Working with a partner, take turns expressing your opinions on each topic by completing the sentences aloud.

1. El actor más guapo de Hollywood es...
2. La actriz *(actress)* más guapa de Hollywood es...
3. El programa más divertido de la televisión es...
4. La película *(movie)* más tonta del año es...
5. El atleta profesional menos simpático es...
6. La celebridad *(celebrity)* con el peor pelo es...
7. La celebridad más loca es...
8. El mejor programa de telerealidad *(reality show)* es...
9. Los mejores futbolistas *(soccer players)* del momento son...
10. El evento más triste del año es...

3-36 La fiesta de Roberto. An interesting mix of people is attending Roberto's birthday party.

- Write down as many sentences as you can describing the extremes (or superlatives) in the drawing.
- When your instructor calls time, take turns reading your sentences aloud to a classmate.
- You earn one point for each superlative that your classmate does *not* have. The person with more points wins the game.

Modelo   El abuelo es el mayor de la familia.

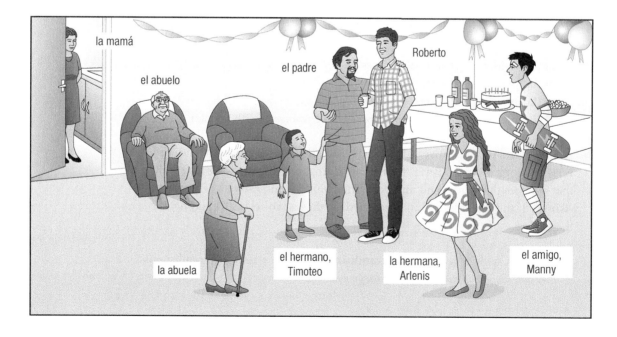

¡Exprésate!

3-37 Lo mejor y lo peor. What are the best and worst aspects of your campus? Follow the model and compare answers with two or three classmates.

Modelo la mejor residencia

> **Estudiante A:** La mejor residencia del campus es Hampton Hall.
>
> **Estudiante B:** Estoy de acuerdo. Es muy moderna y bonita.
>
> **Estudiante C:** No estoy de acuerdo. Para mí...

1. la clase más aburrida
2. la residencia menos moderna
3. el peor lugar (place) para estudiar
4. el evento más popular
5. los mejores apartamentos
6. las actividades menos populares

Frases útiles

Para mí *For me, In my view*

En mi opinión *In my opinion*

¿Qué piensas tú? *What do you think?*

(No) Estoy de acuerdo. *I (dis)agree.*

3-38 Los extremos. With a classmate, share information about your family and friends. Talk about who among them are the most and the least athletic, hardworking, etc., and add details to explain your choices.

Modelo atlético(a)

> **Estudiante A:** Mi hermana Amanda es la más atlética de nuestra familia. Practica el tenis a menudo y el fútbol todos los fines de semana. Mi mamá es la menos atlética. Su actividad preferida es leer.
>
> **Estudiante B:** Mi amigo Sam es el más atlético de mis amigos...

1. atlético(a)
2. trabajador(a)
3. extrovertido(a)
4. intelectual
5. mimado(a)
6. organizado(a)

3-39 El concurso de mascotas. You and two classmates are the judges for a local pet show. Compare the physical and personal attributes of the contestants and award prizes for the top animal in each category. Follow the model.

- the largest
- the cutest
- the fattest
- the most affectionate
- the smallest
- the ugliest
- the skinniest
- the overall best

Modelo **Estudiante A:** Tarzán es el perro más grande.

Estudiante B: Sí, ¡Tarzán es grandísimo!

EN ACCIÓN: Preguntas esenciales
¿Qué significa ser un buen amigo?

 3-40 **Piénsalo.** What personal qualities does a good friend have? First, read the list and circle the five qualities that are most important to you. Then, compare lists with a classmate. How many of the same qualities did the two of you choose? What other qualities would you add to the list?

- cariñoso(a)
- discreto(a)
- honesto(a)
- optimista
- serio(a)
- sociable
- comprensivo(a)
- generoso(a)
- inteligente
- responsable
- sincero(a)
- trabajador(a)

Colaborar
3-41 **La opinión de Minette.** Puerto Rican student Minette Bonilla Ramos describes the qualities of a good friend. Working with a classmate, read her opinion and then answer the questions in Spanish.

1. Para Minette, ¿qué atributo *(personal quality)* importante tiene un buen amigo?

2. ¿Cuál es la diferencia entre un compañero de clase y un "pana"?

grow

true

> Los amigos en Puerto Rico son bien honestos. Y esa honestidad te ayuda a crecer°. Pero sí existe una diferencia entre lo que son compañeros de trabajo, compañeros de clase y lo que son *panas*. Los *panas* pues sí son amigos de verdad°, lo que la gente les llama "mejores amigos".

© Minette Bonilla Ramos

Colaborar
3-42 **Otras opiniones.** Here are four quotations about friendship from noteworthy Hispanic authors. With your partner, match each one to its English equivalent.

1. "El amigo…"
2. "La buena y verdadera…"
3. "Decir amistad…"
4. "La amistad es…"

a. *To say friendship is to say loyalty.*
b. *True and good friendship should not be suspicious of anything.*
c. *A friend does not advise or reproach; (a friend) loves and keeps quiet.*
d. *Friendship is a love that cannot be communicated through the senses.*

> "El amigo… ni aconseja ni recrimina; ama y calla".
> —*Jacinto Benavente, dramaturgo español*
>
> "La buena y verdadera amistad no debe ser sospechosa en nada".
> —*Miguel de Cervantes, escritor español*
>
> "Decir amistad aquí es decir [...] fidelidad".
> —*Gabriela Mistral, poeta chilena*
>
> "La amistad es un amor que no se comunica por los sentidos".
> —*Ramón de Campoamor, poeta español*

3-43 **¿Y tú?** With a classmate, use these questions as a point of departure to talk about friendship and what it means to be a good friend.

1. Para ti, ¿cuáles son los atributos *(qualities)* más importantes de un amigo?

2. ¿Quién es uno(a) de tus mejores amigos(as)? ¿Cómo es? ¿Son ustedes muy parecidos(as)?

3. En tu opinión, ¿es fácil o difícil hacer buenos amigos en la universidad? ¿Por qué?

EN ACCIÓN: Comunicación interpersonal

Dominican Amelia Vega and several of her family members excel in a wide range of professional pursuits. If you could invite one of them to speak at your campus, whom would you choose?

Amelia Vega nació° en Santiago de los Caballeros, República Dominicana, en 1984. Es la primera dominicana en ser Miss Universo. Ahora es cantante° y tiene boutiques de ropa. Amelia es la esposa del jugador de la NBA Al Horford y también es mamá.

was born;

singer

Al Horford nació en Puerto Plata, República Dominicana, en 1986. Es jugador de la NBA (liga profesional de básquetbol de Estados Unidos). Es el atleta dominicano mejor pagado° en la historia del deporte. Está casado con Amelia Vega y tiene dos hijos.

highest paid

Arelis Reynoso es de Puerto Plata, República Dominicana, y es periodista° de profesión. Ella maneja° la carrera de su hijo, el basquetbolista Al Horford. Recibió el premio "Mujer de Espíritu 2008" como parte del *Latin Pride National Awards.*

journalist / manages

Juan Luis Guerra es de Santo Domingo, República Dominicana. Es el tío de Amelia Vega y uno de los cantantes° y compositores latinos más reconocidos° internacionalmente. Su música es una fusión de diversos ritmos, como la bachata, el merengue y el rock. Ha recibido muchos premios°, entre ellos, varios Grammy Latinos.

singers / well known

prizes

3-44 **¡ A dialogar!** The biographies above provide some key information about the lives and accomplishments of Amelia Vega and her family. Which of the four would make an interesting guest speaker?

Primera parte: First, play this guessing game with a classmate.
- **Estudiante A** silently chooses one of the four celebrities.
- **Estudiante B** asks five yes/no questions. For example: **¿Es hombre? ¿Tiene el pelo largo?**
- After hearing the answers to all five questions, **Estudiante B** tries to guess which person **Estudiante A** had chosen.
- Then, switch roles and play the game again.

Segunda parte: With your classmate, discuss the biographies and decide who would make the best guest speaker for your campus. Use these questions as a point of departure to discuss the four candidates.
- ¿Cuál es la profesión de cada *(each)* candidato(a)? En tu opinión ¿quién tiene la profesión más interesante?
- ¿Quién es el más famoso (la más famosa)? ¿El menos famoso (la menos famosa)?
- ¿Cuál de los cuatro va a atraer *(will attract)* a más público *(a larger audience)*?
- ¿A quién invitamos a hablar? ¿Por qué?

Las fiestas

In this *Paso*, you will . . .

- discuss party preparations
- describe family gatherings and celebrations
- make a toast and offer good wishes
- express likes and dislikes

Los preparativos para una fiesta sorpresa

mandar las invitaciones

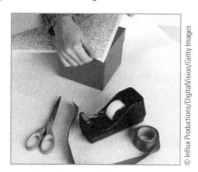

envolver los regalos

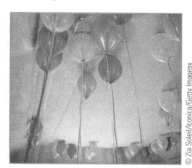

decorar la casa con globos

preparar el pastel de cumpleaños

poner la mesa

comprar flores

Las celebraciones	*Celebrations*
el aniversario (de bodas)	*(wedding) anniversary*
la boda	*wedding*
el cumpleaños	*birthday*
la graduación	*graduation*
el picnic / la barbacoa	*picnic / barbecue*
la reunión familiar	*family reunion; family gathering*

Actividades en una reunión	*Activities at a get-together*
almorzar	*to have lunch*
charlar con los invitados	*to chat with guests*
contar chistes / cuentos	*to tell jokes / stories*
disfrutar (de la música / de la fiesta)	*to enjoy (the music / the party)*
jugar al voleibol / a las cartas / a los videojuegos	*to play volleyball / cards / videogames*
recordar los viejos tiempos	*to remember old times*
servir la merienda / la cena	*to serve snacks / supper*

La fiesta sorpresa

Cumpleaños feliz,
te deseamos a ti,
cumpleaños María,
cumpleaños feliz.

La familia García **festeja el cumpleaños** de María. Todos **cantan
"cumpleaños feliz".** María **pide un deseo** y **apaga las velas**.

abrir los regalos

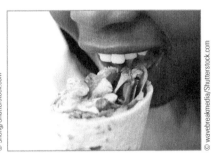

probar la comida y la bebida

sacar fotos

La invitación

¿Quieres venir a mi fiesta el próximo (sábado)?
    Me encantaría. ¿A qué hora empieza?

Expresiones de felicitación

¡Feliz cumpleaños / aniversario!
¡Muchas felicidades!
¡Sorpresa!

Hacer un brindis

Brindo por...
    la feliz pareja.
    la salud de (José).
¡Salud! / ¡Chin chin!

Al anfitrión / A la anfitriona

Gracias por todo.
Lo pasé / Lo pasamos muy bien.

Invitation

*Do you want to come to my party next (Saturday)?
    I'd love to. At what time does it start?*

Expressions of congratulations

*Happy birthday / anniversary!
Congratulations!
Surprise!*

Making a toast

*Here's to . . .
    the happy couple.
    the health of (José).
Cheers!*

To the host / hostess

*Thanks for everything.
I had / We had a great time.*

PASO 3 VOCABULARIO

¡Aplícalo!

 3-45 ¿Cuándo? Time to brush up on your "party phrases"! With a partner, take turns reading the expressions aloud and indicating in which of the three situations they would be said.

- **en una invitación**   ▪ **en la fiesta**   ▪ **al final de la fiesta**

1. "¡Sorpresa!"

2. "Gracias por todo."

3. "Lo pasé muy bien."

4. "¡Chin chin!"

5. "Brindo por la salud de Juan."

6. "Muchas felicidades."

7. "¿Quieres venir a mi fiesta?"

8. "¿A qué hora empieza?"

⟳ Expressions
of frequency,
Capítulo 2 Paso 3

 3-46 Las celebraciones. What celebrations do you associate with the following activities? With a partner, create sentences with **nosotros** as the subject; include the kind of celebration and an expression of frequency (**normalmente, por lo general, a menudo, a veces, nunca**).

Modelo   comprar flores
Normalmente compramos flores para una boda o para una fiesta de aniversario de bodas. A veces compramos flores para una fiesta de graduación.

una boda	una reunión familiar
una fiesta de graduación	una fiesta típica entre estudiantes
una barbacoa / un picnic	una fiesta de aniversario de bodas

1. comer sándwiches

2. jugar a los videojuegos

3. contar chistes

4. hacer un brindis

5. recordar los viejos tiempos

6. decorar un pastel

7. servir una cena elegante

8. recibir regalos

 3-47 Mini conversaciones. Read aloud the following four exchanges with a classmate. As you read your lines aloud, choose the better word in parentheses.

1. MARÍA   ¡Hola, Tomás! ¿(Quieres / Pasas) venir a mi fiesta de cumpleaños el (aniversario / próximo) sábado? Empieza a las ocho.

   TOMÁS   Sí, ¡me (felicidades / encantaría)! Gracias por la (merienda / invitación).

2. MAMÁ   Hijo, tenemos que decorar la casa con muchos (globos / invitados).

   HIJO   Sí, y también tenemos que envolver los (regalos / cuentos).

3. JULIA   El (anfitrión / pastel) de cumpleaños es muy bonito y tiene muchísimas (velas / bodas).

   ULISES   Sí, ¿por qué no le sacas (fotos / chistes)?

4. TÍO   Brindo por la feliz (mesa / pareja).

   LORENA   Gracias, tío, por el brindis y por (todo / salud).

3-48 Los preparativos. You and your classmate are getting ready to have a surprise party for a friend. Unfortunately, your classmate has laryngitis!

- As your classmate pantomimes what needs to be done, confirm your understanding by "translating" what is said into Spanish.
- Change roles after every three actions.

Modelo **Estudiante A:** *(Pantomimes blowing up balloons and hanging them.)*
Estudiante B: Tenemos que... decorar la casa con globos.

3-49 Una noche inolvidable. Daniel's grandparents are celebrating their fiftieth wedding anniversary. What do you think he, his girlfriend, and his grandparents are saying in each of these drawings? Incorporate phrases from the bottom of page 121 as you act out the scenes with a classmate.

1.

2.

3.

3-50 ¿Cómo celebras tu cumpleaños? How do you generally celebrate your birthday? With a classmate, use the questions as a point of departure to talk about your birthday celebrations and compare your traditions.

1. Normalmente, ¿festejas tu cumpleaños?
2. Por lo general, ¿dónde festejas tu cumpleaños? ¿En casa, en un restaurante, en un parque?
3. Usualmente, ¿tienes una fiesta grande o pequeña?
4. Normalmente, ¿a quiénes invitas a tu fiesta de cumpleaños?
5. ¿Siempre hay un pastel con velas? ¿Siempre pides un deseo antes de *(before)* apagar las velas?
6. ¿Abres los regalos antes *(before)* o después de *(after)* comer el pastel?
7. Durante *(During)* la fiesta, ¿hay música? ¿Bailan ustedes?
8. ¿Sacas muchas fotos?
9. *(Ask another question about birthday celebrations.)*

Nota cultural

A country's geography can greatly influence the culture of its people. In Puerto Rico and the Dominican Republic, for example, the traditional **bizcocho de boda** or **bizcocho de cumpleaños** is a yellow sponge cake with a filling made of pineapple, one of their major crops. Sometimes, wedding cakes are decorated with seashells, sea stars, and other marine objects familiar to island-dwellers.

Los verbos con cambio de raíz en el tiempo presente

NINA ¿Quieres venir a mi fiesta esta noche?

LUIS Sí quiero pero no puedo. Lo siento, Nina, tengo que estudiar.

NINA ¡Bah! Querer es poder. *(Where there's a will, there's a way.)**

Literally: To want is to be able

■ ■ ■
Descúbrelo

- Why can't Luis go to Nina's party?
- What familiar saying does Nina use to respond to Luis's excuse?
- What two infinitives are used in this saying?
- When Luis uses the conjugated forms of these two verbs, what happens to the **e** and the **o**?

1. As you have learned, conjugated verbs use endings that correspond to the subject of the sentence. Some verbs undergo an additional change in the front part of the verb, known as the *stem* or *root*. These verbs are known as *stem-changing verbs* (**los verbos con cambio de raíz**).

INFINITIVE	= STEM	+	ENDING →	CONJUGATED VERB	
querer	**quer**	+	er	Quiero...	*I want to . . .*
poder	**pod**	+	er	... pero no puedo.	*. . . but I can't.*

2. There are three kinds of stem-changing verbs in the present tense. The three kinds of stem-changes occur in every form of the present tense except **nosotros** and **vosotros**.

Cambio de e → ie

querer (ie) *to want, to love*

yo	quiero	nosotros/nosotras	queremos
tú	quieres	vosotros/vosotras	queréis
usted	quiere	ustedes	quieren
él/ella	quiere	ellos/ellas	quieren

Otros verbos e → ie:

empezar	*to start, to begin*
entender	*to understand*
pensar	*to think*
preferir	*to prefer*
sentir	*to be sorry, to regret; to feel*

Cambio de o → ue

almorzar (ue) *to have lunch*

yo	almuerzo	nosotros/nosotras	almorzamos
tú	almuerzas	vosotros/vosotras	almorzáis
usted	almuerza	ustedes	almuerzan
él/ella	almuerza	ellos/ellas	almuerzan

Otros verbos o → ue:

contar	*to tell; to count*
dormir	*to sleep*
envolver	*to wrap*
poder	*to be able, can*
probar	*to taste, to try*
recordar	*to remember, to recall*
volver	*to return, to go back*

Cambio de e → i

pedir (i) *to ask for, to request*

yo	pido	nosotros/nosotras	pedimos
tú	pides	vosotros/vosotras	pedís
usted	pide	ustedes	piden
él/ella	pide	ellos/ellas	piden

Otros verbos e → i:

repetir	*to repeat*
seguir (sigo)	*to follow, to continue*
servir	*to serve*

3. There is a unique stem-changing verb, **jugar**, that changes **u → ue**: **j<u>ue</u>go, j<u>ue</u>gas, j<u>ue</u>ga, jugamos, jugáis, j<u>ue</u>gan**.

¡Aplícalo!

3-51 Ta-Te-Ti con verbos. Challenge a classmate to two games of tic-tac-toe. To mark your square with X or O, you must conjugate the verb in the present tense with the subject indicated. For example: **dormir (ue): tú → duermes.**

dormir (ue): tú	recordar (ue): ustedes	pedir (i): nosotros	jugar (ue): tú	empezar (ie): la fiesta	probar (ue): Ana y yo
contar (ue): nosotros	pensar (ie): yo	preferir (ie): los chicos	querer (ie): usted	volver (ue): yo	repetir (i): tú
sentir (ie): ellos	servir (i): tú	jugar (ue): ella	seguir (i): David	poder (ue): tú	entender (ie): ellos

3-52 Un domingo típico. Juliana, who spent a vacation in Puerto Rico, is talking to Rogelio, a native from the "Island of Enchantment." She wants to know how he usually spends Sundays. To complete their conversation, choose appropriate verbs from the list and conjugate them in the present tense. Then, read the conversation aloud with a partner.

Colaborar

almorzar	**dormir**	**jugar**	**querer**
contar	**entender**	**pedir**	**recordar**

JULIANA ¿Cómo es un domingo típico?

ROGELIO Mi familia y yo siempre vamos a Playa Luquillo. Tú (1) _____ Playa Luquillo, ¿verdad?

JULIANA ¡Claro que sí! Es una playa muy bonita. ¿Hacen (*Do you have*) un picnic en la playa o (2) _____ ustedes en un restaurante?

ROGELIO Nosotros siempre hacemos un picnic. La comida de mi tía es buenísima y yo siempre (3) _____ más.

JULIANA ¿Y después de (*after*) comer?

ROGELIO Los adultos (4) _____ la siesta y los niños (5) _____ al fútbol o al voleibol. Luego (*Later*) escuchamos música y charlamos.

JULIANA Tú (6) _____ mucho a tu familia, ¿no?

ROGELIO Sí, por supuesto. Mi tío Mario es muy divertido; siempre (7) _____ chistes. Y mis primos son mis mejores amigos.

JULIANA Sí, yo (8) _____ perfectamente. Mi familia es muy unida también.

© L.A. Nature Graphics/Shutterstock.com

Clase

3-53 **Firma aquí (Sign here).** Walk around the classroom and ask your classmates yes/no questions formed from the phrases in the chart. If someone answers **sí**, have that person sign your chart. Only two signatures from the same person are allowed.

Modelo **jugar** al voleibol a menudo

Estudiante A: ¿Juegas al voleibol a menudo?

Estudiante B: Sí. Juego al voleibol a menudo. / No, no juego al voleibol a menudo.

Estudiante A: Firma (Sign) aquí, por favor. / Gracias.

Actividad	Firma (Signature)
1. **jugar** al voleibol a menudo	
2. normalmente **dormir** ocho horas	
3. **servir** comida mexicana en las fiestas a veces	
4. siempre **pedir** un deseo cuando apagas las velas	
5. siempre **probar** el pastel en las fiestas	
6. para tu cumpleaños, **preferir** las fiestas sorpresa	

Clase

3-54 **¿Conoces al profesor?** Are you getting to know your Spanish instructor well? Let's find out!

- With one or two classmates, read the statements below and predict your instructor's responses. Circle your predictions; add a different response if the right answer is not listed.
- After completing your predictions, work with your classmates to write a question for each item. For example: **¿A qué hora empieza usted su día en la universidad?**
- After everyone has finished writing questions, take turns with the rest of the class and ask your instructor the questions. Which group had the most correct predictions?

1. Normalmente nuestro(a) profesor(a) empieza su día en la universidad (a las 8:00 / a las 10:00 / al mediodía / ¿...?).

2. El (La) profe casi siempre almuerza (en su oficina / en un café en el campus / en un restaurante de comida rápida / ¿...?).

3. El (La) profe vuelve a casa (por la tarde / por la noche / a la medianoche / ¿...?).

4. Para festejar su cumpleaños, el (la) profe prefiere (una fiesta sorpresa / un picnic / una cena en un restaurante elegante / ¿...?).

5. Con respecto a los deportes, a menudo el (la) profe juega al (voleibol / tenis / fútbol / ¿...?).

6. En las reuniones familiares, por lo general sirve (pasteles exquisitos / la merienda / la cena / ¿...?).

El verbo *gustar*

GLORIA ¿Te gustan las fiestas, Martín?

MARTÍN Sí, me gustan, pero no me gusta bailar. ¿Y a ti?

GLORIA A mí me gusta mucho bailar. ¡Bailo como un trompo *(like a top)*!

1. The verb **gustar** is used to express what somebody does or doesn't like. The literal meaning of this verb is *to be pleasing*.

> ¿Te **gusta** la bachata? *Do you **like** bachata (music)?*
> *(Literally: Is bachata music pleasing to you?)*

2. With the verb **gustar**, the thing that you like is the subject of the sentence. The subject is generally placed *after* the verb.

> VERB SUBJECT
> ¡Me gusta **la música**! *I like **music**!*

3. Two verb forms are commonly used: **gusta** and **gustan**.

- Use **gusta** when the subject is a singular noun, an infinitive, or a series of infinitives.

> Subject = a singular noun: Me **gusta** la fiesta. *I **like** the party.*
> Subject = infinitive(s): Me **gusta** bailar. *I **like** to dance.*

- Use the verb form **gustan** when the subject is a plural noun or a series of singular nouns.

> Subject = a plural noun: Me **gustan** mis regalos. *I **like** my gifts.*
> Subject = two or more nouns: Me **gustan** el rap y la salsa. *I **like** rap and salsa.*

4. To say *who* likes something, place the pronoun **me, te, le, nos, os,** or **les** in front of **gusta / gustan**. To make the sentence negative, add **no** in front of the pronoun.

> Affirmative sentence: **Nos** gusta esta barbacoa. *We like this barbecue.*
> Negative sentence: **No nos** gusta el pastel. *We **don't** like the cake.*

gustar *to like*			
me gusta (gustan)	*I like*	**nos** gusta (gustan)	*we like*
te gusta (gustan)	*you (inf.) like*	**os** gusta (gustan)	*you (pl., inf., Sp.) like*
le gusta (gustan)	*you (form.) like*	**les** gusta (gustan)	*you (pl.) like*
le gusta (gustan)	*he/she likes*	**les** gusta (gustan)	*they like*

■ ■ ■
Descúbrelo

- Does Martín like parties?
- Who likes to dance?
- What two verb forms does Martín use to talk about what he likes?
- What little word expresses the notion that I̲ like something?

5. To name specific people, follow these patterns:

- For one person: **a** + *(name / singular noun)* + **le** + **gusta** / **gustan**

    A Martín le gustan las fiestas sorpresa.   *Martín likes surprise parties.*

- For more than one person: **a** + *(names / plural noun)* + **les** + **gusta** / **gustan**

    A Rosa y a Lorenzo les gusta bailar.   *Rosa and Lorenzo like to dance.*

6. To clarify or emphasize *who* likes something, prepositional phrases are used.

A mí me gusta(n)...	**A nosotros** nos gusta(n)...
A ti te gusta(n)...	**A vosotros(as)** os gusta(n)...
A usted le gusta(n)...	**A ustedes** les gusta(n)...
A él le gusta(n)...	**A ellos** les gusta(n)...
A ella le gusta(n)...	**A ellas** les gusta(n)...

¡Aplícalo!

Colaborar

3-55 El cumpleaños de Juan. Penélope and Simón are discussing Juan's upcoming birthday. Complete their conversation with the correct pronouns (**me, te, le, nos, les**) and then read it aloud with a partner.

PENÉLOPE El cumpleaños de Juan es el jueves. ¡Tenemos que organizar una fiesta sorpresa!

SIMÓN ¡Mala idea! A Juan no (1) _____ gustan las fiestas sorpresa.

PENÉLOPE ¡Bah! A todos mis amigos (2) _____ gustan mucho las fiestas sorpresa. ¿Qué tal si la fiesta es en tu apartamento?

SIMÓN A mi compañero de cuarto y a mí no (3) _____ gusta tener fiestas en nuestro apartamento porque es muy pequeño. Lo siento.

PENÉLOPE ¡Eres un aguafiestas *(party pooper)*, Simón! ¿Por qué no (4) _____ gustan las fiestas?

SIMÓN A mí sí (5) _____ gustan, pero a Juan no. Él prefiere salir al cine o a un restaurante.

PENÉLOPE ¡Perfecto! La fiesta sorpresa de Juan será *(will be)* en el restaurante Mi Familia.

Colaborar

3-56 ¡Me gusta! Which of the following aspects of parties do you like? Which do you not like? Follow the model and share your preferences with a classmate.

Modelo bailar

Me gusta bailar. / No me gusta bailar.

1. escuchar música
2. los regalos tontos
3. el pastel

4. sacar fotos espontáneas
5. cantar con karaoke
6. las comidas exóticas

7. charlar con los invitados
8. escuchar chistes
9. regresar tarde a casa

3-57 Las preferencias. You are planning a party for your classmate's birthday and want to know what makes the perfect party for that person. Using the phrases below, create and ask questions to find out your classmate's preferences. Then, your classmate will ask you about your preferences.

Modelo festejar tu cumpleaños con tu familia o con tus amigos

Estudiante A: ¿Te gusta festejar con tu familia o con tus amigos?

Estudiante B: Me gusta más festejar mi cumpleaños con mis amigos.

1. festejar con tu familia o con tus amigos
2. los picnics o las fiestas en casa
3. los globos o las flores
4. los pasteles de chocolate o de vainilla
5. bailar o charlar durante (*during*) la fiesta
6. recibir regalos o dinero
7. apagar las velas o no
8. las fiestas sorpresa o no

3-58 Nuestras impresiones. What aspects of student life do you like?

Primera parte: With a classmate, take turns expressing your opinions about the things in the box.

Modelo **Estudiante A:** Me gustan las clases interactivas. ¿Y a ti?

Estudiante B: Sí, me gustan. / No, no me gustan.

Segunda parte: Which points do you agree upon? Disagree? Write four sentences that reflect those similarities and differences of opinion.

Modelo Nos gustan las clases interactivas. / A mí me gustan las clases interactivas pero a mi compañero(a) no le gustan.

las clases interactivas	la tarea en línea	ir al café con amigos
los profesores exigentes	la vida (*life*) social	tener exámenes los lunes
los restaurantes en el campus	ir al gimnasio	
	tener fiestas los sábados	

3-59 El regalo ideal. Which of these is the best gift for your classmate? Working with a partner, first ask each other several questions about what you like to do; for example: **¿Te gusta leer? ¿Te gustan las plantas?** Then, based on your partner's responses, say which is the ideal gift: **El regalo ideal para ti (*for you*) es un libro.**

una pecera

un libro

un balón de fútbol

una planta en maceta

unos zapatos para correr

una caja de chocolates

EN ACCIÓN: Preguntas esenciales
¿Qué hace una fiesta divertida?

 3-60 Piénsalo. What makes a party fun? Select from the list three things that you consider indispensable. Then, compare your list with a classmate. How many of the same items did you pick?

- Sirven buena comida y bebida.
- Ponen música para bailar.
- Hay muchas personas nuevas.

- Hay muchos viejos amigos.
- Hay juegos (games) o karaoke.
- Hay decoraciones bonitas.

Colaborar **3-61 La opinión de Minette.** According to Puerto Rican Minette Bonilla Ramos, what makes a party fun? With a classmate, read her opinion and answer the questions.

1. ¿Para qué ocasiones hay fiestas en Puerto Rico?
2. ¿Quiénes preparan la comida para las "fiestas de sorullo"?
3. Según (According to) Minette, ¿cuáles son los tres elementos más importantes de una fiesta?

Epiphany / Christmas
is considered
Right now

potluck
contribute

at least

Everything else

En Puerto Rico hay una fiesta para todo: sea cumpleaños, bautizo, Reyes°, Navidad°, todo ello constituye° una fiesta. La fiesta usualmente se centra alrededor de la comida. Ahora mismo° lo que se está empezando a hacer, que ya lleva varios años, es la "fiesta del sorullo°", que cada uno trae lo suyo. Eso significa que todas las personas aportan° algo —sea comida, música... Pero para que una fiesta sea buena, por lo menos° en Puerto Rico, lo que necesita es buena compañía, buena música y buena comida. Todo lo demás° es secundario.

© Minette Bonilla Ramos

Colaborar **3-62 Otras opiniones.** Eventbrite, an online event-planning site, offers these three keys for an unforgettable party. With a classmate, decide whether each statement would be considered good advice, based on the infographic: **¿Es un buen consejo (piece of advice)?**

1. Es importante invitar a todas las personas que conozcas (that you know), porque las fiestas grandes son más divertidas.

2. Para no gastar (spend) una fortuna, los invitados pueden llevar (bring) bebidas o comidas.

3. Las fiestas no tienen que ser en casa. Pueden ser en un parque o en un lugar público.

Las claves para organizar una fiesta inolvidable son:
Elegir bien a los invitados / Ser creativo / Usar pocos recursos

Fuente: www.eventbrite.com.ar

claves *keys*   inolvidable *unforgettable*   Elegir *Choose*

3-63 ¿Y tú? With a classmate, talk about what makes a party fun. Use these questions as a guide.

1. ¿Cómo es una fiesta típica entre tus amigos? ¿Y con tu familia?
2. Para ti, ¿qué hace una fiesta divertida? ¿Qué hace una fiesta aburrida?

Hispanic Heritage Month is coming up and you need to make plans for a special guest speaker. Whom would you like to invite to speak? When and where will the event be held? What kind of reception will you have to honor the speaker?

Amelia Vega
Modelo, cantante y
empresaria

Al Horford
Jugador de
básquetbol

Arelis Reynoso
Periodista

Juan Luis Guerra
Cantante y
compositor

Zoe Saldana
Actriz

David Ortiz
Exbeisbolista

3-64 **¡A crear!** You are the head of a small committee that will prepare a reception in honor of the guest speaker for Hispanic Heritage Month. First, choose a guest speaker from the six Dominicans in the photos. Then, write a message to your four committee members to make plans for the event.

- Start with a greeting: **Hola a todos:**
- Say who the guest speaker is (**el orador invitado / la oradora invitada**). Describe that person briefly.
- Say when and where the talk is being held (**La charla es…**).
- Next, say when and where the reception is being held (**La recepción es…**)
- Using the phrase **Tienes que…,** ask each of your four committee members to do something specific to get ready (decorate the table, buy the food and drinks, etc.).
- Close by asking when you can all talk: **¿Cuándo podemos hablar?**

3-65 **Nosotros: Una persona especial.** Let's talk about the photos of special people that you and your classmates posted to the MindTap discussion forum. Who are some of these special people? What are they like?

Primera parte: ¡Prepárate para hablar! To get ready to talk with your classmates, write some notes about your post. Whose picture did you share with your classmates? What is that person like? Complete the chart with words and phrases in Spanish about the special person in your life.

Pregunta	Respuesta
¿Cómo se llama la persona especial?	
¿Es un(a) amigo(a) o un(a) pariente?	
¿Dónde vive?	
¿Cómo es?	
¿Por qué es una persona especial para ti?	

Segunda parte: ¡A hablar! With two or three classmates, take turns sharing information about the special person in your life. Your classmates should ask one or two follow-up questions.

Modelo **Estudiante A:** John es una persona especial. Es mi hermano mayor.

Vive con su esposa y su hijo en Houston.

John es un poco bajo y es más o menos delgado. Es muy atlético y trabajador.

Es especial porque es sincero y es mi mejor amigo. Es un gran modelo para mí.

Estudiante B: ¿Cómo se llama su esposa?

Estudiante C: ¿Qué música le gusta?

© Monkey Business Images/Shutterstock.com

3-66 **Perspectivas: Los cumpleaños.** In MindTap, you watched a video of Susana, Paulina, and Stefano describing how they celebrate their birthdays. With two or three classmates, use the questions and phrases below to talk about how you celebrate your respective birthdays. How do your celebrations compare to those described by Susana, Paulina, and Stefano?

Questions to discuss:	Useful phrases:	
1. Normalmente, ¿con quiénes festejas tu cumpleaños?	Por lo general…	*Usually . . .*
2. ¿Recibes regalos? ¿De qué tipo?	Prefiero…	*I prefer . . .*
3. ¿Qué comidas son parte de la celebración?	Siempre servimos…	*We always serve . . .*
4. ¿Cantan todos el "cumpleaños feliz"?	Depende.	*It depends.*
5. ¿Tienes alguna *(some)* tradición especial para festejar tu cumpleaños?	Nos gusta…	*We like . . .*

3-67 **Videopodcast: Familia y cumpleaños.** In MindTap, you watched a family presentation that included names, relationships, and ages. Let's interview some classmates about their families.

Primera parte: ¡Prepárate para hablar! To get ready to interview a classmate—and to be interviewed—complete the chart below with phrases and questions that you would like to use. Some suggestions have been provided to get you started.

How will you start the interview?	• Hola. • _____
How will you gather basic information on the family?	• ¿Tienes una familia grande o pequeña? • _____ • _____ • _____
How will you ask for information about several family members?	• ¿Cómo se llaman tus padres? • ¿Tienes hermanos? • _____ • _____ • _____
What else can you ask about a family member?	• ¿Cuántos años tiene tu hermana? • ¿Qué le gusta hacer a tu hijo? • _____ • _____ • _____
How will you end the interview?	• ¡Muchas gracias! • _____

Segunda parte: ¡A hablar! Using the notes you created above, interview a classmate. Then, switch roles and answer your classmate's questions.

Practice reading, writing, and speaking skills in ⁙ MINDTAP:

- **Lectura: La biología**
- **Lectura auténtica: Las ciencias**
- **Composición:** A letter to a host family

- **Pronunciación:** The letters **j**, **h**, and **ch**
- **Síntesis:** Interpersonal, interpretive, and presentational activities

VOCABULARIO

Para aprender mejor

As you watch people walk by, practice Spanish vocabulary by describing each person in your mind in Spanish.

Sustantivos

el (la) abuelo(a) *grandfather / grandmother*

el (la) (mejor) amigo(a) *(best) friend*

el amor *love*

la bebida *drink*

las cartas *playing cards*

la casa *house*

la celebración *celebration*

la cena *supper*

el chiste *joke*

la comida *food*

el cuento *story*

el deseo *wish*

la familia *family*

la flor *flower*

el globo *balloon*

el (la) hermano(a) *brother / sister, sibling*

el (la) invitado(a) *guest*

la mamá *mom*

la merienda *snack*

el (la) novio(a) *boyfriend; groom / girlfriend; bride*

el ojo *eye*

el papá *dad*

el pariente *relative*

el pastel *cake*

el pelo *hair*

el (la) primo(a) *cousin*

el regalo *gift*

el (la) tío(a) *uncle / aunt*

la vela *candle*

el videojuego *videogame*

el voleibol *volleyball*

Verbos

abrir *to open*

almorzar (ue) *to have lunch*

apagar *to blow out, to turn off*

cantar *to sing*

charlar *to chat*

comprar *to buy*

contar (ue) *to tell; to count*

decorar *to decorate*

disfrutar de *to enjoy*

dormir (ue) *to sleep*

empezar (ie) *to start, to begin*

entender (ie) *to understand*

envolver (ue) *to wrap*

festejar *to celebrate*

gustar *to like, to be pleasing to*

jugar (ue) *to play*

llevar años aquí *to have been living here for years*

mandar *to send*

pedir (i) *to ask for, to request*

pensar (ie) *to think*

poder (ue) *to be able, can*

poner la mesa *to set the table*

preferir (ie) *to prefer*

preparar *to prepare, to make*

probar (ue) *to taste, to try*

querer (ie) *to want; to love (people, pets)*

recordar (ue) *to remember, to recall*

repetir (i) *to repeat*

sacar fotos *to take pictures*

seguir (i) *to follow, to continue*

sentir (ie) *to be sorry, to regret; to feel*

servir (i) *to serve*

tener mal genio *to be ill-tempered*

volver (ue) *to return, to go back, to come back*

Adjetivos

alto(a) *tall*

azul *blue*

bajo(a) *short*

bromista *jokester*

calvo(a) *bald*

canoso(a) *white-haired*

cariñoso(a) *loving, affectionate*

casado(a) *married*

castaño(a) *brown*

comprensivo(a) *understanding*

corto(a) *short*

delgado(a) *thin*

divorciado(a) *divorced*

feo(a) *ugly*

generoso(a) *generous*

gordo(a) *fat*

guapo(a) *good-looking*

intelectual *intellectual*

joven *young*

largo(a) *long*

lindo(a) *cute*

mimado(a) *spoiled*

moreno(a) *dark-haired*

negro(a) *black*

parecido(a) *alike*

pelirrojo(a) *red-headed*

perezoso(a) *lazy*

rubio(a) *blond(e)*

sincero(a) *sincere, honest*

soltero(a) *single*

verde *green*

viejo(a) *old*

Other relatives, p. 96

Pets, p. 96

To talk about family, p. 97

To talk about photos, p. 97

Possessive adjectives, p. 100

Possessive pronouns, p. 100

To talk about age, p. 109

Additional personality traits, p. 109

Comparisons, pp. 112–113

Superlatives, pp. 115–116

Celebrations, p. 120

Useful phrases at a party, p. 121

¡Buen viaje!

In this chapter you will . . .

- discuss vacation plans and activities
- talk about dates, weather, and seasons
- express what is going on
- plan travel, lodging, and sightseeing
- express plans, preferences, and obligations
- write an article on a popular vacation destination
- share vacation experiences

You will also . . .

- gain knowledge about Mexico and Mexican culture
- discuss why people travel
- explore different seasons and their associations
- discover connections to music and religion
- learn about popular tourist destinations
- plan a trip to Los Cabos
- take a tour of San José, Costa Rica

Hierve el Agua, Oaxaca, México

NUESTRO **MUNDO**
México

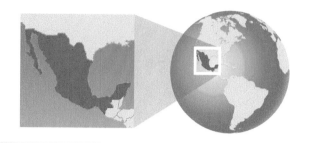

México, país vecino *(neighboring)* de Estados Unidos, tiene la población más grande de hispanohablantes del mundo.

4-1 **Mi país.** Rodolfo Luna Martínez estudia diseño gráfico en la Universidad de Guadalajara. Con un(a) compañero(a), lean su mensaje y contesten las preguntas.

¿Qué tal? Mi nombre es Rodolfo Luna Martínez. Soy de Tonalá, en el estado *(state)* de Jalisco, muy cerca de la ciudad de Guadalajara, en México. Guadalajara es la segunda ciudad *(city)* más importante en México, y tiene más de 400 años de antigüedad.

México es un país lleno *(full)* de historia, folclor y comida muy rica *(delicious)*. Es un país con muchas tradiciones; muchas de ellas vienen de la religión católica o se relacionan mucho con ella *(are related to it)*.

Algo que disfruto mucho en México es el Día de Muertos. Muchas personas salen a la calle a desfilar *(to parade)* disfrazados de calaveras *(dressed up as skeletons)*. Otra de las cosas que disfruto es el mes *(month)* de septiembre porque se celebra la independencia y se acostumbra comer comida tradicional mexicana.

Rodolfo con un plato de "carne en su jugo"

1. ¿De qué estado mexicano es Rodolfo?
2. ¿Cuál es una ciudad importante de ese *(that)* estado?
3. ¿Cuál es el origen de muchas tradiciones mexicanas?
4. ¿Por qué a Rodolfo le gusta el mes de septiembre?

¡Ahora tú!
- ¿De qué estado eres tú?
- ¿Cuál es una ciudad importante de tu estado?
- ¿Te gusta la comida mexicana?
- ¿Qué tradiciones mexicanas conoces *(are you familiar with)*?

A mí me gusta mucho ir a la playa *(beach)*, en especial a una playa llamada "Lo de Marcos", en el estado de Nayarit. Me gusta porque es una playa muy tranquila, muy limpia *(clean)* y la gente es muy amable. En esta playa puedes hacer distintas actividades como liberar tortugas *(turtles)* o ir en bote a ver ballenas *(whales)*.

Playa en Nayarit

© Westend61/Getty Images

5. ¿Dónde está la playa favorita de Rodolfo?

6. ¿Qué actividades puedes hacer en esa playa?

¡Ahora tú!

- ¿Tienes una playa favorita? ¿Cómo se llama?
- ¿Con qué frecuencia vas a tu playa favorita?

Otro lugar para visitar es el Santuario de Nuestra Señora de Guadalupe en Zamora, Michoacán. Es una iglesia *(church)* de estilo gótico y sus torres *(towers)* son las más altas de todo México.

También es interesante ver el mural "El hombre en llamas" *(Man on fire)* por José Clemente Orozco que está en el Hospicio Cabañas en Guadalajara, Jalisco. Es una obra de arte increíble.

Espero que puedas aprender más sobre México, porque esto es solo una parte muy pequeña.

Mural "El hombre en llamas"

© Ivan Vdovin/Alamy Stock Photo

7. ¿Qué tiene de especial el Santuario de Nuestra Señora de Guadalupe?

8. ¿Quién pintó el mural "El hombre en llamas"?

¡Ahora tú!

- ¿Te interesa *(Are you interested in)* la arquitectura y/o el arte?
- ¿Hay un mural importante donde vives tú?

Go to ⚙ **MINDTAP for these additional activities:**

- **Perfil: Almanaque** and **Mapa**
- **Mi país:** Extended version of Rodolfo's narrative
- **Conexiones: Arte, Geología, Gastronomía**
- **Reportaje:** Video of Mexico's cultural and natural wonders

Las vacaciones

In this *Paso*, you will . . .
- discuss vacation destinations and activities
- talk about vacation plans

De vacaciones en la playa

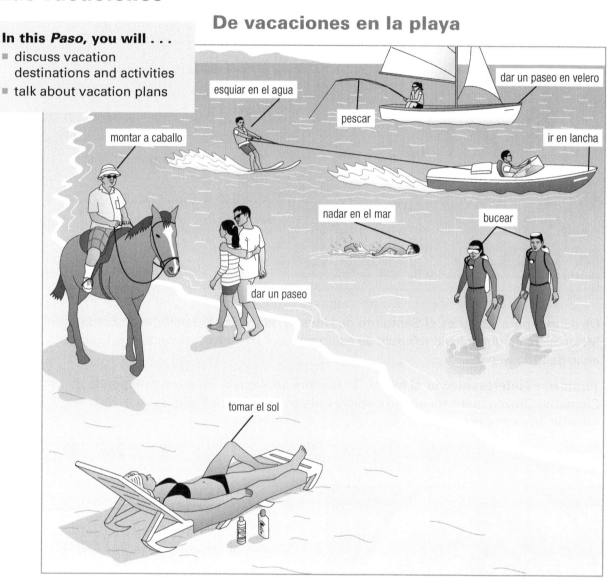

esquiar en el agua

dar un paseo en velero

pescar

ir en lancha

montar a caballo

nadar en el mar

bucear

dar un paseo

tomar el sol

Para hablar de las vacaciones	Talking about vacations
¿Qué te gusta hacer en las vacaciones?	What do you like to do on vacation?
Me gusta ir a la playa / a las montañas.	I like to go to the beach / to the mountains.
Me gusta conocer nuevos lugares.	I like to see new places.
Me encanta viajar.	I love to travel.
¿Adónde vas en tus próximas vacaciones?	Where are you going on your next vacation?
Voy a (México).	I'm going to (Mexico).
Me muero por...	I'm dying to . . .
hacer un crucero	go on a cruise
hacer turismo de aventura	do adventure tourism
No veo la hora de irme de vacaciones.	I can't wait to go on vacation.
¡Quiero ir contigo!	I want to go with you!
¡Buen viaje!	Have a good trip!

De vacaciones en la ciudad

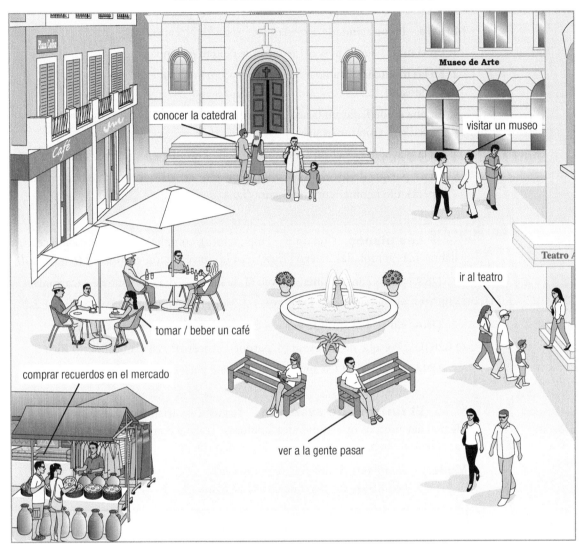

conocer la catedral

visitar un museo

tomar / beber un café

ir al teatro

comprar recuerdos en el mercado

ver a la gente pasar

Otras actividades	*Other activities*
acampar	*to camp*
caminar por la plaza	*to walk in the main square*
esquiar en la nieve	*to ski in the snow*
explorar las zonas arqueológicas	*to explore archaeological sites*
hacer senderismo	*to hike*
hacer surf	*to surf*
ir a un parque de diversiones	*to go to an amusement park*
montar en bicicleta	*to ride a bike*
recorrer la ciudad	*to go all around the city*
tomar / beber un refresco	*have / drink a soda*
ver un espectáculo	*to see a show*

¡Aplícalo!

 4-2 **Categorías.** Con un(a) compañero(a) de clase, tomen turnos *(take turns)* para leer en voz alta *(read aloud)* los grupos de palabras. ¿Qué expresión **no** corresponde a la categoría?

Modelo **En una ciudad:** ver a la gente pasar / ir al teatro / ⟨hacer surf⟩ / dar un paseo

1. **En el mar:** nadar / pescar / recorrer la ciudad / ir en lancha

2. **En las montañas:** acampar / hacer un crucero / esquiar en la nieve / hacer senderismo

3. **En una ciudad:** dar un paseo en velero / caminar por la plaza / comprar recuerdos / visitar un museo

4. **En la playa:** tomar el sol / montar a caballo / esquiar en la nieve / bucear

5. **En un parque de diversiones:** tomar un refresco / conocer la catedral / ver un espectáculo / comer comida basura *(junk food)*

 4-3 **Los planes.** Con un(a) compañero(a), completen la conversación con las palabras más apropiadas. Luego *(Then)* lean la conversación en voz alta *(read aloud)*.

LINA ¡Estoy cansadísima! No veo (1. la hora / el día) de irme de vacaciones.

ALBERTO Sí, entiendo. ¿(2. De dónde / Adónde) vas en tus próximas vacaciones?

LINA No sé. Me encanta viajar y (3. pescar / conocer) nuevos lugares.

ALBERTO ¿Por qué no haces un (4. parque / crucero)? Así visitas Puerto Rico.

LINA ¡Buena idea! Las aguas del Caribe son perfectas para (5. bucear / recorrer).

 4-4 **El turismo de aventura.** ¿Te gusta el turismo de aventura? En México hay muchas oportunidades fabulosas. Trabaja con un(a) compañero(a) para crear pequeñas conversaciones. Sigan el modelo.

Modelo **Estudiante A:** Me muero por **bucear**.
Estudiante B: ¿Por qué no vas a **Cozumel**?

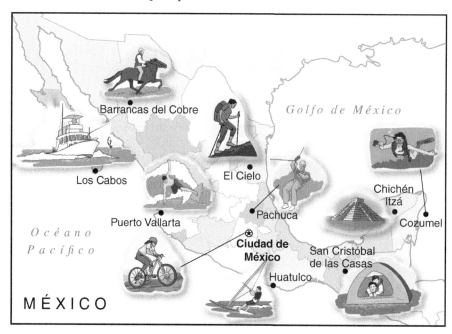

4-5 **Nuestras vacaciones.** Entrevístense *(Interview each other)* con las preguntas. ¿Qué actividades les gusta hacer a los dos en las vacaciones?

1. ¿Prefieres las vacaciones activas o tranquilas?

2. Para ti, ¿es interesante visitar lugares históricos?

3. ¿Prefieres la playa o las montañas?

4. ¿Te gusta hacer turismo de aventura?

5. ¿Qué ciudades grandes te gustan?

6. ¿Qué haces cuando estás en una ciudad grande?

> ↻ Expressions of frequency, **Capítulo 2 Paso 3**

4-6 **Recomendaciones.** ¿Con qué frecuencia participan tú y tu compañero(a) en estas actividades? ¿Qué lugares recomiendan? Tomen apuntes *(notes)* sobre la información de su compañero(a).

Modelo   **Estudiante A:** ¿Con qué frecuencia esquías en la nieve?
  Estudiante B: Esquío a veces.
  Estudiante A: ¿Dónde te gusta esquiar?
  Estudiante B: Me gusta esquiar en Colorado. ¿Y tú? ¿Con qué frecuencia esquías en la nieve?
  Estudiante A: No esquío nunca.

Expresiones de frecuencia: a menudo   a veces   No... nunca

> ### Nota lingüística
> Notice the accent marks in **esquiar**:
>
> **esquío**
> **esquías**
> **esquía**
> **esquiamos**
> **esquiáis**
> **esquían**

Actividades	¿Con qué frecuencia...?	¿Dónde te gusta...?
Modelo	a veces	en Colorado
1. esquiar en la nieve		
2. hacer senderismo		
3. visitar museos		
4. acampar en las montañas		
5. dar paseos por la playa		
6. ir a un parque de diversiones		

4-7 **Las vacaciones de primavera.** ¿Cómo son las vacaciones de primavera *(spring break)* ideales? Con uno(a) o dos compañeros(as) de clase, hablen y comparen sus ideas. Aquí tienen unas preguntas útiles para la conversación:

- En las vacaciones de primavera ideales, ¿adónde vas?
- ¿Por cuánto tiempo?
- ¿Con quién(es) vas?
- ¿Qué te gusta hacer allí?

© Dusan Petkovic/Shutterstock.com

Los verbos irregulares en el presente

LUIS ÁNGEL	Voy a Ixtapa este fin de semana. ¡No veo la hora!
EDUARDO	No conozco Ixtapa. ¿Qué te gusta hacer allí?
LUIS ÁNGEL	Todos los deportes acuáticos. Doy paseos en velero, buceo, hago windsurf...
EDUARDO	¡Qué padre! *(Cool!)*

■■■
Descúbrelo

- How does Luis Ángel feel about his upcoming trip?
- Has Eduardo ever been to Ixtapa?
- What does Luis Ángel like to do there?
- What verb forms in the conversation correspond to these infinitives—**ver**, **conocer**, **dar**, and **hacer**? What is the subject for each of these verb forms?

1. Spanish has several kinds of irregular verbs (**los verbos irregulares**). One kind, the **-go** verbs, has irregular **yo** forms in the present tense. The forms for the other persons (**tú**, **él**, **nosotros**, etc.) are regular.

Infinitive	*yo* "-go" form	Other forms are regular
hacer *to do, to make*	**hago**	haces, hace, hacemos, hacéis, hacen
poner *to put, to place*	**pongo**	pones, pone, ponemos, ponéis, ponen
salir *to leave, to go out*	**salgo**	sales, sale, salimos, salís, salen
traer *to bring*	**traigo**	traes, trae, traemos, traéis, traen

2. Some **-go** verbs also have a stem change of **e → ie** or **e → i** in the forms for **tú**, **Ud./él/ella**, and **Uds./ellos/ellas**.

Infinitive	*yo* "-go" form	Some forms have stem changes
tener (ie) *to have*	**tengo**	t**ie**nes, t**ie**ne, tenemos, tenéis, t**ie**nen
venir (ie) *to come*	**vengo**	v**ie**nes, v**ie**ne, venimos, venís, v**ie**nen
decir (i) *to say, to tell*	**digo**	d**i**ces, d**i**ce, decimos, decís, d**i**cen

3. One **-go** verb, **oír** *(to hear)*, also has spelling changes in the tú, Ud., and Uds. forms: **oigo, oyes, oye, oímos, oís, oyen.**

4. The following verbs also have irregular forms for **yo** in the present tense. The forms for the other persons (**tú**, **él**, **nosotros**, etc.) are regular.

Infinitive	*yo* form	Other forms are regular
dar *to give*	**doy**	das, da, damos, dais, dan
saber *to know*	**sé**	sabes, sabe, sabemos, sabéis, saben
ver *to see, to watch*	**veo**	ves, ve, vemos, veis, ven
conocer *to know*	**conozco**	conoces, conoce, conocemos, conocéis, conocen
conducir *to drive*	**conduzco**	conduces, conduce, conducimos, conducís, conducen

5. **Saber** and **conocer** both mean *to know*, but they are not interchangeable.

saber *to know, to know how (to do something)*	**conocer** *to know, to meet (be introduced to), to be familiar with*
• information: **Sé la respuesta.** • **saber** + infinitive: **No sé esquiar.**	• people: **Conozco bien a Julia.** • places: **¿Conoces Cancún?** • artistic works: **No conozco esa novela.**

Nota lingüística
Always use the word **a** after the verb **conocer** to refer to someone you know. You'll learn more about this in **Capítulo 5.**

6. Some of the irregular verbs are used in idioms (**los modismos**).

dar un paseo	*to stroll, to go for a walk*
dar un paseo en velero	*to go sailing*
hacer un crucero	*to go on a cruise*
hacer la maleta	*to pack one's suitcase*
hacer un viaje / una excursión	*to take a trip / an excursion*
no ver la hora de + infinitivo	*to be eager to, can't wait to*
poner la mesa	*to set the table*
poner la tele / la radio	*to turn on the TV / the radio*

Colaborar

4-8 **De vacaciones.** ¿Qué haces normalmente cuando estás de vacaciones? Conjuga los verbos en la forma **yo**. Luego pon *(Then put)* las oraciones en el orden más lógico. Toma turnos con tu compañero(a) para leer las oraciones.

¡Aplícalo!

_____ a. Primero *(First)*, (conducir) _____ al hotel.

_____ b. Por la noche (salir) _____ a un club y (oír) _____ música.

_____ c. Cuando llego al hotel, (ir) _____ directamente al cuarto.

_____ d. Por la tarde, (dar) _____ un paseo por la ciudad.

_____ e. A las seis, voy a un café y (ver) _____ a la gente pasar.

_____ f. En el club (conocer) _____ a unos nuevos amigos y bailamos mucho.

_____ g. (Poner) _____ mis cosas en el clóset y luego *(then)* (almorzar) _____ a la una.

_____ h. A la una de la madrugada, (volver) _____ al hotel.

Colaborar

4-9 **El sabelotodo.** Ronaldo es un sabelotodo *(know-it-all)*. Con un(a) compañero(a), completen la conversación con **saber** o **conocer**.

RONALDO ¿(1. _____) qué, Modesto? Yo (2. _____) a Luis Miguel.

MODESTO ¡¿El famoso cantante *(singer)*?! ¿También (3. _____) su casa?

RONALDO No, pero yo (4. _____) dónde vive. También (5. _____) su correo electrónico.

MODESTO ¿Tus hermanos también (6. _____) a Luis Miguel?

RONALDO No, no. Yo soy el único de mi familia. Yo (7. _____) a muchas personas famosas.

MODESTO Pues, yo (8. _____) la música de Luis Miguel pero no a él.

Clase

4-10 **Las predicciones.** ¿Conocen Uds. bien a su profesor(a)?

- Primero, con un(a) compañero(a), escriban seis preguntas con verbos de la lista. Usen la forma de **Ud.** (Por ejemplo: **¿Hace Ud. senderismo?**)
- ¿Cómo va a contestar las preguntas su profesor(a)? Escriban sus predicciones.
- Entrevisten *(Interview)* a su profesor(a) con las preguntas. ¿Quiénes tienen el mayor número de predicciones correctas?

(hacer) senderismo	(conocer) muchos países de Centroamérica
(venir) al campus en bicicleta	(ver) espectáculos musicales a menudo
(saber) bucear en el mar	(salir) de casa a las ocho de la mañana

Clase

4-11 **Firma aquí, por favor.** Circula por el salón para entrevistar *(interview)* a tus compañeros. Si contestan "Sí", tienen que firmar *(sign)* en la tabla. ¡Ojo! Hay un límite de dos preguntas para cada *(each)* estudiante.

Modelo **Estudiante A:** ¿Conoces Acapulco?
Estudiante B: No, no conozco Acapulco. / Sí, conozco Acapulco.
Estudiante A: Está bien. / Firma aquí *(Sign here)*, por favor.

Actividad	Firma
1. **conocer** Cancún, México	
2. **traer** una computadora a clase	
3. **saber** esquiar en la nieve	
4. **venir** al campus en motocicleta	
5. **poner** la tele cuando estudias	
6. **ver** a tu familia los fines de semana	
7. **conducir** un auto híbrido	
8. **hacer** cruceros a veces	

4-12 **La mentira.** En grupos de tres o cuatro estudiantes, cada estudiante dice tres oraciones con los verbos **conocer** y **saber** en la forma **yo**: dos oraciones son verdades *(the truth)* y una es mentira *(a lie)*. Los compañeros tienen que indicar cuál de las oraciones es mentira. ¿Quién puede engañar *(trick)* al grupo?

Modelo **Estudiante A:** Conozco Roma, Italia. Sé bucear. Conozco al presidente de nuestra universidad.
Estudiante B: No conoces Roma.
Estudiante A: ¡Ajá! Sí conozco Roma, pero no sé bucear.

El futuro: ir + a + infinitivo

MOISÉS ¡No veo la hora de llegar a Cancún!

AMANDA Sí, va a ser muy divertido. Esta noche vamos a ver un espectáculo. Mañana vamos a pescar. Pasado mañana vamos a montar a caballo...

MOISÉS ¿Pero por qué dices "vamos"? ¡Yo voy a descansar!

1. To express what somebody is going to do in the near future, use the present tense of **ir** followed by the word **a** and an infinitive. This construction corresponds to the English *to be going to + infinitive.*

> EL PRESENTE DE **ir** + **a** + INFINITIVO + OTROS ELEMENTOS
> **Vamos   a   ver   un espectáculo.**
> *We're going to see a show.*

2. Recall that the verb **ir** is irregular in the present tense. Its forms are **voy, vas, va, vamos, vais, van.**

LUIS ¿Qué **vas a hacer** esta noche? *What **are you going to do** tonight?*

ANA **Voy a tomar** un café con unos amigos. ***I'm going to have*** *coffee with some friends.*

3. Certain expressions of time are often used with **ir** + **a** + **infinitivo** to talk about the future.

MOISÉS ¿Vas a trabajar **mañana**? *Are you going to work **tomorrow**?*

AMANDA Sí, pero **la semana que viene** voy a hacer un crucero. *Yes, but **next week** I'm going to go on a cruise.*

Expresiones de tiempo futuro

esta tarde	*this afternoon*
esta noche	*tonight*
mañana	*tomorrow*
pasado mañana	*the day after tomorrow*
la próxima semana / la semana que viene	*next week*
el próximo mes / el mes que viene	*next month*
el próximo año / el año que viene	*next year*

■ ■ ▪
Descúbrelo

■ According to Amanda, what are she and Moisés going to do in Cancun?

■ What does Moisés say that he is going to do?

■ What two words does Amanda use to express *we're going to*?

■ What verb form follows this construction?

PASO 1 GRAMÁTICA B

¡Aplícalo! Colaborar **4-13 La familia Trotamundos.** ¿Qué va a hacer la familia Trotamundos en las próximas vacaciones? Trabaja con un(a) compañero(a) para completar el blog con **ir + a** + infinitivos de la lista.

dar	explorar	leer	recorrer
escribir	hacer	montar	sacar

000

◀ ▶ · C ✕ ⌂ · Q

| Inicio | Sobre mí | Blogs | Archivo |

[ ] Buscar

Las próximas vacaciones

¿Qué (1) _____ nosotros en las próximas vacaciones? ¡Viajar, por supuesto! Mis tíos (2) _____ un paseo en velero por los siete mares. Mi abuela Elsa (3) _____ las zonas arqueológicas de Camboya. Mis dos hermanos mayores (4) _____ en bicicleta por Irlanda. Mi sobrina (5) _____ fotos del Gran Cañón. Mis padres y yo (6) _____ la Ruta Maya. Yo (7) _____ todas las semanas sobre nuestros viajes. Tú (8) _____ mis blogs, ¿verdad?

Photo: Artem Musaev/Shutterstock.com

4-14 ¿Qué van a hacer? Toma turnos *(Take turns)* con tu compañero(a): una persona dice qué va a hacer y la otra indica el lugar más lógico. Sigan el modelo.

Modelo Estudiante A: Voy a estudiar.
Estudiante B: Vas a la biblioteca, ¿verdad?
Estudiante A: Sí, voy a la biblioteca.

Actividades	
comer con mi novio(a)	nadar
comprar un diccionario	practicar yoga
estudiar	ver un partido de fútbol
ir de compras	tomar un refresco

Lugares	
la biblioteca	la librería
el café	el mercado
el estadio	la piscina
el gimnasio	el restaurante

 Days of the week, **Capítulo 2 Paso 1**

4-15 Una semana ocupada. ¡Tú y tu compañero(a) tienen una semana muy ocupada! Tomen turnos *(Take turns)* para preguntar cuándo van a hacer las actividades de la lista.

Modelo Estudiante A: ¿Cuándo vas a visitar a tu familia?
Estudiante B: Voy a visitar a mi familia el jueves.

1. visitar a tu familia
2. lavar la ropa
3. practicar un deporte
4. mirar un partido

5. asistir a una fiesta
6. estudiar para un examen
7. comer en un restaurante
8. ir de compras

4-16 **En mis próximas vacaciones.** ¡Vamos a jugar!

Clase

- ¿Adónde vas en tus próximas vacaciones? ¿Qué vas a hacer? Escribe la respuesta en papel. Por ejemplo: **Voy a Nueva York. Voy a visitar los museos.**
- Después *(Then)*, entrega *(hand in)* el papel a tu profesor(a). Él/Ella va a redistribuir los papeles.
- Circula por la clase y hazles preguntas a tus compañeros hasta encontrar *(until you find)* quién tiene tu papel. Por ejemplo: **¿Adónde vas? ¿Qué vas a hacer?**

4-17 **Lo siento, pero...** Tú invitas a tu compañero(a) a hacer algo, pero tu compañero(a) da muchas excusas para no aceptar tu invitación. Después *(Then)*, cambien de papel *(change roles)*. Sigan el modelo.

Modelo **Estudiante A:** ¿Quieres ir al teatro esta noche?
Estudiante B: Lo siento, pero esta noche voy a una fiesta.
Estudiante A: Entonces ¿qué tal si vamos a bailar mañana? Nuestra banda favorita va a tocar en el club Iguana.
Estudiante B: Lo siento, pero mañana voy a visitar a mi abuela en el hospital...

4-18 **¡Vamos a la Ciudad de México!** Tú y tu compañero(a) van a estar en la Ciudad de México por tres días: del viernes por la mañana al domingo por la tarde. ¿Qué van a visitar?

- Miren el folleto *(brochure)*.
- Preparen un itinerario *(itinerary)* con el día, la hora y el lugar.
- Estén preparados *(Be prepared)* para presentar su itinerario a la clase.

Modelo El viernes vamos a visitar el Palacio Nacional a las diez de la mañana. Por la tarde, vamos a...

Ciudad de México | Atracciones turísticas

Photo: © Leon Rafael/Shutters ock.com

Templo Mayor
Plaza de la Constitución
Tel: (55) 5542 0606 o 4784
Horario: martes–domingo (09:00–17:00)

Palacio Nacional
Plaza de la Constitución
Tel: (55) 3688 1255
Horario: lunes–sábado (10:00–17:00)

Parque Zoológico de Chapultepec
Tel: (55) 5553 6229 o 6263
Horario: martes–domingo (09:00–16:00)

Museo Nacional de Antropología
Paseo de la Reforma y Calzada Gandhi
Tel: (55) 5553 6381
Horario: martes–sábado (09:00–19:00), domingos (09:00–18:00)

Museo Casa de Frida Kahlo
Londres 247, Coyoacán
Tel: (55) 5554 5999
Horario: martes–domingo (10:00–18:00)

Museo Rufino Tamayo
Paseo de la Reforma 51
Horario: martes–domingo (10:00–18:00)

EN ACCIÓN: Preguntas esenciales

¿Por qué viajamos?

 4-19 **Piénsalo.** Con un(a) compañero(a), lean la lista de motivos *(reasons)* para viajar. En su opinión, ¿cuál es el motivo más común *(common)*?

- para *(in order to)* visitar a la familia
- para aprender sobre otras culturas
- para tener nuevas experiencias
- para relajarse *(relax)*

Colaborar
4-20 **La opinión de Rodolfo.** Rodolfo Luna Martínez, un estudiante mexicano, explica por qué las personas viajan. Con un(a) compañero(a), lean su opinión. ¿Cuáles son los dos motivos *(reasons)* más importantes para Rodolfo?

- para *(in order to)* visitar a la familia
- para aprender sobre otras culturas
- para tener nuevas experiencias
- para relajarse *(relax)*

you gain / forever stay
ways of thinking
eveything that

> Porque viajando, pues, ganas° experiencias que siempre° se van a quedar° en ti (contigo). Conoces también diferentes culturas, diferentes formas de pensar°, conoces la historia y todo esto te ayuda a comprender mejor todo lo que° ya tienes.

© Rodolfo Luna Martínez

Colaborar
4-21 **Otras opiniones.** El siguiente fragmento es del artículo "Viajar te hace mejor persona: está comprobado" de la red Universia. ¿Qué beneficios *(benefits)* se mencionan? Con un(a) compañero(a), escriban el beneficio que corresponde a cada *(each)* ejemplo.

Modelo   visitar ciudades, playas, montañas. → **conocer lugares increíbles**

1. tener más imaginación →

2. ser flexible →

3. estar tranquilo(a) →

4. comprender mejor a los demás *(others)* →

In addition to
has proved /
benefits / improve

> "Además de° permitirte conocer lugares increíbles, viajar puede hacerte mejor persona. La ciencia ha comprobado° los beneficios° de esta agradable actividad: mejorar° la creatividad, reducir el estrés, generar empatía, mejorar la capacidad de adaptación..."

 4-22 **¿Y tú?** Habla con un(a) compañero(a) sobre la pregunta esencial. Usen las preguntas como punto de partida *(point of departure)*.

1. En tu opinión, ¿por qué viajamos?

2. ¿Estás de acuerdo *(Do you agree)* con las ideas de Rodolfo? ¿Y con las del artículo? ¿Crees que viajar te hace mejor persona?

3. Por lo general, ¿por qué viajas tú? ¿Cuál es tu destino preferido para las vacaciones? ¿Cuál es un beneficio *(benefit)* de visitar ese lugar?

EN ACCIÓN: Comunicación interpretativa

Cuando viajamos, es emocionante encontrar joyas ocultas *(hidden gems)*. ¿Qué experiencias únicas puedes vivir en la Península de Yucatán? Lee el siguiente diario del viajero *(travel blog)* para saber.

http://diariodelviajero.com

Diario del viajero

BUSCAR 🔍

Bucear en un cenote en México

© Tono Balaguer/Shutterstock.com

Cuando hacemos un viaje a la zona de la Riviera Maya en la Península del Yucatán, una de las actividades más interesantes que se puede realizar es visitar un cenote. La palabra *cenote* deriva del idioma maya *ts'ono'ot* y significa caverna con agua.

La experiencia de bucear en un cenote en México es muy interesante. Tanto por el entorno cerrado de bucear en aguas confinadas, como por las diferentes sensaciones al estar dentro de una cueva en la que no hay vegetación ni abundancia de fauna, la inmersión será inolvidable.

Existen numerosos cenotes en los que se puede bucear en México, ya que existen más de 24.000 repartidos por la península. El más conocido, uno de los cinco agujeros naturales más bellos de la Tierra, es el cenote Ik Kil, situado muy cerca del complejo de ruinas de Chichén Itzá.

Fuente: Paco Becerro "Bucear en un cenote en México," www.diariodelviajero.com.

realizar *do*   tanto por *as much for*   entorno cerrado *enclosed space*   cueva *cave*   será *will be*   inolvidable *unforgettable*
repartidos *distributed*   agujeros *holes*   bellos *beautiful*

Colaborar

4-23 ¿Qué entiendes? Lee el artículo sobre México. Luego, trabaja con un(a) compañero(a) de clase para contestar estas preguntas.

1. ¿Qué significa la palabra cenote?
2. ¿En qué parte de México hay muchos cenotes?
3. ¿Por qué es interesante bucear en un cenote?
4. ¿Cómo se llama el cenote más conocido? ¿Dónde está?

4-24 Tertulia. Con dos o tres compañeros(as) de clase, hablen sobre los cenotes. Usen estas preguntas como punto de partida.

1. ¿Hay un cenote en tu estado *(state)*? (¿Cómo se llama? ¿Dónde está?)
2. ¿Te gustaría *(Would you like)* bucear en un cenote en México? ¿Por qué sí o por qué no?
3. ¿Qué otras actividades se puede hacer en un cenote?

El tiempo, las estaciones y las fechas

In this *Paso*, you will . . .

- talk about the weather and seasons
- ask and tell what date it is
- use numbers over 100
- express what is going on right now

¿Qué tiempo hace?

Hoy en la zona arqueológica de Teotihuacán, México, **hace buen tiempo. Hace sol y hace un poco de calor.**

Hoy en las montañas de Bariloche, Argentina, **es un día perfecto** para esquiar. **Está nevando pero no hace mucho frío.**

Hoy en el Parque Nacional de Ordesa, España, **hace mal tiempo. Está lloviendo y hace mucho viento.**

Otras expresiones de tiempo

Nieva...
Llueve...
Hace fresco.
Está nublado.

Other weather expressions

It snows . . .
It rains . . .
It's cool.
It's cloudy.

Comentarios sobre el tiempo

¡Qué calor / frío!
¡Qué día más bonito!
Si no llueve, vamos a...

Commenting on the weather

It's so hot / cold!
What a beautiful day!
If it doesn't rain, we're going to . . .

Los meses del año

enero	mayo	septiembre
febrero	junio	octubre
marzo	julio	noviembre
abril	agosto	diciembre

Months of the year

January	*May*	*September*
February	*June*	*October*
March	*July*	*November*
April	*August*	*December*

¿Cuál es el pronóstico del tiempo?

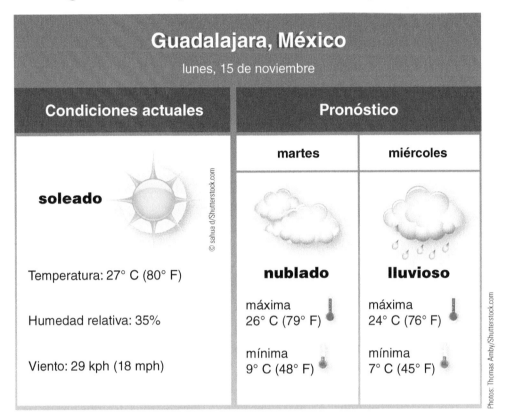

Guadalajara, México
lunes, 15 de noviembre

Condiciones actuales	Pronóstico	
	martes	**miércoles**
soleado	nublado	lluvioso
Temperatura: 27° C (80° F)	máxima 26° C (79° F)	máxima 24° C (76° F)
Humedad relativa: 35%	mínima 9° C (48° F)	mínima 7° C (45° F)
Viento: 29 kph (18 mph)		

© sahua d/Shutterstock.com

Photos: Thomas Amby/Shutterstock.com

Hoy es lunes, quince de noviembre. **Hace sol y la temperatura está a 27 grados**.

Mañana va a **estar nublado. Según el pronóstico, va a llover** pasado mañana.

Las estaciones	*Seasons*
la primavera	*spring*
el verano	*summer*
el otoño	*fall*
el invierno	*winter*
la estación de lluvia	*rainy season*
la estación seca	*dry season*

Las fechas	*Dates*
¿Qué fecha es hoy?	*What's today's date?*
Hoy es jueves, 11 de octubre.	*Today is Thursday, October 11.*
Mañana es el 12 de octubre.	*Tomorrow is October 12.*
¿En qué fecha empiezan las vacaciones de primavera?	*When does spring break begin?*
Empiezan el 25 de marzo.	*It begins on March 25.*

¡Aplícalo!

Colaborar

4-25 Día de la Independencia. ¿Qué fecha es el Día de la Independencia de cada uno de los siguientes países? Trabaja con un(a) compañero(a). Por turnos *(Taking turns)*, uno dice una fecha y el otro nombra el país.

Modelo   **Estudiante A:** El dieciséis de septiembre
   Estudiante B: Es el Día de la Independencia de México.

País	Día de la Independencia
Cuba	20/5
México	16/9
Panamá	28/11
Colombia	20/7
Ecuador	10/8
Paraguay	15/5
Uruguay	25/8
Argentina	9/7

Colaborar

4-26 El pronóstico del tiempo. ¿Cuál es el pronóstico del tiempo? Con un(a) compañero(a) de clase, completen el siguiente reporte con las palabras más apropiadas entre paréntesis.

Muy buenas tardes. Hoy es domingo, doce (1. de / el) septiembre. Aquí en la capital (2. es / hace) muchísimo calor. La temperatura está a 34 (3. meses / grados). ¡Es un día (4. perfecto / frío) para ir a la piscina! En la costa del Pacífico hace mal (5. tiempo / pronóstico): llueve mucho y hace (6. nieva / viento). Según el (7. nublado / pronóstico), mañana va a hacer (8. buen / calor) tiempo: sol y temperaturas frescas. ¡Qué día más bonito!

4-27 Las descripciones. Observa las fotos. ¿Qué estación es? ¿Qué tiempo hace? Trabajando con un(a) compañero(a), una persona describe una de las fotos y la otra persona identifica la foto.

a.

b.

c.

d.

4-28 **¿Qué van a hacer?** Tú y tu compañero(a) están en Ponce, Puerto Rico. Hablen de estos temas:

- Según el pronóstico, ¿qué tiempo va a hacer cada (each) día?
- ¿Qué van a hacer Uds. el sábado, el domingo y el lunes? ¿Por qué?

Ponce, Puerto Rico
Pronóstico para los siguientes 3 días

Sábado	Domingo	Lunes
92° F / 79° F	90° F / 78° F	88° F / 77° F
Despejado. 0% probabilidad de lluvia. Temperatura máxima 92° F	Muy nublado todo el día. Por la noche, viento de 40 mph.	Fuertes lluvias y vientos. Alerta de huracán hasta las 8 p.m.

© sahua d/Shutterstock.com; Thomas Amby/Shutterstock.com; sahua d/Shutterstock.com

Clase

4-29 **Los cumpleaños por orden.** ¿Cuándo son los cumpleaños de los estudiantes en esta clase? ¿En qué mes hay más cumpleaños?

- Formen grupos de seis a ocho estudiantes.
- Pregúntense (Ask one another), **¿Cuándo es tu cumpleaños?**
- Formen una fila (Line up) por orden de las fechas de sus cumpleaños: de enero a diciembre.

4-30 **¿Cuál es tu estación preferida?** Usa las preguntas para entrevistar (interview) a tu compañero(a) de clase. ¿Tienen Uds. las mismas (same) opiniones?

1. ¿Cuál es tu estación preferida? ¿Por qué?
2. ¿Cuál es tu estación menos preferida? ¿Por qué no te gusta mucho?
3. ¿Qué actividades te gusta hacer en el verano? ¿Y en el invierno?
4. ¿Vas a viajar en las vacaciones de primavera? ¿Adónde? ¿Qué tiempo hace allí?
5. ¿Qué vas a hacer el sábado si llueve? ¿Y si hace buen tiempo?

4-31 **Una visita especial.** Tú y tu amigo(a) mexicano(a) están hablando por teléfono sobre sus planes. Dramatiza esta situación con un(a) compañero(a).

Amigo(a) mexicano(a)	Estudiante de tu universidad
1. Greet your friend.	2. Respond and ask what's new.
3. Say you have good news (**Tengo buenas noticias.**) Tell your friend that you're going to visit in February.	4. React to the good news. Then, say what season it'll be and describe what the weather will be like here.
5. React to the weather description.	6. Ask what your partner feels like doing. Mention several activities. (**¿Tienes ganas de... bailar en un club?**)
7. Say which of the activities you feel like doing. (**Tengo ganas de...**)	8. Say that you can't wait. (**¡No veo la hora!**) Then say you have to study for a test and end the conversation.

PASO 2 **GRAMÁTICA A**

Los números mayores de 100

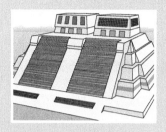

ARELI "Tenochtitlán, capital del imperio Azteca. Fundada en el año mil trescientos veinticinco".

ELÍAS "Población: entre cien mil y trescientos mil habitantes". ¡Qué grande!

ARELI Sí. Era *(It was)* la ciudad más grande de Mesoamérica.

■■■
Descúbrelo

- What are Areli and Elías reading and talking about?
- What happened in 1325?
- What number do you think **mil** represents?
- What words in the dialogue express 300,000?

1. Here are the numbers from one hundred to one million.

Los números mayores de cien

100	cien	1001	mil uno
101	ciento uno	2000	dos mil
150	ciento cincuenta	3000	tres mil
200	doscientos	10 000	diez mil
300	trescientos	15 000	quince mil
400	cuatrocientos	50 000	cincuenta mil
500	quinientos	75 500	setenta y cinco mil quinientos
600	seiscientos	99 999	noventa y nueve mil novecientos noventa y nueve
700	setecientos	100 000	cien mil
800	ochocientos	200 000	doscientos mil
900	novecientos	300 600	trescientos mil seiscientos
1000	mil	1 000 000	un millón

2. Here are some rules to remember.

- Use **ciento** for counting from 101 to 199: **ciento uno**.
- Use **cien** for numbers that are *not* between 101 and 199: **cien mil**.
- For percentages *(percent)*, use **por ciento**: **cincuenta por ciento**.
- Before a noun, the words for hundreds agree in gender: **doscien<u>tas</u> personas**.
- Years are *not* grouped by twos, as in English: **mil cuatrocientos noventa y dos** (1492).
- The word **y** *(and)* is used only between tens and ones: **doscientos setenta y cinco**.
- When a noun follows **millón** or **millones,** the word **de** is added: **un millón de pesos**.
- Numbers may be punctuated with spaces or periods: **50 000** or **50.000**.

Colaborar

4-32 **Cifras interesantes.** ¿Qué sabes de México?

 ¡Aplícalo!

Primera parte: Tu profesor(a) va a decir seis números grandes; escribe los números en los espacios en blanco *(blanks)*.

a. _____   d. _____

b. _____   e. _____

c. _____   f. _____

Segunda parte: Trabaja con un(a) compañero(a) para relacionar *(match)* los números de arriba *(above)* con la información sobre México.

1. México recibe más de _____ de turistas todos los años.

2. La primera universidad en América del Norte se fundó *(was founded)* en el año _____ en la capital de México.

3. El zacahuil —el tamal más grande del mundo— pesa *(weighs)* aproximadamente _____ libras *(lbs.)*.

4. La capital de México está a una altitud de _____ pies *(ft.)* sobre el nivel del mar.

5. Hay aproximadamente _____ especies de plantas y animales en México.

6. La superficie de México es de _____ kilómetros cuadrados *(square kilometers)*.

Colaborar

4-33 **El turismo en México.** Trabaja con tu compañero(a) para leer el artículo en voz alta *(aloud)*. Después *(Then)*, contesten las preguntas.

1. ¿Qué porcentaje de los turistas en México es de Estados Unidos? ¿Qué tienen estos dos países en común?

2. ¿Cuáles son dos destinos populares de México?

3. ¿Cuántos años tiene Cancún? ¿Cuántos hoteles hay allí?

4. ¿Qué es Xcaret? ¿Cuántos turistas pueden visitar este lugar en un día normal?

5. La Ciudad de México es una ciudad muy grande. Da cuatro ejemplos que demuestran esto *(show how big it is)*.

México: grande en turismo

México tiene más de 3000 kilómetros de frontera común[1] con Estados Unidos. No es una gran sorpresa que las personas de Estados Unidos representan aproximadamente el 60% de los turistas que visitan México. Uno de los destinos más populares es Cancún, fundada en 1970. Cancún tiene más de 200 hoteles y su parque ecológico Xcaret (ish-ka-ret) recibe más de 3500 visitantes al día. Otro destino importante es la capital, centro económico y cultural del país. Según un estudio reciente, la Ciudad de México tiene 16 623 cuartos de hotel de cinco estrellas[2], 438 salas de cine, 170 museos y más de 140 000 taxis.

Photo: © iStock.com/BrettCharlton

[1]*shared border*   [2]*stars*

4-34 **La historia de México.** ¿Eres bueno(a) en historia? Con un(a) compañero(a), digan en qué año ocurren los siguientes eventos.

Modelo **Estudiante A:** Yo creo que *(I think that)* Hernán Cortés conquista la capital de los aztecas en 1521.

Estudiante B: Estoy de acuerdo. / No estoy de acuerdo.

Los años: 1325 1492 1521 1810 1910 1992

1. Hernán Cortés conquista la capital de los aztecas en _____.
2. Los líderes de México, Estados Unidos y Canadá firman *(sign)* el Tratado de Libre Comercio *(NAFTA)* en _____.
3. Cristóbal Colón llega a América y así se inicia el contacto entre dos continentes en _____.
4. Los aztecas fundan Tenochtitlán, la capital de su imperio, en _____.
5. Varios grupos se rebelan contra la dictadura *(dictatorship)* de Porfirio Díaz y la Revolución Mexicana empieza en _____.
6. El padre Miguel Hidalgo y Costilla empieza la lucha por la independencia de México en _____.

4-35 **Excursiones en México.** Hay muchas excursiones desde la Ciudad de México al mar. Con un(a) compañero(a), tomen turnos para preguntar el precio *(price)* y las fechas de salida *(departure)* y de regreso *(return)*. Sigan el modelo.

Modelo **Estudiante A:** ¿Cuánto cuesta la excursión a Guayabitos?

Estudiante B: Cuesta seiscientos cincuenta pesos.

Estudiante A: ¿Qué día sale?

Estudiante B: Sale el veinte de mayo.

Estudiante A: ¿Qué día regresa?

Estudiante B: Regresa el veintidós de mayo.

Excursiones desde la Ciudad de México

RIVIERA MAYA
Fecha: del 10/4 al 24/4
Costo: $5800 pesos

PASEO A QUIROGA, PÁTZCUARO, JANITZIO
Salida el 24/7. Regreso el 28/7.
Costo: $750 pesos por persona

VERACRUZ
Fecha: del 29/7 al 6/8
Costo: $3350 pesos

GUAYABITOS
2 días, 1 noche
del viernes 20/5 al domingo 22/5
$650 pesos, incluye transporte

ACAPULCO
7 noches, 8 días
$12 650 pesos por persona
Sale el 1/8 o el 15/8

Pide el itinerario y más información a Excursiones Al-Mar. **Tels: 1591 7404 y 1591 7245**

Photo: © Humberto Ortega/Shutterstock.com

El presente progresivo

ROBERTO Hola, Juan. ¿Qué estás haciendo?

JUAN Nada especial. Estoy mirando la tele.

ROBERTO ¿Quieres venir a mi casa? Marta y Rosa están aquí y estamos comiendo pizza.

JUAN ¡Gracias! ¡Ya voy! *(I'm on my way!)*

1. The present progressive tense (**el presente progresivo**) is used to describe what is going on at the present moment in time.

ROBERTO	¿Qué **estás haciendo**?	*What **are you doing**?*
JUAN	**Estoy mirando** la tele.	*I'm watching TV.*

2. The present progressive tense is made up of two parts: the present tense of the verb **estar** and a present participle (**gerundio**). You already know the present tense of **estar** (**estoy, estás, está, estamos, estáis, están**). To form the present participle for most regular verbs, follow this process.

- For -**ar** verbs, drop the -**ar** and add -**ando: mirar + ando → mirando**
- For -**er** verbs, drop the -**er** and add -**iendo: comer + iendo → comiendo**
- For -**ir** verbs, drop the -**ir** and add -**iendo: escribir + iendo → escribiendo**

■ ■ ■

Descúbrelo

- What is Juan doing?
- What are his friends doing?
- Which verb is used to express that somebody *is doing* something—**ser** or **estar**?
- What two endings in Spanish correspond to *-ing*, as in *watching* or *eating*?

El presente progresivo

yo	**estoy mirando (comiendo, etc.)**	nosotros(as)	**estamos mirando (comiendo, etc.)**
tú	**estás mirando (comiendo, etc.)**	vosotros(as)	**estáis mirando (comiendo, etc.)**
Ud./él/ella	**está mirando (comiendo, etc.)**	Uds./ellos/ellas	**están mirando (comiendo, etc.)**

3. Stem-changing -**ir** verbs also undergo a stem change in the present progressive. The **e** changes to **i**, and the **o** to **u** in the present participle.

Los gerundios con cambio de raíz

e → i	o → u
decir → diciendo *saying* pedir → pidiendo *asking for* repetir → repitiendo *repeating* seguir → siguiendo *following* sentir → sintiendo *feeling* servir → sirviendo *serving*	dormir → durmiendo *sleeping* morir → muriendo *dying*

4. If the infinitive has a vowel before the **-er** or **-ir** ending, the ending for the present participle is spelled -**yendo**.

Algunos gerundios que terminan en -*yendo*

leer	le**yendo**	*reading*
oír	o**yendo**	*hearing*
traer	tra**yendo**	*bringing*

¡Aplícalo!

Colaborar

4-36 **La Feria del Tamal.** Estás mirando un informe en la televisión sobre un festival en México. ¿Qué está diciendo la presentadora? Con un(a) compañero(a), completen el informe con el presente progresivo de los verbos.

Buenas tardes, amigos. Estamos aquí en Coyoacán en la Feria del Tamal. Como Uds. ven, (1. hacer) _____ mucho sol y yo (2. disfrutar) _____ de este gran festival, junto con *(along with)* miles de visitantes. En el escenario *(stage)* principal, en este momento un conjunto de mariachis (3. tocar) _____ música norteña y varios niños (4. bailar) _____.

En otra sección del festival hay un mercado y muchas personas (5. comprar) _____ recuerdos típicos. Pero, la estrella *(star)* del festival es el tamal. Más de 30 expositores (6. participar) _____ en el evento y cada uno *(each one)* (7. preparar) _____ tamales con diferentes ingredientes. Y claro, ¡todos nosotros (8. comer) _____ tamales! Mmm...

Colaborar

4-37 **Haciendo turismo.** ¿Dónde están los turistas? ¿Qué están haciendo? Toma turnos con un(a) compañero(a) para describir los dibujos *(the drawings)*.

Modelo   La mujer está en un velero. Está pescando.

1.

2.

3.

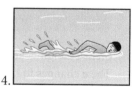

4.

5.

6.

7.

8.

 **4-38 Charadas.** ¡Tú y tu compañero(a) van a ser actores!

Party preparations and activities, **Capítulo 3 Paso 3**

- La primera persona dramatiza una acción de la lista (por ejemplo, **tomar un refresco**).
- La otra persona usa el presente progresivo para describir la acción (por ejemplo, **Estás tomando un refresco.**).

decorar la casa con globos
descansar en casa
envolver un regalo
escribir una invitación
hacer un brindis
hacer un pastel
jugar a los videojuegos
lavar los platos
limpiar el cuarto
pedir un deseo y apagar las velas
poner la mesa
tomar un refresco

 4-39 ¿Cuál es la estación? En grupos de tres o cuatro personas, van a jugar a "¿Cuál es la estación?"

- Por turnos, cada persona menciona dos actividades en el presente progresivo.
- Los otros tienen que adivinar *(guess)* cuál es la estación más lógica.

Modelo **Estudiante A:** Estoy jugando al béisbol. También estoy estudiando para los exámenes finales.

Estudiante B: ¿Es la primavera?

Estudiante A: ¡Sí!

 4-40 Por teléfono. Con un(a) compañero(a), dramaticen una conversación por teléfono entre dos amigos(as). Uno(a) de Uds. está de vacaciones y llama por teléfono a su amigo(a) en casa *(back home)*.

Modelo **Estudiante A:** ¡Hola! Soy (Carlos).

Estudiante B: ¡Hola, (Carlos)! ¡Qué sorpresa! ¿No estás en (México)?

Estudiante A: Sí, estoy en (Guadalajara).

Estudiante B: ¡Qué suerte! ¿Qué estás haciendo?

Estudiante A: (Guadalajara) es un lugar muy divertido. Estoy... También estoy... ¿Y tú? ¿Qué estás haciendo?

Estudiante B: Pues, no es muy divertido aquí. Estoy...

Estudiante A: Bueno, tengo que irme porque... ¡Hasta pronto!

Estudiante B: ¡Adiós! ¡Hasta pronto!

EN ACCIÓN: Preguntas esenciales

¿Con qué actividades asociamos cada estación del año?

 4-41 **Piénsalo.** Con un(a) compañero(a), indiquen con qué estación (o estaciones) asocian Uds. estas actividades.

- pasar mucho tiempo en casa
- irse de vacaciones
- jugar en la nieve
- trabajar en el jardín *(yard)*
- visitar a los abuelos
- mirar deportes

Colaborar **4-42** **La opinión de Rodolfo.** Rodolfo Luna Martínez vive en Guadalajara, en el estado de Jalisco, México. Aquí habla de las actividades que él asocia con diferentes estaciones del año. Con un(a) compañero(a), lean su opinión y contesten las preguntas.

1. ¿Cuáles son las dos temporadas de Guadalajara, México? ¿En qué meses son?

2. ¿Adónde van los habitantes de Guadalajara para escaparse del calor del verano?

3. ¿Qué prefieren hacer en abril? ¿Por qué?

take advantage
is about

En Guadalajara hay dos tipos de clima nada más, o dos temporadas: una es la de lluvias y la otra es seca. La de lluvias comienza en mayo y termina a finales de octubre. Y en este tiempo la gente aprovecha° para ir a Mazamitla —es un pueblo que queda como° a tres horas de Guadalajara. Allí, pues, hace mucho frío y llueve y por eso nos gusta.

Easter week
since
one enjoys

La otra temporada es seca y es aproximadamente de finales de noviembre a mediados de abril. En esta temporada hay vacaciones en Semana Santa° y la gente aprovecha para ir a la playa ya que°, pues, se goza° de muy buen clima.

© Rodolfo Luna Martínez

Colaborar **4-43** **Otras opiniones.** Busca y mira en YouTube el video musical "A disfrutar el verano" de Osvaldo Montero. Con un(a) compañero(a), contesten las preguntas.

1. ¿En qué país están las personas cantando y bailando?

2. ¿Qué tiempo hace? Probablemente, ¿cuál es la estación?

3. ¿Cuáles de estas actividades menciona la canción?

   a. La fiesta termina tarde.

   b. Las familias van a acampar.

   c. La gente toma café.

   d. Nadie quiere dormir.

   e. bailar música cubana

   f. nadar en el mar

   g. disfrutar con los amigos

   h. Andar aquí y allá *(Go everywhere)* bajo sol, lluvia y sereno *(rain or shine)*

4-44 **¿Y tú?** ¿Con qué actividades asociamos cada estación del año? Habla sobre este tema con un(a) compañero(a). Usen las preguntas como punto de partida *(point of departure)*.

1. En tu estado natal *(home state)*, ¿con qué actividades asocias la primavera? ¿Y el otoño?

2. ¿Cómo disfrutas tú el verano? ¿Te identificas *(Do you identify)* mucho o poco con las actividades de la canción "A disfrutar el verano"?

EN ACCIÓN: Comunicación interpersonal

México tiene muchos lugares mágicos. Además de *(In addition to)* los cenotes en Yucatán, aquí hay tres joyas ocultas *(hidden gems)*. ¿Qué joyas ocultas hay en Estados Unidos?

Tres lugares secretos de México

1. Monterreal: una estación de esquí alpino en el estado de Coahuila
2. Las Nubes: una selva *(jungle)* tropical en el estado de Chiapas con la mayor concentración de especies de animales en América del Norte
3. Santuario *(Sanctuary)* de las Luciérnagas *(Fireflies)*: un bosque *(forest)* en el estado de Tlaxcala, que durante el verano está iluminado por miles de luciérnagas

Las Nubes, Chiapas

Fuente: mochileros.com.mx

4-45 ¡**A dialogar!** Piensa en una joya oculta *(hidden gem)* en Estados Unidos (o en otro país) que recomendarías *(that you would recommend)* a un turista.

- **Primera parte:** Completa la primera columna de la gráfica con la información de tu joya oculta.
- **Segunda parte:** Entrevista *(Interview)* a un(a) compañero(a) de clase para completar la segunda columna.
- **Tercera parte:** Hagan comparaciones entre sus joyas ocultas. ¿Cuál está más cerca? ¿En cuál hace mejor tiempo? ¿Cuál es más interesante?

Preguntas	Yo	Mi compañero(a)
¿Cómo se llama la joya oculta?		
¿Dónde está?		
¿Cómo es?		
¿En qué estación es mejor visitar? ¿Qué tiempo hace?		
¿Qué están haciendo las personas en la joya oculta en este momento? (Menciona tres actividades.)		

De viaje

In this *Paso*, you will . . .

- make travel and hotel arrangements
- ask for travel-related information, such as prices and schedules
- express plans, preferences, and obligations

En el hotel

Buenas noches. ¿Tiene alguna habitación libre para esta noche?

Sí, señor. ¿Quiere una habitación sencilla o doble?

Recepción

En la oficina de turismo

¿Cuánto cuesta la entrada?

Cuesta 30 pesos pero hay descuento para estudiantes.

México

VIVA México

VIVA México

Museo de Arte

México

Expresiones en el hotel

¿Tiene baño privado / aire acondicionado / Wi-Fi gratis?
¿Cuánto cuesta la noche?
¿Puedo pagar... ?
    con tarjeta de crédito / débito
    en efectivo

Expresiones en la oficina de turismo

Estoy buscando...
    un restaurante típico
    un hotel económico
    un cajero automático
¿Qué se puede hacer por aquí?
¿Qué excursión me / nos recomienda?
¿A qué hora abre / cierra (el museo)?

Expressions in a hotel

Does it have a private bathroom / A/C / free Wi-Fi?
How much does one night cost?
Can I pay . . . ?
    with a credit / debit card
    in cash

Expressions in a tourist office

I'm looking for . . .
    a typical restaurant
    an inexpensive hotel
    an ATM
What is there to do around here?
What tour do you recommend to me / us?
What time does (the museum) open / close?

En la estación de tren

Por favor, quiero comprar un boleto de ida y vuelta a Veracruz.

Aquí tiene. El tren sale a las diez y cuarto.

En la ciudad

Disculpe, señor, ¿hay una farmacia por aquí?

Sí, hay una en la esquina.

El transporte	Transportation
el avión / el aeropuerto	*airplane / airport*
el tren / la estación de tren	*train / train station*
el autobús / la parada de autobús	*bus / bus stop*
el metro / la estación de metro	*subway / subway station*

Indicaciones	Directions
¿Dónde puedo cambiar dinero?	*Where can I exchange money?*
Disculpe. ¿Hay... por aquí?	*Excuse me. Is there . . . around here?*
una farmacia	*a pharmacy, a drugstore*
un banco	*a bank*
Hay uno(a)...	*There's one . . .*
en la esquina	*on the corner*
a dos cuadras	*two blocks away*
¿Puedo ir a pie o debo tomar un taxi?	*Can I walk there or should I take a taxi?*

¡Aplícalo!

 Colaborar

4-46 **Gran Hotel Ciudad de México.** Con un(a) compañero(a), lean el anuncio y contesten las preguntas.

1. ¿Qué se puede hacer en la zona del Gran Hotel?

2. ¿Qué amenidades *(amenities)* tiene el hotel? ¿Qué tienen las habitaciones?

3. ¿Cuánto cuesta la noche? ¿Cómo se puede pagar? ¿Hay descuentos?

4. En tu opinión, ¿es un hotel económico? ¿Quieres pasar la noche en este hotel?

Gran Hotel Ciudad de México
Avenida 16 de septiembre, 82, Ciudad de México, C.P. 06000

Nuestro hotel cuenta con gimnasio, salas de conferencias y mucho más. Las habitaciones tienen aire acondicionado, televisor, Wi-Fi gratis, baño privado. Estamos en el Centro Histórico cerca de museos y restaurantes.

Habitación doble *Super Saver* (con una cama): **$1263 pesos***

Habitación de lujo doble (con dos camas): **$1415 pesos***

*Aceptamos todas las tarjetas de crédito.

Photo: rangizzz/Shutterstock.com

Colaborar

4-47 **En la oficina de turismo.** Tú y tu compañero(a) están en la Oficina de Turismo. Completen la conversación de una manera lógica.

ESTUDIANTE A Esta es nuestra primera visita a Guanajuato. ¿(1. _____)?

EMPLEADO Les recomiendo visitar el Museo Casa Diego Rivera.

ESTUDIANTE B ¡Buena idea! ¿(2. _____)?

EMPLEADO Abre a las 10 de la mañana, de martes a domingo.

ESTUDIANTE A Muy bien. ¿Está lejos? ¿(3. _____)?

EMPLEADO No necesitan tomar un taxi. Está a tres cuadras de aquí.

ESTUDIANTE B ¿Me puede dar una recomendación? (4. _____).

EMPLEADO El restaurante La Fonda tiene comida típica.

ESTUDIANTE A Vamos a estar aquí por tres días. ¿(5. _____)?

EMPLEADO Tienen que hacer una excursión a San Miguel de Allende.

⟳ Asking and telling time, **Capítulo 2 Paso 2**

 Colaborar

4-48 **De viaje en autobús.** Con un(a) compañero(a), preparen tres pequeños diálogos. Sigan el modelo.

Destino	Tarifa	Hora de salida
Durango	$675	16:30 h
Matamoros	$390	5:40 h
Puerto Vallarta	$910	21:30 h
Reynosa	$285	3:45 h

Modelo **Turista:** Quiero comprar un boleto de ida y vuelta a **Durango**.
Empleado: Muy bien. Cuesta **$675**.
Turista: ¿A qué hora sale?
Empleado: Sale a **las cuatro y media de la tarde**.
Turista: Gracias, muy amable.

¡Exprésate!

Clase

4-49 **¿Cuál es la pregunta?** ¡Vamos a jugar a *Jeopardy!*™ en español!

- Su profesor(a) va a dividir la clase en tres o cuatro equipos.
- El primer equipo tiene que seleccionar una categoría y una cantidad de dinero. Por ejemplo: **Queremos *En el aeropuerto* por cincuenta dólares.**
- Después *(Then)*, su profesor(a) va a leer la respuesta. Todos los equipos tienen 45 segundos para escribir la pregunta en papel. Si la pregunta es correcta y lógica, el equipo gana el dinero.

En el hotel	En el aeropuerto	En la oficina de turismo	Por la calle	Las vacaciones
$50	$50	$50	$50	$50
$100	$100	$100	$100	$100
$250	$250	$250	$250	$250
$500	$500	$500	$500	$500

4-50 **De viaje.** Varios turistas están de viaje. ¿Qué están diciendo? Con un(a) compañero(a), dramaticen breves conversaciones para cada escena.

1. En el hotel

2. En la estación de tren

3. En la oficina de turismo

PASO 3 GRAMÁTICA A

Las frases verbales

GUADALUPE ¿Qué quieres hacer mañana?

EMILIANO Me gustaría ir al parque de diversiones.

GUADALUPE A mí también, pero según el pronóstico, va a llover.

EMILIANO Ah, entonces podemos ir al museo de arqueología.

GUADALUPE ¡Buena idea!

■ ■ ■
Descúbrelo

- What does Emiliano want to do tomorrow?
- Why is his first suggestion not a good idea?
- What form of the verb is used after **quieres**, **va a**, and **podemos**?
- Do you think **me gustaría** means *I like to* or *I'd like to*?

1. As you know, every sentence must have a conjugated verb. Sometimes a verb phrase (**frase verbal**) is used instead of a single verb. Verb phrases consist of the combination of a conjugated verb and an infinitive.

CONJUGATED VERB + INFINITIVE

Mañana **pensamos visitar** el museo.   *Tomorrow **we plan to visit** the museum.*
También **esperamos conocer** la catedral.   *We also **hope to see** the cathedral.*

2. Here are common verb phrases.

- **esperar + infinitivo**   *to hope to do something*
- **pensar (ie) + infinitivo**   *to plan to do something*
- **deber + infinitivo**   *must / should / ought to do something*
- **necesitar + infinitivo**   *to need to do something*
- **tener + que + infinitivo**   *to have to do something*
- **poder (ue) + infinitivo**   *to be able to do something; can do something*
- **preferir (ie) + infinitivo**   *to prefer to do something*
- **querer (ie) + infinitivo**   *to want to do something*

3. To say what somebody *would like to*, use the verb form **gustaría** + infinitive. To indicate *who* would like to do this, place the appropriate pronoun before the verb (**me, te, le, nos, os, les**).

Nos gustaría comprar recuerdos.   ***We'd like to buy*** *souvenirs.*

Para expresar *would like*	
me gustaría + infinitivo	*I'd like to*
te gustaría + infinitivo	*you'd (inf.) like to*
le gustaría + infinitivo	*you'd (form.) like to*
le gustaría + infinitivo	*he/she would like to*
nos gustaría + infinitivo	*we'd like to*
os gustaría + infinitivo	*you'd (pl., inf.) like to*
les gustaría + infinitivo	*you'd (pl., form.) like to*
les gustaría + infinitivo	*they'd like to*

Colaborar

4-51 **Las próximas vacaciones.** ¿Qué planes tienes para las próximas vacaciones? Completa las siguientes oraciones; luego *(then)* compara tus planes con los de un(a) compañero(a) de clase.

1. Las próximas vacaciones, pienso ir a (destino).

2. Voy a viajar en (medio de transporte).

3. Quiero salir el (día) de (mes) y regresar el (día) de (mes).

4. El primer día de mis vacaciones, espero (actividad).

5. Otro día, quiero (actividad).

6. Antes de *(Before)* viajar, necesito (obligación).

7. También debo (obligación) antes de *(before)* salir.

8. En este viaje no puedo, pero algún día, me gustaría conocer (destino).

Colaborar

4-52 **Ideas muy diferentes.** ¿Qué quieren hacer en Hawái los miembros de la familia Godoy? Trabajando con un(a) compañero(a), usen los verbos **pensar**, **preferir**, **esperar**, **querer** y **gustaría** para expresar los planes de cada persona. Después *(Then)*, imaginen que tú y tu compañero(a) van a Hawái. ¿Qué quieren hacer Uds.?

Modelo El padre **piensa** hacer una excursión a un parque nacional.

pensar   preferir   esperar   querer   gustaría

4-53 **El fin de semana.** ¿Qué vas a hacer el próximo fin de semana? Trabajando con un(a) compañero(a), háganse *(ask each other)* estas preguntas. ¿Quién de Uds. tiene los planes más divertidos?

1. ¿Qué piensas hacer el viernes por la noche?

2. ¿Qué quieres hacer el sábado por la mañana? ¿Y por la tarde?

3. ¿Qué esperan hacer tú y tus amigos el sábado por la noche?

4. ¿Qué te gustaría hacer el domingo?

5. ¿Qué necesitas hacer el domingo para prepararte *(to get ready)* para tus clases del lunes?

4-54 ¿Qué les recomiendan? Varios turistas piensan visitar tu región. ¿Adónde deben ir? ¿Qué pueden hacer allí? Con un(a) compañero(a), usen los verbos **deber** y **poder** en sus recomendaciones.

Modelo Paco es un joven de 16 años. Le gustan muchísimo los deportes de aventura.

Estudiante A: Paco **debe** ir al lago Dillon. Allí **puede** ir en kayak.

Estudiante B: Boulder es el destino perfecto. **Puede** acampar y escalar rocas.

1. A Carolina y a su esposo Juan les gusta mucho el teatro y la música clásica.
2. Silvia y Antonio prefieren un lugar con muchas actividades para sus dos hijos.
3. A Rafael y a sus amigos les gustan los deportes acuáticos.
4. Noemí y su esposo disfrutan de la naturaleza *(nature)*.
5. Samanta y Viviana son estudiantes de historia.

4-55 Una recomendación Con un(a) compañero(a) de clase, dramaticen una conversación entre dos amigos(as).

- Un(a) amigo(a) no sabe adónde ir de vacaciones y el/la otro(a) amigo(a) le da unas recomendaciones. Sigan el modelo.

- Después, cambien de papel *(change roles)* y creen otra conversación.

Modelo **Estudiante A:** ¿Adónde piensas ir de vacaciones este año?

Estudiante B: No sé. ¿Qué lugar me recomiendas?

Estudiante A: Depende *(It depends.)* ¿Qué prefieres hacer durante las vacaciones?

Estudiante B: Prefiero (conocer nuevos lugares). Quiero (estar en una ciudad.)

Estudiante A: En ese caso, tienes que ir a (Miami). Puedes (ir de compras, dar un paseo por la Pequeña Habana o ver un partido de béisbol).

Estudiante B: ¡Buena idea! ¡Gracias!

4-56 Los preparativos. ¿Qué necesitan Uds. hacer en estas situaciones? En grupos de tres o cuatro, tomen turnos para mencionar una actividad diferente para cada situación. Usen los verbos **tener que**, **necesitar**, **deber** y **pensar**.

Modelo **Situación:** Mañana voy a visitar a mi tía en el hospital.

Estudiante A: **Pienso** llevar un libro cómico porque probablemente está aburrida.

Estudiante B: Antes de *(Before)* llegar al hospital, **necesito** comprar flores.

Estudiante C: También **quiero**...

Situación 1: La próxima semana vamos a Europa de vacaciones.

Situación 2: El próximo fin de semana voy a la playa.

Situación 3: Pasado mañana voy a la fiesta de cumpleaños de mi mejor amigo(a).

Las expresiones indefinidas y negativas

Hotel
Cabañas
El Bosque

AURA ¡Qué hotel más aburrido! No hay nadie.

RUBÉN Yo soy alguien.

AURA El hotel no tiene ningún restaurante, ningún gimnasio, ninguna piscina, ¡nada!

RUBÉN Sí, es muy romántico.

Descúbrelo

- What doesn't Aura like about the hotel?
- What does Rubén think about the hotel?
- What is the opposite word for **nadie**? What do you think it means?
- What happens to the word **ningún** when it is in front of a feminine noun?

1. Negative expressions **(las expresiones negativas)** are words and phrases like *nobody* and *nothing*; indefinite expressions **(las expresiones indefinidas)** are their opposites, like *somebody* and *something*.

Expresiones negativas	Expresiones indefinidas
nada *nothing, not anything*	**algo** *something, anything*
nadie *nobody / no one; not anybody / not anyone*	**alguien** *somebody / someone; anybody / anyone*
nunca *never, not . . . ever*	**siempre** *always*
casi nunca *hardly ever*	**casi siempre** *almost always*
ninguno *none, not any*	**alguno** *some, any*
tampoco *neither, not . . . either*	**también** *also, too*
(ni...) ni *(neither . . .) nor*	**(o...) o** *(either . . .) or*

2. Negative expressions can be placed *before* or *after* the verb. When negative expressions are placed *after* the verb, the word **no** must be added before the verb.

   Mis abuelos **nunca** viajan. Mis abuelos **no** viajan **nunca**.

3. When used as an adjective directly before a noun, **alguno** has four forms: **algún**, **alguna**, **algunos**, **algunas**. When used as a pronoun, the forms are: **alguno**, **alguna**, **algunos**, **algunas**.

   ¿Hay **algún** hotel por aquí? **Algunos** de mis amigos van a acampar en El Cielo.

4. When used as an adjective directly before a noun, **ninguno** has two forms: **ningún** and **ninguna**. When used as a pronoun, the two forms are **ninguno** (with the **-o**) and **ninguna**.

   No hay **ningún** hotel aquí. **Ninguno** de mis amigos quiere acampar.

PASO 3 GRAMÁTICA B

4-57 **En la oficina de turismo.** Con un(a) compañero(a) de clase, completen los minidiálogos con las palabras más lógicas de la lista.

algo	**alguien**	**alguna**	**nada**	**nadie**
ninguna	**nunca**	**siempre**	**también**	**tampoco**

TURISTA 1 ¿Hay _____ farmacia por aquí?

EMPLEADO Lo siento, no hay _____ cerca de aquí.

****

TURISTA 2 Necesito un mapa y _____ necesito cambiar dinero.

EMPLEADO Lo siento. No tenemos mapas; _____ cambiamos dinero.

****

TURISTA 3 Disculpe. ¿Están los baños libres o hay _____ en ellos?

EMPLEADO No hay _____ porque no hay baños. Son clósets.

****

TURISTA 4 Me gustaría hacer _____ interesante esta noche. ¿Qué me recomienda?

EMPLEADO Para ser sincero, no hay _____ interesante en este pueblo. Todo (*Everything*) cierra a las siete.

****

TURISTA 5 ¿A qué hora abre el museo de arte hoy?

EMPLEADO Lo siento, señor. Hoy es lunes y el museo de arte _____ está cerrado (*closed*) los lunes.

4-58 **Una fiesta sorpresa.** ¿Cómo es la fiesta sorpresa de Xavier? Mira las imágenes y contesta las preguntas. Trabaja con un(a) compañero(a).

1. Cuando llega Xavier, ¿hay alguien en casa? ¿Qué piensa él?

2. ¿Cómo es el comedor (*dining room*) de la casa? ¿Tiene alguna ventana?

3. ¿Dicen los amigos de Xavier algo? ¿Qué dice Xavier?

4. ¿Hay alguna decoración? ¿Hay globos o flores? ¿Hay un pastel? ¿Hay regalos?

¡Exprésate! Colaborar

4-59 ¡Qué pésimo hotel! Con un(a) compañero(a), preparen una lista de cinco quejas *(complaints)* para el gerente *(manager)* de este hotel. En la lista, describan los problemas usando palabras como **algo**, **nada**, **nadie**, **nunca**, **ninguno(a)** y **siempre**.

Modelo Queremos un poco de aire fresco pero ¡no podemos abrir **ninguna** ventana!

1.

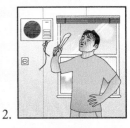
2.

3.

4.

5.

4-60 Comportamiento del viajero. Entrevista *(Interview)* a dos compañeros para completar la tabla sobre el comportamiento *(behavior)*.

Modelo Tú: Cuando viajas, ¿con qué frecuencia sacas fotos de monumentos?
Estudiante A: Yo saco fotos de monumentos a veces.
Estudiante B: Yo nunca saco fotos de monumentos.

Cuando viajas, ¿con qué frecuencia...?	siempre	a veces	nunca
1. **sacar** fotos de monumentos			
2. **almorzar** en restaurantes típicos			
3. **comprar** recuerdos			
4. **dormir** en hoteles económicos			
5. **llevar** tu mascota			
6. **pedir** direcciones			

4-61 Lo bueno y lo malo. ¿Qué te gusta de la universidad? ¿Qué no te gusta?

Primera parte: Escribe oraciones con dos aspectos positivos y dos aspectos negativos de la universidad. Tienes que incluir una palabra diferente de la lista en cada *(each)* oración.

algo nada siempre nunca alguien nadie alguno(a) ninguno(a)

Segunda parte: Lee tus oraciones a un(a) compañero(a) de clase. Tu compañero(a) tiene que reaccionar o hacer un comentario.

Modelo Estudiante A: **Siempre** hay actividades sociales interesantes.
Estudiante B: Estoy de acuerdo. Es un aspecto positivo.
Estudiante B: No comprendo **nada** en la clase de física.
Estudiante A: Es muy difícil, ¿verdad?

EN ACCIÓN: Preguntas esenciales

¿Qué deben saber los turistas sobre tu país?

 4-62 **Piénsalo.** ¿Qué necesitan investigar tú y tus amigos antes de hacer un viaje a México? Con un(a) compañero(a), pongan los siguientes temas en orden de importancia.

- los pasaportes y otros documentos
- los destinos más populares
- el transporte y los hoteles
- el tiempo y las estaciones

Colaborar **4-63** **La opinión de Rodolfo.** Rodolfo Luna Martínez explica lo que *(what)* los turistas deben saber sobre Guadalajara, México. Con un(a) compañero(a), lean su opinión y contesten las preguntas.

1. Según *(According to)* Rodolfo, ¿cuesta mucho viajar por México?

2. ¿Qué tipos de transporte hay?

3. ¿Cuál es una buena opción si no quieres hospedarte *(stay)* en un hotel?

lodging
inexpensive
bus (in Mexico)

right now

> Tanto el transporte como el hospedaje° aquí en Guadalajara es barato°, es muy accesible. Respecto al transporte, existe el camión°, el público. Existe también Uber que es bastante barato. Otra alternativa que te facilita mucho la movilidad aquí en Guadalajara es la renta de bicicletas. Y respecto al hospedaje, pues ya ahorita° hay muchas maneras de conseguir hospedaje. Una de ellas es la aplicación de Airbnb.

© Rodolfo Luna Martínez

Colaborar **4-64** **Otras opiniones.** La siguiente infografía muestra tres modos de transporte público en la Ciudad de México. Con un(a) compañero(a), lean la información y completen las oraciones de una manera lógica.

1. En la Ciudad de México, los medios de transporte incluyen ___, ___ y ___.

2. El medio de transporte con más usuarios *(users)* es ___.

3. De los tres medios, yo preferiría *(I would prefer)* usar ___ porque ___.

Metro	Metrobus	Mexicable
12 líneas	6 líneas	1 línea
195 estaciones	208 estaciones	7 estaciones
5.500.000 usuarios diarios	950.000 usuarios diarios	29.000 usuarios diarios
2 pesos	5 pesos	7 pesos

Fuentes: metro.cdmx.gob.mx, metrobus.cdmx.gob.mx, mexicable.com

4-65 **¿Y tú?** ¿Qué deben saber los turistas sobre Estados Unidos? Habla de este tema con un(a) compañero(a).

1. ¿Qué deben saber los turistas antes de visitar Estados Unidos?

2. ¿Qué deben saber los turistas que visitan tu estado? ¿Y los que visitan tu campus?

EN ACCIÓN: Comunicación presentacional

¿Qué recomendaciones de viaje le das a alguien que viene a visitarte? ¿Qué joya oculta *(hidden gem)* pueden visitar?

4-66 **¡A crear!** Tu antiguo(a) *(former)* profesor(a) de español viene a visitarte. Quieres escribirle un mensaje para hablar sobre los planes de la visita. ¿Qué joya oculta *(hidded gem)* van a visitar Uds. durante la visita?

Primera parte: Escríbele un mensaje a tu antiguo(a) profesor(a). Usa la forma de usted e incluye la siguiente información:

- Empieza con un saludo formal: **Estimado(a) profesor(a)...**
- Expresa tu emoción de la visita: **¡Qué bueno que viene! / Me alegra que venga.**
- Recomienda un hotel y di cuánto cuesta la habitación.
- Menciona por qué no puedes ir al aeropuerto: **No puedo ir al aeropuerto porque tengo que...**
- Recomienda la mejor manera *(way)* de ir del aeropuerto al hotel: **Puede ir / tomar...**
- Menciona qué van a hacer. Para que la experiencia sea *(So that the experience will be)* fantástica, incluye una joya oculta de tu ciudad o estado. Por ejemplo, un pequeño museo con una pintura *(painting)* famosa, un restaurante bueno pero poco conocido, un sitio histórico local, etcétera.
- Despídete *(Say good-bye)*.

Segunda parte: Intercambia *(Exchange)* papeles con un(a) compañero(a) de clase. Usa las siguientes preguntas como guía para editar su trabajo.

- *Does your classmate use the formal **usted** form of address? Hint: Look not only for the word **usted**, but also for the verb forms that correspond to **usted**.*
- *Is all the requested information included?*
- *Does the description of the "hidden gem" build interest?*
- *Is the information presented in a logical order?*
- *Are the verb forms correct? Hint: For any verb phrases, check that the first verb is conjugated in the present tense and the second is in the infinitive form. (For example: **Ud. puede tomar...**)*

4-67 **Nosotros: Unas vacaciones.** Vamos a hablar sobre las fotos de vacaciones que tú y tus compañeros de clase subieron *(posted)* en MindTap. ¿Cuáles son algunos de los destinos más populares de nuestra clase?

Primera parte: ¡Prepárate para hablar! Primero, piensa en tres fotos que miraste en el foro de discusión. Completa la tabla *(chart)* con palabras y frases en español. ¿Cuál es tu foto preferida?

	¿Cuál es el destino?	¿Dónde está?	¿Qué están haciendo las personas en la foto?	¿Por qué te gusta la foto?
1.				
2.				
3.				

Segunda parte: ¡A hablar! En grupos de tres o cuatro estudiantes, tomen turnos y hablen de sus fotos y destinos favoritos.

Modelo Me gusta la foto de (Cancún).

Está en (México).

En la foto hay (hoteles y una playa bonita).

Las personas en la foto están (caminando, tomando el sol y nadando).

Me gusta la foto porque (la playa es muy bonita).

© Neil Emmerson/Getty Images

4-68 **Perspectivas: Lugares turísticos populares** En MindTap, miraste un video sobre lugares turísticos populares en Puerto Rico, Colombia y Argentina. En grupos de tres o cuatro, usen las preguntas y frases de la tabla *(chart)* para hablar de los destinos turísticos populares en su estado *(state)* o región.

Preguntas	Frases útiles	
1. En tu opinión, ¿cuál es un lugar turístico divertido en este estado *(this state)* o en esta región?	En mi opinión...	*In my opinion . . .*
	Creo que...	*I think that . . .*
2. ¿Cuál es la mejor temporada para visitar ese lugar? ¿Por qué?	¿Qué piensas tú?	*What do you think?*
	Es mejor ir...	*It's better to go . . .*
3. ¿Qué se puede hacer allí?	Se puede...	*You can . . .*
4. ¿Qué hoteles y restaurantes recomiendas?	Recomiendo...	*I recommend . . .*

4-69 **Videopodcast: Por la ciudad.** En MindTap, miraste un tour de San José, la capital de Costa Rica. ¿Cuál es una de tus ciudades preferidas? ¿Cómo es? Tú y un(a) compañero(a) van a entrevistarse *(interview each other)* sobre sus respectivas ciudades preferidas.

Primera parte: ¡Prepárate para hablar! Primero, completa el diagrama *(chart)* con las preguntas y frases que necesitas para entrevistar *(to interview)* a tu compañero(a).

How will you start the interview?	• Hola. • _____
How will you gather basic information about the city and its location?	• ¿Cuál es tu ciudad favorita? • _____ • _____ • _____
How will you ask for specific details about tourist attractions, hotels, and restaurants?	• ¿Qué te gusta hacer en *(city)*? • _____ • _____ • _____
How will you ask about the weather and best time to visit?	• ¿Qué tiempo hace en *(city)*? • _____ • _____
How will you end the interview?	• ¡Muchas gracias! • _____

Segunda parte: ¡A hablar! Usa tus apuntes *(notes)* para entrevistar a un(a) compañero(a) de clase. Después, tu compañero(a) va a entrevistarte a ti *(interview you)*.

Practice reading, writing, and speaking skills in MINDTAP:

- **Lectura:** La música
- **Lectura auténtica:** La religión
- **Composición:** An article on a popular vacation destination

- **Pronunciación:** Intonation of statements and questions
- **Síntesis:** Interpersonal, interpretive, and presentational activities

VOCABULARIO

Para aprender mejor

You don't need to travel abroad to practice Spanish. Befriend a native Spanish speaker in your own community. Tell the person, **Estoy aprendiendo español y me gustaría practicarlo con alguien** and see what happens!

Sustantivos

el aeropuerto *airport*
el aire acondicionado *A/C*
el autobús *bus*
el avión *airplane*
el banco *bank*
el baño *bathroom*
el boleto (de ida y vuelta) *(round-trip) ticket*
el café *coffee*
el cajero automático *ATM*
la catedral *cathedral*
la ciudad *city*
el crucero *cruise; cruise ship*
el descuento *discount*
el dinero *money*
la entrada *admission, ticket*
el espectáculo *show*
la estación *season; station*
la estación de lluvia *rainy season*
la estación seca *dry season*
la excursión *excursion, tour*
la farmacia *pharmacy*
la gente *people*
la habitación *room*
el hotel *hotel*
el invierno *winter*
la lancha *motorboat*
el lugar *place*
el mar *sea*
el mercado *market*
el metro *subway*
la montaña *mountain*
el museo *museum*
la nieve *snow*
la oficina de turismo *tourist office*
el otoño *fall*
la parada (de autobús) *(bus) stop*
el parque de diversiones *amusement park*
la playa *beach*
la plaza *main square*

la primavera *spring*
el recuerdo *souvenir*
el refresco *soft drink*
la tarjeta de crédito / débito *credit / debit card*
el taxi *taxi, cab*
el teatro *theater*
el tren *train*
el turismo (de aventura) *(adventure) tourism*
las vacaciones *vacation*
el velero *sailboat*
el verano *summer*
el viaje *trip*
la zona arqueológica *archaeological site*

Verbos

abrir *to open*
acampar *to camp*
beber *to drink*
bucear *to scuba dive*
cambiar *to exchange*
caminar *to walk*
cerrar (ie) *to close*
conducir *to drive*
conocer *to know; to meet*
costar (ue) *to cost*
dar *to give*
dar un paseo *to go for a walk*
dar un paseo en velero *to go sailing*
deber *must, should, ought to*
decir (i) *to say, to tell*
esperar *to hope*
esquiar *to ski*
explorar *to explore*
hacer *to do, to make*
hacer la maleta *to pack a suitcase*
hacer senderismo *to go hiking*
hacer surf *to surf*
ir a pie *to walk, to go on foot*
montar a caballo *to ride a horse*

montar en bicicleta *to ride a bike*
morir (ue) *to die*
nadar *to swim*
necesitar *to need*
oír *to hear*
pagar (en efectivo) *to pay (in cash)*
pensar (ie) *to plan*
pescar *to fish*
poder *to be able, can*
poner *to put, to place*
poner la tele / la radio *to turn on the TV / the radio*
recomendar (ie) *to recommend*
recorrer *to go all over*
saber *to know*
salir *to leave, to go out*
tomar *to drink*
tomar el sol *to sunbathe*
traer *to bring*
venir (ie) *to come*
ver *to see, to watch*
viajar *to travel*

Expresiones útiles

¡Buen viaje! *Have a good trip!*
gratis *free, without charge*
Me encanta... *I love to . . .*
Me muero por... *I'm dying to . . .*
No veo la hora de... *I can't wait to . . .*
próximo(a) *next*
Quiero ir contigo. *I want to go with you.*
Si... *If . . .*

Time expressions, p. 145
Weather expressions, p. 150
Months and dates, p. 151
Numbers over 100, p. 154
Adjectives, p. 162
Directions, p. 163
Indefinite and negative expressions, p. 169

Todo en un día

In this chapter you will . . .

- describe your daily routine
- talk about your room and chores
- describe a house and its furnishings
- say where things are located
- talk about past actions
- write a message about your summer job
- share information about where you live

You will also . . .

- gain insight into Guatemala and Honduras
- discuss weekend routines
- explore similarities and differences in the treatment of guests
- discover connections to architecture and archaeology
- compare household chores and responsibilities
- find a vacation home in Guatemala
- take a tour of Machu Picchu

En una calle de Guatemala

© Leauwtje/F+/Getty Images

NUESTRO MUNDO

Guatemala y Honduras

Guatemala y Honduras son dos países de Centroamérica. Tienen ciudades coloniales, ruinas arqueológicas mayas y una geografía espectacular.

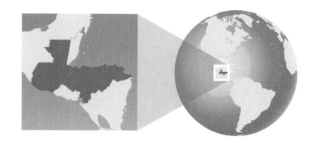

5-1 **Mi país.** Mynor Estrada estudia una maestría en la Universidad de San Carlos de Guatemala. Con un(a) compañero(a), lean su mensaje y contesten las preguntas.

Hola, ¿qué tal están? Soy Mynor Estrada, tengo 24 años y soy de Quetzaltenango, Guatemala. Guatemala es un país con maravillas naturales como volcanes, lagos y bosques *(forests)*. Se le llama "el país de la eterna primavera" por su clima *(climate)* templado *(mild)* y por su amplia diversidad de flora.

Guatemala es un país con bastante valor arqueológico: es considerado el corazón del mundo maya. Posee varios sitios arqueológicos como Tikal y El Mirador. La pirámide La Danta, en El Mirador, es la más alta de Mesoamérica y una de las más grandes del mundo.

Las etnias indígenas de Guatemala son ricas en cultura; cada grupo posee tradiciones y vestimentas *(clothing)* únicas. El español es el idioma oficial de Guatemala; sin embargo, los pueblos indígenas poseen más de 20 idiomas distintos al español.

© Mynor Estrada

Mynor en el parque central de Quetzaltenango

1. ¿De dónde es Mynor?
2. ¿Por qué es Guatemala "el país de la eterna primavera"?
3. ¿Cuáles son algunos sitios arquelógicos en Guatemala?
4. ¿Cuántos idiomas se hablan en Guatemala?

¡Ahora tú!

- ¿Hay volcanes, lagos o bosques donde vives tú?
- ¿Hay sitios arqueológicos en tu estado? ¿De qué civilización?
- ¿Qué ves en la foto de Mynor? ¿Cómo es la arquitectura de Quetzaltenango?

Una de nuestras celebraciones más importantes es el Día de los Muertos, celebrado el 1 de noviembre. En este día se va al cementerio y se come un plato que se llama fiambre en la tumba de los seres queridos *(loved ones)*. En algunas partes se construyen barriletes *(kites)* gigantes debido a la creencia *(belief)* que estos pueden conectar a los vivos *(living)* con los muertos *(dead)*.

Barriletes gigantes en Santiago Sacatepéquez, Guatemala

5. ¿Qué comen en Guatemala para celebrar el Día de los Muertos? ¿Dónde lo comen?

6. ¿Qué construyen *(do they build)* para conectarse con los muertos *(dead)*?

¡Ahora tú!

• ¿Hay una celebración en tu comunidad para el Día de los Muertos? ¿Cómo es?

• ¿Qué piensas de los barriletes *(kites)* gigantes de Guatemala?

Estudié la licenciatura *(bachelor's degree)* en Honduras, un país hermoso que considero mi segundo hogar *(second home)*. Uno de mis lugares favoritos de Honduras es la isla de Utila. Está en el océano Atlántico y es perfecta para el buceo. ¡Espero volver pronto!

Isla de Utila, Honduras

7. ¿Qué otro país conoce bien Mynor?

8. ¿Cuál es el lugar favorito de Mynor en Honduras? ¿Qué se puede hacer allí?

¡Ahora tú!

• ¿Qué lugar consideras tu segundo hogar *(second home)*? ¿Por qué?

• ¿Qué te gusta hacer en tu "segundo hogar"?

Go to ⁙ MINDTAP for these additional activities:

• **Perfil: Almanaque** and **Mapa**

• **Mi país:** Extended version of Mynor's narrative

• **Conexiones: Geografía, Celebraciones, Arqueología**

• **Reportaje:** Video of Guatemalan's Mayan ruins

La rutina

In this *Paso*, you will . . .
- talk about your daily routine
- express sequence and frequency
- express changes in emotional states

Mi rutina entre semana

Por lo general, **me levanto** a las siete.

Desayuno rápido y salgo a correr.

Me ducho antes de ir a clase.

Estoy en clase **hasta** las cuatro.

Luego, por la noche, tengo que estudiar.

Me acuesto a la medianoche.

La rutina diaria	Daily routine
¿Cómo es tu rutina diaria?	*What's your daily routine?*
Me despierto...	*I wake up . . .*
Me lavo los dientes.	*I brush my teeth.*
Me lavo la cara / las manos / el pelo.	*I wash my face / my hands / my hair.*
Me baño...	*I take a bath . . .*
Me afeito...	*I shave . . .*
Me visto...	*I get dressed . . .*
Me pongo...	*I put on . . .*
Me peino...	*I comb my hair . . .*
Me maquillo...	*I put on make-up . . .*

Otras actividades	Other activities
desayunar	*to have breakfast*
almorzar (ue)	*to have lunch*
cenar	*to have supper*

Los fines de semana

Me quedo en cama hasta el mediodía.

Almuerzo con mis amigos.

Por la tarde, **me relajo**.

Siempre **me arreglo** para salir a bailar.

¡**Me divierto** mucho en el club!

Nunca **me duermo** antes de las dos.

Palabras de secuencia

primero
luego
antes de (+ infinitivo)
después de (+ infinitivo)
mientras
por último

Palabras de frecuencia y de tiempo

temprano
tarde
todos los días
una vez al día / a la semana / al mes
dos veces / tres veces al día

Sequence words

first
then, next
before (. . . -ing)
after (. . . -ing)
while
finally, last

Expressions of frequency and time

early
late
every day
once a day / a week / a month
twice / three times a day

PASO 1 VOCABULARIO

Colaborar

5-2 **Un cambio de rutina.** ¿Cómo es la rutina de Alicia? Con un(a) compañero(a), completen la descripción de su rutina.

_____ 1. Entre semana me despierto...   a. me acuesto.

_____ 2. Luego me levanto, me lavo...   b. los dientes y me ducho.

_____ 3. Después de arreglarme,...   c. en cama hasta las once.

_____ 4. Los fines de semana me quedo...   d. temprano, a las seis y media.

_____ 5. Por la noche voy a un club...   e. salgo para la universidad.

_____ 6. Regreso a casa muy tarde y...   f. para bailar y me divierto con mis amigos.

Colaborar

5-3 **Todo en orden.** ¿Cómo es tu rutina entre semana? ¿En qué orden haces estas cosas? Con un(a) compañero(a), sigan el modelo y comparen sus rutinas. Incluyan estas tres expresiones: **primero, luego, por último.**

Modelo   Por la mañana: me levanto / desayuno / me ducho

    Estudiante A: Por la mañana, **primero** me levanto, **luego** me ducho y **por último** desayuno.

    Estudiante B: Yo también. / Yo no: **primero** me levanto, **luego** desayuno y **por último** me ducho.

1. Por la mañana: me despierto / pienso en mis planes para el día / me levanto

2. Por la mañana: desayuno / me visto / me ducho

3. Por la mañana: me peino / me lavo la cara / me lavo los dientes

4. Por la tarde: me relajo / estudio / ceno

5. Por la noche: me pongo el pijama / miro la tele / me acuesto

Colaborar

5-4 **Los sábados.** ¿Cómo es tu rutina los sábados? Con un(a) compañero(a), tomen turnos y completen las oraciones con su información personal. Hay que incluir un verbo lógico para cada imagen.

1. Los sábados, normalmente yo _____ hasta _____.

2. Por lo general, después de levantarme, _____.

3. A menudo yo _____ con amigos a las _____.

4. Por la tarde, a menudo yo _____.

5. A veces _____.

6. Casi nunca _____ antes de _____.

5-5 **¿Con qué frecuencia?** ¿Con qué frecuencia hacen estas actividades tú y tu compañero(a) de clase? Completen las oraciones con una expresión de frecuencia y comparen sus respuestas. ¿Tienen Uds. rutinas muy similares?

Modelo Me despierto muy temprano por la mañana...

> **Estudiante A:** **No** me despierto muy temprano por la mañana **nunca**. ¿Y tú?
>
> **Estudiante B:** Me despierto muy temprano **una o dos veces a la semana**.

todos los días / todas las noches	una o dos veces a la semana
una vez al día	tres o cuatro veces a la semana
dos o tres veces al día	una o dos veces al mes
más de tres veces al día	No... (casi) nunca

1. Me levanto muy temprano...
2. Me quedo en cama hasta el mediodía...
3. Me lavo los dientes...
4. Desayuno...
5. Me duermo con música...
6. Me ducho con agua fría...
7. Me acuesto muy tarde...

5-6 **¡Qué locura!** ¿Qué haces con estos productos? Tomando turnos, una persona crea una oración con uno de los productos; la otra persona indica si la oración es lógica o ilógica.

Modelo **Estudiante A:** Me lavo el pelo con crema de afeitar.

> **Estudiante B:** ¡Qué locura! *(That's crazy!)* ¡Es ilógico!

1.

2.

3.

4.

5.

6.

Telling time, **Capítulo 2 Paso 2**

5-7 **El día más ajetreado.** ¿Cuál es tu día más ajetreado *(hectic)*? Con un(a) compañero(a), entrevístense *(interview each other)* con estas preguntas.

1. ¿Cuál es tu día más ajetreado?
2. ¿A qué hora te levantas ese día *(on that day)*?
3. ¿Qué haces antes de salir de tu casa?
4. ¿A qué hora y dónde almuerzas?
5. ¿Qué haces por la tarde?
6. ¿A qué hora cenas? ¿Con quién(es)?
7. ¿Qué haces para relajarte?
8. ¿A qué hora te acuestas?

Los verbos reflexivos en el tiempo presente

ANDREA ¿Cómo va todo con tu bebé, María? ¿Duerme por la noche?

MARÍA Sí, como un ángel. Yo acuesto a Sarita a las nueve, luego yo me acuesto a las diez. Mi esposo se acuesta a las once y los tres dormimos ¡hasta las seis de la mañana!

ANDREA ¡Increíble!

■ ■ ■
Descúbrelo

- What time does María put her baby to bed?
- What time does María go to bed? And her husband?
- When does María use **me** before the verb—when talking about going to bed or about putting her baby to bed?

1. Many verbs can be used both reflexively and non-reflexively. The reflexive use refers to an action that we do to or for ourselves; the infinitive ends in **-se**. The non-reflexive use refers to an action that we do to or for someone else.

Reflexive use: **despertarse**   **Me despierto** temprano. *I **wake up** early.*
(Literally: I wake myself up early.)

Non-reflexive use: **despertar**   **Despierto** a mi hija a las nueve.
*I **wake up** my daughter at nine o'clock.*

2. Some reflexive verbs refer to feelings or to changes in emotional and mental states.

ponerse   **Me pongo** triste cuando llueve mucho.
*I **get** sad when it rains a lot.*

enojarse   **Me enojo** cuando mi compañero usa mis cosas.
*I **get mad** when my roommate uses my stuff.*

preocuparse   **Me preocupo** cuando él regresa a casa tarde.
*I **get worried** when he comes home late.*

sentirse   **Me siento** nervioso cuando tengo un examen.
*I **feel** nervous when I have a test.*

3. A reflexive verb always uses a reflexive pronoun that matches the subject of the sentence. This pronoun is placed before the conjugated verb in a sentence.

El presente del verbo *levantarse* to get up			
yo	**me levanto**	nosotros(as)	**nos levantamos**
tú	**te levantas**	vosotros(as)	**os levantáis**
Ud./él/ella	**se levanta**	Uds./ellos/ellas	**se levantan**

4. When reflexive verbs refer to parts of the body, Spanish uses the definite article (**el, la, los, las**) instead of a possessive (**mi, tu, su, nuestro**).

Nos lavamos **el** pelo todos los días.   *We wash **our** hair every day.*

5. The following reflexive verbs are regular and use the usual present-tense endings for **-ar**, **-er**, and **-ir** verbs. One verb—**ponerse**—has an irregular **yo** form: **me pongo**.

afeitarse *to shave*
arreglarse *to get oneself ready*
bañarse *to take a bath, to bathe*
ducharse *to take a shower*
enojarse *to get angry, to get mad*
lavarse la cara / las manos / el pelo
 to wash one's face / hands / hair

lavarse los dientes *to brush one's teeth*
levantarse *to get up*
maquillarse *to put on makeup*
peinarse *to comb one's hair*
ponerse *to put on (clothing, etc.)*
preocuparse (por) *to get worried, to worry (about)*

6. Many reflexive verbs have stem changes. The stressed vowel in the stem undergoes a change in all persons except **nosotros** and **vosotros**, just as in non-reflexive verbs.

e → ie
despertarse *to wake up*
divertirse *to have a good time*
sentirse *to feel*

o → ue
acostarse *to go to bed*
dormirse *to fall asleep*

e → i
vestirse *to get dressed*

Colaborar

5-8 Un joven padre. Con un(a) compañero(a), completen la descripción de una mañana típica para Enrique y su pequeño hijo. En cada caso, ¿es necesario usar un verbo reflexivo o no?

Todos los días mi esposa y yo (1. nos levantamos / levantamos) muy temprano, a las seis. Yo (2. me ducho / ducho) y (3. me visto / visto) rápido mientras mi esposa (4. se levanta / levanta) a nuestro hijo Luisito. Luego, mi esposa (5. se ducha / ducha) y yo (6. me visto / visto) a Luisito. Después Luisito y yo desayunamos, yo (7. me lavo / lavo) los dientes y salimos para la guardería (*day-care center*).

¡Aplícalo!

Colaborar

5-9 ¿Cómo se siente Noelia? Con un(a) compañero(a), completen la conversación por teléfono entre Noelia y su madre con las formas apropiadas de los verbos entre paréntesis.

NOELIA   Ay, (1. sentirse: yo) _____ muy estresada.

MADRE   Tienes un examen, ¿verdad? Tú siempre (2. ponerse) _____ nerviosa antes de tomar un examen, y después sacas (*you get*) una A.

NOELIA   ¡No entiendes! ¡Los exámenes de cálculo son súper difíciles!

MADRE   Bueno, pero ¿por qué (3. enojarse: tú) _____ conmigo (*with me*)?

NOELIA   Lo siento, mamá. Siempre (4. ponerse: yo) _____ de mal humor cuando no duermo.

MADRE   Sabes, tu padre y yo (5. preocuparse) _____ cuando estudias toda la noche.

NOELIA   Uds. (6. preocuparse) _____ mucho. Estoy bien. Gracias por llamar, mamá. ¡Chao!

5-10 ¿Qué hago? ¡Vamos a jugar a las charadas! Tomen turnos: Estudiante A actúa *(acts out)* una acción reflexiva de la lista y Estudiante B describe la acción en el tiempo presente. Por ejemplo: **Te duermes en una clase aburrida.**

acostarse en una cama muy pequeña	**ducharse con agua fría**
afeitarse en la oscuridad *(dark)*	**lavarse los dientes en un tren**
divertirse en una piscina	**sentirse enfermo(a) en un avión**
dormirse en una clase aburrida	**vestirse para una cita** *(date)*

5-11 ¿Cómo te sientes? Tu compañero(a) va a leer una situación y tú tienes que decir cómo te sientes en esa situación. Luego, tú lees una situación y tu compañero(a) dice cómo se siente, y así sucesivamente. ¡Ojo! Usen **enojarse**, **preocuparse**, **sentirse** o **ponerse**.

Modelo   **Estudiante A:** Tomas un examen muy difícil y cuando terminas, piensas "¡Qué desastre *(disaster)*!" Pero en la próxima clase, ves que tienes una nota *(grade)* muy buena.

Estudiante B: Me pongo muy contento(a) y salgo a celebrar con mis amigos.

1. Son las tres de la madrugada. Estás caminando a tu residencia, solo(a) *(alone)*. Oyes un ruido *(noise)*.

2. Preparas un pastel para la fiesta de cumpleaños de tu mejor amigo(a). Tu compañero(a) de cuarto prueba el pastel ¡antes de la fiesta!

3. Te despiertas muy temprano y te arreglas para ir a clase. Antes de salir, miras el calendario y ves que es sábado.

4. Es domingo y decides lavar la ropa. Mientras lavas, ves algo en un bolsillo *(pocket)*: ¡cien dólares!

5. Es martes y son las diez de la noche. El miércoles por la mañana tienes un examen de literatura y no tienes idea de qué trata la novela *(what the novel is about)*.

5-12 En la peluquería canina. La familia Ramírez tiene una peluquería canina *(dog salon)*. Toma turnos con tu compañero(a): Estudiante A describe qué hace una persona o un animal (sin decir quién) y Estudiante B lo/la identifica. Usen verbos reflexivos o no reflexivos, dependiendo de la situación.

Modelo   **Estudiante A:** Esta persona baña al dálmata. ¿Quién es?
Estudiante B: Es el papá.

Los verbos reflexivos en el infinitivo y el presente progresivo

VICTORIA ¿Te estás arreglando? La fiesta empieza en media hora.

JACOBO Sí, amor, me estoy afeitando y luego tengo que peinarme.

VICTORIA ¿Qué es ese ruido (*noise*)? ¿Estás arreglándote o estás jugando?

JACOBO ¿Puedes repetir la pregunta? La conexión está mala...

1. The present progressive tense (**estar** + *present participle*) expresses an action that is taking place at the moment you are speaking. When reflexive verbs are conjugated in this tense, the reflexive pronoun may be placed before the conjugated verb **estar** or be attached to the end of the present participle. When the pronoun is attached, an accent mark is added: **-ándo-** / **-iéndo-**.

Carla **se** está bañando.	*Carla is taking a bath.*
Carla está bañándo**se**.	*Carla is taking a bath.*

2. Reflexive verbs are also used in verb phrases (*conjugated verb + infinitive*). In those instances, the reflexive pronoun may be placed in either of two positions: before the conjugated verb or attached to the infinitive at the end of the phrase.

Me voy a vestir.	*I'm going to get dressed.*
Voy a vestir**me**.	*I'm going to get dressed.*

3. Prepositions such as **antes de** (*before*) and **después de** (*after*) are often followed by infinitives. With reflexive infinitives, the pronoun is always attached to the end. Notice that both parts of the sentence refer to the same person.

Después de levantar**me**, desayuno.	*After I get up, I eat breakfast.*

Descúbrelo

- What verb tense does Jacobo use to tell his girlfriend what he's doing to get ready for the party?
- Is Jacobo telling the truth? What is he really doing?
- Where is the reflexive pronoun when Victoria asks whether he's getting ready? Where is it the second time she asks the question?
- What other verb form has the reflexive pronoun attached to the end of it?

Colaborar

5-13 Un día normal. Roberto está describiendo su rutina. Con un(a) compañero(a), completen las oraciones con los verbos entre paréntesis. **¡Ojo!** Tienen que conjugar el verbo en la primera parte de las oraciones, pero tienen que usar infinitivos después de las preposiciones (**antes de, para,** etc.)

Modelo Normalmente (yo / levantarse) **me levanto** inmediatamente después de (despertarse) **despertarme**.

1. Por lo general (yo / lavarse los dientes) _____ después de (levantarse) _____.

2. Normalmente (yo / ducharse) _____ antes de (vestirse) _____.

3. Por lo general (yo / desayunar) _____ después de (arreglarse) _____.

4. Casi siempre (yo / estudiar) _____ antes de (acostarse) _____.

5. A menudo (yo / escuchar) _____ música para (relajarse) _____.

¡Aplícalo!

👥 **5-14** **Por la mañana.** ¿Qué están haciendo las personas en los dibujos *(drawings)*? Tomando turnos, una persona describe una acción en el presente progresivo sin *(without)* mencionar el sujeto. Por ejemplo: **Me estoy levantando. / Estoy levantándome.** La otra persona indica *(points out)* el dibujo correspondiente.

yo

él

Uds.

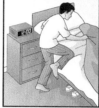
Mario

Maritza

tú

Ud.

mis amigos

nosotros

👤‹👤
Colaborar **5-15** **¡Qué torta!** *(What a mess!)* Después de estos pequeños accidentes, ¿qué planes tienen las personas en las ilustraciones? Con un(a) compañero(a), formen oraciones completas con los sujetos y las frases verbales indicados.

Modelo Voy a lavarme las manos. / Me voy a lavar las manos.

yo / ir a

1. tú / deber

2. Ricardo / necesitar

3. Ana / querer

4. mis amigos / ir a

5. el Sr. Alba / pensar

6. yo / tener que

Tikal. Tú y tu compañero(a) están en Antigua y mañana van a hacer una excursión a Tikal. Lean el itinerario y dramaticen la conversación.

Estudiante A: Tenemos que hacer nuestros planes para la excursión. ¿A qué hora sale el autobús para el aeropuerto?

Estudiante B: _____.

Estudiante A: ¡Qué temprano! Entonces tenemos que acostarnos muy temprano. ¿Qué piensas tú? ¿A qué hora necesitamos acostarnos?

Estudiante B: _____.

Estudiante A: Buena idea. Mañana quiero levantarme lo más tarde posible. ¿A qué hora piensas levantarte tú?

Estudiante B: _____.

Estudiante A: Bueno, entonces me levanto yo a la misma hora. ¿Vamos a tener tiempo para desayunar?

Estudiante B: Debemos pedir servicio a la habitación. ¿Quieres desayunar antes o después de arreglarte?

Estudiante A: _____.

Estudiante B: De acuerdo. ¿Qué sabes sobre la excursión? ¿Qué vamos a hacer en Tikal? ¿Cuánto tiempo vamos a estar allí?

Estudiante A: _____.

Estudiante B: Va a ser un día muy largo. ¿Cuándo podemos relajarnos?

Estudiante A: _____.

EXCURSIÓN A TIKAL: Itinerario

4:00 a.m.	Transporte en autobús del hotel al aeropuerto en Ciudad de Guatemala
6:30 a.m.	Viaje en avión a Flores
7:30 a.m.	Transporte en autobús del aeropuerto en Flores a Tikal
9:00 a.m.	Visita del parque arqueológico Tikal
1:00 p.m.	Almuerzo
2:30 p.m.	Transporte al aeropuerto en Flores
5:00 p.m.	Viaje en avión a Ciudad de Guatemala
6:00 p.m.	Regreso al hotel en Antigua

© Tomasz Pado/Shutterstock.com

Tuitear. Vamos a hacer un juego relacionado con Twitter.

- un tenista profesional, antes de jugar al tenis
- una novia, antes de la boda
- un(a) estudiante, antes de ir a la universidad
- un actor de teatro, antes de un espectáculo (show)

■ Imagina que eres una persona de la lista. Escribe un mensaje de 280 carácteres o menos. Describe cómo te estás arreglando para el evento; usa el presente progresivo. Por ejemplo: **Me estoy maquillando. Estoy sintiéndome muy nerviosa.**

■ Después, en grupos pequeños, tomen turnos para leer sus mensajes. Los compañeros tienen que adivinar (guess) a quién corresponde cada (each) mensaje.

¿Cómo cambia la rutina diaria el fin de semana?

 5-18 Piénsalo. Con un(a) compañero(a), lean la lista de actividades. En su opinión, ¿son actividades relacionadas con la rutina entre semana o con el fin de semana?

- acostarse tarde
- divertirse con amigos
- estudiar
- ir de compras
- levantarse temprano
- pasar tiempo con la familia

Colaborar **5-19 La opinión de Mynor.** Mynor Estrada tiene 24 años y es de Guatemala. Lee su comentario sobre la rutina del fin de semana. Luego, contesta las preguntas con un(a) compañero(a) de clase.

1. Según *(According to)* Mynor, ¿cambia mucho la rutina diaria los fines de semana?

2. ¿Cuáles son algunas de sus actividades típicas de los fines de semana?

3. ¿Qué hacen muchos guatemaltecos los domingos?

we get together
to do

Es común que el fin de semana sea utilizado como dos días de descanso, realizando distintas actividades. Vamos al cine, a conciertos, a discotecas, a museos o simplemente nos reunimos° entre amigos. Los domingos por las mañanas son utilizados para realizar° distintas actividades religiosas y luego almorzamos en familia.

© Mynor Estrada

Colaborar **5-20 Otras opiniones.** Lee el siguiente fragmento de *Egresum*, una revista digital publicada por la universidad mexicana CNCI. Con un(a) compañero(a), contesten las preguntas.

1. Según el artículo, muchas personas están muy cansadas los fines de semana. ¿Por qué? ¿Qué otro problema pueden tener?

2. ¿Y tú? ¿Duermes hasta tarde los fines de semana? ¿Estás de acuerdo *(Do you agree)* con la información del artículo?

feeling /
is detrimental to

"Es tentador dormir hasta tarde durante el fin de semana. Pero cuando te levantas más tarde que tu hora de despertar durante la semana, terminas sintiéndote° cansando y no tan productivo. Esto no solo perjudica° tu día, sino también causa que seas menos productivo el lunes".

Fuente: "Como la gente exitosa pasa sus fines de semana," www.cnci.edu.mx.

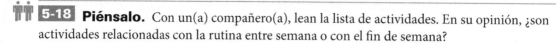 **5-21 ¿Y tú?** Habla con un(a) compañero(a) sobre la pregunta esencial: ¿Cómo cambia la rutina diaria los fines de semana? Usen las preguntas como punto de partida *(point of departure)*.

1. ¿Cómo es tu rutina los sábados?

2. ¿Qué haces un domingo típico?

3. ¿Pasan tú y Mynor los fines de semana de una manera parecida *(similar)*? Explica.

EN ACCIÓN: Comunicación interpretativa

Muchos estudiantes universitarios necesitan compartir *(share)* un cuarto, apartamento o casa con un(a) o más compañeros(as). ¿Cuál es la mejor forma de encontrar a un(a) compañero(a)?

Encuentre el 'roomie' ideal para convivir°

Una plataforma web le ayuda a encontrar el compañero de habitación acorde a° sus gustos.

Arrendar° una habitación, casa o apartamento es la primera opción de muchos jóvenes que se trasladan° a otros lugares lejos de su ciudad de origen para iniciar una carrera universitaria o para empezar una nueva etapa laboral.

Sin embargo°, a veces no resulta ser un proceso sencillo°, pues las diferencias de gustos generalmente pueden originar problemas de convivencia°.

Viendo esta necesitad, Francisco Ochoa y Saúl Ramírez, dos ingenieros apasionados por la tecnología, tuvieron la idea de desarrollar° Rumis.co, una plataforma web que busca encontrar compañero de habitación acorde a° preferencias y gustos.

En la plataforma es posible realizar búsquedas° a su medida°, contactar a personas con hábitos similares y buscar lugares de vivienda°.

Ordenado, deportista, vegetariano, madrugador°, trasnochador°, rumbero°, geek, le gustan las mascotas, fumador° o no fumador, son algunas de las características que se tienen en cuenta en el sitio web, más allá de solo ofrecer habitaciones en arriendo°, apartamentos o simples compañeros de piso°.

Fuente: "Encuentre el 'roomie' ideal para convivir," www.eltiempo.com.

convivir *live together*   acorde a *according to*   Arrendar *Renting*   se trasladan *move*   Sin embargo *However*
sencillo *easy, simple*   convivencia *living together*   desarrollar *develop*   acorde a *according to*   búsquedas *searches*
a su medida *personalized for you*   vivienda *housing*   madrugador *early riser*   trasnochador *night owl*
rumbero *party animal*   fumador *smoker*   en arriendo *for rent*   piso *apartment*

Colaborar

5-22 **¿Qué entiendes?** Trabaja con un(a) compañero(a) de clase para completar este resumen *(summary)* del artículo.

Francisco Ochoa y Saúl Ramírez, dos ingenieros de Colombia, crearon una plataforma web que se llama (1) ____. Esta plataforma ayuda a encontrar el (2) ____ ideal a partir de *(based on)* (3) ____ similares. Por ejemplo, preguntan si *(whether)* la persona es ordenada, si (4) ____ temprano, si (5) ____ tarde o si le gustan las mascotas. Así, no hay problemas en el momento de vivir en el mismo cuarto o apartamento.

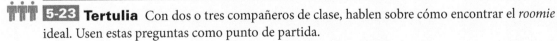

5-23 **Tertulia** Con dos o tres compañeros de clase, hablen sobre cómo encontrar el *roomie* ideal. Usen estas preguntas como punto de partida.

1. ¿Tienes compañero(a) de cuarto o de apartamento? ¿Cómo lo/la encontraste?

2. ¿Cómo es la rutina de tu *roomie* ideal?

3. ¿Qué aplicaciones similares a la plataforma web del artículo conoces? ¿Has usado *(Have you used)* alguna?

PASO 2 VOCABULARIO

Cuartos y quehaceres

In this *Paso*, you will . . .
- describe your room
- discuss and complain about chores
- talk about past actions

Mi cuarto

el cartel
MÚSICA EN EL CAMPUS
el televisor
el microondas
la cómoda
el clóset
el estante
la gaveta
la mesita (de noche)
el escritorio
el refrigerador
la silla
la lámpara
la alfombra
la cama

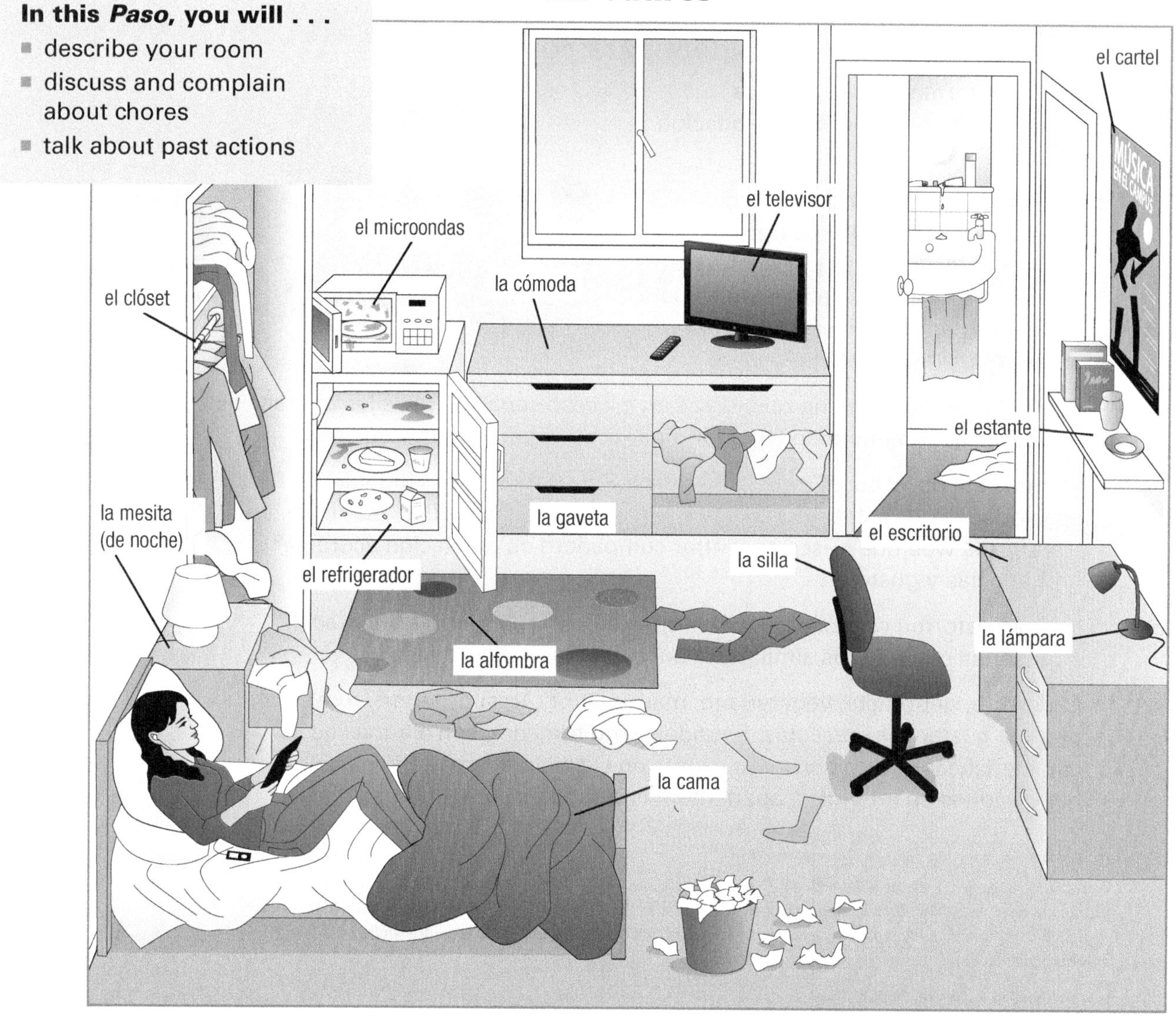

Para describir el cuarto	*Describing a room*
¿Cómo es tu cuarto?	*What's your room like?*
Es grande y tiene mucha luz.	*It's big and full of light.*
Es pequeño pero muy acogedor.	*It's small but very cozy.*
El cuarto está...	*The room is . . .*
limpio / sucio	*clean / dirty*
ordenado / desordenado	*tidy / messy*
Quejas	*Complaining*
El cuarto es un desastre.	*The room's a mess.*
Hay una montaña de ropa sucia.	*There's a pile of dirty clothes.*
Odio (el desorden).	*I hate (untidiness).*
¡Qué fastidio!	*What a bother!*
Estoy harto(a) de (tus quejas).	*I'm fed up with (your complaining).*

Los quehaceres

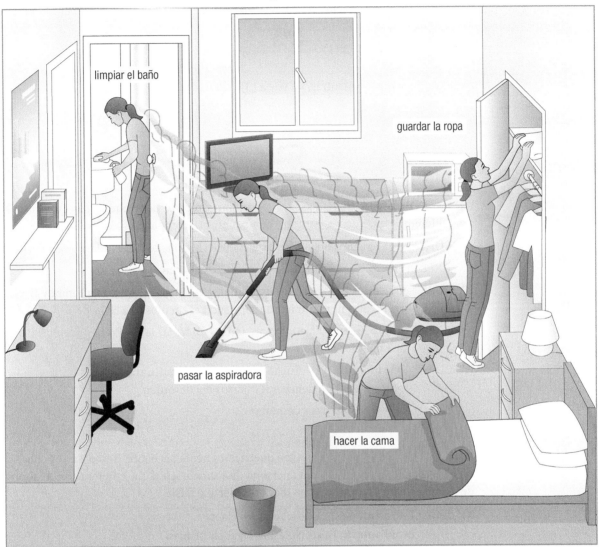

limpiar el baño

guardar la ropa

pasar la aspiradora

hacer la cama

Para hablar de los quehaceres

Talking about chores

¿Me puedes ayudar con los quehaceres?
Can you help with the chores?

¿Prefieres limpiar el baño o pasar
la aspiradora?
*Would you rather clean the bathroom or
vacuum?*

No me importa.
I don't care.

Acabo de...
I have just . . .

   lavar los platos
   done the dishes

   ordenar el cuarto
   tidied up the room

   planchar la ropa
   ironed the clothes

Todavía tengo que...
I still have to . . .

   barrer el piso
   sweep the floor

   regar (ie) las plantas
   water the plants

   sacar la basura
   take out the trash

PASO 2 **VOCABULARIO**

👤〉〈👤
Colaborar

5-24 **¡Tenemos que limpiar!** Mayra y Adela están hablando sobre cómo dividir el trabajo de limpiar el apartamento. Con un(a) compañero(a), completen la conversación con los quehaceres indicados por las imágenes. Lean la conversación en voz alta *(aloud)*.

MAYRA   Primero, voy a (1) . Después pienso (2) 🔌.

ADELA   Está bien y mientras, yo voy a (3) 🗑️ y (4) 🚰.

MAYRA   ¿Quién va a (5) 🧹?

ADELA   Yo. Y tú puedes (6) 🔲 porque, bueno, porque a mí no me gusta.

Photos: ekler /Shutterstock.com; majson/Shutterstock.com

👤〉〈👤
Colaborar

5-25 **¡Qué fastidio!** Pascual y Axel son compañeros de cuarto con conceptos muy diferentes del orden. Con un(a) compañero(a), completen su conversación.

PASCUAL   Axel, tenemos que ordenar el cuarto. ¿Me puedes (1. ayudar / regar)?

AXEL   Pero, ¿por qué? El cuarto no está (2. desordenado / piso).

PASCUAL   ¿Qué dices? ¡El cuarto es un (3. limpio / desastre)! Mira la alfombra: hay una (4. queja / montaña) de ropa sucia. Tenemos que lavar la ropa.

AXEL   ¡Qué (5. estante / fastidio)! (6. Odio / Todavía) lavar. Prefiero comprar ropa nueva.

PASCUAL   ¡Qué bromista eres! Bueno, si no quieres lavar tu ropa, va a la basura porque estoy (7. quehaceres / harto) del desorden.

AXEL   No me (8. importa / cómoda).

👥 **5-26** **Los quehaceres.** ¿Qué quehaceres necesitas hacer? Toma turnos con un(a) compañero(a) de clase: una persona dice una oración que empieza con **Acabo de (+ infinitivo).** La otra persona dice si es cierto o falso.

Modelo   **Estudiante A:** Acabo de regar las plantas.
Estudiante B: Falso. Necesitas regar las plantas.

Palabras útiles

guardar la ropa
hacer la cama
lavar las ventanas
limpiar el baño
pasar la aspiradora
planchar la ropa
regar las plantas
sacar la basura

5-27 **Un lugar para vivir.** Tú y tu compañero(a) buscan un lugar para vivir el próximo semestre. Reciben estos mensajes de algunos amigos. Lean los mensajes y decidan cuál de los dos lugares prefieren. Expliquen tres razones por qué.

Modelo **Estudiante A:** Prefiero el apartamento (la residencia) porque...

Estudiante B: (No) Estoy de acuerdo...

El apartamento es pequeño y un poco viejo pero está a tres cuadras del campus y se permiten mascotas. Hay una piscina para los residentes y un lugar especial para guardar bicicletas. Los cuartos son básicos: tienen una cama, una cómoda, un escritorio y una silla. También hay un televisor ¡y tenemos cable con más de 100 canales!

La residencia es súper moderna, con Wi-Fi y diseño industrial. Está un poco lejos del campus, pero el autobús pasa con frecuencia. Los cuartos son grandes y tienen muchas ventanas. También tienen un clóset enorme. No hay microondas pero sí hay un pequeño refrigerador. En esta residencia, no tienen que preocuparse por alergias: no hay alfombras y tampoco mascotas.

5-28 **Encuesta sobre los quehaceres.** Con dos o tres compañeros, miren los resultados de una encuesta *(survey)* y contesten las preguntas.

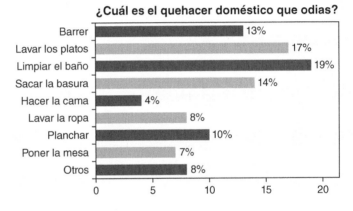

¿Cuál es el quehacer doméstico que odias?

Quehacer	Porcentaje
Barrer	13%
Lavar los platos	17%
Limpiar el baño	19%
Sacar la basura	14%
Hacer la cama	4%
Lavar la ropa	8%
Planchar	10%
Poner la mesa	7%
Otros	8%

1. ¿Cuál es el quehacer doméstico que más participantes odian? ¿Cuál es el tuyo?

2. ¿Cuál es el quehacer doméstico que menos participantes odian? ¿Cuál es el tuyo?

3. ¿Menos participantes odian barrer o planchar? ¿Y tú? ¿Cuál prefieres hacer?

4. ¿Más participantes odian limpiar el baño o sacar la basura? ¿Y tú? ¿Por qué?

5. ¿Los quehaceres causan conflictos entre tú y tu compañero(a) de cuarto? Explica.

5-29 **Teatro improvisado.** Con un(a) compañero(a) de clase, dramaticen una escena *(scene)* entre dos amigos(as) que viven en un apartamento. Estudiante A empieza la conversación así: **Tenemos que hablar. Como sabes, mis padres...**

Estudiante A	Estudiante B
Situación: Tus padres vienen esta tarde y el apartamento es un desastre.	**Situación:** Es sábado por la mañana y quieres descansar.
Personalidad: Te gusta el orden y quieres impresionar a tus padres.	**Personalidad:** Eres despreocupado(a) *(carefree)*. El desorden... ¿qué desorden?
Meta *(Goal)*: Quieres la ayuda de Estudiante B. Esperas dividir los quehaceres entre los dos.	**Meta *(Goal)*:** Quieres hacer lo menos posible *(as little as possible)*.

Los pronombres de complemento directo

BRUNO Pienso comprar esta planta para mi apartamento.

DIANA **La** tienes que regar.

BRUNO Sí, sí, **la** voy a regar una vez al mes.

DIANA Hmm. El cactus es más bonito. ¿Por qué no **lo** compras?

■ ■ ■
Descúbrelo

■ What does Bruno want to buy? Why does Diana suggest a cactus instead?

■ What does the word **la** refer to? What does the word **lo** refer to?

■ Where are **la** and **lo** positioned in the sentences— before or after the conjugated verbs?

1. A direct object (**complemento directo**) is an optional sentence element that answers the question *whom?* or *what?* with respect to the verb. In the sentence below, the direct object is *what* the person plans to buy—**un cactus**.

    (Yo) Pienso comprar **un cactus**.   *I want to buy **a cactus**.*

2. Direct objects can be things or people. In Spanish, when the direct object is a specific person, the word **a** is placed in front of it. This is known as the *personal a*.

    Bruno conoce **a** Diana.   *Bruno knows Diana.*

3. Direct objects can be replaced by pronouns. When a pronoun replaces a direct object, it agrees in number and gender with the noun it replaces.

    Limpio **mi casa** los sábados.   *I clean **my house** on Saturdays.*
    Nunca **la** limpio entre semana.   *I never clean **it** during the week.*

Los pronombres de complemento directo

me	me	nos	us
te	you (sing., inf.)	os	you (pl., inf. in Spain)
lo, la	you (sing., form.)	los, las	you (pl.; form. in Spain)
lo	him, it	los	them
la	her, it	las	them

4. The location of direct object pronouns within a sentence varies.

    ■ With a single conjugated verb: before the verb.

    ¿El baño? **Lo** limpio todos los días.   *The bathroom? I clean **it** every day.*

    ■ With a verb phrase: before the conjugated verb or attached to the infinitive.

    ¿Mi cuarto? **Lo** voy a limpiar mañana. / Voy a limpiar**lo** mañana.
    *My room? I'm going to clean **it** tomorrow.*

- With the present progressive tense: before the conjugated verb or attached to the present participle with an accent mark: -**ándo**- / -**iéndo**-.

  ¿La mesa? **La** estoy poniendo ahora mismo. / Estoy poniéndo**la** ahora mismo.
  *The table? I'm setting **it** right now.*

Colaborar

5-30 **Adivinanzas.** Con un(a) compañero(a), lean las adivinanzas (*riddles*) en voz alta (*aloud*). ¿Qué palabra de la lista corresponde a cada una (*each one*)?

¡Aplícalo!

el almuerzo	las composiciones	la ropa	la televisión
el baño	los profesores	la tarea	las ventanas

1. La lavo y la guardo.
2. Lo como al mediodía.
3. La miro por la noche.
4. Los escucho (casi siempre).
5. Las escribo para mis clases.
6. Lo limpio después de usarlo.
7. La hago todos los días.
8. Nunca las lavo.

Colaborar

5-31 **¡Ay, mamá!** Tu mamá (o tu papá) insiste en recordarte todo (*remind you of everything*). Con un(a) compañero(a), preparen diálogos con la frase **Acabo de...**

Modelo   Estudiante A (**mamá / papá**): ¿Cuándo vas a hacer la tarea para tus clases?
   Estudiante B (**tú**): ¡No te preocupes! Acabo de hacer**la**.

1. ¿No vas a llamar a tu abuela?
2. ¿Cuándo vas a envolver los regalos para el cumpleaños de tu hermana?
3. ¿Por qué no ordenas tu cuarto un poco?
4. ¿Puedes ayudar a tu hermanito? Su tarea de matemáticas es muy difícil.
5. El picnic es pasado mañana. ¿No piensas invitar a tus primas?

5-32 **La venta de garaje.** Tú y tu compañero(a) van a una venta de garaje (*garage sale*) para comprar cosas para su apartamento. Uds. tienen $100. ¿Qué van a comprar? Creen (*Create*) conversaciones como las del modelo.

Modelo   Estudiante A: La lámpara cuesta $3 (tres dólares).
   Estudiante B: Está bien. **La** compro. / No, no **la** quiero.

5-33 **Súper limpio.** ¿Quién hace estos quehaceres con más frecuencia: tú o tu compañero(a) de clase? Entrevístense *(Interview each other)* sobre las actividades y anoten *(jot down)* las respuestas. Usen pronombres de complemento directo.

Palabras útiles

todos los días
una vez al día
una o dos veces a la semana
dos o tres veces al mes
no... nunca

Modelo   **barrer** el piso

Estudiante A: ¿Con qué frecuencia barres el piso?

Estudiante B: **Lo** barro una vez a la semana. ¿Y tú?

Quehaceres	Yo	Mi compañero(a)
barrer el piso		
lavar la ropa		
limpiar el baño		
hacer la cama		
sacar la basura		
ordenar el cuarto		
limpiar las alfombras		

5-34 **¡Cuánto trabajo!** Tú y tu compañero(a) están trabajando en una pequeña pensión *(bed and breakfast / inn)*. ¿Qué tienen que hacer hoy? Miren las dos listas. Sigan el modelo; incluyan pronombres de complemento directo.

Modelo   limpiar los baños

Estudiante A: ¿Quién tiene que limpiar los baños?

Estudiante B: Tú tienes que limpiar**los**. ¿Quién tiene que...?

Estudiante A

limpiar los baños   ordenar el comedor
limpiar la piscina   comprar las flores
ayudar al jardinero

Estudiante B

servir el desayuno   hacer las camas
regar las plantas   sacar la basura
ayudar a la recepcionista

5-35 **La vida diaria.** Con un(a) compañero(a), entrevístense *(interview each other)* con estas preguntas sobre la vida diaria *(daily life)*. En sus respuestas, hay que usar pronombres de complemento directo.

1. Por lo general, ¿dónde comes el almuerzo? ¿A qué hora lo comes?

2. ¿Haces la tarea por la mañana, por la tarde o por la noche? ¿Dónde la haces?

3. ¿Miras televisión solo(a) *(alone)* o con amigos? ¿Cuántas horas la miras en un día normal?

4. ¿Lees las noticias *(news)* todos los días? Por lo general, ¿las lees en Internet o en algún periódico *(newspaper)*?

5. Normalmente, ¿tomas café? ¿Lo tomas cuando estás estudiando por la noche?

El pretérito de verbos regulares

> MAMÁ Estoy muy preocupada. Esta (*This*) mañana Miguel se levantó a las cinco y salió a correr.
>
> PAPÁ ¿Qué dices? ¿Nuestro hijo se levantó a las cinco?
>
> MAMÁ Sí, y cuando regresó a casa, ¡limpió su cuarto!
>
> PAPÁ ¡Dios mío! ¡O está enfermo o está enamorado (*in love*)!

1. The preterite (**el pretérito**) is used to express what happened or what someone did at some particular point of time in the past, such as *yesterday* or *ten years ago*.

> Normalmente cenan a las seis pero anoche **cenaron** a las ocho.
> *They usually have supper at 6:00 but last night **they had supper** at 8:00.*

2. The preterite has two sets of endings: one for **-ar** verbs, and another for **-er** and **-ir** verbs.

El pretérito de los verbos regulares

	lavar *to wash*	**comer** *to eat*	**salir** *to leave, go out*
yo	lav**é**	com**í**	sal**í**
tú	lav**aste**	com**iste**	sal**iste**
Ud./él/ella	lav**ó**	com**ió**	sal**ió**
nosotros(as)	lav**amos**	com**imos**	sal**imos**
vosotros(as)	lav**asteis**	com**isteis**	sal**isteis**
Uds./ellos/ellas	lav**aron**	com**ieron**	sal**ieron**

3. With a reflexive verb, include the appropriate reflexive pronoun **me, te, se, nos, os, se** before the conjugated verb. For example: **Me levanté.**

4. The verb **gustar** normally uses just two forms in the preterite—**gustó** and **gustaron**. For example: **Me gustó la película.** *I liked the movie.*

5. Some **-ar** verbs have spelling changes only in the **yo** form of the preterite.

- Infinitives ending in **-car** change **c** to **qu**:

  bus**car** *to look for*: yo bus**qué** (buscaste, buscó, buscamos, buscasteis, buscaron)

- Infinitives ending in **-gar** change **g** to **gu**:

  lle**gar** *to arrive*: yo lle**gué** (llegaste, llegó, llegamos, llegasteis, llegaron)

- Infinitives ending in **-zar** change **z** to **c**:

  empe**zar** *to begin*: yo empe**cé** (empezaste, empezó, empezamos, empezasteis, empezaron)

■ ■ ■
Descúbrelo

- What did Miguel do this morning that surprised his parents?

- What does Miguel's father think is behind this change in routine?

- Do these verbs refer to the present, the past, or the future? **se levantó, salió, limpió**

6. Some **-er** / **-ir** verbs have spelling changes only with the following subjects: **Ud./él/ella** and **Uds./ellos/ellas**.

■ Infinitives ending in *vowel* + **-er** / **-ir** change **i** to **y**:

construir *(to build):* construí, construiste, constru**y**ó, construimos, construisteis, constru**y**eron

¡Aplícalo!

5-36 **¡A conjugar!** Para practicar las conjugaciones del pretérito, formen círculos de cuatro o cinco personas.

■ La primera persona dice un verbo y un sujeto de la lista; por ejemplo, **tomar: tú**. Luego, indica a otra persona *(points to another person)*.

■ Esta persona conjuga el verbo en el pretérito (**tomaste**); después, dice otro verbo y sujeto (**correr: nosotros**) e indica a otra persona; y así sucesivamente.

Verbos: tomar / comer / escribir / levantarse / correr / vivir / limpiar / barrer / bañarse / trabajar

Sujetos: yo / tú / él / ella / nosotros / ellos / Ud. / Uds. / los estudiantes / el profesor

5-37 **Ayer.** ¿Qué hiciste ayer? *(What did you do yesterday?)* Con un(a) compañero(a), completen las oraciones y háganse *(ask each other)* las preguntas. (Nota: *If you didn't have class yesterday, talk about the most recent day you had classes.*)

1. Ayer me levanté a las _____. ¿A qué hora te levantaste tú?

2. Me arreglé y salí de casa a las _____. ¿A qué hora saliste de casa tú?

3. Pasé la mañana en _____. ¿Dónde pasaste tú la mañana?

4. Almorcé a las _____ en _____. ¿A qué hora y dónde almorzaste tú?

5. Por la tarde, (estudié / asistí a clase / trabajé / descansé / ¿ ... ?). ¿Y tú?

6. Luego, cené con _____. ¿Con quién cenaste tú?

7. Por la noche (estudié / miré la tele / jugué deportes / trabajé / ¿ ... ?). ¿Y tú?

8. Por último, me acosté a la(s) _____. ¿A qué hora te acostaste tú?

5-38 **Un viaje.** Imagina que tú y tu compañero(a) están en un centro turístico.
Colaborar
¿Qué hicieron *(What did you do)* el primer día de sus vacaciones allí?

■ Primero, conjuguen los verbos en el pretérito en la forma **nosotros**.

■ Después, pongan *(put)* las expresiones en un orden lógico.

■ Escriban un pequeño párrafo e incluyan dos o tres de estas expresiones: **primero, luego, después de, antes de, por la tarde, por último**.

buscar un restaurante	**llegar** al hotel
escoger un plato típico	**pagar**
jugar al golf	**pescar**
leer el menú	**sacar** la tarjeta de crédito

5-39 Predicciones. Tú y tu compañero(a) van a hablar sobre sus actividades del sábado pasado (*last Saturday*). ¿Cómo va a contestar las preguntas tu compañero(a)?

■ Individualmente, escriban sus predicciones en la tabla (*chart*).
■ Después, entrevístense (*interview each other*) con las preguntas.
■ Escriban las respuestas correctas en la tabla. ¿Quién tuvo (*had*) más predicciones correctas?

Preguntas sobre el sábado pasado	Predicción	Respuesta correcta
1. ¿A qué hora te levantaste?		
2. ¿Bebiste mucho café?		
3. ¿Dónde comiste?		
4. ¿Limpiaste tu cuarto?		
5. ¿Por cuántas horas estudiaste?		
6. ¿Saliste con tus amigos(as) por la noche?		

Colaborar

5-40 El sábado pasado. Con un(a) compañero(a), describan las actividades de Néstor y sus amigos el sábado pasado (*last Saturday*). Usen el pretérito. Por ejemplo: **César se despertó a las once.**

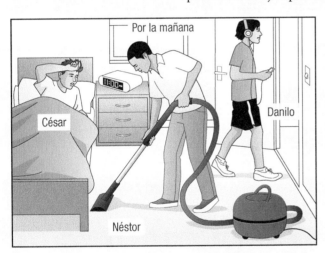

5-41 Tipos y estereotipos. ¿Qué hicieron anoche (*last night*) las personas indicadas en la lista? Menciona tres actividades en el pretérito y tu compañero(a) tiene que adivinar quién lo hizo (*guess who did it*). Sigan el modelo.

Modelo **Estudiante A:** Anoche se quedó en casa, leyó tres libros y estudió hasta la medianoche.

Estudiante B: ¿Marcos, un estudiante súper dedicado?

Estudiante A: ¡Sí! / No. Vuelve a adivinar. (*Guess again.*)

un(a) turista en nuestra ciudad
Marcos, un estudiante súper dedicado
Platón, un gato muy mimado
Alexa, una atleta
nuestro(a) profesor(a) de español

Antonio, un estudiante perezoso
Tatiana, una niña de ocho años
Lili, una estudiante muy sociable
Luis, un actor famoso

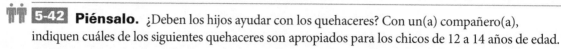

EN ACCIÓN: Preguntas esenciales

¿Deben los hijos ayudar con los quehaceres?

 5-42 **Piénsalo.** ¿Deben los hijos ayudar con los quehaceres? Con un(a) compañero(a), indiquen cuáles de los siguientes quehaceres son apropiados para los chicos de 12 a 14 años de edad.

- cocinar *(cook)*
- hacer la cama
- lavar la ropa
- limpiar el cuarto
- pasar la aspiradora
- poner la mesa

Colaborar **5-43** **La opinión de Mynor.** ¿Qué dice Mynor Estrada sobre los hijos y los quehaceres? Lee su comentario y contesta las preguntas con un(a) compañero(a) de clase.

1. Según *(According to)* Mynor, ¿cómo ayudan muchos hijos en Guatemala?

2. Normalmente, ¿reciben los hijos dinero por hacer los quehaceres? ¿Por qué?

by cooking

obligation

> Aquí en Guatemala es común que muchos de los hijos ayuden en su casa, limpiando o cocinando°, cuando no están estudiando. La mayor parte de los padres no les paga a sus hijos ya que es considerado un deber° familiar ayudar en la casa.

Colaborar **5-44** **Otras opiniones.** La siguiente gráfica muestra los resultados de una encuesta *(survey)* conducida por el gobierno *(government)* de Chile. Con un(a) compañero(a), observen la información y completen las oraciones de una manera lógica.

1. La gráfica indica cuántos (empleados / adultos / niños y adolescentes) ayudan con los quehaceres en Chile.

2. El porcentaje (%) es el más alto para los jóvenes entre (5 y 11 años / 12 y 14 años / 15 y 17 años).

3. Según los resultados, normalmente (todos los / casi todos los / muy pocos) adolescentes hacen los quehaceres.

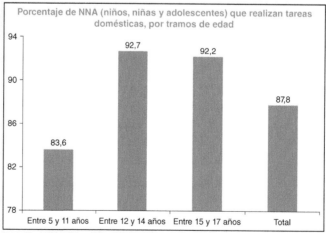

Porcentaje de NNA (niños, niñas y adolescentes) que realizan tareas domésticas, por tramos de edad

	Entre 5 y 11 años	Entre 12 y 14 años	Entre 15 y 17 años	Total
%	83,6	92,7	92,2	87,8

Fuente: "Tareas Domésticas en el Hogar," observatorio.ministeriodesarrollosocial.gob.cl.

5-45 **¿Y tú?** Con un(a) compañero(a), comenten estas preguntas.

1. ¿Qué quehaceres haces tú cuando estás en casa con tu familia? ¿Cuáles haces a menudo cuando estás en la universidad?

2. En tu opinión, ¿deben los hijos ayudar con los quehaceres? ¿A qué edad deben empezar?

3. ¿Deben los hijos recibir dinero por ayudar con los quehaceres? Explica.

EN ACCIÓN: Comunicación interpersonal

Encontrar un cuarto en un apartamento compartido *(shared)* con los (las) compañeros(as) ideales es una tarea difícil pero no imposible. Lo primero que debemos hacer es saber lo que *(what)* realmente queremos en un cuarto y en un(a) compañero(a).

BUSCAMOS COMPAÑERO(A) DE APARTAMENTO

Somos dos chicas y un chico estudiantes de ingeniería informática y estamos buscando otro estudiante para compartir un apartamento. El compañero ideal debe ser soltero, menor de 30 años, no fumador, sin mascotas y una persona ordenada, responsable y sociable.

© Ines Porada/Shutterstock.com

El cuarto tiene cama, escritorio, silla, mesita de noche y estantes.

El apartamento está muy bien situado, en la Avenida 36. Tenemos paradas de autobús y taxi en la puerta del edificio. También está cerca de supermercados y bancos.

Interesados por favor llamar a Ana, Andrea u Óscar al 2413 4444.

5-46 **¡A dialogar!** ¿Cómo es un(a) buen(a) compañero(a) de apartamento? ¿Cómo es un buen cuarto de alquiler *(rented room)*?

Primera parte: Lean el anuncio *(ad)* y luego decidan si a Uds. les gustaría vivir en el apartamento del anuncio. Para decidir, contesten estas preguntas.

1. En el anuncio ¿quiénes buscan compañero(a) de apartamento? ¿A Uds. les importa vivir con un grupo mixto de chicos y chicas?

2. ¿Qué características buscan los estudiantes del anuncio en un(a) compañero(a)? ¿Cuáles de esas características tienen Uds.?

3. ¿Qué hay en el cuarto? ¿Qué otros muebles *(furniture)* les gustaría tener si compartieran *(if you were to share)* ese apartamento?

4. ¿Les gustaría vivir en ese apartamento? ¿Por qué sí o por qué no?

Segunda parte: Hablen sobre las características que les parecen importantes en un(a) compañero(a) de apartamento y en un cuarto. Usen estas preguntas como punto de partida *(point of departure)*.

1. ¿Cómo es el compañero(a) de apartamento ideal?

2. ¿Qué importancia tienen los siguientes factores? ¿Es un factor muy importante, poco importante o nada importante? ¿Qué otros factores son importantes?

- género *(gender)*
- rutina diaria
- religión
- personalidad
- edad
- mascotas

3. ¿Cómo es el cuarto de alquiler *(rented room)* ideal? ¿Qué muebles debe tener?

Casas

In this *Paso*, you will . . .

- describe a house, its furnishings, and its neighborhood
- describe the locations of things
- talk more about past actions and events

Una casa colonial

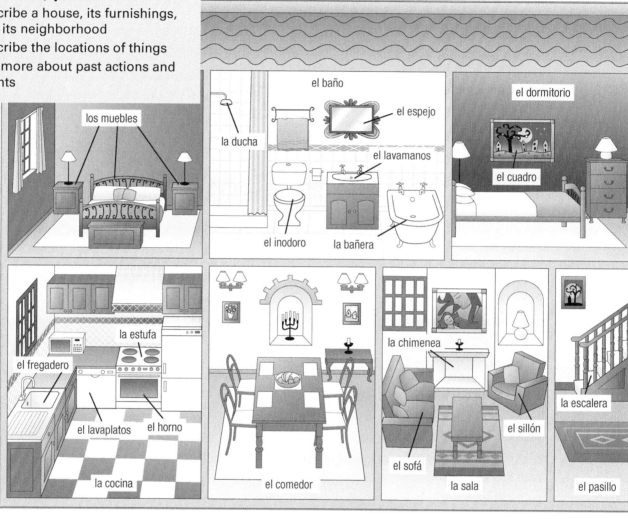

los muebles

el baño

el dormitorio

la ducha

el espejo

el lavamanos

el cuadro

el inodoro   la bañera

la estufa

el fregadero

la chimenea

la escalera

el lavaplatos   el horno

el sillón

el sofá

la cocina

el comedor

la sala

el pasillo

Para describir donde vives	*Describing where you live*
¿Cómo es tu casa?	*What's your house like?*
Es...	*It's . . .*
de estilo colonial / de estilo moderno	*a colonial / modern (house)*
de un piso / de dos pisos	*a one-story / two-story (house)*
nueva / antigua	*new / very old*
Tiene un jardín grande.	*It has a big yard (garden).*
¿Te gusta donde vives?	*Do you like where you live?*
Sí, vivo en un barrio...	*Yes, I live in a . . . neighborhood*
tranquilo / seguro	*quiet / safe*
La verdad es que no. Quiero mudarme.	*Actually, I don't. I want to move away.*
Los vecinos hacen mucho ruido.	*The neighbors make a lot of noise.*

En el patio, hay un periquito...

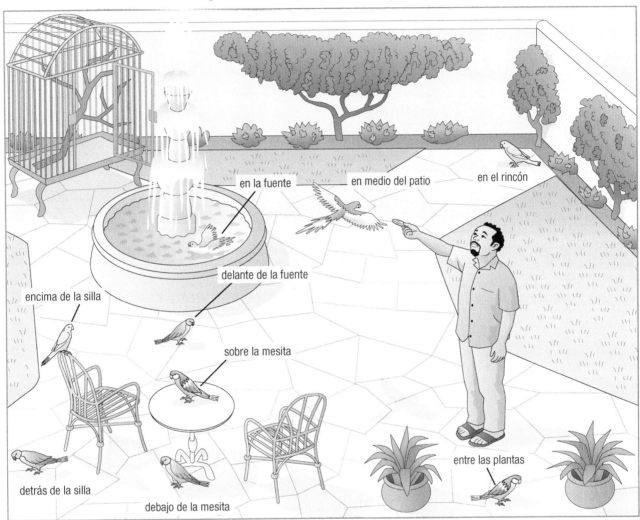

en la fuente
en medio del patio
en el rincón
delante de la fuente
encima de la silla
sobre la mesita
detrás de la silla
debajo de la mesita
entre las plantas

Para indicar relaciones espaciales

No encuentro mis llaves.
¿Sabes dónde están?
Sí, están...
    encima de (la cómoda)
    a la derecha de...
    a la izquierda de...
    al lado de...
    cerca de / lejos de...

Para dar la bienvenida

¡Bienvenido(a)!
Pasa adelante.
Estás en tu casa.

Describing spatial relationships

I can't find my keys.
Do you know where they are?
Yes, they're . . .
    on top of (the dresser)
    to the right of . . .
    to the left of . . .
    next to . . .
    near / far from . . .

Welcoming a friend

Welcome!
Come in. (informal)
Make yourself at home. (informal)

PASO 3 VOCABULARIO

¡Aplícalo!

Colaborar

5-47 **Comparando casas.** En las páginas 204 y 205 puedes ver la casa de la familia Monterroso. ¿Es muy similar o muy diferente a tu casa? Con un(a) compañero(a), tomen turnos para comparar esa casa con las casas de Uds.

1. La casa de los Monterroso es de estilo (colonial / moderno / tradicional).	Mi casa es de estilo _____.
2. La casa de los Monterroso es de (un / dos) piso(s).	Mi casa es de _____ piso(s).
3. Los Monterroso tienen (dos / tres / cuatro) dormitorios y (un / dos / tres) baño(s).	Nosotros tenemos _____ dormitorios y _____ baño(s).
4. La cocina de su casa es (pequeña / grande) y bastante (moderna / vieja).	La cocina de mi casa es _____ y _____.
5. La sala de los Monterroso es (bonita / fea) y está muy (ordenada / desordenada).	La sala de mi casa es _____ y normalmente está muy _____.
6. En el jardín de la casa hay una (fuente / piscina) y (unas plantas / una casa para los perros).	En el jardín de mi casa hay _____ y _____. / No tengo un jardín.

Colaborar

5-48 **¡Bienvenido!** Estás en la puerta de la casa de tu familia anfitriona *(host family)* en Honduras. Con un(a) compañero(a), lean la conversación y escojan las palabras más lógicas.

TÚ Hola, soy *(tu nombre)*. ¿Es Ud. la señora Palacios?

SRA. PALACIOS Sí, soy yo. ¡(1. Bienvenido / Bienvenida) a nuestra casa! Pasa (2. adelante / entre).

TÚ Muchas gracias, señora. ¡Qué casa más (3. bonita / sucia)!

SRA. PALACIOS La casa es bastante (4. limpia / antigua) pero me gusta. Este barrio es muy (5. seguro / ordenado) también y los vecinos no hacen mucho (6. ruido / llave).

TÚ Yo sé que voy a estar muy (7. contento / contenta) aquí con Uds.

SRA. PALACIOS Y nosotros también. Ahora *(Now)* vamos por el pasillo y... ¡aquí tienes tu dormitorio! Puedes poner tus cosas (8. encima de la cama / debajo del horno) por el momento.

TÚ Gracias, señora. ¡Ah! Hay un escritorio (9. en el rincón / debajo de la cama). ¡Un lugar perfecto para estudiar!

SRA. PALACIOS Hay otro lugar donde puedes estudiar —en el patio. Vamos por aquí. ¿Ves la silla (10. delante de la fuente / sobre la mesita)? Es un lugar perfecto para leer.

TÚ Sí, tiene razón. Y la pequeña estatua *(statue)* (11. al lado de la bañera / entre las plantas) es preciosa.

SRA. PALACIOS Recuerda, estás en tu (12. casa / condominio).

Nota cultural

In Latin America, it is common for middle- and upper-class families to have maids. The maid, **la empleada doméstica**, usually takes care of the cleaning, cooking, laundry, and babysitting. Some families have live-in maids, but that is becoming increasingly less common.

5-49 La casa ideal. ¿Cómo es tu casa ideal? Trabajen en grupos de tres o cuatro para entrevistarse *(interview one another)* con estas preguntas.

1. ¿Dónde está tu casa ideal? ¿En la ciudad, en la playa o en la montaña?
2. ¿De qué estilo es? ¿Cuántos pisos tiene? ¿Prefieres una casa nueva o una casa antigua o histórica?
3. Para ti, ¿es importante tener una casa "verde"?
4. ¿Cuántos baños tiene la casa? ¿Cuántos dormitorios? ¿Cómo es la cocina?
5. ¿Tiene un jardín grande o pequeño? ¿Hay piscina en el jardín?
6. ¿Cómo es el barrio? ¿Cómo son los vecinos?

5-50 La mudanza. Tú y tu compañero(a) tienen un nuevo apartamento. ¿Dónde van a poner sus cosas *(your stuff)*? Sigan el modelo y completen el plano con todos los artículos de la lista.

Modelo **Estudiante A:** ¿Dónde ponemos el refrigerador?

Estudiante B: Podemos ponerlo en la cocina al lado de la ventana.
(Estudiante A draws a refrigerator next to the window.)

Muebles y otros artículos

alfombra	cuadro
sofá	refrigerador
sillón	mesita de noche
cama	lámpara
espejo	escritorio
cómoda	microondas
mesa	televisor
sillas	estante para libros

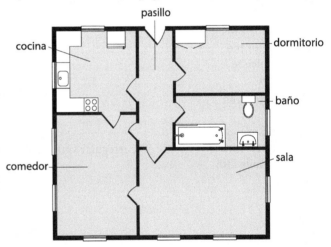

5-51 Dos casas. Con un(a) compañero(a) de clase, inventen y dramaticen una conversación para cada imagen.

1. Para hablar de dónde vives

2. Para dar la bienvenida

El pretérito de *ir, ser, hacer* y *tener*

ERNESTO	¿Qué hiciste anoche *(last night)*?
MILTON	Nada especial. Tuve que trabajar. ¿Y tú?
ERNESTO	Fui a la ópera para mi clase de música. ¡Qué noche más aburrida!
MILTON	¡Y siempre dicen que la vida estudiantil es divertida!

■■■
Descúbrelo

■ What did Milton have to do last night?

■ Where did Ernesto go?

■ Do these verbs refer to the present, the past, or the future? **hiciste / tuve / fui**

■ What infinitives do you think correspond to these conjugated verbs? **hiciste / tuve / fui**

1. Many common verbs, such as **ir** and **ser**, are irregular in the preterite. Since the preterite verb forms for these two verbs are identical, their meaning is clarified through the context.

ir: Ernesto **fue** a la ópera.   *Ernesto **went** to the opera.*
ser: La ópera **fue** aburrida.   *The opera **was** boring.*

El pretérito de *ir* to go y *ser* to be

yo	fui	nosotros(as)	fuimos
tú	fuiste	vosotros(as)	fuisteis
Ud./él/ella	fue	Uds./ellos/ellas	fueron

2. The irregular verb **hacer** expresses what somebody did or made.

El pretérito de *hacer* to do, to make

yo	hice	nosotros(as)	hicimos
tú	hiciste	vosotros(as)	hicisteis
Ud./él/ella	hizo	Uds./ellos/ellas	hicieron

3. The irregular verb **tener**, when followed by **que** *(+ infinitive)* expresses that somebody had to do something and did it. When used alone, **tener** means *had* in the sense of *got* or *received.*

Milton **tuvo que trabajar** anoche.   *Milton **had to work** last night.*
Tuve más de 200 mensajes de texto ayer.   *I **had** / **got** more than 200 texts yesterday.*

El pretérito de *tener* to have

yo	tuve	nosotros(as)	tuvimos
tú	tuviste	vosotros(as)	tuvisteis
Ud./él/ella	tuvo	Uds./ellos/ellas	tuvieron

¡Aplícalo!

5-52 **Los preparativos.** En la Residencia Hispana —donde tú vives— todos los residentes hablan español todo el tiempo. Recientemente, Uds. celebraron una jornada a puertas abiertas *(open house)*. ¿Qué tuvieron que hacer Uds. para prepararse para este evento? Con un(a) compañero(a), observen las fotos y formen oraciones completas en el pretérito con **tener + que + (infinitivo)**.

Modelo Lucía tuvo que pasar la aspiradora.

Lucía

1. yo

2. Eduardo

3. Rosita y Manuela

4. Jazmín y yo

5. tú

6. Jamal

5-53 **¿Quiénes fueron?** Con un(a) compañero(a), tomen turnos para preguntarse *(ask each other)* quiénes fueron estas personas.

Modelo Pablo Picasso / un famoso artista español
        Estudiante A: ¿Quién fue Pablo Picasso?
        Estudiante B: Fue un famoso artista español.

1. Eva Perón

2. Tito Puente y Celia Cruz

3. Miguel Ángel Asturias

4. Patria, Minerva y María Teresa Mirabal

5. Diego Rivera, José Clemente Orozco y David Alfaro Siqueiros

un importante novelista y poeta de Guatemala

dos grandes figuras del género de música salsa

tres maestros del muralismo de México

la esposa de un presidente de Argentina

tres hermanas dominicanas que se opusieron al dictador Trujillo

5-54 **Causa y efecto.** La relación causa y efecto define muchas de nuestras acciones. Con un(a) compañero(a), miren la lista de causas. Para cada una *(each one)*, piensen en un efecto lógico. Usen **tener que** en el pretérito.

Modelo Mi compañero de cuarto se mudó. → Tuve que buscar un nuevo compañero de cuarto.

1. Anoche, te sentiste enfermo. →
2. Esta mañana, no había *(there wasn't)* agua caliente *(hot)*. →
3. No lavé ropa en muchas semanas. →
4. Alberto no encontró las llaves de su auto. →
5. La cafetería cerró hoy. →
6. Dejaste tu tarjeta de crédito en casa. →
7. Llovió a cántaros *(It rained cats and dogs)* en el picnic. →
8. Mis vecinos hicieron mucho ruido toda la noche. →

5-55 **¿A qué cuarto fui?** Con un(a) compañero(a), jueguen este juego de advinanza *(guessing game)*. Por turnos, Estudiante A menciona dos actividades que hizo y Estudiante B adivina *(guesses)* a qué cuarto fue. Sigan el modelo.

Modelos **Estudiante A:** Me lavé los dientes y me duché.
Estudiante B: ¿Fuiste al baño?
Estudiante A: Sí.

Vacation activities,
Capítulo 4 Paso 1

5-56 **Unas vacaciones fantásticas.** Tú y tu compañero(a) acaban de llegar de unas vacaciones fantásticas. Usando las fotos y su imaginación, hablen sobre adónde fueron y qué hicieron. En la conversación, hagan *(ask)* un mínimo de cinco preguntas.

Modelo **Estudiante A:** ¡Mis vacaciones fueron fantásticas!
Estudiante B: ¡Las mías también! ¿Adónde fuiste tú?
Estudiante A: Yo fui a...
Estudiante B: ¿Qué hiciste allí?

Estudiante A

Utila, Honduras

Estudiante B

Ciudad de Guatemala

Los usos del pretérito

ALAN ¿Fueron ayer al nuevo parque de diversiones?

VERO Sí. ¡Fue muy divertido! A Rafa le gustó mucho la montaña rusa *(roller coaster)*. ¡Montó en ella ocho veces! Luego por la noche, vimos un espectáculo de música y bailamos por dos horas.

■ ■ ■

Descúbrelo

■ Where did Vero and Rafa go yesterday?

■ How many times did Rafa ride the roller coaster?

■ For how long did they dance?

■ How does Vero sum up the experience at the park?

1. The preterite is one of the past tenses. You can use it to express what somebody did or what happened at a particular point in time in the past. To specify the point in time, use expressions such as the ones in the list.

Esta mañana me desperté a las seis.   *This morning I woke up at 6:00.*

Expresiones de tiempo pasado

esta mañana	*this morning*
ayer	*yesterday*
anoche	*last night*
anteayer	*the day before yesterday*
la semana pasada	*last week*
el fin de semana pasado	*last weekend*
el viernes pasado	*last Friday*
el mes pasado	*last month*
el año pasado	*last year*
hace tres años	*three years ago*

2. Use the preterite to say how long an action, event, or condition lasted. To specify the duration of time, use the expression **por** (+ *amount of time*).

Vivimos allí **por muchos años**.   *We lived there **for many years**.*

3. Use the preterite to express how many times an action or event took place. To express the number of times, use expressions such as these:

una vez	*once*	**cinco veces**	*five times*
dos veces	*twice*	**varias veces**	*several times*

Los chicos miraron la película **dos veces**.   *The kids watched the movie **twice**.*

4. Use the preterite to sum up an experience, especially at the beginning or end of an anecdote or story.

¡Mi viaje **fue** magnífico! Primero...   *My trip **was** great! First . . .*

PASO 3 GRAMÁTICA B

¡Aplícalo! **Colaborar** **5-57** **Las actividades de Andrea.** Con un(a) compañero(a), miren el calendario de Andrea y completen las oraciones con el pretérito. También digan *(say)* cuándo hizo la actividad. Supongan que *(Imagine that)* hoy es viernes, 26 de febrero.

Modelo Andrea (ir) _____ a una fiesta de cumpleaños _____.
Andrea **fue** a una fiesta de cumpleaños **el viernes pasado**.

Palabras útiles

anoche
anteayer
el fin de semana
pasado
el miércoles
pasado
hace dos semanas
hace tres semanas

FEBRERO

lun	mar	mié	jue	vie	sáb	dom
1	2	3	4	5 *boda de Carol y Mateo*	6	7
8	9	10	11	12 *graduación de Katia*	13	14
15	16	17 *partido de fútbol*	18	19 *cumpleaños de Gil*	20 *Copán*	21 *Copán*
22	23	24 *examen*	25 *8 p.m. teatro*	(26)	27	28

1. Andrea (tener) _____ un examen _____.

2. Andrea (asistir) _____ a una boda _____.

3. Andrea (ir) _____ al teatro _____.

4. La graduación de Katia (ser) _____ _____.

5. Andrea (viajar) _____ a Copán _____.

6. Andrea (ver) _____ un partido de fútbol _____.

5-58 **¿Cuántas veces?** ¿Cuántas veces hiciste las siguientes actividades la semana pasada? Con un(a) compañero(a), entrevístense *(interview each other)*.

Modelo **Estudiante A:** La semana pasada limpié mi cuarto **dos veces**. ¿Cuántas veces limpiaste tu cuarto?

Estudiante B: La semana pasada **no** limpié mi cuarto **ni una sola vez** *(not even once)*.

La semana pasada...

1. limpié mi cuarto _____. ¿Cuántas veces limpiaste tu cuarto?

2. me quedé en cama hasta el mediodía _____. ¿Cuántas veces te quedaste tú en cama hasta el mediodía?

3. hablé con un pariente _____. ¿Cuántas veces hablaste con un pariente tuyo?

4. comí en la cafetería _____. ¿Cuántas veces comiste tú en la cafetería?

5. fui a la biblioteca _____. ¿Cuántas veces fuiste tú a la biblioteca?

6. tomé el autobús _____. ¿Cuántas veces tomaste tú el autobús?

¡Exprésate!

👥 **5-59** **La última vez que...** ¿Cuándo fue la última vez *(When was the last time)* que hiciste las siguientes cosas? Con un(a) compañero(a), entrevístense *(interview each other)* con estas preguntas. Hagan *(Ask)* otras preguntas originales para continuar la entrevista.

1. ¿Cuándo fue la última vez que comiste en un restaurante chino? ¿Con quién fuiste? ¿Qué comiste? ¿Cuánto costó? ¿ ... ?

2. ¿Cuándo fue la última vez que viajaste? ¿Adónde fuiste? ¿Qué medio de transporte usaste? ¿Cuánto tiempo estuviste allí? ¿ ... ?

3. ¿Cuándo fue la última vez que fuiste al cine? ¿Qué película viste? ¿Te gustó? ¿Cómo te sentiste al final? ¿ ... ?

4. ¿Cuándo fue la última vez que tuviste una fiesta de cumpleaños? ¿Qué hicieron en la fiesta? ¿Cuántas velas apagaste? ¿Recibiste regalos? ¿ ... ?

5. ¿Cuándo fue la última vez que hiciste un brindis? ¿Cuál fue la celebración? ¿Qué dijiste en el brindis? ¿Te pusiste nervioso(a)? ¿ ... ?

© siamionau pavel/Shutterstock.com

👥 **5-60** **Detector de mentiras.** ¿Eres bueno(a) para detectar mentiras *(lies)*? Con un(a) compañero(a), hagan lo siguiente:

- Por turnos, una persona contesta la pregunta con la verdad *(truth)* o con una mentira *(lie)*. Por ejemplo: **Estudié para el último examen por cuatro horas.**
- La otra persona tiene que decir **¡Es verdad!** o **¡Es mentira!** Si acertó *(got it right)*, recibe un punto.
- El ganador *(winner)* es la persona con más puntos al final de las preguntas.

1. ¿Cuántas horas estudiaste para el último examen de español?
2. ¿A qué hora te acostaste anoche?
3. ¿Cuántas veces viste la película *Buscando a Nemo*?
4. ¿Qué hiciste el fin de semana pasado?
5. ¿Cuándo fue la última vez *(the last time)* que montaste en bicicleta?
6. ¿Adónde fuiste el verano pasado?

👥 **5-61** **Ta-Te-Ti con el pretérito.** Juega al Ta-Te-Ti *(tic-tac-toe)* con un(a) compañero(a).

- Para marcar X u O en un cuadrado, tienes que hacer una oración en el pretérito con una de las expresiones de tiempo en la tabla. Por ejemplo: **Fui al cine anoche.**
- El estudiante que tiene tres Xs o tres Os en línea vertical, horizontal o diagonal, ¡gana *(wins)* el juego!

ayer	anteayer	dos veces
por una hora	esta mañana	hace un año
hace dos días	anoche	una vez

tres veces	hace cinco años	anteayer
hace mucho tiempo	ayer	por tres horas
la semana pasada	el lunes pasado	el mes pasado

EN ACCIÓN: Preguntas esenciales

¿Cómo se reciben a los invitados en casa?

 5-62 **Piénsalo.** ¿Qué haces cuando recibes a amigos en casa para una fiesta o una cena? Lee la lista de costumbres (*customs*) e indica cuáles haces tú con un ✓. Luego, compara tus respuestas con las de un(a) compañero(a).

☐ Les ofrezco una bebida.
☐ Les muestro (*show*) la casa.

☐ Los invito a ayudarme en la cocina.
☐ Pongo su música favorita.

Colaborar **5-63** **La opinión de Mynor.** Mynor Estrada, un joven de Guatemala, describe cómo se reciben a los invitados en su país. Con un(a) compañero(a), lean su comentario y contesten las preguntas.

1. Según Mynor, ¿qué hacen los anfitriones primero cuando reciben a invitados en casa?

2. ¿Qué bebida es casi obligatorio ofrecer?

3. ¿Qué más (*What else*) hacen para recibir a los invitados?

we offer
additionally
stay

> Los guatemaltecos somos personas muy cordiales con los invitados. Los invitamos a pasar adentro de la casa y les ofrecemos° comida y bebida; muchas veces café, el cual no puede faltar en ningún hogar. Y además°, es común que tengamos un cuarto designado para la estadía° de los visitantes.

© Mynor Estrada

5-64 **Otras opiniones.** En su blog, María Arlandis explica las costumbres (*customs*) relacionadas con las visitas en casa. Con un(a) compañero(a) de clase, lean sus comentarios y después indiquen si las oraciones son ciertas o falsas. Corrijan (*Correct*) las oraciones falsas.

1. María describe las tradiciones típicas de México.

2. Según María, es común (*common*) mostrar la casa a los invitados.

3. Los anfitriones siempre ofrecen vino a los invitados.

4. Los invitados no aceptan bebidas o comidas hasta que (*until*) el anfitrión insiste varias veces.

> A continuación os contamos algunas de las tradiciones o rituales propios de ser invitado a la casa de un español.
>
> **1. Enseñar la casa.** Lo primero que hacemos normalmente con un invitado que viene por primera vez a nuestra casa a comer, cenar o tomar algo es enseñarle° la casa.
>
> **2. Insistir con los ofrecimientos.** Los anfitriones suelen° ofrecernos algo de beber o comer nada más llegar. En España, es típico no aceptar un ofrecimiento la primera vez. **¿Qué quieres tomar? ¿Quieres tomar algo?** son las frases más típicas. Tenemos muy interiorizados° el "no querer molestar°" y si nos ofrecen algo solemos rechazarlo°, hasta que no° nos insisten un par de veces.

show

normally

internalized / bother
turn it down /
unless

Fuente: "5 costumbres de las visitas en España," learnspanishslang.com.

 5-65 **¿Y tú?** Con un(a) compañero(a), comenten estas preguntas.

1. ¿Qué haces tú para recibir a los invitados en casa?

2. ¿Son tus tradiciones muy parecidas (*similar*) o muy diferentes a las de Mynor y de María? Explica.

EN ACCIÓN: Comunicación presentacional

Imagina que vives en la casa o el apartamento ideal y tienes un(a) compañero(a) excelente. ¿Cómo son?

Cuarto cómodo en bonito apartamento

Dormitorio grande, con mucha luz, en un barrio seguro cerca de la universidad. Ideal para estudiantes. Cocina 100% equipada, sala, patio, dos baños. Todos los servicios incluidos (agua, luz, internet / Wi-Fi).

5-66 **¡A crear!** Acabas de mudarte a un bonito apartamento (o a una bonita casa) y vives con el (la) compañero(a) ideal.

Primera parte: Escríbele un mensaje a tu amigo(a) en Guatemala con las buenas noticias *(good news)*.

1. Empieza con un saludo: **Hola...:**

2. Menciona tu nuevo domicilio: **Tengo un nuevo domicilio. Ahora vivo en...**

3. Di *(Say)* cuándo te mudaste. También explica cómo encontraste *(you found)* el apartamento (o la casa). **¡Ojo!** Tienes que usar el pretérito para esta parte.

4. Describe el apartamento (o la casa). En la descripción, incluye las respuestas a estas preguntas:

   - ¿Cuántos cuartos tiene?

   - ¿Cómo es tu dormitorio? ¿Qué muebles tiene y dónde están en relación con la cama?

   - ¿Por qué te gusta el apartamento (o la casa)?

5. Luego describe a tu compañero(a). Explica por qué es el (la) compañero(a) ideal.

6. Finalmente, invita a tu amigo(a) a tu nueva casa y despídete *(say good-bye)*.

Segunda parte: Intercambia *(Exchange)* papeles con un(a) compañero(a) de clase. Usa las siguientes preguntas como guía para editar su trabajo.

   - *Does the message have a salutation and a closing?*

   - *Does your classmate include all the information requested?*

   - *Is the information presented in a logical order?*

   - *Are the verb forms correct? Is the preterite used to explain how your classmate found the apartment or house? Is the present used to describe the place and the apartment mate?*

5-67 **Nosotros: Mi domicilio.** Vamos a hablar sobre las fotos y los videos de cuartos y casas que tú y tus compañeros de clase subieron (*posted*) en MindTap.

Primera parte: ¡Prepárate para hablar! Primero, piensa en tres fotos o videos que miraste en el foro de discusión. Completa la tabla (*chart*) con palabras y frases en español. ¿Qué foto o video te gusta más?

¿Quién subió (*posted*) la foto o el video?	¿Dónde vive?	¿Cómo es el cuarto (el apartamento / la casa)?	¿Por qué te gusta?
1.			
2.			
3.			

Segunda parte: ¡A hablar! Con dos o tres compañeros de clase, tomen turnos y hablen de sus fotos o videos.

Modelo   Me gusta la foto de Sarah.

Vive en los apartamentos Riverside.

Su cuarto es grande y tiene mucha luz. También, es muy moderno.

Me gusta porque los colores y los muebles son bonitos.

© Photographee.eu/Shutterstock.com

5-68 **Perspectivas: Los quehaceres.** En MindTap, miraste un video sobre los quehaceres domésticos en Guatemala, México y Venezuela. Con dos o tres compañeros de clase, usen las preguntas y frases de la tabla (*chart*) para hablar de los quehaceres domésticos en sus respectivas familias.

Preguntas	Frases útiles	
1. En tu familia, ¿quiénes hacen los quehaceres domésticos?	Normalmente…	*Usually . . .*
2. ¿Tienen Uds. un(a) empleado(a) para ayudar con los quehaceres?	Por lo general…	*In general . . .*
3. En las residencias y los apartamentos, ¿cómo dividen Uds. los quehaceres?	A veces…	*Sometimes…*
	Depende.	*It depends.*
4. ¿Qué hacen Uds. cuando a un(a) compañero(a) le gusta tener el cuarto muy limpio y a la otra persona no le importa (*it doesn't matter*)?	(No) Es un problema.	*It's (not) a problem.*
	Todos echamos una mano.	*We all pitch in.*
5. ¿Qué quehaceres necesitas hacer el próximo fin de semana?		

5-69 **Videopodcast: Un lugar histórico.** En MindTap, miraste un tour de un lugar histórico, Machu Picchu. Tú y tu compañero(a) van a hablar de casas famosas y otros lugares históricos que conocen *(that you are familiar with)*.

Primera parte: ¡Prepárate para hablar! Primero, completa el diagrama *(chart)* con las preguntas que necesitas para entrevistar *(to interview)* a tu compañero(a).

How will you start the interview?	• Hola. • _____
How will you gather basic information about the historic home or hisitoric place and its location?	• ¿Qué casa famosa o lugar histórico conoces? • _____ • _____
How will you ask for specific details about the famous home or historic place?	• ¿Cómo es la casa / el lugar histórico? • _____ • _____
How will you ask about your partner's visit to that place?	• ¿Cuándo visitaste la casa / el lugar? • _____ • _____
How will you end the interview?	• ¡Muchas gracias! • _____

Segunda parte: ¡A hablar! Usa tus apuntes *(notes)* para entrevistar a un(a) compañero(a) de clase. Después, tu compañero(a) va a entrevistarte a ti *(interview you)*.

Practice reading, writing, and speaking skills in ✦ MINDTAP:

- **Lectura:** La arquitectura
- **Lectura auténtica:** La arqueología
- **Composición:** A message about your summer job
- **Pronunciación:** The letter **g**
- **Síntesis:** Interpersonal, interpretive, and presentational activities

VOCABULARIO

Para aprender mejor

Label the rooms, the furniture, and the objects in your place of residence with sticky notes in Spanish.

Sustantivos

la alfombra *rug*
la aspiradora *vacuum*
la bañera *bathtub*
el barrio *neighborhood*
la basura *trash*
la cama *bed*
la cara *face*
el cartel *poster*
la chimenea *fireplace*
el clóset *closet*
la cocina *kitchen*
el comedor *dining room*
la cómoda *dresser*
el cuadro *(wall) picture*
el desastre *mess*
el desorden *untidyness*
los dientes *teeth*
el dormitorio *bedroom*
la ducha *shower*
la escalera *staircase*
el escritorio *desk*
el espejo *mirror*
el estante *shelf*
el estilo *style*
la estufa *stove*
el fregadero *kitchen sink*
la fuente *fountain*
la gaveta *drawer*
el horno *oven*
el inodoro *toilet*
el jardín *yard; garden*
la lámpara *lamp*
el lavamanos *bathroom sink*
el lavaplatos *dishwashing machine*
la llave *key*
las manos *hands*
la mesita (de noche) *nightstand*
el microondas *microwave oven*
los muebles *furniture*
el pasillo *hallway*

el patio *patio; courtyard*
el piso *floor; story*
la planta *plant*
el quehacer *chore*
el refrigerador *refrigerator*
el rincón *corner*
el ruido *noise*
la rutina diaria *daily routine*
la sala *living room*
el sillón *armchair*
el sofá *couch, sofa*
el (la) vecino(a) *neighbor*

Verbos

acostarse (ue) *to go to bed*
afeitarse *to shave*
arreglarse *to get oneself ready*
ayudar a *to help*
bañarse *to take a bath, to bathe*
barrer *to sweep*
buscar *to look for*
cenar *to have supper*
construir *to build*
desayunar *to have breakfast*
despertarse (ie) *to wake up*
divertirse (ie) *to have a good time*
dormirse (ue) *to fall asleep*
ducharse *to take a shower*
encontrar (ue) *to find*
enojarse *to get angry, to get mad*
guardar *to put away*
hacer la cama *to make the bed*
lavar los platos *to do the dishes*
lavarse *to wash oneself*
lavarse los dientes *to brush one's teeth*
levantarse *to get up*
maquillarse *to put on make-up*
mudarse *to move*
ordenar *to tidy up*
pasar la aspiradora *to vacuum*
peinarse *to comb one's hair*

planchar *to iron*
ponerse (+ adj.) *to get (+ adjective), to become*
ponerse (+ noun) *to put on (clothing, perfume, etc.)*
preocuparse (por) *to worry (about)*
quedarse *to stay*
regar (ie) *to water*
relajarse *to relax*
sacar *to take out*
sentirse (i) *to feel*
vestirse (i) *to get dressed*

Adjetivos

acogedor(a) *cozy*
antiguo(a) *very old*
colonial *colonial*
desordenado(a) *messy*
harto(a) *fed up*
limpio(a) *clean*
moderno(a) *modern*
nuevo(a) *new*
ordenado(a) *tidy*
seguro(a) *safe*
sucio(a) *dirty*
tranquilo(a) *quiet*

Expresiones útiles

Acabo de... *I have just . . .*
La verdad es que... *Actually, . . .*
rápido *quickly*
Todavía tengo que... *I still have to . . .*

La buena comida

Buenos amigos y buena comida

In this chapter you will . . .
- talk about food, health, and nutrition
- order food at a restaurant
- talk about past events
- ask for and give advice
- make generalizations and state opinions
- write a blog entry about healthy dining advice
- share information about your favorite restaurant

You will also . . .
- gain insight into El Salvador and Nicaragua
- compare meal times and eating habits across Hispanic cultures
- discuss junk food and its effects
- discover connections to agriculture and culinary arts
- identify typical dishes from various Spanish-speaking countries
- explore restaurants in Granada, Nicaragua

NUESTRO MUNDO
El Salvador y Nicaragua

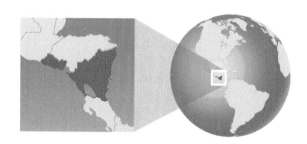

El Salvador es el país más pequeño de Centroamérica, y Nicaragua es el más grande.

6-1 **Mi país.** Alicia Campos tiene 24 años y es de Nicaragua. Con un(a) compañero(a), lean su mensaje y contesten las preguntas.

¡Hola! ¿Cómo están? Mi nombre es Alicia Campos y soy de Managua, Nicaragua.

Nicaragua, también conocida como la "tierra *(land)* de lagos *(lakes)* y volcanes", es un país con abundantes paisajes *(landscapes)* naturales, tales como volcanes, lagunas, playas, bosques *(forests)*, islas, etcétera. También, nos caracterizamos por nuestra excelente gastronomía y por la calidez *(warmth)* de nuestros habitantes.

Una de las cosas que más me gusta de mi país son los paisajes. Si alguna vez visitas Nicaragua, no dudes *(don't hesitate)* en ir a la laguna de Apoyo, la isla de Ometepe, San Juan del Sur y una de mis locaciones favoritas, *Corn Islands* o en español, islas del Maíz, ¡son espectaculares!

1. ¿De dónde es Alicia?
2. Según *(According to)* Alicia, ¿qué hay en abundancia en Nicaragua?
3. ¿Cuál es uno de los lugares favoritos de Alicia en Nicaragua?

¡Ahora tú!

• ¿Qué hay en abundancia en tu estado o ciudad?
• ¿Por qué crees que el lugar de la foto tiene dos nombres: islas del Maíz y *Corn Islands*?

Alicia en islas del Maíz, Nicaragua

La cultura nicaragüense es producto de la mezcla *(blend)* de las culturas indígena, española y africana. Sin embargo, conservamos tradiciones locales. En nuestro país la mayoría de las tradiciones son religiosas, y una de las más populares es la Purísima, celebrada el 7 de diciembre, en la cual se reza *(people pray)* y canta a la Virgen María. Las personas que llevan a cabo *(organize)* el evento dan comidas, bebidas *(drinks)* y dulces *(sweets)* típicos a las personas que asisten.

Celebrando la Purísima

4. ¿Qué celebran los nicaragüenses el 7 de diciembre?

5. ¿Cómo celebran esta fecha?

¡Ahora tú!

• ¿Cuál es una tradición local de donde vives tú?

• ¿Por qué crees que la Virgen María es importante en la cultura de Nicaragua?

Hace un par de años visité El Salvador por una conferencia. Una de las mejores cosas que experimenté fue el haber comido pupusas, un platillo *(dish)* muy popular en El Salvador. Las pupusas se preparan con harina de maíz *(cornmeal)* y se rellenan *(are filled)* con queso *(cheese)*, chicharrón *(fried pork skin)* o frijoles *(beans)*. ¡Si alguna vez visitas El Salvador, tienes que probarlas *(try them)*!

Pupusa de queso

6. ¿De qué país son las pupusas una comida típica?

7. ¿Cuál es el ingrediente principal de las pupusas?

¡Ahora tú!

• ¿Cuál es una comida típica de tu estado natal *(home state)*?

• ¿Alguna vez has probado *(have you tried)* una pupusa? (¿Dónde? ¿Te gustó?)

Go to MINDTAP **for these additional activities:**

• **Perfil: Almanaque** and **Mapa**
• **Mi país:** Extended version of Alicia's narrative

• **Conexiones: Demografía, Geografía, Arte**
• **Reportaje:** Video of Nicaragua's history, nature, and architecture

PASO 1 VOCABULARIO

Las comidas

In this *Paso*, you will . . .
- identify some foods and drinks
- use common expressions at the dinner table
- talk about past events

El desayuno

En Centroamérica, normalmente desayunamos...

café con leche
huevos
plátanos
arroz con frijoles

© 2/Alberto Coto/Ocean/Corbis

En España, por lo general, desayunamos...

mermelada
mantequilla
pan

© Digital Vision/Getty Images

En otros países, es común desayunar...

yogur

© mexrix/Shutterstock.com

cereal

© tacar/Shutterstock.com

jugo (de naranja)

© Andrey_Kuzmin/Shutterstock.com

Pescado	*Fish*		**Verduras**	*Vegetables*
Mariscos	*Seafood*		el brócoli	*broccoli*
Carnes	*Meats*		las espinacas	*spinach*
el cerdo	*pork*		el maíz	*corn*
el pollo	*chicken*		la zanahoria	*carrot*
la tocineta	*bacon*		**Bebidas**	*Drinks*
Frutas	*Fruits*		la cerveza	*beer*
la banana	*banana*		el té	*tea*
las fresas	*strawberries*		el vino	*wine*
la manzana	*apple*			
la naranja	*orange*			
la piña	*pineapple*			
las uvas	*grapes*			

El almuerzo / La comida

la ensalada

las papas fritas

el bistec

La cena

la sopa de fideos

el sándwich

el queso

el jamón

el tomate

la lechuga

Otras comidas

las galletas

el helado

las tostaditas de maíz
(con salsa)

las empanadas

Condimentos	Condiments
el azúcar	*sugar*
la pimienta	*pepper*
la sal	*salt*

Comida rápida	Fast food
la hamburguesa	*hamburger*
el perro caliente	*hot dog*

Expresiones en la mesa — *Expressions at the table*

¡Buen provecho!	*Bon appetit!*
¿Me pasas (la sal), por favor?	*Could you please pass (the salt)?*
¡Qué rico(a)!	*It's really good!*
¿Quieres más sopa?	*Do you want more soup?*
No, gracias. Estoy satisfecho(a).	*No, thank you. I've had plenty / I'm full.*
Sí, gracias. Está deliciosa.	*Yes, thank you. It's delicious.*

PASO 1 VOCABULARIO

Colaborar

6-2 **¿Cómo se llama?** Con un(a) compañero(a), lean las descripciones en voz alta e identifiquen las comidas.

1. Son frutas pequeñas y rojas *(red)*. Se pueden comer en el cereal o con helado.

2. Viene de un animal pequeño. Lo comemos en el desayuno con tocineta.

3. Hay diferentes preparaciones: expreso, capuchino, moca.

4. Es el ingrediente principal de los sándwiches. También se come en el desayuno con mantequilla.

5. Es una bebida que viene de un animal. Se pone en el cereal.

6. Es un postre *(dessert)* muy frío. Hay de chocolate, fresa y vainilla.

7. Por lo general tiene lechuga, tomate y zanahorias. Se come fría.

8. Es comida rápida. Tiene pan y salchicha *(sausage)*.

9. Son verduras. Se pueden comer en ensalada. A Popeye le gustan mucho.

10. Son animales del mar. Muchos restaurantes en la costa los sirven.

6-3 **Ta-Te-Ti con comidas y bebidas.** Reta *(Challenge)* a un(a) compañero(a) a dos juegos de Ta-Te-Ti. Para poner X u O en un cuadrado *(square)*, tienen que nombrar las comidas o bebidas indicadas. La persona con tres X o tres O en línea *(in a row)* ¡gana el juego!

tres bebidas	dos carnes	dos comidas rápidas	tres comidas para la merienda	dos condimentos	tres comidas para un picnic
cuatro comidas típicas para el desayuno	dos comidas del mar	tres postres *(desserts)*	dos ingredientes para una hamburguesa	tres ingredientes para una ensalada	dos ingredientes para un jugo de frutas
cuatro frutas	tres verduras	cuatro comidas para el almuerzo	dos productos de leche	tres ingredientes para un sándwich	tres comidas para un vegetariano

Colaborar

6-4 **Los menús.** ¡A ponerse sombreros *(hats)* de chef! Tú y tu compañero(a) necesitan crear menús para las siguientes personas y situaciones.

1. Su amigo Sam quiere adelgazar *(lose weight)*. ¿Qué debe almorzar?

2. Es el aniversario de bodas de sus padres y van a dar una cena en su honor. ¿Qué van a servir?

3. Invitaron a su amiga Chantal a cenar y ella es vegetariana. ¿Qué van a preparar?

4. Trabajan en la cocina de un campamento de verano para chicos entre 8 y 10 años. ¿Qué van a preparar para la cena esta noche?

5. Su grupo estudiantil va a hacer un picnic este fin de semana. ¿Cuál es el menú?

6. Su clase va a celebrar el cumpleaños de su profesor(a) y Uds. van a traer las bebidas y la comida. ¿Qué van a traer?

6-5 **El desayuno.** ¿Cómo es tu desayuno típico? Con un(a) compañero(a), hagan lo siguiente:

- Primero, pregúntense *(ask each other)*: **¿Qué te gusta comer en el desayuno?**
- Luego, lean las descripciones de los desayunos en la página 222 y contesten la pregunta: **¿Qué les gusta desayunar a los centroamericanos?**
- Finalmente, comparen las respuestas usando un diagrama de Venn.

Modelo

A mí
Me gusta el yogur.

A mi compañero(a)
Le gusta el cereal.

Nos gustan
los huevos.

A alguien de Centroamérica
Le gusta el arroz con frijoles.

6-6 **Mis preferencias.** ¿Qué comidas prefieres? ¿Y tu compañero(a)? Entrevístense *(Interview each other)* con estas preguntas.

1. ¿Por lo general qué almuerzas? ¿A qué hora almuerzas? ¿Dónde?
2. ¿Típicamente qué pides cuando vas a un restaurante de comida rápida? ¿Qué bebida pides?
3. ¿Cuál es tu verdura preferida? ¿Qué verdura no te gusta mucho?
4. ¿Qué bebidas tienes en el refrigerador? ¿Cuál es tu jugo preferido?
5. ¿Qué comes cuando estás enfermo(a)? ¿Y cuando tienes hambre a medianoche?
6. ¿Cuándo fue la última vez *(the last time)* que fuiste a un restaurante elegante? ¿Qué pediste?

6-7 **En la mesa.** Los señores Arias invitaron a Fernando a comer en su casa. Trabaja con un(a) compañero(a) de clase para crear pequeños diálogos para cada escena. Incluyan frases de **Expresiones en la mesa** de la página 223.

1.
2.
3.

Los pronombres de complemento indirecto

NIÑOS	Abuelito, **¿nos** cuentas un chiste?
ABUELO	Claro, puedo contar**les** uno muy bueno. ¿Qué le dijo el azúcar a la leche?
NIÑOS	¿Qué?
ABUELO	"**Nos** vemos *(We'll meet up)* en el café".

■■■
Descúbrelo

■ What do the children want?

■ In the joke, to whom did the sugar speak? What are the two meanings of **café**?

■ To whom does the pronoun **nos** refer? And **les**?

1. An indirect object (**complemento indirecto**) usually refers to a person and expresses *to whom* or *for whom* something is done. Indirect objects may be nouns *(to my guests)* or pronouns *(to me, for us)*.

   Siempre **les** sirvo flan **a mis invitados**.
   *I always serve **my guests** flan. / I always serve flan **to my guests**.*

   Los pronombres de complemento indirecto

me	to / for me	nos	to / for us
te	to / for you (sing., inf.)	os	to / for you (pl., inf. in Spain)
le	to / for you (sing., form.)	les	to / for you (pl.; form. in Spain)
le	to / for him or her	les	to / for them

2. To express phrases such as *to my guests* or *for my mother* in Spanish, you must include both the indirect object noun and its corresponding pronoun in the sentence.

   ■ **le... a** (+ singular noun / name): <u>**Le** doy una galleta <u>a Rosa</u>.</u>

   ■ **les... a** (+ plural noun / names): <u>**Les** doy refrescos <u>a los chicos</u>.</u>

3. Indirect object pronouns follow the same rules of placement as direct object pronouns.

   ■ In front of a single, conjugated verb: <u>**¿Nos** trae más pan?</u>

   ■ With verb phrases (conjugated verb + infinitive), before the conjugated verb or attached to the infinitive: **¿<u>Me</u> puede traer más café? / ¿Puede traer<u>me</u> más café?**

   ■ With the present progressive tense, before the conjugated form of **estar** or attached to the end of the present participle with an added accent mark (-**ándo**-, -**iéndo**-): **El abuelo <u>les</u> está contando un chiste. / El abuelo está contándo<u>les</u> un chiste.**

4. The following verbs are commonly used with indirect objects.

contar (ue)	*to tell*	**hablar**	*to talk*	**prestar**	*to lend*
contestar	*to reply*	**mandar**	*to send*	**regalar**	*to give (as a gift)*
dar	*to give*	**mostrar (ue)**	*to show*	**servir (i)**	*to serve*
decir (i)	*to say*	**pedir (i)**	*to ask for*	**traer**	*to bring*
explicar	*to explain*	**preguntar**	*to ask*		

Colaborar
6-8 **¿Quién?** ¿Quién te hace las siguientes cosas? Tomen turnos con un(a) compañero(a) para completar las oraciones con el nombre de la persona. Si nadie lo hace, di (say) "Nadie". ¿Cuál de Uds. es una persona mimada?

1. _____ me prepara sopa de pollo cuando estoy enfermo(a).

2. _____ me da regalos bonitos para mi cumpleaños.

3. _____ me da consejos (advice) sobre las clases y los profesores.

4. _____ me lava la ropa.

5. _____ me cuenta chistes cuando estoy triste.

Colaborar
6-9 **¿Qué les dices?** Con un(a) compañero(a), lean las siguientes situaciones y contesten las preguntas.

Modelo Estás en la fiesta de cumpleaños de tu mejor amigo(a). ¿Qué le dices?
Estudiante A: Le digo "Feliz cumpleaños".
Estudiante B: Le digo "¡Muchas felicidades!"

1. Son las diez de la mañana y ves al (a la) profesor(a) de español. ¿Qué le dices?

2. Tu vecino te muestra una foto de su nueva sobrina. ¿Qué le dices?

3. Un nuevo amigo acaba de llegar a tu casa. ¿Qué le dices?

4. La fiesta formal se terminó y antes de irte (leaving), hablas con los anfitriones. ¿Qué les dices?

5. Tus tíos van a hacer un crucero. Antes de salir, te llaman por teléfono. ¿Qué les dices?

Colaborar
6-10 **La celebración.** Aarón y Carina están haciendo los arreglos para una celebración. Con un(a) compañero(a), completen su conversación con los pronombres de complemento indirecto más lógicos.

CARINA Vamos a ver si tenemos todo listo para la gran celebración del aniversario de nuestros abuelos. Ya (1. le / les) mandaste las invitaciones a todos los tíos y primos, ¿verdad?

AARÓN Sí, claro. Por cierto (By the way), tengo buenas noticias (news): Ayer hablé con el representante de la orquesta y él (2. le / nos) va a ofrecer un descuento.

CARINA ¡Magnífico! Ahora tenemos que finalizar el menú. ¿Qué (3. les / le) servimos a los invitados? El servicio de banquetes recomienda o bistec o salmón.

AARÓN Bueno, mi amiga Adriana conoce este servicio y (4. te / me) dice que el salmón es fabuloso.

CARINA Entonces pedimos el salmón. ¿Y el regalo? Cuando hablaste con mamá y papá, ¿qué (5. te / le) recomendaron?

AARÓN Mamá tuvo una buena idea. Ya que (Since) a los abuelos (6. nos / les) gusta conocer nuevos lugares, ¿por qué no (7. les / me) regalamos un viaje?

CARINA ¡Fenomenal! Bueno, ahora voy a llamar a mamá. Quiero (8. contar(le / te) todas las noticias (news).

Colaborar

6-11 **¿Cómo responden?** Trabajando con un(a) compañero(a), tomen turnos para indicar sus respuestas a las situaciones.

Modelo Una noche llegas a casa muy tarde. ¿Qué te dicen tus padres?

Estudiante A: **Me** dicen: "¿Estás loco(a)? ¡Son casi las tres de la madrugada!" Y a ti, ¿qué **te** dicen tus padres?

Estudiante B: **Me** preguntan: "¿Lo pasaste muy bien?"

1. Una noche está lloviendo mucho y tienes un pequeño accidente con el auto. ¿Qué te dicen tus padres?

2. Un día ves a tu novio(a) con otra(o) chica(o) en un café. ¿Qué le dices a tu novio(a)?

3. Tus compañeros(as) de cuarto son buena gente pero no son muy responsables. Un día te piden dinero para comprar gasolina. ¿Qué les dices?

4. Quieres estudiar en España en el verano y les pides dinero a tus abuelos. ¿Qué te dicen tus abuelos?

6-12 **La invitación.** Rolando y Alicia invitaron a sus amigos a cenar en casa. Con un(a) compañero(a), dramaticen una pequeña conversación para cada escena. Necesitan incluir por lo menos *(at least)* un pronombre de complemento indirecto en cada diálogo: **me**, **te**, **le**, **nos**, **les**.

Verbos útiles: dar, pasar, preparar, servir

1. 2. 3.

6-13 **¿Qué haces?** ¿Qué haces en estas situaciones? Con un(a) compañero(a), lean los escenarios y contesten las preguntas. Comparen sus respuestas.

Modelo El cumpleaños de tu novio(a) es la próxima semana. Quieres gastar *(spend)* $35 para su regalo. ¿Qué vas a comprar**le**?

Estudiante A: Voy a comprar**le** unas flores. ¿Y tú?

Estudiante B: Voy a dar**le** una tarjeta de regalo.

1. El aniversario de bodas de tus abuelos es el próximo mes. ¿Qué regalo vas a dar**les**?

2. Varios amigos van a tu cuarto / apartamento el próximo sábado para mirar partidos de fútbol americano. ¿Qué vas a servir**les** de comer y de beber?

3. A tu sobrino(a) de cuatro años le gusta mucho escuchar un cuento antes de acostarse. ¿Qué libro o cuento vas a leer**le**?

4. Tu mejor amigo(a) está enfermo(a) y no tiene mucho apetito. ¿Qué comida **le** vas a preparar?

5. Tu hermano y su esposa acaban de comprar una nueva casa. ¿Qué vas a comprar**les** para su fiesta de inauguración de casa *(housewarming)*?

El pretérito de los verbos irregulares

SRA. ALFARO ¿Estás comiendo bien en la uni, hija?

LUISA Sí, mamá, mi dieta es muy balanceada. Anteayer fuimos a KFC para comer pollo frito. Anoche una amiga vino a visitarnos y trajo una pizza de Domino's. Y hoy vamos a McDonald's para comer hamburguesas.

SRA. ALFARO ¡Ay, hija! ¿Comes solamente (*only*) comida rápida?

■ ■ ■
Descúbrelo

■ Why does Luisa think that she eats balanced meals?

■ Which three of these verbs refer to the past? **es, fuimos, vino, trajo, vamos**

■ Which past verb forms correspond to **ir, venir, traer**?

1. Many common verbs are irregular in the preterite, but a number of these do follow a pattern. One group of verbs has irregular stems (i.e., the front part of the verb) and shares the following set of endings.

El pretérito: primer grupo de verbos irregulares

yo	-e	nosotros(as)	-imos
tú	-iste	vosotros(as)	-isteis
Ud./él/ella	-o	Uds./ellos/ellas	-ieron

estar *to be*	**estuv-**	estuve, estuviste, estuvo, estuvimos, estuvisteis, estuvieron
poder *to be able to*	**pud-**	pude, pudiste, pudo, pudimos, pudisteis, pudieron
poner *to put*	**pus-**	puse, pusiste, puso, pusimos, pusisteis, pusieron
saber *to know*	**sup-**	supe, supiste, supo, supimos, supisteis, supieron
tener *to have*	**tuv-**	tuve, tuviste, tuvo, tuvimos, tuvisteis, tuvieron
hacer *to do, to make*	**hic-**	hice, hiciste, hizo, hicimos, hicisteis, hicieron
querer *to want*	**quis-**	quise, quisiste, quiso, quisimos, quisisteis, quisieron
venir *to come*	**vin-**	vine, viniste, vino, vinimos, vinisteis, vinieron

2. Some verbs have irregular stems that always include the letter **j**. This group uses the same set of endings as the previous one, except for the **Uds./ellos/ellas** form: **-eron**.

conducir *to drive*	**conduj-**	conduje, condujiste, condujo, condujimos, condujisteis, conduj<u>eron</u>
decir *to say, to tell*	**dij-**	dije, dijiste, dijo, dijimos, dijisteis, dij<u>eron</u>
traer *to bring*	**traj-**	traje, trajiste, trajo, trajimos, trajisteis, traj<u>eron</u>

3. These four verbs have different endings from the ones previously mentioned.

dar *to give*	di, diste, dio, dimos, disteis, dieron
ver *to see*	vi, viste, vio, vimos, visteis, vieron
ser *to be*	fui, fuiste, fue, fuimos, fuisteis, fueron
ir *to go*	fui, fuiste, fue, fuimos, fuisteis, fueron

4. The preterite equivalent of **hay** is **hubo** *(there was / were)*. It is used to say that a one-time event took place: **Hubo una fiesta anoche.**

5. Some verbs have slightly different translations when they are used in the preterite.

saber *found out*	**querer** *tried to*
conocer *made one's acquaintance*	**no querer** *refused to*
poder *managed to*	

6-14 Crucigrama. ¿Qué hicieron todos el fin de semana pasado? Con un(a) compañero(a), completen el crucigrama con los verbos más lógicos en el pretérito.

Horizontal

3. Yo no p___ ir a la fiesta.
6. Nosotros t___ que trabajar.
8. Ingrid h_____ un viaje a la costa.
9. Yo c_____ mi auto por horas.
12. Paco y yo v_____ una película.

Vertical

1. Juan t___ cerveza a la celebración.
2. Elena f___ a un club para bailar.
4. Rita y Carmen e___ enfermas.
5. Yo no q___ hacer nada.
7. Todos mis tíos v___ a mi fiesta.
10. Los chicos d___ la verdad *(truth)*.
11. Mi amigo me d___ un regalo.

Uses of the preterite, **Capítulo 5 Paso 3**

 **6-15 La última vez.** ¿Cuándo fue la última vez *(the last time)* que hiciste estas cosas? Compara tus respuestas con las de un(a) compañero(a).

Modelo poner la mesa
Estudiante A: ¿Cuándo fue la última vez que pusiste la mesa?
Estudiante B: Puse la mesa ayer. ¿Y tú?

1. dar un paseo por un parque nacional
2. ver una película con subtítulos
3. tener que levantarse antes de las seis
4. traer tu computadora a la clase
5. darle un regalo a alguien
6. saber sobre un crimen

¡Exprésate!

6-16 **¿Lo hiciste tú?** Circula por el salón para hacerles preguntas en el pretérito a tus compañeros de clase. Si tu compañero(a) contesta "Sí", tiene que firmar *(sign)* y tú tienes que obtener más información.

Modelo **Estudiante A:** ¿Viniste tarde a clase la semana pasada?
Estudiante B: ¡Sí! Vine un poco tarde.
Estudiante A: Firma *(Sign)* aquí, por favor. ¿Por qué viniste tarde?
Estudiante B: Me desperté tarde. (Estudiante A apunta la información.)

Actividad	Persona	Más información
venir tarde a clase la semana pasada		¿Por qué?
conducir más de 300 millas en un viaje reciente		¿Adónde fuiste?
tener que ir al cajero automático hoy		¿Cuánto dinero sacaste?
estar enfermo(a) la semana pasada		¿Tuviste que ir a la clínica?
ver todas las películas de *Harry Potter*		¿Cuál te gustó más?
poder terminar toda la tarea anoche		¿A qué hora terminaste?

6-17 **Nuestras experiencias.** Con un(a) compañero(a), entrevístense con estas preguntas. Inventen otras preguntas para continuar la conversación.

1. **Ayer:** ¿Estuviste muy ocupado(a) ayer? ¿Pudiste hacer todas las cosas en tu agenda? ¿Qué tareas *(tasks)* no hiciste? (Haz una pregunta original.)

2. **Un viaje:** ¿Hiciste una excursión o un viaje el año pasado? ¿Adónde fuiste? ¿Condujiste tu auto a este lugar o tomaste un avión? (Haz una pregunta original.)

3. **En clase:** ¿En cuál de tus clases diste una presentación la semana pasada? ¿Qué te dijo tu profesor(a) cuando terminaste? ¿Viste una película en alguna de tus clases? ¿Fue interesante? (Haz una pregunta original.)

Colaborar **6-18** **La fiesta de Gloria.** Con un(a) compañero(a), digan qué hicieron todos *(what everyone did)* en la fiesta de Gloria. Formen oraciones completas en el pretérito.

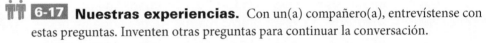

¿Cuáles son las comidas del día? ¿A qué hora se comen y en qué consisten?

 6-19 **Piénsalo.** Con un(a) compañero(a) de clase, contesten las preguntas sobre las comidas en Estados Unidos.

1. Normalmente, ¿cuál es la comida principal del día en los Estados Unidos? ¿A qué hora se come? ¿En qué consiste?

2. ¿A qué hora es común almorzar? ¿En qué consiste un almuerzo típico en Estados Unidos?

Colaborar **6-20** **La opinión de Alicia.** Alicia Campos tiene 24 años y es de Nicaragua. Con un(a) compañero(a), lean su comentario sobre las comidas y luego contesten las preguntas.

1. Según (*According to*) Alicia, ¿a qué hora comen los nicaragüenses las tres comidas del día?

2. ¿En qué consisten el desayuno y la cena? ¿Y el almuerzo?

rice and beans dish
savory plantain
chips / fried sweet
plantains

> En Nicaragua el desayuno pasa entre las 6:00 y 7:00 de la mañana, en días de semana; en fines de semana, las personas pueden desayunar alrededor de las 10:00 de la mañana. El almuerzo sucede entre las 12:00 pm y la 1:00 pm, y la cena usualmente a las 7:00 de la noche.
> En el desayuno y en la cena los nicaragüenses comemos gallo pinto°. Lo podemos acompañar con queso, con huevo, con tortilla, con tajada° o con maduros°. En el almuerzo realmente depende de la familia. Algunas prefieren carne o pollo; lo acompañan con verduras, con arroz o con tortilla, pan o maduros.

© Alicia Campos

Colaborar **6-21** **Otras opiniones.** Con un(a) compañero(a), lean el siguiente fragmento de un artículo sobre las comidas en Argentina, publicado por guiadelviajante.com. Luego completen las oraciones con información del artículo.

1. En Argentina, muchas personas desayunan entre…

2. Por lo general, los argentinos comen la comida principal entre…

3. En Argentina es común cenar entre…

4. Muchos argentinos tienen hambre y meriendan (*have a snack*) entre…

soft roll

> "Entre las 7:30 y las 9:00, se desayuna un café y un bollo°. Entre las 12:00 y las 14:00 es la comida principal del día. Entre las 17:00 y las 18:00 se suele merendar un sándwich. Entre 21:00 y las 22:30 se toma la cena".

Fuente: "Comer y beber en Argentina," guiadelviajante.com.

 6-22 **¿Y tú?** Habla con un(a) compañero(a) sobre las preguntas esenciales. Usen estas preguntas como un punto de partida (*point of departure*).

1. ¿Cuántas comidas comes en un día normal? ¿Meriendas (*Do you snack*) también?

2. ¿Cuál es tu comida principal del día cuando estás en familia? ¿A qué hora la comen Uds.? ¿En qué consiste?

3. ¿Qué semejanzas (*similarities*) y qué diferencias hay entre tus costumbres (*customs*) y las de Alicia?

EN ACCIÓN: Comunicación interpretativa

¿Te gustaría comer en un volcán? ¿Qué tal en una iglesia? En España hay restaurantes en estos lugares inusuales.

Los restaurantes más originales

A la brasa° del volcán

En el Restaurante El Diablo no hay cocinas normales: allí se usa, nada más y nada menos, que el calor del propio volcán para cocinar. Las carnes y otras elaboraciones tienen un sabor° muy especial al realizarse en esta particular parrilla°, un horno abierto de piedra° volcánica que funciona con el calor del volcán.

El Diablo, un restaurante en un volcán
© BremecR/E+/Getty Images

La Cúpula, un restaurante en una iglesia

El edificio fue un antiguo Colegio-Convento y el restaurante está ubicado° justo° en lo que antiguamente fue la iglesia, una de las más bonitas de la ciudad de Alcalá de Henares. Cuenta con° una amplia° carta° de entrantes°, sopas, ensaladas y verduras, pescados, carnes, asados y unos riquísimos postres.

Comida gigante en La Kaña

En La Kaña Restaurante te sentirás° como un auténtico liliputiense° rodeado° de comida gigante. La carta de este establecimiento no es normal. En ella te podrás° encontrar desde hamburguesas de un kilo o platazos° combinados. Si te gustan las salchichas° no puedes dejar de probar las enormes Frankfurt en pan Viena, las butifarras° de sabores, las Pikanswurt o las Bratswurt… todas ellas de medio metro pero con la mejor calidad°.

Fuente: saposyprincesas.com

a la brasa *barbecued*   sabor *taste*   parrilla *grill*   piedra *stone*   ubicado *located*   justo *right*   Cuenta con *It has*
amplia *extensive*   carta *menu*   entrantes *appetizers*   te sentirás *you will feel*   liliputiense *Lilliputian*   rodeado *surrounded*
te podrás *you will be able to*   platazos *big plates*   salchichas *sausages*   butifarras *Catalan sausages*   calidad *quality*

Colaborar

6-23 **¿Qué entiendes?** Con un(a) compañero(a), lean el artículo y luego digan a qué restaurante se refiere cada oración: ¿El Diablo, La Cúpula o La Kaña?

1. Sirven perros calientes gigantes.
2. Antes de ser un restaurante, fue una iglesia.
3. Está en Alcalá de Henares, España.
4. Cocinan con el calor del volcán.
5. Es un buen lugar para comer una hamburguesa de un kilo.

6-24 **Tertulia** Con dos o tres compañeros(as) de clase, hablen sobre los restaurantes del artículo. Usen estas preguntas como punto de partida.

1. ¿Cuál de los tres restaurantes te parece más original?
2. ¿En cuál de los restaurantes te gustaría comer? ¿Por qué?
3. ¿Conoces un restaurante inusual? ¿Dónde está, cómo se llama y cómo es?

El restaurante

In this *Paso*, you will . . .
- order food at a restaurant and comment on food
- identify place settings
- talk more about past actions

El menú

Restaurante La Orquídea
Menú

Platos principales

Servidos con pan y una ensalada pequeña

Camarones empanizados
Breaded shrimp

Paella valenciana
Saffron rice dish with chicken and seafood

Churrasco a la plancha
Grilled thick-cut steak

Chuletas de cerdo
Pork chops

Espaguetis con albóndigas
Spaghetti with meatballs

Arroz con pollo
Rice dish with chicken

También le ofrecemos:

Ceviche
Raw fish marinated in lime juice

Yuca frita
Fried cassava

Tostones
Fried plantains

Postres

Flan de coco
Coconut custard

Tres leches
Cake soaked in cream

Arroz con leche
Rice pudding

Guayaba en almíbar
Guava in syrup

Bebidas

Agua mineral, limonada, refrescos, café, té

Photo: © freya-photographer/Shutterstock.com

Frases de un(a) mesero(a) / camarero(a)

¿Una mesa para cuántos?
¿Qué les traigo para beber / tomar?
¿Están listos para pedir?
Les recomiendo...
¿Quieren postre? ¿Quieren un café?
¿(Desean) Algo más?
Sí, enseguida.

Frases de un(a) cliente(a)

Al llegar a un restaurante

¿Tienen una mesa cerca de la ventana?
¿Nos trae el menú, por favor?

Preguntas sobre el menú

¿Qué nos recomienda?
¿Cuál es el plato del día?
¿Cuál es la especialidad de la casa?
¿Con qué está acompañado?

Waiter's / Waitress's phrases

A table for how many?
What can I get you to drink?
Are you ready to order?
I recommend (to you, pl.) . . .
Do you want any dessert? Do you want coffee?
Is there anything else (you want)?
Yes, right away.

Customer's Phrases

Upon arrival

Do you have a table near the window?
Can you bring us the menu, please?

Questions about the menu

What do you recommend?
What's today's special?
What's the house's specialty?
What does it come with?

En un restaurante típico

¿Están listos para pedir?

Quisiera probar el plato del día.

Para mí, la paella.

la servilleta
el tenedor
el vaso
la taza
el cuchillo
la cuchara
la cucharita
el plato

¿Qué nos recomienda?

El churrasco está muy bueno.

Más preguntas sobre el menú
¿Me puede explicar qué es (el ceviche)?
¿Es dulce?
¿Es picante?
¿Tienen refrescos dietéticos?

More questions about the menu
Can you explain what (ceviche) is?
Is it sweet?
Is it spicy / hot?
Do you have diet soda?

Al pedir
Quisiera probar (el plato del día).
Para mí, (la paella).
Un (agua mineral) sin hielo.

Ordering
I'd like to try (today's special).
I'll have (the paella).
Some (mineral water) with no ice.

Al comer
El pescado está muy fresco / bueno.
¿Me puede traer (otra servilleta)?
¿Nos puede traer más (pan)?

While eating
The fish is very fresh / good.
Can you bring me (another napkin)?
Can you bring us more (bread)?

Al terminar
Todo estuvo delicioso, gracias.
La cuenta, por favor.
¿Está incluida la propina en la cuenta?

After eating
Everything was delicious, thank you.
The bill, please.
Is the tip included in the bill?

PASO 2 VOCABULARIO

¡Aplícalo! Colaborar

6-25 **¡Qué mesero más amable!** Estás comiendo con algunos amigos en un restaurante. ¿Cómo responde el mesero a tus preguntas y comentarios? Con un(a) compañero(a), relacionen las dos columnas de una manera lógica.

Tú

_____ 1. ¿Tienen una mesa para cuatro?

_____ 2. ¿Nos trae el menú, por favor?

_____ 3. ¿Qué nos recomienda?

_____ 4. ¿Me puede explicar qué es la paella?

_____ 5. ¿Nos puede traer más hielo?

_____ 6. ¿Está incluida la propina en la cuenta?

El mesero

a. El pescado está muy fresco hoy.

b. Sí, aquí lo tienen.

c. Sí, el 10%.

d. Es un plato de arroz con mariscos y pollo.

e. ¿Les gusta esta en el rincón?

f. Enseguida. ¿Quieren más agua también?

 Colaborar

6-26 **En la mesa.** ¿Qué necesitas para comer estas comidas? Con un(a) compañero(a) de clase, completen las oraciones con las palabras más lógicas.

1. Para comer el churrasco a la plancha, necesito un _____ y un _____.

2. Para beber una limonada, necesito un _____.

3. Para beber el café, necesito una _____.

4. ¿Una sopa de pollo? Necesito una _____ para comerla.

5. Los camarones y el brócoli se sirven en un _____.

6-27 **¡Qué rico!** Tú y tu compañero(a) están en el restaurante La Orquídea (ver pág. 234). ¿Qué platos quieren Uds. probar? Usen la información de cada foto para preparar seis breves conversaciones. Sigan el modelo.

The verb gustar, Capítulo 3 Paso 3

Modelo **Estudiante A:** *(Mention the dish pictured.)* ¿Quieres probar **la paella**?

Estudiante B: *(Explain your preference with **gustar** and the expression below the photo.)* Sí. Me gustan mucho los platos con arroz. / No. No me gustan mucho los platos con arroz.

los platos con arroz

1. los mariscos

2. los platos italianos

3. la carne

4. el coco

5. los dulces

6. el pescado

¡Exprésate!

Colaborar

6-28 Nuestro mesero. Tú y tu compañero(a) piensan ir a El Salvador y quieren practicar algunas frases útiles en restaurantes. ¿Cómo pueden responder a las preguntas y los comentarios del mesero? Cada persona debe dar una respuesta diferente.

Modelo ¿Les gusta esta mesa?

Estudiante A: No, preferimos una mesa cerca de la ventana.

Estudiante B: Sí, está bien.

© Viktor Gladkov/Shutterstock.com

6-29 Unas recomendaciones. ¿Qué deben pedir estos clientes en el restaurante La Orquídea? Con un(a) compañero(a), lean las situaciones y escojan el mejor plato del menú en la página 234 para cada persona.

1. A Gloria y a Emilio les gustan los mariscos. ¿Qué plato deben pedir?

2. A Rita le gustan mucho los postres, pero tiene alergia a la leche. ¿Qué postre le recomiendas?

3. Ricardo y Alicia prefieren un postre con frutas. ¿Cuál es el mejor postre para ellos?

4. Miguel prefiere los platos principales con arroz. ¿Cuáles de los platos le van a gustar más?

5. Javier quiere empezar con algo para picotear *(to munch on)*. ¿Qué le recomiendas?

6-30 En el restaurante. ¿Qué dicen el mesero y los clientes en estas situaciones? En grupos de tres, inventen diálogos lógicos.

1.

2.

3.

Los verbos con cambios de raíz en el pretérito

OLGA ¿Se divirtieron Uds. anoche en El Bodegón?

LINA No mucho. Jorge se sintió muy mal después de comer. Regresamos a casa enseguida y él se durmió en el sofá.

OLGA ¡Pobrecito! ¿Está mejor hoy?

LINA Sí, mucho mejor pero no quiere volver a ese restaurante.

■ ■ ■
Descúbrelo

■ Why didn't Jorge and Lina have much fun last night?

■ Where did Jorge fall asleep?

■ What happened to the **e** in **s<u>e</u>ntirse** when it was conjugated in the preterite?

■ What happened to the **o** in **d<u>o</u>rmir** when it was conjugated in the preterite?

1. A number of **-ir** verbs have stem changes when they are conjugated in the preterite. One group of verbs changes **e** to **i**; this change takes place only in the verb forms that correspond to the subjects **Ud./él/ella** and **Uds./ellos/ellas**.

Cambio en el pretérito e → i

pedir *to ask for, to order*

yo	pedí		nosotros(as)	pedimos
tú	pediste		vosotros(as)	pedisteis
Ud./él/ella	p<u>i</u>dió		Uds./ellos/ellas	p<u>i</u>dieron

Algunos verbos con el cambio e → i

conseguir *to get, to obtain*
despedirse *to say good-bye*
divertirse *to have fun*
pedir *to ask for, to order*
preferir *to prefer*

repetir *to repeat*
seguir *to follow*
sentirse *to feel*
servir *to serve*
vestirse *to get dressed*

2. Two common **-ir** verbs change **o** to **u** when conjugated in the preterite: **dormir** and **morir**. This change takes place only in the verb forms that correspond to the subjects **Ud./él/ella** and **Uds./ellos/ellas**.

Cambio en el pretérito o → u

	dormir *to sleep*	**morir** *to die*
yo	dormí	morí
tú	dormiste	moriste
Ud./él/ella	d<u>u</u>rmió	m<u>u</u>rió
nosotros(as)	dormimos	morimos
vosotros(as)	dormisteis	moristeis
Uds./ellos/ellas	d<u>u</u>rmieron	m<u>u</u>rieron

3. Many **-ar** and **-er** verbs have stem changes in the present tense, but none of them have stem changes in the preterite. On the other hand, if an **-ir** verb has a stem change in the present, it will also have a stem change in the preterite. The kind of stem change may be different, and the stem changes take place with different subjects.

Presente (all subjects except **nosotros** and **vosotros**)	**Pretérito** (only with the subjects **Ud./él/ella** and **Uds./ellos/ellas**)
e → ie: Lisa **se divierte**.	e → i: Lisa **se divirtió**.
e → i: **Me visto** rápidamente.	e → i: **Me vestí** rápidamente.
o → ue: Los niños **duermen** bien.	o → u: Los niños **durmieron** bien.

Colaborar

6-31 **En corto.** Trabajando con un(a) compañero(a), completen las oraciones con el pretérito de los verbos. Después, lean las breves conversaciones en voz alta.

¡Aplícalo!

1. La fiesta

CARLOS ¿(Divertirse) _____ Uds. mucho en la fiesta?

VANESA ¡Muchísimo! Nosotros no (despedirse) _____ hasta las tres de la madrugada.

2. La cita *(date)*

PAULA ¿(Divertirse) _____ mucho tu hija en su cita con Ricardo?

ANA Creo que sí. Ricardo (conseguir) _____ boletos para el ballet, así que los dos (vestirse) _____ muy elegantemente. ¡Qué chicos más guapos!

3. Una triste noticia *(news)*

JOSÉ LUIS ¿Es verdad que (morir) _____ el Sr. González?

PACO Sí, es verdad. Después de cenar (sentirse) _____ un poco enfermo. El pobre *(The poor thing)* (dormirse) _____ en su sillón favorito y nunca se despertó.

Colaborar

6-32 **Ayer.** Mira las fotos y contesta las preguntas. Luego compara tus respuestas con las de un(a) compañero(a) de clase.

1. ¿Durmió bien anoche Marcos? ¿Cuántas horas durmió? ¿Y tú? ¿Dormiste bien anoche? ¿Cuántas horas dormiste?

2. ¿Qué pidió Margarita ayer en el restaurante de comida rápida? ¿Y tú? La última vez que comiste en un restaurante de comida rápida, ¿qué pediste?

3. ¿Cómo se sintieron Jaime y Raquel anoche después de ver la película? ¿Y tú? ¿Cómo te sentiste la última vez que viste una película?

¡Exprésate!

Colaborar

6-33 Una cita a ciegas. El sábado pasado, Alba estuvo en una cita a ciegas *(blind date)* con Roberto. ¿Qué hizo Roberto esa noche?

- Con un(a) compañero(a), combinen palabras de cada columna para crear cinco oraciones. Describan las acciones de Roberto en orden cronológico.
- En todas las oraciones es necesario conjugar el verbo en el pretérito.

Después	**vestirse** rápido y...	"soy doctor"
Por último	**llegar** tarde al restaurante y...	no **ponerse** desodorante
Luego	**repetir** tres veces:	**dormirse** durante la película
Primero	la **llevar** al cine y...	ella **tener** que pagar *(pay)*
Durante la cena	**preferir** tomar un taxi pero...	no le **pedir** una disculpa *(didn't apologize)*

Colaborar

6-34 El mesero despistado. Anoche, ¡todos los clientes del restaurante Cero se quejaron *(complained)* del nuevo mesero! ¿Qué pasó? Con un(a) compañero(a) de clase, digan qué pidieron los clientes y qué les sirvió el mesero. Sigan el modelo y usen el pretérito de los verbos **pedir** y **servir**.

Modelo

un niño
Un niño **pidió** helado, pero el mesero le **sirvió** pastel.

1. nosotros

2. tú

3. la señora Chamorro

4. los señores Romero

6-35 Ta-Te-Ti con el pretérito. Juega al Ta-Te-Ti con un(a) compañero(a) de clase. Antes de poner tu X u O, tienes que formar una oración completa (¡y correcta!) con el verbo en el pretérito. Por ejemplo: El mesero **sirvió** el postre.

Frases útiles

Te toca a ti. *It's your turn.*
Me toca a mí. *It's my turn.*
Correcto. *That's right.*
No, el verbo correcto es... *No, the right verb is . . .*
Ganaste tú. / Gané yo. *You won. / I won.*
Empatamos. *It's a tie.*

servir	pedir	divertirse
vestirse	dormir	repetir
preferir	morir	sentirse

Resumen del pretérito

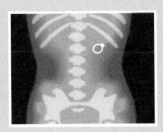

GERARDO ¡Anoche fue un fiasco! Llegué al restaurante temprano, a las siete. Le di el anillo de compromiso (*engagement ring*) al mesero y él lo puso en el flan. La cena estuvo deliciosa. Comimos y hablamos por una hora. Finalmente, el mesero trajo el postre ¡y Vicki se comió todo el flan! ¡No sintió el anillo!

■ ■ ■
Descúbrelo

- What happened to the engagement ring?
- In what tense are all the verbs? When exactly did the events occur?
- Which of these verbs are regular? Stem changing? Irregular? Have a spelling change in the **yo** form? **fue, llegué, di, puso, estuvo, comimos, hablamos, trajo, comió, sintió**

1. The preterite is used in these ways:
   - To express what happened on a particular occasion: **Conocimos Managua ayer / la semana pasada / en 2015 / hace dos años.**
   - To say how long an action or event lasted: **Estudié por varios minutos / por una semana / por muchos años.**
   - To tell how many times an action or event took place: **Fuimos al nuevo restaurante una vez / dos veces / varias veces.**
   - To sum up an experience: **Ayer fue un día maravilloso.**

2. Regular verbs have the following endings in the preterite.

	lavar *to wash*	**comer** *to eat*	**vivir** *to live*
yo	lav**é**	com**í**	viv**í**
tú	lav**aste**	com**iste**	viv**iste**
Ud./él/ella	lav**ó**	com**ió**	viv**ió**
nosotros(as)	lav**amos**	com**imos**	viv**imos**
vosotros(as)	lav**asteis**	com**isteis**	viv**isteis**
Uds./ellos/ellas	lav**aron**	com**ieron**	viv**ieron**

El pretérito de los verbos regulares

3. Verbs ending in -**car**, -**gar**, and -**zar** change spelling in the **yo** form only.

   -zar → -cé (almorcé, empecé, organicé, etc.)

   -car → -qué (busqué, saqué, toqué, etc.)

   -gar → -gué (jugué, llegué, pagué, etc.)

4. The stem changes (**e → i** and **o → u**) occur only with certain -**ir** verbs and only with the subjects **Ud., él, ella, Uds., ellos,** and **ellas.**

   Common **e → i** verbs: conseguir, divertirse, pedir, repetir, servir, vestirse
   Common **o → u** verbs: dormir, morir

5. The following verbs are irregular in the preterite: **conducir, dar, decir, estar, hacer, ir, poder, poner, querer, saber, ser, tener, traer,** and **venir.** See pages 229–230 for their conjugations.

¡Aplícalo!   Colaborar

6-36 **Noticias.** Con un(a) compañero(a), completen la página de Noticias (*News*) de una red social. Deben escoger los verbos más lógicos entre paréntesis y conjugarlos en el pretérito.

Buscar 🔍   **Inicio   Perfil   Buscar amigos**

Vicki Vargas
Gerardo y yo (1. estar / tener) _____ en el hospital por dos horas.
¡No puedo creer que me (2. comer / conducir) _____ el anillo de diamante[1]!
Hace 2 horas • Me gusta • Comentar
👍 A 8 personas les gusta esto.

> **Yolanda Blanco**
> Yo (3. dormir / saber) _____ la noticia[2] hace una hora. ¡Increíble!

> **Marcela Velasco**
> Entonces, Vicki... ¿(4. dar / decir) _____ "sí"? ¿Cuándo es la boda?

Sergio Burgos
Hoy (5. ser / dar) _____ un día horrible.
Hace 4 horas • Me gusta • Comentar
👍 A 2 personas les gusta esto.

> **Fernando Daza**
> Yo también (6. traer / tener) _____ un día fatal. ¿Por qué no salimos esta noche y nos divertimos un poco?

[1]*diamond ring* [2]*news*

 6-37 **Pupusería Nana.** Lee el siguiente artículo y completa las cinco preguntas en el pretérito. Luego hazle las preguntas (*ask your questions*) a un(a) compañero(a).

Modelo Estudiante A: ¿Cuándo **vino Ernesto Molina a Chicago**?
Estudiante B: Vino hace...

1. ¿Cuándo (venir)... ?   3. ¿Cómo (llamar)... ?   5. ¿Por qué (celebrar)... ?
2. ¿Qué (abrir)... ?   4. ¿Quién (ser)... ?

Pupusería Nana

Hace diez años el señor Ernesto Molina se despidió de su familia en Morazán, El Salvador, vino a Chicago y abrió un restaurante pequeño. Lo llamó "Pupusería Nana" y ayer celebró un millón de pupusas servidas. Las pupusas —plato típico de El Salvador— fueron hechas por muchos años con harina (*flour*) de maíz pero hoy también hay pupusas de arroz. "Mi abuelo fue pupusero y yo, bueno, seguí la tradición de la familia", dijo Ernesto ayer, en medio de muchos clientes satisfechos (*satisfied*), música alegre y, claro, platos de pupusas.

Clase

6-38 **Cinco cosas.** Vamos a ver cuántas personas hicieron las mismas *(same)* actividades ayer.

- Primero, escribe en un papel cinco cosas que hiciste ayer. Por ejemplo: **Tomé un examen difícil. Fui al cine.** Etcétera.

- Luego, circula por el salón de clase y hazles preguntas *(ask questions)* a tus compañeros. Por ejemplo: **¿Tomaste un examen difícil ayer? ¿Fuiste al cine?**

- Si un(a) compañero(a) hizo la actividad, escribe su nombre en tu papel. ¿Cuántas personas hicieron las cosas que tú hiciste?

6-39 **Un día horrible.** Con tres o cuatro compañeros, formen un círculo y hagan una descripción de "Un día horrible".

- Estudiante A empieza así: **Ayer fue un día horrible.**

- Estudiante B agrega *(adds)* otra oración. Por ejemplo: **Llegué tarde a clase.**

- Estudiante C agrega otra. Por ejemplo: **Saqué una nota mala en inglés.**

- Continúen así hasta que den la vuelta *(until you go around)* dos veces.

6-40 **Mi viaje a Nicaragua.** Tú y tus amigos fueron a Nicaragua. Aquí tienen las fotos que sacaron. Para cada foto, di *(say)* adónde fueron y qué hicieron. Tu compañero(a) tiene que reaccionar y hacerte dos preguntas adicionales.

Modelo   **Estudiante A:** Esta foto la tomé en Montelimar. Estuvimos en la playa tres días. Comimos pescado fresco todos los días.

Estudiante B: ¡Qué divertido! ¿Hicieron surf? ¿Montaron a caballo?

Las fotos de Estudiante A:

Montelimar

Las fotos de Estudiante B:

Granada

Managua

León

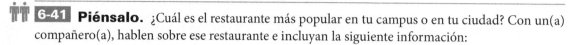

EN ACCIÓN: Preguntas esenciales

¿Con qué frecuencia come la gente en restaurantes? ¿Qué tipos de restaurantes son populares?

 6-41 Piénsalo. ¿Cuál es el restaurante más popular en tu campus o en tu ciudad? Con un(a) compañero(a), hablen sobre ese restaurante e incluyan la siguiente información:

- el nombre del restaurante
- el tipo (formal, casual, de comida rápida)
- la frecuencia con la que Uds. comen allí
- la comida que sirven

Colaborar

6-42 La opinión de Alicia. ¿Qué dice Alicia Campos sobre los restaurantes en Nicaragua? Lee su comentario y contesta las preguntas con un(a) compañero(a) de clase.

1. Por lo general, ¿cuándo comen los nicaragüenses en restaurantes?

2. ¿Por qué no es muy común comer en restaurantes entre semana?

3. ¿Cuál es un restaurante popular en Nicaragua? ¿Qué sirven?

since

save money

chain

> La visita a restaurantes es mucho más frecuente los fines de semana ya que° durante días de semana las personas prefieren comer en casa para ahorrar dinero°. Los restaurantes populares aquí son o de comida rápida o de comida típica local. Por ejemplo, tenemos una cadena° de pollo frito local que se llama Tip Top y es bastante popular.

© Alicia Campos

Colaborar

6-43 Otras opiniones. La siguiente infografía muestra los hábitos de consumo relacionados (*related*) con los restaurantes en Colombia. Con un(a) compañero(a), completen las oraciones.

1. Según la infografía, los colombianos prefieren comer (en restaurantes / en casa).

2. La comida que se consume con más frecuencia en los restaurantes es (el desayuno / el almuerzo / la cena).

3. La mayoría (*majority*) de los colombianos prefieren un restaurante (formal / de comida casual / de comida rápida).

¿COMER FUERA O EN LA CASA?
PREFERENCIAS DE LOS COLOMBIANOS

LOS COLOMBIANOS PREFIEREN LAS COMIDAS HECHAS EN CASA ➡ **38%** COME FUERA DE LA CASA UNA O MÁS VECES A LA SEMANA

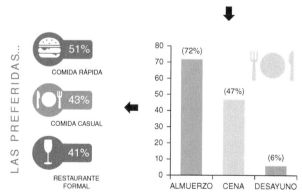

LAS PREFERIDAS...

51% COMIDA RÁPIDA
43% COMIDA CASUAL
41% RESTAURANTE FORMAL

ALMUERZO (72%) CENA (47%) DESAYUNO (6%)

Fuente: Nielsen

 6-44 ¿Y tú? Con un(a) compañero(a), comenten estas preguntas.

1. ¿Prefieres comer en casa o en un restaurante?

2. ¿En qué tipo de restaurante prefieres comer? ¿Por qué?

3. ¿Qué cadenas (*chains*) de restaurantes son populares en tu ciudad natal (*home town*)? ¿Qué sirven? ¿Con qué frecuencia comes tú allí?

EN ACCIÓN: Comunicación interpersonal

Los restaurantes temáticos tienen un ambiente singular que transporta a los clientes a otro lugar y a otro tiempo. Aquí hay unos ejemplos de restaurantes temáticos en Bogotá, la capital de Colombia.

Tres restaurantes temáticos en Bogotá

Kathmandu: Su decoración fue traída de Nepal y tiene excelentes platos del medio oriente.

Jungla Kumba: Este restaurante con estilo selvático es un lugar ideal para ir con niños.

Full 80's: Es para los fans de esta década de personajes icónicos, ropa de colores llamativos y buena música.

Fuente: blog.restorando.com

Photo: © Zonda/Shutterstock.com

6-45 **¡A dialogar!** Piensa en una ocasión en que fuiste a un restaurante temático o a algún restaurante divertido o inusual.

Primera parte: Completa la columna "Yo" de la gráfica con la información sobre el restaurante al que fuiste.

Segunda parte: Entrevista *(Interview)* a un(a) compañero(a) de clase para completar la columna "Mi compañero(a)". Usen el tiempo pretérito para hablar sobre el restaurante.

Información	Yo	Mi compañero(a)
el nombre del restaurante		
lo divertido o inusual del restaurante		
cuándo fuiste		
con quiénes fuiste		
qué pediste		
cómo estuvo la comida		
cómo estuvo el servicio		
cuánto costó		

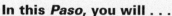
Salud y nutrición

In this *Paso*, you will . . .
- talk about health and nutrition
- ask for and give advice
- make generalizations and express opinions

La rueda de los alimentos

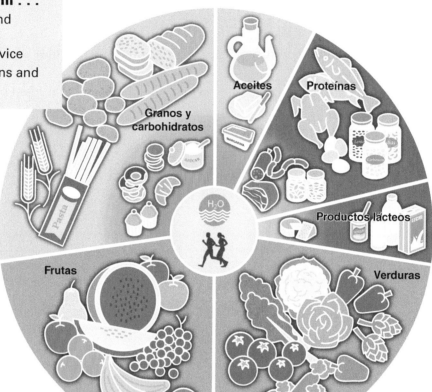

Recomendaciones:
- Consumir principalmente frutas y verduras
- Consumir carbohidratos ricos en fibra con regularidad
- Consumir azúcares y grasas en moderación

Para hablar de un estilo de vida saludable

Según la rueda de los alimentos, hay que...
    comer una variedad de alimentos
    consumir muchas frutas y verduras
También se debe...
    beber suficiente agua
    hacer ejercicio

Hábitos malos

comer comida basura
consumir bebidas alcohólicas en exceso
fumar
llevar una vida sedentaria
saltar el desayuno

To talk about healthy lifestyles

According to the food wheel, one must . . .
    eat a variety of foods
    eat a lot of fruits and vegetables
One should also . . .
    drink plenty of water
    exercise

Bad habits

to eat junk food
to drink alcoholic beverages in excess
to smoke
to lead a sedentary life
to skip breakfast

Hábitos sanos

hacer ejercicio

llevar una dieta balanceada

evitar el exceso de sal

dormir suficientes horas

Pedir consejos sobre la salud y la nutrición

Quiero / Necesito...
 adelgazar
 aumentar de peso
 ponerme en forma
¿Qué debo hacer?

Dar consejos

Debes / Necesitas...
 consultar con tu médico(a) / entrenador(a)
Tienes que...
 cambiar tu dieta
 tu estilo de vida

Asking for health and nutrition advice

I want / need to . . .
 lose weight
 gain some weight
 get in shape
What should I do?

Giving advice

You should / need to . . .
 consult your doctor / trainer
You have to . . .
 change your diet
 your lifestyle

¡Aplícalo!
Colaborar

6-46 **Un programa de radio.** ¿De qué hablaron en el programa de radio Vida Sana? Con un(a) compañero(a), escojan las palabras más lógicas.

PRESENTADORA Hoy tenemos de invitada a la nutricionista Maritza Pérez; ella nos va a dar (1. consejos / estilos) sobre la salud y la (2. forma / nutrición). A ver, ¿quién llama y cuál es su problema?

ARMANDO Hola. Me llamo Armando, tengo veinte años y soy muy delgado. (3. Quiero / Hay) aumentar de (4. hábito / peso). ¿Qué debo hacer?

MARITZA Para aumentar de peso —o para (5. adelgazar / evitar)— hay que hacerlo de forma (6. saltar / saludable). Comer muchas papas fritas no es la solución. (7. Según / Se debe) llevar siempre una dieta (8. balanceada / alimento). Mi consejo para Armando es: empezar el día con huevos, yogur y un jugo de frutas.

GLORIA Hola. Me llamo Gloria. En mi trabajo estoy enfrente de la computadora nueve horas cada día. No tengo tiempo para ir al gimnasio.

MARITZA Gloria, llevas una (9. vida / entrenadora) sedentaria y eso no es saludable. (10. Debes / Consultas) hacer ejercicio con regularidad. Mi consejo: ir al trabajo en bicicleta.

Colaborar

6-47 **Hábitos sanos y hábitos malos.** Con un(a) compañero(a), relacionen *(match)* cada oración con un hábito de la lista.

_____ 1. Todos los días Miriam se levanta a las siete, se arregla y sale para la universidad.

_____ 2. Enrique está muy estresado cuando tiene exámenes y usa tabaco para controlar los nervios.

_____ 3. Aldo va al gimnasio todas las tardes para jugar al baloncesto.

_____ 4. Rita siempre come papas fritas, tostadas y tocineta.

_____ 5. Desde que José cumplió veintiún años, bebe cuatro cervezas todas las noches.

_____ 6. Sofía se acuesta a las once de la noche y se levanta a las siete de la mañana.

Hábitos

a. Fuma muchísimo y gasta *(spends)* bastante dinero en cigarrillos.

b. Duerme suficientes horas y puede concentrarse en clase.

c. Hace ejercicio para estar en forma.

d. Salta el desayuno y a las once se está muriendo de hambre.

e. Consume bebidas alcohólicas en exceso.

f. Come comida basura y consume sal en exceso.

Colaborar

6-48 **La dieta de la milpa.** En México, el modelo saludable de alimentación es la dieta de la milpa, de origen mesoamericano. Con un(a) compañero(a), observen la pirámide y compárenla con la rueda de alimentos (página 246). Usen estas preguntas como punto de partida *(point of departure)*.

1. ¿Qué alimentos están en la base de la pirámide? ¿Y en la cima *(top)*? ¿Qué alimentos están en el segmento más grande de la rueda? ¿Y en el más pequeño?

2. ¿Qué alimentos aparecen *(are found)* en una gráfica y no en la otra?

3. ¿Qué otras diferencias y semejanzas *(similarities)* observan?

4. ¿A cuál de las dos dietas se parece más la dieta de Uds.?

La dieta de la milpa

Carne roja, aves e insectos — En muy poca cantidad y frecuencia

Bebidas alcohólicas saludables, lácteos y endulzantes — Poca cantidad

Tubérculos, pescados y mariscos y bebidas saludables — Ocasionalmente y con moderación

Frutas, aceites saludables y cereales integrales — Con moderación

Vegetales ricos en fibra y semillas ricas en proteína — En la mayor cantidad posible

Fuente: Dirección General de Planeación y Desarrollo en Salud, Gob.Mx.

6-49 **Año nuevo, hábitos nuevos.** ¿Qué resoluciones para el año nuevo quieres hacer para tener una dieta y estilo de vida más saludable? En grupos pequeños, tomen turnos haciendo tres o cuatro resoluciones para el año nuevo.

Modelo Para el año nuevo, voy a comer más verduras. También voy a...

6-50 **Escenas de la vida.** Con un(a) compañero(a), inventen breves conversaciones. Una persona explica su situación; la otra le da consejos: **Debes...,** **Tienes que..., Necesitas...**

Modelo Piensas correr en un maratón por primera vez.
    Estudiante A: Voy a correr en un maratón en dos meses y necesito ponerme en forma. ¿Qué debo hacer?
    Estudiante B: Debes consultar con un entrenador. Necesitas correr tres veces por semana y también cambiar tu dieta.

1. Llevas una vida muy sedentaria. Últimamente *(Lately)* te sientes cansado(a).

2. Estás ocupado(a) con tus clases y nunca tienes tiempo para comer bien.

3. Se va a celebrar "Míster Universo" y "Miss Olimpia" en tu campus. Quieres participar pero no tienes experiencia en fisicoculturismo *(bodybuilding)*.

Las expresiones impersonales

SARA ¡Armando! Es malo comer mucha comida frita. Se debe evitar las grasas.

ARMANDO Tranquila, Sara. La vida es corta, ¡hay que disfrutarla!

■■■
Descúbrelo

■ Why doesn't Sara want Armando to eat fried chicken? Does Armando agree? What is his philosophy on life?

■ Does **se debe** refer to someone specific or to people in general?

■ Does an infinitive or a conjugated verb follow the expressions **es malo, se debe,** and **hay que**?

■ Are those three expressions used to express plans for the future or to give advice?

1. Impersonal expressions (**las expresiones impersonales**) are those that do not have specific things or people as subjects. They refer to people in general and are often used to make generalizations, give advice, or express opinions.

> **Hay que** comer una variedad de alimentos.
>
> ***One / We / You must*** *eat a variety of foods.*
>
> **Es recomendable** hacer ejercicio regularmente.
>
> ***It's advisable*** *to exercise regularly.*

2. One common kind of impersonal expression follows the pattern **Es** + *adjective* + *infinitive*.

> **Es importante estar** en forma.   ***It's important to be*** *in shape.*

Expresiones impersonales: Es + *adjetivo*

Es buena idea...	*It's a good idea . . .*
Es bueno...	*It's good . . .*
Es malo...	*It's bad . . .*
Es mejor...	*It's better . . .*
Es importante...	*It's important . . .*
Es necesario...	*It's necessary . . .*
Es preciso...	*It's necessary / essential . . .*
Es preferible...	*It's preferable . . .*
Es recomendable...	*It's advisable . . .*

3. Another kind of impersonal expression uses the pattern **Hay que** + *infinitive*. It expresses the idea that *one must do something*.

> **Hay que comer** más fruta.   ***One / You must eat*** *more fruit.*

4. A more indirect way to influence someone's behavior is to use **Se debe** + *infinitive*.

> **Se debe beber** más agua.
>
> ***One / You should drink*** *more water.*
>
> **No se debe saltar** el desayuno.
>
> ***One / You shouldn't skip*** *breakfast.*

Colaborar

6-51 **Un estilo de vida saludable.** ¿Qué se debe hacer para llevar un estilo de vida saludable? Tomando turnos con un(a) compañero(a), digan si **se debe** o **no se debe** hacer las siguientes cosas.

Para llevar un estilo de vida sano, se debe / no se debe...

1. fumar
2. comer una variedad de alimentos
3. consumir sal en exceso
4. beber suficiente agua

5. escoger alimentos ricos en fibra
6. llevar una vida sedentaria
7. estar estresado todo el día
8. hacer ejercicio

Colaborar

6-52 **Consejos para el primer año.** Tu nuevo(a) amigo(a) es estudiante de primer año y necesita tus consejos. ¿Qué le dices? Con un(a) compañero(a), una persona lee un problema de la columna A y la otra lee el consejo más lógico de la columna B.

A: Los problemas

_____ 1. Quiero sacar buenas notas en todas mis clases.

_____ 2. Me gustaría conocer a más personas.

_____ 3. No sé qué quiero hacer en el futuro.

_____ 4. ¡No quiero aumentar de peso!

_____ 5. ¡Mi compañero(a) de cuarto nunca limpia el baño!

B: Los consejos

a. Es buena idea participar en un grupo estudiantil.

b. Es mejor hablar de los pequeños problemas francamente (*frankly*).

c. Es necesario llevar una dieta balanceada.

d. Es importante explorar varias opciones durante el primer año.

e. Es preciso completar toda la tarea y asistir a clase todos los días.

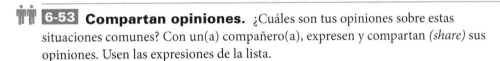

6-53 **Compartan opiniones.** ¿Cuáles son tus opiniones sobre estas situaciones comunes? Con un(a) compañero(a), expresen y compartan (*share*) sus opiniones. Usen las expresiones de la lista.

Modelo vivir con una persona desordenada
      Estudiante A: En mi opinión, es muy difícil vivir con una persona desordenada. ¿Y tú? ¿Qué piensas?
      Estudiante B: Estoy de acuerdo. (*I agree.*) / En mi opinión, ¡es fantástico vivir con una persona desordenada!

es difícil / fácil	es interesante / aburrido	es buena idea / mala idea
es imposible / posible	es fantástico / horrible	es bueno / malo
(no) es importante	(no) es necesario	(no) es práctico

1. tener una mascota en la residencia estudiantil
2. cenar con la familia todas las noches
3. estudiar los fines de semana
4. llevar una dieta sana en la universidad

5. seguir a una persona famosa en Twitter
6. vivir con una persona bromista
7. participar en una fraternidad o sororidad
8. hacer ejercicio todos los días

6-54 ***"Freshman Fifteen".*** Según un estudio reciente, el estudiante típico aumenta cinco libras *(pounds)* de peso durante el primer año de estudios universitarios. No es tanto como la leyenda urbana del *"Freshman Fifteen"*, pero sí es un aumento significativo. En grupos de tres o cuatro, hagan lo siguiente:

■ Exploren y comenten las causas del aumento de peso: **¿Por qué aumentan de peso los estudiantes de primer año? ¿Qué comidas sirven en el campus? ¿Hay suficiente variedad de alimentos sanos? ¿Hace suficiente ejercicio el estudiante típico?**

■ Hagan un cartel para una campaña educativa con cinco consejos para los estudiantes de primer año. ¿Qué deben hacer para evitar el aumento de peso? Usen expresiones como **Es preciso...**, **Es importante...**, **Es necesario...**, etcétera.

6-55 **Opiniones.** ¿Qué piensas de estas declaraciones? En grupos pequeños, expresen sus opiniones y justifíquenlas con una o dos razones *(reasons)*. Incluyan un mínimo de una expresión impersonal para cada caso.

Frases útiles

En mi opinión
  In my opinion
Para mí
  In my opinion
Pienso que
  I think (that)
(No) Estoy de acuerdo.
  I (dis)agree.
¿Qué opinan Uds.?
  What's your opinion?

Modelo   Es malo consumir cafeína porque es un estimulante fuerte *(strong).*

Estudiante A: Para mí, no es malo consumir cafeína en moderación. Es bueno consumir un poco de cafeína, como una taza de café, especialmente por la mañana. ¿Qué opinan Uds.?

Estudiante B: Estoy de acuerdo.

Estudiante C: No estoy de acuerdo. En mi opinión, es preferible no consumir cafeína. Es mejor evitar los estimulantes.

1. Los vegetarianos son las personas más sanas.

2. Tener que dormir ocho horas diarias es un mito *(myth).*

3. Para adelgazar es importante comer cinco comidas pequeñas diarias.

4. Una manzana al día aleja *(keeps away)* al doctor.

5. Es bueno consumir mucho yogur.

6. Es mejor tomar jugo de verduras que comer verduras.

6-56 **La charla.** Con un(a) compañero(a) de clase, dramaticen una escena entre las personas de las fotos. ¿Qué dice la persona sedentaria sobre sus malos hábitos? ¿Qué consejos le da el entrenador *(trainer)*?

Modelo   **Estudiante A:** Quiero ponerme en forma. ¿Qué debo hacer?
             Estudiante B: Primero, necesito saber tus hábitos...

Los adverbios

SILVIA   Estoy muy preocupada por Jaime. Duerme poco y fuma constantemente.

PAMELA   Sí, el pobre *(the poor thing)* está completamente estresado por los exámenes.

SILVIA   ¿Por qué no lo invitamos a salir? Podemos ir a cenar al nuevo restaurante orgánico.

PAMELA   ¡Buena idea! Lo llamo esta tarde.

1. Adverbs are words or phrases that supply information about when, where, how, or how much something is done. They are often placed after a verb or at the end of a sentence.

Los adverbios

How?	Juan cocina **bien**. *Juan cooks well.*
	rápido *fast, quickly*
	despacio *slowly*
	bien *well*
	mal *poorly, badly*
	perfectamente *perfectly*
When?	Le traigo más pan **enseguida**. *I'll bring you more bread right away.*
	enseguida *right away*
	ahora *now*
	ya *already*
	ya no *no longer*
	todavía *still*
	pronto *soon*
How much?	¡Uy, comí **demasiado**! *Oh, I ate too much!*
	demasiado *too much*
	mucho *a lot*
	poco *little, not much*
Where?	Siempre comemos **allí**. *We always eat there.*
	aquí *here*
	allí *there*
	cerca *close by*
	lejos *far away*

■ ■ ■
Descúbrelo
■ According to Silvia, how is stress affecting Jaime's sleeping and smoking habits?

■ Where do the two friends want to invite him out to eat?

■ When will Pamela call him with this invitation?

■ Which words are the Spanish equivalents of *completely* and *constantly*? What part of these Spanish words seems to correspond to English *-ly*?

2. Many adverbs in English end in *-ly*, such as *slowly* and *totally*. The Spanish equivalents are formed by adding **-mente** to the feminine form of the adjective. If the original adjective has an accent mark, the adverb does too.

fácil + mente → fácilmente	*easily*
lógic**a** + mente → lógicamente	*logically*
reciente + mente → recientemente	*recently*
sol**a** + mente → solamente	*only*
tranquil**a** + mente → tranquilamente	*tranquilly, peacefully*

3. Adverbs can also describe adjectives or even other adverbs and express *to what extent*. An adverb used in this way is placed in front of the adjective or adverb.

Ellos conducen **bastante** mal.　　*They drive **quite** poorly.*

Adverbios de cantidad o grado

bastante	*quite, rather, fairly*	**muy**	*very*
casi	*almost*	**un poco**	*a little*
completamente	*completely*		

¡Aplícalo!

Colaborar

6-57 **Un nuevo estilo de vida.** Elena decidió cambiar su estilo de vida y escribió sobre la experiencia en un blog. Trabajando con un(a) compañero(a), lean su blog y clasifiquen los adverbios en negrita *(boldface)* según el tipo de información expresado.

¿Dónde?	¿Cuándo?	¿Cómo?	¿Hasta qué punto? *(To what extent?)*

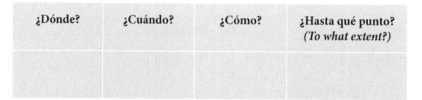

Recientemente me miré en el espejo y ¡qué sorpresa! Me sentí **bastante** mal cuando vi todos esos kilos de más *(extra)*, y decidí cambiar mi estilo de vida. **Ahora** como **bien** y llevo una dieta **muy** balanceada. También empecé a ir a un gimnasio. ¡Voy **allí** tres veces por semana! **Todavía** necesito adelgazar un poco más, pero **ya no** soy la gordita de antes.

Colaborar

6-58 **Un estudiante excelente.** Wigberta está describiendo a su compañero de clase Javier. Con un(a) compañero(a), completen su descripción con los adverbios más lógicos. Tienen que escoger una palabra apropiada de la lista y cambiarla *(change it)* a un adverbio que termina en **-mente**.

Modelo　　Javier es un estudiante **realmente** excelente.

completo	constante	inmediato	personal	puntual	real	típico

1. Javier está _____ dedicado a sus estudios universitarios.

2. Asiste a clases todos los días y siempre llega a clase _____.

3. Cuando no está en clase, estudia _____.

4. Si un profesor anuncia un examen, Javier empieza a prepararse

_____.

5. _____ Javier saca la nota más alta de la clase.

6. _____, yo pienso que Javier va a ganar el Premio Nobel algún día.

¡Exprésate!

6-59 **¿Llevas una vida sana?** Trabajando con un(a) compañero(a), entrevístense *(interview each other)* con las siguientes preguntas sobre sus hábitos. ¿Cuál de Uds. lleva una vida más sana?

1. ¿Haces ejercicio regularmente?
2. ¿Cuántas horas duermes diariamente?
3. ¿Fumas ocasionalmente?
4. ¿Aproximadamente cuánta agua tomas al día?
5. ¿Es tu vida bastante sedentaria?
6. ¿Comes rápido o despacio?
7. ¿Te sientes constantemente preocupado(a)?
8. ¿Te duermes fácilmente después de acostarte?

↻ Present progressive, **Capítulo 4 Paso 2**

6-60 **Restaurante X-ito.** ¿Qué están haciendo las personas en el restaurante X-ito? ¿Y cómo lo hacen? Con un(a) compañero(a), tomen turnos creando oraciones y adivinando *(guessing)* quién es. Sigan el modelo.

- Para crear oraciones, usen el presente progresivo y adverbios que terminan en **-mente**.
- Usen estos adjetivos para formar los adverbios: **amable**, **despistado**, **feliz**, **generoso**, **nervioso**, **rápido**.

Modelo Estudiante A: Esta persona está comiendo helado felizmente.
Estudiante B: ¡Es Luis!

6-61 **Asesores(as) de restaurantes.** Tú y tu compañero(a) de clase son asesores(as) *(consultants)* de restaurantes. Sus clientes son dueños *(owners)* de restaurantes, y Uds. tienen que darles recomendaciones para tener éxito *(be successful)*.

- Piensen en ocho recomendaciones sobre la comida, el menú, los meseros, las horas de servicio, la decoración, etcétera.
- Usen expresiones impersonales para las recomendaciones e incluyan algunos adverbios.

Modelo Es muy importante saludar a los clientes amablemente. También...

EN ACCIÓN: Preguntas esenciales

¿Qué se considera comida basura? ¿Es el consumo de esta un problema en tu país?

 6-62 Piénsalo. ¿Qué es "comida basura"? Con un(a) compañero(a), hagan una lista de cinco o seis comidas que Uds. consideran "basura".

Colaborar **6-63 La opinión de Alicia.** Alicia Campos, una joven de Nicaragua, habla sobre la comida basura. Con un(a) compañero(a), lean su comentario y contesten las preguntas.

1. Según Alicia, ¿qué es "comida basura"?

2. ¿Es el consumo de comida basura un problema en Nicaragua? Explica.

that is to say

are overweight

> Comida basura, para nosotros, es comida rápida; es decir°, comida que está preparada con bastante grasa o bastante aceite. Y sí consideramos que esto es un problema en Nicaragua ya que casi el 50% de nuestros habitantes tiene sobrepeso°.

© Alicia Campos

Colaborar **6-64 Otras opiniones.** Esta infografía describe el problema del sobrepeso (*overweight*) entre los niños mexicanos. Con un(a) compañero(a), completen las oraciones con información de la infografía.

1. En México, usan la palabra "___" en lugar de (*instead of*) comida "basura".

2. Es evidente que el sobrepeso (*overweight*) es un problema en México, porque hoy en día los niños ___.

3. El consumo excesivo de azúcar contribuye a varios problemas médicos, por ejemplo, ___.

DILE NO A LA CHATARRA

HOY EN DÍA LOS NIÑOS PESAN 5 KILOS MÁS QUE HACE 30 AÑOS (PARA UN NIÑO ES MUCHO)

AZÚCAR NO SIGNIFICA SOLO SOBREPESO SINO TAMBIÉN DIABETES TIPOS DE CÁNCER ENFERMEDADES DEL CORAZÓN

Fuente: hábitos.mx

6-65 ¿Y tú? Con un(a) compañero(a), comenten estas preguntas.

1. ¿Es el consumo de comida basura un problema entre estudiantes universitarios? ¿Entre tus amigos o tus familiares (*family members*)? Explica.

2. ¿Es el sobrepeso un gran problema en Estados Unidos? ¿Cómo podemos combatirlo?

sobrepeso *overweight* corazón *heart*

EN ACCIÓN: Comunicación presentacional

El esposo de una prima tuya es un chef salvadoreño que quiere abrir un restaurante en tu ciudad. Tienes un concepto genial para su restaurante pero antes de escribirle con tu idea, piensa en las preguntas de este pequeño artículo.

© Franck Boston/Shutterstock.com

Cómo abrir tu propio restaurante

¿Estás pensando en abrir tu propio restaurante? Con la correcta planificación, un restaurante es uno de los negocios más exitosos que existen.

Antes de abrir un restaurante, pregúntate:

1. ¿Cuál es el concepto del restaurante?
2. ¿Quiénes van a ser tus clientes?
3. ¿Qué menú vas a servir?
4. ¿Qué local vas a alquilar?

6-66 **¡A crear!** Antonio, el esposo salvadoreño de tu prima, va a abrir un restaurante cerca de tu universidad.

Primera parte: Escríbele un mensaje a Antonio con ideas y consejos para que el restaurante sea un éxito *(be successful)*.

- Empieza con un saludo: **Hola, Antonio:**
- Dile *(Say to him)*: **Tengo una gran idea para tu restaurante.**
- Explica tu idea. Incluye el concepto del restaurante y el menú (el tipo de comida).
- Usa expresiones impersonales para darle tres consejos: **Es buena idea..., Es importante..., Es recomendable...**
- Para terminar el mensaje, deséale suerte (**¡Buena suerte en tu restaurante!**) y despídete *(add a closing and your name:* **Saludos,** *[name])*.

Segunda parte: Intercambia *(Exchange)* papeles con un(a) compañero(a) de clase. Usa las siguientes preguntas como guía para editar su trabajo.

- *Does the message have a salutation and a closing?*
- *Does your classmate include all the information requested?*
- *Does your classmate use at least three impersonal expressions? Is the infinitive used after these impersonal expressions?*
- *Do the adjectives and articles match the nouns in number and gender?*
- *Are the verbs conjugated properly?*

6-67 **Nosotros: Mi restaurante favorito.** En el foro de discusión de MindTap, tú y tus compañeros subieron fotos y videos de sus restaurantes favoritos. Vamos a compartir *(share)* esa información.

Primera parte: ¡Prepárate para hablar! Primero, piensa en tu restaurante favorito. Completa la tabla *(chart)* con palabras y frases en español.

¿Cómo se llama el restaurante?	
¿Dónde está?	
¿Cuáles son sus mejores platos?	
¿Cómo es el servicio?	
¿Cuándo fue la última vez *(the last time)* que comiste allí? ¿Qué pediste?	

Segunda parte: ¡A hablar! Con dos o tres compañeros(as) de clase, usen sus apuntes y tomen turnos para hablar de sus restaurantes favoritos. Sus compañeros(as) deben hacer una o dos preguntas.

Modelo **Estudiante A:** Me gusta comer en… Está en… Sirven… El servicio… Comí allí…

Estudiante B: ¿Qué postres sirven?

Estudiante C: ¿Cuánto cuestan los platos principales?

© Syda Productions/ Shutterstock.com

6-68 **Perspectivas: Los platos típicos.** En MindTap, miraste un video sobre algunos platos típicos de España, México y Argentina. Con dos o tres compañeros(as) de clase, usen las preguntas y frases de la tabla *(chart)* para hablar de los platos típicos de su región y de un plato especial de su familia.

Preguntas	Palabras útiles	
1. ¿De dónde eres? ¿Cuál es un plato típico de tu ciudad, estado *(state)* o región? ¿Qué ingredientes lleva? ¿Te gusta ese plato?	cocinar	*to cook*
	el día festivo	*holiday*
2. ¿Cuál es un plato tradicional o especial de tu familia? ¿Qué ingredientes lleva? ¿Cuándo preparan Uds. ese plato?	las especias	*spices*
	hornear	*to bake*
3. ¿Cuál es uno de tus platos preferidos de la cocina *(cuisine)* internacional? ¿Qué ingredientes lleva? ¿Normalmente comes ese plato en casa o en un restaurante?	la receta	recipe
	tradicional	*tradicional*
	único	*unique*

6-69 **Videopodcast: El almuerzo.** En MindTap, miraste un video de un almuerzo típico de Costa Rica. Ahora, tú y tu compañero(a) van a hablar de un almuerzo típico en el campus o en su casa.

👤 **Primera parte: ¡Prepárate para hablar!** Primero, completa el diagrama *(chart)* con las preguntas que necesitas para entrevistar *(to interview)* a tu compañero(a).

How will you start the interview?	• Hola. • _____
How will you ask about when and where your partner usually has lunch?	• Por lo general, ¿a qué hora almuerzas? • _____ • _____
How will you ask for details about what your partner eats and drinks for lunch during the week and on weekends?	• Normalmente, ¿qué comes para el almuerzo? • _____ • _____ • _____
How will you ask your parnter about good and bad eating habits at lunch?	• Típicamente, ¿comes una variedad de alimentos en el almuerzo? • _____ • _____ • _____
How will you end the interview?	• ¡Muchas gracias! • _____

👥 **Segunda parte: ¡A hablar!** Usa tus apuntes *(notes)* para entrevistar a un(a) compañero(a) de clase. Después, tu compañero(a) va a entrevistarte a ti *(interview you)*.

Practice reading, writing, and speaking skills in ✲ MINDTAP:

• **Lectura: La argricultura**
• **Lectura auténtica: Las artes culinarias**
• **Composición:** A blog entry about healthy dining advice

• **Pronunciación:** The letters **z** and **c**
• **Síntesis:** Interpersonal, interpretive, and presentational activities

VOCABULARIO

Para aprender mejor

To memorize food vocabulary, classify it in categories that are meaningful to you; for example, by meals, where foods are found in a supermarket, foods you like and dislike, etc.

Sustantivos

el alimento *food*

el almuerzo *lunch*

el (la) camarero(a) *waiter / waitress*

el carbohidrato *carbohydrate*

la cena *dinner, supper*

el (la) cliente(a) *customer*

la comida *meal; lunch; main meal of the day*

la comida basura *junk food*

la comida rápida *fast food*

el condimento *condiment*

el consejo *advice*

la cuchara *spoon*

la cucharita *teaspoon*

el cuchillo *knife*

la cuenta *bill*

el desayuno *breakfast*

la dieta *diet*

el ejercicio *exercise*

el (la) entrenador(a) *trainer*

el estilo de vida *lifestyle*

el exceso *excess*

la fibra *fiber*

el grano *grain*

la grasa *fat*

el hábito *habit*

el menú *menu*

el (la) mesero(a) *waiter / waitress*

la nutrición *nutrition*

el plato *plate; dish*

el postre *dessert*

el producto lácteo *milk product*

la propina *tip*

la proteína *protein*

la rueda *wheel*

la salud *health*

la servilleta *napkin*

la taza *cup*

el tenedor *fork*

la variedad *variety*

el vaso *drinking glass*

Verbos

adelgazar *to lose weight*

aumentar de peso *to gain weight*

cambiar *to change*

conseguir (i) *to get, to obtain*

consultar *to consult*

consumir *to eat / drink; to consume*

dar consejos *to give advice*

despedirse (i) *to say good-bye*

evitar *to avoid*

explicar *to explain*

fumar *to smoke*

hacer ejercicio *to exercise; to work out*

llevar (una vida) *to lead (a life)*

mostrar (ue) *to show*

pedir (i) *to ask for; to order*

ponerse en forma *to get in shape*

preguntar *to ask*

prestar *to lend*

regalar *to give (as a gift)*

saltar *to skip*

Adjetivos

a la plancha *grilled*

balanceado(a) *balanced*

común *common, usual*

delicioso(a) *delicious*

dietético(a) *diet*

dulce *sweet*

empanizado(a) *breaded*

fresco(a) *fresh*

frito(a) *fried*

picante *spicy / hot*

principal *main*

rico(a) *good; tasty; rich*

saludable *healthy*

sano(a) *healthy*

sedentario(a) *sedentary*

suficiente *enough; plenty*

Frases útiles

¡Buen provecho! *Bon appetit!*

con regularidad *regularly*

en exceso *too much*

en moderación *in moderation*

Estoy satisfecho(a). *I've had plenty; I'm full.*

hay que *one must*

Hubo... *There was . . . / There were . . .*

¿Me pasas..., por favor? *Could you please pass me . . . ?*

¿Qué debo hacer? *What should I do?*

¡Qué rico(a)! *It's really good!*

¿Quieres más...? *Do you want more . . . ?*

se debe *one should*

según *according to*

Foods, drinks, and condiments, pp. 222–223, 234

Indirect object pronouns, p. 226

Restaurant phrases, pp. 234–235

Impersonal expressions, p. 250

Adverbs, p. 253

De compras

In this chapter you will . . .

- talk about clothes, colors, and styles
- practice making purchases in a clothing store
- express actions that have recently taken place
- identify souvenirs and describe what they're made of
- practice bargaining in a market
- write a post about a shopping experience
- share information about your favorite T-shirt

You will also . . .

- gain insight into Costa Rica and Panama
- compare what people wear in different cultures
- discuss shopping habits and bargaining etiquette
- discover connections to marketing and zoology
- identify typical souvenirs from various Spanish-speaking countries
- explore online shopping in Mexico or Spain

Albrook Mall, Ciudad de Panamá

NUESTRO **MUNDO**

Costa Rica y Panamá

Costa Rica y Panamá son dos países centroamericanos pequeños pero con economías fuertes. Ninguno de los dos tiene ejército *(army)*.

7-1 **Mi país.** Marisabel Echeverría es estudiante de medicina en San José, Costa Rica. Con un(a) compañero(a), lean su mensaje y contesten las preguntas.

Hola, mi nombre es Marisabel Echeverría, tengo 23 años y soy de San José, la capital de Costa Rica.

Costa Rica es un país muy pequeño pero es muy versátil. O sea *(That is)*, a distancias muy cortas uno puede hacer muchísimas cosas diferentes: surfear en la playa, escalar *(climb)* un volcán, hacer canopy, conocer la capital.

Entre mi lista de lugares favoritos cabe destacar *(it should be noted)* Santa Teresa, que es una hermosa *(beautiful)* playa en la provincia de Puntarenas con las mejores olas para surfear y con muy buenos restaurantes.

Marisabel en Santa Teresa, Costa Rica

1. ¿Cómo es Costa Rica según *(according to)* Marisabel?

2. ¿Qué se puede hacer en Costa Rica?

3. ¿Cuál es uno de los lugares favoritos de Marisabel? ¿Por qué le gusta?

¡Ahora tú!

• ¿Cuál de las actividades que menciona Marisabel te interesa más?

• Compara las distancias en Costa Rica y en tu estado *(home state)*: ¿puedes hacer actividades diferentes sin viajar mucho?

© Marisabel Echeverría

Para mí, Costa Rica es uno de los mejores lugares del mundo por su gran biodiversidad. (¡Concentra el 5% de las especies del planeta en tan solo el 0,03% de la superficie mundial!) Además, las personas que lo habitan se caracterizan por su gran amabilidad. Si tienen la oportunidad de conocer este maravilloso país en persona se lo recomendaría *(I would recommend it)* al 100%. Sin duda *(Without a doubt)*, es un lugar "pura vida".

Un perezoso *(sloth)* de Costa Rica

4. ¿Por qué deben visitar Costa Rica los amantes de la naturaleza *(nature lovers)*?

5. ¿Qué porcentaje (%) de las especies del planeta vive en Costa Rica?

6. ¿Cómo son los habitantes de Costa Rica?

¡Ahora tú!

• ¿Hay mucha biodiversidad donde tú vives?

• ¿Qué piensas que significa "pura vida"?

Amo *(I love)* Costa Rica, pero considero que todo lo que es ropa es muy caro *(expensive)*. Por esta razón, el año pasado fui de compras a Panamá: sus tiendas libres de impuesto *(duty-free shops)* tienen precios muy accesibles.

Panamá me pareció un lugar muy bonito e interesante. Es obligación visitar el canal de Panamá: tiene una historia y una ingeniería increíbles. Pero mi lugar favorito de Panamá es el Casco Viejo. Este distrito histórico (¡el más antiguo de la costa pacífica de las Américas!) es un paraíso con calles de muchísimos colores. Les recomendaría visitarlo porque la felicidad *(happiness)* que transmite este lugar es increíble.

Casco Viejo, Panamá

7. ¿Por qué fue Marisabel de compras a Panamá?

8. Según Marisabel, ¿qué lugar es importantísimo visitar en Panamá? ¿Por qué?

9. ¿Qué es el Casco Viejo? ¿Por qué le gusta mucho a Marisabel?

¡Ahora tú!

• ¿Adónde vas tú de compras porque los precios son más accesibles?

• ¿Cuál es tu lugar favorito de tu ciudad o pueblo? ¿Cómo se compara con el lugar favorito de Marisabel?

Go to ✿ MINDTAP for these additional activities:

• **Perfil: Almanaque** and **Mapa**
• **Mi país:** Extended version of Marisabel's narrative

• **Conexiones: Arte, Ecología, Ciencias**
• **Reportaje:** Video of Panama's biological research station

PASO 1 VOCABULARIO

La ropa y el estilo

En el escaparate

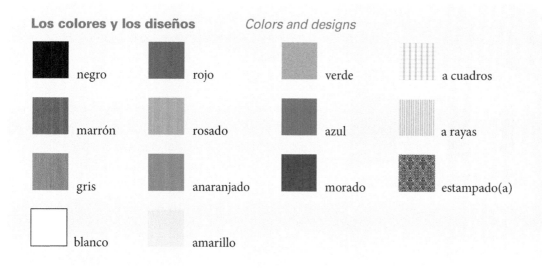

la corbata

el traje

el suéter

la chaqueta

la camisa

la camiseta

los zapatos (de vestir)

los vaqueros

los zapatos (deportivos)

Los colores y los diseños   *Colors and designs*

negro	rojo	verde	a cuadros
marrón	rosado	azul	a rayas
gris	anaranjado	morado	estampado(a)
blanco	amarillo		

En una tienda

la falda

el traje de baño

la blusa

los pantalones

el vestido

los pantalones cortos

las sandalias

las chancletas

Ropa de invierno	*Winter clothes*
el abrigo	*coat*
las botas	*boots*
la bufanda	*scarf, muffler*
los calcetines	*socks*
la gorra	*cap*
los guantes	*gloves*
la sudadera	*sweatshirt*

Para hablar sobre el estilo de ropa	*Talking about clothing styles*
¿Qué estilo de ropa te gusta?	*What style of clothes do you like?*
Me gusta llevar ropa cómoda.	*I like to wear comfortable clothes.*
Me gusta vestir a la última moda.	*I like dressing in the latest fashion.*
No me importa el estilo.	*I don't care about the style.*
Prefiero la ropa clásica / elegante / informal.	*I prefer classic / elegant / casual clothes.*

PASO 1 VOCABULARIO

¡Aplícalo!

Colaborar

7-2 **De colores.** ¿Qué colores asocias con estas cosas? Trabaja con un(a) compañero(a). Por turnos, una persona lee cada frase en voz alta y la otra persona responde con un color.

1. las fresas y los tomates
2. la nieve y el vestido de novia
3. una noche oscura
4. el sol
5. el brócoli y las espinacas

6. un día nublado
7. el mar
8. nuestra universidad
9. el otoño
10. las uvas y las violetas

Colaborar

7-3 **De moda.** ¿Cuántas personas en nuestra clase llevan esta ropa hoy? Con un(a) compañero(a), observen la ropa de sus compañeros de clase e indiquen el número de personas para cada prenda (article of clothing). ¿Cuál es la prenda más popular de la clase?

1. una camiseta con el logo de nuestra universidad
2. unos zapatos deportivos
3. una camisa o una blusa a cuadros
4. una chaqueta azul o gris

5. un suéter rojo
6. unos pantalones cortos
7. unos vaqueros azules
8. unas botas marrones
9. una camiseta estampada

Colaborar

7-4 **El estilo personal.** Eduardo y Marisa están hablando de su estilo personal. Con un(a) compañero(a), lean en voz alta su conversación. Hay que escoger la palabra más lógica entre paréntesis.

MARISA ¿Qué (1. estilo / abrigo) de ropa te gusta, Eduardo?

EDUARDO En realidad, no me (2. viste / importa) mucho el estilo. Prefiero llevar ropa (3. cómoda / sucia), como vaqueros y camisetas.

MARISA ¿Siempre llevas ropa (4. informal / rubia)?

EDUARDO Bueno, no siempre. Por ejemplo, para salir a bailar me pongo algo más (5. elegante / morado).

MARISA Pues a mí sí me gusta vestir a la (6. primera / última) moda. Me encanta ir de (7. compras / invierno).

EDUARDO Ya veo. ¡Gracias a Dios que tu papá te deja usar su (8. tienda / tarjeta) de crédito!

7-5 **La ropa de hoy.** ¿Qué ropa llevas hoy? ¿Qué ropa lleva tu compañero(a)? Tomen turnos para describir la ropa y los colores. La otra persona tiene que decidir si la descripción es cierta o falsa.

Modelo **Estudiante A:** Hoy llevas una camisa verde.

Estudiante B: Falso; hoy llevo una camiseta roja. Hoy llevas...

7-6 **¿Adónde voy?** Trabaja con un(a) compañero(a). Por turnos, una persona escoge un lugar de la lista y describe la ropa que lleva para ir allí. La otra persona tiene que adivinar *(guess)* el lugar adonde va.

Modelo **Estudiante A:** Llevo un traje de baño y sandalias. ¿Adónde voy?
Estudiante B: ¿A la playa, en verano?
Estudiante A: ¡Sí!

Lugares

a la playa, en verano	a un concierto
a las montañas, en invierno	a un partido de fútbol americano
a clase, en otoño	al gimnasio de tu barrio
a una boda formal	a una fiesta en tu campus

7-7 **¿Quién es?** Por turnos, una persona describe la ropa de un(a) estudiante en la clase y la otra persona tiene que decir quién es.

Modelo Esta persona lleva una falda azul, una blusa blanca, un suéter rojo y chancletas. ¿Quién es?

↻ Physical characteristics, **Capítulo 3 Paso 2**

7-8 **Súper memoria.** ¿Quién de Uds. tiene una súper memoria *(memory)*?

- Con dos o tres compañeros, miren atentamente el dibujo durante treinta segundos *(seconds)*.

- Luego, cierren los libros y saquen una hoja de papel. Individualmente, escriban oraciones para describir a la chica, al chico y al perro. Incluyan detalles del dibujo: los rasgos físicos, la ropa, los colores, el estilo, etcétera.

- Después, abran los libros y comparen notas. ¿Quién escribió la mejor descripción?

7-9 **La ropa y la moda.** Usa las siguientes preguntas para entrevistar *(interview)* a tu compañero(a). Luego él/ella te entrevista a ti.

1. ¿Qué estilo de ropa te gusta?

2. ¿Qué colores prefieres llevar? ¿Qué colores no llevas nunca?

3. ¿Qué te pones para salir con amigos?

4. ¿Cuál de tus amigos se viste a la última moda? ¿Qué se pone?

5. ¿Cuál es tu tienda de ropa preferida? Explica por qué te gusta.

6. ¿Qué ropa piensas comprar para la próxima estación? ¿Necesitas ropa elegante o informal?

Los adjetivos y los pronombres demostrativos

ELENA ¿Cómo me queda este vestido?

ROBERTA Muy bien, pero me gusta más ese. Es más elegante.

CARLA ¡Pss! ¡Elena! ¡Aquel chico te está mirando!

ELENA ¡Voy a comprar este vestido!

■■■
Descúbrelo

- Which dress does Roberta prefer? Why?
- Which one does Elena want to buy? Why?
- Which word seems to be the Spanish equivalent of *this*?
- The words **ese** and **aquel** can both mean *that* or *that one*. Which of the two words refers to something much farther away from the person speaking?

1. Demonstrative adjectives (**los adjetivos demostrativos**) are words used to point out specific persons or things, such as ***this*** *shirt* or ***those*** *jeans*. They are placed in front of nouns and, like all adjectives, match the nouns in gender and number.

¡**Esta** camisa es muy bonita! ***This*** *shirt is very pretty!*
(**Camisa** *is feminine, singular.*)

Me encantan **esos** vaqueros. *I love* ***those*** *jeans.*
(**Vaqueros** *is masculine, plural.*)

2. Here are the demonstrative adjectives in Spanish. Notice that Spanish has two different ways to express *that* and *those*, depending on how far away the objects are from the speaker.

Me gusta **esa** camiseta. *I like* ***that*** *T-shirt. (near you, the person I'm talking to)*

Aquel traje es muy caro. ***That*** *suit (over there, in the back) is very expensive. (not near the person speaking nor the person spoken to)*

Los adjetivos demostrativos

| | this | these | that | those | that | those |
	(close to both speakers)		*(closer to the person being spoken to)*		*(distant from both speakers)*	
masculine	este	estos	ese	esos	aquel	aquellos
feminine	esta	estas	esa	esas	aquella	aquellas

3. Demonstrative pronouns (**los pronombres demostrativos**) stand in for nouns that have already been mentioned; they use the same forms as the demonstrative adjectives.

Este vestido es más caro que **ese**. *This dress is more expensive than* ***that one***.

Esas faldas cuestan menos que **estas**. *Those skirts cost less than* ***these***.

4. There are two common neuter or gender-neutral demonstrative pronouns: **esto** *(this)* and **eso** *(that).* These pronouns never replace specific nouns; instead, they refer to unknown objects, ideas, or situations.

LUISA	¡He perdido mis llaves!	*I've lost my keys!*
MARCOS	¡**Eso** es terrible!	***That's** terrible!*
	(**Eso** *refers to the fact that the keys have been lost.*)	

Colaborar

7-10 **En el centro comercial.** Varios chicos están de compras. Con un(a) compañero(a), lean las descripciones y decidan si la información es cierta o falsa. Cambien las oraciones falsas para que sean ciertas *(so that they are true).*

¡Aplícalo!

1. Esta chica es alta y delgada y esa chica es baja y un poco gorda.

2. Esta chica tiene el pelo rubio y esa tiene el pelo negro.

3. Este chico lleva pantalones cortos y ese chico lleva vaqueros.

4. Estos chicos están mandando mensajes de texto y esos están mirando la ropa.

5. Esos suéteres son para mujeres y aquellos son para hombres.

6. Esas faldas son rosadas y blancas y aquellas son verdes y azules.

Colaborar

7-11 **Un regalo.** Marisol habla con un(a) dependiente *(sales clerk)* en una tienda. Con un(a) compañero(a), lean la conversación en voz alta y escojan los demostrativos correctos.

MARISOL	Busco un regalo para mi novio. Su cumpleaños es (1. este / estos) viernes.
DEPENDIENTE	¿Qué tal (2. este / esta) corbata? Es muy elegante.
MARISOL	Él ya tiene muchas. ¡Ay, (3. esto / este) es difícil! Odio ir de compras.
DEPENDIENTE	¡No se preocupe! ¿Qué tal (4. esos / esas) suéteres?
MARISOL	Me gusta (5. esa / ese): el suéter gris. Es clásico y cómodo.
DEPENDIENTE	Muy buena opción. A su novio le va a gustar mucho (6. este / esto) regalo.

7-12 **Los colores en nuestro salón de clase.** ¿De qué colores son las cosas en nuestro salón de clase? Con un(a) compañero(a) de clase, tomen turnos para preguntarse sobre los colores de varios objetos. Usen palabras como **este**, **ese** y **aquel**.

Modelo Estudiante A: ¿De qué color son **estos** bolígrafos?

Estudiante B: Son azules. ¿De qué color es **aquella** pizarra?

Estudiante A: Es blanca. ¿De qué color... ?

7-13 **De compras en Panamá.** Tú y tu compañero(a) de clase están de compras en Multiplaza, un gigantesco centro comercial *(shopping mall)* en Panamá. Pregúntense sobre los precios de la ropa en la tienda Tododeporte. Incluyan palabras como **este** y **ese**.

Modelo Estudiante A: ¿Cuánto cuestan **estas** gorras?

Estudiante B: Diez dólares.

Estudiante A: ¿Y **esas**?

Estudiante B: **Esas** cuestan quince dólares.

7-14 **Mis preferencias.** ¿Cuáles son las preferencias tuyas y las de tu compañero(a)? Entrevístense *(Interview each other)*. En los comentarios deben usar adjetivos demostrativos **(ese / esa / esos / esas)** y dar una explicación.

Modelo restaurante

Estudiante A: ¿Cuál es tu restaurante preferido?

Estudiante B: Me gusta mucho Harper's.

Estudiante A: A mí me gusta **ese** restaurante también. Los meseros son simpáticos. / A mí no me gusta **ese** restaurante; la comida es mala.

1. actores
2. tienda
3. desayuno
4. música
5. videojuego
6. películas
7. estación del año
8. equipo de fútbol americano

Los verbos como *gustar*

ALEXA ¿Te gusta el traje, amor? ¿Vas a comprarlo?

MATEO Definitivamente no. Los pantalones me quedan flojos.
        Y la corbata me queda pequeña.

ALEXA ¿Ah sí? Pues a mí ¡me encanta el traje!

1. As you learned in **Capítulo 3**, the verb **gustar** follows a special sentence pattern: Just two verb forms are commonly used, and indirect object pronouns indicate *who* likes the thing or activity. Many other verbs follow the same pattern.

INDIRECT OBJECT PRONOUN + **GUSTA** / **GUSTAN** + SUBJECT

Me   +   gusta   + el traje.

I like the suit. (The suit is pleasing to me.)

Verbos como *gustar*

encantar	*to love (a thing or an activity)*
faltar	*to be short (of something), to lack*
importar	*to matter, to be important (to somebody)*
interesar	*to be interested in*
molestar	*to bother*
parecer	*to seem, to appear*
quedar	*to fit, to have left, to remain*

2. These verbs commonly use only two forms in the present tense.

- Use **encanta, importa, interesa**, etc. before a singular noun or an infinitive.

  Me **encanta** ir de compras.   *I love going shopping.*

- Use **encantan, importan, interesan**, etc. before a plural noun or two singular nouns.

  Me **encantan** esos zapatos.   *I love those shoes.*

3. To specify a person with a noun (*Linda, my parents*), use **a** + (singular noun) + **le** + (verb) for one person, and **a** + (plural noun) + **les** + (verb) for two or more people.

  A Luis le interesa diseñar ropa.   *Luis is interested in designing clothing.*

4. The verb **quedar** can mean *to have left* or *to fit*. When used to express *to fit*, another word must be added to specify how a garment or shoe fits the person.

- The adverbs **bien** and **mal** do not change forms. For example: **Las botas te quedan <u>bien</u>.** *The boots fit you <u>well</u>.*

■ Descriptive adjectives must match in gender and number the garment that is mentioned. For example: **La <u>falda</u> le queda <u>floja</u>.** *The <u>skirt</u> is too <u>loose</u> on her.*

Adjetivos que se usan con *quedar*

apretado(a)(s)	*(too) tight, snug*	**grande(s)**	*(too) big*
flojo(a)(s)	*(too) loose, baggy*	**pequeño(a)(s)**	*(too) small*

5. The verb **parecer** *(to seem, to appear, to look)* follows a pattern similar to **quedar**; an adjective is added to express the opinion one has of the object.

OBJECT + INDIRECT OBJECT PRONOUN + **PARECE / PARECEN** + ADJECTIVE

Los zapatos +   le   +   parecen   + muy caros.

The shoes seem expensive to him/her.

Adjetivos que se usan con *parecer*

barato(a)(s)	*cheap, inexpensive*	**elegante(s)**	*elegant*
bonito(a)(s)	*pretty*	**feo(a)(s)**	*ugly*
caro(a)(s)	*expensive*	**informal(es)**	*casual*
cómodo(a)(s)	*comfortable*	**pasado(a)(s) de moda**	*out of style*

¡Aplícalo!

Colaborar

7-15 **De compras.** Mientras están de compras, Eva y Clarisa ven unas blusas bonitas. Completen Uds. la conversación con las palabras correctas.

DEPENDIENTE   Señoritas, ¿(1. te / les) interesa ver estas blusas?

EVA   Sí, gracias. ¡Ah! Me (2. encanta / encantan) el estilo. ¿Qué dices, Clarisa?

CLARISA   Las blusas me (3. parece / parecen) muy bonitas, pero el precio me (4. parece / parecen) muy alto.

EVA   Pues a mí no me (5. importa / importan) los precios. Señor, me gustaría comprar esta. Aquí tiene cincuenta dólares.

DEPENDIENTE   Con el impuesto *(tax)* son cincuenta y cinco, señorita. A Ud. (6. le / les) faltan cinco dólares.

EVA   ¡Áyala vida! Clarisa, ¿(7. nos / te) molesta prestarme cinco dólares?

CLARISA   Lo siento, Eva, pero a mí no (8. me / le) queda dinero en efectivo.

Colaborar

7-16 **¿Cómo le queda?** ¿Qué piensas de la ropa de Susana? Con un(a) compañero(a), completen las oraciones con las palabras más lógicas.

apretado(a)(s)	**flojo(a)(s)**
bien	**informal(es)**
cómodo(a)(s)	

1. A Susana le quedan _____ los vaqueros.

2. La camiseta le queda un poco _____.

3. Los zapatos le quedan _____.

4. La ropa de Susana me parece _____ y bastante _____.

© Anna Furman/Shutterstock.com

7-17 **Comentarios de ropa.** ¿Qué te parecen los siguientes artículos de ropa? Comparte *(Share)* opiniones con un(a) compañero(a) de clase.

Palabras útiles: apretado, bonito, cómodo, elegante, feo, flojo, pasado de moda

Modelo Estudiante A: ¿Qué te parece este vestido?
Estudiante B: Me parece muy elegante.

1.   2.   3.   4.   5.

Classes and activities, Capítulo 2

7-18 **Opiniones.** ¿Qué piensan tú y tu compañero(a) sobre la vida universitaria? Completen las oraciones con sus opiniones sobre estos temas.

Modelo Con respecto a los restaurantes en el campus, me gusta(n) ___.
Estudiante A: Con respecto a los restaurantes en el campus, me gusta mucho Pandini's. Los sándwiches son deliciosos y no son caros. ¿Qué piensas tú?
Estudiante B: Me gusta mucho Pasta Fresca porque tienen opciones para vegetarianos.

1. Con respecto a las carreras, me interesa(n) mucho ___. ¿Y a ti?

2. Con respecto a la vida social, a mis amigos y a mí nos encanta(n) ___. ¿Qué dices tú?

3. Con respecto a la vida estudiantil, a casi todos les estudiantes les falta(n) ___. ¿Qué piensas tú?

4. Con respecto a las residencias estudiantiles, me parece(n) ____. ¿Qué piensas tú?

5. Con respecto a las actividades sociales, a mis amigos y a mí nos encanta(n) ___. ¿Cuál es tu opinión?

7-19 **Opiniones sobre las compras.** En grupos de tres o cuatro, comenten estos temas y comparen sus opiniones.

1. ¿Te gusta ir de compras? Cuando vas de compras, ¿te importa más el precio o el estilo? ¿Qué otros factores son importantes para ti?

2. ¿Te interesan los programas en la tele sobre la moda? ¿Con qué frecuencia los miras?

3. ¿Qué haces cuando quieres comprar algo pero te falta dinero? ¿Cuáles son otras opciones?

4. ¿Te molesta si tu compañero(a) de cuarto usa tu ropa? ¿Cómo te sientes si tu compañero(a) usa tu ropa sin pedir permiso?

5. Si ves a un(a) amigo(a) con ropa que no le queda bien, ¿le dices algo? ¿Qué le dices?

EN ACCIÓN: Preguntas esenciales
¿Cuáles son las normas de vestir?

7-20 Piénsalo. ¿Qué normas de vestir siguen los estadounidenses (*Americans*)? Con un(a) compañero(a), completen las oraciones con sus opiniones.

1. Para ir a clase, muchos estudiantes llevan ___ y otros llevan ___.
2. En los negocios (*business matters*), muchas personas llevan ___.
3. Para eventos sociales, a menudo es común llevar ___.

Colaborar

7-21 La opinión de Marisabel. Marisabel Echeverría es una estudiante universitaria de Costa Rica. Con un(a) compañero(a), lean su comentario sobre las normas de vestir en Costa Rica. Luego contesten las preguntas.

1. Por lo general, ¿hay alguna norma en Costa Rica respecto a la forma de vestir?
2. ¿Cómo se visten los costarricenses cuando están en la playa?
3. ¿Por qué se ven fuera de lugar (*look out of place*) muchos turistas cuando están en la capital de Costa Rica?

foreigner
coastal

tank tops / hats

out of place

> Creo que en Costa Rica no hay una norma social para vestir. Aquí cada quien se viste prácticamente como quiere... La mayoría de veces que un extranjero° visita Costa Rica, su forma de vestir en las zonas costeras° es muy similar a la de los nacionales. Sin embargo, cuando visitan la ciudad de San José, muchas veces utilizan la misma ropa que utilizan en la playa, como por ejemplo, sandalias, shorts, camisas de tirantes° y sombreros°. Este estilo de ropa se utiliza en la ciudad solamente cuando hace muchísimo calor, por lo cual los extranjeros se podrían ver un poco fuera de lugar°.

© Marisabel Echeverría

7-22 Otras opiniones. En el sitio web yosoypuebla.com, la bloguera @lacendi aconseja (*gives advice*) sobre cómo vestirse como un **poblano** (*person from Puebla, Mexico*).

1. Según la bloguera (*blogger*), ¿qué prendas (*articles of clothing*) no llevan los habitantes de Puebla, México?
2. ¿Qué deben llevar los turistas si quieren integrarse a (*blend into*) la cultura poblana?

Cuban-style straw hat / cowboy hat

> "Olvídate de usar shorts y sandalias, así como camisas hawaianas o guayaberas. Nadie en Puebla utiliza esas prendas. También elimina de tu armario el sombrero cubano° y el sombrero norteño°. Nosotros te recomendamos que vistas casual y cómodo: unos jeans con zapatos y tenis cómodos para toda ocasión".

Fuente: yosoypuebla.com

7-23 ¿Y tú? Habla con un(a) compañero(a) sobre la pregunta esencial. Usen estas preguntas como punto de partida (*point of departure*).

1. En Estados Unidos, ¿has notado algunas diferencias regionales en la forma de vestir? (¿Sí? ¿Cuál es un ejemplo?)
2. Cuando viajas, ¿es más importante para ti expresar tu identidad con tu forma de vestir o seguir las normas locales?

En Santiago, capital de Chile, hay un museo muy interesante. Lee este artículo de www.plataformaurbana.cl para aprender sobre el museo y su colección.

Guía Urbana de Santiago: Museo de la Moda

Por Francisca Codoceo

Un museo de categoría internacional y único en su especie en nuestro país es el Museo de la Moda. Con piezas que datan desde el siglo V a.C.° hasta la actualidad°, la colección del Museo de la Moda es una de las más completas entre los museos privados del país. Si bien, de lo que más hay ejemplares es del siglo XX, especialmente de los años '50, las temáticas son variadas: vestimentas° y accesorios relacionados al tenis y al fútbol, colección del Mundial de Fútbol de 1962, colección de uniformes militares de la I y II Guerra Mundial°, colección de revistas° de moda desde el año 1830, colección de ropa de niños y juguetes° a través de los siglos.

Dentro de estas colecciones, algunas de las curiosidades que se pueden encontrar son el sostén° de conos de Madonna diseñado por Jean Paul Gaultier; chaquetas usadas por John Lennon, Kurt Cobain y Michael Jackson; la chaqueta de cuero° negro usada por Arnold Schwarzenegger en *Terminator*; y vestidos usados por Lady Di y Marilyn Monroe.

Estas colecciones se van exponiendo° temporalmente, pero siempre con la característica de que cada colección va acompañada° de música, luces, material gráfico y otros elementos que crean el ambiente° vivido en la época°.

Fuente: Francisca Codoceo, "Guía Urbana de Santiago: Museo de la Moda," plataformaurbana.cl.

siglo V a.C. *5th century* BC   la actualidad *currently*   vestimentas *clothes*   Guerra Mundial *World War*   revistas *magazines* juguetes *toys*   sostén *bra*   cuero *leather*   se van exponiendo *are displayed*   acompañada *accompanied*   ambiente *atmosphere* época *era*

7-24 **¿Qué entiendes?** Con un(a) compañero(a), seleccionen las palabras correctas para completar este resumen (*summary*) del artículo. Luego, léanlo en voz alta (*aloud*).

El Museo de la (1. Ropa / Moda / Fama) es un museo privado en la ciudad de Santiago, Chile. La ropa más antigua de su colección es de los años (2. 400 a.C. / 1000 a.C. / 1500), pero la mayoría de la ropa es de los años 1900, en particular, la década de (3. 1950 / 1970 / 1980). Algunas piezas son ropa relacionada a los (4. carnavales / deportes / cumpleaños). También hay ropa de personas famosas, como por ejemplo, (5. la chaqueta / los guantes / los pantalones) de Michael Jackson y (6. la bufanda / el abrigo / el vestido) de Marilyn Monroe.

7-25 **Tertulia.** Con dos o tres compañeros(as) de clase, hablen sobre el Museo de la Moda. Usen estas preguntas como punto de partida.

1. ¿Qué te parece el Museo de la Moda? ¿Te gustaría visitarlo? ¿Por qué?

2. ¿Qué piezas de la colección te interesan más?

PASO 2 VOCABULARIO

Vamos de compras

En un gran almacén

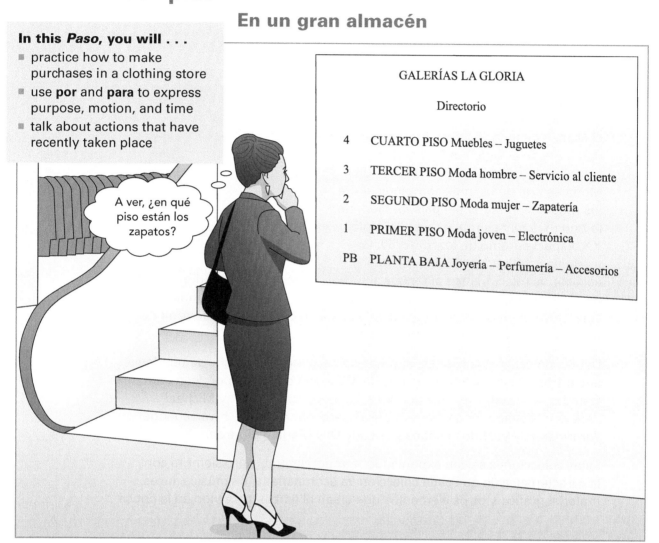

A ver, ¿en qué piso están los zapatos?

GALERÍAS LA GLORIA

Directorio

4	CUARTO PISO Muebles – Juguetes
3	TERCER PISO Moda hombre – Servicio al cliente
2	SEGUNDO PISO Moda mujer – Zapatería
1	PRIMER PISO Moda joven – Electrónica
PB	PLANTA BAJA Joyería – Perfumería – Accesorios

Los números ordinales · *Ordinal numbers*

1º primero(a)	6º sexto(a)	*first*	*sixth*
2º segundo(a)	7º séptimo(a)	*second*	*seventh*
3º tercero(a)	8º octavo(a)	*third*	*eighth*
4º cuarto(a)	9º noveno(a)	*fourth*	*ninth*
5º quinto(a)	10º décimo(a)	*fifth*	*tenth*

Los precios · *Prices*

¿Cuánto cuesta?	*How much does it cost?*
¿Cuánto es?	*How much is it?*
Diez mil quinientos colones	*10,500 colones*
Dos millones de colones	*2,000,000 colones*

Frases de un(a) dependiente(a) · *Salesclerk's phrases*

¿En qué puedo servirle?	*How may I help you?*
¿Qué talla necesita?	*What size do you need?*
¿Busca un color en particular?	*Are you looking for a specific color?*

De compras en el centro comercial

Más frases de un(a) dependiente(a)

¿Qué le parece (esta camisa)?
¿Quiere probarse (los pantalones)?
Está rebajado(a). / Están rebajados(as).
¿Cómo desea pagar?

Frases de un(a) cliente(a)

Solo estoy mirando, gracias.
Busco (una camiseta).
Necesito talla pequeña / mediana / grande / 38.
¿Tiene uno(a) en (azul)?
¿Dónde están los probadores?
Me queda bien / mal.
Es muy caro(a). ¿Tiene uno(a) más barato(a)?
Lo / La / Los / Las compro.
Voy a pagar en efectivo / con tarjeta de crédito.

More salesclerk's phrases

What do you think about (this shirt)?
Do you want to try on (the pants)?
It's on sale. / They're on sale.
How do you want to pay?

Customer's phrases

I'm just looking, thank you.
I'm looking for (a T-shirt).
I need size small / medium / large / 38.
Do you have one in (blue)?
Where are the fitting rooms?
It fits me well / poorly.
It's very expensive. Do you have a cheaper (less expensive) one?
I'll buy it / them.
I'm going to pay cash / with a credit card.

PASO 2 **VOCABULARIO**

¡Aplícalo!

 Large numbers,
Capítulo 4 Paso 2

7-26 **El (La) dependiente(a) del mes.** Mira la gráfica de ventas *(sales)* del departamento de muebles del gran almacén Las Palmas. Trabajando con un(a) compañero(a), digan cuánto vendió cada dependiente(a) y en qué lugar está.

Colaborar

Modelo   Sonia Vendelotodo está en primer lugar *(first place)*, con ventas de veinticinco millones quinientos mil colones.

Las Palmas: Departamento de Muebles FEBRERO			
Dependiente	**Total de ventas**	**Dependiente**	**Total de ventas**
Sonia Vendelotodo	₡25 500 000	Teófilo Tenaz	₡22 000 000
Mario Maluco	₡10 100 000	Margarita Llegatarde	₡12 600 000
Sergio Alcancía	₡24 750 000	Néstor Nifunifa	₡18 300 000
Patricia Plata	₡22 900 000	Silvia Caralarga	₡15 400 000

7-27 **El dependiente y el cliente.** ¿Quién habla: el dependiente o el cliente? Con un(a) compañero(a), tomen turnos para leer una línea *(line)* y decir si corresponde al dependiente o al cliente.

Colaborar

Solo estoy mirando, gracias.

¿Qué le parece aquella chaqueta?

Necesito una talla más grande.

¿Quiere probarse estas botas?

¿En qué piso están los televisores?

Todas las camisetas están rebajadas hoy.

La tienda cierra en media hora.

¿Tiene una más barata?

7-28 **Un nuevo empleo.** Tienes un nuevo empleo *(job)*: vas a ser dependiente(a) *(salesperson)* en un almacén que tiene muchos clientes hispanos. ¿Qué necesitas decir en las siguientes situaciones? Trabaja con un(a) compañero(a) para completar las frases del (de la) dependiente(a) de una manera lógica.

Colaborar

1. Buenos días, señora. ¿En qué _____?

2. ¿Una chaqueta? ¿Qué talla _____?

3. Tenemos suéteres en muchos colores bonitos. ¿Busca _____?

4. ¿Los probadores? Están _____.

5. La camisa no le queda bien. Pero tenemos una _____.

6. Hoy las camisas cuestan solo $20. Están _____.

7. Puede pagar en efectivo o _____.

¡Exprésate!

7-29 **El directorio.** ¿En qué pisos están estos artículos? Con un(a) compañero(a) de clase, miren el directorio de Galerías La Gloria en la página 276 y dramaticen pequeños diálogos. Sigan el modelo.

Modelo   **Cliente(a):** ¿En qué piso están las faldas?

Empleado(a): Están en el segundo piso.

1. los sofás
2. las sandalias
3. las corbatas
4. los televisores
5. la colonia y los cosméticos
6. las raquetas de tenis
7. los vaqueros para chicos de 14 años
8. (Continúen con otros artículos.)

7-30 **En un gran almacén.** ¿Qué dicen el (la) cliente(a) y el (la) dependiente(a)? Con un(a) compañero(a), dramaticen la siguiente conversación.

DEPENDIENTE(A)   ¿(1) _____?

CLIENTE(A)   Busco una camiseta.

DEPENDIENTE(A)   ¿Qué talla necesita?

CLIENTE(A)   (2) _____.

DEPENDIENTE(A)   ¿Qué le parece esta camiseta? La tenemos en azul, gris y verde.

CLIENTE(A)   (3) _____. ¿(4) _____?

DEPENDIENTE(A)   Están allí, en el fondo *(in the back).*

(Unos minutos más tarde)

CLIENTE(A)   Me queda apretada. ¿(5) _____?

DEPENDIENTE(A)   Sí, aquí hay otra en una talla grande.

CLIENTE(A)   ¡Perfecto! ¿(6) _____?

DEPENDIENTE(A)   Está rebajada. (7) _____.

CLIENTE(A)   Tiene muy buen precio. (8) _____.

DEPENDIENTE(A)   Muy bien. ¿(9) _____?

CLIENTE(A)   Con tarjeta de débito.

7-31 **Por las tiendas.** Con un(a) compañero(a) de clase, dramaticen las escenas en los dibujos. Usen las expresiones de las páginas 276 y 277.

1.

2.

3.

Por y para

ORLANDO	Caminé por tres horas por todo el centro comercial pero ¡por fin conseguí algo para mi madre!
AMANDA	¡Qué bonito!
ORLANDO	¡Y barato! Lo compré por treinta dólares.
AMANDA	Conseguiste las tres Bs: ¡bueno, bonito y barato!

■■■
Descúbrelo

■ What did Orlando buy? Who is it for?

■ Does Amanda think it was a good buy? Why?

■ How many times is **por** used? In which instances does it mean *for*? Where does it mean *around*? With what other word does it express *finally*?

■ Is **por** or **para** used to express *for my mother*?

1. The prepositions **por** and **para** are often translated as *for* in English. However, the two are not interchangeable, and they can also be used to express several different notions.

> Te doy $10 **por** la camiseta. *I'll give you $10 **for (in exchange for)** the T-shirt.*
>
> Te doy $10 **para** la camiseta. *I'll give you $10 **for (so you can buy)** the T-shirt.*

2. **Para** is used to express:

for (someone)	Busco un regalo **para mi sobrina**.
for (a particular use)	Esta taza es **para el café**.
in order to, to (+ infinitive)	Fui al centro comercial **para comprar botas**.
by, for (a certain time or day)	Necesito comprar el regalo de Susana **para el viernes**.

3. **Por** is used to express:

for (an amount of time)	Trabajo todos los lunes **por seis horas**.
for, in exchange for	Compré el abrigo **por ochenta dólares**.
through, by, along, around	Paseamos **por el centro comercial**.
per	Cuesta $20 **por persona**.
in / during (a time of day: **mañana / tarde / noche**)	Trabaja en esa tienda **por la tarde**.

4. **Por** is also used in certain set phrases:

por ejemplo	*for example*	**por lo general**	*generally, in general*
por eso	*for that reason, that's why*	**por lo menos**	*at least*
		por supuesto	*of course, certainly*
por favor	*please*	**por último**	*finally*
por fin	*at last*		

Colaborar

7-32 **Los regalos.** Carmen fue de compras ayer. Para saber qué pasó, trabaja con un(a) compañero(a) para relacionar las dos columnas. Tomando turnos, una persona lee la primera parte de cada oración y la otra persona lee la conclusión más lógica.

_____ 1. Ayer tuve que ir de compras para...

_____ 2. Di un paseo por...

_____ 3. Pasé horas buscando el regalo perfecto; por...

_____ 4. Me ofrecieron un descuento adicional del 20 por...

_____ 5. Así que (*So*) compré la blusa por...

_____ 6. También vi unas camisas bonitas y compré una para...

_____ 7. Al mediodía volví a casa porque por...

_____ 8. Pero mañana pienso regresar porque necesito otro regalo para...

a. el centro, donde están las tiendas más elegantes.

b. buscar un regalo para mi mamá.

c. ciento.

d. el cumpleaños de mi hermana.

e. solo $30.

f. fin, encontré una blusa muy bonita.

g. la tarde siempre cuido (*babysit*) a mis hermanitos.

h. papá.

Colaborar

7-33 **Vamos de viaje.** Geraldo y su familia van a Costa Rica de vacaciones. Con un(a) compañero(a), completen su blog con **por** y **para**, según el contexto. ¿Conocen algunos de los lugares mencionados?

| Inicio | Sobre mí | Blogs | Archivo |

Mi blog   [   ] [Buscar]

22 de enero

Estoy muy emocionado porque ¡mañana
(1) _____ la tarde salimos para Costa Rica!
    Primero pensamos hacer turismo en la capital
(2) _____ unos días. Queremos visitar los
museos, ver un espectáculo en el Teatro Nacional y
caminar (3) _____ la Plaza de la Cultura. Claro, también vamos al
mercado (4) _____ comprar recuerdos.

   En San José ofrecen muchas excursiones muy económicas,
(5) _____ menos de $500, a otras partes del país.
(6) _____ eso pensamos hacer dos pequeños viajes también.
Primero vamos a Tortuguero, en la costa Atlántica, (7) _____ ver
las tortugas (*turtles*). Después queremos ir a Tamarindo, en la costa Pacífica.

   Sé que este viaje va a ser una experiencia maravillosa
(8) _____ toda la familia.

Photo: © Allison Hays-Allicat Photography/Shutterstock.com

Large numbers,
Capítulo 4 Paso 2

 7-34 **¿Qué compraste?** Imagina que fuiste a Costa Rica y compraste estos artículos para tus parientes. Toma turnos con tu compañero(a) para decir qué compraste, para quién y por cuántos colones.

Colaborar

Modelo Compré estas sandalias **para** mi hermana **por** diecinueve mil doscientos colones.

₡19.200

₡14.800
1.

₡16.500
2.

₡8250
3.

₡5500
4.

₡9300
5.

 7-35 **¡Qué día!** ¡Hoy tienes muchas cosas que hacer! Con tu compañero(a), tomen turnos para decir a qué hora van a los siguientes lugares y explicar para qué. Usen **para** + *infinitivo*.

Colaborar

Modelo a la librería

A las nueve voy a la librería **para comprar** libros de texto.

1. al almacén
2. al gimnasio
3. a la biblioteca
4. a la farmacia
5. al banco
6. al aeropuerto
7. a la clínica
8. al museo

7-36 **Encuesta de un centro comercial.** Con un(a) compañero(a), tomen turnos completando la encuesta *(survey)* sobre los hábitos de compra. Una persona hace las preguntas y la otra contesta con **por** o **para**.

ENCUESTA DEL CENTRO COMERCIAL GRAN PLAZA

1. ¿Para qué vino aquí hoy?

2. ¿Por cuáles tiendas paseó?

3. ¿Se compró algo para Ud.? ☐ sí ☐ no

4. ¿Cuánto pagó por eso?

5. ¿Cuándo prefiere ir de compras? ☐ por la mañana ☐ por la tarde

¡Gracias por su participación!

7-37 **Busco un regalo.** Con un(a) compañero(a), dramaticen una escena entre un(a) cliente(a) y un(a) dependiente(a). El (La) cliente(a) busca un regalo para un pariente y el (la) dependiente(a) le hace preguntas para recomendar algo. En la conversación, Uds. tienen que usar **por** y **para** cinco veces o más.

Modelo Cliente(a): Busco un regalo **para** mi hermana.

Dependiente(a): ¿Es **para** su cumpleaños?...

El presente perfecto de indicativo

comprar el vestido

reservar un hotel ✓

pedir las flores

MIRTA ¿Has comprado tu vestido de novia?

ALICIA No, no he tenido tiempo.

MIRTA Chica, ¡tu boda es en dos meses!

ALICIA Bueno, he reservado un hotel para la recepción. Ya es algo. *(It's a start.)*

■■■
Descúbrelo

- What does Alicia need to do to get ready for her wedding?
- Which of the things on her list has she already done?
- Why hasn't she done more?
- What little word is used to express *I have (done something)*? What ending is used in the verb forms immediately after this little word?

1. The present perfect tense (**el presente perfecto**) is used to express what somebody *has done* or what events *have taken place*. It is composed of two words: the present tense of the verb **haber** followed by a past participle.

¿Has ido de compras últimamente? ***Have** you **gone** shopping lately?*

2. The present tense forms of **haber** are **he, has, ha, hemos, habéis,** and **han.** Past participles are formed by dropping the **-ar** of an infinitive and adding **-ado**, or by dropping the **-er / -ir** of the infinitive and adding **-ido.**

El presente perfecto = haber (+ *participio pasado*)

yo	**he** *trabajado*	*I have worked*
tú	**has** *comido*	*you (inf.) have eaten*
Ud./él/ella	**ha** *vivido*	*you (form.)/he/she have / has lived*
nosotros(as)	**hemos** *comprado*	*we have bought*
vosotros(as)	**habéis** *estudiado*	*you (pl.) have studied*
Uds./ellos/ellas	**han** *salido*	*you (pl.)/they have left*

3. Some past participles are irregular.

abrir: **abierto** *opened*   poner: **puesto** *placed, set*

decir: **dicho** *said*   resolver: **resuelto** *solved, resolved*

escribir: **escrito** *written*   romper: **roto** *broken*

hacer: **hecho** *made, done*   ver: **visto** *seen*

ir: **ido** *gone*   volver: **vuelto** *returned*

morir: **muerto** *died*

4. The present perfect is often used in statements with the expressions **ya** and **todavía no.** Questions in the present perfect often include the phrase **alguna vez.**

Ya hemos comprado el regalo.   *We've **already** bought the gift.*

Todavía no he comprado nada.   *I haven't bought anything **yet**.*

¿Has comprado en esa tienda **alguna vez**?   *Have you **ever** shopped in that store?*

¡Aplícalo!

7-38 Ta-Te-Ti con los participios pasados. Con un(a) compañero(a), jueguen al Ta-Te-Ti. Por turnos, cada persona tiene que decir el participio pasado correcto antes de poner su X o su O en el cuadrado *(square)*.

comprar	vivir	hacer
escribir	comer	ver
poner	pagar	salir

abrir	trabajar	ir
asistir	morir	tener
romper	volver	preparar

Colaborar

7-39 Una entrevista. Federico quiere trabajar en una tienda durante el verano. Con un(a) compañero(a), completen la entrevista *(interview)* con los verbos más lógicos. Hay que usar el presente perfecto.

SR. GÓMEZ   ¿(1. Trabajar / Vivir) Ud. alguna vez en una tienda?

FEDERICO   No, pero yo (2. leer / tomar) clases de mercadotecnia *(marketing)*.

SR. GÓMEZ   Ah, muy bien. ¿(3. Tener / Ir) Ud. otro tipo de empleo *(employment)*?

FEDERICO   Sí, yo (4. salir / conducir) un autobús para la universidad. Soy muy puntual y responsable.

SR. GÓMEZ   ¡Qué bueno! ¿(5. hacer / romper) Ud. trabajo voluntario alguna vez?

FEDERICO   Sí. En mi clase de informática nosotros (6. escribir / decir) varios programas educativos para niños. También hablo inglés aunque yo nunca (7. vivir / beber) en Estados Unidos.

SR. GÓMEZ   Bueno, eso es todo por el momento. Vamos a estar en contacto.

Colaborar

7-40 Inauguración de la tienda Tuanis. Marilú y Manuel van a abrir una nueva tienda. ¿Qué no han hecho todavía? Con un(a) compañero(a) de clase, miren la siguiente lista. Tomen turnos para decir algo que ya han hecho y algo que todavía no han hecho.

Modelo   Ya han sacado la basura pero todavía no han limpiado el baño.

> ### Cosas para hacer
>
> limpiar el baño
> ✓ sacar la basura
> ✓ lavar las ventanas
> ✓ vestir los maniquís
>   barrer el piso
> ✓ limpiar los estantes
>
> ✓ guardar los suéteres
>   planchar los pantalones
>   abrir las puertas
> ✓ escribir los precios
>   regar las plantas
>   guardar el dinero

Nota cultural

The name of this store—**Tuanis**—is a Central American word for *nice, awesome.* Slang words vary from region to region and across generations. For instance, instead of **tuanis**, many young people say **padre** (Mexico), **guay** (Spain), **chévere** (Venezuela), and **bacán** (Chile).

¡Exprésate!
Colaborar

7-41 **Centroamericanos famosos.** ¿Qué han hecho los siguientes centroamericanos para ser famosos? Trabaja con un(a) compañero(a) de clase para relacionar a las personas con sus logros *(achievements)*. Usen el presente perfecto.

© JOHAN ORDONEZ/
AFP/Getty Images

Modelo La activista de Guatemala Rigoberta Menchú ha recibido el Premio Nobel de la Paz *(Peace)*.

Centroamericanos famosos:
la activista de Guatemala Rigoberta Menchú
el actor hondureño José Zúñiga
la diseñadora salvadoreña Francesca Miranda
la escritora nicaragüense Gioconda Belli
el exastronauta de Costa Rica Franklin Chang-Díaz
el cantante panameño Rubén Blades

Logros importantes:
viajar al espacio siete veces
ganar más de ocho premios Grammy
escribir muchas novelas y poemas
representar papeles *(roles)* en el cine y la televisión
recibir el Premio Nobel de la Paz *(Peace)*
hacer colecciones de ropa para hombres y mujeres

Clase

7-42 **Colección de firmas.** ¿Quiénes de Uds. han hecho las siguientes actividades? Circula por el salón de clase para entrevistar a varios compañeros. Si contestan "sí", tienen que firmar *(sign)* tu tabla.

Modelo **viajar** a Costa Rica
　　　　Estudiante A: ¿**Has viajado** a Costa Rica alguna vez?
　　　　Estudiante B: No, nunca **he viajado** a Costa Rica. / Sí, **he viajado** a Costa Rica dos veces.
　　　　Estudiante A: Bueno, gracias. / Firma aquí, por favor.

Actividad	Firma *(signature)*
1. **trabajar** de dependiente(a)	
2. **comer** ceviche	
3. **hacer** un crucero	
4. **ver** un partido de hockey	
5. **bucear** en el mar	
6. **escribir** un poema de amor *(love)*	

7-43 **¡Increíble!** ¡Vamos a jugar! Primero, tienes que pensar en algo increíble que tú y tus amigos han hecho y en dos cosas que **no** han hecho. Después, formen círculos pequeños y tomen turnos para decir sus tres oraciones. Los compañeros tienen que decir cuál de las oraciones es verdad *(true)*.

Modelo **Estudiante A:** Mis amigos y yo hemos ido al canal de Panamá. Hemos nadado cinco millas en el océano Pacífico. Hemos conocido al presidente de Estados Unidos.
　　　　Estudiante B: Han conocido al presidente de Estados Unidos, ¿verdad?
　　　　Estudiante A: Sí, es verdad. Lo conocimos en el campus el año pasado.

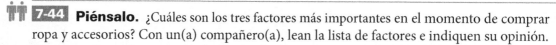

EN ACCIÓN: Preguntas esenciales

¿Qué factores son importantes a la hora de comprar?

 7-44 **Piénsalo.** ¿Cuáles son los tres factores más importantes en el momento de comprar ropa y accesorios? Con un(a) compañero(a), lean la lista de factores e indiquen su opinión.

- el precio
- la marca (*brand*)
- la publicidad (*advertising*)
- el estilo
- la calidad (*quality*)
- la opinión de amigos o familiares

Colaborar **7-45** **La opinión de Marisabel.** Marisabel Echeverría, una estudiante universitaria de Costa Rica, nos habla sobre las compras en su país. Con un(a) compañero(a), lean su comentario y contesten las preguntas.

1. Para Marisabel, ¿cuáles son los dos factores más importantes en el momento de comprar?

2. De los dos factores, ¿cuál es más importante para Marisabel? ¿Por qué?

I pay attention
brand
inflate

> Cuando voy de compras acá en Costa Rica, me fijo° en dos cosas básicas: en el precio y en la marca°. En primer lugar pondría el factor precio ya que acá pueden inflar° muchísimo el costo de cualquier producto. En segundo lugar pondría el factor marca, no tanto por la marca en sí, sino por el estilo de ropa que tiene esa tienda en particular.

© Marisabel Echeverría

Colaborar **7-46** **Otras opiniones.** ¿Qué factores son importantes en el momento de comprar en línea? Con un(a) compañero(a), observen la gráfica basada en un estudio realizado en España. Luego, completen las oraciones con información de la gráfica.

1. En España, el factor más importante en el momento de comprar en línea es ___.

2. El factor menos importante es ___.

3. Aproximadamente el ___% de las personas indica que hay otro factor importante: ___.

FACTORES QUE TENEMOS EN CUENTA

- 14,20% Marca
- 22,33% Facilidad para comprar
- 31,42% Gastos de envío
- 32,05% Calidad del producto

Fuente: www.synergyweb.es

facilidad para comprar *ease of purchase*   gastos de envío *shipping costs*

 7-47 **¿Y tú?** Habla con un(a) compañero(a) sobre la pregunta esencial. Usen estas preguntas como punto de partida (*point of departure*).

1. Para ti, ¿cuáles factores son importantes en el momento de comprar ropa y accesorios en tiendas o grandes almacenes?

2. ¿Qué factores son importantes cuando compras en línea?

EN ACCIÓN: Comunicación interpersonal

El Museo de la Moda en Santiago de Chile tiene una colección grande de prendas de vestir *(articles of clothing)*. Esta es una lista de algunas de las piezas célebres que posee.

- El vestido rojo que usó Marilyn Monroe en 1956 para el estreno de la obra teatral *Panorama desde el puente*.
- El vestido negro que lució la princesa Diana de Gales en 1981 después de anunciar su compromiso con el príncipe Carlos.
- El corsé diseñado por Jean Paul Gaultier que la cantante Madonna vistió en *Blond Ambition Tour* de 1990.
- La chaqueta de estilo militar que lució el músico John Lennon en la portada de la revista *Life* en 1966.

© GABRIEL BOUYS/Getty Images

Fuente: "Museo de la Moda (Santiago de Chile)," es.wikipedia.org.

estreno *opening*   lució *wore*   compromiso *engagement*   portada *cover*   revista *magazine*

 7-48 **¡A dialogar!** Con un(a) compañero(a) de clase, hablen sobre la colección de ropa del Museo de la Moda en Santiago, Chile. Usen estas preguntas como punto de partida *(point of departure)*.

1. ¿Cuáles de las prendas *(pieces of clothing)* de la lista has visto antes? ¿Dónde la has visto? ¿Qué más sabes sobre esta pieza?

2. Usando números ordinales, pon las cuatro prendas de la lista en orden de importancia. ¿Por qué piensas que la pieza en primer lugar merece *(deserves)* estar en primer lugar? ¿Tiene valor artístico, histórico, sentimental o algo más?

3. ¿Qué otras piezas célebres deseas ver en la colección del Museo de la Moda? ¿Cuánto crees que cuestan?

4. ¿Has visitado algún museo con una colección de ropa histórica? ¿Dónde está? ¿De qué época *(period of time)* es la ropa? ¿Qué artículos te parecieron más interesantes?

El mercado de artesanías

In this *Paso*, you will . . .
- identify souvenirs and what they are made of
- learn how to bargain in a market
- avoid repetition when saying who or what is involved

Recuerdos típicos

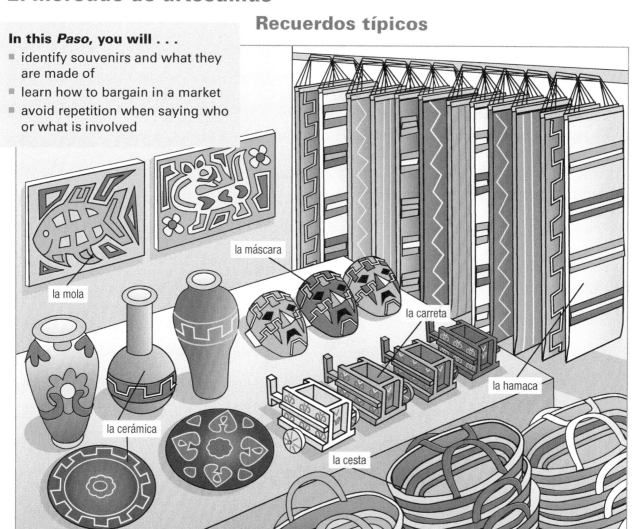

la máscara
la mola
la carreta
la hamaca
la cerámica
la cesta

Las joyas	Jewelry
el anillo	*ring*
los aretes	*earrings*
el collar	*necklace*

Los accesorios	Accessories
la billetera	*wallet*
el bolso	*purse; handbag*
el cinturón	*belt*
el llavero	*key ring*
el sombrero	*hat*

Para hablar de los materiales	Talking about materials
¿De qué está(n) hecho(a)(s)?	*What is it / are they made of?*
Está(n) hecho(a)(s) de oro / de plata / de cuero / de madera / de paja.	*It's / They're made of gold / of silver / of leather / of wood / of straw.*
Está(n) hecho(a)(s) a mano.	*It's / They're handmade.*

El regateo

Frases para regatear

¿Cuánto cuesta (ese sombrero)?
Me gusta pero no tengo mucho dinero.
Le puedo ofrecer (veinte dólares).
Gracias, pero es demasiado caro(a) para mí.
Está bien. Me lo (la) llevo.

Frases de un(a) vendedor(a)

Es de primera calidad.
Se lo (la) dejo en solo (treinta dólares).
Es mi última oferta.

Bargaining expressions

How much does (that hat) cost?
I like it, but I don't have a lot of money.
I can offer you (20 dollars).
Thank you, but it's too expensive for me.
Okay. I'll take it.

Vendor's phrases

It's top quality.
I'll let you have it for only (30 dollars).
It's my last offer.

¡Aplícalo!

Colaborar

7-49 **¿Qué es?** Kelly quiere comprar algunas cosas en el mercado de artesanías pero no recuerda las palabras exactas. Toma turnos con un(a) compañero(a): una persona lee una descripción y la otra identifica la cosa de la lista.

> **Nota cultural**
>
> When bargaining, first establish a friendly rapport. Be polite and smile; never denigrate the merchandise to get a discount or make an extremely low offer that insults the vendor. If you end up paying around 70% of the asking price, you did well!

un anillo	**una billetera**	**una carreta**	**un collar**	**una hamaca**
unos aretes	**un bolso**	**un cinturón**	**un cuadro**	**una mola**

1. Quiero comprar algo para mi mamá pero no recuerdo la palabra. Es un accesorio para hombres o mujeres. Está hecho de cuero normalmente. Lo llevamos con los pantalones por lo general.

2. También quiero una joya especial para mi hermana. Es un artículo muy pequeño. Está hecho de plata o de oro. Es para llevar en el dedo (*finger*).

3. Y para mis abuelos quiero un artículo de artesanías muy típico. No sé de qué está hecho, pero lo usamos para dormir en el jardín o en el patio de la casa.

4. Para mi mejor amiga quiero algo práctico. Está hecho de cuero o de paja. Es donde ponemos el dinero, el celular y otras cosas personales.

5. ¡Ay! ¡Casi me olvidé! Quiero algo para mi padre. A él le encanta el arte. ¿Cómo se llama esta cosa, el producto de un artista?

Colaborar

7-50 **En el mercado.** Con un(a) compañero(a), relacionen las dos columnas de una manera lógica. Tomen turnos para leer la frase del (de la) cliente(a) y la respuesta del (de la) vendedor(a).

El (La) cliente(a):

_____ 1. ¿Qué es algo típico de Panamá?

_____ 2. ¿Cuánto cuesta ese collar?

_____ 3. ¿Me puede hacer un descuento?

_____ 4. Le puedo ofrecer $40 por este cuadro.

_____ 5. Está bien. Me lo llevo.

El (La) vendedor(a):

a. ¿Quiere algo más?

b. Es muy poco. Se lo dejo en $50.

c. Solo $35. Está hecho de plata.

d. Si compra dos, le doy un precio especial.

e. Estas máscaras son muy típicas. Están hechas de madera.

7-51 **El Tucán.** Estás en la tienda El Tucán. Trabaja con un(a) compañero(a) para crear diálogos sobre el precio y el material de cada objeto.

Modelo
Turista: ¿Cuánto cuesta esta máscara?
Vendedor(a): Quince dólares.
Turista: ¿De qué está hecha?
Vendedor(a): Está hecha de madera.

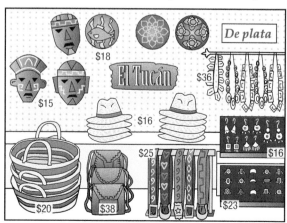

7-52 **No recuerdo la palabra.** Estás de compras en San José, Costa Rica. Quieres comprar algunos recuerdos, pero ¡no recuerdas las palabras exactas para algunas de las cosas! Toma turnos con un(a) compañero(a): una persona describe la cosa y la otra persona dice la palabra correcta. Sigan el modelo.

Modelo   **Cliente(a):** Disculpe, señor (señorita). Busco algo pequeño. Está hecho de cuero y es para guardar el dinero.

Vendedor(a): ¿Una billetera? Sí, tenemos muchas.

7-53 **A regatear.** Tienes que regatear, pero ¡por fin compras el recuerdo perfecto! Con un(a) compañero(a), lean y completen el diálogo entre tú y un(a) vendedor(a) en el mercado de artesanías. En algunos casos solo necesitan incluir una o dos palabras; en otros casos, una oración completa.

TÚ   Hola, buenos días. Estoy buscando un regalo para *(una persona)* _____. (1) ¿_____?

VENDEDOR(A)   Tenemos muchas cosas típicas y todas son de primera calidad. ¿Qué le parece(n) (2) _____? También tenemos (3) _____.

TÚ   Me gusta(n) mucho (4) _____. ¿Cuánto (5) _____?

VENDEDOR(A)   (6) _____.

TÚ   Es / Son (7) _____, pero no tengo mucho dinero. (8) ¿_____?

VENDEDOR(A)   ¿Un descuento? Bueno, si compra dos, (9) _____.

TÚ   No sé. (10) _____.

VENDEDOR(A)   Es muy poco. (11) _____. Es mi última oferta.

TÚ   Bueno, (12) _____.

7-54 **Unos recuerdos típicos.** Con un(a) compañero(a), dramaticen una escena entre un(a) cliente(a) y un(a) vendedor(a) en el mercado de las páginas 288–289.

Estudiante A	Estudiante B
Eres el (la) cliente(a).	Eres el (la) vendedora(a).
No tienes mucho dinero, pero quieres comprar unos recuerdos para tus amigos.	Tienes muchos recuerdos bonitos y baratos. Le ofreces muchas gangas *(good buys)* a tu cliente(a).

PASO 3 GRAMÁTICA A

Repaso de los pronombres de complemento directo e indirecto

CLARITA ¡Me encantan tus aretes! ¿Dónde **los** compraste?

LUPE En El Tucán. Tienen joyas bonitas y siempre me hacen un descuento.

CLARITA Mmm... el cumpleaños de mi mamá es mañana y quiero regalar**le** un collar.

LUPE ¡Vamos a El Tucán!

■ ■ ■
Descúbrelo

- What does Clarita want to know about Lupe's new earrings?

- Why are the two friends going to El Tucán?

- The first line of the conversation has a direct object pronoun: What does **los** refer to?

- The third line of the conversation has an indirect object pronoun: To whom does **le** refer?

1. A complete sentence consists of a subject, a verb, and optional elements such as direct and indirect objects. Indirect object nouns and indirect object pronouns **(los pronombres de complemento indirecto)** refer to the person(s) for whom or to whom something is done.

> **Le** compré una mola.   *I bought **her** a mola. / I bought a mola **for her**.*

Los pronombres de complemento indirecto

me	*to / for me*	**nos**	*to / for us*
te	*to / for you (sing., inf.)*	**os**	*to / for you (pl., inf., Spain)*
le	*to / for you (sing.; form.)*	**les**	*to / for you (pl.; form. in Spain)*
le	*to / for him or her*	**les**	*to / for them*

2. To specify a person with a noun *(to Mary, for my friend)*, the indirect object pronouns **le** and **les** are used together with the noun.

> **le** and **a** + *name / singular noun*   **Le** escribo **a tía Eulalia** todas las semanas.
> **les** and **a** + *names / plural noun*   No **les** escribo mucho **a mis primos**.

3. As you learned in **Paso 1**, indirect object pronouns are always used with verbs like **gustar**. For example: **¡Nos encanta ese color!** *We love that color!*

4. Direct object nouns and direct object pronouns **(los pronombres de complemento directo)** answer the questions *what?* and *whom?* with respect to the verb.

- A person: **Conozco bien a <u>María</u>. <u>La</u> conocí hace años.**

- A thing: **Necesito un <u>vestido</u>. <u>Lo</u> voy a comprar mañana.**

Los pronombres de complemento directo

me	*me*	**nos**	*us*
te	*you (sing., inf.)*	**os**	*you (pl., inf. in Spain)*
lo / la	*you (sing., form.)*	**los / las**	*you (pl.; form. in Spain)*
lo	*him, it*	**los**	*them (masc.)*
la	*her, it*	**las**	*them (fem.)*

5. Direct and indirect object pronouns follow the same rules for placement in a sentence.

- Before a conjugated verb in most verb tenses (present, present perfect, preterite): **¿Qué <u>me</u> has comprado?**

- In the present progressive tense, before the conjugated verb or attached to the end of the present participle: **¿El desfile de moda *(fashion show)*? <u>Lo</u> estamos mirando. / Estamos mirándo<u>lo</u>.**

- With verb phrases, before the conjugated verb or attached to the infinitive: **No <u>le</u> voy a dar nada. / No voy a dar<u>le</u> nada.**

 7-55 El viaje a la playa. Tú y tu compañero(a) van a la playa. ¿Qué van a llevar en la maleta? Tomen turnos para preguntar si van a llevar o no van a llevar las siguientes cosas. Usen pronombres de complemento directo (**lo**, **la**, **los**, **las**) en sus respuestas.

¡Aplícalo!

Modelo estas botas

        Estudiante A: ¿Vas a llevar **estas botas**?

        Estudiante B: No, no **las** voy a llevar. / No, no voy a llevar**las**.

1. este traje de baño
2. estos pantalones cortos
3. esta hamaca
4. estas camisetas
5. esta chaqueta
6. estas chancletas
7. este sombrero
8. este kayak
9. estas gafas de sol

Colaborar
7-56 Un viaje a Costa Rica. Marco y Rita están en San José, Costa Rica. ¿Qué hacen allí? Trabaja con un(a) compañero(a) para leer las conversaciones. Hay que escoger el pronombre de complemento correcto entre paréntesis en cada caso.

En la oficina de turismo:

RITA   ¿Qué excursión de un día nos recomienda?

EMPLEADO   (1. Me / Les) recomiendo el crucero Calypso a Isla Tortuga. Aquí tienen más información. ¿(2. Les / Las) interesa esta excursión?

RITA   Sí, (3. la / los) queremos hacer mañana.

En el restaurante típico Nuestra Tierra:

MESERO   ¿Quieren probar el flan de la casa?

MARCO   Ya (4. lo / le) probamos ayer. Nos gustó mucho pero hoy no queremos postre. ¿Nos trae la cuenta, por favor?

MESERO   Sí, enseguida (5. la / lo) traigo.

En el mercado La Casona:

MARCO   A nosotros (6. le / nos) gusta esta carreta pero no tenemos mucho dinero. ¿Nos (7. la / las) puede dejar en ocho mil colones?

VENDEDORA   Está bien, pero tienen que pagar en efectivo.

MARCO   ¿Ocho mil colones en efectivo? Aquí (8. las / los) tiene.

Colaborar

7-57 **¡Muchos regalos!** Mira la lista de ocasiones especiales. ¿Qué les vas a comprar a las personas indicadas? Toma turnos con un(a) compañero(a) para expresar tus planes de compras. Usen un pronombre de complemento indirecto (**le**, **les**) para indicar el destinatario *(recipient)* de cada regalo.

Modelo   Para el aniversario de bodas de mis abuelos **les** voy a comprar unas flores.

1. el aniversario de bodas de tus abuelos
2. la boda de tus mejores amigos
3. el bautizo *(baptism)* de tu sobrino
4. la graduación de tu prima
5. el bar mitzvah de tu vecino
6. la jubilación *(retirement)* de tus padres

Clase

7-58 **Hacer cumplidos.** ¡Vamos a hacer cumplidos *(compliment)* a los compañeros de clase! Circula por el salón de clase y habla con varios compañeros. Menciona un artículo de ropa o un accesorio y pregunta dónde lo compró. Hay que usar pronombres de complemento directo (**lo**, **la**, **los**, **las**). Sigan el modelo.

Modelo   Estudiante A: Me encantan tus zapatos. ¿Dónde **los** compraste?
　　　　　　　　Estudiante B: Gracias. **Los** compré en Macy's. Me gusta tu camiseta. ¿Dónde **la** compraste?

Describing spatial relationships, **Capítulo 5 Paso 3**

7-59 **¡No lo encuentro!** Le prestaste muchas cosas a tu compañero(a) de cuarto y ahora no encuentras nada. Con un(a) compañero(a), tomen turnos preguntando dónde está el objeto. Usen el dibujo siguiente y pronombres de complemento. Sigan el modelo.

Modelo

Estudiante A: **Le** presté mi libro de historia a mi compañero de cuarto y ahora no **lo** encuentro. ¿Dónde **lo** dejó?

Estudiante B: Mira. **Lo** dejó encima del microondas.

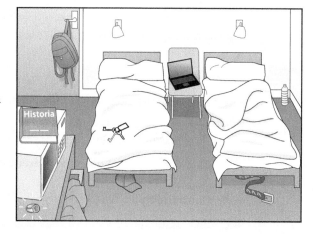

7-60 **Venta de garaje.** Entrevístense *(Interview each other)* con las preguntas sobre una venta de garaje *(garage sale)* a continuación. Usen pronombres cuando sea posible *(when possible)*.

1. ¿Cuándo fue la última vez que fuiste a una venta de garaje *(garage sale)*? ¿Quién te acompañó *(accompanied you)*?
2. ¿Qué compraste en la venta de garaje? ¿Todavía lo (la) tienes?
3. ¿Cuánto le ofreciste primero al (a la) vendedor(a)? ¿Aceptó el precio?
4. Al final, ¿cuánto le diste? ¿Te pareció el precio justo *(fair)*?
5. ¿Has hecho una venta de garaje en tu casa o apartamento? ¿Cuándo la hiciste? ¿Quién te ayudó?

Los pronombres de complemento directo e indirecto usados juntos

SEÑOR   Tengo un billete de mil colones. ¿Me lo cambia por tres monedas *(coins)* de 500, por favor?

DEPENDIENTE   ¿¡Por tres monedas?! ¡No! Se lo cambio por dos monedas.

SEÑOR   ¿Y entonces dónde está el favor?

1. Direct objects and indirect objects often appear together in the same sentence.

<table>
<tr><td> </td><td>I.O.</td><td>D.O.</td><td> </td></tr>
<tr><td>ALICIA</td><td colspan="2">Marcos **me** regaló **esta chaqueta.**</td><td>*Marcos gave **me this jacket.***</td></tr>
</table>

	I.O. D.O.	
ROSA	¡Qué bonita! ¿**Me la** prestas?	*How pretty! Can you lend **it to me**?*

2. When both the direct object and the indirect object are pronouns, the indirect object is placed before the direct object in Spanish. Think *I.D.* to remember the correct order.

PRONOMBRE DE COMPLEMENTO + PRONOMBRE DE COMPLEMENTO
            INDIRECTO   DIRECTO
¿El cuadro? Mi tía **nos lo** dio.   *The painting? My aunt gave **it to us**.*

3. The indirect object pronouns **le** and **les** are replaced by the alternate form **se** whenever they occur right before a direct object pronoun.

le + (lo / la / los / las) → **se** + (lo / la / los / las)
les + (lo / la / los / las) → **se** + (lo / la / los / las)

¿Los aretes? **Se los** regalé para   *The earrings? I gave **them to her** for*
    su cumpleaños.   *her birthday.*

4. Reflexive pronouns (**me, te, se, nos, os, se**) are placed before direct object pronouns, too.

¿El vestido? **Me lo** probé.   *The dress? I tried **it** on (**myself**)*

5. Double object pronouns are generally placed before the conjugated verb in the sentence. They may also be attached to the ends of present participles and infinitives; in these cases, an accent mark is added.

¿Y estos pantalones? ¿No quieres   *And these pants? Don't you want*
    probár**telos**?   *to try **them** on (**yourself**)?*

Descúbrelo

- What does the man want in exchange for the thousand-colón bill? Will the clerk comply?

- In the dialogue, in which sentences are a direct and an indirect object pronoun used together? Which one comes first?

- In **Se lo cambio**, what does **lo** refer to? To whom does **se** refer?

PASO 3 GRAMÁTICA B

¡Aplícalo!

7-61 **¿Qué les dio su profesor(a)?** ¿Qué información les dio su profesor(a) de español a Uds.? Con un(a) compañero(a), tomen turnos: una persona pregunta si su profesor(a) de español les dio lo siguiente y la otra persona responde con dos pronombres de complemento. Sigan el modelo.

Modelo   las horas de oficina

Estudiante A: ¿Nos dio las horas de oficina?

Estudiante B: Sí, nos las dio.

1. el número de su teléfono celular
2. su correo electrónico
3. la dirección de su casa
4. una lista de libros recomendados
5. las respuestas del próximo examen
6. la fecha del examen final

7-62 **En el mercado de artesanías.** ¿Qué hacen las personas en el mercado de artesanías? Con un(a) compañero(a) de clase, tomen turnos para hacer las siguientes preguntas. Usen dos pronombres de complemento en cada respuesta. ¡Ojo! Hay que cambiar **le(s)** a **se** en todos los casos.

Modelo   ¿A quién le vende Luis el sombrero?

Se lo vende a Vanesa.

1. ¿A quién le vende Félix las tazas de cerámica?
2. ¿A quién le pide Claudia un descuento?
3. ¿Por cuánto le vende Josefina los aretes a Claudia?
4. ¿A quién le da el dinero Vanesa?
5. ¿A quién le pone un collar Fernando?
6. ¿A quién le presta dinero Ramón?
7. ¿Quién le da dinero a Félix?
8. ¿A quién le hace Rosario una pregunta?

¡Exprésate!

7-63 **Encuesta de satisfacción del cliente.** ¿En qué restaurante comiste recientemente? La gerencia *(management)* quiere conocer tu opinión sobre su servicio. Trabaja con un(a) compañero(a) para completar la encuesta *(survey)*.

- Estudiante A le hace las preguntas de la encuesta a Estudiante B.
- Estudiante B piensa en un restaurante donde comió recientemente y contesta las preguntas. Tiene que usar dos pronombres de complemento en cada respuesta.
- Después, cambien de papel *(exchange roles)*.

Modelo   Estudiante A: ¿El mesero le trajo a Ud. el menú enseguida?
Estudiante B: Sí, me lo trajo enseguida. El servicio fue muy rápido.

Encuesta de satisfacción del cliente

1. ¿El mesero le trajo a Ud. el menú enseguida?
2. ¿El mesero le describió los platos del día?
3. ¿Cuántas veces le sirvieron agua?
4. ¿El chef le preparó bien la comida?
5. ¿El mesero le ofreció postre y café?
6. ¿Les va a recomendar el restaurante a sus amigos?

7-64 **¿Quién te lo dio?** Primero necesitas darle una cosa tuya —un libro, un anillo, una gorra, etcétera— a una persona en la clase. Luego, tienes que circular por el salón de clase y preguntar a varios compañeros quién les dio el objeto.

Modelo   Estudiante A: ¿Quién te dio ese reloj?
Estudiante B: Mark me lo dio. ¿Quién te dio... ?

7-65 **Recuerdos de mi viaje.** Imagina que viajaste a Panamá y compraste los siguientes recuerdos. Tu compañero(a) de clase te va a preguntar a quiénes les vas a dar los recuerdos. Después, tú le haces las preguntas.

Modelo   Estudiante A: ¿A quién le vas a dar estos aretes?
Estudiante B: Se los voy a dar a mi hermana Sara.

1.   2.  3.  4.   5.

7-66 **Los buenos amigos.** ¿Quién es un(a) amigo(a) verdadero(a) *(true)*? Para saber, tu compañero(a) te va a hacer las siguientes preguntas. Después, tú le haces las preguntas.

1. ¿Quién te presta dinero cuando lo necesitas?
2. ¿Quién te prepara la comida cuando estás enfermo(a)?
3. ¿A quién le cuentas tus secretos?
4. ¿A quién le compras flores?
5. ¿A quién le muestras tus fotos?
6. ¿Quién te da consejos cuando tienes problemas románticos?

EN ACCIÓN: Preguntas esenciales

¿Cómo y cuándo se regatea?

 7-67 **Piénsalo.** ¿Dónde es posible regatear en Estados Unidos? Con un(a) compañero(a), lean la lista e indiquen en qué lugares es común regatear.

- un mercado de pulgas *(flea)*
- un gran almacén
- una venta de garaje
- una tienda por internet
- una tienda de moda
- una tienda de segunda mano

Colaborar **7-68** **La opinión de Marisabel.** Marisabel Echeverría, una joven de Costa Rica, nos habla sobre el regateo. Con un(a) compañero(a), lean su comentario y contesten las preguntas.

1. Según Marisabel, ¿por qué es difícil regatear en la capital de Costa Rica?

2. ¿Dónde se puede regatear?

3. ¿Cuál es una manera de pedir un descuento?

especially

that you have with you / lose

reasonable

En la ciudad de San José es bien difícil regatear, sobre todo° en *malls* donde ya tienen un precio establecido y no hay cómo pedir un descuento. Sin embargo, en tienditas de playa o en tiendas locales sí se puede regatear, sobre todo en situaciones donde uno les comenta que es todo el dinero que uno anda a mano°. Creo que antes de perder° la compra, prefieren vender su producto a un precio razonable°.

Colaborar **7-69** **Otras opiniones.** Hay una campaña *(campaign)* en México en contra *(against)* del regateo. Con un(a) compañero(a), miren los dos anuncios y contesten las preguntas.

1. ¿Sobre qué tipo de mercancía *(merchandise)* es la campaña?

2. ¿Qué argumento se usa en el primer anuncio para convencer *(persuade)* al público? ¿Y en el segundo anuncio?

Cada pieza artesanal es una obra de arte creada solo para ti.

DI NO AL REGATEO

¿Por qué cuando les compramos los productos a nuestros campesinos les pedimos descuentos?

Y

cuando los compramos en los grandes centros comerciales, ¿pagamos todo sin protestar?

 7-70 **¿Y tú?** Habla con un(a) compañero(a) sobre la pregunta esencial. Usen estas preguntas como punto de partida *(point of departure)*.

1. ¿Has regateado alguna vez? ¿Dónde? ¿Cuándo? ¿Te gusta regatear?

2. ¿Qué piensas de la campaña en contra del regateo?

EN ACCIÓN: Comunicación presentacional

Collares largos de perla; vestidos de falda amplia; pantalones ajustados; camisas de cuadros...
Cada década ha tenido un estilo de vestir distintivo. ¿Cómo es la forma de vestir hoy en día?
¿Cuáles son las tendencias de moda? ¿Cómo se peinan las personas? ¿Qué accesorios llevan?

La década de 1920

La década de 1970

La década de 1950

La década de 1990

7-71 **¡A crear!** El Museo de la Moda te contrató *(hired you)* para ser curador(a) de la colección de ropa de esta década. ¿Qué ropa, zapatos, joyas y accesorios deben ser incluidos en la colección?

Primera parte: Escribe una propuesta *(proposal)*.

- Empieza así: **Para la colección de ropa de esta década, les recomiendo las siguientes piezas** *(pieces)***:**

- Después, incluye una lista de cinco artículos de ropa. Para cada artículo, describe el color y el estilo.

- También incluye dos o tres accesorios. Menciona de qué material están hechos(as), si *(if)* esa información es importante.

- Por último, recomienda un artículo de ropa o un accesorio de alguien famoso para representar esta década. Describe quién es la persona famosa, por qué es famoso(a) y por qué el artículo es icónico de esa persona.

Segunda parte: Intercambia *(Exchange)* papeles con un(a) compañero(a) de clase. Usa las siguientes preguntas como guía para editar su trabajo.

- *Does the proposal include all the information requested?*

- *Do the adjectives and nouns match in number and gender?*

- *Are the verbs conjugated properly?*

- *Are por and para used correctly?*

7-72 **Nosotros: Mi camiseta favorita.** En el foro de discusión de MindTap, tú y tus compañeros subieron fotos y videos de sus camisetas favoritas. Vamos a compartir *(share)* esa información.

Primera parte: ¡Prepárate para hablar! Primero, piensa en tu camiseta favorita. Si no tienes una camiseta favorita, puedes hablar de un accesorio u otra prenda *(article of clothing)*. Completa la tabla *(chart)* con palabras y frases en español.

¿Cuál es tu camiseta favorita?	
¿De qué color es?	
¿Es vieja? ¿Cuántos años tiene?	
¿La compraste tú o fue un regalo?	
¿Cuándo te la pones?	
¿Por qué es tu favorita?	

Segunda parte: ¡A hablar! Con dos o tres compañeros de clase, usen sus apuntes y tomen turnos para hablar de sus camisetas favoritas.

Modelo   Mi camiseta favorita es… Es… Tiene… La llevo… Es mi favorita porque…

7-73 **Perspectivas: Recuerdos típicos** En MindTap, viste un video sobre algunos recuerdos típicos de Colombia, Puerto Rico y México. Con dos o tres compañeros de clase, usen las preguntas y frases de la tabla *(chart)* para hablar de los recuerdos típicos de su estado *(state)* o de su región.

Preguntas	Palabras útiles	
1. ¿De dónde eres? ¿Cuál es un recuerdo típico de ese estado *(state)* o esa región?	único	*unique*
	tradicional	*traditional*
2. ¿De qué está hecho(a)?	de metal	*(made) of metal*
3. ¿Cómo es?	de tela	*(made) of cloth*
4. ¿Cuánto cuesta?	Es parecido(a) a…	*It's similar to . . .*
5. ¿Dónde se vende *(is it sold)*?	el letrero	*sign*
	la calcomanía	*sticker*
	los caramelos	*candy*

7-74 **Videopodcast: Un mercado.** En MindTap, viste un video de un mercado en Costa Rica. Ahora, tú y tu compañero(a) van a hablar de sus mercados favoritos.

Primera parte: ¡Prepárate para hablar! Primero, completa el diagrama con las preguntas que necesitas para entrevistar *(to interview)* a tu compañero(a) sobre su mercado favorito.

¿Cómo vas a empezar la entrevista?	• Hola. • _____
¿Cómo vas a preguntar sobre el nombre y la ubicación *(location)* del mercado?	• ¿Cuál es tu mercado favorito? • _____ • _____
¿Cómo puedes preguntar por detalles *(details)* sobre el mercado?	• ¿Cuándo está abierto el mercado? • _____ • _____ • _____
¿Cómo puedes preguntar sobre las experiencias de tu compañero(a) en ese mercado?	• ¿Compraste algo en ese mercado recientemente? • _____ • _____ • _____
¿Cómo vas a terminar la entrevista?	• ¡Muchas gracias! • _____

Segunda parte: ¡A hablar! Usa tus apuntes para entrevistar a un(a) compañero(a) de clase. Después, tu compañero(a) va a entrevistarte a ti *(interview you)*.

Practice reading, writing, and speaking skills in MINDTAP:

- **Lectura:** La mercadotecnia
- **Lectura auténtica:** La zoología
- **Composición:** A post about a shopping experience
- **Pronunciación:** Vowel combinations
- **Síntesis:** Interpersonal, interpretive, and presentational activities

VOCABULARIO

Para aprender mejor
Study these vocabulary words in different settings. According to a study, students who studied a list of 40 vocabulary words in two different rooms did far better than those who studied the words twice in the same room.

Sustantivos

el abrigo *coat*

el accesorio *accessory*

el (gran) almacén *department store*

el anillo *ring*

los aretes *earrings*

la artesanía *arts and crafts*

la billetera *wallet*

la blusa *blouse*

el bolso *purse, handbag*

las botas *boots*

la bufanda *scarf, muffler*

los calcetines *socks*

la calidad *quality*

la camisa *shirt*

la camiseta *T-shirt*

la carreta *cart*

el centro comercial *mall*

la cerámica *ceramic*

la cesta *basket*

las chancletas *flip flops*

la chaqueta *jacket*

el cinturón *belt*

el collar *necklace*

la corbata *necktie*

el cuero *leather*

el (la) dependiente(a) *salesclerk*

el diseño *design*

la electrónica *electronics store / department*

el escaparate *shop window*

el estilo *style*

la falda *skirt*

la gorra *cap*

los guantes *gloves*

la hamaca *hammock*

las joyas *jewelry*

la joyería *jewelry (store / department)*

el juguete *toy*

el llavero *key ring*

la madera *wood*

la máscara *mask*

la mola *colorful appliqué panel*

el oro *gold*

la paja *straw*

los pantalones *pants*

los pantalones cortos *shorts*

la perfumería *perfume store / department*

la planta baja *ground floor*

la plata *silver*

el precio *price*

el probador *fitting room*

el regateo *bargaining*

la región *region*

las sandalias *sandals*

el servicio al cliente *customer service*

el sombrero *hat*

la sudadera *sweatshirt*

el suéter *sweater*

la talla *size*

la tienda *store*

el traje *suit*

el traje de baño *bathing suit*

los vaqueros *jeans*

el (la) vendedor(a) *vendor*

el vestido *dress*

la zapatería *shoe store / department*

los zapatos (de vestir, deportivos) *(dress, tennis) shoes*

Verbos

encantar *to love*

faltar *to be missing or lacking*

importar *to care about, to matter*

interesar *to be interested in*

molestar *to bother*

ofrecer *to offer*

parecer *to seem, to appear, to look*

probarse (ue) *to try on*

quedar *to fit; to have left, to remain*

regatear *to bargain*

resolver (ue) *to solve, to get resolved*

romper *to break*

Adjetivos

apretado(a) *(too) tight, snug*

barato(a) *cheap, inexpensive*

caro(a) *expensive*

clásico(a) *classic*

cómodo(a) *comfortable*

elegante *elegant*

estampado(a) *patterned, printed*

flojo(a) *(too) baggy, loose*

hecho(a) a mano *handmade*

informal *informal, casual*

pasado(a) de moda *out of style*

rebajado(a) *on sale*

Frases útiles

a cuadros *checkered, plaid*

a la última moda *in the latest fashion*

a rayas *striped*

alguna vez *ever*

Si compra... *If you buy . . .*

Solo estoy mirando. *I'm just looking.*

todavía no *not yet*

ya *already*

Colors, p. 264

Demonstratives, p. 268

Ordinal numbers, p. 276

Phrases used in a store, pp. 276–277

Set phrases with *por*, p. 280

Bargaining expressions, p. 289

Nuestras tradiciones

Feria de las Flores, Medellín, Colombia

In this chapter you will . . .
- talk about holiday customs
- describe past, present, and future celebrations
- talk about sporting, cultural, and artistic events
- extend, accept, and decline invitations
- explore legends and myths and tell stories
- write a personal anecdote
- share memories of your childhood or a holiday

You will also . . .
- gain insight into Colombia and Venezuela
- learn about ancient rock formations in Venezuela
- identify important historical and sporting events
- discover connections to art history and history
- compare holiday celebrations in different Spanish-speaking countries
- explore fairs in Spain and Latin America

Colombia y Venezuela

Colombia y Venezuela están en el norte de América del Sur. Estos dos países tienen un pasado común: fueron liberados por Simón Bolívar y formaron parte de la Gran Colombia entre 1821 y 1831.

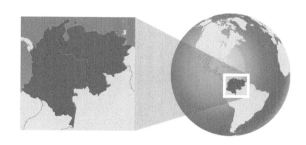

8-1 **Mi país.** Antonio Mijares es un estudiante de Caracas, la ciudad capital de Venezuela. Con un(a) compañero(a), lean su mensaje y contesten las preguntas.

¡Hola! Soy Antonio Mijares, tengo 19 años y soy venezolano. Venezuela es un país hermoso *(beautiful)*, lleno *(full)* de diversidad y tradiciones. Una de nuestras tradiciones son los Diablos Danzantes de Yare, una festividad religiosa que se celebra en la ciudad de San Francisco de Yare el día de Corpus Christi. Grupos de hombres, con trajes rojos y máscaras en forma de demonios *(demons)*, bailan por las calles al son *(sound)* de instrumentos de percusión. El momento culminante es cuando llegan frente a la iglesia. Allí se arrodillan *(kneel)* ante el Santísimo *(image of Jesus)*, simbolizando el triunfo *(triumph)* del bien sobre el mal.

Antonio en la Avenida Libertador, Caracas, Venezuela

1. ¿De dónde es Antonio Mijares? ¿Qué adjetivo usa él para describir su país?

2. ¿Qué es la tradición de los Diablos Danzantes de Yare? ¿Dónde y cuándo se celebra? ¿Qué ocurre durante la festividad?

¡Ahora tú!

• ¿Cuál es una tradición popular de tu ciudad?

• ¿Hay una festividad religiosa que se celebra en tu comunidad? ¿Cómo se compara con la tradición de los Diablos Danzantes de Yare?

Una maravilla de mi país es la cascada *(waterfall)* más alta del mundo, con una altura *(height)* de 979 metros. Es conocida como el Salto Ángel en honor al aviador estadounidense Jimmie Angel que en el año 1937 comprobó su existencia. En el idioma indígena pemón se le llama Kerepakupai Vená, traducido como "salto *(fall)* del lugar más profundo". Cae *(It falls)* del Auyantepuy, uno de los tepuyes más conocidos. (Los tepuyes son mesetas con inmensas paredes verticales.)

© Vadim Petrakov/Shutterstock.com
Salto Ángel, Venezuela

3. ¿Cómo se llama la cascada *(waterfall)* más alta del mundo en español? ¿Y en el idioma pemón?

4. ¿De dónde cae *(falls)* esta cascada?

¡Ahora tú!

- ¿Cuál es la cascada *(waterfall)* más alta que has visto *(you have seen)* en tu vida?
- ¿Qué región de Estados Unidos tiene características geológicas parecidas a los tepuyes?

Hace unos años viajé a Colombia, nuestro país hermano, a pasar las festividades de diciembre en Bogotá, la ciudad capital del país. Allí comí platillos que son muy parecidos a los que hay en Venezuela. Por ejemplo, comí un plato que consistía en arroz, frijoles, chicharrón *(fried pork belly)*, carne, chorizo, huevo, plátano y aguacate. En Colombia es conocido como bandeja paisa y en Venezuela como pabellón.

Mi viaje a Colombia fue para mí una experiencia muy grata *(pleasant)* e interesante, porque tuve la oportunidad de compartir con una cultura que posee *(has)* características similares a las de Venezuela, como en la gastronomía, la religión practicante, los bailes, las festividades, etcétera.

© gcafotografia/Shutterstock.com
Bandeja paisa, un plato típico de Colombia

5. ¿Qué ciudad colombiana visitó Antonio?

6. ¿Cuáles son algunos de los ingredientes de la bandeja paisa? ¿Cómo se llama este plato en Venezuela?

7. Según Antonio, ¿son las culturas de Colombia y Venezuela parecidas o muy diferentes? Explica.

¡Ahora tú!

- ¿Te gustaría probar la bandeja paisa? ¿Por qué?
- ¿Con qué otro estado comparte tu estado *(does your state share)* características similares? Da ejemplos.

Go to :MINDTAP for these additional activities:

- **Perfil:** Almanaque and **Mapa**
- **Mi país:** Extended version of Antonio's narrative
- **Conexiones:** Historia, Geografía, Música
- **Reportaje:** Video of Venezuela's ancient rock formations

Los días festivos

In this *Paso*, you will . . .
- talk about holiday customs
- make generalizations
- describe past, present, and future celebrations

Día de la Independencia y Navidad

Se acostumbra celebrar el Día de la Independencia con un **desfile militar**. Siempre hay muchas **banderas** y música **patriótica**.

En la época de Navidad, muchas familias tienen **pesebres** en sus casas. **Rezan** y cantan **villancicos**.

Otros días festivos	More holidays
el Día del Amor y la Amistad	*Valentine's Day*
la Semana Santa	*Holy Week, Easter week*
el Domingo de Pascua	*Easter Sunday*
el Día del Padre	*Father's Day*
el Ramadán	*Ramadan*
el Día del Trabajo	*Labor Day*
el Yom Kipur	*Yom Kippur*
la Noche de Brujas / el Halloween	*Halloween*
el Día de Acción de Gracias	*Thanksgiving Day*
la Janucá	*Chanukah*

Año Nuevo y Día de la Madre

En muchos lugares **se recibe el Año Nuevo** con **fuegos artificiales**. Con las doce **campanadas**, se comen doce uvas.

Para **el Día de la Madre**, mostramos nuestro **cariño** con **tarjetas**, flores y regalos.

Otras costumbres

comer pavo / platos tradicionales
decorar el árbol / la casa
disfrazarse (de)
encender las velas del menorá
intercambiar regalos
ir a la iglesia / al templo / a la sinagoga / a la mezquita
regalar dulces
reunirse con amigos

Felicitaciones

¡Felices fiestas!
¡Feliz Día de (la Madre)!
¡Feliz Navidad!
¡Próspero Año Nuevo!

More customs

to eat turkey / traditional dishes
to decorate the tree / the house
to dress up in a costume (as)
to light the candles on the menorah
to exchange gifts
to go to church / to temple / to sinagogue / to mosque
to give (as a present) candy
to get together with friends

Greetings

Happy holidays!
Happy (Mother's) Day!
Merry Christmas!
Happy / Prosperous New Year!

PASO 1 VOCABULARIO

¡Aplícalo!

 8-2 **Los días festivos.** ¿Sabes las fechas de los días festivos? Con un(a) compañero(a), jueguen al Súper Ta-Te-Ti. Tienen que decir qué día festivo corresponde a cada fecha antes de poner X u O. Para ganar, tienen que tener cuatro en línea horizontal, vertical o diagonal.

↺ Dates and months,
Capítulo 4 Paso 2

Frases útiles

Te toca a ti.   *It's your turn.*
Me toca a mí.   *It's my turn.*
Correcto.   *That's right.*
No, el día festivo correcto es...   *No, the right holiday is . . .*
Ganaste tú. / Gané yo.   *You won. / I won.*
Empatamos.   *It's a tie.*

El primero de enero	El segundo domingo de mayo	El treinta y uno de octubre	El noveno mes del calendario musulmán *(Islamic)*
El veinticinco de diciembre	El cuatro de julio	El 15 de Nisan en el calendario hebreo *(Jewish)*	Ocho días en noviembre o diciembre
El cuarto jueves de noviembre	El catorce de febrero	Un domingo en marzo o abril, de fecha variable	El tercer domingo de junio
El tercer lunes de enero	La semana antes del Domingo de Pascua	El veintidós de febrero	El primer lunes de septiembre

Colaborar
8-3 **Unas celebraciones.** Vanessa, una estudiante de Estados Unidos, está en Colombia. Con un(a) compañero(a), completen su conversación en voz alta.

CAMILO   ¿Quieres venir a mi casa el 31 para celebrar el (1. Día / Año) Nuevo?

VANESSA   Sí, me encantaría. Eh, ¿cómo se (2. acostumbra / decora) celebrar ese día aquí en Colombia?

CAMILO   Normalmente las familias (3. se regalan / se reúnen) en casa y esperan las doce (4. iglesias / campanadas). Entonces todos se dan un beso *(kiss)*.

VANESSA   En mi clase de español leí que es tradicional comer doce (5. naranjas / uvas) para traer buena suerte.

CAMILO   Sí, es parte de nuestras tradiciones. ¿Cómo (6. se recibe / cantan) el Año Nuevo en Estados Unidos?

VANESSA   Por lo general (7. vamos / encendemos) a alguna fiesta y brindamos con champaña. Muchas personas celebran con (8. velas / fuegos artificiales).

CAMILO   ¡Qué divertido! Bueno, nos vemos pronto. ¡(9. Próspero / Felices) fiestas!

VANESSA   Gracias, Camilo. ¡(10. Felices / Feliz) Navidad!

8-4 **Las tradiciones.** Con un(a) compañero(a), tomen turnos para explicar para qué días festivos se acostumbra hacer estas cosas.

Modelo   decorar la casa
Estudiante A: Normalmente decoramos la casa para la Navidad.
Estudiante B: También, muchas personas decoran la casa para la Noche de Brujas.

1. encender velas
2. comer pavo
3. intercambiar regalos
4. rezar

5. mirar un desfile
6. escuchar música patriótica
7. encender fuegos artificiales
8. cantar villancicos

8-5 **Adivina el día festivo.** Con un(a) compañero(a), tomen turnos para describir tres tradiciones y la fecha de un día festivo. La otra persona tiene que adivinar *(guess)* el día festivo. Tienen que usar el tiempo presente en las descripciones.

Modelo **Estudiante A:** Para celebrar este día, las familias se reúnen y comen pavo. También muchas personas miran partidos de fútbol americano en la tele. La fecha es variable, pero siempre es un jueves en noviembre. ¿Qué día festivo es?

Estudiante B: Es el Día de Acción de Gracias.

> ↻ The present progressive, **Capítulo 4 Paso 2**

8-6 **Cuatro días festivos.** Con un(a) compañero(a), tomen turnos para hacer y contestar preguntas sobre las fotos. Usen el presente progresivo (**estar +** *present participle*) para un mínimo de dos preguntas para cada foto. Por ejemplo: **¿Qué están festejando en la primera foto? ¿Qué están haciendo los niños?**

1. © Lisa F. Young/Shutterstock.com
2. © iStock.com/kali9

3. © Richard Levine/Alamy Stock Photo
4. © Anyka/Alamy Stock Photo

8-7 **Mi día festivo preferido.** ¿Cuál es tu día festivo preferido? ¿Cómo lo celebras? Toma turnos con un(a) compañero(a) para contestar estas dos preguntas con muchos detalles. Conecta la información con estas palabras: **primero, luego, después, por último.** La persona que escucha debe hacer dos o tres preguntas también.

Modelo **Estudiante A:** Mi día festivo preferido es la Navidad. En mi familia, la celebramos en grande *(in a big way)*. Primero, nos levantamos muy temprano y abrimos los regalos. Luego, desayunamos panqueques. Después, nos vestimos y vamos a la iglesia. Por la tarde, vamos a la casa de mis abuelos, donde comemos otros platos tradicionales. Por último, cantamos villancicos.

Estudiante B: ¿Quiénes se reúnen en la casa de tus abuelos? ¿Van muchos tíos y primos? ¿Qué platos tradicionales comen Uds.?

PASO 1 GRAMÁTICA A

El *se* impersonal y el *se* pasivo

LEONARDO ¿Cómo se celebra el Día de la Independencia en Estados Unidos?

DIANA Por lo general se hace un picnic o una barbacoa por la tarde y se encienden los fuegos artificiales por la noche. Y en tu país, ¿qué se acostumbra hacer?

LEONARDO Más o menos lo mismo. En la capital también hay desfiles militares con música patriótica.

DIANA ¡Hay que celebrar la libertad *(liberty)* en grande!

■ ■ ■
Descúbrelo

- What holiday are Leonardo and Diana talking about?
- What are they comparing—their personal plans for the day or their countries' traditional celebrations?
- What word is used before the verbs **hace, encienden,** and **acostumbra**?
- What do you find after those three verbs? A singular noun, a plural noun, or an infinitive?

1. Sometimes the subject of a sentence is not a specific person, but *people in general.* In English, this notion can be expressed by using the subject *one, people, you,* or *we.* In Spanish, the equivalent generalizations can be made with a structure called the **se impersonal.**

> **se impersonal = SE + ÉL VERB FORM + (ADVERB / INFINITIVE)**
>
> En Navidad, **se va** a misa a la medianoche.
> *At Christmas time, **people go** to mass at midnight.*

2. Generalizations can also be made by saying that something is done without indicating who does it. In Spanish, this notion is expressed with a structure called the **se pasivo.**

- **SE + ÉL VERB FORM + (SINGULAR NOUN)**

  > **Se celebra la Noche de Brujas** el 31 de octubre.
  > *Halloween is celebrated on October 31.*

- **SE + ELLOS VERB FORM + (PLURAL NOUN)**

  > **Se intercambian regalos** durante la época de Navidad.
  > *Gifts are exchanged at Christmas time.*

3. Statements with the **se impersonal** and the **se pasivo** are made negative by adding **no** before the **se.**

> **No se fuma** en la catedral.
> *People don't smoke in the cathedral. / There's no smoking in the cathedral.*

4. The **se impersonal** and **se pasivo** structures are not used with reflexive verbs because these verbs already include **se** as part of their normal conjugation. Instead, it is common to use these patterns:

- **uno + él** *form of the reflexive verb*: En Venezuela, <u>uno se levanta</u> temprano.
- **ellos** *form of the reflexive verb*: En Venezuela, <u>se levantan</u> temprano.
- **se acostumbra** + *reflexive infinitive*: En Venezuela, <u>se acostumbra levantarse</u> temprano.

8-8 **Los letreros.** Con un(a) compañero(a), relacionen las oraciones a los letreros *(signs)*. Dos oraciones no se usan. Luego digan en dónde pueden estar los letreros.

Modelo El letrero significa "No se permiten perros". Puede estar en una tienda o en un parque.

a. No se aceptan tarjetas de crédito.

b. No se permite comer.

c. No se permiten perros.

d. Se busca perro.

e. Se prohíbe nadar.

f. Se vende casa.

 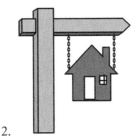  

Contactar 345-7655

1.　　　　　2.　　　　　3.　　　　　4.

Colaborar

8-9 **Costumbres religiosas.** ¿Conoces las principales religiones del mundo? Con un(a) compañero(a), tomen turnos para leer una costumbre religiosa de la lista y decir si se hace **en la iglesia**, **en la sinagoga** o **en la mezquita**.

Modelo No se (permitir) llevar zapatos...

No se permite llevar zapatos en la mezquita.

Se (rezar) en hebreo...	Se (asistir) a una boda cristiana...
Se (celebrar) el Ramadán...	Se (aprender) sobre el islám...
Se (leer) el Nuevo Testamento...	Se (encender) velas a la Virgen...
Se (estudiar) el Toráh...	Se (celebrar) el Yom Kipur...

Colaborar

8-10 **Las asignaturas.** ¿Qué se hace en estas clases? Toma turnos con un(a) compañero(a) para completar las oraciones con **se** y el presente del verbo más lógico.

↻ Academic subjects, **Capítulo 2 Paso 2**

Modelo En informática (escribir / tomar) **se escriben** programas.

1. En astronomía, (observar / pedir) _____ los planetas.

2. En inglés, (dar / leer) _____ la literatura de varios países.

3. En química, (romper / hacer) _____ experimentos científicos.

4. En psicología, (hablar / lavar) _____ de las teorías de Freud y Pavlov.

5. En ingeniería, (aprender / poner) _____ a inventar cosas útiles.

6. En antropología, (celebrar / estudiar) _____ las culturas del mundo.

8-11 ¿Se puede...? ¿Conoces las reglas *(rules)* de tu universidad? Con un(a) compañero(a), tomen turnos para preguntar si se puede hacer cada actividad de la lista. Incluyan una explicación en cada caso. Usen esta frase: **Se puede + infinitivo...**

Modelo usar celulares en clase

Estudiante A: ¿Se puede usar celulares en clase?

Estudiante B: Sí, se puede usar celulares en clase. Por ejemplo, en mi clase de sociología hacemos sondeos *(polls)*.

1. fumar en el campus
2. traer a invitados a las clases
3. conducir los automóviles por el campus
4. tener mascotas en las residencias
5. comer una merienda en clase
6. mover los muebles de las residencias

8-12 Contraste de costumbres. Con un(a) compañero(a) de clase, comparen las tradiciones entre varios países hispanos y Estados Unidos.

- Primero, usen el **se** impersonal o pasivo y la información en la tabla para describir una costumbre de un país hispano.
- Después, usen el **se** impersonal o pasivo para describir una costumbre de Estados Unidos.

Modelo En Navidad, **se comen hallacas** en Venezuela. En Estados Unidos, **se come pavo o jamón**.

Día festivo	País	Costumbre
Navidad	Venezuela	**comer** hallacas (tamales envueltos en hojas de banana)
Año Nuevo	Colombia	**caminar** por las calles con una maleta
Epifanía	España	**abrir** los regalos de los Reyes Magos *(Wise Men)*
el Día del Amor y la Amistad	República Dominicana	**llevar** ropa de color rojo o rosado
Semana Santa	Guatemala	**decorar** las calles con alfombras de flores
el Día de la Madre	México	**dar** una serenata *(serenade)* a las mamás

8-13 ¿Cuál es el lugar? Trabaja con un(a) compañero(a). Tomen turnos: una persona describe qué se hace en uno de los siguientes lugares, y la otra tiene que adivinar *(guess)* el lugar.

Modelo **Estudiante A:** En este lugar se baila, se bebe cerveza y se charla con amigos.

Estudiante B: ¿En un club?

Estudiante A: ¡Sí!

una agencia de viajes	un restaurante	la clase de español
una fiesta de cumpleaños	una biblioteca	una discoteca o un club
un gimnasio	la playa	las montañas
un gran almacén	un hotel	una ciudad grande

El presente, el pasado y el futuro

LILIANA ¿Qué **vas a hacer** para Semana Santa?

JAIRO No **sé**. Generalmente **voy** a la playa pero este año **quiero hacer** algo diferente.

LILIANA Pues, el año pasado mi familia y yo **asistimos** a las celebraciones religiosas en Mompox, al sur de Cartagena. ¡**Nos gustaron** mucho las procesiones!

Descúbrelo

■ Where does Jairo usually spend Holy Week? Is he going there this coming one?

■ What did Liliana do last Holy Week? What did she find interesting?

■ What time frame do each of the boldfaced verbs refer to? Which ones refer to the past? The present? The future?

1. Most everyday communication revolves around three time frames: the present, the past, and the future. The present tense (**el presente de indicativo**) is used to refer to ongoing actions or routines.

   Siempre **celebro** mi cumpleaños con una fiesta.   *I always **celebrate** my birthday with a party.*

   ■ Regular verbs use the following endings.

   -ar   celebrar: celebr**o**, celebr**as**, celebr**a**, celebr**amos**, celebr**áis**, celebr**an**
   -er   beber: beb**o**, beb**es**, beb**e**, beb**emos**, beb**éis**, beb**en**
   -ir   asistir: asist**o**, asist**es**, asist**e**, asist**imos**, asist**ís**, asist**en**

   ■ Stem-changing verbs change the vowel in the stem in all persons except **nosotros** and **vosotros**. The endings are the same as for regular present-tense verbs.

   e → ie   encender: enc**ie**ndo, enc**ie**ndes, enc**ie**nde, encendemos, encendéis, enc**ie**nden
   o → ue   volver: v**ue**lvo, v**ue**lves, v**ue**lve, volvemos, volvéis, v**ue**lven
   e → i   pedir: p**i**do, p**i**des, p**i**de, pedimos, pedís, p**i**den

   ■ Common irregular verbs are **estar**, **ir**, and **ser**. See pages 19, 31, and 43 for their conjugations.

   ■ Some verbs have irregular **yo** forms: **conduzco, conozco, digo, doy, hago, pongo, salgo, sé, tengo, traigo, vengo**, and **veo**.

2. To refer to the future (**el futuro**), it is common to use special verb phrases, consisting of *conjugated verb in the present tense + infinitive*.

   ¿**Esperas ir** a la feria mañana?   ***Do you expect to go** to the fair tomorrow?*

   ■ **ir + a +** *infinitivo*   *be going to (do something)*
   ■ **pensar +** *infinitivo*   *intend to / plan to (do something)*
   ■ **esperar +** *infinitivo*   *expect to / hope to (do something)*

3. The preterite expresses what somebody did on a particular occasion in the past.

> El año pasado **vimos** un gran desfile en el Día de la Independencia.
> *Last year we **saw** a great parade on Independence Day.*

- Regular verbs use the following endings.

-ar	mirar: mir**é**, mir**aste**, mir**ó**, mir**amos**, mir**asteis**, mir**aron**
-er / -ir	salir: sal**í**, sal**iste**, sal**ió**, sal**imos**, sal**isteis**, sal**ieron**

- Stem-changing verbs change with the subjects **Ud./él/ella/Uds./ellos/ellas.**

e → i	p<u>e</u>dir: pedí, pediste, p<u>i</u>dió, pedimos, pedisteis, p<u>i</u>dieron
o → u	d<u>o</u>rmir: dormí, dormiste, d<u>u</u>rmió, dormimos, dormisteis, d<u>u</u>rmieron

- Common irregular verbs are: **conducir, decir, estar, hacer, poder, poner, querer, saber, ser, tener, traer,** and **venir.** See pages 229–230.

¡Aplícalo!

 Colaborar

8-14 **La rutina de mamá.** Eugenio Copa describe la rutina diaria de su madre. Con un(a) compañero(a), completen su descripción en el presente.

Mi mamá (1. ser) _____ la persona más trabajadora de la familia. Normalmente mamá (2. despertarse) _____ muy temprano, antes de las seis. Todas las mañanas, ella nos (3. preparar) _____ deliciosas arepas *(corn cakes)*. Luego (4. irse) _____ a la oficina y cuando (5. volver) _____ a casa por la noche, (6. hacer) _____ los quehaceres. Nunca (7. acostarse) _____ antes de las once. ¡Yo no (8. saber) _____ cómo lo hace!

 Colaborar

8-15 **El Día de la Madre.** ¿Cómo celebró la mamá de Eugenio el Día de la Madre? Con un(a) compañero(a), completen la narración en el pretérito.

Para celebrar el Día de la Madre, mi mamá (1. dormir) _____ hasta tarde. Mi hermano y yo (2. preparar) _____ el desayuno y se lo (3. servir) _____ en la cama. Yo le (4. regalar) _____ flores y mi hermano le (5. dar) _____ una tarjeta hecha a mano. Ella (6. ponerse) _____ muy contenta. Luego nosotros (7. ir) _____ al Parque del Este. ¡(8. Ser) _____ un día chévere *(great)*!

8-16 **Los planes para el futuro.** Entrevista *(Interview)* a un(a) compañero(a) para saber cuándo va a hacer las siguientes cosas. ¡Ojo! Hay que conjugar los verbos entre paréntesis en el presente.

Frases útiles: el próximo (año), este (semestre), dentro de (cinco) años, algún día

Modelo   (pensar) hacer prácticas profesionales
   Estudiante A: ¿Cuándo piensas hacer prácticas profesionales?
   Estudiante B: Pienso hacer prácticas profesionales el próximo año.

1. (pensar) graduarse
2. (esperar) empezar a trabajar
3. (querer) comprar una casa

4. (esperar) viajar al extranjero *(abroad)*
5. (ir a) comprar un auto
6. (querer) visitar a tu familia

8-17 Los propósitos de Año Nuevo. Muy pronto llega el Año Nuevo. ¿Cuáles son tus propósitos *(resolutions)*? Con dos o tres compañeros, compartan *(share)* por lo menos un propósito en cada categoría. Usen los verbos **pensar**, **querer**, **ir** y **esperar** para expresar sus planes para el futuro.

Modelo El próximo año pienso comer menos dulces.

La dieta	**Las relaciones personales**
El ejercicio	**Los hábitos malos**
Los estudios	**Otros temas**

8-18 Presente, pasado, futuro. Con un(a) compañero(a), hablen de sus actividades con respecto a los siguientes temas. Sigan el modelo y compartan *(share)* sus experiencias.

Modelo **Las vacaciones:** Normalmente… Una vez… El próximo año

Normalmente voy de vacaciones en julio. Casi todos los años mi familia y yo vamos a la playa.

Una vez fuimos a Chicago. Vimos un partido de béisbol en Wrigley Field.

El próximo año mis padres quieren ir a la playa, pero yo espero ir a Europa. ¿Y tú?

1. **Las vacaciones:** Normalmente... Una vez… El próximo año…

2. **El sábado por la noche:** Por lo general… El sábado pasado… El próximo sábado…

3. **Mi cumpleaños:** Casi siempre… El año pasado… Para mi próximo cumpleaños…

4. **Los veranos:** Típicamente... El verano pasado… El próximo verano…

5. **El Día de la Independencia:** Normalmente… Una vez... El próximo julio…

8-19 Unas fiestas inolvidables. Tú y tu compañero(a) acaban de *(have just)* volver de Colombia, donde vivieron con una familia colombiana por un semestre. Estas son unas fotos que Uds. sacaron en la época de Navidad y Año Nuevo. Expliquen cómo celebraron esos días festivos. Usen el pretérito.

Modelo Mi familia colombiana y yo **celebramos** la Navidad en grande. Unas semanas antes, la señora **decoró** la casa con un pesebre y...

1.

2.

3.

EN ACCIÓN: Preguntas esenciales

¿Qué evento histórico se celebra con orgullo *(pride)* en tu país?

 8-20 **Piénsalo.** Con un(a) compañero(a), lean la lista de palabras. ¿Cuáles están relacionadas con eventos históricos?

- batalla *(battle)*
- cantante *(singer)*
- descubrimiento *(discovery)*

- fundación *(establishment)*
- guerra *(war)*
- nacimiento *(birth)*

- negocio *(business)*
- victoria *(victory)*
- vivienda *(housing)*

 8-21 **La opinión de Antonio.** Antonio Mijares tiene 19 años y es de Venezuela. Con un(a) compañero(a), lean su comentario sobre un evento histórico de su país. Luego, completen el resumen con la información correcta.

En Venezuela, cada 12 de (1) _____ se celebra el Día de (2) _____. En esta fecha del año 1814, un grupo de (3) _____ ganaron *(won)* la Batalla de (4) _____, una de las batallas de la Guerra *(War)* de independencia. Hoy se celebra con marchas y con (5) _____ en representación de la victoria.

pride
Youth
won

life

Un evento histórico celebrado con orgullo° en Venezuela es el Día de la Juventud°. Conmemora la Batalla de la Victoria, ganada° el 12 de febrero de 1814 por José Félix Ribas con jóvenes del Seminario y de la Universidad de Caracas. También honra la muerte de todos estos jóvenes que dieron su vida° por la independencia de Venezuela... Se realizan marchas en las calles y actividades culturales en las escuelas. También grandes cantidades de personas se reúnen en plazas para hacer actos teatrales en representación de la victoria del 12 de febrero.

 8-22 **Otras opiniones.** Con un(a) compañero(a), lean la siguiente información del sitio web *Días Festivos México* y luego contesten las preguntas.

1. En México, ¿qué se conmemora el 5 de mayo? ¿En qué ciudad se celebra? ¿Cómo se celebra?
2. ¿Cómo se celebra el 5 de mayo en Estados Unidos? ¿Cómo es la celebración diferente a la de México?

La batalla de Puebla

El día 5 de mayo de 1862, los soldados mexicanos ganaron una gran batalla en contra la armada invasora de Francia. Cada 5 de mayo se conmemora la batalla de Puebla con un desfile militar y civil en la Ciudad de Puebla. El presidente mexicano participa y pasa revista a las Fuerzas Armadas que acuden para conmemorar la fecha. El Ejército mexicano también hace una representación de la batalla en el Campo Militar de esa ciudad.

Fuente: "¿Qué se celebra el 5 de mayo en México y EE UU?", elpais.com.

soldados *soldiers*   pasa revista *inspects the troops*   acuden *attend*

 8-23 **¿Y tú?** Habla con un(a) compañero(a) sobre la pregunta esencial.

1. ¿Qué evento histórico se celebra con orgullo *(pride)* en Estados Unidos? ¿Cuándo y cómo se celebra?
2. ¿Por qué crees que es importante conmemorar *(commemorate)* los eventos históricos?

¿Cómo se celebra el Día del Amor y la Amistad en otros países? Un periódico de Barranquilla, Colombia, nos informa sobre algunas tradiciones de su país.

El toque° 'dulce' y 'secreto' del Amor y la Amistad

Al llegar septiembre, muchas personas de inmediato focalizan buena parte de sus pensamientos en una de las fechas más esperadas del año: Amor y Amistad.

El punto es que cuando se pertenece a° algún grupo social, sea en la familia, un curso de universidad, de colegio, o en el trabajo, la mayoría de las veces se lleva a cabo° el juego del amigo secreto o el del amigo dulce.

En el caso del amigo secreto, las personas deben escribir en una hoja todos los nombres de los individuos que deseen jugar, y luego cortarlos en tirillas° del mismo tamaño.

Posteriormente revuelven todos los papeles en una bolsa° cualquiera, para que después cada uno saque° un nombre al azar°.

La dinámica es guardar con recelo° el nombre de la persona que te salió, para guardar el misterio y que haya suspenso de no saber a quién le tocamos°.

Aquí viene la diferencia con el amigo dulce: el amigo secreto comúnmente consta de una cuota° más elevada que la de amigo dulce, donde solamente se regalan dulces como chocolates, bombones, y cosas comestibles, que sean de igual o mayor valor que el establecido en acuerdo grupal. Pues bien, en el amigo secreto se regala en su mayoría, ropa, accesorios, zapatos, y hasta carteras°.

Fuente: "El toque 'dulce' y 'secreto' del Amor y la Amistad," revistas.elheraldo.co.

toque *touch*   se pertenece a *one belongs to*   se lleva a cabo *is carried out*   cortarlos en tirillas *cut them into strips*
bolsa *bag*   saque *pulls out*   al azar *randomly*   guardar con recelo *jealously guard*   a quién le tocamos *who drew our names*
cuota *spending limit*   carteras *handbags*

Colaborar

8-24 **¿Qué entiendes?** Con un(a) compañero(a), lean el artículo y luego contesten las preguntas.

1. ¿En qué mes se celebra el Día del Amor y la Amistad en Colombia?
2. ¿Qué tradición se asocia *(is associated)* con el Día del Amor y la Amistad en Colombia?
3. ¿Entre qué grupos se hace el juego del "amigo secreto" o "amigo dulce"?
4. ¿Qué tipos de regalos reciben los amigos secretos? ¿Y los amigos dulces?

8-25 **Tertulia.** Con dos o tres compañeros de clase, hablen sobre las tradiciones asociadas con el Día del Amor y la Amistad. Usen estas preguntas como punto de partida.

1. ¿Qué tradición en Estados Unidas es parecida *(similar)* a la costumbre colombiana del amigo secreto? ¿Cuándo se hace?
2. ¿Has participado alguna vez en el juego del amigo secreto? (¿Sí? ¿Cuándo? ¿Qué regalos recibiste?)
3. ¿Cómo prefieres tú festejar el Día del Amor y la Amistad? ¿A quiénes les mandas tarjetas? ¿A quiénes les regalas chocolates o flores?

PASO 2 VOCABULARIO

Ferias, festivales y campeonatos

Unos festivales artísticos

In this *Paso*, you will . . .

- talk about sporting, cultural, and artistic events
- extend, accept, and decline invitations
- describe past events and actions

El Festival de Viña del Mar, en Chile, es un evento musical. En la noche final de la **Competencia Internacional**, **se elige** al **cantante** con la mejor **canción** del año.

En España, el Festival Internacional de Cine de San Sebastián **tiene lugar** cada septiembre. En este **prestigioso** evento cultural se dan **premios** a las mejores películas y a los mejores **actores**.

Para invitar	*To extend an invitation*
¿Quieres ir a (la feria) conmigo?	*Do you want to go to (the fair) with me?*
¿Te gustaría ir a (la exposición de fotografías)?	*Would you like to go to (the photography exhibit)?*
Para aceptar una invitación	*To accept*
Depende. ¿A qué hora empieza?	*It depends. What time does it start?*
Sí, me encantaría.	*Yes, I'd love to.*
Para rehusar una invitación	*To decline*
Lo siento, pero...	*I'm sorry, but . . .*
Quizás en otra ocasión.	*Maybe some other time.*

Unos eventos culturales y deportivos

El **Carnaval** de Oruro, en Bolivia, tiene **un ambiente alegre** y **festivo**. Hay **concursos** de **disfraces**, **bailes** y **teatro popular**.

Los Juegos Panamericanos **se realizan** cada cuatro años. **Atletas** de 42 países **participan** en las competencias de **eventos deportivos**, como **el atletismo, la natación** y **el ciclismo**.

Para pedir más información	*To ask for more information*
¿Cuánto cuesta la entrada?	*How much does the ticket cost?*
¿Qué conjunto va a tocar?	*What musical group is playing?*
¿Qué equipos juegan (en el campeonato)?	*What teams are playing (in the championship)?*
¿Qué obra de teatro van a presentar?	*What play are they performing?*
¿Dónde nos encontramos?	*Where do you want to meet?*
¿Puedes recogerme (a las siete)?	*Can you pick me up (at seven)?*

Expresiones útiles	*Useful expressions*
¡Qué emocionante!	*How exciting!*
¡Qué espectáculo!	*What a show!*

¡Aplícalo!

👤×👤 Colaborar | **8-26** **Una invitación.** Con un(a) compañero(a), completen la conversación de una manera lógica y léanla en voz alta. ¿Acepta Claudia la invitación al final?

ANTONIO Oye, Claudia, ¿quieres ir al festival de música conmigo?

CLAUDIA Depende. (1) ¿_____?

ANTONIO A las cinco de la tarde. Yo puedo recogerte a las cuatro y media.

CLAUDIA (2) ¿_____?

ANTONIO Tu conjunto preferido: Los Salseros.

CLAUDIA ¡Los Salseros! (3) ¡_____!

ANTONIO Entonces, ¿te gustaría ir?

CLAUDIA (4) _____.

👤×👤 Colaborar | **8-27** **Los Juegos Olímpicos.** ¿Te gusta ver los Juegos Olímpicos? ¿Qué sabes sobre este evento? Con un(a) compañero(a), completen el párrafo con las palabras de la lista.

atletas	deportivos	festivo	prestigiosos
competencias	espectáculo	participan	realizan

Los Juegos Olímpicos son los eventos (1) _____ más (2) _____ del mundo. (3) _____ de más de 200 países y territorios del mundo (4) _____ en estos eventos. Los Juegos Olímpicos se (5) _____ cada cuatro años y duran dos semanas. Siempre empiezan con una ceremonia de apertura *(opening)*. Esta incluye un desfile de los atletas, un (6) _____ de música y danza, el encendido de la llama *(flame)* olímpica y fuegos artificiales. Es un ambiente muy (7) _____. Al día siguiente, ¡empiezan las (8) _____!

© Marish/Shutterstock.com

🔄 Possessive adjectives and pronouns, **Capítulo 3 Paso 1**

👤👤👤 | **8-28** **Nuestros preferidos.** Conversa con dos o tres compañeros de clase sobre sus preferencias. Para cada categoría, di cuál es tu preferido(a) y explica por qué.

Modelo cantante

Estudiante A: Mi cantante preferido es Juanes. ¡Es muy guapo y me encantan sus canciones! ¿Cuál es el suyo?

Estudiante B: La mía es Shakira. Su mejor canción es "Clandestino". ¿Cuál es el tuyo?

Estudiante C: El mío es Carlos Vives...

actor	cantante	conjunto	festival
atleta	competencia	evento deportivo	obra de teatro

Colaborar

8-29 **Feria de Verano.** ¿Te gustaría ir a la Feria de Verano? Mira el siguiente cartel con un(a) compañero(a) de clase y contesten las preguntas.

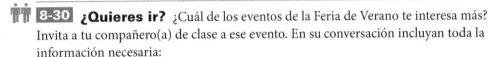

Feria de Verano

25 DE JULIO

8 p.m.   Concierto de inauguración del conjunto Vallenato.
          Parque La Alameda. Entrada: 60 mil pesos.

26 DE JULIO

11 a.m.   Competencia de natación (para los niños).
          Piscina Municipal. Entrada: gratis.

1 p.m.   Exposición de caballos. Parque La Alameda.
          Entrada: 40 mil pesos.

5 p.m.   Campeonato de fútbol entre El Cóndor y Pumas.
          Estadio Guerrero. Entrada: 40 mil pesos.

10 p.m.   Gran espectáculo de bailes populares.
          Plaza de Armas. Entrada: 40 mil pesos.

27 DE JULIO

8 p.m.   Desfile de autos y disfraces en la Autopista
          Oriental. Entrada: gratis.

11 p.m.   Fuegos artificiales. Parque La Alameda. Entrada: gratis.

1. ¿En qué fechas se realiza la Feria de Verano? ¿Cómo termina?

2. ¿Cuál es el primer evento? ¿Cuánto cuesta la entrada?

3. ¿Para quiénes es la competencia de natación? ¿Dónde tiene lugar?

4. ¿Qué evento deportivo tiene lugar en el Estadio Guerrero? ¿Qué equipos juegan?

5. ¿Qué se va a presentar en la Plaza de Armas? ¿A qué hora empieza?

6. ¿Qué eventos no cuestan nada? ¿Dónde tiene lugar cada uno?

7. ¿Qué evento te parece más interesante? ¿Por qué?

8-30 **¿Quieres ir?** ¿Cuál de los eventos de la Feria de Verano te interesa más? Invita a tu compañero(a) de clase a ese evento. En su conversación incluyan toda la información necesaria:

- el evento
- la fecha
- la hora
- el precio de las entradas
- detalles sobre el evento
- el lugar donde se van a encontrar

Modelo   **Estudiante A:** ¿Quieres ir a un partido de fútbol conmigo?

Estudiante B: Sí, me encantaría. ¿Cuándo es?

Estudiante A: Es el 26 de julio.

Estudiante B: ¿A qué hora… ?

8-31 **Las preferencias.** Con un(a) compañero(a), entrevístense usando las siguientes preguntas. ¿Tienen Uds. las mismas preferencias?

1. ¿Cuál es tu campeonato favorito? ¿Qué equipos o atletas juegan? ¿Dónde tiene lugar?

2. ¿Prefieres practicar la natación o el ciclismo? ¿Dónde lo practicas?

3. En la Noche de Brujas, ¿participas en los concursos de disfraces a menudo? ¿En qué otros concursos has participado?

4. ¿Te gustan más los conciertos de música o las obras de teatro? ¿Qué conjunto musical o compañía de teatro te gusta?

5. ¿Te gusta ver los premios Óscar por televisión? En tu opinión, ¿qué actor debe ganar el próximo premio al mejor actor? ¿Y a la mejor actriz?

6. ¿Te gustan los programas de televisión de concursos entre cantantes o bailarines (*dancers*)? ¿Cuál prefieres mirar? ¿Por qué?

PASO 2 GRAMÁTICA A

La formación del imperfecto

DANIELA Esta es una foto de mi abuelo cuando **trabajaba** en un crucero. Él **era** un músico profesional. **Cantaba** y también **tocaba** el piano, el violín y la guitarra.

KATIA ¡Qué impresionante! Yo solo sé tocar* la puerta.

*tocar (un instrumento) *to play (a musical instrument)*
tocar la puerta *to knock on the door*

1. Spanish uses two different verb aspects to narrate and describe past events—the preterite and the imperfect. You already studied the preterite. In this **Paso** you will learn to form and use the imperfect (**el imperfecto**).

Preterite: Ayer **monté** en bicicleta por tres horas.	*Yesterday I **rode** my bike for three hours.*
Imperfect: De niño **montaba** mucho en bicicleta.	*As a child I **used to ride** my bike a lot.*

2. Most verbs in the imperfect are regular. Notice that **-ar** verbs use **-aba-** as part of the imperfect endings, while **-er** and **-ir** verbs use **-ía-**.

El imperfecto de los verbos regulares

	-ar verbs	-er verbs	-ir verbs
	cantar	**comer**	**vivir**
yo	cant**aba**	com**ía**	viv**ía**
tú	cant**abas**	com**ías**	viv**ías**
Ud./él/ella	cant**aba**	com**ía**	viv**ía**
nosotros(as)	cant**ábamos**	com**íamos**	viv**íamos**
vosotros(as)	cant**abais**	com**íais**	viv**íais**
Uds./ellos/ellas	cant**aban**	com**ían**	viv**ían**

3. There are only three irregular verbs in the imperfect; there are no stem-changing verbs in this tense.

El imperfecto de los verbos irregulares

	ir *to go*	**ser** *to be*	**ver** *to see*
yo	iba	era	veía
tú	ibas	eras	veías
Ud./él/ella	iba	era	veía
nosotros(as)	íbamos	éramos	veíamos
vosotros(as)	ibais	erais	veíais
Uds./ellos/ellas	iban	eran	veían

8-32 **El juego de pelota.** El juego de pelota *(ball)* fue un deporte-ritual común en muchas civilizaciones precolombinas en partes de México y Centroamérica. Con un(a) compañero(a), completen el siguiente párrafo sobre este juego. Hay que escoger los verbos más lógicos y conjugarlos en el imperfecto.

El juego de pelota *(ball)* se (1. jugar / tocar) _____ entre dos equipos y cada equipo (2. comer / tener) _____ de dos a siete jugadores. Los jugadores (3. vivir / deber) _____ pasar la pelota *(put the ball)* por un disco de piedra *(stone)*. Ellos no (4. poder / encender) _____ tocar *(touch)* la pelota ni con las manos ni con los pies *(feet)*. La pelota —hecha de hule *(rubber)* y látex— (5. ir / ser) _____ pesada y dura *(heavy and hard)*. Por eso, los jugadores (6. llevar / lavar) _____ protección de cuero. Generalmente el partido (7. terminar / haber) _____ cuando un equipo marcaba *(scored)* un gol. Según los arqueólogos, la pelota (8. rezar / simbolizar) _____ al Sol y los equipos, a los dioses *(gods)* del inframundo.

8-33 **Te-Te-Ti con el imperfecto.** Juega al Ta-Te-Ti dos veces con un(a) compañero(a) de clase. Toma turnos para seleccionar un cuadrado *(square)* y conjugar el verbo en el imperfecto. Si la conjugación es correcta, el (la) jugador(a) pone una X (o una O) en el cuadrado.

tú: querer	él: celebrar	Uds.: intercambiar	ellas: regalar	tú: recibir	tú: ser
ella: jugar	yo: ser	tú: vivir	él: ir	nosotros: ver	ella: decorar
ellos: encender	tú: ir	nosotros: disfrazarse	nosotros: reunirse	Uds.: practicar	yo: comer

8-34 **A los trece años.** ¿Cómo eras tú *(What were you like)* a los trece años? Completa las oraciones con un(a) compañero(a) y comparen sus experiencias.

Cuando yo tenía trece años...

1. estaba en el (séptimo / octavo / noveno) grado. ¿Y tú?

2. por lo general (me gustaba / no me gustaba) ir a la escuela. ¿Y a ti?

3. mi materia preferida era _____. ¿Y la tuya?

4. (tocaba / no tocaba) un instrumento en la orquesta o la banda de la escuela. ¿Y tú?

5. (estaba / no estaba) en un equipo deportivo. ¿Y tú?

6. hacía (muchos / pocos) quehaceres domésticos, por ejemplo _____. ¿Y tú?

7. mis héroes eran _____. ¿Cuáles eran tus héroes?

8. siempre estaba con mis amigos; nos encantaba _____. ¿Y a ti y a tus amigos?

Expressions of frequency, **Capítulo 2 Paso 3**

8-35 **De niño(a).** ¿Con qué frecuencia hacías estas cosas cuando tenías nueve o diez años? Con un(a) compañero(a) de clase, formen preguntas en el imperfecto con las frases y entrevístense.

Modelo jugar al fútbol

    Estudiante A: ¿Con qué frecuencia jugabas al fútbol cuando eras niño(a)?

    Estudiante B: Lo hacía a menudo: dos o tres veces a la semana. ¿Y tú?

    Estudiante A: ¡Casi nunca jugaba! No me gustaba el fútbol.

(casi) todos los días	**(casi) todas las semanas**	**a menudo**
una o dos veces al mes	**a veces**	**(casi) nunca**

1. hacer la cama
2. mirar dibujos animados *(cartoons)*
3. contarles chistes a los amigos
4. montar en bicicleta
5. poner la mesa
6. jugar en la nieve
7. comer verduras
8. acostarse tarde

Colaborar

8-36 **Exposición de fotografía.** Fuiste a una exposición de fotos y viste esta foto de unos artistas famosos. ¿Los conoces? Con un(a) compañero(a) de clase, contesten las preguntas usando el imperfecto.

1. ¿Cómo se llamaban estos artistas? ¿De qué país eran?
2. ¿Cómo era ella? ¿Y él? En esta foto, ¿aproximadamente cuántos años tenían?
3. ¿Dónde estaban en esta foto?
4. ¿Qué tipo de ropa llevaba ella? ¿Y él?
5. ¿Parecían contentos en la foto? Explica.

Frida Kahlo y Diego Rivera en México, D.F., 1939

8-37 **En la escuela secundaria.** ¿Cómo era tu vida en la escuela secundaria *(high school)*? Con un(a) compañero(a), entrevístense con estas preguntas y comparen sus experiencias.

1. ¿Cómo se llamaba tu escuela secundaria? ¿Era grande, pequeña o de tamaño mediano? ¿Estaba en una ciudad, en las afueras *(suburbs)* o en un área rural?
2. ¿Eras buen(a) estudiante cuando estabas en la escuela secundaria? ¿Qué clases te gustaban más? ¿Cuántas horas estudiabas en un día normal fuera de *(outside of)* clase?
3. Por lo general, ¿te gustaban tus profesores? ¿Te parecían muy estrictos algunos de ellos? ¿Qué no se podía hacer en clase? ¿Qué regla *(rule)* te molestaba más?
4. ¿En qué actividades extracurriculares participabas? Por ejemplo, ¿participabas en las obras de teatro, cantabas en el coro *(chorus)* o jugabas en algún equipo deportivo?
5. ¿Cuáles eran los eventos sociales más populares o importantes de tu escuela? ¿Qué hacían para celebrar la reunión de exalumnos *(homecoming)*? ¿Cómo era el baile de graduación *(prom)*? ¿Hacían fiestas o viajes para celebrar el final del año escolar?

Los usos del imperfecto

SAMUEL   Abuelo, cuando tú eras pequeño, ¿qué videojuegos te gustaban más?

ABUELO   No teníamos videojuegos, Samuel. Pero casi todos los días después de clase jugábamos al fútbol.

SAMUEL   ¿Ganaba a menudo tu equipo?

ABUELO   Sí, claro. Yo era el portero (*goalie*) y era muy rápido.

1. Both the imperfect and the preterite are used to narrate and describe past actions, but they are not interchangeable. One major use of the imperfect is to describe past traditions and routines; that is, what you *used to do* or *would do* in the past.

   These descriptions are often used with adverbs of frequency: **generalmente, normalmente, (casi) siempre, todos los días, todos los años, con frecuencia, a menudo, a veces,** etc.

De niño, yo **visitaba** a mi tía a menudo.	*As a child, I **used to visit** my aunt often.*

2. The imperfect is also used to describe people, places, and things in the past. Such descriptions often employ non-action verbs—**ser, estar, parecer,** and **tener**—and may include physical and personal characteristics, feelings, conditions, and age.

El cantante **era** muy talentoso. **Tenía** solo veinte años pero **parecía** mayor.	*The singer **was** very talented. He **was** only 20 years old but **seemed** older.*

3. The imperfect is used in storytelling to set the scene in the past: the time of day, date, location, or ongoing weather conditions.

Eran las once de la noche y **nevaba**.	*It **was** eleven o'clock at night and it **was snowing**.*

4. The imperfect is also used to describe actions that were in progress at a particular point in time in the past—the equivalent of English *was / were + -ing form of the verb*.

A las diez, los niños **miraban** el desfile.	*At 10:00, the kids **were watching** the parade.*

5. The imperfect is used with the verbs **saber, pensar,** and **creer** to express ongoing thought processes—what somebody *knew, thought,* or *believed* over a span of time.

El niño **no creía** en Papá Noel.	*The boy **didn't believe** in Santa Claus.*

■ ■ ■
Descúbrelo

- What pastimes are Samuel and his grandfather talking about?
- Does their conversation focus mostly on the present or the past?
- Does the verb **jugábamos** refer to an action that took place one time or that used to take place regularly?
- What verb does the grandfather use to describe what kind of soccer player he was?

¡Aplícalo!

Colaborar

8-38 **La nostalgia.** En una página de Internet, varias personas describen los mejores recuerdos de su niñez *(childhood).* Con un(a) compañero(a), tomen turnos para leer las descripciones. Después, usen la información de la lista para indicar por qué se usa el imperfecto para los verbos en negrita *(boldface).*

Usos del imperfecto:

a. To describe customs, traditions, or routines in the past *(used to do / would do)*

b. To describe people, places, and things in the past: characteristics, conditions, feelings, age

c. To set the scene for a story / anecdote: time, day, location, ongoing weather conditions

d. To describe what was going on at a particular point in the past *(was / were + -ing)*

e. To express an ongoing mental process *(knew / thought / believed)*

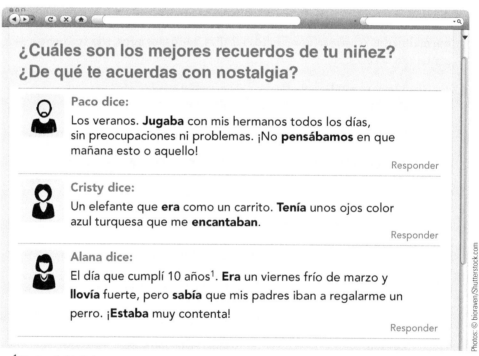

¿Cuáles son los mejores recuerdos de tu niñez?
¿De qué te acuerdas con nostalgia?

Paco dice:

Los veranos. **Jugaba** con mis hermanos todos los días, sin preocupaciones ni problemas. ¡No **pensábamos** en que mañana esto o aquello!

Responder

Cristy dice:

Un elefante que **era** como un carrito. **Tenía** unos ojos color azul turquesa que me **encantaban**.

Responder

Alana dice:

El día que cumplí 10 años[1]. **Era** un viernes frío de marzo y **llovía** fuerte, pero **sabía** que mis padres iban a regalarme un perro. ¡**Estaba** muy contenta!

Responder

[1]My tenth birthday

8-39 **Mejores amigos.** ¿Quién era tu mejor amigo(a) cuando tenías doce o trece años? Con un (a) compañero(a), entrevístense y hablen de los mejores amigos. Después, expliquen por qué se usa el imperfecto en esta conversación sobre los mejores amigos.

1. ¿Quién era tu mejor amigo o amiga cuando tenías doce o trece años? ¿Cómo era él (ella)? ¿Era extrovertido(a) o un poco tímido(a)? ¿Era serio(a) o bromista?

   Análisis: En estas preguntas, usamos el imperfecto porque estamos describiendo (a personas / rutinas o hábitos del pasado).

2. ¿Cómo pasaban Uds. el tiempo juntos? ¿Qué deportes practicaban? ¿Qué videojuegos jugaban? ¿Qué más hacían?

   Análisis: En estas preguntas, usamos el imperfecto porque estamos describiendo (a personas / rutinas o hábitos del pasado).

8-40 Las tradiciones: antes y ahora. Con un(a) compañero(a), hablen sobre los días festivos de la lista. Usen el imperfecto para describir cómo celebraban esos días cuando eran pequeños. Luego usen el presente para describir cómo celebran ahora.

tu cumpleaños	**el Día de Acción de Gracias**
la Noche de Brujas	**el Día de la Independencia**

Modelo tu cumpleaños

Estudiante A: ¿Cómo celebrabas tu cumpleaños cuando eras niño(a)?

Estudiante B: Normalmente tenía una pequeña fiesta en casa.

Estudiante A: ¿Y ahora *(now)*? ¿Cómo celebras tu cumpleaños por lo general?

Estudiante B: Normalmente recibo muchos mensajes de texto de mis amigos.

8-41 ¡Ladrón! Hubo un crimen en el Festival de la Calle Ocho en Miami: un ladrón *(thief)* robó una billetera. Con dos compañeros(as), dramaticen una escena entre la policía y dos testigos *(witnesses)*. La policía usa las siguientes preguntas y los testigos usan la información en el dibujo para contestar las preguntas.

1. ¿Precisamente dónde estaban Uds. cuando vieron el crimen?

2. ¿Qué hacían Uds.?

3. ¿Aproximadamente qué hora era?

4. ¿Cómo era el ladrón? ¿Qué ropa llevaba?

5. ¿Qué hacía la víctima cuando el robo ocurrió?

6. ¿Qué más me pueden decir sobre el crimen?

8-42 Muchas excusas. Muchas personas están enojadas contigo. ¡Necesitas muy buenas excusas para tranquilizarlos! En grupos de tres o cuatro, tomen turnos para dar excusas. Usen el imperfecto para explicar **dónde estabas** y **qué hacías**.

Modelo TU NOVIO(A) Te llamé anoche a las nueve pero no contestaste. ¿Dónde estabas? ¿Qué hacías?

Estudiante A: Lo siento mucho. Estaba en la biblioteca con algunos compañeros de clase. Estudiábamos para nuestro examen de química.

Estudiante B: Disculpa. Estaba en el consultorio del veterinario...

1. TU MAMÁ — Te llamé el miércoles a las once de la noche pero no contestaste. Yo estaba muy preocupada. ¿Dónde estabas? ¿Qué hacías?

2. TU HERMANO(A) — Dime *(Tell me)*, tonto(a). ¿Dónde estabas tú el sábado a la una de la tarde? ¿Por qué no fuiste a la fiesta de cumpleaños de abuelita? Todos te esperábamos en el salón del Restaurante Fénix pero nunca llegaste. ¡Pobre abuela!

3. TU PROFESOR(A) DE ESPAÑOL — ¿Por qué no viniste a clase el martes de la semana pasada? Te perdiste *(You missed)* el examen.

EN ACCIÓN: Preguntas esenciales

¿Qué impacto tienen los eventos deportivos en la vida de las personas de tu país?

Colaborar

8-43 **Piénsalo.** Con un(a) compañero(a), escriban una lista de los tres eventos deportivos que tienen más impacto en la vida de las personas en Estados Unidos.

1. _____
2. _____
3. _____

↻ Sports,
Capítulo 2 Paso 3

Colaborar

8-44 **La opinión de Antonio.** Antonio Mijares nos habla sobre los eventos deportivos de Venezuela. Con un(a) compañero(a), lean su comentario y contesten las preguntas.

1. ¿Qué deportes se practican más en Venezuela?

2. ¿Qué impacto tiene el béisbol en la vida de los jóvenes venezolanos?

play

contribute

> Los eventos deportivos en la vida de los venezolanos cumplen° un rol muy importante. Los deportes más practicados son el béisbol y el fútbol. Cada vez que hay un partido es costumbre reunirse con familiares o amigos a disfrutar de ellos. Los eventos deportivos también aportan° al futuro de los jóvenes. Por ejemplo, el béisbol les da oportunidad a jóvenes talentosos a tener carreras deportivas.

© Antonio Mijares

Colaborar

8-45 **Otras opiniones.** Con un(a) compañero(a), lean el fragmento del artículo "Fútbol en Colombia: pasión e identidad", publicado por la revista colombiana *Semana*. Luego, completen el resumen con la información correcta.

En Colombia, el (94% / 61% / 25%) de la población piensa que el (béisbol / fútbol / baloncesto) es importante o muy importante para el país. La mayoría piensa que tiene un impacto (positivo / negativo / neutro) en la vida de los jóvenes, porque les ayuda a llevar una vida sin vicios y (oportunidades / quejas / violencia).

interviewees

keeps them away

vice / fourth

> «Una encuesta del Plan Decenal de Fútbol muestra la importancia de este deporte... El 94 por ciento de los encuestados° considera que el fútbol es importante o muy importante para Colombia. Las razones para un nivel tan alto de respuesta son claras: el 61 por ciento lo atribuye a que aleja° a los jóvenes del vicio° y la violencia y un cuarto° de los colombianos afirma que "da oportunidades" a la juventud.»

Fuente: "Fútbol en Colombia: pasión e identidad," Semana.com.

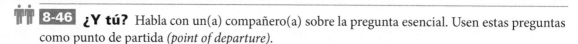

8-46 **¿Y tú?** Habla con un(a) compañero(a) sobre la pregunta esencial. Usen estas preguntas como punto de partida (*point of departure*).

1. ¿Son importantes los eventos deportivos para la mayoría de los estadounidenses? Explica.

2. ¿Qué impacto tienen los eventos deportivos en la vida social de las personas? ¿Y en la economía de una ciudad?

3. ¿Crees que los deportes les dan oportunidades a los jóvenes de Estados Unidos? Explica.

El Día del Amor y la Amistad, también conocido como el Día de San Valentín, se celebra en grande en muchos países. En las fotos se ven algunas de las costumbres más comunes entre los niños y los jóvenes de Estados Unidos.

hacer / intercambiar / mandar tarjetas

regalar / comer dulces y chocolates

hacer / decorar galletas en forma de corazón

decorar con globos

llevar ropa roja o rosada

regalar flores

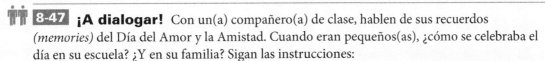

8-47 ¡A dialogar! Con un(a) compañero(a) de clase, hablen de sus recuerdos (*memories*) del Día del Amor y la Amistad. Cuando eran pequeños(as), ¿cómo se celebraba el día en su escuela? ¿Y en su familia? Sigan las instrucciones:

- Tomen turnos para hacerse (*ask each other*) un mínimo de 6 preguntas sobre el Día del Amor y la Amistad.

- Usen el imperfecto para hablar de las tradiciones de su niñez (*childhood*).

- Miren las fotos para generar ideas.

Modelo **Estudiante A:** Cuando eras pequeño(a), ¿intercambiaban tarjetas tú y tus compañeros de clase?

Estudiante B: Sí, siempre intercambiábamos tarjetas en clase. Yo hacía tarjetas para mis padres y abuelos también.

8-48 Una invitación. El Día del Amor y la Amistad se acerca (*is coming up*). Aquí tienes un anuncio sobre una gran fiesta. Con un(a) compañero(a), hagan lo siguiente:

- Dramaticen una invitación a la fiesta.

- Incluyan muchas preguntas. Por ejemplo: ¿Cuándo es la fiesta? ¿A qué hora empieza?

TASCA-BAR
BALUARTE

San Francisco Javier
Presenta:
Gran Fiesta de
Amor y Amistad

Sábado
22
septiembre

Boletería:
Hasta el 21 de sept.
$21.000
El 22 de sept.
$25.000

INFORMES Y VENTAS:
301 753 48 22 – 315 864 33 25
Parque Fernández de Madrid
No. 7–34 Ciudad Antigua
Cargatena – Colombia

ORQUESTA
SON LATINO

Mitos y leyendas

In this *Paso*, you will . . .
- explore legends and myths
- react to stories that others tell
- tell stories about past events

Un mito de los Andes

Las cinco águilas blancas

Este mito explica por qué las cimas de la Sierra Nevada, en Mérida, Venezuela, están siempre cubiertas de nieve.

Había una vez una mujer que se llamaba Caribay. Era hija de Zuhé (el Sol) y de Chía (la Luna). Le gustaba cantar y jugar con los árboles.

Un día, Caribay vio volar por el cielo cinco águilas blancas. Caribay quería sus hermosas plumas entonces corrió tras ellas.

Para contar una leyenda o un mito	To recount a legend or myth
Había una vez...	Once upon a time, there was . . .
Hace muchos años...	A long time ago . . .
Según una leyenda / un mito...	According to legend / myth . . .
Por eso...	That's why . . .
Al final...	At the end . . .
el águila / las águilas	eagle(s)
el dios / la diosa	god / goddess
la pluma	feather
el sol / la luna / el cielo	sun / moon / sky
volar (ue)	to fly

Para comenzar una anécdota	To begin a personal story
No vas a creer lo que pasó.	You won't believe what happened.
Cuando tenía (diez) años...	When I was (ten) years old . . .
De niño(a)...	As a child . . .
Un día...	One day . . .
Una vez...	One time . . .

Un mito de los Andes (cont.)

Por fin, Caribay vio las cinco águilas sobre cinco cimas. Cuando quiso tocar una, vio que las águilas estaban congeladas, convertidas en hielo.

Caribay huyó aterrorizada. Las águilas blancas se despertaron furiosas y sacudieron sus alas. Las montañas se cubrieron entonces de sus plumas.

Para continuar un cuento	*To continue a story*
De repente...	*Suddenly . . .*
Entonces...	*Then . . .*
Mientras...	*While . . .*
Para saber más	*To find out more*
Cuéntame.	*Tell me (what happened).*
¿Qué pasó? / ¿Cómo pasó?	*What happened? / How did it happen?*
¿Cuándo ocurrió?	*When did it happen?*
¿Qué pasó después?	*What happened then?*
Para reaccionar	*To react*
¿De veras?	*Really?*
Menos mal.	*Thank goodness.*
No lo puedo creer.	*I can't believe it.*
¡Qué cuento más extraño / increíble / gracioso!	*What a strange / incredible / funny story!*
¡Qué horror / barbaridad!	*That's awful!*
¡Qué suerte!	*How lucky!*

PASO 3 VOCABULARIO

 Colaborar **8-49** **El mito de las cinco águilas.** Con un(a) compañero(a), contesten las preguntas sobre la leyenda en las páginas 330 y 331.

1. ¿Cómo se llama la protagonista del mito?

2. ¿Quiénes eran los padres de Caribay?

3. ¿Qué vio Caribay volar por el cielo?

4. ¿Por qué corrió tras las águilas?

5. ¿Dónde encontró las águilas? ¿Cómo estaban?

6. ¿Qué hicieron las águilas cuando se despertaron?

7. ¿Qué explica este mito?

 Colaborar **8-50** **Cuéntame todo.** Con un(a) compañero(a), escojan las expresiones más lógicas y lean las conversaciones en voz alta.

1. **SAM** Mis padres me regalaron una computadora para mi cumpleaños.

   ALISA (¡Qué suerte! / ¡Qué barbaridad!)

2. **MARISA** Anoche me desperté a las dos de la madrugada y vi un fantasma (*ghost*) en el rincón de mi cuarto.

   JUAN (¿De veras? / Menos mal.)

3. **IVÁN** ¿Recuerdas a Alicia? Este año está participando en el concurso de Miss Venezuela.

   ROBERT (¿Qué pasó después? / ¡No lo puedo creer!)

4. **CARMEN** Mi compañera de cuarto tuvo un accidente en su auto anoche.

   MARCOS (¿Cómo pasó? / ¿Cuándo ocurrió?)

   CARMEN No sé; creo que llovía mucho y no podía ver bien.

 Colaborar **8-51** **Una experiencia traumática.** ¿Qué le pasó al hermano de Leticia? Con un(a) compañero(a), completen la historia con las frases de la lista y léanla en voz alta.

Cuando tenía 9 años	**Entonces**	**Mientras**	**Un día**
De repente	**Menos mal**	**Por eso**	

1. _____, mi hermano era un chico muy travieso (*mischievous*).

2. _____ jugaba en el estudio de papá cuando encontró unos cigarrillos.

3. _____ los llevó al patio de la casa y empezó a fumar uno.

4. _____ fumaba, mi mamá salió de la casa.

5. Mi hermano la vio y sintió pánico. _____ apagó el cigarrillo y ¡se lo comió!

6. _____ se puso muy enfermo y tuvimos que llevarlo al hospital.

7. _____ que se recuperó muy pronto, pero fue una experiencia traumática para todos.

8-52 **La leyenda de Tenochtitlán.** Esta leyenda explica cómo se fundó la ciudad de Tenochtitlán.

Primera parte: Con un(a) compañero(a), pongan las cuatro partes del mito en su orden correcto.

Finalmente, en el año 1325, los aztecas llegaron al lago de Texcoco. En una roca, vieron un cactus y sobre el cactus, un águila que se comía una serpiente.

Según la leyenda, los aztecas vivían tranquilamente en Aztlán. Un día, el dios Huitzilopochtli les dijo que tenían que buscar una nueva tierra donde fundarían *(they would establish)* una gran civilización.

Allí fundaron *(they established)* Tenochtitlán, la futura capital del imperio azteca y de México. Y por eso, la imagen del águila devorando una serpiente está en la bandera *(flag)*.

Entonces los aztecas migraron. Durante trescientos años buscaron la señal *(sign)* de la tierra prometida *(promised land)*: un águila sobre un cactus devorando una serpiente.

Segunda parte: Contesten las preguntas sobre la leyenda oralmente.

1. Según la leyenda de México, ¿dónde vivían originalmente los aztecas?

2. ¿Cuál de los dioses aztecas los mandó a una nueva tierra?

3. ¿Por cuánto tiempo buscaron la señal de la tierra prometida?

4. Por fin, ¿dónde encontraron la señal? ¿Cuál era la señal?

5. ¿En qué año fundaron los aztecas la ciudad de Tenochtitlán?

8-53 **Anécdotas personales.** ¡Vamos a contar pequeñas anécdotas!

■ Primero, tú y tu compañero(a) tienen que completar las oraciones con experiencias reales o imaginarias. Escriban sus respuestas y usen verbos en el pretérito.

■ Después, tomen turnos y léanse *(read to each other)* las oraciones. Reaccionen a cada oración con una expresión de la lista.

Modelo El año pasado mi hermano…

Estudiante A: El año pasado mi hermano hizo un viaje a Australia. Se divirtió mucho.

Estudiante B: ¡Qué suerte!

¿De veras?	¡Qué horror!
Menos mal.	¡Qué suerte!
¡No lo puedo creer!	¡Qué gracioso!
¡Qué extraño!	¡Qué bueno!

1. Cuando yo tenía 15 años…

2. Una vez mis abuelos…

3. El año pasado mi mejor amigo(a)…

4. Hace dos años mis amigos(as) y yo…

5. La semana pasada mi profesor(a)…

PASO 3 GRAMÁTICA A

El imperfecto y el pretérito: primera parte

Caperucita Roja

Había una vez una niña que se llamaba Caperucita Roja. Un día, salió de su casa con una cesta de pasteles para su abuela, quien estaba enferma. Mientras Caperucita caminaba por el bosque, se encontró con un lobo *(wolf)*. El lobo era enorme...

■■■
Descúbrelo

■ What children's story is this excerpt taken from?

■ Does the second sentence describe the little girl or say what she did? Is the imperfect or the preterite used?

■ Find examples where two other characters are described. Is the imperfect or the preterite used?

■ What was the main character doing when she encountered trouble? What verb forms are used to express this?

1. The imperfect and the preterite are used together to tell stories in the past.

Imperfecto	Pretérito
• To describe routines or customs in the past *(used to / would do something)*	• To focus on a completed action that occurred on a particular occasion
• To describe people, places, things, ongoing weather conditions, day, time	• To say how long the action / event lasted or how many times the action occurred
• To describe actions that were ongoing or taking place *(was / were + ___-ing)*	• To sum up an experience or event

2. The main actions of a story may be related to one another in three basic ways:

■ **Acciones en proceso y simultáneas:** Use the **imperfecto** to describe two or more actions that were taking place (or were ongoing) at the same time.

Patricia **miraba** el desfile en la televisión mientras yo **decoraba** la mesa. *Patricia **was watching** the parade on TV while **I was decorating** the table.*

■ **Serie de acciones completadas:** Use the **pretérito** to express a series or sequence of completed actions.

Primero Ana y Luisa **cenaron** en un café; luego **fueron** al cine. *First Ana and Luisa **had supper** in a café; then, they **went** to the movies.*

■ **Una acción interrumpe otra acción:** One action may interrupt another that was already taking place. Use the **imperfecto** to describe the ongoing action. Use the **pretérito** for the action that began, ended, or interrupted the ongoing one.

Mientras **veíamos** los fuegos artificiales, **empezó** a llover. *While we **were watching** the fireworks, it **started** to rain.*

3. Some verbs have different translations in the preterite.

La **conocía** *(I knew her)* bien.   BUT   La **conocí** *(I met her)* ayer.
Sabía *(She knew how)* cocinar.   BUT   **Supo** *(She found out)* la noticia.
Ella **tenía** *(had)* el pelo rubio.   BUT   Ella **tuvo** *(got into)* un accidente.

Colaborar

8-54 **El 31 de octubre.** James es un estudiante de Estados Unidos que estuvo un semestre en Venezuela. Con un(a) compañero(a), completen su anécdota con el imperfecto o el pretérito de los verbos, según el contexto.

(1. Ser) _____ el 31 de octubre: mi día festivo favorito. Joaquín me (2. llamar) _____ y me (3. invitar) _____ a su casa. Yo (4. escoger) _____ un disfraz en dos segundos: ¡fácil, el de siempre *(the usual)*! Yo siempre (5. vestirse) _____ de Batman para Halloween. Naturalmente, (6. sentirse: yo) _____ muy contento cuando (7. llegar: yo) _____ a la casa de Joaquín. Pero al entrar *(upon entering)*, ¡qué horror! Nadie (8. estar) _____ disfrazado o alegre. Mientras yo (9. pensar) _____ en Halloween, la familia de Joaquín (10. celebrar) _____ el Día de los Angelitos *(day of remembering deceased children)*. ¡Ese día (11. ser) _____ el más vergonzoso *(embarrassing)* de mi vida!

Colaborar

8-55 **El Día de Acción de Gracias.** Con un(a) compañero(a) de clase, describan la gran celebración del Día de Acción de Gracias que Uds. compartieron *(you shared)* con la familia Romero. Completen las oraciones de una manera lógica. Para los verbos, usen el imperfecto o el pretérito, según el contexto.

Modelo Mientras don Alberto cantaba, el gato (saltar) *(to jump)*…
Mientras don Alberto cantaba, el gato **saltó encima de su cabeza**.

Serie de acciones:

1. Doña Victoria puso la mesa y (encender)…

2. Ana preparó el pavo en la cocina y lo (llevar)…

Acciones en proceso y simultáneas:

3. Mientras Miguel jugaba con el perro, Graciela (tocar)…

4. Mientras doña Victoria encendía las velas, Gustavo (servir)…

Una acción interrumpe otra:

5. Los anteojos de Miguel se rompieron cuando él (jugar)…

6. Mientras nadie miraba, José le (dar)…

8-56 Nuestras experiencias. Con un(a) compañero(a), hablen de algunas de sus experiencias interesantes. Usen la información y las preguntas para guiar *(guide)* las conversaciones.

1. **Estudiante A:** En el año _____, mi familia y yo hicimos un viaje magnífico.

   Estudiante B: ¿Adónde fueron Uds.? ¿Cómo era el lugar? ¿Qué hicieron? ¿Conociste a muchas personas allí? (Una pregunta original)

2. **Estudiante B:** Una vez les dije una mentira *(lie)* a mis padres.

   Estudiante A: ¿Cuántos años tenías cuando les dijiste la mentira? ¿Qué les dijiste? ¿Supieron la verdad tus padres? (Una pregunta original)

3. **Estudiante A:** Un día vi un accidente de auto.

   Estudiante B: ¿Dónde ocurrió? ¿Qué tiempo hacía ese día? ¿Hubo personas heridas *(injured)*? ¿Pudiste ayudar? (Una pregunta original)

4. **Estudiante B:** Cuando tenía _____ años, recibí un regalo muy especial.

   Estudiante A: ¿Cuál fue el regalo? ¿Cómo era? ¿Quién te lo dio? ¿Te lo dio para celebrar alguna ocasión especial? (Una pregunta original)

Clase

8-57 Testigos. ¡Pronto va a pasar algo extraño en el salón de clase!

- Su profesor(a) va a darle algunas instrucciones a un(a) estudiante.
- Miren bien qué hace ese estudiante.
- Luego completen una declaración de testigo *(eyewitness report)* para la policía. En una hoja de papel, escriban una descripción del delincuente, sus acciones y el artículo que robó *(stole)*.

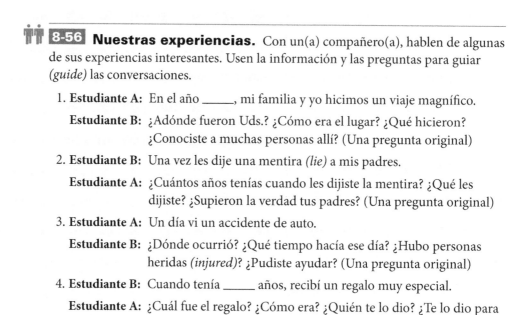

DECLARACIÓN DE TESTIGO

Nombre: _____

Fecha: _____   Hora: _____

Lugar: _____

Descripción del delincuente: _____

_____

_____

Descripción del crimen (qué pasó): _____

_____

_____

_____

8-58 ¡Qué raro! En grupos de cuatro o cinco personas, compartan *(share)* algunas anécdotas personales. Sigan el modelo, contestando las tres preguntas: **¿Dónde estabas? ¿Qué hacías? ¿Qué pasó?**

Modelo   **Estudiante A:** (¿Dónde estabas?) Esta mañana estaba en la biblioteca. (¿Qué hacías? ¿Qué pasó?) Estudiaba para un examen cuando ¡vi un gato negro!

   Estudiante B: Eso no es nada. Ayer estaba en la cafetería. Almorzaba cuando…

El imperfecto y el pretérito: segunda parte

Ricitos de Oro

Había una vez una niña que se llamaba Ricitos de Oro. Ella era una niña muy curiosa. Una tarde, vio una casa en medio del bosque y entró. Ella tenía mucha hambre entonces se puso contenta cuando vio tres platos de sopa sobre la mesa. Primero probó la sopa del plato grande pero le pareció muy caliente...

1. Stories often follow a familiar and predictable pattern. First, we use the **imperfecto** as we set the scene and/or give background information:

- the time, date, place and/or characters

> **Era** una noche fría de invierno.   *It **was** a cold winter night.*
> Yo **estaba** en casa con mi perrito.   *I **was** at home with my little dog.*

- the customary, habitual, or routine actions of the characters

> Normalmente, mi perrito Fifí **pasaba** la noche en su camita.
> *My dog Fifí usually **spent** the evening in his little bed.*

- what was going on at the particular moment in time

> Pero esa noche **parecía** un poco nervioso, y **se escondía** detrás del sofá.
> *But that night, he **seemed** a little nervous, and **was hiding** behind the sofa.*

2. Next, we move the story forward with the **pretérito** by telling what happened.

> De repente, Fifí **corrió** a la puerta.   *Suddenly, Fifí **ran** to the door.*
> Yo lo **seguí** y **abrí** la puerta.   *I **followed** him and **opened** the door.*

3. As the story moves forward, we occasionally pause and use the **imperfecto** to further describe the scene or a character.

> La luna **brillaba** como el sol,   *The moon **was shining** like the sun,*
>   pero no **se veía** a nadie.   *but you **couldn't see** anyone.*

4. After each pause, we use the **pretérito** to move the story forward.

> **Cerré** la puerta y **volví** al sofá.   *I **closed** the door and **returned** to the sofa.*

5. Sometimes we finish by summing up the experience with the **pretérito**.

> ¡**Fue** una noche muy extraña!   *It **was** a very strange night!*

Descúbrelo

- What children's storybook character is **Ricitos de Oro**?

- How is **Ricitos de Oro** described in this version? Is the imperfect or the preterite used to describe her?

- When is the preterite first used in the story? When do these actions take place?

- When is the imperfect used again? Is it to describe a character or say what happened?

PASO 3 GRAMÁTICA B

¡Aplícalo! **8-59** **El oso.** Con un(a) compañero(a), completen la siguiente anécdota sobre un oso *(bear)* basada en el dibujo. ¿Creen qué es realista?

1. *What was the weather like?*   (Era / Fue) un día bonito. (Hacía / Hizo) mucho sol y calor.

2. *Where was the family?*   La familia Martínez (estaba / estuvo) en un parque nacional.

3. *What were they doing?*   Mientras los adultos (leían / leyeron), los niños (jugaban / jugaron) al fútbol.

4. *What interrupted the action?*   De repente, un oso (llegaba / llegó) y (daba / dio) un rugido *(growl)*.

5. *How did the family feel?*   Todos (estaban / estuvieron) inmóviles; nadie (sabía / supo) qué hacer.

6. *What happened at the end?*   Al final, el oso (se aburría / se aburrió) y (se iba / se fue).

 8-60 **El gato y los ratones.** ¿Qué hace una familia de ratones *(mice)* cuando su vecino es un gato? Con un(a) compañero(a), conjuguen los verbos entre paréntesis en el imperfecto o el pretérito, según el contexto.

(1. Haber) _____ una familia de ratones que (2. vivir) _____ feliz en la pared de la cocina de los Morales. Un día, los Morales (3. conseguir) _____ una nueva mascota: ¡un gato! El gato siempre (4. dormir) _____ en la cocina. Por eso, los ratones (5. tener) _____ miedo de salir y buscar comida. Pronto, todos (6. sentir) _____ mucha hambre, entonces la mamá ratona (7. decidir) _____ salir. Ella (8. caminar) _____ cuidadosamente por el piso cuando de repente el gato (9. despertarse) _____. La mamá ratona (10. mirar) _____ al gato y ladró *(barked)*. El gato (11. salir) _____ corriendo y la mamá ratona (12. poder) _____ buscar comida. Moraleja *(Moral)*: ¡Es importante saber un segundo idioma!

¡Exprésate!

Colaborar

8-61 **La Llorona.** ¿Conoces la leyenda de la Llorona? Con un(a) compañero(a), cambien *(change)* los verbos en la leyenda del presente al imperfecto o al pretérito. Por ejemplo: Según una leyenda, la Llorona **era**...

Nota cultural

La Llorona is the best-known ghost story in Hispanic cultures. Every region has its own version, but the theme is the same: a tormented phantom searches for a lost child or love. Whenever people hear a wailing sound in the night, they say it's **la Llorona**.

La Llorona

Según una leyenda, la Llorona **es** una mujer joven y bonita. **Está** casada y **tiene** tres hijos pequeños. Un día, su esposo se **va** de la casa y **abandona** a su familia. La Llorona **se pone** furiosa y **decide** matar[1] a sus hijos porque **son** la imagen del padre. Los **lleva** a un río[2] y los **ahoga**[3]. Entonces **siente** lástima[4] pero **es** demasiado tarde: sus hijos **están** muertos. Por eso, la Llorona camina por todas partes llorando[5]: "¡Ay mis hijos! ¡Ay mis hijos!".

[1]*kill* [2]*river* [3]*drowns* [4]*feels sorry* [5]*wailing*

8-62 **¿Qué pasó?** Escoge un dibujo de abajo y úsalo para contarle a tu compañero(a) un cuento original. Tienes que usar el imperfecto y el pretérito.

1. **Frases útiles:** ser Navidad, ver televisión en la sala, el novio llegar, oír a un hombre declarar su amor, no saber, romper relaciones, tener un Año Nuevo triste

2. **Frases útiles:** ser verano, hacer sol, hacer senderismo, divertirse, un águila volar, agarrar *(grab)* la mochila, buscar por horas, no encontrar la mochila

8-63 **Había una vez.** Formen grupos de cuatro estudiantes para crear cuentos originales. Cada persona necesita tener una hoja de papel y seguir estos pasos *(steps)*:

1. Individualmente, cada persona escribe en su papel el comienzo *(beginning)* de un cuento (**¿Dónde estaban las personas? ¿Qué hacían?**).

2. Todos pasan su papel a la persona a su derecha. Luego, cada persona escribe la continuación (**¿Qué pasó? Luego, ¿qué?**).

3. Todos pasan su papel a la persona a su derecha. Entonces, cada persona escribe una conclusión (**¿Qué pasó al final?**).

4. Finalmente, cada persona toma un turno para leer el cuento. Después, el grupo vota por el mejor cuento.

EN ACCIÓN: Preguntas esenciales

¿Cuál es una leyenda popular en tu país? ¿De qué se trata (What is it about) y qué nos enseña?

Colaborar

8-64 Piénsalo. ¿Cuáles son algunos personajes comunes en las leyendas? Con un(a) compañero(a), indiquen cuáles de la lista protagonizan en muchas leyendas.

- alumno (*student*)
- bruja (*witch*)
- diablo (*devil*)
- fantasma (*ghost*)
- gerente (*manager*)
- monstruo (*monster*)

Colaborar

8-65 La opinión de Antonio. El joven venezolano Antonio Mijares nos cuenta una leyenda de su país. Con un(a) compañero(a), lean su comentario y contesten las preguntas.

1. ¿Cómo se llama la leyenda?

2. ¿Quién es mejor en recitar versos: Florentino o el diablo?

3. ¿Qué ocurre al final?

4. ¿Qué nos enseña la leyenda?

devil

plains / challenged
If he loses
soul / defeat him
return him to hell

La leyenda de Florentino y el diablo° es una de las más importantes de mi país y es considerada folclor del pueblo venezolano... Florentino, que es un hombre de los llanos° venezolanos, es retado° a un duelo de versos y su oponente es el diablo. Si pierde° también perderá su alma°. Logra vencerlo° y devolverlo al infierno°. Nos enseña que el bien puede triunfar sobre el mal.

© Antonio Mijares

Colaborar

8-66 Otras opiniones. Busca y mira en YouTube "La leyenda de la Virgen del Volcán", un video animado de 1 minuto y 25 segundos. Luego, con un(a) compañero(a), pongan las siguientes oraciones en el orden correcto.

_____ La gente gritó: ¡Viva la Virgen!

_____ Un día, en el año 1768, el volcán Cotopaxi despertó.

_____ La gente rezaba, implorando al Cielo (*Heaven*) que nada malo ocurriera (*would happen*).

_____ De repente, la Virgen de la Mercedes tomó vida (*came to life*) y calmó el volcán.

_____ Hoy, se celebran fiestas en honor a la Virgen del Volcán.

_____ Los latacungueños (habitantes del pueblo Latacunga) tenían mucho miedo, así que fueron al templo y llevaron a la Virgen de las Mercedes en una procesión.

Volcán Cotopaxi, Ecuador

© Henri Leduc/Getty Images

8-67 ¿Y tú? Con un(a) compañero(a), tomen turnos para contestar las preguntas esenciales de este Paso: **¿Cuál es una leyenda popular en tu país? ¿De qué se trata (What is it about) y qué nos enseña?** La persona que escucha debe hacer dos preguntas originales.

EN ACCIÓN: Comunicación presentacional

¿Tienes algún recuerdo *(memory)* especial del Día del Amor y la Amistad?

¿Una cita *(date)* especial?
¿Un bonito regalo?
¿Una persona inolvidable?

¿Una mala experiencia?
¿Un desastre total?

¿Un(a) amigo(a) secreto(a)?
¿Una sorpresa?

8-68 **¡A crear!** El sitio web *cuentosreales.com* está patrocinando *(sponsoring)* un concurso: ¿Quién puede escribir la mejor anécdota sobre el Día del Amor y la Amistad? Tus compañeros y tú tienen que escribir anécdotas y después decidir cuáles quieren presentar *(submit)* al concurso.

Primera parte: Escribe una anécdota sobre el Día del Amor y la Amistad. Puedes escribir sobre una experiencia verdadera *(real)* o inventada *(made-up)*. Tu anécdota debe tener tres partes:

- Para empezar tu anécdota: ¿Dónde estabas? ¿Qué hacías?
- Para continuar tu anécdota: ¿Qué pasó primero? ¿Qué pasó después? ¿Cómo te sentiste en ese momento?
- Para concluir la anécdota: ¿Qué pasó al final? ¿Aprendiste algo? ¿Por qué fue una experiencia inolvidable?

Segunda parte: ¿Quién tiene la anécdota más divertida o interesante? En grupos de cuatro o cinco, tomen turnos para leer sus anécdotas en voz alta. Cada grupo debe votar para decidir cuál es la mejor anécdota.

8-69 **Nosotros: Un poco de nostalgia.** En MindTap, tú y tus compañeros subieron fotos viejas. Vamos a hablar de esas fotos.

Primera parte: ¡Prepárate para hablar! Primero, contesta las preguntas sobre la foto que subiste *(that you posted)* en el foro de discusión. Completa la tabla *(chart)* con palabras y frases en español.

¿Cuántos años tenías en la foto?	
¿Dónde estabas?	
¿Qué hacías?	
¿Qué otras personas están en la foto?	
¿Por qué elegiste esa foto?	

Segunda parte: ¡A hablar! Con dos o tres compañeros de clase, usen sus apuntes y tomen turnos para hablar de sus fotos. Los compañeros deben hacer preguntas y comentarios sobre las fotos.

Modelo   **Estudiante A:** En mi foto, yo tenía… Estaba… etcétera.
Estudiante B: Uds. celebraban la Noche de Brujas, ¿verdad?
Estudiante C: ¡Qué foto más (divertida / tierna / bonita)!

© Jack Frog/Shutterstock.com

8-70 **Perspectivas: Los días festivos.** En MindTap, miraste un video sobre los días festivos preferidos de algunos estudiantes latinoamericanos. Con dos o tres compañeros de clase, usen las preguntas y frases de la tabla *(chart)* para hablar de sus días festivos favoritos.

Preguntas	Palabras y frases útiles	
1. ¿Cuál es tu día festivo favorito?	Casi siempre…	*Almost always . . .*
2. Normalmente, ¿con quiénes celebras ese día?	A veces…	*Sometimes . . .*
3. Para ti, ¿cuál es la tradición más significativa *(meaningful)* del día? ¿La más divertida?	Para mí…	*For me . . .*
4. ¿Qué comidas o bebidas se sirven durante la celebración?	receta familiar	*family recipe*
5. ¿Cómo celebrabas el día cuando eras más joven? ¿Ha cambiado mucho tu manera de festejar el día?	Invitamos a…	*We invite . . .*
	Cuando era niño(a)…	*When I was little . . .*

8-71 **Videopodcast: Día de la Independencia.** En MindTap, miraste un video sobre el Día de la Independencia de Costa Rica. Ahora, tú y tu compañero(a) van a hablar del Día de la Independencia de Estados Unidos.

Primera parte: ¡Prepárate para hablar! Primero, completa el diagrama *(chart)* con las preguntas que necesitas para entrevistar *(to interview)* a tu compañero(a) sobre el Día de la Independencia.

¿Cómo vas a empezar la entrevista?	• Hola. • _____
¿Cómo vas a preguntar sobre la celebración personal de tu compañero(a)?	• Normalmente, ¿con quiénes celebras el Día de la Independencia? • _____ • _____
¿Cómo puedes preguntar sobre la celebración del año pasado?	• ¿Cómo celebraste el Día de la Independencia el año pasado? • _____ • _____
¿Qué preguntas vas a hacer para que *(so that)* tu compañero(a) te cuente una anécdota?	• ¿Cuál fue la celebración más memorable que has tenido? • ¿Cuántos años tenías? • _____ • _____ • _____
¿Cómo vas a terminar la entrevista?	• ¡Muchas gracias! • _____

Segunda parte: ¡A hablar! Usa tus apuntes para entrevistar a un(a) compañero(a) de clase. Después, tu compañero(a) va a entrevistarte a ti *(interview you)*.

Practice reading, writing, and speaking skills in MINDTAP:

- **Lectura: La historia del arte**
- **Lectura auténtica: La historia**
- **Composición:** A personal anecdote

- **Pronunciación:** Linking
- **Síntesis:** Interpersonal, interpretive, and presentational activities

VOCABULARIO

Para aprender mejor

Don't just review this vocabulary list. Every few days, go back and review the vocabulary lists from previous chapters. Incorporate reviewing old vocabulary into your study routine.

Sustantivos

el actor / la actriz *actor / actress*
el águila (f.) *eagle*
el ala (f.) *wing*
el ambiente *atmosphere*
la anécdota *personal story*
el árbol *tree*
el (la) atleta *athlete*
el atletismo *track and field*
el baile *dance*
la bandera *flag*
la campanada *(bell) stroke*
el campeonato *championship*
la canción *song*
el (la) cantante *singer*
el cariño *affection, love*
el carnaval *carnival*
el ciclismo *cycling*
el cielo *sky*
la cima *top, summit*
la competencia *competition*
el concurso *contest*
el conjunto *musical group*
la costumbre *custom*
el desfile *parade*
el día festivo *holiday*
el dios / la diosa *god / goddess*
el disfraz *costume*
los dulces *candy*
la época *time of year*
el equipo *team*
el evento *event*
la exposición *exhibition*
la feria *fair*
el festival *festival*
los fuegos artificiales *fireworks*
la iglesia *church*
la leyenda *legend*
la luna *moon*
el menorá *menorah*
la mezquita *mosque*
el mito *myth*

la natación *swimming*
la obra de teatro *(theater) play*
el pavo *turkey*
el pesebre *manger*
la pluma *feather*
el premio *prize; award*
la sinagoga *sinagogue*
el sol *sun*
la tarjeta *card*
el teatro *theater*
el templo *temple*
el villancico *carol*

Verbos

aceptar *to accept*
acostumbrar *to be accustomed to*
celebrar *to celebrate*
continuar *to continue*
convertir (ie) *to turn, to transform*
creer *to believe*
cubrir *to cover*
disfrazarse (de) *to dress up in a costume (as)*
elegir (i) *to choose*
encender (ie) *to light*
encontrarse (ue) *to meet (up)*
huir *to run away, to escape*
intercambiar regalos *to exchange gifts*
invitar *to extend an invitation*
ocurrir *to happen*
presentar *to perform (a play)*
reaccionar *to react*
realizar *to carry out*
recoger *to pick up*
rehusar *to decline*
reunirse *to get together*
rezar *to pray*
sacudir *to shake*
tener lugar *to take place*
volar (ue) *to fly*

Adjetivos

alegre *happy, lively*
artístico(a) *artistic*
aterrorizado(a) *terrified*
congelado(a) *frozen*
cultural *cultural*
deportivo(a) *sports related*
extraño(a) *strange, odd*
festivo(a) *festive*
furioso(a) *furious*
gracioso(a) *funny*
hermoso(a) *beautiful*
increíble *incredible*
internacional *international*
militar *military*
patriótico(a) *patriotic*
popular *popular*
prestigioso(a) *prestigious*
tradicional *traditional*

Las anécdotas

Al final... *At the end . . .*
Cuéntame. *Tell me (what happened).*
De niño(a)... *As a child . . .*
De repente... *Suddenly . . .*
Entonces... *Then . . .*
Había una vez...
Once a upon a time, there was . . .
Hace muchos años...
A long time ago . . .
Mientras... *While . . .*
No vas a creer lo que pasó. *You won't believe what happened.*
Por eso... *That's why . . .*
Según... *According to . . .*
Una vez... *One time . . .*

La salud y el bienestar

In this chapter you will . . .

- talk about the human body
- describe symptoms of common illnesses
- say what hurts
- understand the doctor's orders
- give advice and tell others what to do
- write an article about healthy lifestyles
- share a poem you wrote

You will also . . .

- gain insight into Ecuador, Peru, and Bolivia
- experience Ecuador's Galapagos Islands
- learn about illnesses and popular beliefs about health in Bolivia
- discuss the meaning of well-being
- discover connections to medicine and anthropology
- compare home remedies in different Spanish-speaking countries
- explore natural spas and hot springs in South America and in Costa Rica

Cusco, Perú

© Design Pics/Sean White/Getty Images

NUESTRO **MUNDO**

Ecuador, Perú y Bolivia

Estos tres países de América del Sur se conocen como los países andinos porque la cordillera de los Andes ocupa gran parte de sus territorios. Otra parte de sus territorios incluye las junglas tropicales de la Amazonía.

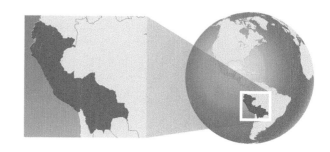

9-1 **Mi país.** Daniella Delius es una estudiante universitaria de La Paz, Bolivia. Con un(a) compañero(a), lean su mensaje y contesten las preguntas.

¡Hola a todos! Mi nombre es Daniella Delius, soy boliviana, vivo en la ciudad de La Paz y estudio diseño de interiores. Me gustaría contarles un poco sobre mi país. Bolivia se encuentra en el centro de Sudamérica, por lo que *(which is why)* no tiene mar. Sucre es la capital y La Paz es donde se encuentra el gobierno *(government)*.

Nuestro país tiene una gran diversidad geográfica, con una variedad de climas y lugares, desde montañas, altiplano, valles y llanos *(plains)* (desde 90 hasta 5000 metros sobre el nivel del mar). Somos un país multiétnico y pluricultural. La vestimenta *(clothing)*, el lenguaje, la arquitectura, la música y la forma de vida están caracterizados por una cultura con una mezcla *(mixture)* de tradiciones indígenas y españolas. Bolivia tiene 36 idiomas oficiales; los más importantes son el español, el quechua y el aymara.

Daniella en La Paz, Bolivia

1. ¿De dónde es Daniella?
2. ¿Cuál es una característica singular de su país?
3. ¿Qué tradiciones influyen la cultura de su país?
4. ¿Cuántos idiomas oficiales tiene su país?

¡Ahora tú!

- ¿Piensas que Estados Unidos es un país multiétnico y pluricultural? Explica.
- ¿Cuáles son los idiomas más importantes de Estados Unidos?

Lo que más me gusta de mi país es la diversidad, tanto de culturas como de paisajes *(landscapes)*. Yo les recomendaría ver lo siguiente: el Salar de Uyuni, un desierto de sal donde la luz y el agua permiten tomar fotos maravillosas y creativas; el lago Titicaca, lago sagrado del Imperio inca; los Yungas con el "camino de la muerte *(death road)*"; y mi ciudad La Paz con su nevado *(snow-capped mountain)* Illimani, ícono de la ciudad.

El "camino de la muerte" en los Yungas, Bolivia

5. ¿Qué lugares recomienda Daniella ver en Bolivia?

6. ¿Cuál es el ícono de La Paz?

¡Ahora tú!

• ¿Cuál de los lugares que Daniella menciona te gustaría visitar? ¿Por qué?

• ¿Cuál es el ícono de tu ciudad o pueblo *(town)*?

Bolivia, Perú y Ecuador fueron parte del Imperio inca, por lo que comparten *(they share)* historia, cultura e idiomas, sobre todo el quechua. En estos países se celebra Inti Raymi, que en quechua significa "Fiesta del Sol". Esta celebración ancestral se realiza en el solsticio de invierno, que en el hemisferio sur es en junio. En algunas ciudades, como en Cusco, Perú, es un gran espectáculo turístico. ¡Los invito a que vengan y vivan esta celebración!

Inti Raymi, Sacsayhuamán, Perú

7. ¿Por qué Bolivia, Perú y Ecuador comparten *(share)* el quechua?

8. ¿Qué es Inti Raymi? ¿Cuándo se celebra?

¡Ahora tú!

• ¿Qué sabes sobre el Imperio inca?

• ¿Cuándo es el solsticio de invierno en Estados Unidos? ¿Cómo se celebra?

Go to ⚡ MINDTAP for these additional activities:

• **Perfil: Almanaque** and **Mapa**

• **Mi país:** Extended version of Daniella's narrative

• **Conexiones: Geografía, Arquitectura, Artesanía**

• **Reportaje:** Video of Ecuador's Galapagos Islands

PASO 1 VOCABULARIO

El cuerpo y la salud

In this *Paso*, you will . . .
- talk about the human body
- describe symptoms of common illnesses
- say what hurts and talk about health and injuries

Las partes del cuerpo

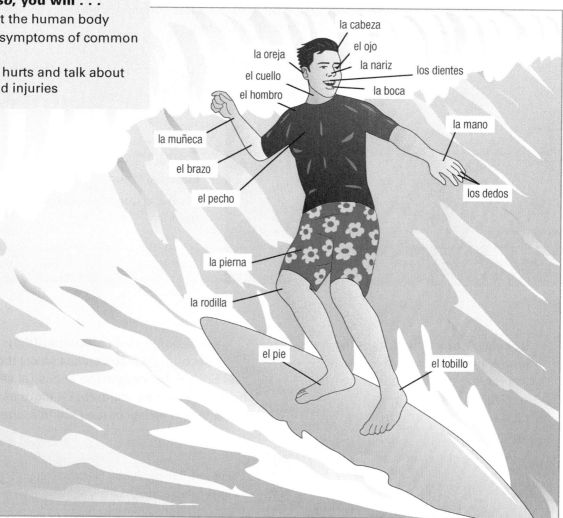

la cabeza
el ojo
la oreja
la nariz
los dientes
el cuello
la boca
el hombro
la mano
la muñeca
el brazo
el pecho
los dedos
la pierna
la rodilla
el pie
el tobillo

Los síntomas y las enfermedades	*Symptoms and illnesses*	**Otras partes del cuerpo**	*Other body parts*
estar congestionado(a) / mocoso(a)	*to be congested / to have a runny nose*	el corazón	*heart*
estornudar	*to sneeze*	la espalda	*back*
ser alérgico(a) a...	*to be allergic to . . .*	el estómago	*stomach*
tener...	*to have . . .*	la garganta	*throat*
tos	*a cough*	el hueso	*bone*
fiebre	*a fever*	el oído	*inner ear*
diarrea	*diarrhea*	la piel	*skin*
vómitos	*vomiting*	el pulmón (los pulmones)	*lung(s)*
gripe	*the flu*		
un resfriado	*a cold*		
una infección	*an infection*		
dolor de (cabeza)	*a (head)ache*		

La salud

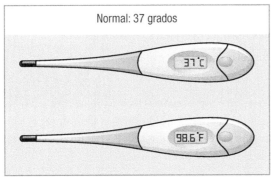

Normal: 37 grados

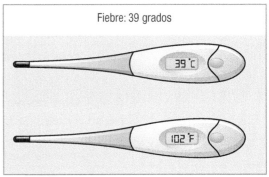

Fiebre: 39 grados

Para hablar sobre la salud	*Talking about your health*
¿Cómo te sientes?	*How do you feel?*
Me siento mal / fatal / débil.	*I feel lousy / awful / weak.*
Creo que tengo gripe.	*I think I have the flu.*
¿Qué tienes?	*What's the matter?*
Me duele (mucho) la espalda.	*My back hurts (a lot).*
Me duelen (mucho) los oídos.	*My ears hurt (a lot).*
¿Qué te pasó?	*What happened to you?*
Me caí.	*I fell down.*
¡Ay!	*Ow! / Ouch!*
¡Pobrecito(a)!	*You poor thing!*
¡Qué lástima!	*That's too bad!*
¡Que te mejores!	*I hope you (inf.) feel better!; Get well!*
¡Que se mejore!	*I hope you (form.) feel better!; Get well!*

PASO 1 VOCABULARIO

 ¡Aplícalo!

9-2 **¿Qué es?** Toma turnos con un(a) compañero(a): una persona lee la definición y la otra nombra la parte del cuerpo.

1. Los usamos para ver.
2. Es un órgano importante para la digestión.
3. Hay cinco en una mano y los usamos para escribir.
4. Tenemos dos y nos permiten tomar oxígeno.
5. Es el órgano más grande porque cubre (*covers*) todo nuestro cuerpo.
6. Cada uno tiene un nombre: la tibia, el fémur, la clavícula, el cóccix, etcétera.
7. La usamos para comer, beber, hablar y besar (*kiss*).
8. Es la unión entre el pie y la pierna.

9-3 **Categorías.** Con un(a) compañero(a), lean en voz alta cada grupo de palabras y pongan un círculo alrededor de la palabra que **no** corresponde a la categoría.

1. **Síntomas:** pobrecito / estornudar / estar mocoso / ser alérgico / estar congestionado
2. **Los órganos:** estómago / corazón / piel / pulmones / gripe
3. **Las articulaciones (*joints*):** rodilla / espalda / hombro / tobillo / muñeca
4. **La gripe:** fiebre / diarrea / tos / infección / cuello
5. **Para comer:** boca / dientes / pierna / garganta / estómago
6. **Tenemos solamente dos:** orejas / muñecas / manos / brazos / dedos

9-4 **Una conversación por teléfono.** Dos amigas, Inés y Norma, hablan por teléfono. Una de ellas está enferma. ¿Qué tiene? Con un(a) compañero(a) de clase, completen la conversación con las palabras más lógicas entre paréntesis. Luego, lean la conversación en voz alta.

INÉS ¡Hola, Norma! ¿Qué tal?

NORMA Me siento (1. fatal / muñeca).

INÉS ¿Por qué? ¿Qué (2. tienes / te sientes)?

NORMA Tengo tos, estoy (3. vómitos / mocosa) y me duele todo el (4. cuerpo / corazón).

INÉS ¡(5. Qué suerte / Pobrecita)! ¿También tienes (6. oído / fiebre)?

NORMA Sí, esta mañana tenía 40 (7. grados / pies).

INÉS Creo que tienes (8. diarrea / gripe). ¿Tomaste aspirina para la fiebre y el (9. dolor / dedo)?

NORMA No. Soy (10. alérgica / congestionada) a la aspirina. Tomé ibuprofeno.

INÉS Bueno, que te (11. lástima / mejores), chica. Mañana te llamo otra vez.

Colaborar

9-5 **Asociaciones.** Tomen turnos: una persona identifica el artículo de ropa y la otra dice en qué parte del cuerpo se lo pone.

Modelo **Estudiante A:** las chancletas

Estudiante B: Me las pongo en los pies.
(**Me** + *pronombre de complemento directo* + **pongo en** + *parte del cuerpo*)

1.   2.

9-6 **En la clínica.** Tu compañero(a) está en Ecuador y está enfermo(a). Tú estás con él/ella en la clínica y le estás completando el cuestionario *(questionnaire)* médico. Tienes que hacerle preguntas para completar el cuestionario; tu compañero(a) tiene que contestarlas. Después te toca a ti *(it's your turn)* estar enfermo(a).

CUESTIONARIO MÉDICO	
Nombre _____	Edad _____
Dirección _____	Teléfono _____

¿Qué tiene?

☐ fiebre   ☐ dolor de cabeza

☐ tos   ☐ dolor de garganta

☐ dolor de estómago   ☐ dolor de pecho

☐ vómitos   ☐ diarrea

☐ naúseas   ☐ otros _____

¿Desde cuándo? _____

¿Es Ud. alérgico(a)? ☐ no   ☐ sí   ¿A qué?   ☐ medicina   ☐ comida   ☐ otros

¿Está tomando alguna medicina?   ☐ no   ☐ sí   ¿Cuáles? _____

9-7 **Una llamada al trabajo.** Con un(a) compañero(a), imaginen que Uds. trabajan en una oficina. Dramaticen cuatro llamadas telefónicas *(telephone calls).*

▪ Una persona escoge una enfermedad de la lista. Describe sus síntomas y dice que no puede ir a trabajar.

▪ La otra persona expresa empatía *(empathy)* y dice qué enfermedad es.

Modelo **Estudiante A:** Hola. Habla Jamal. No puedo ir a trabajar hoy porque tengo fiebre y dolor de garganta. Estoy muy cansado.

Estudiante B: Lo siento. Me parece que tienes mononucleosis. ¡Que te mejores!

Las enfermedades

bronquitis	una infección intestinal	mononucleosis
gripe	una migraña *(migraine)*	un resfriado

El verbo *doler*

PACIENTE Doctor, me duele todo el cuerpo.

DOCTOR ¿Todo el cuerpo?

PACIENTE Sí. Me toco *(I touch)* la cabeza y me duele. Me toco los hombros y me duelen. Me duele el brazo... me duelen las piernas... me duelen los pies. ¿Qué tengo?

DOCTOR ¡Ud. tiene un dedo roto, señor!

■■■
Descúbrelo

- What is the patient complaining about? What is the doctor's diagnosis?
- What phrase does the patient use to say that something hurts?
- Why does the patient sometimes say **duele** and other times **duelen**? (Hint: What follows the verb?)

1. Use the verb **doler (ue)** to say what hurts. As with the verb **gustar**, just two forms are used.

   - **Me duele + el/la + *(singular / one body part)***
     Me duele la espalda.   *My back hurts.*

   - **Me duelen + los/las + *(plural body parts)***
     Me duelen los pies.   *My feet hurt.*

2. To refer to other people, use the corresponding indirect object pronouns.

   A Raúl **le** duelen los oídos.   *Raúl's ears are bothering **him** / hurt.*

El verbo *doler (ue)* to hurt, to ache	
me duele(n)	nos duele(n)
te duele(n)	os duele(n)
le duele(n)	les duele(n)
a + *name / singular noun* + le duele(n)	a + *names / plural noun* + les duele(n)

3. While English uses possessive adjectives such as *his throat* or *my feet* with *hurt*, Spanish uses definite articles (**el, la, los, las**) with **doler**.

   ¿Te duele **el** estómago?   *Does **your** stomach hurt?*

¡Aplícalo!

ÏÏ **9-8 Ta-Te-Ti con dolores.** Juega al Ta-Te-Ti con un(a) compañero(a) de clase. Para poner X u O en un cuadrado *(square)*, tienen que decir correctamente **Me duele(n) +** *parte del cuerpo* en el dibujo.

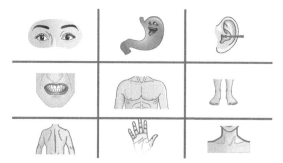

9-9 **¿Qué le duele?** Mientras hacía surf, este joven se cayó. Ahora le duelen muchas partes del cuerpo. Con un(a) compañero(a), digan qué le duele.

Modelo *(Señalando el hombro del joven)* Le duele el hombro.

9-10 **La buena salud.** ¿Quién está en mejores condiciones físicas, tú o tu compañero(a)? Sigan el modelo y formen preguntas para entrevistarse. Después, decidan: ¿Quién necesita mejorar *(improve)* su salud?

Modelo pecho / correr
        Estudiante A: ¿Te duele el pecho cuando corres?
        Estudiante B: No, no me duele. ¿Y a ti?
        Estudiante A: No, no me duele. / Sí, me duele un poco.

1. dientes / comer helado
2. pies / caminar mucho
3. estómago / estar nervioso(a)
4. ojos / leer mucho
5. cabeza / estar estresado(a)
6. espalda / llevar tu mochila por el campus

7. pecho / hacer ejercicio aeróbico
8. huesos / hacer frío
9. rodillas / subir las escaleras *(climb the stairs)*
10. (una pregunta original)

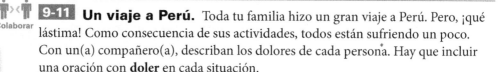

¡Exprésate!

Nota cultural

Many tourists who travel to Cusco, Peru, or La Paz, Bolivia, suffer from high altitude sickness, known as **soroche**. Symptoms include headaches, nausea, and sleep difficulties. The local remedy for **soroche** is **mate de coca**, an herbal infusion made from coca leaves. The coca leaf, which is legal in these two countries, is non-narcotic and helps promote absorption of oxygen in the blood.

9-11 Un viaje a Perú. Toda tu familia hizo un gran viaje a Perú. Pero, ¡qué lástima! Como consecuencia de sus actividades, todos están sufriendo un poco. Con un(a) compañero(a), describan los dolores de cada persona. Hay que incluir una oración con **doler** en cada situación.

Modelo Tu hermano menor tenía mucha hambre y ¡comió cinco tamales en el mercado!

Uds.: ¡Pobrecito! Ahora le duele mucho el estómago. También tiene vómitos.

1. Tu mamá está un poco fuera de forma *(out of shape)* pero insistió en explorar la ruinas de Machu Picchu todo el día.

2. El vuelo de tus abuelos llegó muy tarde, a las tres de la madrugada. Solo pudieron dormir por tres horas.

3. Tu papá quiso probar el cóctel nacional de Perú, el pisco sour. No sabía que llevaba mucho alcohol y se tomó tres.

4. Dos de tus primos pasearon en canoa por el río Colca. Las corrientes *(currents)* eran muy fuertes.

5. Todos Uds. caminaron por el distrito histórico por horas y horas. ¡¿Por qué no llevaron zapatos más cómodos?! ¡Qué desastre!

9-12 La pantomima. Ayer Uds. hicieron demasiado ejercicio y hoy les duele todo. Con un(a) compañero(a), sigan el modelo y creen seis pequeñas conversaciones. Tomen turnos para indicar una parte del cuerpo.

Modelo Estudiante A: *(Indica con el dedo una parte de su cuerpo, por ejemplo, los pies)* ¡Ay!

Estudiante B: *(Reacciona.)* ¿Qué te pasa? ¿Te duelen los pies?

Estudiante A: Sí, me duelen mucho.

9-13 Me duele todo. Tus amigos te invitan a muchas actividades, pero no quieres ir. Con un(a) compañero(a), dramaticen estas invitaciones.

- Una persona lee una invitación.
- La otra persona declina la invitación y usa el verbo **doler** en su excusa.
- La primera persona reacciona. Luego cambien de papel.

Modelo Estudiante A: Esta noche celebramos el cumpleaños de nuestra tía Julia. ¿Quieres tocar el piano en la fiesta?

Estudiante B: Lo siento, pero no puedo tocar el piano en la fiesta porque **me duelen** los dedos.

Estudiante A: ¡Qué lástima!

Palabras útiles

¡Qué lástima!
Quizás en otra ocasión.
¡Qué te mejores!

1. Vamos al karaoke mañana. ¿Quieres ir?

2. ¿Quieres ir conmigo a la clase de bicicleta fija *(spinning)* esta tarde?

3. Vamos a hacer escalada en roca *(go rock climbing)*. ¿Tienes ganas de ir?

4. Dicen que el nuevo restaurante chino es fabuloso. ¿Vamos esta noche?

5. Voy a mudarme mañana. ¿Me ayudas con los muebles?

Más verbos reflexivos

ELISA Ay, Roberto, ¿qué te pasó?

ROBERTO Juan y yo hacíamos senderismo en las montañas y me caí. No lo recuerdo bien porque me di un golpe en la cabeza.

ELISA ¡Pobrecito! Entonces te rompiste la pierna también.

ROBERTO Sí, y me lastimé el cuello. Aparte de eso ¡nos divertimos mucho!

1. Many verbs can be used reflexively or non-reflexively.

Non-reflexive: **Corté** el pastel de cumpleaños. *I cut the birthday cake.*
(The subject I performs the action and the cake receives the action.)

Reflexive: **Me corté** el dedo. *I cut my finger.*
(The subject I both performs and receives the impact of the action.)

2. Reflexive verbs can also refer to changes in condition, such as one's health. In English these changes are expressed with *become / get* (+ adjective).

Verbos reflexivos relacionados con la salud

cortarse *to cut oneself, to get cut*   **mejorarse** *to get better, to improve*
darse un golpe en... *to get hit in / on . . .*   **quemarse** *to burn, to get burned*
enfermarse *to get sick*   **romperse** *to break*
lastimarse *to get hurt,*   **sentirse (ie)** *to feel*
　　　　　to injure oneself   **torcerse (ue)** *to sprain, to twist*

Otros verbos reflexivos de uso común

caerse *to fall (down)*   **olvidarse** *to forget*

3. When a reflexive verb is conjugated, it is always accompanied by the reflexive pronoun that corresponds to the subject of the sentence.

El verbo reflexivo *sentirse (ie)* to feel			
yo	**me** siento	nosotros(as)	**nos** sentimos
tú	**te** sientes	vosotros(as)	**os** sentís
Ud./él/ella	**se** siente	Uds./ellos/ellas	**se** sienten

4. Reflexive pronouns are generally placed before conjugated verbs. They can also be attached to infinitives or to present participles. When a reflexive pronoun is attached to a present participle, an accent mark is added: **-ándo-** / **-iéndo-**.

No **me enfermo** con frecuencia. *I don't get sick often.*
Creo que **estás enfermándote**. *I think that you're getting sick.*

■ ■ ■
Descúbrelo

- What was Roberto doing when he fell?
- What kinds of injuries did he suffer?
- Which of these verbs are probably reflexive? **me caí, te rompiste, te pasó**
- When Roberto talks about hitting his head, does he use **la** or **mi** to refer to his head?

PASO 1 GRAMÁTICA B

¡Aplícalo!

9-14 **¡Cuidado!** ¿Qué les dice la Srta. Magaly a los niños en el kínder? Con un(a) compañero(a), tomen turnos para relacionar las dos partes de sus advertencias *(warnings)*.

Modelo **Estudiante A:** Luci, tienes que llevar casco *(helmet)* cuando montas en bicicleta.
Estudiante B: (d) No quieres lastimarte la cabeza en el pavimento, ¿verdad?

_____ 1. Luci, tienes que llevar casco *(helmet)* cuando montas en bicicleta.

_____ 2. Jaime, ¿por qué estás jugando con los fósforos *(matches)*?

_____ 3. Miguelito, ¿quién te dio ese cuchillo?

_____ 4. Rosalinda, ¿no tienes tu colchoneta para la siesta *(sleeping mat)*?

_____ 5. Casandra, por favor, no debes comer más chocolate.

_____ 6. Álvaro, en esta clase no caminamos por encima de las mesas.

_____ 7. Beto, ¿te sientes mal?

_____ 8. Lolita, ya te he dicho tres veces que no debes tocar los peces en el acuario.

a. ¿Se olvidaron tus padres de dártela?

b. ¡Te vas a quemar!

c. Vas a enfermarte. ¿Quieres tener dolor de estómago?

d. No quieres lastimarte la cabeza en el pavimento, ¿verdad?

e. ¡Te vas a cortar!

f. Puedes romperte una pierna.

g. ¡Los vas a lastimar!

h. ¿Te duele algo? ¿Llamamos a tus padres?

The preterite,
Capítulo 5 Paso 2

9-15 **Un fin de semana horrible.** ¿Qué les pasó a Julieta y a Ronaldo el fin de semana pasado? Con un(a) compañero(a), escojan los verbos más lógicos, conjúguenlos en el pretérito y lean la conversación en voz alta.

JULIETA ¿Qué tal el fin de semana, Ronaldo? ¿(1. Divertirse / Sentirse) _____ mucho?

RONALDO ¡Fue horrible! El viernes mis amigos y yo almorzamos en el nuevo restaurante Clotilde y todos nosotros (2. romperse / enfermarse) _____. Yo pasé toda la noche con vómitos.

JULIETA ¡Ay, qué mala suerte! Pero ¿no tenías que jugar en el campeonato de fútbol el sábado? ¿(Tú) (3. Mejorarse / Torcerse) _____ a tiempo para jugar?

RONALDO Sí, pude jugar. Pero, imagínate, cuando yo iba a marcar un gol —¡PAF!— otro jugador chocó conmigo *(ran into me)*. Yo (4. sentirse / caerse) _____ y (5. lastimarse / darse) _____ un golpe tremendo en la cabeza.

JULIETA ¡Pobrecito! Parece que los dos pasamos un fin de semana fatal. Yo fui a la playa con Alicia pero ella (6. olvidarse / levantarse) _____ de llevar protector solar y las dos (7. cortarse / quemarse) _____ la espalda.

RONALDO Bueno, por lo menos ¡nadie (8. caerse / romperse) _____ nada!

Clase

9-16 **¿Te ha pasado esto?** Usa las frases para formar preguntas en el presente perfecto. Circula por el salón para hacerles las preguntas a tus compañeros. Si un(a) compañero(a) contesta **Sí**, hazle la segunda pregunta y luego pídele su firma *(signature)*. ¡Ojo! Cada persona puede firmar tu papel solo dos veces.

↻ The present perfect, **Capítulo 7 Paso 2**

Modelo   **estar** en un hospital

      Estudiante A: ¿Has estado en un hospital alguna vez?

      Estudiante B: Sí.

      Estudiante A: ¿Por cuántos días?

      Estudiante B: Por dos días.

      Estudiante A: Firma aquí, por favor.

Actividad	Una pregunta más	Firma
1. **estar** en un hospital	¿Por cuántos días?	
2. **romperse** un hueso	¿Cuál?	
3. **cortarse** con un cuchillo	¿Cuándo?	
4. **quemarse** la lengua	¿Con qué?	
5. **lastimarse** la espalda	¿Cómo?	
6. **caerse** de un caballo	¿A qué edad?	
7. **torcerse** el tobillo	¿En qué actividad?	
8. **darse** un golpe en la cabeza	¿Cuándo?	

↻ The preterite and imperfect in storytelling, **Capítulo 8, Paso 3**

9-17 **¡Qué mala suerte!** Estás pasando por una racha de mala suerte *(streak of bad luck)*. Imagínate en las siguientes situaciones. Con un(a) compañero(a), sigan el modelo y preparen diálogos para cada situación.

Modelo   **Estudiante A:** ¿Qué te pasó?

      Estudiante B: Fui de vacaciones a las montañas. Mientras esquiaba, me caí y me rompí la pierna.

      Estudiante A: ¡Qué lástima! ¿Te duele mucho?

      Estudiante B: No, no me duele mucho. Pero es difícil caminar.

1.

2.

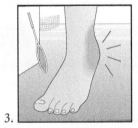
3.

9-18 **¡Ay!** Todos tenemos pequeños accidentes de vez en cuando. Piensa en una ocasión cuando te lastimaste y completa esta oración: **Una vez...** Dile a tu compañero(a) esta oración y contesta sus preguntas sobre la experiencia. Luego, cambien de papel *(switch roles)*.

1. ¿Dónde ocurrió el accidente?

2. ¿Cuántos años tenías?

3. ¿Con quién estabas?

4. ¿Qué hacían Uds.? ¿Qué pasó?

5. ¿Tuviste que ir al hospital? ¿Te dolía mucho?

EN ACCIÓN: Preguntas esenciales

¿Cuáles son las enfermedades que más preocupan?

 9-19 **Piénsalo.** ¿Qué enfermedades son el enfoque (*focus*) de las campañas (*campaigns*) de salud pública en Estados Unidos? Con un(a) compañero(a), lean la lista e indiquen cuáles son las tres enfermedades más preocupantes (*worrisome*), en su opinión. ¿Qué otras enfermedades deben estar en la lista?

- las enfermedades cardíacas
- la adicción a drogas
- el cáncer
- la salud mental
- el SIDA (*AIDS*)
- la diabetes

Colaborar **9-20** **La opinión de Daniella.** Daniella Delius es una joven de La Paz, Bolivia. Con un(a) compañero(a), lean sus comentarios sobre las enfermedades que más preocupan a los bolivianos. Luego contesten las preguntas.

1. ¿Cuáles son las enfermedades que más preocupan a los bolivianos?
2. ¿Cuáles de las enfermedades ocurren principalmente en áreas tropicales?
3. Además de las enfermedades, ¿cuál es un gran problema de salud pública en Bolivia?

known in English as
bite

malnutrition

> Las enfermedades que más preocupan a los bolivianos son las siguientes: SIDA, conocida en inglés como° AIDS; Zika y dengue, enfermedades producidas por la picadura° de un mosquito; Chagas, una enfermedad producida por un parásito; y, bueno, todavía tenemos muchos índices de desnutrición°.

© Daniella Delius

9-21 **Otras opiniones.** Según la Universidad Continental de Perú, estas son cuatro enfermedades muy comunes entre los estudiantes universitarios. Con un(a) compañero(a), lean la información y completen las oraciones de manera lógica.

1. Muchos estudiantes tienen dolor de ____ por trabajar mucho en computadoras.
2. Los resfriados son frecuentes porque ____.
3. A menudo los estudiantes no comen bien. Por eso, sufren de ____.
4. Los estudiantes sienten mucho estrés cuando ____.

4 Enfermedades comunes en universitarios

Dolor de cabeza y problemas de visión Causados por la exposición a la computadora o la iluminación inadecuada.

Resfríos y gripes Por los cambios en las temperaturas y el frío intenso.

Estrés Por la ansiedad ante los trabajos o exámenes.

Enfermedades estomacales Debido a la mala calidad de alimentación.

Fuente: "5 enfermedades comunes en estudiantes universitarios y cómo tratarlas," blogs. ucontinental.edu.pe.

9-22 **¿Y tú?** Habla con un(a) compañero(a) sobre la pregunta esencial. Usen estas preguntas como punto de partida (*point of departure*).

1. ¿Qué enfermedades preocupan más a los estudiantes universitarios? En tu opinión, ¿tiene la universidad suficientes recursos (*resources*) para combatir esas enfermedades?
2. ¿Qué enfermedades afectan más a las personas de tu estado? ¿Hay campañas (*campaigns*) de salud pública para combatir esas enfermedades?

Estás en Ecuador tomando un curso universitario de Estudios Andinos. En la clase sobre medicina indígena, vas a conocer a un curandero *(healer)* kichwa. Lee este artículo, publicado por *El Comercio*, un periódico de Ecuador, para aprender más sobre este curandero.

Juan Lligalo revela a los jóvenes el secreto de la medicina andina

La casa de Juan Lligalo es un laboratorio natural. En sus jardines y huertas° crecen° las flores y plantas medicinales que utiliza en la preparación de recetas andinas que ayudan a tratar enfermedades como la inflamación de los riñones°, próstata, hígado°, mala circulación de la sangre°, dolores de cabeza.

Por eso es considerado en Chibuleo como el último yachak (curandero° en español) del pueblo. Para evitar que esos saberes° se pierdan°, hace dos meses, imparte sus conocimientos° a un grupo de estudiantes de la Unidad Educativa Intercultural Bilingüe de Chibuleo.

En el aula° Sonia Til, de 14 años, atiende las explicaciones del yachak. Cuenta que es importante que estos conocimientos se trasmitan de generación en generación. "Estoy aplicando esos saberes para sanar° a mis abuelitos, que tienen problemas en las rodillas y en la manos. Hay resultados, ellos ya pueden caminar y mover sus articulaciones°".

La intención de Til es aprender más sobre los secretos de las plantas medicinales y piensa en convertirse en una sanadora° de pueblo.

Fuente: "Juan Lligalo revela a los jóvenes el secreto de la medicina andina," edicionimpresa.elcomercio.com.

huertas *vegetable gardens*   crecen *grow*   riñones *kidneys*   hígado *liver*   sangre *blood*   curandero *traditional healer*
saberes *wisdom*   se pierdan *get lost*   conocimientos *knowledge*   aula *classroom*   sanar *heal*   articulaciones *joints*
sanadora *healer*

Colaborar

9-23 **¿Qué entiendes?** Con un(a) compañero(a), lean el artículo y luego contesten las preguntas sobre cada persona y tema.

1. Juan Lligalo: ¿Dónde vive? ¿Qué profesión tiene? ¿Qué está haciendo desde hace dos meses y por qué?

2. Sonia Til: ¿Cuántos años tiene? ¿Dónde estudia? ¿Qué profesión quiere tener en el futuro?

3. Medicina andina: ¿Qué usan los curanderos para ayudar a tratar *(treat)* las enfermedades? ¿Cuáles son algunas enfermedades que menciona el artículo?

9-24 **Tertulia.** Con dos o tres compañeros de clase, hablen sobre las plantas medicinales. Usen estas preguntas como punto de partida.

1. ¿Has usado alguna vez plantas medicinales? ¿Qué usaste y para qué síntoma o enfermedad?

2. En tu opinión, ¿es buena idea que Juan Lligalo les enseñe a los jóvenes sobre las flores y plantas medicinales? ¿Por qué?

En el consultorio médico

In this *Paso,* you will . . .

- understand the doctor's orders
- give advice and tell others what to do
- say how long something has been going on or how long ago something happened

Instrucciones de la doctora

> Abra la boca y saque la lengua.

> Vamos a hacerle un análisis de sangre.

Un examen médico	*A medical examination*
el (la) enfermero(a)	*nurse*
el (la) médico(a)	*doctor*
pedir cita	*to make an appointment*
Respire hondo.	*Take a deep breath.*
Tosa.	*Cough.*
Vamos a sacarle una radiografía.	*We're going to take an X-ray.*

Tratamiento	*Treatment*
Tenemos que ponerle...	*We have to put on (you) / give you . . .*
una inyección	*a shot*
unos puntos	*some stitches*
una venda	*a bandage*
un yeso	*a cast*
Vamos a darle suero intravenoso.	*We're going to give you IV fluids.*

Consejos de la doctora

Diagnóstico	*Diagnosis*
Ud. tiene...	*You have . . .*
una fractura	*a fracture*
una intoxicación alimenticia	*food poisoning*

Consejos	*Advice*
Ud. debe / debería...	*You must / should . . .*
guardar cama	*stay in bed*
llevar una dieta líquida	*be on a liquid diet*
Ud. no debe / debería...	*You must not / shouldn't . . .*
consumir comidas altas en grasa	*eat foods high in fat*
mojar la herida	*get the wound wet*
Voy a recetarle...	*I'm going to prescribe you . . .*
unas pastillas	*some pills*
un jarabe	*a syrup*
una crema	*a lotion*
Tome este medicamento cada cuatro horas.	*Take this medicine every four hours.*

PASO 2 VOCABULARIO

¡Aplícalo!   Colaborar **9-25 En el consultorio.** ¿Qué les dice la doctora Pacheco a sus pacientes en la clínica hoy? Con un(a) compañero(a), sigan este proceso:

- Estudiante A lee un diagnóstico de la columna A.
- Estudiante B lee un tratamiento apropiado de la columna B.
- Estudiante A lee otro tratamiento lógico de la columna C.
- Estudiante B lee un diagnóstico de la columna A, y así sucesivamente.

A. El diagnóstico	**B. Un tratamiento / consejo**	**C. Otro tratamiento / consejo**
Ud. tiene una fractura de la tibia.	Voy a recetarle unos antibióticos.	Debe usar esta crema y no mojar la herida.
Ud. tiene una infección en los oídos.	No debería consumir comidas altas en grasa.	Debería llevar una dieta líquida por dos días.
Ud. se cortó el brazo pero no está roto.	Voy a recetarle unas pastillas para los vómitos.	Vamos a repetir el análisis de sangre en seis meses.
Ud. tiene una intoxicación alimenticia.	Tengo que ponerle un yeso.	Debe tomarlos dos veces al día con comida.
Ud. tiene el colesterol muy alto.	Voy a ponerle unos puntos.	¡No se olvide! No debe mojar el yeso.

 Colaborar **9-26 Hablando con el doctor.** Te enfermas durante tus vacaciones y vas a un centro médico. Con un(a) compañero(a), completen la conversación con las palabras más lógicas y léanla en voz alta. Consulten el vocabulario en las páginas 360 y 361.

PACIENTE Doctor(a), me siento (1) _____. Creo que (2) _____ un resfriado o quizás *(maybe)* la gripe.

DOCTOR(A) Voy a examinarlo(la). (3) _____ la boca y (4) _____ la lengua.

PACIENTE Me (5) _____ bastante la garganta.

DOCTOR(A) Sí, la tiene muy inflamada. Ahora, (6) _____ hondo y (7) _____.

PACIENTE ¡Ay! Me (8) _____ el pecho también.

DOCTOR(A) Bueno, vamos a sacarle una (9) _____, pero creo que Ud. solo tiene una (10) _____ en la garganta.

PACIENTE ¿Qué (11) _____ hacer, doctor(a)?

DOCTOR(A) Ud. debe tomar este (12) _____ para la tos. También, tome estas (13) _____ dos veces al día.

9-27 Encuesta de salud. Entrevista a un(a) compañero(a) con estas preguntas. Luego él/ella debe entrevistarte a ti.

1. Cuando estás enfermo(a), ¿vas a la clínica en tu campus o prefieres ir al consultorio de tu propio(a) *(own)* médico(a)?
2. Cuando tienes gripe, ¿guardas cama o vas a clase?
3. ¿Prefieres tomar medicamento en forma de pastillas o en jarabe?
4. En tu opinión, ¿con qué frecuencia se necesita un examen médico?
5. ¿Te interesa la carrera de medicina? ¿Por qué sí o por qué no?

9-28 **¡Pobrecitos!** Varios turistas se enfermaron durante su viaje por Ecuador. ¿Cuál es el diagnóstico de cada uno? ¿Qué tratamientos necesitan? Con un(a) compañero(a), dramaticen las situaciones. Sigan el modelo y tomen turnos.

Modelo **Paciente:** Tengo una tos muy fuerte. Me duele mucho el pecho cuando respiro hondo.

Médico(a): *(Hace el diagnóstico y explica los tratamientos.)* Creo que Ud. tiene **bronquitis**. Vamos a **sacarle una radiografía**.

1. "Comí un sándwich delicioso de carne asada en el mercado de Otavalo, pero ahora me duele mucho el estómago. También tengo diarrea y vómitos. Me siento un poco —no sé— deshidratado(a)".

2. "La semana pasada, cuando estaba en las islas Galápagos, me caí y me torcí el tobillo. Todavía me duele mucho y no puedo caminar".

3. "Mire, doctor(a). Cuando nadaba, me entró un poco de agua por las orejas. Ahora me duelen mucho los oídos. Tengo un poco de fiebre también".

4. "¡Ay, doctor(a)! Me puse un nuevo perfume y ahora mi piel está muy roja.

9-29 **¿Qué deben hacer?** ¿Qué les recomiendas a estos pacientes? Con un(a) compañero(a), tomen turnos para dar **tres** consejos a cada uno. Usen las expresiones **Ud. (no) debe...** y **Ud. debería...**

Colaborar

1.

2.

3.

9-30 **¡Me siento fatal!** Con un(a) compañero(a), dramaticen una escena en el consultorio médico entre un(a) turista que se enferma y un(a) médico(a). El (La) paciente describe una variedad de síntomas y el (la) médico(a) le da varios tratamientos y consejos.

Modelo **Médico(a):** Buenas tardes. ¿Cómo está Ud.?

Paciente: Para decirle la verdad, me siento...

© Alexander Raths/Shutterstock.com

PASO 2 GRAMÁTICA A

Los mandatos formales

SR. CAMACHO Me duele mucho la cabeza. ¿Es un tumor? ¿Una hemorragia? ¿Un implante extraterrestre?

DOCTORA No se preocupe, Sr. Camacho. No es nada grave. Es simplemente un dolor de cabeza.

SR. CAMACHO ¿Qué debo hacer?

DOCTORA Tome estas pastillas y llámeme en la mañana.

Descúbrelo

- What is Sr. Camacho's complaint? What does he think is causing the problem?
- What phrase does the doctor use to tell him not to worry? Is **se** placed before or after the verb?
- What other instructions does the doctor give him? What infinitives correspond to the verbs in these instructions?

1. Formal commands are used to give orders, directions, and recommendations. They are used with people you normally address with **Ud.** or **Uds.**

   Sr. Calvo, **tome** Ud. estas pastillas.   *Mr. Calvo,* **take** *these pills.*
   Ana y Susana, por favor no **corran** por la casa.   *Ana and Susana, please don't* **run** *in the house.*

2. Follow this process to create formal commands: First, conjugate the verb in the **yo** form of the present tense. Then drop the final -**o** and add the new ending. For a negative command, add the word **no** before the verb.

-ar verbs		
tomar:	tom~~o~~ + **e** → tom**e** (Ud.)	**Tome** estos antibióticos.
	tom~~o~~ + **en** → tom**en** (Uds.)	**Tomen** las pastillas con agua.
-er verbs		
hacer:	hag~~o~~ + **a** → hag**a** (Ud.)	**Haga** más ejercicio.
	hag~~o~~ + **an** → hag**an** (Uds.)	No **hagan** nada por unos días.
-ir verbs		
dormir:	duerm~~o~~ + **a** → duerm**a** (Ud.)	**Duerma** ocho horas cada noche.
	duerm~~o~~ + **an** → duerm**an** (Uds.)	**Duerman** en un cuarto fresco.

3. Some verbs have spelling changes in the formal command forms. (The new verb **escoger** means *to choose, to pick*.)

   - Verbs ending in -**gar** change to -**gue(n)**
     lle**gar**   lle**gue** (Ud.)   lle**guen** (Uds.)

   - Verbs ending in -**car** change to -**que(n)**
     bus**car**   bus**que** (Ud.)   bus**quen** (Uds.)

   - Verbs ending in -**zar** change to -**ce(n)**
     almor**zar**   almuer**ce** (Ud.)   almuer**cen** (Uds.)

   - Verbs ending in -**ger** / -**gir** change to -**ja(n)**
     esco**ger**   esco**ja** (Ud.)   esco**jan** (Uds.)

4. Five verbs have irregular formal command forms.

Infinitivo	Ud.	Uds.
ir	vaya	vayan
saber	sepa	sepan
dar	dé	den
ser	sea	sean
estar	esté	estén

5. Commands are often used with reflexive, direct object, and indirect object pronouns.

- In a *negative* command, place the pronoun directly before the verb: **No se ponga esta crema en la herida.**

- In an *affirmative* command, attach the pronoun to the end of the verb; place an accent over the third-to-last syllable: **¿El jarabe? Tóme<u>lo</u> cada cuatro horas.**

Colaborar

9-31 **El examen médico.** Doña Eugenia fue a la clínica porque tiene mucha diarrea. ¿Qué le dice el doctor durante el examen médico? Toma turnos con un(a) compañero(a): una persona cambia *(changes)* el verbo entre paréntesis a un mandato singular **(Ud.)** y la otra persona completa el consejo con la terminación más lógica.

¡Aplícalo!

1. (decirme)
2. (tomar)
3. (beber)
4. (no comer)
5. (descansar)
6. (pedir)

a. ... estas pastillas por la mañana y por la noche.
b. ... una cita para la próxima semana.
c. ... muchos líquidos.
d. ... si le duele cuando toco aquí.
e. ... dulces o grasas.
f. ... en casa por unos días.

Colaborar

9-32 **¿Qué debo hacer?** Un(a) turista tiene una intoxicación alimenticia. Después de oír el diagnóstico, tiene muchas preguntas. Con un(a) compañero(a), dramaticen pequeñas escenas en una clínica.

Direct object pronouns, **Capítulo 5 Paso 2**

- El/La paciente tiene que leer una pregunta.
- El/La médico(a) tiene que contestar las preguntas con un mandato formal **(Ud.)** y los pronombres apropiados **(lo, la, los, las).**

Modelo **Paciente:** ¿Con qué tomo la pastilla?
Doctor(a): Tómela con un vaso de agua.

1. ¿Cuándo debo tomar los antibióticos, antes de comer o después de comer?
2. ¿Dónde puedo comprar el medicamento?
3. ¿Hasta cuándo sigo la dieta líquida?
4. ¿Hoy puedo comer papas fritas?
5. ¿Puedo beber vino?
6. ¿Para cuándo pido otra cita?

¡Exprésate!

Colaborar

9-33 **Un cartel de salud pública.** ¿Cómo podemos evitar enfermarnos este invierno? Con un(a) compañero(a) de clase, creen un cartel de salud pública con cinco consejos para evitar la gripe. Usen mandatos formales plurales (**Uds.**).

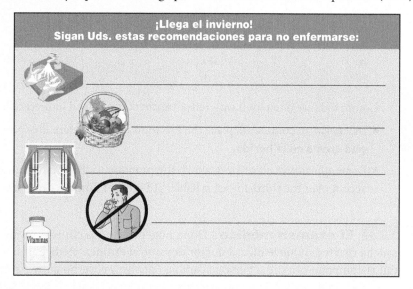

¡Llega el invierno!
Sigan Uds. estas recomendaciones para no enfermarse:

9-34 **Consulta por teléfono.** Eres enfermero(a). Tu trabajo es contestar llamadas telefónicas *(telephone calls)* de pacientes y darles consejos médicos. Con un(a) compañero(a) de clase, tomen turnos y hagan los papeles *(playing the roles)* de paciente y enfermero(a). Usen mandatos formales.

Modelo **Enfermero(a):** Aló. ¿Cuál es el problema?
Paciente: Me duele mucho la cabeza.
Enfermero(a): No se preocupe. Tome acetaminofén o ibuprofeno y acuéstese a descansar en un cuarto oscuro.
Paciente: Gracias. Adiós.

Problemas:

1. Me duele mucho el estómago.
2. Tengo mucha tos y no puedo dormir.
3. Me corté el dedo. Hay mucha sangre.
4. Me di un golpe en la cabeza. Veo estrellas *(stars)*.
5. Me caí y creo que me rompí la muñeca.

© Tyler Olson/Shutterstock.com

9-35 **Cinco mandatos.** ¡Vamos a jugar un juego y movernos un poco!

Primera parte: En grupos de tres, escriban en una hoja de papel cinco mandatos formales plurales (**Uds.**). Estos mandatos deben ser acciones simples que se pueden hacer en el salón de clase. Luego, den el papel a su profesor(a). Él o ella los va a redistribuir entre los diferentes grupos.

Modelo Vayan a la puerta. Ábranla. Caminen a la pizarra. Hagan el dibujo de una hamburguesa. Digan "hola" a la clase.

Clase

Segunda parte: Cada grupo hace las acciones, en el orden en que están escritas *(written)* en el nuevo papel. El grupo que escribió esa lista de instrucciones debe levantar la mano.

Las expresiones de tiempo con *hacer*

SR. MEDINA Disculpe por llamar tan tarde, doctor, pero hace seis horas que mi esposa tiene un dolor muy fuerte en la parte derecha del abdomen. Creo que tiene apendicitis.

DOCTOR ¿Apendicitis? Eso es imposible. Yo ya le saqué el apéndice a su esposa.

SR. MEDINA ¿Cuánto tiempo hace que se lo sacó?

DOCTOR Hace dos años. Nadie tiene un segundo apéndice.

SR. MEDINA No, pero algunos sí tenemos una segunda esposa.

1. The verb **hacer** can be used to express an action or event that began in the past and is still going on in the present.

- To ask how long something has been going on, use this question pattern:

  ¿Cuánto tiempo hace que + (presente)?
  ¿Cuánto tiempo hace que tienes fiebre? *How long have you had a fever?*

- To describe how long something has been going on, use this sentence pattern:

  hace + (time period) + que + (presente)
  Hace una semana que me siento mal. *I've been under the weather for a week.*

2. The verb **hacer** can also be used to express how long ago something happened.

- To ask how long ago something happened, use this question pattern:

  ¿Cuánto tiempo hace que + (pretérito)?
  ¿Cuánto tiempo hace que Ud. se rompió la pierna? *How long ago did you break your leg? / How long has it been since you broke your leg?*

- To describe how long ago something happened, use either of these two patterns:

  hace + (time period) + que + (pretérito)
  Hace siete años que me lastimé la espalda. *I injured my back seven years ago.*

  (pretérito) + hace + (time period)
  Me lastimé la espalda hace siete años. *I injured my back seven years ago.*

Descúbrelo

- Why does Mr. Medina think his wife has appendicitis? Why does the doctor think she doesn't?
- What is the misunderstanding?
- How long has Mrs. Medina been having pain? What verb is used before the number of hours?
- How long ago has the doctor removed the appendix of a Mrs. Medina? What verb is used in front of the number of years? What question does Mr. Medina ask to find this out?

9-36 **Preguntas personales.** Completa las oraciones con expresiones de tiempo y el presente. Compara tus respuestas con las de un(a) compañero(a).

¡Aplícalo!

1. Hace _____ que (yo: estudiar) _____ español. ¿Y tú?

2. Hace _____ que (yo: vivir) _____ en esta ciudad. ¿Y tú?

3. Hace _____ que (yo: saber) _____ nadar. ¿Y tú?

4. Hace _____ que no (yo: ir) _____ al cine. ¿Y tú?

5. Hace _____ que no (yo: ver) _____ a mis abuelos. ¿Y tú?

PASO 2 GRAMÁTICA B

9-37 **Sudamericanos célebres.** ¿Sabes quiénes son las personas de las fotos? ¿Cuánto tiempo hace que empezaron sus carreras profesionales? Con un(a) compañero(a), hagan oraciones completas con el pretérito del verbo en negrita y la expresión **hace + (número de años)**.

Isabel Allende, novelista desde 1982

Modelo **escribir** su primera novela

Isabel Allende **escribió** su primera novela **hace... años**.

1. **conducir** por primera vez en la NASCAR
2. **empezar** a jugar en las Grandes Ligas
3. **realizar** su primera exposición
4. **vender** su primer álbum
5. **aprender** a hacer surf
6. **trabajar** por primera vez como actor

Roberto Mamani Mamani, artista desde 1977

Juan Pablo Montoya, conductor de NASCAR desde 2006

Sofía Mulánovich, surfista desde 1992

John Leguizamo, actor desde 1984

Susana Baca, cantante desde 1987

Félix Hernández, beisbolista de las Grandes Ligas desde 2005

9-38 **Entrevista a una enfermera.** Con un(a) compañero(a), escriban preguntas lógicas para completar la entrevista (*interview*) de Elisa.

Modelo **Supervisor:** ¿Cuánto tiempo hace que empezó Ud. su carrera?
Elisa: Hace ocho años que empecé mi carrera.

1. SUPERVISOR ¿_____?
   ELISA Hace tres años que soy enfermera.

2. SUPERVISOR ¿_____?
   ELISA Hace tres años que conseguí mi título (*degree*) universitario.

3. SUPERVISOR ¿_____?
   ELISA Hace dos meses que no le doy suero intravenoso a un paciente.

4. SUPERVISOR ¿_____?
   ELISA Hace un mes que no pongo inyecciones.

5. SUPERVISOR ¿_____?
   ELISA Hace seis meses que asistí a una conferencia sobre enfermería.

¡Exprésate!

Colaborar **9-39** **Santiago Ramón y Cajal.** Con un(a) compañero(a) de clase, lean la información sobre este médico y contesten las preguntas.

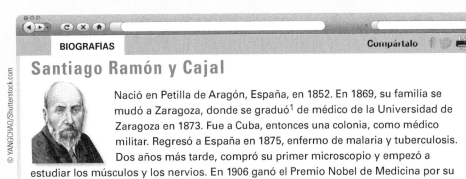

BIOGRAFÍAS   Compártalo

Santiago Ramón y Cajal

Nació en Petilla de Aragón, España, en 1852. En 1869, su familia se mudó a Zaragoza, donde se graduó[1] de médico de la Universidad de Zaragoza en 1873. Fue a Cuba, entonces una colonia, como médico militar. Regresó a España en 1875, enfermo de malaria y tuberculosis. Dos años más tarde, compró su primer microscopio y empezó a estudiar los músculos y los nervios. En 1906 ganó el Premio Nobel de Medicina por su doctrina de la neurona. Ramón y Cajal también era artista y dibujó[2] muchas ilustraciones del sistema nervioso que todavía se usan hoy. Murió en Madrid en 1934.

[1]*graduated* [2]*drew*

1. ¿Cuántos años hace que nació Santiago Ramón y Cajal? ¿En qué país nació?

2. ¿Cuánto tiempo hace que se graduó? ¿Qué profesión tenía?

3. ¿En qué año compró su primer microscopio? ¿Qué partes del cuerpo estudiaba?

4. ¿Cuántos años hace que ganó el Premio Nobel de Medicina? ¿Por qué ganó?

5. ¿Cuánto tiempo hace que murió? ¿Cuántos años tenía?

9-40 **Los síntomas.** ¿Qué síntomas tiene el paciente y cuánto tiempo hace que los tiene? Con tu compañero(a) de clase, tomen turnos haciendo la pregunta **¿Cuánto tiempo hace que (+ síntoma)?** Contesten según esta línea del tiempo *(timeline)*.

Síntomas:

✓ sentirse enfermo

✓ tener fiebre

✓ no tener hambre

✓ estar en cama

✓ tener vómitos

✓ toser

Modelo   Estudiante A: ¿Cuánto tiempo hace que se siente enfermo?
Estudiante B: Hace seis días que se siente enfermo.

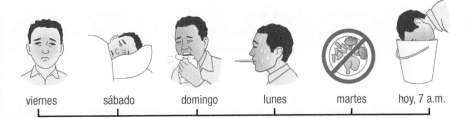

viernes   sábado   domingo   lunes   martes   hoy, 7 a.m.

9-41 **El hipocondríaco.** Con un(a) compañero(a), dramaticen una conversación entre un(a) hipocondríaco(a) *(hypochondriac)* y su doctor(a).

El (La) hipocondríaco(a)	El (La) médico(a)
1. Describe síntomas de enfermedades imaginarias.	2. Pregunta cuánto tiempo hace que tiene esos síntomas.
3. Di *(Say)* cuánto tiempo hace que tienes los síntomas.	4. Explica que no es nada. Pregunta si toma medicamentos y hace cuánto tiempo.
5. Contesta. Pide más pastillas.	6. Receta algo natural.

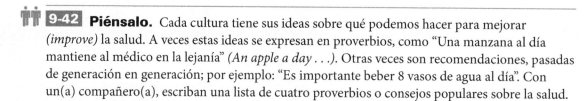

EN ACCIÓN: Preguntas esenciales

¿Cuáles son algunas creencias populares sobre la salud y las enfermedades?

 9-42 **Piénsalo.** Cada cultura tiene sus ideas sobre qué podemos hacer para mejorar *(improve)* la salud. A veces estas ideas se expresan en proverbios, como "Una manzana al día mantiene al médico en la lejanía" *(An apple a day . . .)*. Otras veces son recomendaciones, pasadas de generación en generación; por ejemplo: "Es importante beber 8 vasos de agua al día". Con un(a) compañero(a), escriban una lista de cuatro proverbios o consejos populares sobre la salud.

Colaborar **9-43** **La opinión de Daniella.** La boliviana Daniella Delius habla sobre la medicina tradicional. Con un(a) compañero(a), lean su comentario y contesten las preguntas.

1. ¿Qué es un *yatiri*?

2. Según los médicos tradicionales, ¿qué causa las enfermedades?

3. ¿Cuál es una medicina tradicional común de Bolivia?

We turn to

consequently
soul

leaf

> En Bolivia creemos mucho en la medicina tradicional; esta medicina se basa en teorías, creencias y experiencias indígenas. Recurrimos° a médicos brujos o *yatiris* que viajan por el país para curar enfermedades. Para estos médicos, una enfermedad es el significado de que algo no está en equilibrio en la vida de una persona, por lo tanto° se deben curar el cuerpo y el alma°, conocida acá como *ajayu*. Una planta muy utilizada en nuestro país es la hoja° de coca.

© Daniella Delius

9-44 **Otras opiniones.** Aquí tienes algunos proverbios sobre la salud. ¿Qué significan? Con un(a) compañero(a), expliquen cada uno en sus propias *(your own)* palabras.

Modelo "Tener flores en la alcoba, da en la cabeza dolores".

Si pones flores en tu dormitorio, vas a tener dolor de cabeza. Esto es verdad, porque muchas personas tienen alergias al polen.

Algunos proverbios sobre la salud

Tener flores en la alcoba, da en la cabeza dolores.

En la casa donde no entra el sol, entra el doctor.

Quien quiera vivir sano, coma poco y cene temprano.

Aceite de oliva, todo mal quita.

alcoba *bedroom*   sano *healthy*   quita *takes away*

9-45 **¿Y tú?** Habla con un(a) compañero(a) sobre la pregunta esencial. Usen estas preguntas como punto de partida *(point of departure)*.

1. En tu opinión, ¿cuál es un proverbio con información acertada *(accurate)* sobre la salud?

2. ¿Qué medicinas naturales conoces tú? ¿Has usado medicina natural alguna vez?

3. ¿Qué consejos populares sigues tú para mantener *(mantener)* la buena salud? Por ejemplo: Después de comer, ¿esperas varias horas antes de nadar?

EN ACCIÓN: Comunicación interpersonal

Cuando visitas el curandero Juan Lligalo en el programa de Estudios Andinos en Ecuador, aprendes mucho sobre las plantas medicinales. Esta infografía resume los usos de cinco hierbas y flores.

ROMERO
Combatir dolores musculares
Tratar problemas digestivos

Combatir enfermedades de la piel

SALVIA
Tratar problemas digestivos
Reducir el estrés y la ansiedad

Combatir infecciones en la boca

TILO
Tratar el insomnio
Tratar problemas digestivos

Tratar problemas respiratorios, gripes y resfriados

TOMILLO
Tratar diarreas, vómitos y dolores abdominales
Eliminar parásitos

Tratar gripes y resfriados

VALERIANA
Tratar la ansiedad
Tratar el asma

Tratar problemas digestivos

Fuente: "44 Plantas Medicinales, Para Qué Sirven Y Como Cultivarlas," laguiadelasvitaminas.com.

 9-46 **¡A dialogar!** Tú y tu compañero(a) van a dramatizar una escena en una farmacia naturista en Ecuador.

Primera parte: Lee esta lista de síntomas y decide cuáles tienes tú para la dramatización. Marca tres.

- un resfriado
- diarrea
- vómitos
- ansiedad y estrés
- dolor de estómago
- dolor de espalda
- infección en la piel
- intoxicación alimenticia
- insomnio

Segunda parte: Ahora, dramaticen una escena: por turnos, una persona hace el papel de farmacéutico(a) (*pharmacist*) y la otra persona hace el papel de paciente. Incluyan información de la infografía.

El (La) paciente	El (La) farmacéutico(a)
1. Saluda al (a la) farmacéutico(a).	2. Saluda al (a la) paciente.
3. Describe tus síntomas y pide una recomendación.	4. Dale tres o cuatro consejos. Usa por lo menos un mandato formal en tu recomendación: **Beba un té de…**
5. Haz una o dos preguntas.	6. Contesta las preguntas.
7. Dale las gracias y despídete.	8. Despídete.

El bienestar

In this *Paso*, you will . . .
- talk about well-being
- give and receive advice
- influence others

Consejos de bienestar

Secretos para el bienestar

- **relajarse**

- **seguir una dieta saludable**

- **hacer ejercicio en forma regular**

- **buscar equilibrio entre el trabajo y el placer**

- **disfrutar de la vida**

Metas y maneras para mejorar la salud	*Goals and ways to improve our health*
compartir tus preocupaciones con un(a) amigo(a)	*to share your worries with a friend*
cuidarse	*to take care of oneself*
dejar de fumar	*to stop smoking*
desconectarse de las presiones / del trabajo	*to disconnect yourself from pressures / from work*
no dejar las cosas para más tarde	*not to procrastinate*
no preocuparse demasiado	*not to worry too much*
pedirle ayuda a alguien	*to ask someone for help*
prevenir las enfermedades	*to prevent illnesses*
reducir el estrés	*to reduce stress*
tomarse unos días libres	*to take some days off*

Consejos entre amigas

Para pedir consejos

¿Qué me aconsejas?
¿Qué piensas?
¿Qué debo hacer?

Para dar consejos a amigos

Deberías (+ infinitivo)...
Tienes que (+ infinitivo)...
Es importante / buena idea / mejor...
¿Por qué no (le pides ayuda a alguien)?
No te preocupes.
Cuídate.
Tranquilo(a). No es para tanto.

Para reaccionar a los consejos

Tienes razón.
Es buena idea.
No sé. No estoy seguro(a).

Asking for advice

What do you advise?
What do you think?
What should I do?

Giving advice to friends

You should . . .
You have to . . .
It's important / a good idea / better to . . .
Why don't you (ask someone for help)?
Don't worry.
Take care.
Relax. It's no big deal.

Reacting to advice

You're right.
It's a good idea.
I don't know. I'm not sure.

PASO 3 VOCABULARIO

¡Aplícalo! Colaborar **9-47** **Consejos entre amigos.** Hoy muchos estudiantes tienen problemas y les piden consejos a sus amigos. Con un(a) compañero(a) de clase, completen las tres conversaciones con las palabras más lógicas y léanlas en voz alta.

Conversación 1

CARLOS ¡Tengo un examen de historia mañana y estoy (1. totalmente / reducir) estresado!

RAÚL (2. Cuídate / Tranquilo), Carlos, no es para (3. razón / tanto). Es un simple examen.

CARLOS ¿Cómo puedes decir eso? ¡Tengo que sacar una B para aprobar *(pass)* la clase!

RAÚL Bueno, bueno, no te (4. fumes / preocupes). Yo te ayudo a estudiar.

Conversación 2

MARTITA Este semestre he aumentado cinco libras. ¡Necesito bajar de peso! ¿Qué me (5. aconsejas / piensas)?

PATRICIA (6. Tienes / Deja) que hacer ejercicio. (7. Deberías / Gustaría) ir al gimnasio todos los días.

MARTITA Sí, tienes (8. idea / razón). ¡Mañana voy al gimnasio!

Conversación 3

PAULINA Me preocupa mi compañera de cuarto. Creo que está deprimida *(depressed)*. ¿Qué (9. dejo / debo) hacer?

FABIÁN Nada. Es (10. mejor / regular) no molestarla.

PAULINA No sé. No estoy (11. segura / ideal)...

FABIÁN Bueno, entonces ¿(12. por / para) qué no hablas con ella?

9-48 **Tu bienestar físico y mental.** ¿Llevas una vida sana? Con un(a) compañero(a) de clase, tomen turnos para hacerse *(give each other)* la siguiente prueba *(quiz)*. ¿Qué opinan Uds. de los consejos?

Prueba: ¿Cuál es tu grado de bienestar físico y mental?

1. **¿Qué piensas de las clases de ejercicio como Pilates?**
   a. Ayudan a mi bienestar.
   b. Son solamente una moda.

2. **¿Cómo es la dieta que sigues?**
   a. Es balanceada.
   b. Como cuando tengo tiempo.

3. **¿Qué haces antes de acostarte?**
   a. Me relajo un poco.
   b. Trabajo hasta dormirme.

4. **¿Te cuidas para prevenir enfermedades?**
   a. Sí, claro.
   b. No es necesario porque soy joven.

5. **¿Qué haces cuando estás estresado(a)?**
   a. Comparto mis preocupaciones con alguien.
   b. Fumo o bebo bebidas alcohólicas.

6. **¿Con qué frecuencia dejas las cosas para más tarde?**
   a. Casi nunca. Soy bastante organizado(a).
   b. Casi siempre porque el placer va antes del trabajo.

Resultados y consejos

Si contestaste más "a": ¡Felicidades! Llevas una vida bastante sana. Deberías seguir así. Es muy importante cuidar la salud.

Si contestaste más "b": Tienes una mala actitud con respecto a tu bienestar. Tienes que buscar tiempo para comer bien, descansar y hacer ejercicio en forma regular.

Photo: © axanija/Shutterstock.com

9-49 **Mente sana, cuerpo sano.** Con un(a) compañero(a), entrevístense con las siguientes preguntas. ¿Eres una persona con mente sana y cuerpo sano *(sound mind and sound body)*?

1. ¿Qué causa el estrés en tu vida? ¿Qué haces para reducirlo?

2. ¿Compartes tus preocupaciones más con tus padres, con tus hermanos o con tus amigos? ¿Quién te da los mejores consejos normalmente?

3. ¿Cuidas tu salud? ¿Qué haces para prevenir enfermedades?

4. ¿Se preocupan tú y tus amigos por sacar buenas notas? ¿Qué hacen Uds. para tener equilibrio entre los estudios y el placer?

5. ¿Es fácil para ti pedirle ayuda a alguien? ¿Cuándo lo haces? ¿A quién le pides ayuda generalmente?

6. ¿Qué haces en tus días libres? ¿Cómo te desconectas de las presiones de la vida estudiantil?

9-50 **Consejos y más consejos.** Trabajen en grupos de tres o cuatro para completar los siguientes consejos. Para cada uno, deben llegar a un consenso o una opinión general entre los miembros del grupo. Estén preparados(as) para compartir sus oraciones con la clase.

Modelo Para disfrutar de la vida, es importante... **no preocuparse demasiado.**

1. Para reducir el estrés, es importante...

2. Para seguir una dieta saludable, es recomendable...

3. Para tener un equilibrio entre el trabajo y el placer, es necesario...

4. Para prevenir la gripe, es buena idea...

5. Para relajarnos, es mejor...

6. Para no dejar las cosas para más tarde, es preciso...

7. Para dejar de fumar, es preferible...

8. Para no estar totalmente estresado, es bueno...

9-51 **Una conversación entre amigos.** Mira los dibujos. ¿Qué problemas tiene Martín? ¿Qué le dice Alonso primero y qué le aconseja luego? Con un(a) compañero(a), dramaticen una conversación lógica entre Martín y su amigo Alonso.

1. Martín le explica su problema a Alonso.

2. La primera reacción de Alonso no es muy compasiva.

3. Luego, Alonso le da un buen consejo a Martín.

El presente de subjuntivo con expresiones de influencia

BOXEADOR	No puedo dormir, Memo. Tengo insomnio.
MEMO	Te recomiendo que cuentes ovejas *(sheep)* hasta dormirte.
BOXEADOR	Eso hago; pero cuando llego a nueve, siempre me levanto.
MEMO	¡Ja ja! Es mejor que consultes con el médico.

■ ■ ▣

Descúbrelo

- What is the boxer's problem? What does Memo suggest first?

- Why doesn't counting sheep work? What does Memo finally advise?

- What two expressions does Memo use to preface his advice to the boxer?

- What small word links the expressions of advice with the actual instructions?

1. It's possible to influence the behavior of others in many ways, such as by persuading, making requests, giving permission, etc. To help express these ideas, the present subjunctive (**el presente de subjuntivo**) is used.

Es importante que Ud. **deje** de fumar.   *It's important that you **stop** smoking.*

2. Sentences with the present subjunctive follow a special three-part sentence pattern. The present subjunctive is the verb form in the third part.

Main clause		Connector	Dependent Noun Clause	
Subject	Expression of Influence	*que*	New Subject	Verb in Present Subjunctive
(Yo)	Quiero	que	Ud.	**haga** más ejercicio.
I	*want*		*you*	***to exercise** more.*

3. To conjugate verbs in the present subjunctive, first conjugate the verb in the **yo** form of the present tense. Then, drop the final **o** and add the appropriate ending for the present subjunctive.

El presente subjuntivo de los verbos regulares

	-ar **descansar** (yo descans⊗)	-er **hacer** (yo hag⊗)	-ir **salir** (yo salg⊗)
que yo	descanse	haga	salga
que tú	descanses	hagas	salgas
que Ud./él/ella	descanse	haga	salga
que nosotros(as)	descansemos	hagamos	salgamos
que vosotros(as)	descanséis	hagáis	salgáis
que Uds./ellos/ellas	descansen	hagan	salgan

4. Some verbs have spelling changes in the present subjunctive.

g → gu (llegar) lle**gu**e, lle**gu**es, lle**gu**e, lle**gu**emos, lle**gu**éis, lle**gu**en

c → qu (buscar) bus**qu**e, bus**qu**es, bus**qu**e, bus**qu**emos, bus**qu**éis, bus**qu**en

z → c (almorzar) almuer**c**e, almuer**c**es, almuer**c**e, almor**c**emos, almor**c**éis, almuer**c**en

g → j (escoger) esco**j**a, esco**j**as, esco**j**a, esco**j**amos, esco**j**áis, esco**j**an

5. These common verbs and expressions of influence trigger the use of the subjunctive in the third part of the sentence.

Le(s) / Te aconsejo que... Es buena idea que...
Le(s) / Te pido que... Es importante que...
Le(s) / Te prohíbo que... Es mejor que...
Le(s) / Te recomiendo que... Es necesario que...
Le(s) / Te sugiero que... Es preferible que...
Prefiero que... Quiero que...

9-52 **¿Qué aconsejas?** ¿Qué le aconsejas a tu amigo Ricardo? Con un(a) compañero(a), conjuguen los verbos en el presente de subjuntivo y relacionen los problemas con los consejos.

Los problemas de Ricardo:

_____ 1. Tengo un poco de fiebre.

_____ 2. Siempre me duermo en clase.

_____ 3. Toso mucho cuando hago ejercicio.

_____ 4. Mi novia está totalmente estresada.

_____ 5. Mis amigos y yo bebimos mucha cerveza.

Tus consejos:

a. Le recomiendo que (hacer) _____ ejercicio para relajarse.

b. Es necesario que (dejar) _____ de fumar.

c. Les prohíbo que (conducir) _____ con alcohol en la sangre.

d. Es mejor que (tomar) _____ acetaminofén.

e. Te sugiero que (beber) _____ un poco de café.

9-53 **Trekking en Perú.** ¿Qué les aconseja el guía *(guide)* a un grupo de turistas? Con un(a) compañero(a), completen las oraciones con los consejos más lógicos de la lista. Usen el presente de subjuntivo.

Modelo Para prevenir problemas por la altura *(altitude)*, les recomiendo a Uds. que...
suban lenta y progresivamente.

Consejos para el trekking	
beber un poco de agua cada hora	no hacer esfuerzos violentos
comer un buen desayuno	purificar el agua antes de beberla
subir *(ascend)* lenta y progresivamente	consumir alimentos altos en calorías
mantener una actitud positiva	

1. Para hidratarse suficientemente, es recomendable que Uds...

2. Para evitar enfermedades gastrointestinales, es necesario que Uds...

3. Para tener suficiente energía para todo el día, es esencial que Uds...

4. Tienen que comer bien durante nuestros paseos, también. Es preferible que Uds...

5. Hay menos oxígeno a estas alturas. Por eso, les aconsejo que Uds...

6. Finalmente, recuerden que el trekking requiere *(requires)* un gran esfuerzo físico y mental. Es esencial que Uds...

9-54 **Consejos prácticos.** ¿Qué les dices a tus amigos en estos casos? Con un(a) compañero(a), dramaticen cada situación.

1. MARCOS ¿Qué debo hacer para mejorar la función del corazón?

   TÚ Tienes que hacer ejercicio aeróbico. Te recomiendo que _____ o que _____. Si te gusta más hacer ejercicio en grupo, te aconsejo que _____.

2. ANA Siempre nos dicen que tenemos que comer bien. Pero en realidad no sé mucho sobre la nutrición. ¿Qué me aconsejas?

   TÚ Primero, es importante que (tú) _____. También, es preferible que (tú) no _____. Y por último, te aconsejo que (tú) _____.

3. JAVIER Desde que llegué al campus, me he sentido bastante aislado *(isolated)*. ¿Qué piensas? ¿Qué debo hacer?

   TÚ Depende. Si te gusta el deporte, es buena idea que (tú) _____. Si te gusta la música, te aconsejo que _____. Y si quieres aprender sobre un tema fascinante, te recomiendo que _____.

9-55 **¿Qué debe hacer?** ¿Qué consejos les das a estas personas? Con un(a) compañero(a), tomen turnos para describir el problema y ofrecer consejos.

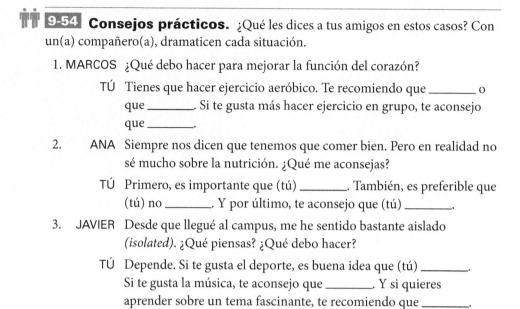

Dulce María

Modelo **Estudiante A:** Dulce María tiene dolor de cabeza.
Estudiante B: Le aconsejo que se desconecte del trabajo.

1. Luis   2. Lucía   3. Aurora   4. Enrique

9-56 **Tengo un problema.** ¿Qué consejos le das a un(a) amigo(a) en estas situaciones? Con un(a) compañero(a), tomen turnos y sigan las instrucciones:

- Una persona lee el problema y la otra le da consejos.
- Hay que usar una expresión de influencia y el presente de subjuntivo en los consejos: **Es buena idea que…; Te sugiero que…; Es mejor que…;** etcétera.

Modelo **Estudiante A:** Tengo un problema con mi compañero(a) de cuarto. Él (Ella) siempre usa mi ropa. ¿Qué me aconsejas?
Estudiante B: Es importante que hables francamente con él (ella). Él (Ella) no debe usar tu ropa sin pedir permiso *(permission)*.

1. ¡Estoy totalmente estresado(a)! Tengo cuatro exámenes esta semana. ¿Qué me aconsejas?
2. Tengo un problema serio. No tengo suficiente dinero para seguir estudiando en la universidad. ¿Qué debo hacer?
3. Me siento mal. Sé que fumo demasiado y que como mucha comida basura. ¿Qué piensas?
4. Estoy sufriendo de insomnio. Hace una semana que no duermo bien. ¿Qué me aconsejas?

El presente de subjuntivo: verbos con cambios de raíz y verbos irregulares

HERNÁN   Doctora Martini, ¡me siento fatal! No tengo energía para nada. ¿Qué me aconseja Ud.?

DOCTORA   Primero, es importante que Ud. siga una dieta equilibrada. Segundo, es esencial que empiece un programa de ejercicio. Le recomiendo que vaya al gimnasio tres veces por semana. Tercero...

HERNÁN   ¡Un momento, doctora! ¡Es un milagro (*miracle*)! ¡De repente me siento completamente bien!

1. Verbs that have stem changes when they are conjugated in the present indicative also have stem changes when they are conjugated in the present subjunctive. With **-ar** and **-er** verbs, stem changes occur in every person except **nosotros** and **vosotros**. Keep in mind that **-ar** and **-er** stem-changing verbs use the same verb endings as regular verbs.

> **Presente de indicativo:** Normalmente **vuelvo** a casa a las diez.
> **Presente de subjuntivo:** Esta noche es importante que yo **vuelva** a las ocho.

Cambios de raíz en verbos *-ar* y *-er*:	e → ie **entender** *to understand*	o → ue **acostarse** *to go to bed*
que yo	ent**ie**nda	me ac**ue**ste
que tú	ent**ie**ndas	te ac**ue**stes
que Ud./él/ella	ent**ie**nda	se ac**ue**ste
que nosotros(as)	entendamos	nos acostemos
que vosotros(as)	entendáis	os acostéis
que Uds./ellos/ellas	ent**ie**ndan	se ac**ue**sten

2. Verbs that end in **-ir** also undergo changes in the present subjunctive. However, these stem changes take place in *all* persons, including **nosotros** and **vosotros**. Stem-changing **-ir** verbs use the same verb endings as regular **-ir** verbs.

Cambios de raíz en verbos *-ir*:	e → ie, i **sentirse** *to feel*	o → ue, u **dormir** *to sleep*	e → i, i **servir** *to serve*
que yo	me s**ie**nta	d**ue**rma	s**i**rva
que tú	te s**ie**ntas	d**ue**rmas	s**i**rvas
que Ud./él/ella	se s**ie**nta	d**ue**rma	s**i**rva
que nosotros(as)	nos s**i**ntamos	d**u**rmamos	s**i**rvamos
que vosotros(as)	os s**i**ntáis	d**u**rmáis	s**i**rváis
que Uds./ellos/ellas	se s**ie**ntan	d**ue**rman	s**i**rvan

■ ■ ■
Descúbrelo

■ Why does Hernán ask the doctor for advice?

■ What does the doctor recommend that he do? How does he react to the advice?

■ What infinitives correspond to the verb forms **siga** and **empiece**? What happens to the **e** in the stem of the infinitive in each case?

■ Which verb form in the conversation corresponds to the infinitive **ir**?

PASO 3 GRAMÁTICA B

3. In addition to stem-changing verbs, there are five irregular verbs in the present subjunctive. These are the same five verbs that have irregular command forms.

	ir *to go*	**ser** *to be*	**estar** *to be*	**saber** *to know*	**dar** *to give*
que yo	vaya	sea	esté	sepa	dé
que tú	vayas	seas	estés	sepas	des
que Ud./él/ella	vaya	sea	esté	sepa	dé
que nosotros(as)	vayamos	seamos	estemos	sepamos	demos
que vosotros(as)	vayáis	seáis	estéis	sepáis	deis
que Uds./ellos/ellas	vayan	sean	estén	sepan	den

4. The expression **hay** *(there is / there are)* uses the form **haya** *(there be)* in the present subjunctive: **Espero que haya más opciones.**

¡Aplícalo!

Colaborar

9-57 **Las recomendaciones.** Tomás es un nuevo estudiante en tu universidad. Con un(a) compañero(a), completen las oraciones con el presente de subjuntivo de un verbo lógico de la lista y sus recomendaciones.

acostarse (ue)	empezar (ie)	tener
almorzar (ue)	ir	volver (ue)
despertarse (ie)	pedir (i)	

Modelo Tomás: Quiero seguir una dieta saludable. ¿Dónde puedo almorzar en el campus?

Tú: Te recomiendo que **almuerces** en el nuevo café orgánico en el centro estudiantil.

1. TOMÁS Me gusta acostarme después de la medianoche, pero este semestre mi primera clase empieza a las ocho y me siento fatal en la mañana.

   TÚ Para estar alerta en la mañana, es mejor que _____ a las once y media. Y para no saltar el desayuno, es esencial que _____ antes de las siete.

2. TOMÁS Quiero invitar a mi novia a cenar en un restaurante especial. ¿Dónde debemos comer? ¿Qué platos nos recomiendas?

   TÚ Les recomiendo que _____ a Garibaldi. Sirven muchos platos buenos, pero sugiero que Uds. _____ el pollo parmesano.

3. TOMÁS Tengo que hacer una presentación para mi clase de historia y no soy muy organizado.

   TÚ No es bueno dejar las cosas para más tarde. Es mejor que tú _____ el proyecto esta semana. Y los profesores siempre recomiendan que nosotros _____ un mínimo de tres fuentes *(sources)* de información.

4. TOMÁS Quiero ir a mi casa durante las vacaciones. ¿Cuántos días antes del inicio *(beginning)* del nuevo semestre debo regresar al campus?

   TÚ La administración recomienda que nosotros _____ al campus dos días antes del inicio. Pero si quieres divertirte un poco, es buena idea que tú _____ una semana antes.

¡Exprésate!

Colaborar

9-58 **De niñero(a).** Estás trabajando de niñero(a) *(babysitter)* para Luis, un niño de siete años que es un poco desobediente. Con tu compañero(a), dramaticen las situaciones. Conjuguen los verbos en el presente de subjuntivo y añadan *(add)* otra oración original.

Modelo **Luis:** ¡Mira! Acabo de pintar un mural en la pared de la sala. Es muy bonito, ¿no?

Tú: Quiero que (**tú: ir**) a tu cuarto inmediatamente. → Quiero que **vayas a tu cuarto inmediatamente. Ya sabes que debes pintar sobre papel y no en las paredes.**

1. **LUIS** Estos vegetales son asquerosos *(disgusting)*. Voy a dárselos a nuestra perra, Fifí.

   TÚ Prefiero que (tú) no le (**dar**) comida a Fifí. (+ más información)

2. **LUIS** ¡Chao! Voy a jugar videojuegos en la casa de Javi. ¡Vuelvo esta noche a las diez!

   TÚ Puedes jugar videojuegos con Javi por una hora, pero quiero que (**tú: estar**) en casa a las seis en punto. (+ más información)

3. **LUIS** ¡Uf! Estoy aburrido. No hay nada bueno en la tele hoy.

   TÚ ¿Por qué no jugamos al fútbol? Es importante que (**tú: ser**) más activo. (+ más información)

4. **LUIS** ¡Ay! ¡Me he cortado la cabeza! ¡Mira cuánta sangre! ¡Quiero a mi mamá!

   TÚ Eso no es sangre, ¡es el cátsup de tus papas fritas! Quiero que (**tú: ir**) al baño para lavarte el pelo. (+ más información)

5. **LUIS** Paco está llorando *(crying)* porque se rompió su nuevo robot. ¡Pero la culpa *(fault)* no fue mía! Yo jugaba con el robot en la piscina cuando...

   TÚ ¿En la piscina? ¡Basta ya! *(That's enough!)* Quiero que le (**tú: pedir**) perdón a Paco. (+ más información)

9-59 **¡Cuánto estrés!** A veces las relaciones personales nos causan mucho estrés. Con un(a) compañero(a), dramaticen estas situaciones. Una persona explica su problema y la otra persona da consejos usando el presente de subjuntivo.

1.

2.

9-60 **Nuestros problemas.** ¿Qué causa el estrés en tu vida? Con un(a) compañero(a), sigan estas instrucciones.

- En papel, describan un pequeño problema real o inventado *(imaginary)*.
- Su profesor(a) va a recoger *(collect)* todos los papeles y repartírselos *(hand them out)* a diferentes personas en la clase.
- Con tu compañero(a), dramaticen una conversación entre dos amigos. Una persona explica el problema y la otra da consejos usando el presente de subjuntivo: **Te recomiendo que...**

EN ACCIÓN: Preguntas esenciales

¿Qué es el bienestar?

 9-61 **Piénsalo.** ¿Qué factores están relacionados con el bienestar? Con un(a) compañero(a), lean la lista de factores e indiquen cuáles son los tres más importantes.

- la buena salud
- buenos amigos
- una casa adecuada
- un empleo satisfactorio
- la libertad (*freedom*)
- suficiente tiempo libre

Colaborar **9-62** **La opinión de Daniella.** Con un(a) compañero(a), lean la opinión de esta joven boliviana sobre el bienestar y completen las oraciones con información lógica.

1. Para Daniella, hay varias facetas del bienestar: ___.

2. Ella dice que el bienestar es un concepto subjetivo porque ___.

3. Según Daniella, algunos factores contribuyen universalmente al bienestar, por ejemplo, ___.

life

fulfilled

laugh

Bueno, para mí, bienestar es un estado en que la vida° de una persona —emocional, física y psicológicamente— se encuentra en plenitud°, experimenta sensaciones positivas, felicidad y satisfacción. Este estado es subjetivo, porque lo que nos produce satisfacción es diferente para cada uno de nosotros. Creo que a todas las personas en general nos produce satisfacción o bienestar cosas como reír°, viajar, tener buenas relaciones humanas, hacer ejercicio, tener estabilidad laboral, estabilidad económica, entre otros.

© Daniella Delius

 9-63 **Otras opiniones.** Con un(a) compañero(a), lean este fragmento de un artículo publicado por el periódico español *El País* y contesten las preguntas.

1. ¿Cuántos indicadores (*indicators*) de bienestar hay en este índice (*index*)?

2. Por lo general, ¿qué factores son más importantes en la mayoría (*majority*) de los países?

3. ¿Cuál es la primera prioridad en España? ¿Y en México?

employment

income

"Para elaborar el índice la OCDE ha seleccionado los 11 indicadores [...] Aunque las prioridades cambian por países, en general, el organismo concluye que tener salud y un buen empleo° son dos de los factores más importantes relacionados con el bienestar subjetivo. [...] Las prioridades cambian considerablemente en cada país: para los españoles, la salud es lo primero. En Ucrania son los ingresos°. En México, la educación".

| Vivienda |
| Ingresos |
| Empleo |
| Comunidad |
| Educación |
| Medio ambiente |
| Compromiso cívico |
| Salud |
| Satisfacción |
| Seguridad |
| Balance vida-trabajo |

Fuente: "¿Dónde se vive mejor? La OCDE calcula el índice de bienestar de los países," economia.elpais.com.

 9-64 **¿Y tú?** Habla con un(a) compañero(a) sobre la pregunta esencial. Para Uds., ¿qué es el bienestar? ¿Es subjetivo? ¿Qué factores contribuyen al bienestar?

EN ACCIÓN: Comunicación presentacional

En el programa de Estudios Andinos en Ecuador, vas a tomar un curso para aprender más sobre las plantas medicinales. La profesora del curso les ha escrito el siguiente mensaje a todos los estudiantes de la clase.

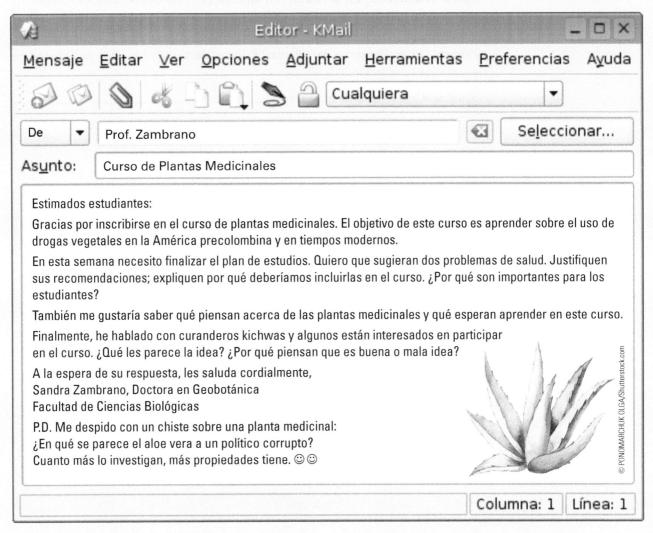

Editor - KMail

Mensaje   Editar   Ver   Opciones   Adjuntar   Herramientas   Preferencias   Ayuda

Cualquiera

De ▼   Prof. Zambrano   Seleccionar...

Asunto: Curso de Plantas Medicinales

Estimados estudiantes:

Gracias por inscribirse en el curso de plantas medicinales. El objetivo de este curso es aprender sobre el uso de drogas vegetales en la América precolombina y en tiempos modernos.

En esta semana necesito finalizar el plan de estudios. Quiero que sugieran dos problemas de salud. Justifiquen sus recomendaciones; expliquen por qué deberíamos incluirlas en el curso. ¿Por qué son importantes para los estudiantes?

También me gustaría saber qué piensan acerca de las plantas medicinales y qué esperan aprender en este curso.

Finalmente, he hablado con curanderos kichwas y algunos están interesados en participar en el curso. ¿Qué les parece la idea? ¿Por qué piensan que es buena o mala idea?

A la espera de su respuesta, les saluda cordialmente,
Sandra Zambrano, Doctora en Geobotánica
Facultad de Ciencias Biológicas

P.D. Me despido con un chiste sobre una planta medicinal:
¿En qué se parece el aloe vera a un político corrupto?
Cuanto más lo investigan, más propiedades tiene. ☺☺

© PONOMARCHUK OLGA/Shutterstock.com

Columna: 1   Línea: 1

9-65 **¡A crear!** Lee el correo electrónico que escribió la profesora Zambrano y escríbele una respuesta.

Primera parte: En tu mensaje, haz lo siguiente:

- Empieza con un saludo: **Estimada profesora Zambrano:**
- Contesta todas sus preguntas.
- Usa el presente de subjuntivo y frases como **Le aconsejo que..., Le recomiendo que..., Es importante que..., Es mejor que..., Quiero que...**
- Termina el mensaje con una despedida formal: **Atentamente, / Cordialmente, (tu nombre)**

Segunda parte: Intercambia *(Exchange)* papeles con un(a) compañero(a) de clase. Usa las siguientes preguntas como guía para editar su trabajo.

- *Does the letter include a salutation and a closing?*
- *Does your classmate answer all of Dr. Zambrano's questions with sufficient detail?*
- *Does your classmate use the subjunctive after expressions of influence? Are the verbs conjugated properly?*

9-66 **Nosotros: La poesía.** En MindTap, tú y tus compañeros escribieron poemas sobre temas *(topics)* relacionados con la salud. Vamos a compartir los poemas.

Primera parte: ¡Prepárate para hablar! Primero, contesta la pregunta y escribe el poema que subiste al foro de discusión.

¿Cuál es el tema *(topic)* de tu poema? _____

Tu poema:

Segunda parte: ¡A hablar! Con dos o tres compañeros de clase, tomen turnos para leer sus poemas. Después, tienen que hablar de los poemas y elegir a una persona del grupo para leer su poema a la clase.

Modelo   **Estudiante A:** Todos los poemas son buenos, pero me gusta más…
              Estudiante B: Yo creo que *(nombre)* recitó *(recited)* muy bien su poema.
              Estudiante C: Yo pienso que…

© Kristina Kokhanova/Shutterstock.com

9-67 **Perspectivas: Remedios caseros.** En MindTap, miraste un video sobre algunos remedios caseros *(home remedies)* de España, México y República Dominicana. Con dos o tres compañeros de clase, usen las preguntas y frases de la tabla *(chart)* para hablar de los remedios caseros o remedios naturales.

Preguntas	Palabras y frases útiles	
1. ¿Qué remedio casero usas cuando tienes dolor de garganta?	el jugo de limón	*lemon juice*
2. ¿Qué haces para aliviar *(alleviate)* el dolor de cabeza?	la miel	*honey*
3. ¿Qué remedio casero usas cuando te duele el estómago?	el jugo	*juice*
	la vitamina	*vitamin*
4. ¿Cuáles son algunos remedios comunes *(common)* para los resfriados?	un baño caliente	*warm bath*
	hacer gárgaras	*to gargle*
5. ¿Qué otro remedio casero o natural conoces? ¿Para qué sirve?	Es buena idea evitar…	*It's a good idea to avoid . . .*
	Es beneficioso…	*It's helpful to . . .*

9-68 **Videopodcast: Aguas termales.** En MindTap, miraste un video sobre las aguas termales de Costa Rica. Ahora, tú y tu compañero(a) van a hablar sobre otros lugares buenos para reducir el estrés.

Primera parte: ¡Prepárate para hablar! Primero, completa el diagrama *(chart)* con las preguntas que necesitas para entrevistar *(to interview)* a tu compañero(a).

¿Cómo vas a empezar la entrevista?	• Hola. • _____
¿Cómo vas a preguntar sobre un buen lugar para reducir el estrés?	• ¿Cúal es un buen destino vacacional *(vacation)* para reducir el estrés? • _____ • _____ • _____
¿Cómo puedes preguntar sobre otras maneras de reducir el estrés?	• Cuando estás en la universidad y estás muy estresado(a), ¿qué haces para reducir el estrés? • _____ • _____ • _____
¿Cómo puedes preguntar sobre las fuentes *(sources)* de estrés?	• ¿Estás muy estresado(a) cuando tienes exámenes? • _____ • _____ • _____
¿Cómo vas a terminar la entrevista?	• ¡Muchas gracias! • _____

Segunda parte: ¡A hablar! Usa tus apuntes para entrevistar a un(a) compañero(a) de clase. Después, tu compañero(a) va a entrevistarte a ti *(interview you)*.

Practice reading, writing, and speaking skills in ⟳ MINDTAP:

- **Lectura: La medicina**
- **Lectura auténtica: La antropología**
- **Composición:** An article about healthy lifestyles
- **Pronunciación:** The letters **b**, **v**, and **x**
- **Síntesis:** Interpersonal, interpretive, and presentational activities

VOCABULARIO

Para aprender mejor

Use picture flashcards to memorize parts of the human body. These flashcards are available online, or you can make your own.

Sustantivos

el análisis de sangre *blood test*
el antibiótico *antibiotic*
el bienestar *well-being*
el consejo *advice*
el consultorio *(medical) office*
la crema *lotion*
el diagnóstico *diagnosis*
la diarrea *diarrhea*
el dolor de... *. . . ache*
la enfermedad *illness*
el (la) enfermero(a) *nurse*
el equilibrio *balance*
el estrés *stress*
el examen médico *medical exam*
la fiebre *fever*
la fractura *fracture*
el grado *degree*
la gripe *flu*
la herida *wound*
la infección *infection*
la instrucción *instruction*
la intoxicación alimenticia *food poisoning*
la inyección *shot*
el jarabe *syrup*
la manera *way, method*
el medicamento *medicine*
el (la) médico(a) *doctor*
la meta *goal*
la obligación *obligation*
la parte *part*
la pastilla *pill*
el placer *pleasure*
la preocupación *worry*
la presión *pressure*
el punto *stitch*
la radiografía *X-ray*
el resfriado *cold*
el secreto *secret*
el síntoma *symptom*

el suero intravenoso *IV fluids*
la tos *cough*
el trabajo *work*
el tratamiento *treatment*
la venda *bandage*
el vómito *vomit*
el yeso *cast*

Verbos

buscar *to seek*
caerse *to fall (down)*
compartir *to share*
cortar(se) *to cut, to get cut*
cuidarse *to take care of oneself*
darse un golpe *to get hit*
dejar de *to stop (doing something)*
desconectarse *to disconnect oneself*
disfrutar de la vida *to enjoy life*
doler *to hurt, to ache*
enfermarse *to get sick*
escoger *to choose, to pick*
estornudar *to sneeze*
guardar cama *to stay in bed*
lastimarse *to get hurt, to injure oneself*
mejorarse *to get better, to improve*
mojar *to get wet*
olvidarse *to forget*
pedir ayuda *to ask for help*
pedir cita *to make an appointment*
preocuparse *to worry*
prevenir (ie) *to prevent*
quemarse *to burn, to get burned*
reaccionar *to react*
recetar *to prescribe*
reducir *to relieve / to reduce*
relajarse *to relax*
respirar (hondo) *to breathe (deeply)*

romperse *to break*
sentirse (ie) *to feel*
tomarse unos días libres *to take some days off*
torcerse (ue) *to sprain, to twist*
toser *to cough*

Adjetivos

alérgico(a) *allergic*
alto(a) en grasa *high in fat, fatty*
congestionado(a) *congested*
débil *weak*
fatal *awful*
ideal *ideal, perfect*
líquido(a) *liquid*
mal *lousy*
mocoso(a) *having a runny nose*

Frases útiles

¡Ay! *Ow!, Ouch!*
Cuídate. *Take care.*
no dejar las cosas para más tarde *not to procrastinate*
No es para tanto. *It's no big deal.*
No estoy seguro(a). *I'm not sure.*
No te preocupes. *Don't worry.*
¡Pobrecito(a)! *You poor thing!*
¡Qué lástima! *That's too bad!*
¡Que se mejore! *I hope you (formal) feel better!*
¡Que te mejores! *I hope you (informal) feel better!*
Sí, entiendo. *Yes, I understand.*
Tranquilo(a). *Relax.*

Parts of the body, p. 348
Time expressions with *hacer*, p. 367
Advice, p. 373
Verbs and expressions of influence, p. 377

El mundo laboral

In this chapter you will . . .

- talk about professions and jobs
- say what you have and had done
- discuss your plans and goals for the future
- role-play interviewing for a job
- express emotion, doubt, denial, and certainty
- write a job application letter
- share a description of an interesting job

You will also . . .

- gain insight into Argentina, Uruguay, and Paraguay
- compare the most admired professions in South America
- discuss how success is defined in different cultures
- discover connections to videogame design and music
- compare career goals
- explore job offers in Paraguay
- watch an interview with a young professional

Una oficina en Buenos Aires, Argentina

© PhotoAlto/Frederic Cirou/Getty Images

NUESTRO **MUNDO**

Argentina, Uruguay y Paraguay

Estos países están en el Cono Sur, el área más al sur del continente americano. Es una región de grandes ríos y de tradiciones europeas.

10-1 **Mi país.** Paula Soria es estudiante de medicina veterinaria de la Universidad de Buenos Aires. Con un(a) compañero(a), lean su mensaje y contesten las preguntas.

Hola, me llamo Paula Soria, tengo 26 años y soy de la Ciudad Autónoma de Buenos Aires, la capital de la Argentina. La Argentina es un país muy extenso: es el cuarto en el ranking de superficie de América. El punto más al sur *(south)* del continente se encuentra en la Argentina, en la provincia de Tierra del Fuego.

En mi país tenemos todos los tipos de climas y paisajes *(landscapes)* posibles: hay glaciares, montañas, prados *(prairies)*, desiertos, playas, selvas *(jungles)* y ciudades metropolitanas. Entre ellos puedo recomendar que visiten el Glaciar Perito Moreno, el desierto de la Patagonia por donde realizó sus expediciones Charles Darwin, las Cataratas *(Waterfalls)* del Iguazú y el Cerro *(Mountain)* de los Siete Colores.

Es imposible no notar la mezcla *(mixture)* de culturas que hay en mi país dada por la inmigración europea, asiática y de países limítrofes *(bordering)*. Esto se ve reflejado *(is reflected)* en las costumbres y la gastronomía. Aquí jamás pueden faltar los asados *(barbecues)*, las empanadas y la pizza típica argentina.

Paula al pie del Cerro de los Siete Colores, Argentina

1. ¿De dónde es Paula?
2. ¿Dónde se encuentra el punto más al sur *(south)* de América?
3. ¿Cuáles son algunos ejemplos de la diversidad geográfica de Argentina?
4. ¿De dónde han llegado muchos inmigrantes a Argentina?

¡Ahora tú!

• ¿Qué tipos de climas y paisajes tiene el estado donde vives tú?

• ¿A cuál de los lugares que menciona Paula te gustaría ir? ¿Por qué?

Uruguay es un país que se encuentra separado de donde vivo solo por un río *(river)*, el Río de la Plata. Se destaca *(It stands out)* por sus paisajes de playa como Punta del Este y los desiertos con dunas cercanos a Brasil. También se destaca por la calidez *(warmth)* de su gente y por sus pasiones, las cuales son similares a las de los argentinos: el tango, el mate *(yerba mate tea)* y el fútbol.

Montevideo, la capital de Uruguay

5. ¿Qué separa a Uruguay de Buenos Aires, Argentina?

6. ¿Qué es Punta del Este?

7. ¿Cuáles son las tres pasiones de los uruguayos?

¡Ahora tú!

• ¿Hay un río *(river)* donde tú vives? ¿Cómo se llama?

• ¿Qué pasiones tienen los habitantes de tu estado?

Nunca tuve la suerte *(luck)* de conocer Paraguay pero sí sé que su gente es muy amable, hospitalaria y trabajadora. Tienen una bebida típica, el tereré, la cual es muy similar a nuestro mate, pero en vez de usar agua caliente como infusión se le agrega *(one adds)* jugos cítricos fríos. También sé que Paraguay tiene una gran cantidad de humedales *(wetlands)*, que cubren *(they cover)* el 30% del país.

Tereré, bebida típica de Paraguay

8. Según Paula, ¿cómo son los habitantes de Paraguay?

9. ¿Cuáles son las diferencias entre el mate y el tereré?

¡Ahora tú!

• ¿Qué bebida es típica de tu región?

• ¿Conoces un humedal *(wetland)*? ¿Dónde está?

Go to ⁘ MINDTAP **for these additional activities:**

• **Perfil:** Almanaque and **Mapa**
• **Mi país:** Extended version of Paula's narrative

• **Conexiones: Gastronomía, Música, Geografía**
• **Reportaje:** Video of Argentina's gauchos

Profesiones y vocaciones

In this *Paso*, you will . . .
- talk about professions
- describe your strengths and abilities
- talk about what you have and had done

En el centro de orientación vocacional

No sé qué profesión elegir.

A ver... dime. ¿Cuáles son tus puntos fuertes?

Tengo la capacidad de trabajar en equipo.

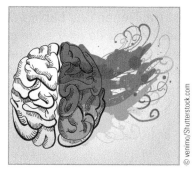

Soy creativo(a).

Soy bueno(a) en tecnología.

Puntos fuertes	Strengths
Soy...	*I'm . . .*
emprendedor(a)	*enterprising*
flexible	*flexible*
paciente	*patient*
Soy bueno(a)...	*I'm good . . .*
con las manos	*with my hands*
en matemáticas	*at math*
Tengo la capacidad de...	*I have the ability to . . .*
convencer a la gente	*persuade people*
resolver (ue) problemas	*solve problems*

Complete this Paso's Learning Path in MINDTAP

Ready? Learn it! Practice it! Use it! Got it?

¿En qué consiste su trabajo?

La abogada (El abogado) ayuda a los clientes con asuntos legales.

El técnico (La técnica) analiza datos.

El arquitecto (La arquitecta) diseña edificios.

El científico (La científica) hace investigaciones.

La periodista (El periodista) informa al público.

La maestra (El maestro) enseña a los niños en una escuela.

Otras profesiones
el (la) agente de bolsa / de bienes raíces
el (la) artista
el (la) cirujano(a)
el (la) contador(a)
el hombre (la mujer) de negocios
el (la) ingeniero(a)
el (la) psicólogo(a)
el (la) trabajador(a) social

Más responsabilidades
arreglar (computadoras)
atender (ie) (al cliente)
manejar (proyectos)
vender (casas)

More professions
stockbroker / real estate agent
artist
surgeon
accountant
businessman, businesswoman
engineer
psychologist
social worker

More responsibilities
to fix (computers)
to look after, to attend to (the customer)
to manage (projects)
to sell (houses)

PASO 1 VOCABULARIO

¡Aplícalo! Colaborar **10-2** **¿Cuál es la profesión?** Con un(a) compañero(a), lean las descripciones y adivinen (*guess*) las profesiones. Después, cada persona debe crear tres descripciones originales y su compañero(a) tiene que adivinar las profesiones.

1. Atiende a los pacientes en un hospital o en un consultorio médico. Por ejemplo, les toma la temperatura. Pero no les puede recetar medicamentos.

2. Trabaja con niños en una escuela primaria. Por ejemplo, les enseña a leer.

3. Es bueno en matemáticas. Trabaja con clientes privados o en una compañía. Analiza datos financieros y produce informes sobre el dinero.

4. Ayuda a la gente con sus problemas personales y emocionales. Da consejos sobre conflictos familiares. Recomienda alternativas para resolver problemas.

 Colaborar **10-3** **En el centro de orientación vocacional.** Carola está hablando con un consejero sobre sus opciones para una carrera. Con un(a) compañero(a), escojan las palabras más lógicas entre paréntesis y lean la conversación en voz alta.

CAROLA   No sé qué (1. profesión / público) elegir y quisiera explorar las opciones. ¿Me puede ayudar?

SR. BRAVO   Sí, claro. A ver... ¿Cuáles son tus (2. problemas / puntos fuertes)?

CAROLA   Soy (3. creativa / perezosa) y tengo (4. la capacidad / el público) de trabajar en equipo.

SR. BRAVO   ¿Te gusta más trabajar con otras personas o analizar (5. edificios / datos)?

CAROLA   Soy (6. buena / flexible), pero me interesa más ayudar a los niños.

SR. BRAVO   Entonces tienes muchas opciones buenas. Por ejemplo, puedes ser maestra y (7. convencer / enseñar) a los niños. ¿Por qué no observas a varios profesionales? Yo te (8. ayudo / vendo) a convocar una reunión (*set up a meeting*).

 Colaborar **10-4** **Las actividades de los profesionales.** ¿En qué consiste el trabajo de estos profesionales? Con un(a) compañero(a), escojan un verbo lógico para completar cada descripción. Usen el tiempo presente o el infinitivo, según el contexto.

analizar	atender	hacer	resolver	tener
arreglar	convencer	manejar	ser	vender

1. Los agentes de bienes raíces _____ casas. Necesitan tener la capacidad de _____ a la gente.

2. A menudo los hombres y las mujeres de negocios _____ proyectos con valor (*worth*) de millones de dólares. Necesitan _____ emprendedores.

3. Los abogados _____ problemas legales. Tienen que _____ las necesidades (*needs*) de sus clientes.

4. Los técnicos pueden tener varias responsabilidades. Algunos _____ computadoras; otros _____ datos.

5. Los científicos _____ investigaciones. Por lo general ellos _____ que ser buenos en tecnología.

¡Exprésate!

Colaborar

10-5 **Opiniones sobre las profesiones.** ¿Qué profesiones asocias con las características de la lista? Con un(a) compañero(a), escriban dos o tres profesiones para cada característica. Expliquen sus respuestas.

convencer a la gente	resolver problemas
creativo e imaginativo	rutinario
horario de 9 a 5	salario alto
mucha responsabilidad	salario bajo

Colaborar

10-6 **La mejor profesión.** ¿Cuáles son las mejores profesiones para estas personas? Con un(a) compañero(a), lean la información y den sus recomendaciones para cada persona.

Modelo Susana debería ser maestra. Si es buena en ciencias, también puede ser médica o enfermera.

Susana
Es paciente y organizada.
Tiene la capacidad de trabajar en equipo.
Es buena con niños.

1. **Álvaro**
Es emprendedor y sociable.
Tiene la capacidad de
convencer a la gente.
Le gusta trabajar en equipo.

3. **Víctor**
Es serio y muy responsable.
Tiene la capacidad de
manejar proyectos.
Es bueno en tecnología.

2. **Rosaura**
Es creativa y tiene
imaginación.
Tiene la capacidad
de expresar sus ideas
claramente.
Es buena con las manos.

4. **Julieta**
Es analítica y tiene
disciplina.
Tiene la capacidad de
resolver problemas.
Prefiere trabajar con datos
y no con personas.

10-7 **La profesión perfecta para ti.** Entrevista a un(a) compañero(a) de clase con las preguntas sobre sus cualidades (*qualities*) y capacidades. ¿Cuál es la profesión perfecta para tu compañero(a)? Dale una o dos recomendaciones.

© ESB Professional/Shutterstock.com

1. ¿Cuáles son tus puntos fuertes?

2. ¿En qué asignatura eres bueno(a)?

3. ¿Cómo es tu personalidad?

4. ¿Prefieres trabajar en equipo o individualmente?

5. ¿Te gusta más trabajar con personas, con datos o con cosas?

6. ¿Qué te gusta hacer en tu tiempo libre?

7. (Otra pregunta original)

PASO 1 GRAMÁTICA A

Repaso del presente perfecto

DIRECTOR Necesitamos una persona con mucha experiencia. ¿Ha manejado Ud. proyectos? ¿Ha resuelto problemas técnicos? ¿Ha hecho investigación original?

SR. FLOJO Sí, señor. Yo he hecho un poco de todo. ¡En los cuatro últimos meses he tenido diez empleos (*jobs*) diferentes!

1. The present perfect (**el presente perfecto**) is used to express what has happened or what people have done.

   Siempre **he trabajado** para esta empresa.   *I've always **worked** for this firm.*

2. To form the present perfect, conjugate **haber** in the present tense and add a past participle.

El presente perfecto

haber (+ *participio pasado*)

yo	he *trabajado*		nosotros(as)	hemos *analizado*
tú	has *aprendido*		vosotros(as)	habéis *vendido*
Ud./él/ella	ha *vivido*		Uds./ellos/ellas	han *atendido*

3. To form the past participle of a regular verb, drop the last two letters of the infinitive and add the appropriate ending.

   -ar verbs: trabajar + **-ado** → trabaj**ado** *worked*
   -er verbs: aprender + **-ido** → aprend**ido** *learned*
   -ir verbs: vivir + **-ido** → viv**ido** *lived*

4. Some verbs have irregular past participles.

Participios pasados irregulares

Infinitive	Past participle	Infinitive	Past participle
abrir	**abierto**	poner	**puesto**
decir	**dicho**	resolver	**resuelto**
escribir	**escrito**	romper	**roto**
hacer	**hecho**	ver	**visto**
morir	**muerto**	volver	**vuelto**

Colaborar

10-8 **Esta semana.** Según estos profesionales, ¿qué han hecho esta semana? Toma turnos con un(a) compañero(a): una persona conjuga el verbo en el presente perfecto y lee la oración; la otra persona identifica la profesión.

Modelo Miguel: "Yo (vender) tres casas esta semana".

Estudiante A: Yo he vendido tres casas esta semana.

Estudiante B: Miguel es agente de bienes raíces.

1. Lidia: "Yo (hacer) cinco operaciones cardíacas esta semana".
2. Cándido: "Mi compañero de trabajo y yo (arreglar) más de 100 computadoras".
3. Maya: "Mis colegas y yo (escribir) un artículo sobre la corrupción".
4. Simón: "Yo (atender) a más de cien clientes en mi boutique".
5. Rosa Anita: "Yo (ayudar) a varios niños con sus problemas emocionales".
6. Juan: "Mi equipo (resolver) el problema con el diseño del edificio".

10-9 **¿Qué han hecho estos profesionales?** Con un(a) compañero(a), tomen turnos haciendo la pregunta: **¿Qué ha hecho (nombre de la persona)?** La otra persona elige una frase lógica de la lista y conjuga el verbo en el presente perfecto.

Modelo **Estudiante A:** ¿Qué ha hecho Harald Andrés Helfgott?

Estudiante B: Ha encontrado...

poner al mundo en contacto con Cuba con su blog llamado Generación Y
participar en cuatro misiones al espacio
diseñar muchos puentes *(bridges)*, entre ellos, el Puente de la Mujer en Buenos Aires
comprar muchas compañías, entre ellas, Anheuser-Busch
encontrar la solución de los números primos de Goldbach
ganar medallas en taekwondo

1. Harald Andrés Helfgott, matemático (n. 1977, Perú)

2. Santiago Calatrava, arquitecto (n. 1951, España)

3. María Asunción Aramburuzabala, mujer de negocios (n. 1963, México)

4. Sebastián Crismanich, atleta (n. 1986, Argentina)

5. Yoani Sánchez, periodista (n. 1975, Cuba)

6. Ellen Ochoa, exastronauta (n. 1958, Estados Unidos)

10-10 **¿Qué has hecho este semestre?** ¿Qué han hecho tú y tu compañero(a) este semestre? Conjuguen los verbos en el presente perfecto y entrevístense.

Modelo   analizar datos

> **Estudiante A:** ¿Has analizado datos en alguna clase este semestre?
>
> **Estudiante B:** Sí, he analizado datos en mi clase de química. ¿Y tú?

1. ayudar a la comunidad
2. escribir un informe de 5 páginas
3. hacer investigaciones científicas
4. diseñar algo
5. resolver problemas matemáticos
6. trabajar en equipo en algún proyecto

 10-11 **Anuncios de empleo.** Tú y tu compañero(a) necesitan trabajo. ¿Cuáles son los mejores puestos para Uds.? ¿Tienen Uds. la experiencia y los requisitos *(requirements)* necesarios? Lean los anuncios y entrevístense usando preguntas en el presente perfecto.

Modelo   **Estudiante A:** A ver... ¿Has trabajado alguna vez en un restaurante?

> **Estudiante B:** No, nunca he trabajado en un restaurante.
>
> **Estudiante A:** Entonces no puedes ser camarero(a). ¿Has... ?

Diseñador(a) Web

Buscamos DISEÑADOR(A) WEB para realizar tareas de edición web.
Es necesario ser competente en Flash y Photoshop. Interesados enviar CV a empleo@MSP.com.uy

Camareros(as)

Necesitamos CAMAREROS(AS) con experiencia para nuevo restaurante. Buena presencia, con capacidad para atender grupos grandes.
Llamar al 04 432 0987.

Recepcionista

Se necesita recepcionista con experiencia. Excelente manejo de computadora. Buena relación con los clientes. Favor enviar referencias a mendez@jobs.com.uy

Se buscan chicos(as)

Se buscan chicos(as) entre 18 y 25 años para animar cumpleaños infantiles. Deben ser pacientes y tener experiencia con niños. Llamar al 02 902 0111.

Bloguero(a)

Se busca BLOGUERO(A) serio(a) con experiencia. Es indispensable saber jugar al póker y hablar inglés. Ingresar a www.abcd.com

Vendedores(as)

Se buscan VENDEDORES(AS) para tienda en Montevideo. Buscamos personas dinámicas con experiencia en ventas, buena presencia y flexibilidad de horario. Llamar al 05 325 0887.

 10-12 **¿Qué has hecho?** ¿Qué cosas interesantes o únicas *(unique)* has hecho?

Clase   **Primera parte:** Escribe tres o cuatro cosas interesantes que has hecho. Por ejemplo: **He bailado en un maratón de baile. He visitado Buenos Aires. He aprendido a bucear.**

Segunda parte: Circula por el salón y pregunta a tus compañeros si han hecho las cosas en tu lista. Por ejemplo: **¿Has bailado en un maratón de baile?**

Tercera parte: Prepárate para informar a tu profesor(a) qué has hecho tú que nadie más *(no one else)* ha hecho.

El pluscuamperfecto

Un taxista conducía a un ingeniero eléctrico, un ingeniero mecánico y un ingeniero de informática. Ya habían recorrido varios kilómetros cuando el vehículo dejó de funcionar. Enseguida, el ingeniero eléctrico dijo que probablemente había sido un circuito. El ingeniero mecánico dijo que seguramente había sido el motor. Finalmente el ingeniero de informática dijo: "¿Por qué no salimos y entramos otra vez?"

1. The past perfect (**el pluscuamperfecto**) is used to express what had happened or what somebody had done *before* another past event took place.

> Cuando llegué a la oficina, la secretaria **había terminado** su trabajo.
> *By the time I got to the office, the secretary **had finished** her work.*

2. The past perfect consists of two parts: the verb **haber** and a past participle. Only the forms of **haber** change to match the subject; the past participle always has the same form.

El pluscuamperfecto			
haber (+ *participio pasado*)			
yo	había *trabajado*	nosotros(as)	habíamos *vendido*
tú	habías *analizado*	vosotros(as)	habíais *vivido*
Ud./él/ella	había *aprendido*	Uds./ellos/ellas	habían *atendido*

3. Recall how to form past participles: **-ar** verbs drop the **-ar** and add **-ado**; **-er** and **-ir** verbs drop their endings and add **-ido**. Common irregular past participles include **abierto, dicho, escrito, hecho, puesto, roto, visto,** and **vuelto.**

4. The past perfect is often accompanied by the time expression **ya** *(already)*. This expression is always placed before the conjugated form of **haber.**

> <u>Ya</u> **habíamos atendido** a cinco clientes cuando nos llamó José.
> *We **had** <u>already</u> **taken care** of five clients when José called us.*

5. The past perfect is also often used to report what somebody said.

> **Direct quote:**   El arquitecto dijo: "Diseñé el museo en 1999".
>   *The architect said: "I designed the museum in 1999."*
>
> **Reported quote:**   El arquitecto dijo que **había diseñado** el museo en 1999.
>   *The architect said that he **had designed** the museum in 1999.*

■ ■ ■
Descúbrelo

- In the joke, who had the taxi driver picked up before the car broke down?

- What did each engineer think had happened?

- Did the action **habían recorrido** happen before or after the action **dejó de funcionar**?

- What is the infinitive of **habían**? And of **recorrido**?

PASO 1 GRAMÁTICA B

¡Aplícalo! Colaborar **10-13** **Un currículum vitae.** Trabaja con un(a) compañero(a) de clase para contestar las preguntas sobre Jorge Pérez en oraciones completas.

1. ¿En qué ciudad había vivido antes de ir a la Universidad de Buenos Aires?
2. ¿Qué premio había ganado antes de empezar su carrera?
3. ¿Ya había aprendido inglés cuando entró a la universidad?
4. ¿Dónde había trabajado antes de ser diseñador gráfico?
5. ¿Ya manejaba Macromedia cuando empezó a trabajar en la Editorial Zulia?
6. ¿Es Jorge un buen candidato para maestro de arte? ¿Por qué?

PÉREZ ALBA, Jorge Enrique

Av. Esmeralda 766   Ciudad de Buenos Aires   Tel. 4327-1165   jeperez@email.com

Estudios
2011–2015 Licenciado en Diseño Gráfico, Universidad de Buenos Aires
2008–2010 Colegio San Ignacio de Córdoba

Otros cursos
2014 Manejo de Adobe y Macromedia, Centro de Formación
2012 Curso de inglés, Sarasota Community College

Experiencia laboral
2016–actualmente Diseñador Gráfico, Mercatel, S.A.
2013 Coordinador de proyecto, Editorial Zulia

Premios
2013 Finalista en concurso de logotipos
2009 1er premio en concurso de fotografía, Casa de Cultura

Photo: © Sireonio/Dreamstime.com

Colaborar **10-14** **¿Qué les dijo Alejandro?** Graciela, la niñera *(babysitter)* de Alejandro, perdió su trabajo. ¿Qué les dijo Alejandro a sus padres para que la despidieran *(that caused them to fire her)*? Con un(a) compañero(a) de clase, tomen turnos para decir qué les dijo Alejandro a sus padres.

Modelo   "Trajo a su novio".
Alejandro les dijo que Graciela había traído a su novio.

1. "Se comió todas las galletas".
2. "No me leyó un cuento".
3. "Perdió la llave de la casa".
4. "No le dio de comer al perro".
5. "Rompió la lámpara de la sala".
6. "Vio una película clasificada para mayores de 18 años".

© Phovoir/Shutterstock.com

Colaborar

10-15 **La oficina de Urutex.** ¿Qué había ocurrido en la oficina de Urutex antes de que los empleados llegaran hoy? Con un(a) compañero(a), observen las diferencias entre los dos dibujos y escriban cinco cosas que habían ocurrido.

Modelo Alguien había abierto la ventana.

Ayer, 5:00 p.m.   **Hoy, 8:00 a.m.**

 Clase

10-16 **Antes de la universidad.** ¿Quiénes de Uds. habían hecho las siguientes cosas antes de ingresar *(enter)* a la universidad? Circula por el salón para entrevistar a tus compañeros de clase. Cuando un(a) compañero(a) contesta "sí", tiene que firmar *(sign)* su nombre. ¡Ojo! No puedes coleccionar más de dos firmas por persona.

Modelo **lavar** tu propia *(own)* ropa
   Estudiante A: Antes de venir a la universidad, ¿**habías lavado** tu propia ropa?
   Estudiante B: Sí, claro, la **había lavado** muchas veces. / No, no la **había lavado**.
   Estudiante A: Bueno, firma aquí, por favor. / Gracias.

Actividad	Firma
1. **lavar** tu propia *(own)* ropa	
2. **compartir** un dormitorio con alguien	
3. **hacer** una investigación científica	
4. **leer** libros sobre filosofía o religión	
5. **vivir** lejos de tu familia	
6. **estar** despierto(a) toda la noche	

Nota cultural

A common profession in Argentina is that of psychologist. There are approximately 154 psychologists per 100,000 residents, making Argentina the country in the world with the most psychologists per capita. About 85% of them are women and about half reside in Buenos Aires.

10-17 **¿Cuál es mi profesión?** Formen grupos pequeños para jugar este juego: Tomando turnos, una persona piensa en una profesión y los demás tienen que adivinar *(guess)* cuál es. Para dar una pista *(clue)*, la persona dice lo que *(what)* había hecho en su trabajo cuando fue a almorzar.

Modelo **Estudiante A:** Cuando fui a almorzar, ya había vendido dos casas.
   Estudiante B: ¿Eres agente de bienes raíces?
   Estudiante A: ¡Sí! Ahora te toca a ti *(Now it's your turn)*.
   Estudiante B: Cuando fui a almorzar, ya había...

¿Cuáles son las profesiones más admiradas y por qué son admiradas?

 10-18 **Piénsalo.** ¿Qué profesiones son admiradas en Estados Unidos? Con un(a) compañero(a), lean la lista e indiquen cuáles son las tres profesiones más admiradas, en su opinión. ¿Hay alguna profesión admirada que no esté en la lista?

- abogado(a)
- arquitecto(a)
- científico(a)

- deportista
- enfermero(a)
- ingeniero(a)

- maestro(a)
- médico(a)
- periodista

Colaborar **10-19** **La opinión de Paula.** Paula Soria estudia medicina veterinaria en Buenos Aires, Argentina. Con un(a) compañero(a), lean su comentario sobre las profesiones más admiradas en Argentina. Luego contesten las preguntas.

1. ¿Cuáles son las tres profesiones más admiradas en Argentina?

2. ¿Por qué son admiradas?

salary
people
gain
given that

Los médicos. Los médicos en Argentina no tienen un buen sueldo° y es por eso que son admirados, ya que dedican su vida al cuidado de su pueblo° y no por una ganancia° material. A los ingenieros también se los admira dado que° la carrera de ingeniero es muy sacrificada, hay pocos y son necesarios en el país. Y, bueno, la pasión por el deporte genera gran admiración por los deportistas ya sea del fútbol como del automovilismo, tenis, básquet, natación, ciclismo, etcétera.

© Paula Soria

Colaborar **10-20** **Otras opiniones.** Según MORI (empresa chilena en la investigación de opinión pública), estas son las carreras con más prestigio (*prestige*) en Chile. Con un(a) compañero(a), lean la gráfica y luego completen las oraciones.

1. La carrera de _____ es la carrera con más prestigio en Chile.

2. Los _____ y los abogados también tienen mucho prestigio.

3. Los arquitectos tienen más prestigio que los odontólogos y los _____.

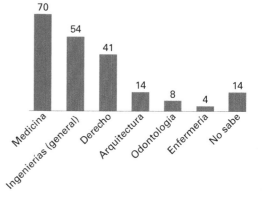

CARRERAS CON MÁS PRESTIGIO SOCIAL

Medicina	Ingenierías (general)	Derecho	Arquitectura	Odontología	Enfermería	No sabe
70	54	41	14	8	4	14

Fuente: MORI Chile, *Barómetro de la Educación Superior 2014*, morichile.cl.

 10-21 **¿Y tú?** Habla con un(a) compañero(a) sobre la pregunta esencial. Usen estas preguntas como punto de partida (*point of departure*).

1. ¿Son los médicos admirados tanto en Estados Unidos como en Argentina y en Chile? ¿Son admirados por la misma razón (*same reason*) que en Argentina?

2. ¿Qué profesión es admirada en Estados Unidos porque hay pocos y son necesarios?

3. ¿Qué tipo de deportistas son admirados en Estados Unidos? ¿Cómo se compara con Argentina?

EN ACCIÓN: Comunicación interpretativa

Gino Tubaro es un joven inventor de Argentina. Ha creado soluciones tecnológicas innovadoras para ayudar a las personas discapacitadas *(with physical challenges)*. Aquí tienes parte de su currículum vitae, publicado en su sitio web www.ginotubaro.com.

Gino Tubaro

Gino Tubaro nació en 1995 en Buenos Aires, Argentina. Estudió Electrónica en las Escuelas Técnicas ORT, egresó con el mejor promedio° en su especialización y luego estudió ingeniería electrónica.

Gino lidera la producción de prótesis° ortopédicas impresas° en 3D. Hasta el día de hoy en su emprendimiento°, se han creado 4 prototipos de prótesis de mano completamente funcionales y en uso. Se están diseñando nuevos prototipos de prótesis, utilizando un sistema ingeniado por Gino llamado mecanomiografía, el cual puede "escuchar" el movimiento de los músculos. Comparado con los modelos anteriores, este no necesita cirugía° en el usuario para que se le coloquen los electrodos a los nervios y cuesta menos de 5 dólares.

Gino trabajó casi un año liderando el programa nacional Argentina en 3D, de Jefatura de Gabinetes, Presidencia de la Nación. Dejó la comodidad° de trabajar para el Estado por su emprendimiento personal, Atomic Lab. Allí se dedica a inventar soluciones para las personas que más las necesiten entre otros tantos inventos°. Hoy en día encara° el desarrollo de distintos inventos, desde las más avanzadas prótesis de mano y brazo impresas en 3D, un "braille dinámico" que permite leer libros sin digitalizarlos, impresoras 3D a partir de pantallas de celulares° para reciclar la chatarra° del mundo, entre otras cosas.

Fuente: Gino Tubaro, ginotubaro.com.

promedio *(grade point) average*   prótesis *prosthetics*   impresas *printed*   emprendimiento *business*   cirugía *surgery*
comodidad *convenience*   inventos *inventions*   encara *manages*   a partir de pantallas celulares *from smartphone screens*
chatarra *junk*

Colaborar

10-22 **¿Qué entiendes?** Con un(a) compañero(a), lean el artículo y luego contesten las preguntas.

1. ¿Qué estudió Gino Tubaro?

2. ¿Qué tipos de prótesis ha producido? ¿Qué otros inventos ha creado?

3. ¿Qué ventajas *(advantages)* tienen las prótesis de Tubaro?

4. ¿Cómo se llama su empresa *(company)*? ¿A qué se dedica Tubaro en esa empresa?

10-23 **Tertulia.** Con dos o tres compañeros de clase, hablen sobre Tubaro y los inventos. Usen estas preguntas como punto de partida.

1. ¿Qué te parece el trabajo de Gino Tubaro?

2. ¿Qué inventos recientes han transformado la vida de muchas personas? ¿Cuáles has usado tú personalmente?

3. ¿Has inventado algo? ¿Tienes una idea para algún invento?

4. ¿Te gustaría trabajar en Atomic Lab?

Metas y aspiraciones

In this *Paso*, you will . . .

- ask others about their dreams and aspirations
- talk about your plans and goals for the future
- express your feelings about current or future events

Los planes para el futuro

¿Cuándo piensas graduarte, Carolina?

En dos años, con suerte.

¿Qué planes tienes para el futuro?

Pues, tengo muchas aspiraciones en la vida.

Preguntas sobre el futuro	Questions about the future
¿Qué quieres ser?	*What do you want to be?*
¿A qué quieres dedicarte?	*What do you want to do for a living?*
¿Cuál es tu sueño?	*What's your dream?*
¿Cuáles son tus aspiraciones en la vida?	*What are your aspirations in life?*
¿Cómo piensas realizar tus sueños / tu meta?	*How do you plan to achieve your dreams / your goal?*

Metas a corto plazo	Short-term goals
conseguir una beca	*to get a scholarship*
estudiar en el extranjero	*to study abroad*
hacer una pasantía	*to do an internship*
conseguir un buen empleo	*to find a good job*

Las aspiraciones

Me gustaría hacer un postgrado.

Sueño con tener mi propio negocio.

Pienso casarme dentro de unos años.

Quiero ser rico(a).

Espero conocer el mundo.

Mi meta es ser un(a) gran empresario(a) algún día.

Metas a largo plazo	Long-term goals
ayudar al prójimo	to help others
dedicarse a la investigación / al servicio público	to dedicate oneself to research / to public service
ganar (mucho) dinero	to make (a lot of) money
ser... de una empresa grande	to be . . . at a large firm
jefe(a)	the boss
empleado(a)	an employee
gerente	a manager
tener éxito	to succeed, to be successful
trabajar para...	to work for . . .
un banco	a bank
el gobierno	the government

PASO 2 VOCABULARIO

Colaborar

10-24 **¿Lógica o ilógica?** Tomando turnos con un(a) compañero(a) de clase, una persona lee la oración y la otra dice si es lógica *(logical)* o ilógica *(illogical)*.

1. Mi sueño es ser doctor: por eso voy a hacer un postgrado.

2. Quiero ser rico, entonces pienso ganar mucho dinero.

3. Pienso ser soltero entonces voy a casarme con mi novia.

4. Mi meta es tener mi propio negocio: por eso voy a ser empleado de un banco.

5. No me gusta viajar, entonces quiero ir al extranjero.

6. Me gustaría hacer un postgrado: por eso voy a conseguir una beca.

7. Quiero dedicarme al servicio público: por eso voy a trabajar para el gobierno.

8. Mi aspiración es ser un gran empresario: por eso voy a trabajar con las manos.

9. (Cada persona debe hacer dos oraciones originales.)

Colaborar

10-25 **Distintas aspiraciones.** ¿Qué aspiraciones tenía el abuelo y qué aspiraciones tiene el nieto? Con un(a) compañero(a), escojan las palabras correctas entre paréntesis y lean la conversación en voz alta.

ABUELO Cuando era joven yo tenía muchas (1. aspiraciones / investigaciones) en la vida.

SEBASTIÁN Cuéntame, abuelo, ¿con qué (2. soñabas / ganabas)?

ABUELO Uno de mis (3. negocios / sueños) era conocer el mundo. Pero, ya sabes. Tuve que quedarme y trabajar para la (4. beca / empresa) de mi padre. Él fue un gran (5. empresario / postgrado) que tuvo mucho (6. rico / éxito). Pero tú eres joven. ¿Por qué no viajas y estudias en el (7. gerente / extranjero)?

SEBASTIÁN ¿Yo? No, no. Mi (8. meta / banco) es trabajar para el gobierno local. Quiero (9. casarme / dedicarme) al servicio público.

ABUELO Ayudar al (10. prójimo / empleo), ¿eh? ¡Tengo un nieto idealista!

10-26 **¿Qué es más importante para ti?** Entre las dos actividades, ¿cuál es más importante o más interesante? Comparte tus pensamientos *(thoughts)* con un(a) compañero(a) de clase. ¿Tienen Uds. opiniones parecidas o diferentes?

Modelo ser jefe(a) / dedicarme a la investigación
> **Estudiante A:** Para mí, es más importante ser jefe. ¿Y para ti?
> **Estudiante B:** Para mí, es más interesante dedicarme a la investigación.

1. trabajar para una empresa grande / tener mi propio negocio

2. conocer el mundo / ser rico(a)

3. graduarme en cuatro años / encontrar la carrera perfecta

4. ganar mucho dinero / ayudar al prójimo

5. hacer un postgrado / hacer una pasantía

6. trabajar con las manos / dedicarme a servicios de atención al cliente

¡Exprésate!

 10-27 **Planes y aspiraciones.** Trabajen en grupos de tres o cuatro para hablar sobre sus planes y aspiraciones.

- Tomen turnos para completar las oraciones.
- Al final, informen a su profesor(a) sobre los planes más interesantes del grupo.

1. **Antes de graduarme de la uni:** Voy a... Además, me gustaría...

2. **Después de graduarme:** Pienso... Además, me gustaría...

3. **Antes de cumplir 40 años de edad:** Espero... También quiero...

4. **Algún día:** Sueño con... Mi meta es...

↻ Giving advice, **Capítulo 9 Pasos 2 y 3**

10-28 **¿Qué aconsejan?** Con un(a) compañero(a) de clase, lean el siguiente foro *(forum)*; sigan el modelo para escribir una respuesta para cada persona.

Colaborar

Modelo   (Rubén), si tu sueño es (ser actor), te sugiero que....

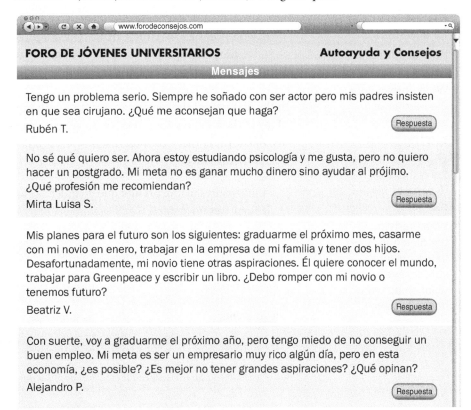

FORO DE JÓVENES UNIVERSITARIOS   **Autoayuda y Consejos**

Mensajes

Tengo un problema serio. Siempre he soñado con ser actor pero mis padres insisten en que sea cirujano. ¿Qué me aconsejan que haga?
Rubén T.

(Respuesta)

No sé qué quiero ser. Ahora estoy estudiando psicología y me gusta, pero no quiero hacer un postgrado. Mi meta no es ganar mucho dinero sino ayudar al prójimo. ¿Qué profesión me recomiendan?
Mirta Luisa S.

(Respuesta)

Mis planes para el futuro son los siguientes: graduarme el próximo mes, casarme con mi novio en enero, trabajar en la empresa de mi familia y tener dos hijos. Desafortunadamente, mi novio tiene otras aspiraciones. Él quiere conocer el mundo, trabajar para Greenpeace y escribir un libro. ¿Debo romper con mi novio o tenemos futuro?
Beatriz V.

(Respuesta)

Con suerte, voy a graduarme el próximo año, pero tengo miedo de no conseguir un buen empleo. Mi meta es ser un empresario muy rico algún día, pero en esta economía, ¿es posible? ¿Es mejor no tener grandes aspiraciones? ¿Qué opinan?
Alejandro P.

(Respuesta)

 10-29 **Entrevista personal.** Usa las siguientes preguntas para entrevistar *(interview)* a tu companero(a). Luego él/ella te entrevista a ti.

1. ¿Te gustaría estudiar en el extranjero? ¿En qué país? ¿Por qué?

2. ¿Qué profesiones o empleos te interesan más? ¿Qué soñabas ser cuando tenías 10 años? ¿Cómo han cambiado tus aspiraciones y sueños?

3. ¿Cuándo piensas graduarte? Después de graduarte, ¿piensas conseguir un empleo o hacer un postgrado? ¿Qué otros planes tienes?

El presente de subjuntivo con expresiones de emoción (Parte I)

JULIO CÉSAR	Papá, mamá, quiero ser cirujano.
MAMÁ	Me sorprende que quieras ser cirujano. ¡A ti no te gusta ver sangre!
PAPÁ	A mí me encanta que quieras ser cirujano, hijo. ¡Vas a ganar mucho dinero!

Descúbrelo

- What does Julio César want to do for a living?
- How do his parents feel about it? Why?
- What phrase does the mother use to express her surprise?
- What phrase does the father use to express his pleasure?
- What verb in the dialogue is in the present subjunctive? After what small word does it appear?

1. To express how you feel about a current or future event or another person's actions, use a three-part sentence, with the subjunctive in the third part.

EXPRESSION OF EMOTION + **QUE** + (NEW SUBJECT) PRESENT SUBJUNCTIVE
Me preocupa que mi novio no **tenga** ninguna entrevista.
*It worries me (I'm worried) that my boyfriend doesn't **have** a single interview.*

2. In the first part of the sentence, your (or another person's) feelings are expressed. Many of these expressions of emotion are patterned much like the verb **gustar**. Just one form of the verb is used and indirect object pronouns indicate who feels that particular way.

A mis padres **les sorprende** que yo quiera casarme.
***It surprises** my parents that I want to get married.*

sorprender to surprise; to be surprised	
me sorprende	nos sorprende
te sorprende	os sorprende
le sorprende	les sorprende
a + *singular noun* + le sorprende	a + *plural noun / multiple nouns* + les sorprende

3. All of the following verbs follow the same pattern as **sorprender**.

Expresiones de emoción

Me alegra que...	*It makes me happy that . . . / I'm happy that . . .*
Me encanta que...	*I'm delighted that . . . / It delights me that . . .*
Me enfada que...	*It angers me that . . . / I'm angry that . . .*
Me gusta que...	*I like the fact that . . .*
Me molesta que...	*It bothers me that . . .*
Me preocupa que...	*It worries (concerns) me that . . .*

4. To express hopes and wishes, use this special expression:

Ojalá que (+ *present subjunctive*)
¡**Ojalá que** consigas un puesto pronto!   *I hope that you get a job soon!*

5. To form the present subjunctive of most verbs, you must conjugate the verb in the **yo** form of the present tense, drop the **-o**, and add the endings shown below. To review irregular and stem-changing verbs, see pages 379–380.

-ar verbs	habl**ar**: habl**e**, habl**es**, habl**e**, habl**emos**, habl**éis**, habl**en**
-er verbs	com**er**: com**a**, com**as**, com**a**, com**amos**, com**áis**, com**an**
-ir verbs	sal**ir**: salg**a**, salg**as**, salg**a**, salg**amos**, salg**áis**, salg**an**

Colaborar

10-30 **Los chismes.** ¿Qué chismes (*gossip*) cuentan Valentina y Florencia? Con un(a) compañero(a), lean la conversación en voz alta. Tienen que conjugar los verbos más lógicos en el presente de indicativo (por ejemplo, **sorprende**, **gusta**, etcétera).

VALENTINA ¿Sabes una cosa? Martín va a casarse el próximo fin de semana.

FLORENCIA ¡Eso es increíble! Me (1. sorprender / gustar) que se case tan pronto. Tiene solo 19 años. ¿Has oído la noticia sobre Ana Laura? Se rompió el tobillo.

VALENTINA ¡Ay! Lo siento mucho. Me (2. preocupar / encantar) que ella no pueda participar en el festival de baile. Por lo menos tengo buenas noticias sobre Juan Carlos. ¡Le dieron una beca para estudiar en Japón!

FLORENCIA ¡Qué buena suerte! Me (3. alegrar / molestar) mucho que él pueda ir al extranjero. ¿Sabes quiénes viajan al extranjero también? Lucía y Gonzalo. Salen mañana.

VALENTINA No me dijeron nada. ¡Me (4. gustar / enfadar) que ellos nunca me digan nada! Bueno, esta noche voy a olvidarme de aquellos dos.

FLORENCIA Sí, me (5. encantar / sorprender) que haya fiesta esta noche. ¡Va a ser muy divertida! Oí que Santiago va a ser el *dee jay*.

VALENTINA Oíste mal. Santiago es mi nuevo novio y él no va a ser el *dee jay* porque a mí me (6. gustar / molestar) que él trabaje en nuestras fiestas.

Colaborar

10-31 **En Argentina.** Tú y tu compañero(a) están estudiando en Argentina. ¿Qué piensan de esta experiencia? Tomen turnos para formar oraciones con las expresiones en las columnas; tienen que conjugar los verbos en el presente de subjuntivo.

Modelo   Nos gusta que el campus **sea** grande y bonito.

Nos gusta		nuestra clase (ir) de excursión cada fin de semana
Nos molesta		los profesores (hablar) mucho de política en clase
Nos encanta	que	el campus (ser) grande y bonito
Nos preocupa		los estudiantes (salir) a bailar todos los jueves
Nos sorprende		la biblioteca (tener) acceso rápido a Internet
		(haber) exámenes orales en muchas clases
		los estudiantes (hacer) huelga (*strike*) a menudo

¡Aplícalo!

10-32 **¡Ojalá!** En grupos de tres o cuatro personas, tomen turnos para expresar sus esperanzas *(hopes)* sobre cada uno de los temas. Usen la expresión **ojalá que** *(+ presente de subjuntivo)*.

Modelo   las clases el próximo semestre

Estudiante A: ¡Ojalá que mis clases sean fáciles el próximo semestre!

Estudiante B: ¡Ojalá que yo no tenga una clase a las ocho de la mañana!

Estudiante C: ¡Ojalá que mis profesores no me den mucha tarea!

Temas:

1. las clases el próximo semestre

2. la vida social y las actividades extracurriculares

3. mi mejor amigo(a) / mi novio(a) / mi compañero(a) de cuarto

4. nuestro equipo de fútbol americano / béisbol / fútbol / baloncesto

5. el gobierno estudiantil / el gobierno de nuestro país

10-33   **¿Cómo se sienten?** ¿Cómo se sienten tus familiares y tus amigos sobre diferentes aspectos de tu vida? Completa cada oración con tu información personal; compara tus respuestas con las de un(a) compañero(a). ¡Ojo! Tienes que hablar sobre eventos futuros o actuales *(present; ongoing)*.

Modelo   A mi papá le preocupa que... **yo viva solo(a) en un apartamento**.

1. A mis padres les preocupa un poco que...

2. A mi abuela le alegra que...

3. A mi mejor amigo(a) le sorprende un poco que...

4. A mi mamá le molesta que...

5. A mi(s) hermano(s) / hermana(s) le(s) encanta que...

6. A mis amigos(as) les gusta que...

10-34   **El matrimonio de Sarita.** ¿Qué piensan todos del próximo matrimonio de Sarita? Con un(a) compañero(a), tomen turnos para describir los sentimientos de todos. Verbos útiles: **alegrar**, **encantar**, **enfadar**, **molestar**, **preocupar**, **sorprender**.

Modelo   Al perro le enfada que...

El presente de subjuntivo con expresiones de emoción (Parte II)

MARCOS Papá, me gustaría estudiar en el extranjero el próximo verano. ¿Puedo ir?

SEÑOR RUBIO Hijo, es bueno que quieras conocer el mundo, pero francamente, no tenemos dinero para eso.

MARCOS ¡No te preocupes, papá! Hay muchas becas para estudiar en otros países.

SEÑOR RUBIO Entonces tienes mi permiso. Espero que consigas suficiente dinero para realizar tus sueños.

1. As you have seen earlier in this chapter, a three-part sentence is used to express how someone feels about a current or future event or another person's actions. The subjunctive is used in the third part of the sentence.

> EXPRESSION OF EMOTION + **QUE** + (NEW SUBJECT) PRESENT SUBJUNCTIVE
> Siento mucho   que   (tú) no **puedas** ir al extranjero.
> *I'm very sorry*   *that*   *you **can't** go abroad.*

2. In the first part of the sentence, you must conjugate the verb in the present indicative (the present tense introduced in **Capítulo 1**). Choose the verb ending that matches the subject of the sentence—the person who feels a particular way.

> **Sentimos** que Elena ya no quiera trabajar para nuestra empresa.
> *We **regret** that Elena no longer wishes to work for our company.*

Verbos de emoción

sentir	*to regret, to be sorry*
tener miedo de	*to be afraid*
esperar	*to hope*

3. Many expressions of emotion consist of the phrase **Es** (+ *adjective*). These phrases are used in the first part of a sentence to describe a wide variety of feelings.

> EXPRESSION OF EMOTION + **QUE** + PRESENT SUBJUNCTIVE
> **Es triste**   que   no haya muchas ofertas de empleo.
> *It's sad*   *that* *there aren't many job offers out there.*

Expresiones impersonales de emoción

Es bueno / malo que...	*It's good / bad that . . .*
Es curioso que...	*It's odd that . . .*
Es estupendo que...	*It's great / wonderful that . . .*
Es extraño que...	*It's strange that . . .*
Es fantástico que...	*It's fantastic that . . .*
Es una lástima que...	*It's a shame / too bad that . . .*
Es ridículo que...	*It's ridiculous that . . .*
Es triste que...	*It's sad that . . .*

■ ■ ■ ■
Descúbrelo

- What does Marcos want to do next summer?
- What does Mr. Rubio feel is a positive aspect of his son's dream?
- What is an obstacle to this dream?
- What phrase does Mr. Rubio use to express his hope for his son? Is the present indicative or the present subjunctive used after this phrase?

¡Aplícalo!

10-35 **La vida de Marcos.** Marcos está lamentando las vicisitudes *(difficulties)* de la vida. Con un(a) compañero(a), completen las oraciones. Hay que conjugar el primer verbo en el presente de indicativo y el segundo en el presente de subjuntivo.

1. No tengo ganas de estudiar este fin de semana, pero (yo: tener) _____ miedo de que el profesor de química nos (dar) _____ un examen el lunes.

2. Mi nuevo compañero de cuarto no es muy responsable. (Yo: esperar) _____ que él no (usar) _____ mis cosas sin pedir permiso.

3. Tengo muchas ganas de ver a mi hermano. (Yo: sentir) _____ mucho que él no (poder) _____ venir al campus para visitarme el próximo fin de semana.

4. (Ser) _____ ridículo que mis padres no me (permitir) _____ estudiar en el extranjero. ¿Cómo voy a aprender a hablar francés si no puedo ir a Francia?

10-36 **Por el campus.** Con un(a) compañero(a), expresen sus opiniones sobre estas situaciones en el campus. Usen frases de la lista y cambien los verbos al presente de subjuntivo.

Modelo La biblioteca **cierra** a medianoche.
Es ridículo que la biblioteca **cierre** a medianoche.

Es bueno	**Es estupendo**	**Es fantástico**	**Es malo**
Es curioso	**Es extraño**	**Es una lástima**	**Es ridículo**

1. No se **permite** usar celulares en clase.
2. Los libros de texto **cuestan** mucho.
3. **Dan** muchas becas a los atletas.
4. No **hay** suficiente aparcamiento *(parking)*.
5. Todos los estudiantes **tienen** que estudiar idiomas para graduarse.

Rosa Villareal

10-37 **¿Quién lo dice?** Con un(a) compañero(a), cambien los verbos al presente de subjuntivo. Después, indiquen quién está hablando: el profesor o su estudiante, Rosa.

1. Espero que todos mis estudiantes (hacer) la tarea.
2. Siento que mi novio no (venir) a visitarme este fin de semana.
3. Tengo miedo de que mi amiga (pensar) abandonar sus estudios.
4. Es curioso que mis estudiantes (ganar) más dinero que yo.
5. Espero que mis compañeros y yo (conseguir) becas.
6. Es ridículo que yo no (poder) hacer una pasantía.
7. Es triste que algunos estudiantes no (tener) éxito en mis clases.
8. Es bueno que mis compañeros y yo (poder) realizar nuestros sueños.

el profesor Pérez

👥 **10-38** **¡Así es la vida!** Con un(a) compañero(a), hablen de los altibajos *(ups and downs)* de la vida.

- Primero, individualmente, escriban tres o cuatro oraciones con un plan o con una preocupación. Tienen que escribir sobre situaciones actuales *(current)* o del futuro, no del pasado.
- Luego, tomen turnos para leer una oración.
- La otra persona reacciona con una expresión de la lista y el presente de subjuntivo.

Modelo **Estudiante A:** Mi hermana piensa estudiar en Francia el próximo verano.
Estudiante B: ¡Es estupendo que tu hermana pueda estudiar en el extranjero!

Para reaccionar:

Es bueno / malo que...	Es extraño que...	Es triste que...	Espero que...
Es estupendo que...	Es ridículo que...	Es una lástima que...	Siento que...

🔄 Subjunctive with expressions of influence, **Capítulo 9 Paso 3**

👥👥 **10-39** **Los planes para el futuro.** En grupos de tres personas, hablen de sus planes para el futuro. Sigan el modelo.

Modelo ¿Con qué sueñas hacer después de graduarte?
Estudiante A: *(Contesta la pregunta.)* Sueño con trabajar para una multinacional.
Estudiante B: *(Reacciona de forma positiva al plan.)* Es estupendo que pienses trabajar para una multinacional.
Estudiante C: *(Da una recomendación o consejo.)* Recomiendo que hagas un postgrado en administración de empresas primero.

1. ¿Con qué sueñas hacer después de graduarte?
2. ¿Dónde te gustaría vivir en el futuro?
3. ¿Cuál es tu meta, con respecto a *(with respect to)* una carrera o profesión?
4. ¿Cuál es tu meta principal, con respecto a tu vida personal?
5. ¿Qué esperas lograr *(achieve)* antes del final de este año?

👥 **10-40** **Una discusión familiar.** Con un(a) compañero(a), dramaticen un diálogo para cada dibujo. Estudiante A es el padre o la madre, y Estudiante B es el hijo. Incluyan oraciones con el presente de subjuntivo.

1. El hijo le cuenta sus planes a su padre (madre).

2. El padre o la madre reacciona a los planes. Luego discuten los planes. El padre (La madre) le da unas recomendaciones.

3. Resuelven el problema y todos expresan sus sentimientos.

EN ACCIÓN: Preguntas esenciales
¿Cómo se define el éxito en tu país?

 10-41 **Piénsalo.** En tu opinión, ¿qué significa ser exitoso(a) (*successful*)? Con un(a) compañero(a), lean la lista y digan si cada descripción es o no es un indicador del éxito. ¿Cuál es el más importante en Estados Unidos?

- culminar (*finish*) los estudios universitarios
- ser feliz y tener bienestar
- tener grandes bienes materiales (*material goods*)

- tener muchos amigos
- tener tu propia empresa
- tener una carrera con prestigio

Colaborar **10-42** **La opinión de Paula.** Paula Soria es una joven de Buenos Aires, Argentina. Con un(a) compañero(a), lean su comentario sobre el éxito. Según ella, ¿cuál de las siguientes personas se considera la más exitosa (*successful*) en Argentina? ¿Por qué?

- Pablo heredó (*inherited*) la empresa de la familia.
- Sofía tiene cinco boutiques, dos casas y tres coches.
- Lucas disfruta mucho de su trabajo y tiene una familia amorosa (*loving*).
- Martina es bloguera (*blogger*) y tiene un millón de seguidores (*followers*).

successful
at the expense / one's own effort

goods

> En Argentina ser exitoso° significa tener una carrera prestigiosa a costa° del esfuerzo propio°. Se puede considerar exitoso a una persona que tiene grandes bienes° materiales, ya sea por tener su propia empresa o por una buena administración de su capital. El éxito casi siempre está relacionado con los bienes materiales.

© Paula Soria

Colaborar **10-43** **Otras opiniones.** Roque Otazo es un estudiante universitario de Paraguay. Según él, ¿cómo se define el éxito en Paraguay? Con un(a) compañero(a), lean su comentario y luego completen el resumen (*summary*).

En Paraguay, el éxito se basa en (las cosas materiales / el bienestar personal / el nivel de educación / el prestigio de la profesión). Una persona con (una empresa propia / un título universitario / muchos amigos / casa propia) se considera muy exitosa (*successful*).

has finished high school / successful

finish

> Una persona que haya culminado° sus estudios secundarios° ya se considera una persona exitosa° en Paraguay. Pero últimamente muchas de las personas están saliendo de su zona de cónfort para poder culminar° sus estudios universitarios y así asegurar un futuro más exitoso para sus familias.

© Courtesy of Roque Otazo

 10-44 **¿Y tú?** Habla con un(a) compañero(a) sobre la pregunta esencial. Usen estas preguntas como punto de partida (*point of departure*).

1. ¿Cómo se define a una persona exitosa (*successful*) en Estados Unidos?
2. ¿Qué diferencias y semejanzas (*similarities*) hay entre el concepto de éxito en Estados Unidos, Argentina y Paraguay?

EN ACCIÓN: Comunicación interpersonal

Estás estudiando en Argentina y decides trabajar como voluntario(a) en Atomic Lab, una organización fundada por el inventor Gino Tubaro. Este anuncio, del sitio web atomiclab.org, describe las oportunidades de voluntariado.

VOLUNTARIADO PARA MANOTONES

¿Qué es un manotón?

Es un evento organizado por Atomic Lab para entregar de manera gratuita manos y brazos mecánicos impresos en 3D a todo aquel que lo necesite. Junto con la familia, el equipo de Atomic Lab y voluntarios capacitados ensamblan las diferentes piezas en el momento.

¿Puedo ir a voluntariar y ayudar a armar las manos?

¡Nos encantaría! No es necesario tener ningún conocimiento ni tener impresora 3D. Te vamos a invitar a una capacitación en donde te enseñaremos TODO lo que necesitás saber.

Voluntariado por puestos
Fotógrafo/a
- Excluyente
  - Poseer cámara propia

- Carga horaria
  - A demanda

Animador/a
- Excluyente
  - Buen trato con niños
  - Experiencia en animación de eventos infantiles
- Tareas
  - Animación de manotones

Fuente: atomiclab.org

impresos *printed*   ensamblan *assemble, put together*   conocimiento *knowledge*   impresora *printer*   capacitación *training session*
excluyente *must have to apply*   animador/a *entertainer*   buen trato *good rapport*   animación *entertainment*

10-45 **¡A dialogar!** Con uno o dos compañeros de clase, hablen de los puestos de voluntariado en Atomic Lab y otros temas relacionados.

Primera parte: Usen las preguntas como punto de partida *(point of departure)* para hablar del voluntariado en Atomic Lab.

- ¿Qué es un manotón?
- ¿Qué oportunidades hay para ser voluntario(a)?
- ¿Cuál de las oportunidades te interesa más? ¿Por qué?

Segunda parte: ¿Qué piensan Uds. del trabajo de Gino Tubaro y Atomic Labs? Usen algunas de estas expresiones para compartir sus opiniones con sus compañeros(as).

Es estupendo que…	Es bueno que…	Es una lástima que…
Me soprende que…	Me encanta que…	Ojalá que…

Tercera parte: Atomic Lab es la realización de un sueño de Gino Tubaro. Usen las preguntas como punto de partida *(point of departure)* para hablar de sus propios *(your own)* sueños para el futuro.

- ¿Te sientes inspirado(a) por el trabajo de Gino Turbaro?
- ¿Cuál es tu sueño?
- ¿Quieres ayudar al prójimo? ¿Cómo?

Buscando empleo

In this *Paso*, you will . . .

- practice interviewing for a job
- discuss job requirements and benefits
- express doubt, denial, and certainty

Una oferta de empleo

TUTORES DE INGLÉS

Centro de Idiomas Chaco necesita
TUTORES DE INGLÉS

Requisitos: excelente nivel de inglés, estudios universitarios

Horario flexible y salario competitivo

Interesados favor presentarse en horario de oficina en Ayolas 560, Asunción

Frases del (de la) entrevistado(a) — *Interviewee's phrases*

Me interesa mucho este puesto porque...	*I'm very interested in this position because . . .*
¿Cuáles son los requisitos?	*What are the requirements?*
Estoy disponible (todas las tardes).	*I'm available (every afternoon).*
¿Cuánto es el salario?	*What's the salary?*
¿Qué beneficios ofrecen?	*What benefits are offered?*
¿Cuándo puedo empezar?	*When can I start?*

La entrevista de trabajo

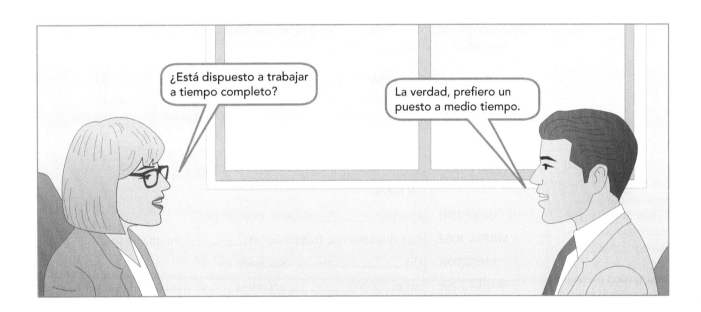

Frases del (de la) entrevistador(a)

¿Dónde hizo sus estudios?
¿Tiene referencias / una carta de recomendación?
¿Por qué lo (la) debemos contratar?
Ofrecemos seguro médico y vacaciones pagadas.
Hay posibilidad de aumento de sueldo cada año.
Le vamos a avisar dentro de (una semana).
El puesto es suyo.

Interviewer's phrases

Where did you get your degree?
Do you have references / a letter of recommendation?
Why should we hire you?
We offer health insurance and paid vacations.
There's a possibility of yearly salary increases.
We'll let you know in (a week).
The job is yours.

PASO 3 VOCABULARIO

Colaborar

10-46 **El puesto de tutor.** Carlos Alberto está hablando con el asistente administrativo de una escuela de idiomas sobre el puesto de tutor. Con un(a) compañero(a), relacionen las preguntas de Carlos Alberto con las respuestas del asistente. Tomen turnos: una persona lee la pregunta y la otra lee la respuesta.

Carlos Alberto:

_____ 1. ¿Cuáles son los requisitos?

_____ 2. ¿Cuánto es el salario?

_____ 3. ¿Qué beneficios ofrecen?

_____ 4. ¿Cómo es el horario de trabajo?

_____ 5. ¿Quiere una copia de mi currículum?

_____ 6. ¿Cuándo van a avisar a los candidatos?

El asistente administrativo:

a. Sí. También necesitamos dos cartas de recomendación.

b. Es flexible pero tiene que trabajar tres días por semana.

c. Es competitivo y hay posibilidad de aumento cada año.

d. Ofrecemos seguro médico.

e. Lo llamaremos para una entrevista dentro de una semana.

f. Hay que tener título universitario y un año de experiencia.

Colaborar

10-47 **La entrevista.** María José tiene una entrevista para un puesto en un campamento *(camp)* para niños. Con un(a) compañero(a), completen la conversación entre María José y el director con las palabras más lógicas de la lista. Después, lean el diálogo en voz alta.

capacidad	Dónde	medio	puesto	suyo
cartas	estudios	placer	Quién	tercer
contratar	experiencia	Por qué	referencias	voluntaria

DIRECTOR   ¿(1) _____ quiere trabajar en nuestro campamento?

MARÍA JOSÉ   Me interesa mucho este (2) _____ porque me encanta trabajar con niños.

DIRECTOR   ¿Qué (3) _____ tiene en este campo?

MARÍA JOSÉ   Hace dos años que trabajo de (4) _____ en una escuela.

DIRECTOR   ¿(5) _____ hizo sus estudios?

MARÍA JOSÉ   Este es mi (6) _____ año en la Universidad de Belgrano, donde estudio para maestra.

DIRECTOR   Ud. tiene (7) _____, ¿verdad?

MARÍA JOSÉ   Sí, tengo varias (8) _____ de recomendación de mis profesores.

DIRECTOR   ¿Por qué la debemos (9) _____?

MARÍA JOSÉ   Soy una persona responsable y tengo la (10) _____ de trabajar en equipo. Además, mis (11) _____ me han preparado para este tipo de trabajo.

DIRECTOR   De momento solo tenemos puestos a (12) _____ tiempo. Pero si lo quiere, el puesto es (13) _____.

MARÍA JOSÉ   ¡Sí, acepto con gran (14) _____! Muchas gracias.

> **Nota cultural**
>
> Job ads, applications, and CVs in Spanish-speaking countries usually contain more personal information than those seen in the United States. Information such as age, marital status, children, and even car ownership are not unusual. A common phrase you might see in job ads is **buena presencia**, which means *nice appearance*.

¡Exprésate!

10-48 **Mi experiencia.** ¿Qué experiencia laboral tienes? Con un(a) compañero(a), tomen turnos para describir un puesto de trabajo que han tenido en el pasado. Completa las oraciones con los detalles sobre tu empleo.

1. (El año pasado / El verano pasado / ¿ ... ?) trabajé en...

2. Era un trabajo (a tiempo completo / a medio tiempo).

3. Mis beneficios incluían...

4. Mi trabajo consistía en...

5. (No) Me gustó el trabajo porque...

10-49 **Una oferta de empleo.**
Colaborar
Estás estudiando en Argentina y quieres buscar un puesto a medio tiempo para ganar un poco de dinero. Con un(a) compañero(a), lean el anuncio y contesten las preguntas.

1. ¿Qué puestos están disponibles?

2. ¿Cuáles son los requisitos?

3. ¿Qué beneficios ofrece el puesto?

4. ¿Son los puestos a tiempo completo o a medio tiempo?

5. ¿Te interesa uno de los puestos? ¿Por qué?

 Nuevo restaurante en zona turística busca camareros y ayudantes[1] de pizzero. Puestos a tiempo completo y a medio tiempo. Salario competitivo, vacaciones pagadas.

Requisitos: Buscamos gente puntual[2] y con buena disposición para trabajar en equipo.
- Buena presencia
- Edad de 20 a 30 años
- Secundaria completa
- Conocimiento de inglés, preferible

Interesados llamar al 4613-6654

[1]*assistants* [2]*punctual*

10-50 **Una entrevista.** Con tu compañero(a), dramaticen una entrevista para el puesto del anuncio de la Actividad 10-49.

El (La) candidato(a)	El (La) jefe(a) de personal
1. Saluda al jefe (a la jefa) y preséntate (**Buenos días. Me llamo... y estoy aquí para...**)	2. Saluda al candidato (a la candidata) y pregúntale por qué quiere este puesto. (**¿Por qué le interesa... ?**)
3. Explica por qué quieres el puesto. (**Me interesa mucho porque...**)	4. Haz preguntas sobre la experiencia. (**¿Qué experiencia... ?**)
5. Contesta las preguntas del jefe (de la jefa) sobre tu experiencia.	6. Haz preguntas sobre el horario de trabajo. (**¿Está dispuesto(a) a... ?**)
7. Contesta las preguntas. Haz preguntas sobre el salario y los beneficios.	8. Contesta las preguntas. Indica cuándo vas a contactarlo(la) con una decisión.
9. Dale las gracias al jefe (a la jefa).	10. Despídete *(Say good-bye).*

El presente de subjuntivo con expresiones de duda y de negación

MARITZA ¿Cómo te fue en la entrevista con Compu-Plus, Bruno?

BRUNO No muy bien. Dudo que me ofrezcan el puesto.

MARITZA Pero ¿por qué? Ya tienes tu maestría en computación.

BRUNO Sí, pero el director no cree que yo tenga suficiente experiencia.

■ ■ ■
Descúbrelo

■ Is Bruno feeling certain or doubtful that he'll be offered the job he wants?

■ What is the director's opinion about Bruno's qualifications?

■ What are the Spanish equivalents of *I doubt* and *he doesn't think*?

■ Are the verbs **ofrezcan** and **tenga** in the present indicative or the present subjunctive?

1. To express doubt about current and future events, a three-part sentence pattern is used. The present subjunctive is used in the third part, in which the current or future event is described.

EXPRESSION OF DOUBT + **QUE** + PRESENT SUBJUNCTIVE
Dudo   que   le **den** el puesto a Javier.
I doubt   *that*   *they'll **give** the job to Javier.*

2. To deny that something is so or that something will take place, the same three-part pattern is used.

EXPRESSION OF DENIAL + **QUE** + PRESENT SUBJUNCTIVE
No es verdad   que   Javier **tenga** buenas referencias.
It's not true   *that*   *Javier **has** good references.*

3. Here are some of the most common expressions of doubt, uncertainty, and denial.

Verbos de duda y negación
dudar   *to doubt*
no creer   *not to believe*
no pensar   *not to think*
no estar seguro(a) de   *not to be sure*

4. Many impersonal expressions—phrases with *it* as the subject—can be used to indicate doubt, uncertainty, and denial.

No es posible que ella haga estudios de postgrado.
It's not possible for her to do graduate work.

Expresiones de duda y negación
Es imposible que...   *It's impossible that / for . . .*
(No) Es posible...   *It's (not) possible that . . .*
(No) Es probable que...   *It's (not) likely that . . .*
No es cierto que...   *It's not true that . . .*
No es verdad que...   *It's not true that . . .*

Colaborar **10-51** **¡No es verdad!** Tu compañero(a) de cuarto te acusa de hacer muchas cosas pero tú lo niegas *(denies)* todo. Tomen turnos: una persona lee la oración y la otra lo niega *(denies it)*. Sigan el modelo.

Modelo "Siempre haces ruido cuando yo quiero estudiar".
No es verdad que yo haga mucho ruido.

1. "Nunca me ayudas a limpiar el cuarto".

2. "Siempre llevas mi chaqueta sin pedir permiso".

3. "Todos tus amigos me odian".

4. "Nunca me invitas cuando hay una fiesta".

5. "Siempre pierdes la llave del cuarto".

6. "Tus calcetines sucios siempre están sobre mi cama".

Colaborar **10-52** **El pesimista.** Matías se siente muy pesimista hoy. ¿Qué dice él? Con un(a) compañero(a), combinen la información de las tres columnas para crear cinco oraciones lógicas y ¡pesimistas! Sigan el modelo.

Modelo **Estudiante A:** *(Begins with a phrase from column A)* Es imposible...
Estudiante B: *(Adds a new subject from column B)* Es imposible que yo...
Estudiante A: *(Finishes with a phrase from column C)* Es imposible que yo saque A en física.

A	B	C
Dudo	yo	**ganar** muchos partidos este año
Es imposible	nuestro equipo	**ir** a Europa en las próximas vacaciones
No es probable	mis padres	**sacar** A en física
No es posible	mis hermanos y yo	**poder** conseguir un buen empleo
No creo	mi mejor amigo(a)	**hacer** una pasantía en Europa

Colaborar **10-53** **En un jardín infantil.** Tú y tu compañero(a) trabajan en un jardín infantil *(preschool)*. Tomen turnos para responder a cada pregunta o comentario con una expresión de negación.

Modelo **Nina:** Me gusta el chocolate. Tiene mucha vitamina C, ¿verdad?
Tú: No, Nina, no es verdad que el chocolate tenga mucha vitamina C.

¡Exprésate!

10-54 **Una solicitud de empleo.** Los gerentes de la empresa Grupo Uno están haciendo comentarios sobre la candidata Marina Prado. Con un(a) compañero(a), tomen turnos para reaccionar a cada comentario. Usen una expresión de duda y justifiquen sus opiniones.

Modelo "Un señor Prado trabaja para nosotros. Probablemente es el esposo de Marina, ¿no cree?"

No pienso que sea el esposo de Marina porque ella es soltera.

1. "Marina tiene mucha experiencia en la administración de empleados".

2. "Marina sabe muchos idiomas".

3. "A Marina le importa más ayudar al prójimo que ganar dinero".

4. "Marina puede conducir a nuestras oficinas por toda Argentina".

5. "¿Puede Marina hablar con nuestros clientes en Estados Unidos?"

6. "¿Creen que Marina acepte un salario de $20.000 pesos?"

> **Información Personal**
> Nacionalidad: __argentina__
> Estado civil: __soltera__
> ¿Tiene automóvil? ☐ sí ☒ no
> **Formación Educativa**
> Título: __Licenciada en Psicología (2016)__
> **Antecedentes de Empleo**
> Empresa: __Instituto Mayor de Salud__
> Posición: __Asistente de psicólogo__
> Salario: __$20.000 pesos__
> Razón de salida: __Me gustaría__
> __conseguir un puesto con mejor salario.__
> **Idiomas**
> Inglés: ☒ básico ☐ avanzado
> Otro: _____
> Posición a la que aspira:
> __Administradora de empleados__
> Salario al que aspira: __$35.000 pesos__

10-55 **Especulaciones.** Completa las siguientes oraciones de una manera original. Luego, comparte tus respuestas con dos o tres compañeros(as). ¡Ojo! Hay que usar el presente de subjuntivo.

Modelo Con respecto a mi mejor amigo, dudo que él... **pueda graduarse en mayo.**

1. Con respecto a mis notas este semestre, es posible que yo...

2. Sobre mi profesor(a) preferido(a), no pienso que él (ella)...

3. Hablando de las vacaciones, dudo que mis amigos y yo...

4. Con respecto al dinero, no es probable que mis amigos y yo...

5. En cuanto al estrés, es probable que...

10-56 **Los estereotipos.** Hay muchos estereotipos *(stereotypes)* falsos sobre varias profesiones. ¿Conoces algunos? En grupos de tres o cuatro, tomen turnos para describir un estereotipo de una profesión de la lista. Después, rompan el estereotipo con una expresión de duda o negación.

Modelo Estudiante A: Un estereotipo de los políticos es que todos son corruptos, pero yo no pienso que todos sean corruptos.

Estudiante B: Un estereotipo de los escritores es que fuman mucho, pero dudo que muchos escritores fumen.

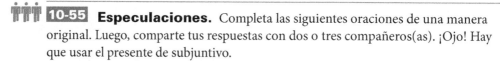

los abogados	los enfermeros	los políticos
los artistas	los escritores	los profesores
los contadores	las gerentes mujeres	(otra profesión)

El presente de indicativo con expresiones de certeza y afirmación

MANUEL Estoy seguro de que me van a dar el puesto. No hay duda de que soy el mejor candidato.

RODRIGO ¿Por qué estás tan seguro?

MANUEL El anuncio dice "Buscamos persona responsable". Sé que tengo experiencia en eso porque en mi trabajo anterior siempre me decían que ¡yo era el responsable de todas las cosas que ocurrían!

1. To express a strong belief or certainty about current and future events, a three-part sentence is used. The verb in the third part must be conjugated in the present indicative, *not* in the present subjunctive.

EXPRESSION OF BELIEF / CERTAINTY + **QUE** + INDICATIVE

Creo	que	este puesto **es** magnífico.
I think	*that*	*this job **is** great.*

2. Here are some common verbs used to express belief and certainty:

creer	*to believe, to think*	**saber**	*to know*
pensar	*to think*	**estar seguro(a)(s) de**	*to be sure*

3. The present indicative is also used after set phrases of belief and certainty.

Es verdad que ofrecen beneficios. ***It's true that*** *they offer benefits.*

Expresiones de afirmación y certeza	
No hay duda de que...	*There's no doubt that . . .*
Es verdad que...	*It's true that . . .*
Es cierto que...	*It's true that . . .*

4. The uses of the indicative and subjunctive are summarized in the chart.

Indicative: Strong belief, certainty, affirmation	Subjunctive: Disbelief, doubt, uncertainty, denial
creer que...	no creer que...
pensar que...	no pensar que...
estar seguro(a)(s) de que...	no estar seguro(a)(s) de que...
Es verdad que...	No es verdad que...
Es cierto que...	No es cierto que...
No hay duda de que...	dudar que...
saber que...	(No) es posible que...
	Es imposible que...

■ ■ ■
Descúbrelo

■ What is Manuel so sure of? What kind of employee are they looking for?

■ Why does Manuel think that he's the best person for the job?

■ What three phrases does Manuel use to express certainty?

■ After the expressions of certainty, is the indicative or subjunctive used?

PASO 3 GRAMÁTICA B

¡Aplícalo!

Colaborar

10-57 **Padres preocupados.** Los padres de Daniel se preocupan por su futuro. ¿Qué dicen? Trabaja con un(a) compañero(a) de clase para escoger las expresiones correctas.

PADRE Nuestro hijo va a graduarse en noviembre, ¿verdad?

MADRE Sí, tranquilo. (1. Dudo / Estoy segura de) que Daniel se gradúa en noviembre; ya casi termina. Pero después, ¿qué va a hacer? ¿Estudios de postgrado?

PADRE (2. No creo / No hay duda de) que haga estudios de postgrado. Él quiere conseguir un empleo inmediatamente.

MADRE ¡Ay, pero en esta economía! No hay muchos empleos. (3. No es verdad / Pienso) que nadie lo va a contratar.

PADRE No seas pesimista, Isa. Daniel es muy inteligente y preparado. (4. No es posible / Creo) que puede conseguir un puesto.

MADRE ¡Ojalá! Y luego, que se case con Valentina. (5. Es probable / Sé) que ella quiere casarse pronto.

PADRE Pues, a nuestro hijo le gusta estar soltero. (6. No pienso / Es cierto) que quiera casarse.

MADRE Ya veremos *(We'll see)*...

Colaborar

10-58 **Una oferta de empleo.** Zunilda solicitó un puesto de contadora y ahora está especulando *(speculating)* sobre el puesto. Con un(a) compañero(a), completen las oraciones con las formas correctas de los verbos en el presente de indicativo o en el presente de subjuntivo según el contexto.

1. ¿El horario? Estoy segura de que el puesto (ser) _____ de tiempo completo. Es posible que la oficina (abrir) _____ a las diez de la mañana y (cerrar) _____ a las ocho de la noche. No es probable que los empleados (tener) _____ que trabajar los fines de semana.

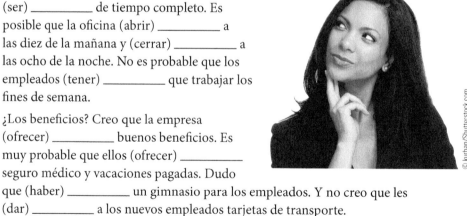

2. ¿Los beneficios? Creo que la empresa (ofrecer) _____ buenos beneficios. Es muy probable que ellos (ofrecer) _____ seguro médico y vacaciones pagadas. Dudo que (haber) _____ un gimnasio para los empleados. Y no creo que les (dar) _____ a los nuevos empleados tarjetas de transporte.

3. ¿Los compañeros de trabajo? Sé que (haber) _____ veinte empleados. No estoy segura de que muchos empleados (ser) _____ mujeres pero pienso que todos los contadores (ser) _____ muy simpáticos. No hay duda de que yo (ir) _____ a hacer nuevos amigos.

¡Exprésate!

10-59 **Seguro(a) en la entrevista.** Imagina que estás en una entrevista para un puesto de vendedor(a) de paneles solares. ¿Cómo respondes para dar la impresión de ser una persona segura de sí misma *(self-confident)*? Toma turnos con un(a) compañero(a) para contestar las preguntas con expresiones de certeza y afirmación.

Modelo   **Estudiante A:** ¿Trabaja Ud. bien en equipo?

Estudiante B: No hay duda de que trabajo bien en equipo. En la universidad hice muchos proyectos con otros compañeros.

1. El puesto requiere viajar mucho por avión. ¿Es esto un problema?
2. ¿Puede Ud. trabajar bajo presión?
3. Nuestra empresa es bastante pequeña. ¿No prefiere trabajar en una empresa más grande?
4. Ud. no tiene mucha experiencia como vendedor(a). ¿Por qué debemos contratarlo(la)?
5. ¿Cree Ud. que va a tener éxito en esta empresa?
6. (Otra pregunta original)

10-60 **La bola de cristal.** Tú y tu compañero(a) de clase consultaron a una adivina *(fortune teller)* simplemente para divertirse. Una persona debe leer las predicciones de la adivina, y la otra debe reaccionar con certeza o duda.

Modelo   **Estudiante A:** La adivina me dijo: "Veo una boda: ¡la tuya!"

Estudiante B: Sí, es posible que te cases algún día.

Predicciones para Estudiante A:

"Vas a tener cinco hijos".

"Te veo en el extranjero".

"Te gusta la política".

"En el futuro trabajas con animales".

© Cora Reed/Shutterstock.com

Predicciones para Estudiante B:

"Te veo en una gran mansión".

"Vas a ganar un premio".

"Estarás en televisión".

"Te veo mayor y triste".

10-61 **¿Conoces a tu compañero(a)?** Primero, contesta por escrito las siguientes preguntas sobre tu compañero(a) de clase con expresiones de certeza o de duda. Luego, lee tus respuestas en voz alta; tu compañero(a) tiene que decir si acertaste *(whether you were right)*.

Modelo   ¿Practica tu compañero(a) deportes en forma regular?

Estudiante A: Creo que mi compañero(a) practica deportes en forma regular.

Estudiante B: Es cierto que practico deportes en forma regular. / No es cierto que practique deportes en forma regular.

1. ¿Hace tu compañero(a) la tarea todos los días?
2. ¿Lee revistas de chisme *(gossip)* como *People*?
3. ¿Sabe preparar arroz?
4. ¿Estudia español todos los días?
5. ¿Come en McDonald's?
6. ¿Mira programas de ciencia ficción?

EN ACCIÓN: Preguntas esenciales

¿Qué se debe hacer para impresionar al entrevistador en una entrevista de trabajo?

10-62 **Piénsalo.** Con un(a) compañero(a), piensen en qué se debe hacer para impresionar al entrevistador en una entrevista de trabajo. Hagan una lista de cuatro consejos. Usen estas preguntas como guía.

1. ¿Qué deberías hacer antes de la entrevista?
2. ¿Cómo te debes vestir?
3. ¿A qué hora hay que llegar?
4. ¿Qué tienes que traer a la entrevista?

Colaborar

10-63 **La opinión de Paula.** Paula Soria, una estudiante de Argentina, aconseja cómo impresionar al entrevistador. Con un(a) compañero(a), lean su comentario. Luego, decidan cuáles de estas recomendaciones son aconsejables, según Paula, y expliquen por qué.

Recomendaciones:

1. Lleven ropa cómoda y a la última moda.
2. Si *(If)* el entrevistador es joven, usen la forma de tú (o vos en Argentina).
3. Digan que quieren tomar cursos para aprender más.
4. No muestren mucha iniciativa.

clothes
appearance

Se debe ir bien vestido a la entrevista con prendas° formales y bien peinado, y con una buena presencia° en general. Hay que llevar el currículum vitae y expresarle al entrevistador si se ha asistido a algún curso referido al trabajo. También es de gran ayuda demostrar los deseos de aprendizaje y dejar en claro° que se es una persona proactiva. Y un consejo que te doy, aunque en Argentina se acostumbra a hablar en la persona de "vos", en el ámbito° de una entrevista es aconsejable referirse al entrevistador en la persona de "usted" ya que demuestra más respeto.

make it clear

setting

© Paula Soria

10-64 **Otras opiniones.** La Fundación Atenea publicó la siguiente infografía sobre qué funciona en una entrevista de trabajo. Con un(a) compañero(a), lean la información y luego completen las oraciones

1. ¿Qué es lo más importante en una entrevista?
2. ¿Cuándo se debe llegar a la entrevista?
3. ¿Cómo hay que contestar las preguntas del entrevistador?

Una entrevista
de trabajo

Qué funciona

1	Ser sincero y ser tú mismo en todo momento.
2	Ser escrupulosamente puntual, llegar 5 minutos antes.
3	Preparar con esmero la entrevista, investigando la empresa.
4	Llevar un aspecto personal adecuado y esmerado.
5	Responder sin dudar las preguntas más complicadas.

Fuente: Elaborada por @alfredovela, ofertasdetrabajoyrecursosdeempleo. blogspot.com.es

10-65 **¿Y tú?** Habla con un(a) compañero(a) sobre la pregunta esencial. Usen estas preguntas como punto de partida *(point of departure)*.

1. ¿Qué se debe hacer para impresionar al entrevistador en una entrevista? ¿Qué no se debe hacer?
2. ¿Estás de acuerdo con todos los consejos de Paula y de la infografía? Explica.

tú mismo *yourself*   esmero *great care*
esmerado *polished*   sin dudar *without hesitating*

EN ACCIÓN: Comunicación presentacional

Estás estudiando en Argentina y quieres involucrarte *(get involved)* en el trabajo de Atomic Lab, la organización que produce manos y brazos mecánicos impresos en 3D.

Voluntariado General

Si no tenés mucho tiempo, te invitamos a registrarte como voluntario en AtomicLab.org.

Podés ayudarnos en diversas tareas° que puedan surgir dentro de Atomic Lab. Lo importante son las ganas; si tenés ganas° lo demás no importa.

tasks

desire

Te contactaremos en el caso que necesitemos ayuda relacionada con tus habilidades (por ejemplo, si necesitamos traducir un texto a un idioma y vos sabés ese idioma), ubicación geográfica (por ejemplo, si hacemos un #manotón en tu ciudad), etc.

Fuente: atomiclab.org

10-66 **¡A crear!** Escríbele un mensaje a Gino Tubaro en Atomic Lab para ofrecerte como voluntario(a).

Primera parte: En tu mensaje, haz lo siguiente:

- Empieza con un saludo informal: **Hola, Gino:**
- Explica quién eres y por qué estás en Argentina.
- Dile *(Tell him)* que quieres ser voluntario(a) en Atomic Lab.
- Describe tus puntos fuertes y tus conocimientos *(knowledge, skills)*.
- Cuéntale sobre tus otras experiencias de voluntariado *(volunteer work)*.
- Explica cuándo estás disponible.
- Expresa certeza sobre tu aporte *(contribution)*: **Estoy seguro(a) de que…**
- Termina el mensaje con una despedida informal: **Saludos cordiales, (tu nombre).**

Segunda parte: Intercambia *(Exchange)* papeles con un(a) compañero(a) de clase. Usa las siguientes preguntas como guía para editar su trabajo.

- *Does the letter begin with a salutation and end with a closing?*
- *Does the letter include all the information requested?*
- *Does your classmate use the indicative after expressions of certainty?*
- *Are the verbs conjugated properly?*

> **Nota lingüística**
> Did you notice a new kind of verb form in this reading? In Argentina, Uruguay, and Paraguay it is common to use **vos** instead of **tú**. The **vos** verb forms in the present tense end in **-ás**, **-és**, and **-ís**; there are no stem changes. For most other verb tenses the verb forms for **vos** and **tú** are the same.

Courtesy Atomic Labs

10-67 **Nosotros: Un trabajo interesante.** En MindTap, tú y tus compañeros subieron fotos y videos de personas con trabajos interesantes. Vamos a compartir esa información.

Primera parte: ¡Prepárate para hablar! Primero, contesta las preguntas sobre la foto o el video que subiste al foro de discusión.

¿Cómo se llama la persona?	
¿Dónde trabaja?	
¿En qué consiste el trabajo?	
¿Cuánto tiempo hace que trabaja allí?	
¿Por qué te parece interesante ese trabajo?	

Segunda parte: ¡A hablar! Con dos o tres compañeros de clase, tomen turnos para hablar de los trabajos interesantes. Los compañeros deben expresar sus opiniones sobre el trabajo.

Modelo　**Estudiante A:**　Yo subí información sobre mi prima Jamila. Trabaja en un estudio en Nueva York. Su trabajo consiste en diseñar ropa para mujeres. Hace dos años que trabaja allí. Me parece interesante porque ella tiene la oportunidad de trabajar con clientes interesantes y —a veces— famosos.

　　　　　Estudiante B:　Es un trabajo muy creativo.

　　　　　Estudiante C:　Me gustaría trabajar en ese campo *(field).*

© iko/Shutterstock.com

10-68　**Perspectivas: Mi carrera.** En MindTap, miraste un video en el que tres estudiantes hablan de sus carreras y planes para el futuro. Con dos o tres compañeros de clase, usen las preguntas y frases de la tabla *(chart)* para hablar de ese tema.

Preguntas	Frases útiles	
1. ¿Qué carrera estudias?	En realidad…	*Actually. . .*
2. ¿Por qué decidiste seguir esa carrera?	Algún día…	*Some day. . .*
3. ¿Dónde te gustaría trabajar después de graduarte?	No estoy seguro(a), pero…	*I'm not sure, but. . .*
4. ¿Cuáles son tus metas a largo plazo?	Para mí, lo más	*For me, the most*
5. ¿Cuál es tu sueño?	importante es…	*important thing is. . .*

10-69 **Videopodcast: Entrevista.** En MindTap, miraste una entrevista con un profesional sobre su puesto, sus responsabilidades y los beneficios. Ahora, tú y tu compañero(a) van a entrevistarse para un puesto como tutor(a).

Primera parte: ¡Prepárate para hablar! Primero, completa el diagrama *(chart)* con las preguntas que necesitas para entrevistar a tu compañero(a). Imagina que tú eres el/la director(a) de una escuela; tu compañero(a) quiere trabajar como tutor(a) para chicos(as) de 10 a 13 años de edad.

¿Cómo vas a empezar la entrevista?	• Hola. • _____
¿Cómo vas a preguntar sobre la carrera y los estudios?	• ¿Dónde hizo sus estudios? • _____ • _____
¿Cómo puedes preguntar sobre la experiencia y los puntos fuertes del candidato (de la candidata)?	• ¿Ha trabajado de tutor(a) alguna vez? • _____ • _____
¿Cómo puedes preguntar y hablar sobre los beneficios y las condiciones de trabajo?	• ¿Tiene preguntas sobre el trabajo o los beneficios? • _____ • _____
¿Cómo vas a terminar la entrevista?	• ¡Muchas gracias! • _____

Segunda parte: ¡A hablar! Usa tus apuntes para entrevistar a un(a) compañero(a) de clase. Después, tu compañero(a) va a entrevistarte a ti.

Practice reading, writing, and speaking skills in MINDTAP:

- **Lectura: El diseño de videojuegos**
- **Lectura auténtica: La música**
- **Composición:** A job application letter

- **Pronunciación:** The letters **d** and **q**
- **Síntesis:** Interpersonal, interpretive, and presentational activities

VOCABULARIO

Para aprender mejor

One of the best ways to learn new words is to use them in sentences, because this gives them context. As you study the following words, put each one in a sentence. For example: **Mi mayor aspiración es ser cirujano**.

Sustantivos

la aspiración *aspiration, wish*
el asunto (legal) *(legal) issue*
el aumento (de sueldo) *(salary) increase*
la beca *scholarship*
el beneficio *benefit*
el campo *field*
la capacidad *ability*
la carta de recomendación *letter of recommendation*
el centro de orientación vocacional *career center*
la copia *copy*
el currículum *curriculum vitae*
los datos *data*
el edificio *building*
el (la) empleado(a) *employee*
el empleo *employment*
la empresa *firm*
el (la) empresario(a) *entrepreneur*
la entrevista *interview*
la escuela *school*
el éxito *success*
la experiencia *experience*
el extranjero *abroad*
el (la) gerente *manager*
el gobierno *government*
la investigación *research*
el (la) jefe(a) *boss*
el negocio *business*
el nivel *level*
la oferta *offer*
la pasantía *internship*
la posibilidad *possibility*
el postgrado *graduate degree*
la profesión *profession*
el proyecto *project*
el público *public; audience*

el puesto *position; job*
el punto fuerte *strength*
la referencia *reference*
las relaciones internacionales *international relations*
el requisito *requirement*
la responsabilidad *responsibility*
el salario *salary*
el seguro médico *health insurance*
el servicio público *public service*
la solicitud *application*
el sueño *dream*
la tecnología *technology*
la vocación *vocation*
el (la) voluntario(a) *volunteer*

Verbos

analizar *to analyze*
arreglar *to fix*
atender (ie) *to look after, to attend to*
avisar *to let know*
ayudar al prójimo *to help others*
casarse *to get married*
conseguir (i) *to get*
contratar *to hire*
convencer *to persuade*
dedicarse *to dedicate oneself to; to do*
diseñar *to design*
dudar *to doubt*
enseñar *to teach*
ganar dinero *to make / to earn money*
graduarse *to graduate*
hacer investigaciones *to research*
informar *to inform*
llenar *to fill (out)*

manejar *to manage*
realizar *to achieve*
resolver (ue) *to solve*
solicitar *to apply for*
soñar (ue) con *to dream about*
sorprender *to surprise; to be surprised*
tener éxito *to succeed, to be successful*
vender *to sell*

Adjetivos

a corto plazo *short-term*
a largo plazo *long-term*
a tiempo completo *full-time*
competitivo(a) *competitive*
creativo(a) *creative*
disponible *available*
dispuesto(a) *willing*
emprendedor(a) *enterprising*
flexible *flexible*
interesado(a) *interested*
medio tiempo *half-time*
paciente *patient*
propio(a) *own*
rico(a) *rich, wealthy*
universitario(a) *university*

Frases útiles

Cómo no. *Of course.*
con suerte *with luck*
Ojalá que... *I hope that . . . , May . . .*

Professions, p. 391
Phrases to express feelings, pp. 406–407, 409
Phrases to express doubt and denial, p. 418
Phrases to express certainty, p. 421

Hacer turismo

In this chapter you will . . .

- talk about tourist destinations and activities
- describe hypothetical people, places, and things
- handle airport and car rental transactions
- talk about future events
- ask for and give directions
- write a blog entry about the perfect spring break destination
- share information about a tourist attraction

You will also . . .

- gain insight into Chile
- learn how Chileans and Mexicans prefer to travel
- discuss how cultural activities and public spaces contribute to a city's identity
- discover connections to poetry
- compare the geography and climate of different Spanish-speaking regions
- explore car rentals in Chile
- experience a nature park in Costa Rica

En la Carretera Austral, Patagonia, Chile

© aaabbbccc/Shutterstock.com

Chile

Chile es un país de América del Sur. Es muy largo y estrecho *(narrow)*: tiene más de 4000 kilómetros de costa pero menos de 180 kilómetros de ancho *(width)*.

👥 **11-1** **Mi país.** Álvaro Ramírez es guía de turismo, artista de grafiti y especialista en vinos. Con un(a) compañero(a), lean su mensaje y contesten las preguntas.

Soy Álvaro Ramírez y vivo en Valparaíso, Chile. Soy Vicepresidente de la Asociación de Guías de Turismo de Valparaíso y dueño *(owner)* de una empresa de turismo. También soy sommelier, ya que tenemos un valle productor de vinos solo a veinticinco minutos de distancia. Muchos turistas consideran esto una de las paradas imperdibles *(must-see places)* de la región de Valparaíso. Otra cosa que hago, a veces como trabajo, pero por lo general como una pasión / estilo de vida, es que soy artista de grafiti.

La ciudad de Valparaíso goza de *(has)* una cantidad importante de grafitis y obras de arte urbano. Es un lugar donde el arte tiene un hogar permanente, debido a que las expresiones artísticas se han tomado las calles por más de cincuenta años. Desde varios años dirijo *(I lead)* un tour de arte urbano que es muy popular entre los turistas. "Un Kolor Distinto" es el colectivo de artistas urbanos más exitoso de la ciudad; ellos nos ayudaron a crear el contenido *(content)* de nuestro tour. El tour ha sido premiado *(has been awarded)* por medios internacionales como uno de los servicios más innovadores de la ciudad.

Álvaro en Valparaíso, Chile
© Álvaro Ramírez

1. ¿Dónde vive Álvaro? ¿Cuáles son sus tres profesiones?
2. ¿Qué tipo de tour dirige *(leads)* Álvaro?
3. ¿Qué es "Un Kolor Distinto"?

¡Ahora tú!

• ¿Hay grafitis donde vives tú? ¿Los consideras arte?

• ¿Qué ejemplos de arte urbano hay en tu ciudad?

Chile es conocido por lugares como Isla de Pascua (o Rapa Nui), Patagonia con sus fiordos (valles de glaciares) y el desierto de Atacama. En Atacama, llama bastante la atención Chuquicamata, una mina de cobre *(copper)* y oro abierta, considerada la más grande del mundo.

4. Según Álvaro, ¿qué lugares de Chile son famosos?

5. ¿Qué es Chuquicamata?

¡Ahora tú!

• Antes de leer el mensaje de Álvaro, ¿habías oído de los tres lugares que menciona él? ¿Qué sabías sobre Chile?

• ¿Hay minas en tu estado? ¿De qué?

Chuquicamata, Chile

Somos un país con uno de los sectores comerciales más potentes de Latinoamérica. Exportamos no solamente cobre *(copper)* sino también muchos productos agrícolas.

Sin embargo, en mi criterio, lo mejor que tiene el país es que "la gente es de piel". Eso significa que las personas son muy amables y cariñosas. Es difícil no conocer a tus vecinos o a los comerciantes a un nivel un poco más personal. Por ejemplo, si preguntas "¿cómo estás?", el chileno no te dice solamente "bien"; generalmente te contará sobre su familia, sobre alguna inquietud *(worry)* o felicidad *(fortune)*.

6. ¿Qué exporta Chile?

7. ¿Qué piensa Álvaro que es lo mejor de Chile?

8. ¿Cómo describe Álvaro a los chilenos?

¡Ahora tú!

• ¿Qué piensas tú que es lo mejor de Estados Unidos?

• ¿Cómo le describirías a Álvaro a los estadounidenses?

Un comerciante en Santiago, Chile

Go to ⚡ MINDTAP for these additional activities:

• **Perfil:** Almanaque and **Mapa**

• **Mi país:** Extended version of Álvaro's narrative

• **Conexiones:** Sociología, Economía, Ciencias

• **Reportaje:** Video of Chile's pumas

PASO 1 VOCABULARIO

Destinos turísticos

¡Exploremos el país!

Al **norte** de Chile, **se encuentra** el **desierto** de Atacama, el más **seco** del mundo. Aquí, el cielo es muy **claro** y por eso es un lugar perfecto para **observar las estrellas**.

Santiago, **ubicado** en el **valle central** del **país**, es la **sede del gobierno**. Los **cerros** del Parque Metropolitano ofrecen una **vista panorámica** de esta ciudad.

Los puntos cardinales	Cardinal directions
el norte	north
el sur	south
el este	east
el oeste	west

La geografía	Geography
el bosque tropical / lluvioso	tropical forest / rainforest
el campo	country (rural area)
el cañón	canyon
la cordillera	(mountain) range
el glaciar	glacier
el río	river

El clima	Climate
El clima es...	The climate is . . .
cálido / frío	hot / cold
seco / húmedo	dry / humid
templado	mild

¡Exploremos el país! (cont.)

El **sur** de Chile se caracteriza por **bosques, volcanes** y **lagos**. Sus **magníficos paisajes atraen** a turistas que disfrutan de la **naturaleza**.

Rapa Nui es una **isla** pequeña en medio del **océano** Pacífico. Es conocida por sus **enigmáticas estatuas** o *moáis*.

Actividades	*Activities*
hacer caminatas	*to hike, to go hiking*
hacer escalada en roca	*to go rock climbing*
hacer rafting	*to go (white-water) rafting*
hacer snowboard	*to snowboard, to go snowboarding*
observar las ballenas	*to go whale watching*
visitar...	*to visit . . .*
el acuario	*the aquarium*
el barrio histórico	*the historical neighborhood*
el castillo	*the castle*
el observatorio	*the observatory*
el parque zoológico	*the zoo*
las ruinas	*the ruins*

Preguntas sobre un destino turístico	*Questions about a tourist destination*
¿Dónde está ubicado?	*Where is it located?*
¿Cómo son la geografía y el clima?	*What are the geography and climate like?*
¿Cuáles son los atractivos principales?	*What are the main attractions?*
¿Cuándo es la temporada alta?	*When is peak season?*

¡Aplícalo!

Colaborar

11-2 **La geografía.** ¿A qué categorías pertenecen (belong) estos lugares? Con un(a) compañero(a), escriban los términos geográficos en las columnas apropiadas.

cordillera   desierto   isla   lago   río   volcán

cordillera	desierto	isla	lago	río	volcán
Misisipí	Andes	Galápagos	Sahara	Superior	Vesubio
Amazonas	Alpes	Hawái	Atacama	Erie	Etna
Nilo	Rocosas (Rocky)	Bora Bora	Mojave	Titicaca	Mauna Loa

Colaborar

11-3 **El Alcázar de Segovia.** Con un(a) compañero(a), lean el siguiente párrafo sobre el lugar en la foto. Hay que escoger las palabras correctas.

El edificio de la foto parece un auténtico (1. castillo / campo) de las películas de Disney. Se llama el Alcázar de Segovia y está (2. escalada / ubicado) sobre un (3. barrio / cerro) en la confluencia de los (4. ríos / paisajes) Eresma y Clamores. Fue residencia de los Reyes Católicos y ahora es (5. sede / caminata) del Archivo General Militar. Por supuesto, (6. oeste / atrae) a miles de turistas de todas partes del (7. mundo / bosque). Los turistas pueden subir a la Torre de Juan II y disfrutar de la (8. vista / estatua) panorámica de Segovia, una de las ciudades más bonitas y monumentales de España.

↻ Present perfect, **Capítulo 7 Paso 2**

Clase

11-4 **Colección de firmas.** Circula por el salón de clase para preguntar a tus compañeros si han hecho las siguientes actividades. Si alguien contesta "sí", pregunta "¿dónde?". Escribe la información y pide a la persona que firme. ¡Ojo! Tienes que conjugar el verbo en la forma **tú** del presente perfecto.

Modelo   **hacer** snowboard

    Estudiante A: ¿Has hecho snowboard alguna vez?

    Estudiante B: No, nunca he hecho snowboard. / Sí, he hecho snowboard varias veces.

    Estudiante A: Bueno, gracias. / ¿Ah sí? ¿Dónde lo has hecho?

    Estudiante B: En Aspen, Colorado.

Actividad	Lugar (¿Dónde?)	Firma
1. **hacer** rafting		
2. **visitar** un castillo		
3. **ir** a un acuario		
4. **ver** las estrellas desde un observatorio		
5. **dar** un paseo por un barrio histórico		
6. **observar** las ballenas		

11-5 **Mi lugar de nacimiento.** Usa las preguntas a continuación para entrevistar a tu compañero(a) de clase sobre su lugar de nacimiento *(birthplace)*.

1. ¿Dónde naciste *(were you born)*? ¿Dónde está ubicado?

2. ¿Cómo es el clima allí en primavera? ¿Y en otoño?

3. ¿Cómo es la geografía de tu ciudad natal *(hometown)*? ¿Hay un río cerca? ¿Cómo se llama?

4. ¿Cuál es el atractivo principal de ese lugar? ¿Qué más se puede visitar?

5. ¿Desde dónde se tiene una vista panorámica de la ciudad?

6. ¿Llegan turistas a tu ciudad natal *(hometown)*? ¿Cuál es la mejor temporada para visitar?

⟳ Vacation activities, **Capítulo 4 Paso 1**

11-6 **Mis experiencias turísticas.** Para cada actividad, recomienda a tu compañero(a) un lugar que conoces. Describe el lugar con muchos detalles.

Modelo visitar el barrio histórico

Te recomiendo que visites el barrio histórico de Charleston, Carolina del Sur. Tiene hermosas casas históricas del siglo *(century)* diecinueve. También hay un mercado al aire libre y muchos restaurantes con comida típica.

1. ir en lancha
2. pescar
3. observar las estrellas
4. hacer caminatas

5. visitar el parque zoológico
6. montar a caballo
7. explorar las ruinas arqueológicas
8. esquiar (en el agua o en la nieve)

11-7 **Juego de adivinanzas.** Con un(a) compañero(a), jueguen este juego de adivinanzas *(guessing game)*. **Estudiante A** describe un destino turístico, ¡sin decir el nombre del lugar! **Estudiante B** hace unas preguntas y luego adivina qué lugar es. Usen los destinos en las fotos y otros originales.

Modelo **Estudiante A:** Este destino turístico está en el oeste de Estados Unidos. Es famoso por su géiser. Se puede hacer rafting y caminatas en el verano.

Estudiante B: ¿Es un parque nacional famoso?

Estudiante A: Sí.

Estudiante B: ¿Es el parque Yellowstone?

Estudiante A: ¡Correcto!

Machu Picchu, Perú

Cozumel, México

Gran Cañón, Estados Unidos

El Yunque, Puerto Rico

Las cláusulas adjetivales

> PAUL ¿Adónde piensas ir en tus vacaciones, Selma?
>
> SELMA Voy a Iquique, donde viven mis tíos.
>
> PAUL Ah, sí. He oído hablar de Iquique. Es la ciudad que está cerca de los famosos géiseres, ¿verdad?
>
> SELMA Sí. Y también está cerca de los geoglifos, que son enormes dibujos de animales en los cerros.

■■■
Descúbrelo

- Where is Selma going on vacation?
- What can tourists do in that area of Chile?
- When Selma first mentions Iquique, what extra information does she provide about the city? What word does she use to connect that information to the rest of the sentence?
- How does Paul identify or describe the city of Iquique? What word does he use to connect that information to the rest of the sentence?

1. Adjectives such as **pequeño**, **inteligente**, and **lluvioso** are used to describe nouns (the names for people, places, and things). A noun can also be described by a clause—a group of words with a subject and a verb. When a clause functions as an adjective, it is known as a relative clause or an adjective clause (**cláusula adjetival**).

Adjective:	Rapa Nui es una isla **pequeña**.
	*Rapa Nui is a **small** island.*
Adjective clause:	Rapa Nui es una isla **que está ubicada en el océano Pacífico**.
	*Rapa Nui is an island **that is located in the Pacific Ocean**.*

2. An adjective (or relative) clause is linked to the main part of a sentence with a relative pronoun (**pronombre relativo**). In Spanish, **que** is the most common relative pronoun. The relative pronoun **que** can refer to people, places, and things; it is the Spanish equivalent of *who, that,* and *which.*

   José de San Martín es el líder militar **que luchó por la independencia de Chile**.
   *José de San Martín is the military leader **who fought for Chile's independence**.*

   Los vinos **que se producen en Chile** son mundialmente famosos.
   *The wines **that are produced in Chile** are world famous.*

3. The relative pronoun **quien(es)** refers only to people. It is used in two cases:

   ■ As an alternative to **que**, when the relative clause is set off by commas because it introduces parenthetical or non-essential information.

   Nuestro guía, **quien / que es de Santiago**, conoce Chile muy bien.
   *Our guide, **who is from Santiago**, knows Chile really well.*

   ■ After prepositions (**de, con, para, por, a,** etc.) (**Que** is not used in this case.)

   La persona **con quien debes hablar** es el Sr. Bernal.
   *The person **(whom)** you should speak **with** is Mr. Bernal. / The person **with whom** you should speak is Mr. Bernal.*

4. To refer to places, the relative pronoun **donde** is used to express *where.*

   La Zona Austral es una región **donde se puede hacer turismo de aventura**.
   *The Zona Austral is a region **where you can engage in adventure tourism**.*

Colaborar **11-8** **¿Cómo se llaman?** ¿Cómo se llaman los lugares, los objetos y las personas mencionadas en el artículo? Con un(a) compañero(a) de clase, lean el artículo y luego contesten las preguntas.

1. ¿Qué nombres tiene la isla de Chile que está en la Polinesia?

2. ¿Cómo se llama la persona europea que hizo el primer contacto con la isla en 1722?

3. ¿Cómo se llaman las estatuas que se encuentran en la isla?

4. ¿Cómo se llaman las plataformas donde descansan las estatuas?

5. ¿Cómo se llama el festival que celebra las tradiciones ancestrales?

Un museo al aire libre

Uno de los museos al aire libre más fascinantes del mundo es la Isla de Pascua. Ubicado a unos 3700 km de Chile, en la Polinesia, este territorio chileno se considera la isla habitada más remota del planeta. Su antiguo nombre polinesio era Te Pito O Te Henua, que significa *el centro del mundo*. Hoy se conoce como Rapa Nui y también como Isla de Pascua: nombre que le dio el explorador Jacob Roggeveen cuando llegó a la isla el Domingo de Pascua del año 1722.

Los objetos arqueológicos más famosos de la isla son los moáis, unas figuras gigantes hechas de roca volcánica. Hay cientos de estas estatuas sobre plataformas ceremoniales llamadas ahus. La isla también cuenta con ruinas y petroglifos que hablan de una antigua y compleja cultura.

Otra atracción es el festival Tapati Rapa Nui, que se celebra cada febrero. Durante esta fiesta, se realizan ceremonias, danzas y la tradicional Haka Pei, una competencia en que unos hombres se deslizan[1] sobre los troncos[2] del árbol del banano desde el cerro Pu'i. ¡Es muy emocionante!

[1]*slide* [2]*trunks*

Colaborar **11-9** **El verano pasado.** Con un(a) compañero(a) de clase, combinen las oraciones usando un pronombre relativo apropiado: **que**, **quien(es)** o **donde**.

Modelo El verano pasado hicimos un recorrido. El recorrido duró dos semanas.
El verano pasado hicimos un recorrido que duró dos semanas.

1. Empezamos el recorrido en la capital. En la capital hay un famoso barrio histórico.

2. Nos gustó mucho el barrio histórico. En el barrio histórico viven muchos artistas.

3. Luego fuimos a una playa. La playa está ubicada al sur del país.

4. Esta foto es de Ricardo y Alba. Conocimos a Ricardo y a Alba en un crucero.

5. El crucero nos llevó a una isla. En la isla hay muchos animales marinos.

6. Por último conocimos una zona arqueológica. La zona arqueológica es conocida por sus enigmáticas estatuas.

11-10 **En la playa.** Con un(a) compañero(a), observen este dibujo y tomen turnos para hacer preguntas. Una persona pide a la otra que señale *(point out)* a alguien en el dibujo, y la otra responde. Usen cláusulas adjetivales en las preguntas, como en el modelo.

Modelo **Estudiante A:** ¿Dónde está la chica **que está pescando**?

Estudiante B: *(señalando con el dedo)* Aquí está, en el velero. ¿Dónde está... ?

11-11 **Ciudades famosas.** En grupos de tres o cuatro personas, tomen turnos para describir una ciudad famosa. Los demás tienen que adivinar *(guess)* la ciudad. Usen pronombres relativos, como en el modelo.

Modelo **Estudiante A:** Es una ciudad **donde** se puede visitar uno de los acuarios más grandes del mundo.

Estudiante B: No sé. Danos otra pista *(Give us another clue)*.

Estudiante A: Es una ciudad **que** está en el sur de Estados Unidos.

Estudiante C: ¿Atlanta?

11-12 **Circunlocución.** Con un(a) compañero(a), dramaticen escenas entre un(a) turista y un(a) dependiente(a) en una tienda. El (La) turista quiere comprar algo, pero no sabe el nombre del objeto; lo describe hasta que el (la) dependiente(a) lo identifica correctamente. ¡Ojo! El (La) turista tiene que usar una cláusula adjetival en cada descripción.

Modelo **Dependiente:** Buenas tardes. ¿En qué puedo servirle?

Turista: Quiero comprar algo pero no sé cómo se llama. Es una joya **que se pone en el dedo**.

Dependiente: ¿Un anillo?

Algunas cosas que hay en la tienda: anteojos, billeteras, bolígrafos, calcetines, calendarios, carteles, cinturones, corbatas, cremas, cuchillos, espejos, globos, gorras, jarabes, joyas, lámparas, llaveros, memorias USB, relojes, servilletas, sudaderas, tarjetas

El presente de subjuntivo y las cláusulas adjetivales

FRANCISCA ¿Adónde quieres ir de vacaciones este año?

MIGUEL No sé. Prefiero ir a algún lugar donde yo pueda dormir mucho y relajarme. ¿Y tú?

FRANCISCA Yo quiero ir a una ciudad que tenga muchas actividades culturales, como la ópera.

MIGUEL ¡Buena idea! ¡La ópera siempre me da sueño *(makes me sleepy)*!

▪ ▪ ▪

Descúbrelo

- What kind of place does Miguel want to visit for his vacation?
- What kind of city does his wife want to go to?
- Do Francisca and Miguel mention specific places that offer these activities?
- When Miguel and Francisca describe these places, do they use the present indicative or the present subjunctive?

---

1. Adjective clauses, like adjectives, are used to describe people, places, and things. An adjective clause is connected to the main part of a sentence with the relative pronoun **que**, or sometimes with **quien(es)** or **donde**.

El Valle Central es la región <u>que</u> **produce los vinos más famosos de Chile.**
*The Central Valley is the region <u>**that**</u> **produces the most famous wines of Chile.***

2. When an adjective clause describes people, places, or things that are specific or known to the speaker, the verb in the adjective clause is conjugated in the *present indicative*.

¡El guía **que <u>trabaja</u> para Turichile** habla tres lenguas!
*The guide **who <u>works</u> for Turichile** speaks three languages!*

El desierto de Atacama es el lugar **donde mejor <u>se puede</u> ver las estrellas.**
*The Atacama Desert is the place **where you can best <u>see</u> the stars.***

3. However, the *present subjunctive* must be used when the adjective clause refers to people, places, or things that are:

- non-specific or hypothetical

Queremos un guía **que <u>hable</u> inglés o francés.**
*We want a guide **who <u>speaks</u> English or French.***
(We don't have a particular person in mind; anyone who can speak these languages will do.)

- non-existent

En esta agencia, no hay ningún guía **que <u>hable</u> japonés.**
*In this agency there are no guides **who <u>speak</u> Japanese.***
(Nobody with this skill works at the agency; the person does not exist.)

PASO 1 GRAMÁTICA B

 Colaborar **11-13** **¿Adónde vamos?** Marisa y Lucía quieren ir a Chile de vacaciones pero ¿qué parte del país deben visitar? Con un(a) compañero(a), completen su conversación con el presente de indicativo o el presente de subjuntivo, según el contexto.

LUCÍA ¿Por qué no vamos al norte de Chile para nuestras vacaciones? En el pueblo de La Serena hay un observatorio donde (1. se puede / se pueda) observar las estrellas. ¡Todos dicen que la vista es espectacular!

MARISA Y cerca de allí hay un museo de arqueología donde (2. se encuentran / se encuentren) unas de las momias *(mummies)* más antiguas del mundo. ¡Me encanta la idea de ir al norte!

LUCÍA Bueno, antes de decidir, tenemos que explorar las opciones. Tengo un amigo que (3. recomienda / recomiende) un viaje a la Patagonia.

MARISA ¿A la Patagonia? ¿Cómo es el clima allí? La verdad, no quiero ir a ningún lugar donde (4. hace / haga) mucho frío.

LUCÍA Bueno, según mi amigo, la Patagonia es la zona de Chile que (5. recibe / reciba) más nieve.

MARISA ¡Entonces no vamos a la Patagonia! Mira, francamente, no tengo mucho dinero. Quiero ir a algún lugar que (6. tiene / tenga) hoteles económicos.

LUCÍA Y yo prefiero un destino donde (7. hay / haya) también un poco de vida nocturna: clubs, restaurantes, cines.

MARISA Bueno, tenemos que seguir investigando. Quizás *(Perhaps)* podemos encontrar un tour que (8. ofrece / ofrezca) un poco de todo.

LUCÍA ¡Buena idea!

 11-14 **En mi próximo viaje.** ¿Con qué tipo de viaje sueñas tú? Trabaja con un(a) compañero(a) de clase para completar las oraciones con el presente de subjuntivo. Comparen sus respuestas.

Modelo Prefiero viajar con una persona que (**saber** hablar varios idiomas / **ser** divertida / **tener** mucho dinero).

> **Estudiante A:** Prefiero viajar con una persona que **sepa** hablar varios idiomas. ¿Y tú?

> **Estudiante B:** Yo prefiero viajar con una persona que **tenga** mucho dinero.

1. Quiero ir a algún lugar que (**ofrecer** turismo de aventura / **tener** museos y barrios históricos / **estar** cerca del mar).

2. Quiero viajar con una persona que (**ser** responsable / **ser** flexible / no **tener** miedo de las cosas nuevas).

3. Me interesa usar los medios de transporte que nos (**permitir** ver el paisaje / **ser** económicos / **poner** en contacto con la gente).

4. Prefiero los hoteles que (no **costar** mucho / **tener** piscina y gimnasio / **estar** en el corazón de la ciudad).

5. Quiero comer en restaurantes que (**servir** comida típica / **ofrecer** un buffet / **tener** música o karaoke).

11-15 **Pensando en el futuro.** ¿Cómo es tu vida ahora? ¿Qué sueños tienes para el futuro? Con un(a) compañero(a), completen las oraciones con el presente de indicativo o el presente de subjuntivo, según el contexto. Comparen sus respuestas.

Modelo Ahora tengo un(a) novio(a) que... **es divertido(a) pero poco responsable.**
Quiero tener un(a) novio(a) que... **piense más en el futuro.** ¿Y tú?

1. Este semestre, vivo en (una residencia / un apartamento / una casa) que...
   El próximo año, quiero vivir en (una residencia / un apartamento / una casa) que...

2. Este semestre, vivo con un(a) compañero(a) que...
   El próximo año, espero vivir con un(a) compañero(a) que...

3. Ahora, sigo una dieta que...
   En el futuro, espero seguir una dieta que...

4. Ahora, mi familia y yo vivimos en una región donde...
   Algún día, espero vivir en una región donde...

5. Respecto al trabajo, algún día quiero un puesto que...
   No quiero ningún puesto que...

11-16 **Nuestras sugerencias.** Tu universidad es muy buena pero... ¿qué sugerencias tienes para mejorar la vida académica y social de los estudiantes? Trabaja con un(a) compañero(a) para completar estas oraciones con el presente de subjuntivo y otras palabras lógicas. Comparen sus ideas.

1. Nuestra universidad debe ofrecer más clases que...

2. También es esencial tener más profesores que...

3. Nuestra biblioteca debe tener espacios *(spaces)* especiales donde...

4. También, necesitamos más restaurantes que...

5. En cuanto a los libros de texto, es importante tener una librería que...

Colaborar
11-17 **Se busca.** Tú y tu compañero(a) son dueños *(owners)* de una agencia de viajes que organiza tours a Europa. Uds. necesitan contratar dos nuevos guías *(tour guides)*. ¿Qué tipo de persona buscan? ¿Qué características, conocimientos *(knowledge)* y destrezas *(skills)* deben tener los guías? Trabajen juntos para completar el anuncio en el presente de subjuntivo.

SE BUSCAN GUÍAS	
Empresa:	Eurotour
Puesto:	Guía Turístico Cultural
Descripción:	Los guías de Eurotour son responsables de organizar y llevar tours a Europa.
	Buscamos personas que _____.
	También queremos contratar personas que_____
	_____
	y que _____.

EN ACCIÓN: Preguntas esenciales

¿Qué influencia tienen la geografía y el clima sobre el turismo?

Colaborar
11-18 **Piénsalo.** Con un(a) compañero(a), piensen en la geografía y el clima de su estado (*state*) y completen estas oraciones.

1. El clima de nuestro estado es por lo general (cálido / frío / templado).

2. En nuestro estado hay (un cañón / una cordillera / un río / una playa / un bosque / ¿ ... ?).

3. Allí, los turistas (hacen caminatas / acampan / esquían / hacen rafting / pescan / ¿ ... ?).

Colaborar
11-19 **La opinión de Álvaro.** Álvaro Ramírez, un guía en Valparaíso, Chile, habla sobre los efectos del clima en el turismo de su país. Con un(a) compañero(a), lean su comentario y luego completen la oración con las cuatro terminaciones correctas.

Cuando el clima está complicado...

☐ llueve mucho y hace frío.   ☐ los turistas no van a Santiago.

☐ hace buen tiempo.   ☐ no hay uvas en los campos.

☐ los turistas no pueden hacer caminatas.   ☐ algunos hoteles cierran.

surrounding areas
nasty

grapevines
stage
Therefore

> Hay muchos que deciden quedarse dos o tres días en Santiago, y es así como visitan cercanías° tales como Valparaíso. Sin embargo, si el clima está complicado°, esto afecta directamente el turismo. Las empresas que hacen caminatas no las pueden realizar con regularidad; las parras°, en los valles, entran en su etapa° de dormancia; los hoteles y hostales cierran. Por ende°, esto afecta muchísimo al turismo nacional.

© Álvaro Ramírez

Colaborar
11-20 **Otras opiniones.** Lee este fragmento del periódico *El Dinero* de la República Dominicana. Luego, con un(a) compañero(a), completen el resumen (*summary*). Escriban una palabra en cada espacio.

Según Felipe ____, el cambio ____ afecta el ____ en la República Dominicana. Como consecuencia del aumento del nivel del ____, podría haber menos playa. También, es posible que haya más ____ y otros fenómenos meteorológicos.

climate change
threat / melting
caps

abrupt

> "Según Felipe Beltrán, especialista en turismo sostenible y protección del medio ambiente, el cambio climático° afecta de forma directa el turismo dominicano, ya que la amenaza° de aumento del nivel del mar por el deshielo° de los casquetes° polares podría reducir el espacio utilizable de playa, además de afectar la infraestructura turística. Por otro lado, el cambio climático trae consigo cambios meteorológicos bruscos°, que podrían determinar la incidencia de huracanes y fenómenos similares".

Fuente: Windler Soto, "Cambio climático, silente amenaza al turismo dominicano," Eldinero.com.

11-21 **¿Y tú?** Habla con un(a) compañero(a) sobre la pregunta esencial. Usen estas preguntas como punto de partida (*point of departure*).

1. ¿Cómo afectan la geografía y el clima en el turismo de tu estado?

2. En tu opinión, ¿el cambio climático afectará tu estado?

EN ACCIÓN: Comunicación interpretativa

¿Quieres hacer algo diferente para las vacaciones? ¿Por qué no visitas uno de los observatorios astronómicos de Chile para una experiencia literalmente de otro mundo *(out of this world)*?

¿Por qué Chile es el epicentro de la astronomía mundial?

Por: Consuelo Rehbein

Observatorio La Silla

© ALBERTO GHIZZI PANIZZA/SCIENCE PHOTO LIBRARY/Getty Images

Nuestro país es actualmente° considerado como el epicentro de la astronomía mundial. Esto debido a° la gran cantidad de observatorios presentes en el territorio nacional, los que representarían a cerca del 40% de las instalaciones de este tipo en el mundo. La gran pregunta es, por qué se hicieron estas instalaciones de alto costo en nuestro país.

Uno de los factores clave para la instalación de observatorios en nuestro país es la ubicación°. Al estar en el hemisferio sur, el campo visual° que pueden obtener los telescopios es distinto° a los que se obtienen desde los telescopios instalados en Estados Unidos. Sumado a lo anterior, nuestra geografía permite la instalación de estos centros en altura°. Por ejemplo, el Observatorio "La Silla" está instalado a 2.400 metros de altura sobre el nivel del mar° y el Observatorio "El Tololo" a 2.200 metros sobre el nivel del mar.

Los observatorios que fueron construidos en las décadas de 1960 y 1970 se concentran en la zona norte de nuestro país no solo por la altura, sino que por la limpieza° de sus cielos. Al tener altas temperaturas, es poco probable que se generen lluvias, por lo que el cielo nocturno está libre de nubes. Además al ser zonas desérticas con pocas zonas urbanas existe una baja o casi nula contaminación lumínica, lo que favorece la observación de astros° desde estos centros.

Fuente: Consuelo Rehbein "¿Por qué Chile es el epicentro de la astronomía mundial?," publimetro.cl.

actualmente *currently*   debido a *due to*   ubicación *location*   campo visual *visual field*   distinto *different*   en altura *at high altitudes*
nivel del mar *sea level*   limpieza *clarity*   astros *celestial bodies*

Tour Nocturno Observatorio Turístico Mamalluca

© Jake Dow/Shutterstock.com

En este mágico recorrido, visitaremos el Observatorio Mamalluca, donde aprenderemos a identificar constelaciones, planetas y estrellas a través de los telescopios manuales y con la coordinación de guías astronómicos.

Fuente: VIAJES MIRADOR – Operador turístico – La Serena – Chile www.viajesmirador.com

Colaborar **11-22** **¿Qué entiendes?** Con un(a) compañero(a), lean el artículo. Luego, expliquen qué evidencia hay en el artículo para respaldar *(to back up)* las siguientes afirmaciones.

1. Chile es el epicentro de la astronomía mundial.

2. La ubicación de Chile ofrece dos ventajas *(advantages)* para la instalación de observatorios astronómicos.

3. El norte de Chile tiene condiciones casi perfectas para observar los astros.

11-23 **Tertulia.** Con dos o tres compañeros de clase, hablen sobre destinos turísticos poco usuales. Usen estas preguntas como punto de partida.

1. ¿Has visitado un observatorio alguna vez? ¿Dónde? ¿Cómo era?

2. ¿Te gustaría visitar un observatorio astronómico en Chile? ¿Por qué?

3. ¿Qué destino turístico poco usual has visitado? ¿Dónde está? ¿Qué se puede ver o hacer allí?

En el aeropuerto

En el mostrador de la aerolínea

¿Cuántas maletas quiere facturar?

Solo esta. También tengo un equipaje de mano.

Está bien. Se permite llevar a bordo dos piezas.

© imageBROKER/Alamy Stock Photo

Frases del (de la) pasajero(a)

Quisiera un asiento de pasillo / de ventanilla.
¿De qué puerta sale el vuelo (641)?
¿Cuánto se va a demorar el vuelo?
¿Dónde está el reclamo de equipaje?

Frases del (de la) agente

Aquí tiene la tarjeta de embarque.
Pase por el control de seguridad.
Necesita mostrar el documento de identidad / el pasaporte.
Después de recoger el equipaje, pase por la aduana.

Passenger's phrases

I'd like an aisle / a window seat.
Which gate does flight (641) leave from?
How long will the flight be delayed?
Where's baggage claim?

Airline representative's phrases

Here's your boarding pass.
Proceed through the security check.
You need to show your I.D. / passport.
After you pick up your luggage, proceed through customs.

En el alquiler de autos

Quisiera alquilar un auto por una semana.

¿Prefiere uno con cambio automático o manual?

Automático y de doble tracción.

© Greg Schwartz/Warner Bros./Getty Images

Frases del (de la) cliente(a)

¿Cuáles son las tarifas?
¿Está incluido el seguro?
¿Dónde hay una gasolinera?
¿Cuál es el límite de velocidad en carretera?

Frases del (de la) agente

¿Me permite ver su permiso de conducir?
En caso de avería, llame a este número.
Aquí tiene la llave.
No se olvide de llenar el tanque de gasolina.

Customer's phrases

What are the rates?
Is the insurance included?
Where's a gas station?
What's the highway speed limit?

Agent's phrases

May I see your driver's license?
In case of a breakdown, call this number.
Here's the key.
Don't forget to fill the gas tank.

¡Aplícalo!

Colaborar

11-24 Paso por paso. Piensas hacer un viaje por avión a otro país. ¿En qué orden haces estas cosas? Con un(a) compañero(a), escriban los números del 1 al 10 para poner las actividades en el orden más lógico.

_____ Ir al reclamo de equipaje.

_____ Tomar un taxi de tu casa al aeropuerto.

_____ Leer durante el vuelo.

_____ Ir al mostrador de la aerolínea.

_____ Facturar el equipaje.

_____ Esperar el vuelo en la puerta.

_____ Pasar por la aduana.

_____ Salir del avión.

_____ Entrar al avión.

_____ Pasar por el control de seguridad.

Colaborar

11-25 En el alquiler de autos. Estás en un alquiler de autos. ¿Cómo responde el agente a tus preguntas? Con un(a) compañero(a), relacionen las dos columnas de una manera lógica.

Tú:

_____ 1. ¿Tienen Uds. un auto con cambio automático?

_____ 2. ¿Cuáles son las tarifas?

_____ 3. ¿Está incluido el seguro?

_____ 4. ¿Cuál es el límite de velocidad?

_____ 5. ¿Dónde hay una gasolinera?

El agente:

a. Hay una en la esquina.

b. Sí, pero es más caro que uno con cambio manual.

c. Sí, está incluido en la tarifa.

d. Depende del modelo. El económico se alquila por $50 por día.

e. En la ciudad, se puede conducir a 50 kilómetros (30 millas) por hora.

Telling time,
Capítulo 2 Paso 2

11-26 ¿Salimos a tiempo? La preocupación universal de todos los pasajeros es esta: ¿Vamos a salir a tiempo? Con un(a) compañero(a), sigan el modelo y preparen cuatro conversaciones.

SALIDAS ✈		ALFALÍNEAS		
VUELO	DESTINO	HORA	PUERTA	ESTADO
216	CONCEPCIÓN	09:55	30	A TIEMPO
306	PUNTA ARENAS	10:45	27	DEMORADO 11:20
875	ARICA	11:15	35	DEMORADO 13:30
735	LA SERENA	12:30	31	A TIEMPO
562	ANTOFAGASTA	13:05	23	DEMORADO 14:15
416	CONCEPCIÓN	14:20	29	DEMORADO 14:45

Modelo

Turista: Disculpe, ¿de qué puerta sale el vuelo (216)?

Agente: De la puerta (30).

Turista: ¿El vuelo va a salir a tiempo?

Agente: Sí, el vuelo va a salir a las (9:55). / Lo siento, pero se va a demorar. Va a salir a las...

© Tyler Olson/Shutterstock.com

¡Exprésate!

11-27 **Para alquilar un auto.** Acabas de llegar al aeropuerto y ahora necesitas alquilar un auto por una semana. Con un(a) compañero(a), dramaticen esta conversación entre cliente y agente.

CLIENTE Buenas tardes. Quisiera (1) _____.

AGENTE Muy bien, señor (señorita). ¿Qué tipo de auto prefiere Ud.? ¿Con cambio (2) _____?

CLIENTE Bueno, quiero (3) _____. ¿Cuál es la tarifa?

AGENTE Para un auto con / de (4) _____, la tarifa es de $300 por semana.

CLIENTE ¿Está incluido (5) _____?

AGENTE Sí, está incluido. ¿Me permite (6) _____?

CLIENTE Aquí lo tiene. Eh... ¿Cuál es (7) _____?

AGENTE En la carretera, 120 kilómetros por hora.

CLIENTE Gracias. Tengo una pregunta más. Antes de devolver el auto, quiero llenar el tanque. (8) ¿_____?

AGENTE Hay una a la entrada del aeropuerto. ¡Que tenga buen viaje!

11-28 **En el aeropuerto.** Estás estudiando en Chile y decides hacer un viaje por avión a Argentina. Con tu compañero(a), dramaticen estas escenas en el aeropuerto.

¿maletas? ¿asiento?

Vuelo 586 Buenos Aires 10:15 Demorado

¿reclamo? ¿aduana?

1. En el mostrador 2. En la puerta 3. Al llegar

11-29 **Consejos.** Julia, una amiga chilena, viene a Estados Unidos para conocer el país. Es su primer viaje al extranjero y tiene muchas preguntas. Con un(a) compañero(a), tomen turnos para hacer el papel de Julia. La otra persona debe contestar las preguntas con información detallada.

¿Cuántas maletas debo llevar?

¿Qué documentos necesito?

¿Cuál es la tarifa para alquilar un auto pequeño?

¿Puedo llevar mi computadora portátil a bordo?

¿Es mejor viajar por tren o alquilar un auto?

¿Cuál es el límite de velocidad en la carretera?

¿Cómo es el control de seguridad en el aeropuerto?

¿Tengo que pasar por la aduana?

© ESB Professional/ Shutterstock.com

El futuro: los verbos regulares

TURISTA ¿Qué está programado para mañana?

GUÍA El tour a Valdivia. Por la mañana visitaremos el Barrio Histórico y el Mercado Municipal. Luego comeremos en uno de los restaurantes cerca del mercado. Después de almorzar, Uds. estarán libres (*free*) para hacer lo que quieran (*whatever you want*).

TURISTA ¡Maravilloso!

■ ■ ■

Descúbrelo

- What will the tourists do tomorrow morning? And in the afternoon?

- In the tour guide's description of Valdivia, which Spanish verb forms correspond to *we will visit* and *we will eat*? Is there any difference in the endings for these **-ar** and **-er** verbs?

- Look at the verb forms **visitaremos**, **comeremos**, and **estarán**. What part of the infinitive are these endings attached to?

1. The future tense (**el futuro**) describes what somebody will do or what will take place in the future. As you see in the examples, the English word *will* is not translated; instead, the idea of future time is expressed through the future tense verb endings.

   Su tour **empezará** con una visita a la Plaza Mayor.
   *Your tour **will begin** with a visit to the Plaza Mayor.*

   Luego, **visitaremos** un museo de arte.
   *Next, **we will visit** the art museum.*

2. To form the future tense of regular verbs, add the endings to the entire infinitive. Notice that the same set of endings is used for **-ar**, **-er**, and **-ir** verbs.

   TURISTA ¿Cómo **viajaremos** a la isla de Chiloé?   *How **will** we **travel** to Chiloé Island?*

   GUÍA **Iremos** en avión porque está muy lejos.   *We'**ll go** by plane because it is very far away.*

El futuro de los verbos regulares

		viajar *to travel*	volver *to return*	ir *to go*
yo	**-é**	viajar**é**	volver**é**	ir**é**
tú	**-ás**	viajar**ás**	volver**ás**	ir**ás**
Ud./él/ella	**-á**	viajar**á**	volver**á**	ir**á**
nosotros(as)	**-emos**	viajar**emos**	volver**emos**	ir**emos**
vosotros(as)	**-éis**	viajar**éis**	volver**éis**	ir**éis**
Uds./ellos/ellas	**-án**	viajar**án**	volver**án**	ir**án**

11-30 **¿Cómo será el día?** ¿Qué piensas hacer el resto del día? Con un(a)
compañero(a), completen las oraciones con su información personal y compartan sus
planes.

1. Después de la clase de español, iré a *(lugar)*. ¿Y tú?

2. Comeré en *(lugar)* a la(s) *(hora)*. ¿Y tú?

3. Mis amigos y yo jugaremos al *(deporte / juego)* por un rato. ¿Y ustedes?

4. Me acostaré a la(s) *(hora)*. ¿Y tú?

11-31 **El blog de Amanda.** Con un(a) compañero(a), completen el blog de
Amanda con el futuro de los verbos más lógicos entre paréntesis.

---

www.uni.cl/blogs/amanda

| Inicio | Sobre mí | Blogs | Archivo |

Buscar

Estoy muy emocionada porque mi amigo Santiago y yo vamos de excursión. Primero,
Santiago (1. pasar / volver) _____ por mi casa temprano por la mañana. Nosotros
(2. tomar / conducir) _____ por la carretera A76 hacia el norte. Después de dos
horas, mi amigo y yo (3. alquilar / llegar) _____ a nuestro destino en la cordillera.
Allí nosotros (4. dar / caminar) _____ un paseo por el centro del pueblo para
explorar un poco ese lugar. Más tarde, nosotros (5. comer / beber) _____ porotos
con riendas en un restaurante típico. A Santiago le interesan los museos más que a mí. Así
que, por la tarde, él (6. comprar / visitar) _____ el pequeño museo del pueblo.
Pero yo (7. acostarme / sentarse) _____ en un café y (8. ver / oír)
_____ pasar a la gente. Más tarde, Santiago y yo (9. ir / ser) _____ de
compras a las tiendas de artesanía. Por último, nosotros (10. volver / mostrar)
_____ a casa.

Nota cultural

Although Chilean cuisine is varied, you will probably find **porotos con riendas** on the menus of most typical Chilean restaurants. This traditional dish is a hearty stew made with spaghetti, white beans, squash, and paprika.

11-32 **¡Hay mucho que hacer!** ¿Qué piensan hacer todos durante las
vacaciones? Trabaja con dos o tres compañeros(as) para describir los planes con la
información en las columnas. Hay que usar el futuro y seguir el modelo.

Modelo **Estudiante A:** *(Escoge un sujeto de la columna A)* Tú...

Estudiante B: *(Escoge y conjuga un verbo de la columna B)* Tú observarás...

Estudiante C: *(Escoge una expresión lógica de la columna C)* Tú observarás las
ballenas...

Estudiante D / A: *(Escoge un lugar lógico de la columna D)* Tú observarás las
ballenas en el mar.

A	B	C	D
yo	observar	las ruinas	en el mar
mis padres	visitar	la antigua catedral	en el barrio histórico
mis amigos y yo	explorar	las estrellas	en el acuario
mi mejor amigo(a)	recorrer	las ballenas	en el observatorio
tú	ver	el barrio histórico	de la capital
Uds.	conocer	los peces y los delfines	en la zona arqueológica

11-33 ¿Cuándo...? Con un(a) compañero(a), tomen turnos para preguntar sobre sus planes para el próximo fin de semana largo.

Modelo Estudiante A: ¿Cuándo montarás en bicicleta?

Estudiante B: Montaré en bicicleta el sábado por la mañana. ¿Cuándo...?

	el viernes	el sábado	el domingo
por la mañana			
por la tarde			
por la noche			

11-34 ¿Cómo será diferente? Tú y tu compañero(a) van a hacer predicciones para el futuro. ¿Cómo será diferente la vida en 25 años? Completen las oraciones en el tiempo futuro y comparen sus ideas.

1. Ahora mucha gente viaja por avión. En el futuro...

2. Ahora muchas personas conducen sus autos para llegar al trabajo. En el futuro...

3. Ahora muchas tiendas abren a las 10 y cierran a las 9. En el futuro...

4. Ahora el año escolar *(school year)* empieza en agosto o septiembre y termina en mayo o junio. En el futuro...

5. Ahora muchas personas mueren de cáncer o problemas cardíacos. En el futuro...

11-35 El itinerario. Con un(a) compañero(a), tomen turnos: una persona hace una pregunta sobre el Gran Tour y la otra persona contesta con la información del anuncio. Usen el futuro en las preguntas y las respuestas.

Gran Tour de Guatemala
26 de junio – 2 de julio

Paquete incluye

- Boleto de ida y vuelta en Aerolíneas Avianca
- 7 días / 6 noches de alojamiento en el Hotel Galgos (tres estrellas)
- Todas las habitaciones tienen aire acondicionado y baño privado; desayuno diario
- Visita de la ciudad con servicio de un guía profesional: Plaza Mayor, Palacio Nacional de la Cultura, Mercado de Artesanía, Jardín Botánico y más

Desde $1500
¡Hagan sus reservaciones hoy!

Modelo Estudiante A: ¿Cuántos días pasaremos en Guatemala?

Estudiante B: Pasaremos siete días en Guatemala. ¿Qué...?

1. ¿Cuántos días (nosotros: pasar) en Guatemala?

2. ¿Qué aerolínea (nosotros: tomar)?

3. ¿Qué sitios de interés (nosotros: conocer) en la ciudad?

4. ¿Quién nos (llevar) a los sitios de interés?

5. ¿De qué categoría (ser) el hotel?

6. ¿Dónde (nosotros: desayunar)?

7. (otra pregunta original)

8. (otra pregunta original)

El futuro: los verbos irregulares

MAMÁ	¡Está nevando mucho! ¿Qué harás si cancelan tu vuelo?
GONZALO	Tendré que alquilar un auto.
MAMÁ	Pero con esta nieve ¿podrás pasar por las montañas?
GONZALO	Sí, alquilaré un auto de doble tracción. No te preocupes, mamá.

1. As you have seen, the future tense (**el futuro**) describes what somebody will do or what will take place in the future.

> El vuelo **saldrá** a las nueve y **llegará** a las once y cuarto.
> *The flight **will leave** at 9 and (will) **arrive** at 11:15.*

2. A number of common verbs are irregular in the future tense. These verbs use the *same endings* as regular verbs, but the *stem* (or front part of the verb) is irregular.

> ¿Qué **harán** Uds. durante las próximas vacaciones?
> *What **will** you **do** on your next vacation?*

Infinitivo	Raíz (*Stem*)	Infinitivo	Raíz (*Stem*)
decir	**dir-**	salir	**saldr-**
hacer	**har-**	saber	**sabr-**
tener	**tendr-**	querer	**querr-**
poner	**pondr-**	poder	**podr-**
venir	**vendr-**		

El futuro de los verbos irregulares			
decir *to say, to tell*			
yo	diré	nosotros(as)	dir**emos**
tú	dir**ás**	vosotros(as)	dir**éis**
Ud./él/ella	dir**á**	Uds./ellos/ellas	dir**án**

3. The future of **hay** (*there is / there are*) is **habrá** (*there will be*). Both of these forms are derived from the infinitive **haber**.

> ¿**Habrá** una excursión por la mañana?
> No, pero **habrá** una por la tarde.
>
> ***Will there be** an excursion in the morning?*
> *No, but **there will be** one in the afternoon.*

■ ■ ■
Descúbrelo

- Why is Gonzalo's mother worried?
- What will Gonzalo have to do if the flight is canceled?
- What will he do to make sure he can drive through the mountains?
- What future tense verb forms in the conversation correspond to the infinitives **hacer**, **tener**, and **poder**? Are the future tense verb endings added to the infinitive in these cases?

¡Aplícalo! Colaborar **11-36** **Agencia Eco-Cultural.** Tú y tu compañero(a) piensan hacer una excursión con la Agencia Eco-Cultural.

- Primero, identifiquen los verbos en el tiempo futuro en el artículo; den el infinitivo de cada uno. Por ejemplo: vendrá → venir.
- Luego, contesten las preguntas.

1. ¿Qué explica esta página web? ¿Qué se debe hacer después de salir del avión?
2. ¿Dónde estará el agente esperando? ¿Qué tendrá en su mano?
3. ¿Querrán Uds. hacer una excursión con Agencia Eco-Cultural? ¿Por qué?

http://www.ecocultural.com/es

| ¿Quiénes somos? | Bienvenida | Tours | Reserva en línea | Contacto |

¡Agencia Eco-Cultural le da la bienvenida!

Nuestro servicio empieza antes de que Ud. llegue al aeropuerto. Un miembro de nuestra agencia vendrá al aeropuerto temprano y confirmará el estado de su vuelo. Así Ud. podrá estar tranquilo: aun si el vuelo llega temprano, habrá alguien para recibirlo.

Cuando Ud. salga del avión, tendrá que pasar por migración y luego el reclamo de equipaje. Por último Ud. pasará por la aduana. Esto tomará entre 30 y 45 minutos.

Después de pasar por la aduana, Ud. saldrá por una puerta grande a mano izquierda. Nuestro agente estará allí esperándolo. Ud. sabrá quién es porque tendrá un cartel con su nombre escrito. Muéstrele un documento de identidad y él lo llevará al hotel.

Agencia Eco-Cultural tiene más de 10 años de experiencia. Con nosotros, su llegada será fácil y tranquila.

michaeljung/Shutterstock.com

 Colaborar **11-37** **Será diferente.** La familia Fujimoto fue de vacaciones a Puerto Rico pero no hizo muchas cosas. ¡El próximo año será diferente! Con tu compañero(a), digan qué harán diferente. Usen la forma del tiempo futuro para los verbos.

Modelo Los Fujimoto no compraron nada en Plaza Las Américas, pero el próximo año... **comprarán muchas cosas**.

1. La familia Fujimoto no quiso ir a la Bahía Bioluminiscente, pero el próximo año...
2. Midori y Keiko no vieron pájaros en el bosque lluvioso El Yunque, pero el próximo año...
3. Los padres no salieron de noche porque tenían miedo, pero el próximo año...
4. Doña Sumiko no hizo rafting en el río Guabo, pero el próximo año...
5. Nadie en la familia sabía bucear, pero el próximo año...
6. Keiko no fue a la playa porque no quería quemarse, pero el próximo año...
7. Midori no habló con la gente local porque no había estudiado español, pero el próximo año...
8. La familia no tenía ganas de visitar el Observatorio de Arecibo, pero el próximo año...

11-38 **Un nuevo programa de televisión.** El canal de viajes en televisión busca un nuevo programa que sea original y divertido. Con un(a) compañero(a), inventen un nuevo programa de viajes.

■ Usen las siguientes oraciones como guía para describir su programa. Completen las oraciones con el tiempo futuro de los verbos en paréntesis.

■ Luego, presenten su idea al resto de la clase. Sus compañeros votarán por el mejor programa.

© Radu Razvan/Shutterstock.com

Un nuevo programa de televisión para el canal de viajes

Nuestro programa (llamarse)...

El anfitrión / La anfitriona (ser)...

Cada semana, el anfitrión / la anfitriona (ir) a... y...

Los televidentes[1] (poder)...

Al final del show, el anfitrión / la anfitriona (decir)...

Para tener éxito, nosotros (tener) que...

Las personas (querer) ver este programa porque...

[1] *TV viewers*

 11-39 **¿Qué harán en el futuro?** Formen grupos pequeños y tomen turnos para decir dos cosas que harán en el futuro y dos cosas que nunca harán en el futuro. Usen los verbos de la siguiente lista. Al final de cada turno, los compañeros deben expresar sus reacciones a los planes.

Modelo **Estudiante A:** En el futuro, yo tendré mi propio negocio y seré rico. Nunca me casaré y nunca tendré hijos.

Estudiante B: Yo también espero tener mi propio negocio.

Estudiante C: Yo dudo que nunca te cases.

casarse	construir	ganar	poder	salir	trabajar
conocer	dar	hacer	querer	ser	venir
conseguir	estar	ir	saber	tener	vivir

11-40 **La visita.** Tu buen(a) amigo(a) viene a visitarte por tres días. Es la primera vez que viene a esta región del país. ¿Qué harán Uds. para divertirse? Cuéntale a tu compañero(a) de clase tus planes para cada día. Usa el tiempo futuro.

Modelo El primer día haremos un pequeño tour del campus por la mañana. Por la tarde, iremos al nuevo gimnasio y nadaremos. Por la noche...

1. El primer día...

2. El segundo día...

3. El tercer día...

Palabras útiles

hacer caminatas
salir a bailar
tener una fiesta
ir de compras
salir a comer

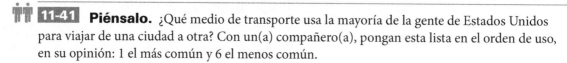

EN ACCIÓN: Preguntas esenciales

¿Cómo se desplaza (travel) la gente entre ciudades?

 11-41 **Piénsalo.** ¿Qué medio de transporte usa la mayoría de la gente de Estados Unidos para viajar de una ciudad a otra? Con un(a) compañero(a), pongan esta lista en el orden de uso, en su opinión: 1 el más común y 6 el menos común.

- auto propio (own)
- auto alquilado (rental)
- autobús
- avión
- ferry
- tren

Colaborar **11-42** **La opinión de Álvaro.** Álvaro Ramírez vive en Valparaíso, Chile. Él nos dice cómo viajan los chilenos dentro del país. Con un(a) compañero(a), lean su comentario y luego contesten las preguntas.

1. ¿Cuáles son los dos medios de transporte que usan los chilenos por lo general?

2. ¿Qué son los "rodoviarios"?

3. ¿Cuál es el horario de los buses interurbanos?

travel
boarded

> Dependiendo del lugar donde sea, pero por lo general, la gente se desplaza° en buses o trenes interurbanos. En el caso de los buses, estos pueden ser abordados° en los "rodoviarios" o los terminales de buses. En otros casos, también puedes abordarlos en las plazas principales. Por lo general, a lo largo de Chile, esto funciona entre las siete de la mañana y las once de la noche.

© Álvaro Ramírez

Colaborar **11-43** **Otras opiniones.**

Según Feebbo (un panel de estudios de mercado), estos son los medios de transporte que los mexicanos usarán en las vacaciones de primavera. Con un(a) compañero(a), lean la gráfica y luego completen las oraciones.

1. La mayoría de los mexicanos viajarán por ___ y ___.

2. El medio de transporte menos usado es el ___.

3. Solo el 13% de los mexicanos viajará por ___.

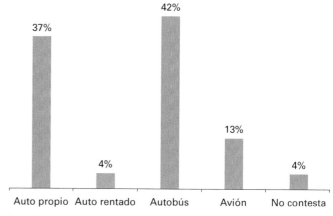

¿Qué medio de transporte utilizarás?

Auto propio	Auto rentado	Autobús	Avión	No contesta
37%	4%	42%	13%	4%

Fuente: blog.feebbomexico.com
utilizarás *will you use* auto propio *own car*

11-44 **¿Y tú?** Habla con un(a) compañero(a) sobre la pregunta esencial. Usen estas preguntas como punto de partida (point of departure).

1. ¿Cómo te desplazas (travel) entre ciudades? ¿Por qué usas ese medio de transporte?

2. En tu opinión, ¿qué medio de transporte usa la mayoría de los estadounidenses para viajar a otra ciudad? ¿Cómo se compara con los chilenos? ¿Y con los mexicanos?

EN ACCIÓN: Comunicación interpersonal

En Chile hay muchos destinos inusuales para visitar. Aquí hay dos opciones fascinantes. ¿Cuál te interesa más?

Tour Nocturno Observatorio Turístico Mamalluca

Visitaremos el Observatorio Mamalluca. Ahí aprenderemos a identificar constelaciones, planetas y estrellas a través de telescopios manuales y con coordinación de guías astronómicos. Después, observaremos a través de un telescopio de alta tecnología dentro de la cúpula principal del observatoria y finalmente, retornaremos a La Serena.

¿Qué incluye el Tour?

- Guía especializado en astronomía básica
- Charla astronómica
- Observación a través de telescopios
- Entrada al observatorio

Valor del Tour

$30.000

Te recomendamos

- Ropa abrigada
- Llevar cámara fotográfica en modalidad nocturna

Horario del Tour

Horario de recogida entre 16:00 a 16:30 hrs. aproximadamente

Horario de recogida entre 22:00 a 22:30 hrs. aproximadamente

Comparte este Tour con alguien

Fuente: VIAJES MIRADOR – Operador turístico – La Serena – Chile www.viajesmirador.com

Reserva Nacional del Pingüino de Humboldt
Isla Choros - Isla Damas

Visitaremos la Reserva Nacional del Pingüino de Humboldt, navegando alrededor de Isla Choros para identificar fauna marina. Desembarcaremos en Isla Damas, hermosa isla de arenas blancas y aguas cristalinas. Regresando al continente, almorzaremos en un restaurante de comida típica. Posteriormente, buscaremos fauna terrestre como zorros y guanacos. Finalmente, retornaremos a La Serena durante la tarde.

¿Qué incluye el Tour?

- Guía turístico
- Entrada a la Reserva Nacional del Pingüino de Humboldt
- Tickets de navegación
- Almuerzo por persona con menú completo

Valor del Tour

$55.000

Te recomendamos

- Ropa liviana
- Protector solar
- Líquido hidratante

Horario del Tour

Horario de recogida entre 08:00 a 08:30 hrs. aproximadamente

Horario de recogida entre 18:00 a 18:30 hrs. aproximadamente

Comparte este Tour con alguien

Fuente: VIAJES MIRADOR – Operador turístico – La Serena – Chile www.viajesmirador.com

11-45 **¡A dialogar!** Con un(a) compañero(a) de clase, hablen de las dos excursiones en los anuncios.

- Primero, comparen las dos excursiones. Por ejemplo, expliquen qué harán Uds., qué verán, cuánto pagarán, qué ropa tendrán que llevar, etcétera. Usen el futuro para hacer algunas de las comparaciones.
- Después, decidan cuál de las excursiones tú y tu compañero(a) harán y por qué.

Modelo **Estudiante A:** En el tour a la Reserva Nacional del Pingüino, podremos ver animales marinos. Estudio ciencias marinas y me interesan mucho los pingüinos.

Estudiante B: En los dos tours tendremos un guía turístico. Eso es bueno porque aprenderemos más.

PASO 3 VOCABULARIO

Indicaciones

In this *Paso*, you will . . .
- ask for and give directions in a city and in a rural area
- give instructions to others
- suggest group activities

En la ciudad

Disculpe. ¿Cómo llego al Mercado Central?

Tome la primera calle a la izquierda y camine tres cuadras.

© Michael Blann/DigitalVision/Getty Images

Plano de Santiago

1 Estación Mapocho
2 Mercado Central
3 Mall del Centro
4 Iglesia de Santo Domingo
5 Casa de los Velasco
6 Museo de Bellas Artes
7 Parque Forestal
8 Palacio Edwards
9 Edificio ex Congreso Nacional
10 Catedral Metropolitana y Museo Arte Sagrado
11 Correo Central
12 Museo Histórico Nacional
13 Municipalidad de Santiago
14 Tribunales de Justicia
15 Museo Chileno de Arte Precolombino
16 Plaza de Armas
17 Casa Colorada
18 Basílica y Museo de la Merced
19 Cerro Santa Lucía

Para pedir indicaciones

¿Puede Ud. ayudarme? Busco...
Perdone. / Disculpe. ¿Dónde está... ?
¿Se puede ir a pie?
¿Pasa el autobús cerca de... ?

Para dar indicaciones

Siga derecho hasta llegar a...
Doble a la izquierda / a la derecha.
Tome la primera (segunda) calle a la izquierda.
Cruce la calle / la plaza.
Vaya a la esquina / unos cien metros.
No se puede perder.

To ask for directions

Can you help me? I'm looking for . . .
Excuse me. Where is . . . ?
Can I walk there (go on foot)?; Is it in walking distance?
Does the bus go near the . . . ?

To give directions

Go straight until you reach . . .
Turn left / right.
Take the first (second) street on your left.
Cross the street / the plaza (square).
Go to the corner / about 100 meters.
You can't get lost; You can't miss it.

En la carretera

¿Es este el camino a San Antonio?

Sí, va bien. Siga por esta ruta hacia el sur.

© Cultura RM Exclusive/Seb Oliver/Getty Images

Preguntas del (de la) conductor(a)	Driver's questions
¿Por dónde se va para llegar a… ?	*How does one get to . . . ?*
¿A qué distancia está… ?	*How far away is . . . ?*
¿Cuánto se tarda en llegar?	*How long does it take to get there?*
¿Hay que pagar peaje?	*Does one have to pay a toll? / Is it a toll road?*
¿Dónde se puede estacionar?	*Where can one park?*

Para dar indicaciones	To give directions
Tome la ruta / la carretera (5) hacia (el norte).	*Take route / highway (5) heading (north).*
Siga los letreros.	*Follow the signs.*
Hay que tomar la salida (San Bernardo).	*You need to take the (San Bernardo) exit.*
Pasará por el puerto / un pueblo.	*You'll go by the port / a small town.*
Continúe hasta el semáforo / el puente.	*Continue until you reach the traffic light / the bridge.*
Está a unos (diez) kilómetros.	*It's about (ten) kilometers from here.*

PASO 3 VOCABULARIO

¡Aplícalo! **Colaborar** **11-46** **Una excursión en auto.** Piensas hacer una excursión y pides indicaciones en el alquiler de autos. Con un(a) compañero(a), escojan las expresiones más lógicas entre paréntesis y lean la conversación en voz alta.

© imageBROKER/Alamy Stock Photo

CLIENTE ¿Por dónde se va para (1. salir / llegar) al Parque Nacional?

AGENTE Tome (2. el semáforo / la ruta) F-370 hacia el este y siga (3. los letreros / el peaje).

CLIENTE ¿A qué (4. carretera / distancia) está?

AGENTE Está a unos 50 (5. kilómetros / centígrados).

CLIENTE ¿Cuánto (6. se tarda / se va) en llegar?

AGENTE Más o menos una hora. No se puede (7. ver / perder).

CLIENTE ¿Qué (8. ciudad / salida) tengo que tomar?

AGENTE La de San Antonio. Primero, pasará por (9. un puente / una esquina). Justo después, verá la salida.

Colaborar **11-47** **¿Cómo llego?** Trabaja con un(a) compañero(a) para completar las conversaciones entre un policía y varios turistas en Santiago.

1. TURISTA ¿_____?

POLICÍA Sí, tome el bus 52. El acuario está en la quinta parada *(stop)*.

2. TURISTA ¿_____?

POLICÍA ¿El Museo de Arte Precolombino? Está un poco lejos. Mejor tome un taxi.

3. TURISTA ¿_____?

POLICÍA ¿A San Antonio? Tiene que tomar la ruta 5 hacia el sur y seguir los letreros.

4. TURISTA ¡Estoy perdido(a)! ¿_____?

POLICÍA ¿A San Felipe? No, Ud. va mal. Hay que tomar la carretera F-68.

Colaborar **11-48** **¿Cuál es el destino?** Tú y tu compañero(a) están en la esquina de la calle Huérfanos y el Paseo Ahumada en Santiago. Individualmente, tienen que leer y seguir las indicaciones. Miren el plano en la página 456 y empiecen en la X. Escriban el destino en la tabla. ¿Quién llega a los destinos primero?

Destino #1: _____	Destino #2: _____	Destino #3: _____
Siga derecho por una cuadra y doble a la izquierda.	Siga derecho hasta llegar a la Plaza de Armas.	Siga por Ahumada y tome la segunda calle a la derecha.
Siga por esta calle y tome la primera calle a la derecha.	Cruce la plaza.	Camine cuatro cuadras y luego doble a la izquierda.
Vaya una cuadra más.	Ud. verá dos edificios grandes.	Continúe por esa calle hasta el final.
Está en la esquina.	El lugar que Ud. busca está a la derecha.	Está un poco lejos. Quizás debe tomar un taxi.

11-49 **Unas recomendaciones.** Tú y tu compañero(a) están estudiando en Santiago, Chile, y conocen la ciudad muy bien. Un día, mientras están en el centro, varios turistas les piden su ayuda. En cada caso, Uds. tienen que darles una recomendación y explicarles cómo llegar. Están en la X en el plano en la página 456.

Modelo "Me interesa mucho la historia. ¿Qué museo debo visitar?"

Ud. debe visitar el Museo Histórico Nacional. ¡Es un lugar fascinante! Siga derecho por Ahumada y camine unas dos cuadras. El museo está a la derecha, cerca del Correo Central.

1. Me encanta el arte, especialmente el arte precolombino. ¿Qué museo debo visitar?

2. Me interesa la arquitectura. ¿Hay iglesias de estilo colonial por aquí?

3. Quiero comprar algunos recuerdos de Chile. ¿Hay algún mercado por aquí?

11-50 **Por nuestro estado.** ¿Cuáles son algunos destinos populares en tu estado para pasar el fin de semana? Con un(a) compañero(a), contesten las preguntas de sus amigos Daniel y Carlos. Para las indicaciones, incluyan:

- la(s) carretera(s)
- uno o dos puntos de referencia (*landmarks*), como puentes, pueblos, etcétera
- la salida de la carretera

Daniel y Carlos

11-51 **¡Estoy perdida!** Trabaja con un(a) compañero(a) para crear y dramatizar los diálogos de las escenas.

1. Rita pide indicaciones.

2. La señora le da indicaciones.

3. Rita se pierde y pide más indicaciones.

PASO 3 GRAMÁTICA A

Los mandatos informales de *tú*

MARTA No quiero enfermarme durante mi viaje. ¿Qué me aconsejas?

CAROLINA Hay que tener mucho cuidado con las comidas. Come en restaurantes de aspecto limpio. Y no comas la comida de la calle.

MARTA ¿Y si me enfermo?

CAROLINA En ese caso, ve a una farmacia y pídele consejos al farmacéutico.

1. Informal commands are used to give instructions, directions, and advice to people whom you address as **tú**. This type of command has different forms for affirmative *(Do this)* and negative *(Don't do this)* commands.

   To form the affirmative **tú** command of regular verbs, drop the **-s** from the **tú** form of the present indicative tense.

visitar →	visita~~s~~→	**Visita** la catedral.	***Visit*** the cathedral.
volver →	vuelve~~s~~→	**Vuelve** enseguida.	***Come*** right back.
pedir →	pide~~s~~→	**Pide** un descuento.	***Ask for*** a discount.

2. Many common verbs have irregular affirmative **tú** commands.

Infinitivo	Mandato *tú*	Infinitivo	Mandato *tú*
decir	**di**	salir	**sal**
hacer	**haz**	ser	**sé**
ir	**ve**	tener	**ten**
poner	**pon**	venir	**ven**

3. The negative **tú** command is identical to the **tú** form of the present subjunctive.

   Present subjunctive: No quiero que tú **conduzcas** por ese camino.
   Negative *tú* command: **No conduzcas** por ese camino.

4. The same irregular forms of the present subjunctive are used in the negative **tú** commands.

Infinitivo	Mandato negativo *tú*
dar	**no des**
estar	**no estés**
ir	**no vayas**
saber	**no sepas**
ser	**no seas**

5. Commands are often used with various kinds of pronouns, such as reflexive, direct object, or indirect object pronouns.

- Pronouns are attached to the ends of the affirmative commands. An accent mark is added to the stressed vowel (in the third-to-last syllable) when the new expression has more than two syllables: **¡Levántate!** *Get up!*

- Pronouns are placed in front of negative **tú** commands, between the **no** and the verb form: **No les des los boletos.** *Don't give them the tickets.*

Colaborar

11-52 **La seguridad.** ¿Qué precauciones necesitamos tomar para disfrutar de un viaje seguro *(safe)*? Con un(a) compañero(a), completen los consejos con los verbos más lógicos de la lista. Usen los mandatos informales de **tú**.

¡Aplícalo!

aprender	hacer	saber	tomar
cerrar	llevar	salir	usar
dejar	poner	tener	

¡(1) _____ precauciones para tener un viaje feliz!

En general, Chile es un país muy seguro para viajar. (2) _____ tu sentido común y no vas a tener ningún problema grave de seguridad.

- (3) _____ una fotocopia de tu pasaporte y (4) _____ el original en un lugar seguro.
- Al pasar por la aduana, (5) _____ cuidado con el equipaje.
- Siempre (6) _____ la habitación del hotel con llave cuando salgas.
- Si alquilas un auto, (7) _____ las normas de tráfico del país.
- Al estacionar el auto, no (8) _____ nada visible en el interior.
- No (9) _____ a caminar solo(a) por el centro de la ciudad en la noche.
- No (10) _____ cosas de valor en las excursiones a la playa.

Colaborar

11-53 **El primer viaje.** Tu amigo(a) va a hacer su primer viaje al extranjero y necesita tu ayuda. Con un(a) compañero(a), respondan a sus preguntas con consejos lógicos. Una persona debe usar un mandato afirmativo y la otra persona debe usar un mandato negativo.

Direct object pronouns, **Capítulo 5 Paso 2**

Modelo ¿Dónde pongo el pasaporte? ¿En la maleta?
Estudiante A: No, **no lo pongas** en la maleta.
Estudiante B: **Ponlo** en el equipaje de mano.

1. ¿Cuándo hago la reservación para el vuelo? ¿La semana antes del viaje?
2. ¿Dónde facturo las maletas? ¿En la aduana?
3. ¿Dónde cambio el dinero? ¿En el aeropuerto?
4. ¿Cuándo visito los museos? ¿A mediodía?
5. ¿Dónde compro los recuerdos? ¿En la tienda del hotel?

11-54 **¡Qué dilema!** A veces no tenemos ganas de hacer algo que realmente debemos hacer.

- Primero, individualmente, escriban dos oraciones con sus dilemas.

- Después, en grupos de tres, tomen turnos para leer una oración.

- Otra persona da un mandato informal del ángel.

- Otra persona diferente da un mandato informal del diablo *(devil)*.

> No quiero estudiar esta noche.
>
> ¡Estudia mucho!
>
> ¡No estudies!
>
> © nanka/Shutterstock.com

11-55 **Consejos turísticos.** Un amigo de Chile hace turismo en tu estado. ¿Qué consejos le das? Con un(a) compañero(a) de clase, ofrezcan consejos turísticos con los mandatos informales de **tú**. Incluyan explicaciones para justificar sus consejos.

Modelo   Me gustaría probar la comida típica de esta región.

Come en el restaurante Lizard's Thicket. Sirven comida muy típica de Carolina del Sur.

> Me gustaría probar la comida típica de esta región.
>
> Quiero recorrer el estado pero no sé qué medio de transporte usar.
>
> Quiero divertirme esta noche.
>
> Tengo ganas de salir esta noche.
>
> Me muero por ir de compras.
>
> Me gustaría hacer caminatas y disfrutar de la naturaleza.
>
> © se media/Shutterstock.com

Clase

11-56 **Cuatro situaciones.** Trabaja con un(a) compañero(a) de clase. Para cada situación, escriban tres mandatos informales —dos afirmativos y uno negativo— que la persona en esa situación diría *(might say)*. Después, escojan **una** de las series de mandatos y léanla a la clase. La clase debe identificar a qué situación corresponde.

Situación 1: Un estudiante que se va de viaje por dos semanas le da instrucciones a su compañero de cuarto.

Situación 2: Un padre le da consejos a su hija, quien quiere viajar a Argentina pero no tiene dinero.

Situación 3: Un taxista le da instrucciones a un nuevo compañero de trabajo antes de prestarle el auto.

Situación 4: Una profesora de español le da consejos a un estudiante que viajará a México.

Los mandatos de *nosotros*

MAMÁ   ¿Qué hacemos primero?

MIGUEL   ¡Hagamos castillos en la arena *(sand)*!

ROSITA   ¡Nademos en el mar!

ANA   ¡Vamos al acuario!

1. The first person plural commands (**mandatos de *nosotros***) are used to express the notion *Let's do something*. They are created by using the **nosotros** form of the present subjunctive. Both the affirmative (*Let's . . .*) and the negative (*Let's not . . .*) command use the same form.

Affirmative:	**Comamos** en ese nuevo restaurante.	***Let's eat*** at that new restaurant.
Negative:	**No comamos** en casa esta noche.	***Let's not eat*** at home tonight.

2. The verb **ir** is the only exception to the previous rule. This verb has different forms for the affirmative and negative.

   ¡Vamos! *Let's go!*   **¡No vayamos!** *Let's not go!*

3. When used with pronouns, **nosotros** commands follow the same general rules of placement as do other kinds of commands.

   - Attach the pronoun to the end of an affirmative command. Add an accent mark to the ending: -**ámos** + *pronoun* or -**émos** + *pronoun*. For example: **¿El recuerdo? ¡Comprémoslo!**

   - Place the pronoun in front of the verb in a negative command. For example: **¿El recuerdo? No lo compremos.**

4. The pronouns **nos** and **se** follow special rules when used with affirmative **nosotros** commands.

   - Drop the final -**s** of the command before attaching the reflexive pronoun **nos**.

     Levantemos + **nos** → ¡Levantémonos temprano!   *Let's get up early!*

   - Delete the final -**s** of the command before attaching **se**. This avoids creating a double *s*.

     Demos + **se** + lo   →   ¡Démoselo!   *Let's give it to him!*

5. Another way to give a *let's* command is to use **Vamos + a + *infinitive***. This alternate expression is used only for affirmative commands. For example: **¡Vamos a tomar el tour!** *(Let's take the tour!)*

■■■
Descúbrelo

- What does the mother want to know?
- What suggestions do the children offer?
- What verb forms do the children use to offer their ideas? What infinitive corresponds to each one?

PASO 3 GRAMÁTICA B

Colaborar

11-57 **En el Zoológico Nacional.** En tu semestre en Santiago de Chile, trabajas de medio tiempo en un jardín infantil *(preschool)*. Hoy, los niños van de excursión al Zoológico Nacional. ¿Qué les dices? Trabaja con un(a) compañero(a) para completar los mandatos de **nosotros** con los verbos más lógicos de la lista.

cruzar   decir   hacer   ir   lavarse   olvidarse   sentirse   tocar

1. ¡_____ la calle con mucho cuidado!

2. _____ primero a la exhibición de flamingos.

3. No _____ de ver los animales nativos.

4. ¡No _____ los animales peligrosos *(dangerous)*!

5. _____ las manos antes de comer.

6. _____ adiós a los animales: ¡es hora de irnos!

Direct object pronouns, **Capítulo 5 Paso 2**

Colaborar

11-58 **Compañeros de viaje.** Tú y tu compañero(a) alquilaron un auto en Santiago de Chile. Tomen turnos haciendo y contestando las siguientes preguntas. En sus respuestas, usen los mandatos de **nosotros** y los pronombres apropiados.

Modelo   **Estudiante A:** ¿Compramos este mapa de Chile?
Estudiante B: Sí, comprémoslo.

1. ¿Llenamos el tanque de gasolina ahora o después?

2. Hace calor. ¿Abrimos las ventanas?

3. ¿Tomamos la autopista para ir más rápido?

4. ¿Pagamos el peaje con monedas *(coins)*?

5. ¿A quién le pedimos direcciones?

6. Oye, ¿vamos a visitar el puerto?

Tourist activities, **Capítulo 4 Paso 1**

Colaborar

11-59 **En Chile.** ¿Qué quieren hacer tú y tus amigos en Chile? Con un(a) compañero(a), tomen turnos haciendo sugerencias. Usen los mandatos de **nosotros** y los verbos de la lista.

acampar   explorar   hacer   nadar   observar

Modelo   Observemos las estrellas en el desierto de Atacama.

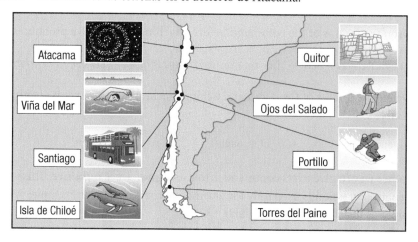

¡Exprésate!

👥 **11-60** **Planes para el fin de semana.** Toma turnos con un(a) compañero(a): una persona lee una pregunta, y la otra hace una sugerencia con un mandato de **nosotros**. Luego la primera persona reacciona de manera negativa.

Modelo **Estudiante A:** ¿Dónde quieres comer esta noche?

Estudiante B: Comamos en Casa Linda. Sus enchiladas son riquísimas.

Estudiante A: No tengo ganas de comer comida mexicana esta noche.

1. ¿Qué película quieres ver?
2. ¿Dónde quieres almorzar mañana?
3. ¿Dónde quieres ir de compras?
4. ¿Qué deporte quieres hacer el domingo?
5. ¿A quién quieres invitar a jugar Wii?
6. ¿Cuándo quieres estudiar?

👥 **11-61** **¿Qué hacemos?** Tú y tu compañero(a) van a pasar el día en Madrid, España. Lean la guía y usen mandatos de **nosotros** para dramatizar cinco breves conversaciones:

- Tomen turnos para hacer una sugerencia. Por ejemplo: **Visitemos el Museo del Prado. Me interesa mucho el arte.**

- La otra persona puede responder de forma positiva (**¡Buena idea!**) o puede ofrecer una alternativa (**No visitemos el Prado; es muy caro. Vamos al Parque del Retiro.**).

GUÍA TURÍSTICA DE MADRID

Palacio Real
Residencia oficial de la Familia Real Española
Abierto de 10:00 a 18:00
10,00 euros

Museo del Prado
Famoso museo de arte
Abierto de 10:00 a 20:00
15,00 euros

Parque del Retiro
Contiene un lago donde se puede pasear en bote, también hay cafeterías y músicos callejeros
Abierto de 6:00 a 24:00
Alquiler de botes:
6,00 euros

Estadio Santiago Bernabeu
Visita guiada del estadio de fútbol
Horario: 10:00 a 19:00
32,00 euros

Madrid Snowzone
Pista de esquí cubierta con nieve artifical
Abierto de 10:00 a 22:00
2 horas: 22 euros

Parque de Atracciones
Atracciones mecánicas como el Abismo y el Tornado
Horario varía
Entrada: 31,90 euros

Sala Contraclub
Espectáculo de flamenco
A las 22:30
12 euros

Teatro Kapital
Discoteca de siete pisos
Abierto de 24:00 a 5:30
17 euros

La Paella de la Reina
Restaurante estilo mediterráneo
Abierto de 13:00 a 16:00 y de 19:30 a 23:30
Precio aproximado:
30 euros

De Pata Negra
Restaurante de tapas
Abierto de 12:00 a 16:00 y de 19:30 a 24:00
Entre 12 y 20 euros

Pizzería La Reginella
Pizzas y comida italiana
Abierto de 13:30 a 16:00 y de 20:30 a 24:00
Entre 11 y 20 euros

👥 **11-62** **¿Quién es?** ¿Qué dicen las personas de la lista mientras hacen una excursión por la ciudad? Tomen turnos con dos o tres compañeros(as) para escoger a una persona de la lista y decir dos mandatos de **nosotros**: uno afirmativo y otro negativo. Los miembros del grupo tienen que adivinar (*guess*) quién es.

Modelo **Estudiante A:** "No caminemos tan lejos. Regresemos al hotel".

Estudiante B: ¿Lo dice el padre cansado?

Estudiante A: ¡Sí!

Personas en la excursión

niña mimada	padre cansado	joven aventurera
guía estricto	conductor despistado	estudiante intelectual

EN ACCIÓN: Preguntas esenciales

¿Qué actividades culturales y lugares públicos dan identidad y carácter a una ciudad?

11-63 **Piénsalo.** Con un(a) compañero(a), piensen en qué actividades culturales ocurren en estos lugares públicos y hagan una lista. ¿Hay otros lugares públicos que dan carácter a una ciudad? ¿Cuáles son?

- teatros
- estadios
- galerías
- plazas
- museos
- parques

Modelo En los teatros hay ballet, obras teatrales y...

11-64 **La opinión de Álvaro.** El chileno Álvaro Ramírez habla sobre lo que da identidad y carácter a una ciudad. Con un(a) compañero(a), lean su comentario y luego contesten las preguntas.

Colaborar

1. ¿Qué actividades culturales menciona Álvaro?

2. Según Álvaro, ¿qué lugares establecidos contribuyen a la identidad de una ciudad?

3. ¿Qué actividades dan el carácter a la ciudad? ¿Dónde ocurren estas actividades?

established
contribute

open-air

house

> Música, Deporte, Teatro y Arte Urbano. Diría que hay lugares establecidos°, como museos, teatros, estadios y galerías, y todos contribuyen° a la identidad de una ciudad. Pero el carácter viene de las actividades menos programadas como música en las plazas, museos a cielo abierto° con arte urbano y deportes espontáneos como los partidos de fútbol informales que se juegan acá en Chile —nosotros les decimos a estos "pichangas". Si tienes espacios que alberguen° y permiten estas actividades, la ciudad toma una personalidad mucho más abierta.

© Álvaro Ramírez

11-65 **Otras opiniones.** Las Ramblas es la calle más conocida de Barcelona, España. Con un(a) compañero(a), miren las fotos de Las Ramblas y escriban una o dos oraciones para cada foto que expliquen cómo Las Ramblas le da carácter a la ciudad de Barcelona. En sus oraciones, describan las actividades culturales que ocurren en este lugar público e icónico.

© Maxisport/Shutterstock.com

1.

© Iakov Filimonov/Shutterstock.com

2.

© Dragan Jovanovic/Shutterstock.com

3.

11-66 **¿Y tú?** Con un(a) compañero(a), discutan la pregunta esencial: ¿Qué actividades culturales y lugares públicos dan identidad y carácter a una ciudad? ¿Qué actividades culturales y lugares públicos dan identidad y carácter a **tu** ciudad?

EN ACCIÓN: Comunicación presentacional

Estás viajando por Chile, donde has hecho varias excursiones a destinos inusuales. Varios de tus amigos, animados *(inspired)* por los mensajes de tus aventuras, quieren visitarte.

$60.000

☀ **Tour Diurno**

AVISTAMIENTO DE BALLENAS EN CALETA CHAÑARAL DE ACEITUNO

Navega alrededor de Isla Chañaral, identifica fauna marina y disfruta de un almuerzo con la comida típica del lugar. Luego observa zorros y guanacos, entre mucho más.

RESERVAR AHORA

Fuente: VIAJES MIRADOR – Operador turístico – La Serena – Chile www.viajesmirador.com

---

11-67 **¡A crear!** Uno(a) de tus amigos ya ha hecho sus reservaciones para visitarte en Chile.

Primera parte: Escríbele un mensaje a tu amigo(a). Haz lo siguiente:

- Empieza con un saludo: **Hola, *(nombre)*:**

- Cuéntale de una excursión que has hecho en Chile recientemente. Puedes usar la información del anuncio de arriba o puedes consultar los dos anuncios en la página 455 para tomar ideas: **¡No vas a creer lo que hice la semana pasada!**

- Expresa tu alegría sobre la próxima visita: **Estoy muy contento(a) de que…**

- Dale cuatro o cinco consejos para su viaje. Usa un mínimo de cuatro mandatos informales para esta parte. Por ejemplo, podrías aconsejarle sobre la documentación que necesita, la ropa que debe llevar o el proceso de pasar por la aduana: **Quiero darte unos consejos para tu viaje. Primero, no te olvides de…**

- Hazle una o dos preguntas sobre su viaje: **¿Cuándo vas a… ?**

- Termina el mensaje con una despedida informal: **Saludos cordiales, *(tu nombre)*.**

Segunda parte: Intercambia *(Exchange)* papeles con un(a) compañero(a). Usa las siguientes preguntas como guía para editar su trabajo.

- *Does the message include all the information requested?*

- *Are the preterite and imperfect used to talk about last week's tour?*

- *Are informal commands used to give advice about travel to Chile?*

11-68 **Nosotros: Una atracción turística.** En MindTap, tú y tus compañeros subieron fotos y videos de atracciones turísticas de los estados donde Uds. viven. Vamos a compartir esa información.

Primera parte: ¡Prepárate para hablar! Primero, contesta las preguntas sobre la foto o el video que subiste al foro de discusión.

¿Cuál es la atracción turística?	
¿Dónde está?	
¿Qué se puede hacer o ver allí?	
¿Cuál es la mejor temporada para visitar esa atracción?	
¿Cuándo fue la última vez que fuiste allí? ¿Qué hiciste?	

Segunda parte: ¡A hablar! Con dos o tres compañeros de clase, tomen turnos para hablar de las atracciones turísticas. Los compañeros deben hacer una o dos preguntas y hacer comentarios.

Modelo **Estudiante A:** Una atracción turística interesante es… Está… Se puede… La mejor temporada… Fui allí…

Estudiante B: Está en el sur del estado, ¿verdad?

Estudiante C: Visité ese lugar hace dos años y me divertí mucho.

La caverna *Natural Bridge* de San Antonio, Texas

11-69 **Perspectivas: En mi tierra.** En MindTap, miraste un video en el que tres estudiantes hablan de donde nacieron *(they were born)*. Con dos o tres compañeros de clase, usen las preguntas y frases de la tabla *(chart)* para hablar de ese tema.

Preguntas	Frases útiles
1. ¿Dónde naciste? (Incluye la ciudad y el estado.)	Era muy pequeño(a) cuando nos mudamos. *I was little when we moved away.*
2. ¿En qué parte del estado está ubicada esa ciudad?	
3. ¿Cómo es la geografía allí?	Hemos vivido en muchos lugares. *We've lived in a lot of different places.*
4. ¿Cómo es el clima allí?	Déjame contarte sobre…
5. ¿Cuáles son algunos de los aspectos positivos y negativos de esa ciudad?	*Let me tell you about . . .*

11-70 **Videopodcast: Bosque lluvioso.** En MindTap, miraste un video sobre un destino turístico muy especial: el Parque Natural La Paz en Costa Rica. Ahora, tú y tu compañero(a) van a entrevistarse sobre un parque natural que conocen.

Primera parte: ¡Prepárate para hablar! Primero, completa el diagrama con las preguntas que necesitas para entrevistar a tu compañero(a).

¿Cómo vas a empezar la entrevista?	• Hola. • _____
¿Cómo vas a preguntar por la información básica sobre un parque natural especial?	• En tu opinión ¿cuál es es un parque natural especial? • _____ • _____ • _____
¿Cómo puedes preguntar por detalles sobre el lugar?	• ¿Cómo es la geografía allí? • _____ • _____ • _____
¿Cómo puedes preguntar sobre una visita reciente?	• ¿Cuándo fue la última vez que visitaste ese lugar? • _____ • _____ • _____
¿Cómo vas a terminar la entrevista?	• ¡Muchas gracias! • _____

Segunda parte: ¡A hablar! Usa tus apuntes para entrevistar a un(a) compañero(a) de clase. Después, tu compañero(a) va a entrevistarte a ti.

Practice reading, writing, and speaking skills in MINDTAP:

- **Lectura: La literatura: poesía** (de Pablo Neruda)
- **Lectura auténtica: La literatura: poesía** (de Roque Dalton)
- **Composición:** A blog entry about the perfect spring break destination
- **Pronunciación:** Syllable division and stress
- **Síntesis:** Interpersonal, interpretive, and presentational activities

VOCABULARIO

Para aprender mejor

Highlight those letters that are written with accent marks.

Sustantivos

el acuario *aquarium*

la aduana *customs*

la aerolínea *airline*

el (la) agente *(airline) representative*

el alquiler *rental*

el asiento de pasillo / de ventanilla *aisle / window seat*

el atractivo *attraction*

el auto *car*

la avería *breakdown*

el barrio histórico *historical neighborhood*

el bosque (tropical / lluvioso) *(tropical / rain) forest*

el cambio automático / manual *automatic / manual shift*

el camino *way*

el campo *country (rural area)*

el cañón *canyon*

la carretera *highway*

el castillo *castle*

el cerro *hill*

el clima *climate*

el (la) conductor(a) *driver*

el control de seguridad *security check*

la cordillera *(mountain) range*

el desierto *desert*

el destino turístico *tourist destination*

la doble tracción *four-wheel drive*

el documento de identidad *ID*

el equipaje (de mano) *(carry-on) luggage*

la esquina *corner*

la estatua *statue*

el este *east*

la estrella *star*

la gasolinera *gas station*

el glaciar *glacier*

las indicaciones *directions*

la isla *island*

el kilómetro *kilometer*

el lago *lake*

el letrero *sign*

el límite de velocidad *speed limit*

el metro *meter*

el mostrador *counter*

la naturaleza *nature*

el norte *north*

el observatorio *observatory*

el océano *ocean*

el oeste *west*

el país *country*

el paisaje *landscape, scenery*

el parque zoológico *zoo*

el (la) pasajero(a) *passenger*

el pasaporte *passport*

el peaje *toll*

el permiso de conducir *driver's license*

la pieza *piece; item*

el pueblo *small town*

el puente *bridge*

la puerta *gate (at an airport)*

el puerto *port*

el punto cardinal *cardinal direction*

el reclamo de equipage *baggage claim*

el río *river*

las ruinas *ruins*

la ruta *route*

la salida *exit*

la sede *seat*

el seguro *insurance*

el semáforo *traffic light*

el sur *south*

el tanque de gasolina *gas tank*

la tarifa *rate*

la tarjeta de embarque *boarding pass*

la temporada alta *peak season*

el valle *valley*

la vista *view*

el volcán *volcano*

el vuelo *flight*

Verbos

alquilar *to rent*

atraer *to attract*

cruzar *to cross*

demorarse *to be delayed*

doblar *to turn*

encontrarse *to be located*

estacionar *to park*

facturar *check in*

hacer caminatas *to go hiking*

hacer escalada en roca *to go rock climbing*

hacer rafting *to go (white-water) rafting*

hacer snowboard *to snowboard*

observar las ballenas *to go whale-watching*

pasar *to pass; to proceed*

pasar cerca de / por *to go near / by*

perderse *to get lost*

seguir derecho *to go straight*

tardarse *to take long*

Adjetivos

cálido(a) *hot*

claro(a) *clear*

enigmático(a) *enigmatic*

húmedo(a) *humid*

incluído(a) *included*

magnífico(a) *magnificent*

panorámico(a) *panoramic*

principal *main*

seco(a) *dry*

templado(a) *mild*

ubicado(a) *located*

Frases útiles

a bordo *on board*

¿A qué distancia está(n)... ? *How far is (are) . . . ?*

en caso de *in case of*

¿Me permite... ? *May I . . . ?*

Relative pronouns, p. 436

¡Adelante!

En Washington, D.C.

In this chapter you will . . .

- discuss study abroad and volunteer work
- talk about the news and current events
- explain how, why, and when an action will take place
- express what would or could happen
- express influence, emotion, doubt, and uncertainty
- discuss hypothetical and contrary-to-fact situations
- write an article for a class newspaper
- share information about a nonprofit organization you admire

You will also . . .

- gain insight into the United States and its Hispanic communities
- discuss how people stay informed about current events
- compare desirable places to study abroad
- discover connections to literature
- explore current events in Spanish-speaking news sites
- learn about an organization that helps immigrants in Denver, Colorado

NUESTRO **MUNDO**
Estados Unidos

Estados Unidos es el segundo país del mundo con más hispanohablantes. Se prevé que para el año 2060, uno de cada tres residentes será hispano.

12-1 **Mi país.** Andrés Felipe Arroyave estudia en el programa de doctorado de la Universidad de Carolina del Sur, en Columbia. Con un(a) compañero(a), lean su mensaje y contesten las preguntas.

Hola, mi nombre es Andrés Felipe Arroyave y tengo 34 años. Originalmente soy de Tulsa, Oklahoma, pero ahora mi familia y yo vivimos en Greenville, Carolina del Sur.

Con respecto a mi familia, mis padres son de Colombia, pero no se conocían antes de venir a Estados Unidos. Llegaron a este país en busca de trabajo, por caminos separados, hace unos 35 años. Mi padre fue a Nueva York; mi madre, a Oklahoma. Luego, mi padre, por razones de trabajo, terminó en Oklahoma. Allí se conocieron, se casaron y allí nací *(was born)* yo.

A mis cuatro años de edad mi familia y yo nos mudamos a Atlanta, Georgia, y poco después a Lawrenceville, Georgia. La comunidad hispana en Lawrenceville consistía principalmente de mexicanos y cubanos. Entre otras cosas, me acuerdo claramente de los diferentes negocios latinos, los cuales incluían supermercados, restaurantes, oficinas de abogados, etcétera.

Andrés y su familia en Greenville, Carolina del Sur

1. ¿Dónde nació *(was born)* Andrés? ¿En qué ciudades vivió de niño? ¿Dónde vive ahora?

2. ¿De dónde son los padres de Andrés? ¿Por qué vinieron a Estados Unidos?

¡Ahora tú!

- ¿Dónde naciste *(were you born)*? ¿Dónde vives ahora?

- ¿De dónde son tus padres? ¿Dónde se conocieron?

- ¿Hay alguien en tu familia que haya emigrado *(has migrated)* a Estados Unidos? ¿Cuántos años hace que emigró?

Una de las costumbres que tenemos en mi familia es la celebración de la Novena de Aguinaldos que, hasta donde yo sé, se practica en la comunidad católica-colombiana. En la Novena de Aguinaldos se reza una serie de oraciones durante nueve días previos a la Navidad, culminando en Nochebuena (Christmas Eve). Me acuerdo desde muy pequeño haber tomado parte en esta celebración, costumbre que mantenemos hasta el día de hoy cada Navidad. Además de las oraciones, también se cantan villancicos. Típicamente durante esta época se comen buñuelos (fried cheesy doughy balls), natilla (sweet custard) y chocolate caliente. ¡Deliciosos!

Buñuelos colombianos, hechos con queso y harina de maíz

3. ¿Quiénes celebran la Novena de Aguinaldos? ¿Cómo se celebra?

4. ¿Qué comen Andrés y su familia en Navidad?

¡Ahora tú!

• ¿Qué celebra tu familia en diciembre? ¿Cómo se celebra?

• ¿Has probado alguna vez los buñuelos colombianos? Si no los has probado, ¿crees que te gustarían?

He pasado una gran porción de mi vida en Greenville, Carolina del Sur, y he visto la comunidad latina crecer (grow) de forma considerable. No solo en Greenville y en Carolina del Sur se ha visto este crecimiento (growth) de la población e influencia latina, sino también por todo el país. Tal como expone el Centro de Investigaciones Pew, se puede observar, por ejemplo, cómo ha crecido (has grown) el número de la población latina milenaria con el derecho al voto. El año pasado 3.2 millones de jóvenes latinos alcanzaron (reached) la mayoría de edad (18 years old); el voto de los milenarios forma el 44% de los votos latinos.

5. ¿Dónde ha crecido (has grown) la población latina?

6. ¿Qué porcentaje (percent) de los votos latinos es de milenarios?

¡Ahora tú!

• ¿De qué tamaño (size) es la población latina en tu ciudad?

• ¿Qué influencia crees que el voto de los milenarios latinos tendrá en las próximas elecciones?

Andrés enfrente de un restaurante colombiano en Greenville, Carolina del Sur

Go to :꜀: MINDTAP for these additional activities:

• **Perfil:** Almanaque and **Mapa**

• **Mi país:** Extended version of Andrés's narrative

• **Conexiones:** Historia, Sociología, Deportes

• **Reportaje:** Video of Miami's genographic project

Estudiar en el extranjero

In this *Paso*, you will . . .
- discuss study abroad programs
- talk about indefinite or uncertain events

Un folleto

Centro de Idiomas A.C.E.
¡Aprende español en el extranjero!
- España   • Costa Rica   • Argentina

Cursos
- Español intensivo
- Lengua y cultura
- Música y danza
- Historia y arte

Alojamiento
- Familias anfitrionas
- Pisos compartidos
- Hostales y apartamentos
- Residencias estudiantiles

Ofrecemos instrucción personalizada
en grupos con un máximo
de 8 estudiantes.

Nuestras clases te dan
la oportunidad de sumergirte
en la cultura.

Photos: © Rido/Shutterstock.com; © tandem/Shutterstock.com

Para hablar de programas en el extranjero

Para elegir el mejor programa, es importante...
  comparar precios
  consultar con tu consejero(a) académico(a)
  tener en cuenta tus prioridades
Antes de viajar, es aconsejable...
  conseguir una visa estudiantil
  hacer un presupuesto
  informarse sobre las costumbres

To talk about study abroad programs

To choose the best program, it's important . . .
  to compare prices
  to consult with your academic advisor
  to take into account your priorities
Before traveling, it's advisable . . .
  to get a student visa
  to prepare a budget
  to find out about the customs

Durante la estadía

Para vivir la experiencia **al máximo**, **intégrate** a la rutina de la familia.

Para ser **un(a) huésped** considerado(a), **conserva** el agua y **la electricidad**.

Para hacer nuevas **amistades**, sé amable y **cortés** con todos.

Otros consejos	*Other advice*
Es importante...	*It's important . . .*
evitar malentendidos culturales	*to avoid cultural misunderstandings*
guardar los documentos en un lugar seguro	*to keep your documents in a safe place*
respetar las normas de conducta	*to respect the norms of personal conduct*
saber dónde está la embajada / el consulado	*to know where the embassy / consulate is*
tener la mente abierta	*to have an open mind*

Sentimientos comunes	*Common feelings*
Extraño mucho a (mi familia).	*I miss (my family) very much.*
Me siento abrumado(a) / muy a gusto.	*I feel overwhelmed / at home.*
No me acostumbro a (la vida de aquí).	*I can't get used to (life here).*

PASO 1 VOCABULARIO

¡Aplícalo!

Colaborar

12-2 **Con el consejero académico.** Emilio está hablando con su consejero académico sobre la posibilidad de estudiar en el extranjero. Con un(a) compañero(a), completen la conversación con las palabras más lógicas.

EMILIO   Profesor Darío, me encantaría estudiar en el (1. hostal / extranjero), pero no sé cómo (2. elegir / compartir) el mejor programa.

PROF. DARÍO   Primero, hay que tener en cuenta tus (3. residencias / prioridades) respecto al destino, los cursos y el (4. visa / alojamiento).

EMILIO   Siempre he soñado con estudiar en España. Me interesa un curso (5. intensivo / máximo) y prefiero vivir con una familia (6. anfitriona / estudiantil) para sumergirme en la cultura.

PROF. DARÍO   En ese caso, ¿por qué no investigas el programa del Centro de Idiomas A.C.E.? Ofrecen instrucción (7. considerada / personalizada) con grupos pequeños. Y (8. el precio / la danza) por el curso intensivo es muy competitivo.

EMILIO   Suena perfecto. Profesor, esta va a ser mi primera (9. embajada / experiencia) en el extranjero y quiero (10. evitar / acostumbrarse) malentendidos culturales. ¿Qué me aconseja?

PROF. DARÍO   Lo más importante es tener la mente (11. considerada / abierta) y (12. respetar / conservar) las normas de conducta.

EMILIO   ¿Me puede dar un ejemplo de una norma de conducta?

PROF. DARÍO   Cómo no. Para ser un (13. consulado / huésped) considerado, no camines por la casa sin zapatos. Es (14. abrumado / aconsejable) que siempre observes e imites a los demás.

EMILIO   Gracias, profesor. Creo que voy a sentirme muy (15. a gusto / a la vida).

12-3 **Las preferencias.** ¿A ti y a tu compañero(a) les gustaría estudiar en el extranjero? Tomando turnos, completen las oraciones oralmente para comparar sus preferencias.

1. Quiero estudiar en (España / Costa Rica / Argentina / ¿ ... ?). ¿Dónde quieres estudiar tú?

2. Prefiero tomar un curso (intensivo / de lengua y cultura / de música y danza / de historia y arte / ¿ ... ?). ¿Qué tipo de curso prefieres tú?

3. Me interesa vivir (con una familia anfitriona / en un hostal / en un piso compartido / en una residencia estudiantil). ¿Qué tipo de alojamiento prefieres tú?

4. Respecto a mis prioridades, para mí es importante encontrar un programa que (no sea muy caro / ofrezca la oportunidad de sumergirme en la cultura / esté en una ciudad grande / ¿ ... ?). ¿Qué es más importante para ti?

5. En cuanto a los documentos, (ya tengo / necesito conseguir) un pasaporte. ¿Y tú? ¿Ya tienes pasaporte?

¡Exprésate!

Colaborar

12-4 **En Estados Unidos.** Tomás, un estudiante de España, quiere estudiar inglés en tu campus. ¿Qué debe saber él? Con un(a) compañero(a), hagan un resumen oral *(make an oral summary)* de la información esencial sobre cada punto.

- **El alojamiento:** ¿Qué opciones hay en su campus o cerca de su campus? ¿Cuál le recomiendan Uds. a Tomás?

- **El presupuesto:** ¿Cuánto dinero necesita para el alojamiento? ¿Para las comidas? ¿Para divertirse?

- **Para vivir la experiencia al máximo:** ¿Qué debe hacer para hacer nuevas amistades en su campus? ¿Adónde debe ir para conocer el estado? ¿Qué puede hacer para practicar el inglés?

↻ Giving advice, **Capítulo 6 Paso 3, Capítulo 9 Paso 3**

12-5 **¡Necesito tus consejos!** Estás estudiando en España y tu amigo(a) no se está acostumbrando a la vida del país. ¿Qué le dices? Con un(a) compañero(a), completen las conversaciones con sus recomendaciones.

Modelo **Estudiante A:** Mi mamá anfitriona insiste en que yo vuelva a casa a la una para almorzar, pero francamente, me gustaría quedarme en el instituto con mis amigos. ¿Qué hago?

Estudiante B: Para sumergirte en la cultura, tienes que integrarte a la rutina de tu familia anfitriona. Creo que debes volver a casa para almorzar con ellos, como la señora te pide.

1. Ayer, cuando miraba la tele en casa con mi familia, puse los pies encima de la mesita. Mi mamá anfitriona no me dijo nada, pero me miró de una manera rara *(strange)*. ¿Qué piensas tú? ¿Hice algo malo?

2. Mi hermano anfitrión me dijo que para recibir el Año Nuevo, todos comen doce uvas a la medianoche. ¡Qué locura! *(That's crazy!)*

3. ¡Extraño mucho a mi familia! Todas las noches paso horas hablando con ellos por Internet. Es que no tengo muchos amigos aquí. Es muy difícil hacer nuevas amistades. ¿Qué me aconsejas?

4. Esta mañana me duché y cuando salí del baño, 30 minutos más tarde, mis hermanos anfitriones parecían un poco enojados conmigo. ¿Qué pasa con ellos?

12-6 **Experiencias comunes.** Es difícil para muchos estudiantes acostumbrarse a la vida de otro país. Con un(a) compañero(a), dramaticen estas escenas de experiencias típicas. Una persona representa a la persona en el dibujo; la otra persona le da consejos para integrarse a la vida del país.

1. Daniel, con su familia mexicana

2. Elizabeth, en su residencia en Perú

3. Ty, en un club en España

El subjuntivo en las cláusulas adverbiales

MANUEL Hola, Rosario. ¿Adónde vas con tanta prisa?

ROSARIO ¡Hola, Manuel! Es que tengo una cita con mi consejero académico. Necesito hablar con él **para que** me explique las opciones para estudiar en el extranjero.

MANUEL ¿Estudiar en el extranjero? ¡Qué buena idea! Oye, **después de que** hables con él, ¿vamos al café **para** conversar? Me gustaría saber más sobre estas oportunidades.

■ ■ ■
Descúbrelo

- Why does Rosario need to meet with her advisor?

- What expression does Rosario use to introduce the reason for this meeting? Is this expression followed by the indicative or the subjunctive?

- When does Manuel want to meet with Rosario for coffee? Is the indicative or the subjunctive used following the phrase **después de que**?

1. Adverbial clauses (**las cláusulas adverbiales**) provide information about how, why, and when actions take place. These dependent clauses are introduced by special connectors called conjunctions (**las conjunciones**).

   <u>Después de que</u> hables con tu consejero, ¿tomamos un café?
   <u>After</u> you talk with your advisor, why don't we go get some coffee?

2. Some conjunctions always require the subjunctive in the adverbial clause.

   Pienso estudiar en el extranjero **con tal de que me <u>ofrezcan</u> una beca.**
   *I plan to study abroad **provided that I'm <u>offered</u> (they offer me) a scholarship.***

   Conjunciones que siempre se usan con el subjuntivo

a menos que	*unless*	**en caso de que**	*in case*
antes de que	*before*	**para que**	*so that*
con tal (de) que	*provided that*	**sin que**	*without*

3. Other conjunctions, which refer to time, require the subjunctive in the adverbial clause only to refer to future actions or events.

   Vas a aprender mucho **cuando <u>estudies</u> en Chile el próximo verano.**
   *You're going to learn a lot **when you <u>study</u> in Chile next summer.***

   Conjunciones que se usan con el subjuntivo para hablar del futuro

cuando	*when*	**hasta que**	*until*
después de que	*after*	**mientras**	*while*
en cuanto	*as soon as*	**tan pronto como**	*as soon as*

4. With a few conjunctions, the subjunctive is used only when the subjects in the main and dependent clauses are different. When the subjects are the same, the infinitive is used.

Two different subjects: Use the subjunctive	One subject: Drop *que* and use the infinitive
antes de que	**antes de**
Antes de que vayas a casa, ¿almorzamos?	**Antes de** ir a casa, quiero almorzar.
después de que	**después de**
Te llamaré **después de que** hables con ellos.	Te llamaré **después de** hablar con ellos.
para que	**para**
Ofrecen cursos virtuales **para que** todos tengan más flexibilidad de horario.	Prefiero tomar un curso virtual **para** tener más flexibilidad de horario.
sin que	**sin**
No debes estudiar en el extranjero **sin que** tu consejero apruebe tu plan de estudios.	No debes salir de casa **sin** llevar una copia de tu pasaporte.

 12-7 En el extranjero. Con un(a) compañero(a), lean cada comentario e identifiquen lo siguiente:

- la persona de la lista que está hablando
- la cláusula adverbial
- si el verbo de la cláusula adverbial está en el indicativo o el subjuntivo

Modelo "Empecé a extrañar a mi familia en cuanto entré al avión".

la persona = Alan, el estudiante; la cláusula adverbial = en cuanto entré al avión; el verbo = indicativo

Alan, el estudiante	la consejera	el profesor
la madre de Alan	la novia de Alan	de español

1. "Saca el certificado del curso de español intensivo para que recibas crédito en la universidad".
2. "Me sentí un poco abrumado hasta que me acostumbré a la vida de aquí".
3. "Mañana practicaremos el subjuntivo en cuanto repasemos los mandatos".
4. "No te voy a mandar dinero hasta que hagas un presupuesto".
5. "Voy a enfadarme a menos que me llames todos los días durante tu viaje".

 12-8 La rutina de Alejandro. Alejandro está estudiando en Costa Rica. Con un(a) compañero(a), completen las oraciones sobre su rutina con los verbos más lógicos de la lista. Escríbanlos en el presente de indicativo o subjuntivo.

comer   ir   llegar   necesitar   terminar   ver

1. Todos los días Alejandro se levanta temprano. Prefiere ducharse antes de que sus hermanos anfitriones _____ usar el baño.
2. Su mamá anfitriona siempre le prepara gallo pinto para que _____ un buen desayuno antes de ir al Centro de Idiomas.
3. Sale de casa a las ocho y media a menos que su clase _____ de excursión.
4. Siempre vuelve a casa a la una de la tarde, después de que _____ las clases.
5. Todos los días, en cuanto Alejandro _____ a casa, almuerza con su familia.

¡Exprésate!

Colaborar

12-9 **Seis consejos.** Trabaja con un(a) compañero(a) para terminar de escribir el siguiente cartel. Escojan las frases más lógicas de la lista y conjuguen los verbos en la forma **tú**. Para los últimos dos consejos, complétenlos de manera original.

saber cuánto dinero necesitas   **perder** tu pasaporte
elegir un programa   **decidir** estudiar en el extranjero

¿Piensas estudiar en el extranjero?

Sigue estos seis consejos:

- Es mejor consultar con tu consejero(a) académico(a) en cuanto _____
- Es importante comparar precios antes de que _____
- Es esencial hacer un presupuesto para que _____
- Es aconsejable saber dónde está el consulado en caso de que _____
- Es recomendable vivir con una familia anfitriona para que _____
- Es buena idea _____

12-10 **Durante las vacaciones.** ¿Qué piensas hacer cuando termine este semestre? Compara planes con un(a) compañero(a). Tienen que completar cada oración con un sujeto diferente y el presente de subjuntivo.

Modelo Compraré ropa nueva después de que... **me paguen en mi nuevo trabajo.**

1. No pienso abrir un libro de texto hasta que...

2. Haré un viaje con tal de que...

3. Voy a dormir hasta tarde todos los días a menos que...

4. Visitaré a mi familia tan pronto como...

5. Conseguiré un empleo después de que...

6. Me divertiré mucho antes de que...

12-11 **Sí... pero hay una condición.** Cuando le pides un favor a tu amigo José, él siempre está dispuesto *(willing)* a ayudarte, pero ¡con algunas condiciones! Toma turnos con un(a) compañero(a) para completar las conversaciones entre tú y José. Necesitan incluir los adverbios **con tal de que** o **a menos que** en las respuestas de José.

Modelo Estudiante A (Tú): ¿Puedes llevarme al centro comercial?
         Estudiante B (José): Te llevo **con tal de que me invites a almorzar**. / No te
                           llevo **a menos que pagues la gasolina para el auto**.

1. ¿Me prestas *(lend)* un poco de dinero? Tengo que comprar un regalo de cumpleaños para mi abuela.

2. ¿Me puedes explicar este problema de cálculo? Tengo un examen mañana y no comprendo nada.

3. ¿Puedo usar tu computadora? La mía tiene algún virus y no está funcionando.

4. ¿Me presentas a tu primo(a)? ¡Qué guapo(a) es!

5. ¿Me puedes llevar al aeropuerto? Voy a Florida para el fin de semana.

6. ¿Puedo dormir en tu apartamento esta noche? He perdido la llave de mi cuarto.

Repaso de los usos del presente de subjuntivo

MANUEL	Bueno, Rosario, ¿cómo van tus planes para estudiar en el extranjero?
ROSARIO	Muy mal. Mis padres no quieren que yo vaya a otro país para estudiar. Mi papi dice que no tienen dinero para lujos *(luxuries)* de ese tipo.
MANUEL	¿No hay nadie que te pueda ayudar? ¿Un tío rico? ¿Una abuela?
ROSARIO	¡Claro! ¡Mi abuela! Es posible que ella me preste *(lend)* el dinero.

1. The present subjunctive is used in dependent noun clauses after expressions of influence, emotion, doubt, and denial.

	MAIN CLAUSE	**QUE**	DEPENDENT CLAUSE WITH SUBJUNCTIVE
Influence	Papá no quiere *Dad doesn't want*	que	yo **estudie** en el extranjero. *me to study* abroad.
Emotion	Siento *I'm sorry*	que *that*	no **puedas** estudiar en Chile. *you can't* study in Chile.
Doubt	Es posible *It's possible*	que *that*	mi tía me **preste** el dinero. *my aunt will lend me the money.*
Denial	No es verdad *It's not true*	que *that*	este programa **sea** caro. *this program is expensive.*

2. The indicative, not the subjunctive, is used after **que** when the main clause expresses belief or certainty.

Belief	Creo *I think*	que *(that)*	**ofrecen** alojamiento con familias. *they offer lodging with families.*
Certainty	No hay duda de *There's no doubt*	que *that*	A.C.E. **tiene** el mejor programa. *A.C.E. has the best program.*

3. The subjunctive is used in an adjective clause to refer to a non-specific, hypothetical, or non-existent person, place, or thing. The dependent clause is linked to the main clause with **que** *(that, who)*, **quien** *(who)*, or **donde** *(where)*.

	MAIN CLAUSE	CONNECTOR	DEPENDENT ADJECTIVE CLAUSE
Hypothetical / Non-specific	Quiero un programa *I want a program*	que *that*	**tenga** buena reputación. *has a good reputation.*
Non-existent	No hay nadie *There's nobody*	que *who*	me **pueda** ayudar. *can help me.*

■■■
Descúbrelo

- Why is Rosario feeling sad at the beginning of the conversation?
- How does Manuel suggest that she solve her problem?
- In which sentence is the subjunctive used after an expression of influence? After an expression of doubt?
- Why is the subjunctive used after the word **nadie** in the conversation?

4. The indicative is used in dependent adjective clauses when they refer to known or specific people, places, and things.

| Known /
Specific | Vivo con una familia
I live with a family | que
that | **tiene** tres hijos.
***has** three children.* |

5. The present subjunctive is used in adverbial clauses to express when, why, and how actions take place. These conjunctions always require the subjunctive: **a menos que**, **con tal de que**, **en caso de que**, **antes de que**, **para que**, and **sin que**.

Necesitas sacar un pasaporte **antes de que <u>vayas</u> al extranjero.**
*You need to get a passport **before <u>you go</u> abroad.***

6. These conjunctions use the subjunctive when the adverbial clause refers to an action that has not been completed: **cuando**, **después de que**, **en cuanto**, **hasta que**, **mientras**, and **tan pronto como**.

En cuanto <u>lleguemos</u> a Cusco, conoceremos a las familias anfitrionas.
***As soon as <u>we arrive</u> in Cusco**, we will meet the host families.*

¡Aplícalo!

12-12 **¡A estudiar!** ¿Cómo reaccionan todos cuando les dices que vas a estudiar en el extranjero? Con un(a) compañero(a), completen cada oración con una expresión apropiada: **Me alegra**, **Me preocupa**, **Ojalá**, **Espero**, **Es una lástima**, **Es posible**, etcétera.

1. Tu profesor(a) de español: ¡_____ que vayas a estudiar español en el extranjero!
2. Tu papá: _____ que el programa cueste mucho dinero.
3. Tu novio(a): No sé. _____ que nuestra relación sufra.
4. Tu familia anfitriona: _____ que estés a gusto con nosotros.
5. Tus amigos: _____ que tengas una experiencia fantástica.

12-13 **Con el consejero.** Un estudiante tiene muchas preguntas sobre el programa para estudiar en el extranjero. Con un(a) compañero(a), lean las preguntas y completen las respuestas; usen el subjuntivo.

1. ESTUDIANTE ¿Le llevo un regalo a mi familia anfitriona?
   CONSEJERO Es buena idea que _____.
2. ESTUDIANTE ¿Puedo llevar mi computadora portátil?
   CONSEJERO Sí, pero es mejor que _____.
3. ESTUDIANTE ¿Podré hacer escalada en roca?
   CONSEJERO No estoy seguro de que _____.
4. ESTUDIANTE ¿Qué hago si extraño a mi familia?
   CONSEJERO Te recomiendo que _____.
5. ESTUDIANTE ¿Y qué hago si me siento muy estresado?
   CONSEJERO Busca a alguien que _____.

12-14 **El choque cultural.** ¿Has experimentado alguna vez el choque cultural *(culture shock)*? Con un(a) compañero(a), lean el siguiente artículo sobre este tema. Luego contesten las preguntas con oraciones completas.

1. ¿Cuándo se experimenta el choque cultural? ¿Es verdad que es una experiencia permanente?

2. ¿Qué factores contribuyen al choque cultural? En tu opinión, ¿cuáles son otros factores que puedan influir?

3. ¿Cuáles de los síntomas les sorprende a Uds. que el choque cultural produzca?

4. ¿Qué recomienda el artículo que hagamos para minimizar el choque cultural? ¿Qué más aconseja?

5. ¿Conocen a alguien que sufra de choque cultural? ¿De dónde es? ¿Qué es importante que sepa?

El choque cultural

¿Qué es?

El choque cultural es una experiencia totalmente normal cuando uno empieza a vivir en un país extranjero. La comida, el clima, las normas de conducta, todo es diferente. Algunos síntomas de choque cultural son ansiedad, confusión, nostalgia y, a veces, depresión y problemas de salud.

¿Cómo podemos minimizarlo?

- tener una mente abierta y una actitud positiva
- participar en actividades de la escuela y la comunidad
- tener una buena relación con la familia anfitriona
- hacer nuevas amistades y mantener contacto con las viejas

Cochinillo asado, plato típico de Segovia

¿Algo más?

Es importante tener en cuenta que el choque cultural es una fase temporal. Con el tiempo, uno se adapta y empieza a apreciar la nueva cultura. Al final, el choque cultural nos ayuda a tener diferentes perspectivas y crecer *(grow)* como personas.

Photo: © vsl/Shutterstock.com

12-15 **Los criterios.** ¿Cuáles son tus criterios para elegir un programa de estudio en el extranjero? Formen grupos de tres o cuatro personas y miren los siguientes criterios. Para cada uno, expresen sus opiniones y compartan sus ideas. Usen oraciones con el subjuntivo lo más posible *(as much as possible)*.

Modelo dónde está ubicado

Estudiante A: Para mí, es muy importante que el programa **esté** ubicado en una ciudad grande, donde **haya** muchos museos, restaurantes, tiendas y clubs.

Estudiante B: Pues, yo prefiero que **esté** en un pueblo pequeño y tranquilo.

Estudiante C: En mi opinión...

1. dónde está ubicado

2. el tamaño de las clases

3. el tipo de alojamiento

4. el precio del programa

5. las actividades culturales que ofrecen

6. la duración del programa

EN ACCIÓN: Preguntas esenciales

¿Deberían estudiar en el extranjero todos los estudiantes?

 12-16 **Piénsalo.** Con un(a) compañero(a), lean la lista de algunas razones *(reasons)* para estudiar en el extranjero. ¿Cuál es la más importante, en su opinión?

- aprender un idioma
- ampliar *(expand)* tu currículum
- tener una nueva perspectiva de tu país

- hacer amigos para toda la vida
- ser más independiente
- aprender de otras culturas

12-17 **La opinión de Andrés.** Andrés Arroyave está haciendo un postgrado en la Universidad de Carolina del Sur. Con un(a) compañero(a), lean su opinión sobre estudiar en el extranjero y luego contesten las preguntas.
Colaborar

1. ¿Cree Andrés que todos los estudiantes deberían estudiar en el extranjero?

2. ¿Por qué cree que es una experiencia enriquecedora *(enriching)*?

enriching / learner learning

> Sí, pienso que todos los estudiantes deberían estudiar en el extranjero, especialmente los que están aprendiendo a hablar un nuevo idioma. El estudiar en el extranjero es una experiencia enriquecedora° para el aprendiz°, no solo en el aprendizaje° del idioma sino también en la adquisición de elementos culturales del país que se visita.

Andrés Arroyave

12-18 **Otras opiniones.** Lee el siguiente fragmento de la página web **Preguntas Frecuentes sobre la Experiencia AFS.** Luego, con un(a) compañero(a), digan cuáles de las siguientes razones *(reasons)* da AFS para estudiar en el extranjero.
Colaborar

☐ aprender un nuevo idioma
☐ conectar con personas de otros países
☐ ser más seguro *(confident)* de sí mismo(a)

☐ mejorar *(improve)* tu currículum
☐ entender mejor el mundo global
☐ romper la rutina y tener aventuras

+ ¿Por qué debería estudiar en el extranjero?

- Vivir, estudiar y hacer amigos en otro país te ayuda a conectar con un mundo más grande que el tuyo.

- Estudiar en el extranjero genera confianza en ti mismo y te ayuda a sentirte más cómodo al enfrentarte a la adaptación intercultural: en tu propia comunidad y en todo el mundo.

- Aprender a ser un ciudadano global te ayudará a entender, definir y tomar tu lugar en el mundo.

Fuente: "Preguntas Frecuentes," afs.org.mx.

confianza en ti mismo *self-confidence*   enfrentarte *face*   ciudadano *citizen*

 12-19 **¿Y tú?** Habla con un(a) compañero(a) sobre la pregunta esencial. Usen estas preguntas como punto de partida *(point of departure)*.

1. ¿Crees que todos los estudiantes deberían estudiar en el extranjero? ¿Por qué sí o por qué no?

2. ¿Estás de acuerdo con las razones *(reasons)* que dan Andrés y AFS? Explica.

3. En tu opinión, ¿cuáles son las ventajas *(advantages)* de ser ciudadano global? ¿Hay alguna desventaja?

EN ACCIÓN: Comunicación interpretativa

¿Quieres mejorar tu español? Entonces debes investigar la posibilidad de estudiar y trabajar en un país hispanohablante. En esta entrada del **ESL-Idiomas en el Extranjero Blog**, una estudiante española nos cuenta sobre el viaje que hizo a Nueva Zelanda.

Enamorada de Nueva Zelanda

POR MAR ARMENGOL

Finalmente, a mis 30 años decidí irme a Nueva Zelanda 6 meses a mejorar mi inglés, trabajar y visitar el país.

Escogí la ciudad de Auckland por ser la más poblada° de todo el país, y debido a° que el estilo de vida es más relajado que en la ciudad donde vivo (Barcelona), fue fácil y agradable vivir allí.

Estudiar en la escuela NZLC me ofreció la posibilidad de mejorar mi inglés y hacer amistad con estudiantes de muchísimas nacionalidades. Además, tuve la oportunidad de trabajar en un hotel mientras combinaba mis estudios y mis viajes por el país.

Después de mi estancia°, puedo decir que Nueva Zelanda es un país seguro con una calidad de vida muy buena. Es ideal para los apasionados de los deportes de aventura y de la naturaleza. Me vuelvo a España enamorada° de este país…

Animo° a todo el mundo que quiera estudiar inglés en el extranjero, que no se lo piense tanto y dé ese gran salto°, ya que le aportará° un gran valor a su carrera profesional y personal. Vivir en una ciudad extranjera te permite salir de tu zona de confort, conocerte a ti mismo ante nuevas situaciones, valorar° lo que tienes y te enriquece° muchísimo como persona.

Fuente: Mar Armengol, "Enamorada de Nueva Zelanda," blog.esl-idiomas.com.

poblada *populated*   debido a *due to*   estancia *stay, visit*   enamorada *in love*   Animo *I encourage*   salto *leap* aportará *it will contribute*   valorar *to appreciate*   enriquece *it enriches you*

Colaborar

12-20 **¿Qué entiendes?** Con un(a) compañero(a), lean el artículo y contesten las preguntas.

1. ¿Quién escribió este blog? ¿Por qué decidió ir a Nueva Zelanda?

2. ¿Qué oportunidades tuvo la bloguera en la escuela NZLC? ¿Qué más hizo, aparte de estudiar?

3. Según la bloguera, ¿por qué es buena idea estudiar en el extranjero?

12-21 **Tertulia.** Con dos o tres compañeros de clase, hablen sobre la experiencia de estudiar en el extranjero. Usen estas preguntas como punto de partida.

1. ¿Has estudiado en el extranjero alguna vez? ¿Dónde estudiaste? ¿Por cuánto tiempo? ¿Fue una experiencia positiva?

2. ¿Te gustaría estudiar en el extranjero? ¿Dónde quieres ir? ¿Quieres mejorar tu español o tienes otro objetivo?

3. ¿Conoces a algún (alguna) estudiante extranjero(a)? ¿De dónde es? ¿Por qué decidió estudiar en Estados Unidos?

El voluntariado

Oportunidades de voluntariado

Casa Hispana
Una organización sin fines de lucro

OPORTUNIDADES DE VOLUNTARIADO:

Mentores para escuela primaria
¡Haz la diferencia en la vida de un niño!

Responsabilidades:
- reunirse con un alumno de primaria
- compartir actividades divertidas
- ayudar con las tareas escolares

Asistente de publicidad
¡Utiliza tus habilidades de computación y de organización!

Responsabilidades:
- crear carteles y folletos
- coordinar y organizar eventos
- colaborar con otras organizaciones

Photos: © iofoto/Shutterstock.com; © Inga Ivanova/Shutterstock.com

Otras oportunidades	*Other opportunities*
ayudar a...	*to help . . .*
familias de bajos ingresos	* low-income families*
personas discapacitadas	* people with disabilities*
personas sin hogar	* homeless people*
recoger basura	*to pick up trash*
repartir a domicilio comida caliente	*to home-deliver hot meals*
solicitar donativos / dinero	*to ask for donations / money*
trabajar en la conservación de la naturaleza	*to work in nature conservation*

Complete this Paso's Learning Path in :: MINDTAP

Ready? Learn it! Practice it! Use it! Got it?

Oportunidades de voluntariado (cont.)

Servimos a la comunidad hispana desde 1985

Aprendizaje de inglés

¿Quieres ayudar a los inmigrantes a aprender inglés?

Responsabilidades:

- impartir clases de inglés como segundo idioma
- participar en grupos de conversación

Reconstrucción de viviendas

¡Pongamos manos a la obra para reparar casas!

Responsabilidades:

- pintar paredes
- arreglar techos
- construir rampas

Los voluntarios no necesitan tener experiencia previa porque reciben un entrenamiento. Es necesario tener un nivel de español intermedio y la edad mínima de 18 años.

Photos: © Kev Draws/Shutterstock.com; © iStock.com/Ana Abejon; © Paul Burns/Getty Images

Otros tipos de voluntariado	*Other volunteer work*
¿Has trabajado de voluntario(a) alguna vez?	*Have you ever done volunteer work?*
Sí, el año pasado trabajé en...	*Yes, last year I worked in . . .*
un comedor de caridad	*a soup kitchen*
una guardería	*a day-care center*
un hogar para ancianos	*a nursing home*
un refugio de animales	*an animal shelter*

PASO 2 VOCABULARIO

Colaborar

12-22 **Organizaciones sin fines de lucro.** Con un(a) compañero(a), relacionen el nombre de cada organización de voluntariado con el trabajo que realiza.

¿Qué hacen los voluntarios?

_____ 1. Trabajan en la conservación de la naturaleza.

_____ 2. Son mentores de niños y jóvenes.

_____ 3. Construyen viviendas para familias de bajos ingresos.

_____ 4. Ayudan a los enfermos y a las víctimas de catástrofes.

_____ 5. Reparten comida a las casas de ancianos y personas discapacitadas.

¿Cómo se llama la organización?

a. Hábitat para la Humanidad

b. Meals-on-Wheels

c. Sierra Club

d. Hermano Mayor Hermana Mayor

e. Médicos Sin Fronteras

Colaborar

12-23 **En la Casa Hispana.** Con un(a) compañero(a), lean la conversación y escojan las palabras más lógicas.

VOLUNTARIO   Me gustaría trabajar de (1. donativo / voluntario) para la Casa Hispana porque quiero ayudar a los (2. voluntariados / inmigrantes) latinos; pero no sé en qué capacidad.

COORDINADORA   Pues, necesitamos un (3. asistente / anciano) de publicidad para crear (4. folletos / ingresos) informativos.

VOLUNTARIO   Para ser sincero, prefiero no trabajar en una oficina.

COORDINADORA   ¿Te gustaría reparar las (5. viviendas / caridades) de familias inmigrantes?

VOLUNTARIO   Sí, ¡me encantaría!, pero no tengo experiencia (6. compartida / previa) en construcción.

COORDINADORA   Eso no importa. Nosotros ofrecemos (7. guardería / entrenamiento). El único requisito es una actitud positiva.

VOLUNTARIO   Entonces estoy listo para empezar. ¡Manos a la (8. obra / tarea)!

Colaborar

12-24 **Puestos de voluntariado.** Como asistentes de publicidad, tú y tu compañero(a) necesitan completar los siguientes anuncios para puestos de voluntariado. Escriban terminaciones lógicas para cada uno.

1. **Escuela primaria busca voluntarios para ayudar a los...**

2. **Ven al parque central este viernes a las 6 p.m. para repartir ropa y comida a las...**

3. **Iglesia San Marcos busca tutores para clases gratis de inglés como...**

4. **Constructora Ibiza, Inc. te invita a poner manos a la obra. Este domingo vamos a construir...**

5. **Grupo Eco necesita voluntarios para repartir folletos sobre la conservación de...**

¡Exprésate! **12-25 Voluntariado en Ecuador.** Con un(a) compañero(a) de clase, lean esta publicidad para un programa de voluntariado y contesten las preguntas.

1. ¿Dónde y cuándo toma lugar el programa de voluntariado?
2. ¿Qué tipo de tareas realizan los voluntarios? ¿Dónde trabajan?
3. ¿Cuántos años tienen que tener los voluntarios? ¿Qué nivel de español deben tener?
4. ¿Cuánto cuesta participar en el programa? ¿Está incluido el boleto de avión?
5. ¿Les interesa este programa de voluntariado? ¿Por qué sí o por qué no?

VOLUNTARIADO EN PUNTA BLANCA, ECUADOR
27 DE JULIO – 12 DE AGOSTO

Actividades de voluntariado
- **Limpiar playas.** Tres veces por semana vamos a la playa para recoger la basura.
- **Ayudar a los animales marinos.** Observamos las ballenas que visitan nuestras costas y ayudamos a que las tortugas lleguen a la playa para poner sus huevos.
- **Trabajar con niños.** Visitamos escuelas primarias y guarderías. Organizamos actividades para que los niños aprendan sobre la conservación de la naturaleza.

Requisitos
Edad mínima de 16 años; nivel intermedio de español.

Costo
$200 USD. Incluye alojamiento y comida. No incluye transporte o gastos personales.

Visita nuestra página web www.nuestratierra.org

 12-26 Un puesto de voluntariado. Imagina que eres coordinador(a) de voluntarios; tu compañero(a) quiere trabajar de voluntario(a). Entrevista a tu compañero(a) con las preguntas siguientes. Después, explica para qué puesto vas a contratarlo(la). Cuando terminen, cambien de papel *(change roles)*.

1. ¿Has trabajado de voluntario(a) alguna vez? ¿Qué actividades realizabas?
2. ¿Por qué quieres hacer trabajo voluntario ahora? ¿A quiénes te gustaría ayudar?
3. ¿Qué tipo de trabajo no te interesa hacer? ¿Por qué?
4. ¿Cuáles son tus puntos fuertes? ¿Y tus puntos débiles?
5. ¿Cuántas horas por semana estás disponible? ¿Tienes tu propio auto?

🔄 The imperfect and the preterite, **Capítulo 8 Paso 3**

 12-27 Pasando el verano como voluntarios. ¿Qué hicieron estos estudiantes el verano pasado? Con un(a) compañero(a), escriban tres oraciones sobre cada foto. Digan dónde trabajaron y qué hicieron.

1. Jacobo

2. Maya

3. David

4. Norma

El imperfecto de subjuntivo

SOFÍA ¿Qué tipo de voluntariado hiciste para el Día de Servicio a la Comunidad?

JOSÉ Pasé el día en una escuela primaria donde ayudé a los niños con su tarea.

SOFÍA Pero, ¿no me dijiste que querías construir rampas para personas discapacitadas?

JOSÉ Sí, pero **ese grupo necesitaba voluntarios que tuvieran experiencia.**
Entonces **la coordinadora me recomendó que trabajara en la escuela.** ¡Me
gustó mucho! Creo que voy a cambiar mi carrera a la educación.

■ ■ ■

Descúbrelo

■ What did José
end up doing for
Community Service
Day?

■ Why wasn't he able
to participate in his
first-choice activity?

■ Do the phrases
in boldface in the
dialogue refer to
the present, the
past, or the future?

1. The past subjunctive, also called the imperfect subjunctive (**el imperfecto de
subjuntivo**), is used in sentences that refer to the past.

> La coordinadora me sugirió que **trabajara** en una escuela.
> *The coordinator suggested that **I work** in a school.*

2. The forms of the past subjunctive are based on the **ellos** form of the preterite.
After conjugating the verb in the preterite, remove the **-on** and add the new
endings. Notice that an accent mark must be added to the **nosotros** form.

El imperfecto de subjuntivo

	-ar	-er	-ir
	trabajar (trabajar~~on~~)	volver (volvier~~on~~)	salir (salier~~on~~)
que yo	trabajara	volviera	saliera
que tú	trabajaras	volvieras	salieras
que Ud./él/ella	trabajara	volviera	saliera
que nosotros(as)	trabajá**ramos**	volvié**ramos**	salié**ramos**
que vosotros(as)	trabajar**ais**	volvier**ais**	salier**ais**
que Uds./ellos/ellas	trabajar**an**	volvier**an**	salier**an**

3. The past subjunctive uses the same irregular stems as the preterite.

> ir → fuer~~on~~ → yo fuera
> Mamá no quería que **yo fuera** a Chile para estudiar.
> *Mom didn't want **me to go** to Chile to study.*

> hacer → hicier~~on~~ → nosotros hiciéramos
> El director nos pidió que **hiciéramos** unos folletos.
> *The director asked **us to make** some brochures.*

The past subjunctive of **hay**, from the verb **haber**, is **hubiera**.

12-28 **Cuatro en línea.** Juega a "cuatro en línea" con un(a) compañero(a) para practicar las formas del imperfecto de subjuntivo. Tomen turnos para escoger un sujeto y un verbo y conjugarlo en el imperfecto de subjuntivo. Si la forma es correcta, pongan X u O en el cuadrado. La primera persona con cuatro X (u O) en línea, ¡gana!

	ser	vivir	conocer	decir	hacer	trabajar
yo						
el asistente						
los voluntarios						
tú						
mis amigos y yo						
Uds.						

12-29 **En la última reunión.** ¿Qué dijo el coordinador de voluntarios en
Colaborar la última reunión? Con un(a) compañero(a), completen las oraciones; tienen que conjugar los verbos más lógicos en el imperfecto de subjuntivo.

1. Hábitat para la Humanidad quería un voluntario que (tener / ir) _____ experiencia en la construcción.

2. Adopt-a-Highway buscaba personas que (conducir / poder) _____ recoger basura.

3. La Guardería ABC hizo un entrenamiento para que nosotros (aprender / salir) _____ primeros auxilios (*first aid*).

4. El comedor de caridad solicitó más comida en caso de que (pintar / venir) _____ más personas con hambre.

5. El parque nacional buscaba un diseñador gráfico para que (crear / salir) _____ letreros.

6. El Museo de Arte no quería más voluntarios a menos que (saber / construir) _____ de arte chicano.

 12-30 **Antes de ir al extranjero.** ¿Qué te dijeron todos antes de que te
Colaborar fueras a estudiar a España? Con un(a) compañero(a), completen cada oración con una frase de la lista. Cambien el verbo en negrita al imperfecto de subjuntivo en la forma **yo**.

comer bien en la cafetería	no **estar** para su cumpleaños
escribir o **llamar** a menudo	no **salir** con otros(as) chicos(as)
hacer la tarea todos los días	**poder** sobrevivir (*survive*)

1. Antes de ir a España, mis padres me pidieron que...
2. Mi novio(a) me pidió que...
3. A mi mamá le preocupaba que...
4. Mis amigos no creían que yo...
5. Mi hermanito(a) estaba triste de que...
6. Mi profesor(a) de español quería que...

¡Exprésate!

 Colaborar

12-31 **¡Ojalá!** Tú y tu compañero(a) están organizando un Día de Servicio, pero no tienen suficientes voluntarios y recursos. Usen **ojalá que + el imperfecto de subjuntivo** para expresar sus esperanzas frustradas (*unfulfilled hopes*).

Modelo El refugio de animales no tiene comida para gatos.
¡Ojalá que tuviéramos comida para gatos!

1. El comedor de caridad necesita más voluntarios para preparar sándwiches.
2. El hogar para ancianos quiere establecer una biblioteca para sus residentes.
3. Los niños no pueden jugar en el parque porque está cubierto de basura.
4. Un tornado destruyó el techo de la casa de una familia de bajos ingresos.
5. Una iglesia quiere ayudar a los inmigrantes a aprender inglés.

 12-32 **En la escuela secundaria.** ¿Cómo era la vida cuando estabas en la escuela secundaria? Con un(a) compañero(a), completen las oraciones. ¿Cuál de Uds. tenía los padres más estrictos? ¿Y la escuela más estricta?

1. Por lo general, los profesores de mi escuela secundaria pedían que nosotros...
2. En muchas clases, los profesores prohibían que nosotros...
3. El (La) director(a) de la escuela insistía en que los estudiantes...
4. Respecto a la tarea, mis padres preferían que yo...
5. También esperaban que yo... después de graduarme de la escuela secundaria.

 12-33 **El campamento Nuevos Amigos.** Con un(a) compañero(a), dramaticen una entrevista entre un(a) voluntario(a) y un(a) periodista.

- **Estudiante A:** Fuiste voluntario(a) en el campamento el año pasado.
- **Estudiante B:** Eres periodista y quieres aprender más sobre el campamento.

Preguntas para la entrevista:

1. ¿Cuándo participaste en el campamento Nuevos Amigos?
2. ¿Era necesario que los voluntarios tuvieran experiencia previa?
3. ¿Qué cualidades personales quería el Centro que los voluntarios tuvieran?
4. ¿Qué tipo de entrenamiento ofreció el Centro antes de que los voluntarios conocieran a sus nuevos amigos?
5. ¿Qué aspecto del campamento te gustó más?

Nota cultural

Voluntariado Juvenil is a volunteer program for young people sponsored by the Peruvian government. Volunteers and organizations are matched according to interests and needs. Some areas of work are natural disaster relief, AIDS education, and the fight against poverty.

Campamento Nuevos Amigos

Objetivos
- integrar socialmente a los niños y jóvenes discapacitados
- compartir actividades divertidas

¿Cómo funciona?
Los voluntarios se reunirán con sus nuevos amigos durante cuatro sábados en el mes de julio para compartir actividades en lugares públicos como museos y parques.

Requisitos:
- tener entre 15 y 28 años
- asistir a un entrenamiento de cuatro horas
- participar en el programa todos los sábados
- tener un corazón grande y los brazos abiertos

Photo: © Jaren Wicklund/AGE Fotostock

Los usos del imperfecto de subjuntivo

JUAN ¿Trabajaste de voluntario en el Día de Servicio a la Comunidad?

MARGARITA Sí. El coordinador me pidió que trabajara en el comedor de caridad.

JUAN ¿Cómo te fue?

MARGARITA Bueno, no había nadie que supiera cocinar muy bien, pero preparamos un almuerzo sencillo para más de 200 personas. Después, repartimos camisas y pantalones para que todos tuvieran ropa limpia.

■ ■ ■

Descúbrelo

- Where did Margarita work on Community Service Day?
- What did she do there? Mention two activities.
- In which three sentences is the past subjunctive used?

1. The past subjunctive is used in the same ways and for the same reasons as the present subjunctive. Whereas the *present subjunctive* is used when the verb in the main clause refers to the present or the future, the *past subjunctive* is used when the verb in the main clause refers to the past.

> **Present:** El director prefiere que yo **trabaje** en el comedor de caridad.
> *The director prefers that I **work** in the soup kitchen.*
>
> **Past:** La coordinadora quería que yo **trabajara** en el comedor de caridad.
> *The coordinator wanted **me to work** in the soup kitchen.*

2. The past subjunctive is used in dependent noun clauses after past expressions of influence, emotion, doubt, and denial. The word **que** connects the two parts of the sentences.

MAIN CLAUSE	QUE	DEPENDENT NOUN CLAUSE
Sentía mucho	que	no **pudieras** estudiar en Chile.
I was very sorry	*that*	*you **were** unable to study in Chile.*

3. The past subjunctive is used in adjective clauses to refer to a non-specific, hypothetical, or non-existent person, place, or thing when the main clause refers to the past. The dependent clause is linked to the main clause with **que** *(that, who)*, **quien** *(who)*, or **donde** *(where)*.

MAIN CLAUSE	CONNECTOR	DEPENDENT ADJECTIVE CLAUSE
Buscaba un programa	que	**tuviera** una buena reputación.
I was looking for a program	*that*	***had** a good reputation.*

4. The past subjunctive is used with adverbial clauses when the main clauses refer to the past. Common conjunctions that require the subjunctive are **a menos que** *(unless)*, **antes de que** *(before)*, **con tal (de) que** *(provided that)*, **en caso de que** *(in case)*, **para que** *(so that, in order)*, and **sin que** *(without)*.

MAIN CLAUSE	CONNECTOR	DEPENDENT ADVERBIAL CLAUSE
Dos chicos entraron en la guardería	sin que	yo los **viera**.
Two kids went into the day care center	*without*	***my seeing** them.*

¡Aplícalo! 👤✕👤 Colaborar **12-34** **Las reacciones de Rachel.** Cuando Rachel fue a España para estudiar, sus amigos siguieron su estado *(status)* en una red social. Con un(a) compañero(a), lean los estados de Rachel y después escojan una expresión lógica para describir las reacciones de Rachel a cada situación.

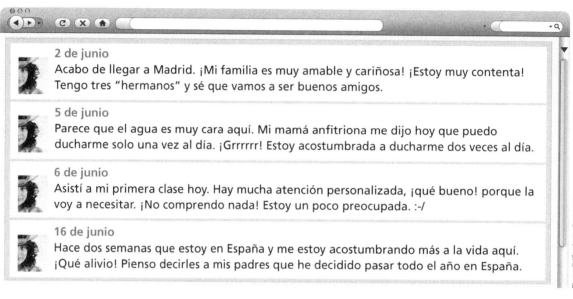

2 de junio
Acabo de llegar a Madrid. ¡Mi familia es muy amable y cariñosa! ¡Estoy muy contenta! Tengo tres "hermanos" y sé que vamos a ser buenos amigos.

5 de junio
Parece que el agua es muy cara aquí. Mi mamá anfitriona me dijo hoy que puedo ducharme solo una vez al día. ¡Grrrrrr! Estoy acostumbrada a ducharme dos veces al día.

6 de junio
Asistí a mi primera clase hoy. Hay mucha atención personalizada, ¡qué bueno! porque la voy a necesitar. ¡No comprendo nada! Estoy un poco preocupada. :-/

16 de junio
Hace dos semanas que estoy en España y me estoy acostumbrando más a la vida aquí. ¡Qué alivio! Pienso decirles a mis padres que he decidido pasar todo el año en España.

1. El primer día de su estadía, a Rachel (le alegró que / le enfadó que) su familia fuera muy amable. (Dudaba que / Sabía que) ella y sus nuevos hermanos serían buenos amigos.

2. Unos días más tarde, a Rachel (le encantó que / le enfadó que) no pudiera ducharse varias veces al día. (Le encantó que / No había duda de que) tenía un poco de choque cultural.

3. El 6 de junio fue un día de emociones contradictorias. Por un lado, (le pareció estupendo que / le enfadó que) hubiera atención personalizada en las clases. Pero (le preocupaba que / le encantó que) no comprendiera bien a sus profesores.

4. Antes, Rachel (creía que / le alegró que) sería difícil acostumbrarse a la vida en el extranjero. Pero después de dos semanas, (estaba segura de que / le enfadó que) quería pasar todo un año en España.

👤✕👤 Colaborar **12-35** **¿Qué te dijeron?** El año pasado estudiaste en España. Antes de tu viaje, ¿cómo reaccionaron a tus planes tus amigos y familiares? Con un(a) compañero(a), relacionen las dos columnas y conjuguen los verbos en el imperfecto de subjuntivo.

1. Mis padres me recomendaron que...

2. Mi novio(a) me pidió que...

3. Mi abuela quería que...

4. Mi profesor de español me aconsejó que...

5. Mis amigos no creían que yo...

a. **(estudiar)** todos los días

b. **(hacer)** siempre mi tarea

c. **(llamar)** a menudo

d. **(poder)** sobrevivir *(survive)* en una cultura diferente

e. no **(salir)** con otros(as) chicos(as)

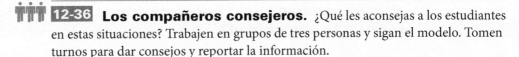

¡Exprésate!

††† **12-36** **Los compañeros consejeros.** ¿Qué les aconsejas a los estudiantes en estas situaciones? Trabajen en grupos de tres personas y sigan el modelo. Tomen turnos para dar consejos y reportar la información.

Modelo **Estudiante A:** *(Lee la situación)* "Me gustaría estudiar en el extranjero pero no sé adónde quiero ir".

Estudiante B: *(Da consejos)* Debes hablar con tu profesor de español. Él te puede dar información sobre diferentes programas.

Estudiante C: *(Reporta la información)* Keesha le recomendó que hablara con su profesor de español.

1. "Quiero trabajar de voluntario(a) el próximo verano. No tengo experiencia en la construcción pero estoy dispuesto(a) a aprender. Prefiero trabajar al aire libre. ¿Con qué organización debo buscar trabajo?"

2. "El aniversario de mis abuelos es en julio y mis padres han organizado una gran fiesta para toda la familia. Mi novio(a) me ha invitado a pasar dos semanas en Europa con su familia y las fechas coinciden con la fiesta. ¿Qué hago?"

3. "Hay una chica en mi clase de química que hace trampa *(cheats)* en todos los exámenes. La clase tiene más de 100 personas y por eso el profesor y los monitores no han observado lo que ella está haciendo. ¿Qué debo hacer?"

4. "Hace un año que mi mejor amiga sale con su novio, Joe. El otro día, vi a Joe en un club y ¡él estaba besando *(kissing)* a otra chica! Él no me vio".

†† **12-37** **Experiencias con el voluntariado.** ¿Has trabajado de voluntario(a) alguna vez? Piensa en esa experiencia y completa las oraciones con el imperfecto de subjuntivo. Luego, comparte tus experiencias con un(a) compañero(a).

1. Una vez, trabajé de voluntario(a) en...
2. Me gustó que...
3. Me sorpendió que...
4. Me molestó un poco que...
5. Era bueno que yo...
6. Era una lástima que yo...

Numbers,
Capítulo 1 Paso 1

††† **12-38** **Los hispanos en Estados Unidos.** Aquí tienes algunos datos sobre los hispanos en Estados Unidos. Con un(a) compañero(a), comparen sus reacciones a la información. Usen las expresiones de la lista.

No pensaba que (+ imperfecto de subjuntivo)   Sabía que (+ imperfecto de indicativo)
No creía que (+ imperfecto de subjuntivo)   No sabía que (+ imperfecto de indicativo)

Modelo El 75% de la población hispana vive en California, Texas, Florida, Nueva York e Illinois.

Estudiante A: No pensaba que el 75% de la población viviera en esos estados.
Estudiante B: Yo no sabía que había muchos hispanos en Illinois.

- El 94% de los hispanos entre 18 y 29 años tiene acceso a Internet.
- Hay 9 estados que tienen más de un millón de habitantes hispanos.
- El 34% de los hogares hispanos solo habla inglés en casa.

- El 67% de los niños hispanos vive con padres casados.
- El 60% de los hispanos tiene menos de 33 años.
- El 64% de la población de Miami es hispana.

EN ACCIÓN: Preguntas esenciales

¿Cómo podemos usar nuestros conocimientos del español para servir a la comunidad?

 12-39 **Piénsalo.** En tu comunidad, ¿dónde pueden trabajar de voluntarias las personas que saben inglés y español? Trabaja con un(a) compañero(a) para hacer una lista de los nombres de tres lugares.

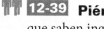 Colaborar **12-40** **La opinión de Andrés.** El estudiante estadounidense Andrés Arroyave habla sobre el voluntariado en su comunidad. Con un(a) compañero(a), lean su comentario y luego completen el resumen *(summary)*.

Andrés Arroyave vive en ___, Carolina del Sur. Según él, hay varias oportunidades de voluntariado en el campo ____. Las personas que son ____ inglés-español pueden trabajar como ___ en las ferias de ___ o en la Clínica ___.

field

> En mi comunidad aquí en Columbia, Carolina del Sur, hay varias oportunidades de voluntariado para aquellos que saben español en el campo° médico, por ejemplo. En lugares como la Clínica El Buen Samaritano y las ferias de salud, personas que saben español y son bilingües —es decir, saben inglés y español— pueden trabajar como intérpretes de manera voluntaria, facilitando por lo tanto la comunicación entre los que solo hablan o inglés o español.

Andrés Arroyave

 Colaborar **12-41** **Otras opiniones.** Con un(a) compañero(a), lean el siguiente artículo del periódico *Mundo Hispánico* y luego contesten las preguntas.

1. ¿Cómo se llama la organización que busca voluntarios bilingües? ¿En qué estado *(state)* está?
2. ¿A quiénes ayudan los voluntarios bilingües?
3. ¿Cuáles son los requisitos para ser voluntario?

La Dallas CASA (Court Appointed Special Advocates) necesita más voluntarios bilingües en el condado° de Dallas con motivo de los 966 niños hispanos en cuidado tutelar°.

Voluntarios de CASA son asignados por la corte° para servir como la persona que aboga° por el niño en custodia° del estado°. [...]

El ser bilingüe permite a los voluntarios comunicarse con la familia en otros países para encontrar un tío, tía u otro pariente del niño.

Para ser voluntario de CASA, los interesados deben tener por lo menos 21 años de edad, ser completamente bilingües, estar dispuestos° a comprometer 5 horas por mes durante un año y participar en un entrenamiento.

Fuente: Lourdes Vazquez, "Organización Dallas CASA busca voluntarios bilingües," mundohispanico.com.

condado *country*   cuidado tutelar *foster care*   corte *court*   aboga *advocates*   custodia *custody*   estado *state*   dispuestos *willing*

 12-42 **¿Y tú?** Habla con un(a) compañero(a) sobre la pregunta esencial. Usen estas preguntas como punto de partida *(point of departure)*.

1. ¿Cómo podemos servir a nuestra comunidad si hablamos inglés y español?
2. ¿Te gustaría trabajar de voluntario(a) en ferias de salud? ¿Por qué sí o por qué no?
3. ¿Tienes los requisitos necesarios para trabajar de voluntario(a) para CASA? Explica.

EN ACCIÓN: Comunicación presentacional

Si quieres estudiar en el extranjero, hay abundantes opciones. Una posibilidad es combinar el estudio de algún idioma con el voluntariado. ¿Te animas?

¡El mundo es suyo!

Programas de voluntariado internacional en el extranjero

Curso de idiomas y voluntariado

Un voluntariado en el extranjero es una oportunidad irrepetible para mejorar sus conocimientos lingüísticos y vivir una experiencia enriquecedora° en todos los sentidos.

Primera etapa: curso de idiomas

Durante esta primera etapa, podrá mejorar sus conocimientos del idioma que elija y se familiarizará con la cultura de su país de destino.

Segunda etapa: voluntariado

El contacto tanto con la comunidad local, como con del resto de los voluntarios venidos de todo el mundo, crea valiosas oportunidades de intercambio°, lo que le enriquecerá a nivel profesional, académico y personal.

Campos de actividad

Los programas de voluntariado se desarrollan en un gran número de ámbitos° diferentes, como el trabajo social, la sanidad°, la educación, el desarrollo sostenible° y el ecoturismo. Durante esta experiencia única, se sumergirá totalmente en una nueva cultura.

Fuente: "¡El mundo es suyo!", eslpanama.com.

enriquecedora *enriching*   intercambio *exchange*   ámbitos *fields*   sanidad *health care*   desarrollo sostenible *sustainable development*

 12-43 **¡A dialogar!** Con un(a) compañero(a) de clase, hablen de los programas de voluntariado en el extranjero.

Primera parte: Lean el anuncio **¡El mundo es suyo!** y comenten las preguntas:

1. ¿Cuáles son las dos partes del programa?

2. ¿Qué tipos de voluntariado se ofrecen?

3. ¿Cuáles son los beneficios de un programa de este tipo?

Segunda parte: Uds. van a participar en el programa del anuncio. Entrevístense y tomen apuntes sobre las respuestas.

Modelo   **Estudiante A:** ¿En qué país quieres estudiar?

Estudiante B: Me gustaría ir a Perú porque…

Destino: India, Rusia, Sudáfrica, México, Perú	
Duración: 4 semanas, 8 semanas, 15 semanas	
Alojamiento: En familia, en apartamentos compartidos	
Tipo de voluntariado: Trabajo social, educación, ecoturismo	
Metas personales:	

PASO 3 VOCABULARIO

Las noticias

In this Paso, you will . . .

- talk about the news
- say what would happen under certain circumstances
- discuss contrary-to-fact situations

Noticias en línea

MUNDI NOTICIAS
Tu portal a las noticias internacionales

| INICIO | NACIONAL | INTERNACIONAL | POLÍTICA |

Miles de habitantes del Caribe se preparan para la llegada de un fuerte huracán

El servicio meteorológico informó que un huracán de categoría 4 avanza hacia la costa de Florida a una velocidad de 220 kilómetros por hora. Se prevé que tocará tierra el viernes a la medianoche.

El huracán atravesó Cuba hoy, provocando muchas inundaciones y dejando dos personas muertas. Las autoridades pidieron a cerca de 1,5 millones de personas que evacuaran la bahía de Tampa.

Photo: © zstock/Shutterstock.com

Hablar sobre las noticias	*Talking about the news*
¿Te enteraste de lo que pasó?	*Did you hear about what happened?*
Acabo de leer / oír que...	*I've just read / heard that . . .*
Hubo un ataque terrorista.	*There has been a terrorist attack.*
Hubo un asesinato.	*There has been a murder.*
¡No lo puedo creer!	*I can't believe it!*
¡No me digas!	*No way! / You're kidding!*
¿Dónde ocurrió?	*Where did it happen?*
¿Cuándo ocurrió?	*When did it happen?*

Noticias en línea (cont.)

MUNDI NOTICIAS
Tu portal a las noticias internacionales

| ECONOMÍA | DEPORTES | ÚLTIMAS NOTICIAS | ENTRETENIMIENTO | OPINIÓN |

Últimas noticias

Un choque de trenes en el noreste deja 30 heridos.

El candidato de la oposición denuncia corrupción en el gobierno.

La huelga de taxistas paraliza la capital.

Científicos británicos descubren nuevo planeta.

Síguenos

🐦 Twitter   f Facebook   g+ Google+   [Buscar]

Photos: © Sean Gallup/Getty Images News/Getty Images; © Hill Street Studios/Getty Images; © ORLANDO SIERRA/AFP/Getty Images; © Jurik Peter/Shutterstock.com

Los desastres naturales	*Natural disasters*
la erupción volcánica	*volcanic eruption*
el incendio (forestal)	*(forest) fire*
el terremoto	*earthquake*

La política	*Politics*
la guerra	*war*
la paz	*peace*
la manifestación para protestar...	*demonstration to protest . . .*
luchar por la libertad / los derechos	*to fight for freedom / rights*
mejorar (las condiciones)	*to improve (conditions)*
votar en las elecciones	*to vote in the elections*

¡Aplícalo!

12-44 **Los desastres naturales.** ¿Cuál es el mejor titular *(headline)* para cada artículo? Con un(a) compañero(a), lean las noticias y escojan sus respuestas.

Terremoto sacude las costas del país

País se prepara para más agua

Altas temperaturas contribuyen al desastre

Presidente conmemora primer aniversario del terremoto

Incendios en los bosques se intensifican

1. Titular: _____	2. Titular: _____	3. Titular: _____
Varias provincias del oeste del país fueron afectadas el domingo por un fuerte sismo, registrado de magnitud 6, sin que reportaran víctimas o heridos. Una fuente *(source)* de la policía dijo que había muchas casas con problemas en sus estructuras en algunos pueblos andinos.	Según informaron las autoridades, cerca de 50 pueblos están en estado de emergencia a causa de incendios forestales. Un funcionario ha confirmado que 4 personas han muerto mientras que los bomberos han evacuado a 85 000 personas de la zona afectada.	Un día después que el primer ministro prometió ayuda para los pueblos devastados por las inundaciones, los residentes de otras 80 comunidades siguen en estado de alerta. Según los meteorólogos, las fuertes lluvias continuarían durante las próximas 24 horas.

12-45 **El huracán.** Con un(a) compañero(a), lean el artículo sobre el huracán en la página 498 y contesten las preguntas.

1. ¿Qué área geográfica afectará el huracán?

2. ¿De qué categoría es el huracán? ¿A qué velocidad avanza?

3. Según el servicio meteorológico, ¿cuándo llegará el huracán a la costa de Florida?

4. ¿Cuántas personas ya han muerto? ¿Qué otros desastres ha causado?

5. ¿Qué precauciones están tomando los habitantes del estado de Florida?

12-46 **¡No me digas!** Con un(a) compañero(a), completen la conversación.

DANIEL Oye, Aracely. ¿Te (1. enteraste / escuchaste) de lo que pasó?

ARACELY No. ¿(2. Cómo / Qué) pasó?

DANIEL Acabo de oír que hubo (3. un ataque / una huelga) terrorista.

ARACELY ¡No me digas! ¿(4. Dónde / Cuándo) ocurrió?

DANIEL En la embajada. Un vehículo explotó durante una manifestación contra la (5. guerra / libertad).

ARACELY ¡No lo puedo (6. votar / creer)!

DANIEL Sí, es verdad. La explosión ha (7. luchado / dejado) 45 heridos.

ARACELY Pon la tele. Quiero ver las últimas (8. erupciones / noticias).

12-47 Un nuevo planeta.
Con un(a) compañero(a), lean el artículo sobre un nuevo planeta y completen el diálogo de una manera lógica; tienen que incorporar información del artículo.

ESTUDIANTE A Acabo de leer que _____.

ESTUDIANTE B ¿Un nuevo planeta? ¡_____! ¿Quiénes lo descubrieron?

ESTUDIANTE A _____.

ESTUDIANTE B ¡Imagínate! ¿_____?

ESTUDIANTE A En la Vía Láctea, a una distancia de _____.

ESTUDIANTE B ¡_____! ¡Está muy lejos! ¿Cómo pudieron detectarlo?

ESTUDIANTE A _____.

ESTUDIANTE B ¿Qué más saben del planeta?

ESTUDIANTE A _____.

ESTUDIANTE B ¡Fascinante! Me gustaría _____.

Primer planeta de origen extragaláctico

El nuevo planeta cuenta con una masa de 1,25 veces la de Júpiter.

Un equipo de astrónomos europeos, empleando el telescopio del Observatorio La Silla en Chile, ha detectado el primer planeta extragaláctico. Según los científicos, el nuevo planeta es parecido[1] a Júpiter y orbita una estrella que entró en la Vía Láctea[2] desde otra galaxia.

Hace millones de años, la estrella formaba parte de una galaxia enana[3], la cual fue devorada por la Vía Láctea. Esta fusión cósmica ha puesto el planeta al alcance[4] de los telescopios. El planeta, conocido como HIP 13044 b, está a unos 2000 años luz de la Tierra. El equipo ha calificado el descubrimiento de "muy apasionante".

[1]similar [2]Milky Way [3]dwarf [4]within reach

⟳ Present progressive, **Capítulo 4 Paso 2**

12-48 Charadas: Las noticias en vivo.
Con dos o tres compañeros(as), dramaticen una escena de las noticias, ¡pero sin hablar! Presenten la escena al resto de la clase. La clase debe describir la escena con una oración en el presente progresivo.

Modelo *(Tres estudiantes hacen una pantomima de una huelga.)*
"Uds. están participando en una huelga".

12-49 Mi experiencia.
¿Has experimentado alguna vez un desastre natural? ¿Leíste de algún desastre que te afectara *(affected you)* mucho? Tomen turnos con dos o tres compañeros(as) para describir esta experiencia. Mencionen toda la información de abajo. Sus compañeros(as) tienen que hacer otras preguntas originales sobre la experiencia.

Frases útiles
un deslizamiento de tierra *mudslide*
una granizada *hail storm*
una tormenta de nieve *snowstorm*
un tornado *tornado*

■ ¿Qué tipo de desastre experimentaste?
■ ¿Dónde ocurrió?
■ ¿Cuántos años tenías?
■ ¿Con quién estabas?

■ ¿Qué hacías cuando ocurrió?
■ ¿Qué pasó?
■ ¿Cómo te sentiste?
■ ¿Estuvo en las noticias?

PASO 3 GRAMÁTICA A

El condicional

PERIODISTA Como presidenta, ¿qué haría Ud. durante el primer año de su mandato *(term)*?

CANDIDATA Yo mejoraría las condiciones económicas para todos.

PERIODISTA ¿Qué haría para combatir la corrupción?

CANDIDATA Trabajaría con el Congreso para crear más transparencia en el gobierno.

◾◾◾
Descúbrelo

- What would the presidential candidate do during her first year in office?
- How would she fight corruption?
- What verb ending conveys the information *I would . . . ?*
- What infinitive do you think corresponds to the verb form **haría**?

1. The conditional tense (**el condicional**) is used to say what somebody *would do* or what *would happen* under certain conditions.

   Como presidente, yo **mejoraría** las condiciones económicas para todos.
   *As president, **I would improve** economic conditions for everyone.*

2. The conditional tense of regular verbs is formed by adding the following endings to the *whole infinitive*. The same set of endings is used for **-ar**, **-er**, and **-ir** verbs.

El condicional de verbos regulares

	luchar *to fight*	**comer** *to eat*	**vivir** *to live*
yo	lucharía	comería	viviría
tú	lucharías	comerías	vivirías
Ud./él/ella	lucharía	comería	viviría
nosotros(as)	lucharíamos	comeríamos	viviríamos
vosotros(as)	lucharíais	comeríais	viviríais
Uds./ellos/ellas	lucharían	comerían	vivirían

3. The conditional tense of irregular verbs is formed by adding the same endings to an irregular stem. These irregular stems are used for the future tense, too.

Infinitivo	Raíz *(Stem)*	Infinitivo	Raíz *(Stem)*
decir	**dir-**	salir	**saldr-**
hacer	**har-**	saber	**sabr-**
tener	**tendr-**	querer	**querr-**
poner	**pondr-**	poder	**podr-**
venir	**vendr-**		

El condicional de los verbos irregulares

hacer *to do*

yo	haría	nosotros(as)	haríamos
tú	harías	vosotros(as)	haríais
Ud./él/ella	haría	Uds./ellos/ellas	harían

4. The conditional of **hay**, from the verb **haber**, is **habría** (*there would be*).

5. The conditional is often used with the verbs **deber**, **poder**, and **querer** to indicate politeness, as a softened way to express wishes or make suggestions.

> ¿**Podrías** pasar por mí a las ocho?   ***Could you*** *come by for me at eight o'clock?*

6. The conditional can be used for reported speech, to express what somebody said.

> **Statement:** "Combatiré la corrupción".
> "*I will fight against corruption.*"
> **Reported speech:** El presidente dijo que **combatiría** la corrupción.
> *The president said that **he would fight** corruption.*

¡Aplícalo!

12-50 **Muchas excusas.** Te gustaría hacer muchas cosas, pero también existen varios obstáculos. ¿Por qué **no** puedes hacer estas cosas? Con un(a) compañero(a), completen las oraciones. Den excusas diferentes para cada situación.

Modelo   Iría al gimnasio todos los días pero...
>   **Estudiante A:**   Iría al gimnasio todos los días pero está bastante lejos de mi residencia.
>   **Estudiante B:**   Iría al gimnasio todos los días pero me lastimé la rodilla.

1. Trabajaría de voluntario(a) pero...
2. Vería las noticias en español pero...
3. Comería más frutas y verduras pero...
4. Hablaría más a menudo con mis abuelos pero...
5. Limpiaría mi cuarto pero...
6. Participaría en más grupos estudiantiles pero...
7. Estudiaría en el extranjero pero...
8. Buscaría trabajo para el verano pero...

12-51 **Propósitos de Año Nuevo.** ¿Qué propósitos (*resolutions*) de Año Nuevo hicieron las siguientes personas? Con un(a) compañero(a), reporten qué dijeron. Sigan el modelo.

Colaborar

Modelo   Tania dijo que haría más ejercicio.

Voy a hacer más ejercicio.
Yo voy a dejar de fumar.
Trabajaré de voluntario.
Yo también.
Me reuniré con mis hermanos más a menudo.
Voy a levantarme más temprano.
Yo voy a ponerme en forma.

Tania   Fabián   Alejo   Diana   Itzi   Ramiro   Ariel

¡Exprésate!

12-52 **Situaciones hipotéticas.** ¿Qué harían tú y tus compañeros de clase en diferentes situaciones hipotéticas?

Primera parte: Para cada situación, decide si tú lo harías o no. Encierra en un círculo *(Circle)* Sí o No. ¡Contesta honestamente!

Situación hipotética	Primera parte: Tu respuesta	Segunda parte: Firma de estudiante
1. **comer** un plato de insectos por cien dólares	Sí No	
2. **afeitarse** la cabeza para caridad	Sí No	
3. no **bañarse** durante un año por un millón de dólares	Sí No	
4. **donar** tu cadáver a la Facultad de Medicina	Sí No	
5. **ser** parte de una colonia permanente en Marte *(Mars)*	Sí No	

Segunda parte: Circula por el salón para entrevistar a varios compañeros; usa la forma **tú** del condicional. Si alguien contesta igual que tú, pídele que firme *(sign)*.

Modelo   **Estudiante A:** ¿Comerías un plato de insectos por cien dólares?

              Estudiante B: Por cien dólares, sí, lo comería. / No, ¡nunca comería un plato de insectos!

              Estudiante A: Yo también (tampoco). Firma aquí, por favor. / Yo sí (no) lo comería.

12-53 **¡Un millón de dólares!** ¿Qué harías con un millón de dólares? Formen un círculo de cuatro o cinco estudiantes; tomando turnos, digan lo que harían. No pueden repetir la idea de otra persona.

Modelo   **Estudiante A:** Construiría viviendas para personas sin hogar.

              Estudiante B: Me compraría diez autos nuevos.

12-54 **Las últimas noticias.** Imagina que estas noticias son reales. ¿Cómo reaccionarías? ¿Qué harías? Comparte tus reacciones con un(a) compañero(a) de clase; usen el condicional.

Modelo   Descubren vida inteligente en otro planeta.

              Estudiante A: Sería muy interesante aprender sobre sus costumbres. Querría saber si tienen una cura para el cáncer.

              Estudiante B: Pues, yo tendría miedo de que nos invadieran. ¡Me iría a vivir al bosque donde no me pudieran encontrar!

HAY PAZ EN TODOS LOS PAÍSES DEL MUNDO

TODOS LOS COCINEROS DE LA CIUDAD ESTÁN EN HUELGA

NO HAY MÁS PETRÓLEO EN EL MUNDO

EL PRESIDENTE ANUNCIA QUE LAS UNIVERSIDADES PÚBLICAS SERÁN GRATIS

¡UN COMETA SE ESTRELLARÁ[1] EN NUESTRO CAMPUS EN DOS HORAS!

[1]*will crash*

El imperfecto de subjuntivo con cláusulas de *si*

PROF.	Vamos a examinar algunas situaciones hipotéticas respecto a la economía.
	(Mientras el profesor habla, los estudiantes sueñan despiertos.)
GONZALO	Si tuviera más dinero, iría a Florida para las próximas vacaciones.
JUANA	Si yo fuera profesora, no tendríamos clases los viernes.
ANITA	Si el profesor cancelara la clase, podría tomar el sol esta tarde.

1. To express what somebody would do (or what would happen) under certain conditions, a two-part sentence is often used.

THE CONDITION	THE RESULT / CONSEQUENCE
Si yo tuviera más dinero,	iría de vacaciones a Florida.
If I had more money,	*I'd take a vacation to Florida.*

2. These kinds of sentences are called *contrary-to-fact* because the conditions are very unlikely or not real. The past subjunctive is used after the conjunction **si** (*if*) to express these unreal conditions.

Si el profesor **cancelara** la clase, yo podría tomar el sol esta tarde.
*If the professor **cancelled** class (but he isn't going to), I could sunbathe this afternoon.*

3. The conditional tense is used to express what somebody would do under contrary-to-fact conditions. The part of the sentence with the conditional tense can be placed before or after the **si** clause.

<u>Si yo fuera profesor</u>, no **tendríamos** clase los viernes.
<u>*If I were a professor*</u>, **we wouldn't have** class on Fridays.

No **tendríamos** clase los viernes <u>si yo fuera profesor</u>.
We wouldn't have class on Fridays <u>*if I were a professor*</u>.

■ ■ ▪
Descúbrelo

- Gonzalo and his classmates are daydreaming. Under what conditions would Gonzalo go to Florida?
- What would Juana do if she were a professor?
- What circumstances would allow Anita to soak up some sun?
- What tense is used to express the conditions that would make another action possible?

12-55 **Relacionar.** ¿Qué dicen los voluntarios de la Cruz Roja? Con un(a) compañero(a), relacionen las dos columnas para formas oraciones lógicas.

¡Aplícalo!

_____ 1. No habría inundaciones...

_____ 2. Sabrían que hay una alerta de huracán...

_____ 3. Si el incendio forestal avanzara hacia el sur...

_____ 4. Necesitaríamos más medicina...

_____ 5. Si hubiera una erupción volcánica...

_____ 6. La Cruz Roja no existiría...

a. si dejara de llover.

b. llovería cenizas (*ashes*).

c. muchas casas se quemarían.

d. si no fuera por los voluntarios.

e. si la gripe se convirtiera en pandemia.

f. si escucharan el servicio meteorológico.

Colaborar **12-56** **Noticias de Santa Ana.** Con un(a) compañero(a) de clase, lean estas noticias sobre las inundaciones. Luego contesten las preguntas con oraciones completas.

1. ¿Qué le ocurriría a tu casa si vivieras en Santa Ana?

2. ¿Dónde tendrías que dormir si fueras residente de Santa Ana?

3. ¿Qué transporte usarías si ayudaras en la evacuación?

4. ¿A qué número llamarías si quisieras hacer un donativo?

5. En una evacuación, si pudieras llevar solamente una cosa de tu casa, ¿qué llevarías? ¿Por qué?

Inundaciones en Santa Ana

Fuertes lluvias en Santa Ana provocaron graves inundaciones y dejaron tres personas muertas. La evacuación se llevó a cabo por medio de lanchas, el único medio de transporte posible en las calles que se han convertido en verdaderos[1] ríos. Los residentes duermen en el gimnasio de la escuela primaria José Martí.

La escuela está aceptando donativos; llamen al 614-9608 para más información.

[1]*real*

Colaborar **12-57** **Condiciones para casarse.** Alejandro quiere casarse con Carlita, pero Carlita solamente se casaría con él bajo ciertas condiciones. ¿Cuáles son? Con un(a) compañero(a) de clase, escriban seis condiciones según el dibujo.

Modelo Carlita se casaría con Alejandro si él fuera más alto.

¡Exprésate!

 12-58 **Ta-Te-Ti con cláusulas de *si*.** Juega al Ta-Te-Ti con un(a) compañero(a) de clase. Por turnos, escojan un cuadro, terminen la oración y si es correcta, pongan X u O. La persona que tiene tres en línea ¡gana!

Si yo fuera tú...	Yo no estudiaría español si...	Si nuestros profesores estuvieran en huelga...
Si leyeras las noticias...	Sería candidato(a) para presidente si...	Si tuviera dinero...
Iría a México si...	Si hubiera un terremoto ahora...	No vendría a clase si...

12-59 **Preguntas que te hacen pensar.** Entrevista a un(a) compañero(a) de clase con las preguntas siguientes. Comparen sus respuestas.

1. ¿Qué harías si encontraras en la calle una billetera con mil dólares?
2. Si pudieras pasar una semana en cualquier *(any)* ciudad del mundo, ¿adónde irías?
3. Si aceptara tu invitación a cenar contigo, ¿a qué actor o actriz invitarías?
4. ¿Cuántos años te gustaría tener si pudieras tener cualquier *(any)* edad por una semana?
5. Si te convirtieras en un animal, ¿preferirías ser un pájaro, una ballena o un perro?
6. Si tu vida fuera un libro o una película, ¿qué personaje querrías ser?
7. Si fueras atleta profesional, ¿qué deporte practicarías?
8. Si alguien te regalara un velero, ¿qué nombre le pondrías?

12-60 **Actividad en cadena.** Formen círculos de cuatro o cinco estudiantes. Un(a) estudiante completa la primera situación hipotética para empezar la cadena *(chain)*. Los otros estudiantes, por turnos, añaden oraciones lógicas. Repitan el proceso con las otras situaciones hipotéticas.

Modelo Si pudiera visitar un país hispanohablante, iría a...

Estudiante A	Estudiante B	Estudiante C	Estudiante D
Si pudiera visitar un país hispanohablante, iría a España.	Si fuera a España, haría una excursión a la playa.	Si hiciera una excursión a la playa, nadaría y tomaría el sol.	Si tomara mucho sol, tendría que beber mucha agua.

1. Si pudiera visitar un país hispanohablante, iría a...
2. Si no tuviéramos clase hoy, yo...
3. Si todos mis amigos fueran estrellas de cine, nosotros...
4. Si una guerra empezara mañana, yo...
5. Si mis abuelos me regalaran un auto nuevo, yo...

EN ACCIÓN: Preguntas esenciales

¿Qué tipo de noticias les interesa más a los estudiantes universitarios? ¿Cuál es su fuente *(source)* preferida?

 12-61 **Piénsalo.** ¿Qué tipo de noticias les interesa más a los estudiantes? ¿Cuál es su fuente *(source)* preferida? Con un(a) compañero(a), lean las siguientes listas y pongan cada una en orden de importancia, según su opinión.

Tipo de noticias:	la política	**Fuentes *(Sources)*:**	la televisión
	los negocios		la radio
	los deportes		el periódico
	la farándula *(show business)*		las redes sociales

Colaborar **12-62** **La opinión de Andrés.** Este estudiante estadounidense nos habla sobre las noticias. Con un(a) compañero(a), lean su comentario y contesten las preguntas.

1. Según Andrés, ¿qué temas les llama la atención a los estudiantes universitarios?

2. ¿Qué publicaciones locales leen muchos estudiantes hispanos?

3. ¿Qué noticieros nacionales ven muchos estudiantes hispanos?

show business
grab their attention

> Con respecto al tipo de noticias que más les interesa a los estudiantes universitarios, se puede decir que los gustos varían. En mi experiencia, la política, los deportes, la farándula°, los negocios, entre otras cosas, son algunos de los temas que más les llaman la atención°. La forma en que nos informamos de las noticias incluye publicaciones locales como *La Nación Hispana* y *Clic*. Además de estos periódicos, también nos informamos a través de medios como CNN, Univisión, Telemundo, etcétera.

Andrés Arroyave

12-63 **Otras opiniones.** La siguiente gráfica muestra los resultados de una encuesta *(survey)* hecha por la Universidad de Navarra, en España. Con un(a) compañero(a), contesten las preguntas según la gráfica.

1. En España, ¿cuál es la fuente preferida para informarse de las noticias? ¿Cuál es la menos popular?

2. ¿Qué porcentaje (%) de españoles se informa a través de las redes sociales y los blogs? ¿Y a través de los periódicos impresos *(print)*?

Fuente preferida para informarse
ENTRE USUARIOS DE NOTICIAS ONLINE EN ESPAÑA

44%
Televisión (informativos, programas y canales 24 horas)

25%
Internet (webs y apps de diarios, revistas, TV, radio y solo digitales)

13%
Internet (redes sociales y blogs)

10%
Periódicos impresos y revistas

7%
Radio (informativos y programas)

1%
Otros

Fuente: Digitalnewsreport.es 2016.

12-64 **¿Y tú?** Habla con un(a) compañero(a) sobre las preguntas esenciales. Usen estas preguntas como punto de partida *(point of departure)*.

1. ¿Qué tipo de noticia te interesa más? ¿Qué no te interesa para nada?

2. ¿En dónde te informas? ¿Cómo se comparan tus fuentes preferidas con las de los españoles?

EN ACCIÓN: Comunicación presentacional

Los terremotos, por desgracia, son frecuentes en muchas partes de Latinoamérica. Este artículo de CiberCuba nos informa sobre la reacción de algunos estudiantes extranjeros que experimentaron los temblores.

Estudiantes extranjeros en Puebla se presentan como voluntarios después del terremoto

Marlén González

El terremoto los sorprendió en suelo mexicano, adonde habían ido como parte de un programa de estudios de intercambio. Sin embargo, muchos no dudaron en sumarse a las labores de rescate y limpieza en Puebla, una de las ciudades afectadas. El seísmo, de intensidad 7.1 en la escala de Richter, ha dejado al menos 230 muertos, cerca de cincuenta edificios completamente destruidos y daños económicos aún no determinados.

"Yo quiero ir a ayudar" se dijo esta estudiante italiana de psicología que, como muchos voluntarios, se lanzó a las calles para echar una mano allí donde ha sido necesario.

"Con tanta gente afectada es lo primero que tienes que hacer, ayudar en lo que se pueda" añade otra chica española, estudiante de biología.

Fuente: Marlén González, "Estudiantes extranjeros en Puebla se presentan como voluntarios después del terremoto," cibercuba.com.

suelo *soil*   sumarse *join*   rescate *rescue*   limpieza *cleanup*   daños *damages*   echar una mano *lend a hand*

12-65 **¡A crear!** Estás estudiando en Puebla, México, y escribes un blog sobre tus aventuras. El mes pasado presenciaste *(you witnessed)* el terremoto mencionado en el artículo de CiberCuba. Tus compañeros y tú no se lastimaron, pero vieron la destrucción y decidieron ayudar. Ahora vas a escribir sobre esa experiencia en tu blog.

Primera parte: Escribe un artículo para tu blog; haz lo siguiente:
- Saluda a tus lectores *(readers)*.
- Recuérdales *(Remind them)* que estás estudiando español en México.
- Basándote en el artículo y usando tu imaginación para crear detalles, describe tu experiencia con el terremoto: ¿Dónde estabas? ¿Qué hora era? ¿Qué hacías? ¿Cómo reaccionaste cuando sentiste los temblores?
- Describe la destrucción que causó el terremoto.
- Explica qué hicieron tú y los demás voluntarios.
- Para concluir el blog, reflexiona *(reflect)* sobre la experiencia. Completa esta oración:
  Si no fuera por los voluntarios…

Segunda parte: Intercambia *(Exchange)* papeles con un(a) compañero(a) de clase. Usa las siguientes preguntas como guía para editar su trabajo.
- *Does the blog entry have a sense of beginning, middle, and end?*
- *Does the entry include all the information requested?*
- *Does your classmate use the imperfect and the preterite to describe the earthquake experience?*
- *Does your classmate use the conditional to complete the reflective sentence about volunteers?*

NUESTRA COMUNIDAD

12-66 Nosotros: Una organización admirable. En MindTap, tú y tus compañeros subieron fotos y videos de organizaciones sin fines de lucro. Vamos a compartir esa información.

Primera parte: ¡Prepárate para hablar! Primero, contesta las preguntas sobre la foto o el video que subiste al foro de discusión.

¿Qué organización aprecias (*do you think highly of*)?	
¿Cuál es su misión principal?	
¿Qué servicios ofrecen?	
¿Por qué aprecias mucho esa organización?	
¿Has trabajado de voluntario(a) para esa organización? (¿Cuándo? ¿Qué hiciste?)	

Segunda parte: ¡A hablar! Con dos o tres compañeros de clase, tomen turnos para hablar de las organizaciones sin fines de lucro. Los compañeros deben hacer una o dos preguntas y hacer comentarios.

Modelo Estudiante A: Aprecio mucho la organización… Su misión principal es… Sus servicios incluyen… Aprecio la organización porque…

Estudiante B: No conozco esa organización, pero me parece que hacen buen trabajo.

Estudiante C: ¿Trabajan con las víctimas de violencia doméstica?

© Kathy Hutchins/Shutterstock.com

Un voluntario de Hábitat para la Humanidad

12-67 Perspectivas: Estudiar en el extranjero. En MindTap, miraste un video en el que tres estudiantes hablan de dónde les gustaría estudiar. Con dos o tres compañeros de clase, usen las preguntas y frases de la tabla (*chart*) para hablar de ese tema.

Preguntas	Frases útiles	
1. Si pudieras estudiar en algún país extranjero, ¿en cuál sería? ¿Por qué?	Me interesaría…	*I'd be interested in . . .*
	Dudo que…	*I doubt that . . .*
2. ¿Qué cursos tomarías?	Si tuviera…	*If I had . . .*
3. ¿Qué tipo de alojamiento preferirías?	Sería maravilloso…	*It would be great to . . .*
4. ¿Por cuánto tiempo te gustaría estudiar allí?	De momento…	*For the time being . . .*
	Por un lado…	*On the one hand . . .*
5. ¿Es posible que vayas allí para estudiar antes de graduarte?	por el otro…	*on the other . . .*

12-68 **Videopodcast: Centro humanitario.** En MindTap, miraste un video sobre una organización en Denver que tiene oportunidades de voluntariado. Ahora, tú y tu compañero(a) van a entrevistarse sobre alguna experiencia de voluntariado que hayan tenido.

Primera parte: ¡Prepárate para hablar! Primero, completa el diagrama con las preguntas que necesitas para entrevistar a tu compañero(a).

¿Cómo vas a empezar la entrevista?	• Hola. • _____
¿Cómo vas a preguntar por la información básica sobre una expreriencia de voluntariado?	• ¿Has trabajado de voluntario(a)? • ¿Para qué tipo de organización trabajaste? • _____ • _____ • _____
¿Cómo puedes preguntar por más detalles sobre la experiencia?	• ¿En qué consistía tu trabajo? • _____ • _____ • _____
¿Cómo puedes preguntar sobre una anédota personal?	• ¿Puedes contarme sobre alguna experiencia gratificante *(gratifying)* o memorable durante tu voluntariado? • _____ • _____
¿Cómo vas a terminar la entrevista?	• ¡Muchas gracias! • _____

Segunda parte: ¡A hablar! Usa tus apuntes para entrevistar a un(a) compañero(a) de clase. Después, tu compañero(a) va a entrevistarte a ti.

Practice reading, writing, and speaking skills in ❖ MINDTAP:

- **Lectura: La literatura (de Francisco Jiménez)**
- **Lectura auténtica: La literatura (de Julia Álvarez)**
- **Composición:** An article for a class newspaper
- **Pronunciación:** Review
- **Síntesis:** Interpersonal, interpretive, and presentational activities

VOCABULARIO

Para aprender mejor

Watch a Spanish newscast on YouTube and while you listen, put a check mark next to each vocabulary word you hear.

Sustantivos

el alojamiento *lodging*
el (la) alumno(a) *student*
la amistad *friendship*
el aprendizaje *learning*
el asesinato *murder*
el (la) asistente *assistant*
el ataque terrorista *terrorist attack*
la autoridad *authority*
el (la) candidato(a) *candidate*
el choque *crash, collision*
el comedor de caridad *soup kitchen*
el (la) consejero(a) *advisor*
el consulado *consulate*
la corrupción *corruption*
el curso *course*
los derechos *rights*
el desastre natural *natural disaster*
el donativo *donation*
las elecciones *elections*
la electricidad *electricity*
la embajada *embassy*
el entrenamiento *training*
el entretenimiento *entertainment*
la erupción volcánica *volcanic eruption*
la escuela primaria *elementary school*
la estadía *stay*
el folleto *brochure*
la guardería *day-care center*
la guerra *war*
la habilidad *skill*
el (la) herido(a) *wounded (person)*
el hogar para ancianos *nursing home*
el hostal *guesthouse*
la huelga *strike*
el (la) húesped *guest*

el huracán *hurricane*
el idioma *language*
el incendio (forestal) *(forest) fire*
el (la) inmigrante *immigrant*
la inundación *flooding*
la libertad *freedom*
el malentendido *misunderstanding*
la manifestación *demonstration*
el máximo *maximum*
la mente abierta *an open mind*
las normas de conducta *norms of personal conduct*
las noticias *news*
la oportunidad *opportunity*
la oposición *opposition*
la organización *organization*
la paz *peace*
la persona sin hogar *homeless person*
el piso *apartment (Spain)*
el planeta *planet*
el presupuesto *budget*
la prioridad *priority*
la publicidad *publicity, advertising*
la reconstrucción *rebuilding*
el refugio de animales *animal shelter*
la tarea escolar *schoolwork*
el techo *roof*
el terremoto *earthquake*
la visa estudiantil *student visa*
la vivienda *housing; houses*
el voluntariado *volunteering*

Verbos

acostumbrarse *to get used to*
avanzar *to move forward*
conservar *to save*
crear *to create*
denunciar *to denounce, to condemn*
descubrir *to discover*

enterarse *to find out*
extrañar *to miss*
guardar *to keep (somewhere)*
impartir clases *to teach*
informarse *to find out*
integrarse *to integrate yourself, to fit in*
luchar por *to fight for*
mejorar *to improve*
pintar *to paint*
poner manos a la obra *to get to work*
protestar *to protest*
provocar *to cause*
recoger basura *to pick up trash*
reparar *to fix, to repair*
repartir a domicilio *to home-deliver*
respetar *to respect*
sentirse a gusto *to feel at home*
solicitar *to ask for; to request (formally)*
sumergirse *to immerse oneself*
tener en cuenta *to take into account*
utilizar *to use*
votar *to vote*

Adjetivos

abrumado(a) *overwhelmed*
aconsejable *advisable*
considerado(a) *considerate*
cortés *polite*
de bajos ingresos *low-income*
discapacitado(a) *handicapped*
fuerte *strong*
intensivo(a) *intensive*
intermedio(a) *intermediate*
personalizado(a) *personalized*
previo(a) *previous*
sin fines de lucro *nonprofit*

Conjunctions, p. 478

Nouns that end in **-o** are masculine and those that end in **-a** are feminine unless otherwise indicated.

A

a at, to; **a bordo** on board (11); **a corto plazo** short-term (10); **a cuadros** checkered, plaid (7); **a la plancha** grilled (6); **a largo plazo** long-term (10); **a menos que** unless (12); **a menudo** often (2); **¿A qué distancia está(n)... ?** How far is (are) . . . ? (11); **a rayas** striped (7); **a tiempo completo** full-time (10); **a veces** sometimes (2); **Al final...** At the end . . . (8); **al lado de** next to, beside (1); **al máximo** the most of something (12)
abogado(a) lawyer (10)
abrigo coat (7)
abril *m.* April (4)
abrir to open (3) (4); **Abran los libros en la página (cinco).** Open your books to page (five). (P)
abrumado(a) overwhelmed (12)
abuelo(a) grandfather / grandmother (3); **abuelos** grandparents (3)
aburrido(a) boring (2)
Acabo de... I have just . . . (5)
acampar to camp (4)
accesorio accessory (7)
aceite *m.* oil (6)
aceptar to accept (8)
acogedor(a) cozy (5)
aconsejable advisable (12)
aconsejar to advise (9); **Le / Te aconsejo que...** I advise you to . . . (9); **¿Qué me aconsejas?** What do you advise me? (*informal*) (9)
acostarse (ue) to go to bed (5)
acostumbrar to be accustomed to; to customarily (do something) (8); **acostumbrarse** to get used to (12)
actor *m.* actor (8)
actriz *f.* actress (8)
acuario aquarium (11)
adelgazar to lose weight (6)
adiós good-bye (1)
adjetivo adjective (1)
administración de empresas *f.* business administration (P)
¿Adónde... ? Where . . . ? (1); To where? (2)
aduana customs (11)
aerolínea airline (11)
aeropuerto airport (4)
afeitarse to shave (5)
agente *m. f.* (airline) representative (11); **agente de bienes raíces** real estate agent (10); **agente de bolsa** stockbroker (10)
agosto August (4)
agua (mineral) (mineral) water (6)
águila *f.* eagle (8)
ahora now (6)
aire acondicionado A/C, air conditioning (4)
ala *f.* wing (8)
albóndigas meatballs (6)
alegre happy, lively (8)
alérgico(a) allergic (9)
alfombra rug (5)
álgebra *f.* algebra (P)
algo something, anything (4); **¿(Desean) Algo más?** Is there anything else (you want)? (6)

alguien somebody / someone; anybody / anyone (4)
alguna vez ever (7)
alguno(a) some, any (4)
alimento food (6)
allí there (1)
almacén, gran almacén *m.* department store (7)
almorzar (ue) to have lunch (3)
almuerzo lunch (6)
alojamiento lodging, housing (12)
alquilar to rent (11)
alquiler *m.* rental (11)
alto(a) tall (3); **alto(a) en grasa** high in fat, fatty (9)
alumno(a) student (12)
amable kind and helpful (2)
amarillo yellow (7)
ambiente *m.* atmosphere (8)
amigo(a) friend (3); **mejor amigo(a)** best friend (3)
amistad *f.* friendship (12)
análisis de sangre *m.* blood test (9)
analizar to analyze (10)
anaranjado orange (7)
anécdota personal story (8)
anfitrión *m.* host (3)
anfitriona hostess (3)
anillo ring (7)
aniversario de bodas wedding anniversary (3); **¡Feliz aniversario!** Happy anniversary! (3)
anoche last night (5)
anteayer the day before yesterday (5)
anteojos eyeglasses (3)
antes de before (5); **antes de que** before (12)
antibiótico antibiotic (9)
antiguo(a) very old (5)
antipático(a) mean, unpleasant (2)
año year (1); **Año Nuevo** New Year (8); **el año pasado** last year (5); **el año que viene** next year (4); **el próximo año** next year (4)
apagar to blow out, to turn off (3)
apartamento apartment (1)
aprender (a) to learn (how) (2)
aprendizaje *m.* learning (12)
apretado(a) (too) tight, snug (7)
apuntes *m. pl.* notes (2)
aquel (aquella) that (over there) (7)
aquellos(as) those (over there) (7)
aquí here (1)
árbol *m.* tree (8)
aretes *m. pl.* earrings (7)
arquitecto(a) architect (10)
arreglar to fix (10); **arreglarse** to get oneself ready (5)
arroba @ symbol (1); **Es... arroba... punto...** It's . . . @ . . . dot . . . (1)
arroz *m.* rice (6); **arroz con leche** rice pudding (6)
arte(s) *m. sing., f. pl.* art (P)
artesanía arts and crafts (7)
artículo article (1)
artista *m. f.* artist (10)
artístico(a) artistic (8)
asesinato murder (12)

así que so (3)
asiento de pasillo aisle seat (11); **asiento de ventanilla** window seat (11)
asignaturas academic subjects (P)
asistente *m. f.* assistant (12)
asistir a to go to, to attend (2)
aspiración *f.* aspiration, wish (10)
aspiradora vacuum (5)
asunto (legal) (legal) issue (10)
ataque terrorista *m.* terrorist attack (12)
atender (ie) to look after, to attend to (10)
aterrorizado(a) terrified (8)
atleta *m. f.* athlete (8)
atlético(a) athletic (3)
atletismo track and field (8)
atractivo attraction (11)
atraer to attract (11)
aumentar de peso to gain weight (6)
aumento (de sueldo) (salary) increase (10)
aunque although (3)
auto car (11)
autobús *m.* bus (4)
autoridad *f.* authority (12)
avanzar to move forward, to advance (12)
avenida avenue (1)
avería breakdown (11)
avión *m.* airplane (4)
avisar to let know (10)
¡Ay! Ow!, Ouch! (9)
ayer yesterday (5)
ayudar to help (5); **ayudar al prójimo** to help others (10); **¿Puedes ayudarme?** Can you help me? (*informal*) (5)
azúcar *m.* sugar (6)
azul blue (3)

B

bailar to dance (2)
baile *m.* dance (8)
bajo(a) short (3)
balanceado(a) balanced (6)
ballena whale; **observar las ballenas** to go whale watching (11)
baloncesto basketball (2)
banana banana (6)
banco bank (4)
bandera flag (8)
bañarse to take a bath, to bathe (5)
bañera bathtub (5)
baño bathroom (4)
barato(a) cheap, inexpensive (7)
barba beard (3)
barbacoa picnic, barbecue (3)
barbaridad atrocity; **¡Qué barbaridad!** That's awful! (8)
barrer to sweep (5)
barrio neighborhood (5); **barrio histórico** historical neighborhood (11)
bastante quite, fairly, rather (6)
basura trash (5)
beber to drink (4); **¿Qué les traigo para beber / tomar?** What can I get you to drink? (6)

bebida drink, beverage (3); **bebida alcóholica** alcoholic beverage (6)
beca scholarship (10)
béisbol *m.* baseball (2)
bellas artes *f. pl.* fine arts (P)
beneficio benefit (10)
biblioteca library (1)
bien well (6); **Bien.** Fine; Good. (P); **(No) Muy bien.** (Not) Very well / Great. (1)
bienestar *m.* well-being (9)
¡Bienvenido(a)! Welcome! (5)
bigote *m.* moustache (3)
billetera wallet (7)
biología biology (P)
bistec *m.* steak (6)
blanco white (7)
blog *m.* blog (2)
blusa blouse (7)
boca mouth (9)
boda wedding (3)
boleto (de ida y vuelta) (round-trip) ticket (4)
bolígrafo pen (1)
bolso purse, handbag (7)
bonito(a) pretty, nice (3); **¡Qué día más bonito!** What a beautiful day! (4)
bosque *m.* forest (11); **bosque tropical / lluvioso** tropical forest / rainforest (11)
botas boots (7)
botella (de agua) (water) bottle (1)
brazo arm (9)
brindar to make a toast (3); **Brindo por...** Here's to . . . (3)
brócoli *m.* broccoli (6)
bromista jokester (3)
bucear to scuba dive (4)
bueno(a) good (2); **¡Buen provecho!** Bon appetit! (6); **¡Buen viaje!** Have a good trip! (4); **buena gente** a good person, "good people" (3); **¡Buena idea!** Good idea! (2); **Buenas noches.** Good evening; Good night. (1); **Buenas tardes.** Good afternoon. (1); **Buenos días.** Good morning. (1)
bufanda scarf, muffler (7)
buscar to look for (5); to seek (9); **Busco (una camiseta).** I'm looking for (a T-shirt). (7)

C

cabeza head (9)
cada (cuatro horas) every (four hours) (9)
caerse to fall (down) (9)
café *m.* coffee (4); coffee shop (1)
cafetería cafeteria (1)
cajero automático ATM , automated teller machine (4)
calcetines *m. pl.* socks (7)
cálculo calculus (P)
calendario calendar (1)
calidad *f.* quality (7); **Es de primera calidad.** It's top quality. (7)
cálido(a) hot (climate) (11)
callado(a) quiet, reserved (person) (3)
calle *f.* street (1); **Es calle..., número...** It's ... Street . . . (1)
calor hot (4); **Hace (un poco de) calor.** It's (a bit) hot. (4); **¡Qué calor!** It's so hot! (4)
calvo(a) bald (3)
cama bed (5); **hacer la cama** to make the bed (5); **guardar cama** to stay in bed (9)
camarera waitress (6)
camarero waiter (6)
camarón, camarones *m.* shrimp (6)
cambiar to exchange, to change (4)

cambio automático / manual automatic / manual shift (11)
caminar to walk (4)
caminata hike; **hacer caminatas** to hike, to go hiking (11)
camino way (11)
camisa shirt (7)
camiseta T-shirt (7)
campanada (bell) stroke (8)
campeonato championship (8)
campo field (10); country (rural area) (11)
campus *m.* campus (1)
canción *f.* song (8)
candidato(a) candidate (12)
canoso(a) white-haired, gray-haired (3)
cansado(a) tired (1)
cantante *m. f.* singer (8)
cantar to sing (3)
cañón *m.* canyon (11)
capacidad *f.* ability (10)
cara face (5)
carácter *m.* character, personality, temperament (3)
carbohidrato carbohydrate (6)
cariño affection, love (8)
cariñoso(a) loving, affectionate (3)
carnaval *m.* carnival (8)
carne *f.* meat (6)
caro(a) expensive (7)
carrera major, degree (2)
carreta cart (7)
carretera highway (11)
carta de recomendación letter of recommendation (10)
cartas playing cards (3)
cartel *m.* poster (5)
casa house (3); **Estás en tu casa.** Make yourself at home. (5)
casado(a) married (3)
casarse to get married (10)
casi nunca hardly ever (4); **casi siempre** almost always (2) (4)
castaño(a) brown (3)
castillo castle (11)
catedral *f.* cathedral (4)
catorce fourteen (1)
celebración *f.* celebration (3)
celebrar to celebrate (8)
cena supper (3); dinner, supper (6)
cenar to have supper (5)
central central (11)
centro comercial mall, shopping center (7); **centro de orientación vocacional** career center (10); **centro estudiantil** student center (1)
cerámica ceramic (7)
cerca (de) nearby, close (to) (1); near (5)
cerdo pork (6)
cereal *m.* cereal (6)
cero zero (1)
cerrar (ie) to close (4); **Cierren los libros.** Close your books. (P)
cerro hill (11)
cerveza beer (6)
cesta basket (7)
ceviche *m.* raw fish marinated in lime juice (6)
chancletas flip flops (7)
chaqueta jacket (7)
charlar to chat (3)
chico(a) guy, boy / girl (3)
chimenea fireplace (5)
¡Chin chin! Cheers! (3)
chino(a) Chinese (2)

chiste *m.* joke (3)
choque *m.* crash, collision (12)
chuleta de cerdo pork chop (6)
churrasco grilled steak (6)
ciclismo cycling (8)
cielo sky (8)
cien one hundred (1)
ciencias naturales natural science (P); **ciencias políticas** political science (P); **ciencias sociales** social sciences (P)
científico(a) scientist (10)
cierto true; **(No) Es cierto que...** It's (not) true that . . . (10)
cima top, summit (8)
cinco five (1); **cinco veces** five times (5)
cincuenta fifty (1)
cine *m.* movies, movie theater (2)
cinematografía filmmaking (P)
cinturón *m.* belt (7)
cirujano(a) surgeon (10)
cita appointment; **pedir cita** to make an appointment (9)
ciudad *f.* city (4)
claro(a) clear (11); **¡Claro que sí!** Of course! (2)
clase *f.* class (P); **clase en línea** online class (2); **¿Qué clases tienes?** What classes do you have? *(informal)* (P)
clásico(a) classic (7)
cliente(a) customer (6)
clima climate (11)
clínica health center (1)
clóset *m.* closet (5)
club *m.* club (2)
cocina kitchen (5)
coco coconut (6)
colaborar collaborate (12)
collar *m.* necklace (7)
colonial colonial (5)
comedor *m.* dining room (5); **comedor de caridad** soup kitchen (12)
comer to eat (2)
comida food (3); meal; lunch; main meal of the day (6); **comida basura** junk food (6); **comida rápida** fast food (6)
como as, like; **como segundo idioma** as a second language (12); **como yo** like me (3)
¿Cómo? How? (2); **¿Cómo desea pagar?** How do you want to pay? *(formal)* (7); **¿Cómo está usted?** How are you? *(formal)* (P) (1); **¿Cómo estás?** How are you? *(informal)* (P) (1); **¿Cómo llego a... ?** How do I get to . . . ? (11); **Cómo no.** Of course. (10); **¿Cómo pasó?** How did it happen? (8); **¿Cómo se dice... ?** How do you say . . . ? (1); **¿Cómo se escribe tu nombre?** How do you spell your name? *(informal)* (P); **¿Cómo se llama usted?** What's your name? *(formal)* (1); **¿Cómo te llamas?** What's your name? *(informal)* (P) (1); **¿Cómo te sientes?** How do you feel? *(informal)* (9)
cómoda dresser (5)
cómodo(a) comfortable (7)
compañero(a) partner (1); **compañero(a) de clase** classmate (1); **compañero(a) de cuarto** roommate (1)
comparar to compare (12)
compartido(a) shared (12)
compartir to share (9)
competencia competition (8)
competitivo(a) competitive (10)
completamente completely (6)
comprar to buy (3)
comprender to understand (2)

comprensivo(a) understanding (3)
computadora (portátil) (laptop) computer (1)
común common, usual (6)
comunicación f. communication (P)
comunidad f. community (12)
comunitario(a) community (2)
con with (1); **¿Con qué está acompañado?** What does it come with? (6); **¿Con qué frecuencia?** How often? (2); **con regularidad** regularly (6); **con tal (de) que** provided that (12)
concierto concert (2)
concurso contest (8)
condimento condiment (6)
conducir to drive (4)
conductor(a) driver (11)
congelado(a) frozen (8)
congestionado(a) congested (9)
conjunto musical group (8)
conocer to know; to meet (4); **conocer el mundo** to travel around the world (10); **conocer nuevos lugares** to see new places (4)
conseguir (i) to get, to obtain (6); to get (10)
consejero(a) académico(a) academic advisor (12)
consejo advice, piece of advice (6) (9)
conservación f. conservation (12)
conservar to save (12)
considerado(a) considerate, thoughtful (12)
construir to build (5)
consulado consulate (12)
consultar to consult (6) (12)
consultorio (medical) office (9)
consumir to eat / drink; to consume (6)
contador(a) accountant (10)
contar (ue) (chistes, cuentos) to tell (jokes, stories); to count (3)
contento(a) happy, glad (1)
contestar to answer, to reply (2); **Contesten las preguntas.** Answer the questions. (P)
continuar to continue (8)
contratar to hire (10)
control de seguridad m. security check (11)
convencer to persuade (10)
convertir (ie) to turn, to transform (8)
coordinar to coordinate (12)
copia copy (10)
corazón m. heart (9)
corbata necktie (7)
cordillera (mountain) range (11)
correo electrónico email; **¿Cuál es tu correo electrónico?** What's your email (address)? (1)
correr to run (2)
corrupción f. corruption (12)
cortar(se) to cut, to get cut (9)
cortés polite (12)
corto(a) short (3); **a corto plazo** short-term (10)
costar (ue) to cost (4); **¿Cuánto cuesta (ese sombrero)?** How much does (that hat) cost? (7)
costumbre f. custom (8)
crear to create (12)
creativo(a) creative (10)
creer to believe (8); **Creo que...** I think that . . . (9); **No lo puedo creer.** I can't believe it. (8)
crema lotion (9)
crucero cruise; cruise ship (4)
cruzar to cross (11)
cuaderno spiral notebook (1)
cuadra block (4); **a (dos) cuadras** (two) blocks away (4)

cuadro (wall) picture (5); **a cuadros** checkered, plaid (7)
¿Cuál... ? What . . . ? (1); **¿Cuál(es)?** Which one(s)? (2)
¿Cuándo? When? (2)
¿Cuánto(a)? How much? (2); **¿Cuánto cuesta la noche?** How much does one night cost? (4); **¿Cuánto tiempo hace que... (presente)?** How long has / have . . . ? (9); **¿Cuánto tiempo hace... (pretérito)?** How long ago . . . ? (9)
¿Cuántos(as)? How many? (2); **¿Cuántos años tiene... ?** How old is . . . ? (1)
cuarenta forty (1)
cuarto(a) fourth (7)
cuarto room; **¿Cómo es tu cuarto?** What is your room like? (1)
cuatro four (1)
cubrir to cover (8)
cuchara spoon (6)
cucharita teaspoon (6)
cuchillo knife (6)
cuenta bill, check (in a restaurant) (6); **La cuenta, por favor.** The bill, please. (6)
Cuéntame. Tell me (about it). (8)
cuento story (3)
cuero leather (7)
cuerpo body (9)
cuidarse to take care of oneself (9); **Cuídate.** Take care. (9)
cultural cultural (8)
cumpleaños m. sing. birthday (3); **¡Feliz cumpleaños!** Happy birthday! (3)
curioso(a) odd; **Es curioso que...** It's odd that . . . (10)
currículum m. curriculum vitae, CV (10)
curso course (12)

D

danza dance (12)
dar to give (4); **dar consejos** to give advice (6); **dar un paseo** to go for a walk, to stroll (4); **dar un paseo en velero** to go sailing (4)
darse un golpe to get hit (9)
datos data (10)
de from, of (1); **De acuerdo.** Okay. (2); **de bajos ingresos** low-income (12); **¿De dónde?** From where? (2); **¿De dónde es... ?** Where is . . . from? (1); **De nada.** You're welcome; No problem. (1); **De niño(a)...** As a child . . . (8); **¿De quién es... ?** Who does . . . belong to? (1); **De repente...** Suddenly . . . (8); **¿De veras?** Really? (8)
debajo de under (5)
deber must, should, ought to (4); **Debe(s) / Debería(s)...** You should . . . (9); **¿Qué debo hacer?** What should I do? (6)
débil weak (9)
décimo(a) tenth (7)
decir (i) to say, to tell (4)
decorar to decorate (3)
dedicarse to dedicate oneself; to do (10)
dedo finger; toe (9)
dejar de to stop (doing something) (9)
delante de in front of (5)
delgado(a) thin, slender (3)
delicioso(a) delicious (6)
demasiado too much (6)
demorarse to be delayed (11)
denunciar to denounce, to condemn (12)
Depende. It depends. (8)
dependiente(a) salesclerk (7)

deportivo(a) sports related (8)
derecha right; **a la derecha de** to the right of (5)
derecho law (P)
derechos rights (12)
desastre m. mess (5); **desastre natural** natural disaster (12)
desayunar to have breakfast (5)
desayuno breakfast (6)
descansar to relax (2)
desconectarse to disconnect oneself, to get away from it all (9)
descubrir to discover (12)
descuento discount (4)
deseo wish (3)
desfile m. parade (8)
desierto desert (11)
desorden m. untidiness, disorder (5)
desordenado(a) messy (5)
despacio slowly (6)
despedida farewell (1)
despedirse (i) to say good-bye (6)
despertarse (ie) to wake up (5)
despistado(a) absentminded, scatterbrained (2)
después de after (5); **después de que** after (12)
destino turístico tourist destination (11)
detrás de behind (5)
día m. day (2); **Día de Acción de Gracias** Thanksgiving Day (8); **Día de la Independencia** Independence Day (8); **Día de la Madre** Mother's Day (8); **Día del Amor y la Amistad** Valentine's Day (8); **Día del Padre** Father's Day (8); **Día del Trabajo** Labor Day (8); **día festivo** holiday (8)
diagnóstico diagnosis (9)
diarrea diarrhea (9)
diccionario dictionary (1)
diciembre m. December (4)
diecinueve nineteen (1)
dieciocho eighteen (1)
dieciséis sixteen (1)
diecisiete seventeen (1)
diente m. tooth (9); **dientes** teeth (5)
dieta diet (6)
dietético(a) diet (6)
diez ten (1)
diferencia diference (12)
difícil difficult (2)
dinero money (4)
dios m. god (8); **diosa** goddess (8)
dirección f. address (1); **¿Cuál es tu dirección?** What's your address? (1)
discapacitado(a) handicapped (12)
diseñar to design (10)
diseño design (7)
disfraz m. costume (8)
disfrazarse (de) to dress up in a costume (as) (8)
disfrutar de to enjoy (3); **disfrutar de la vida** to enjoy life (9)
disponible available (10)
dispuesto(a) willing (10)
divertido(a) fun, entertaining, enjoyable (2) (3)
divertirse (ie) to have a good time (5)
divorciado(a) divorced (3)
doblar to turn (11)
doble double (4); **doble tracción** f. four-wheel drive (11)
doce twelve (1)
doctor (Dr.) doctor (male) (P); **doctora (Dra.)** doctor (female) (P)
doctorado doctorate (10)
documento de identidad ID (11)

doler to hurt, to ache (9)

dolor *m.* ache, pain (9)

domingo Sunday (2); **Domingo de Pascua** Easter Sunday (8)

donativo donation (12)

donde where (11)

¿Dónde? Where? (2); **¿Dónde está...?** Where is...? (1); **¿Dónde están los probadores?** Where are the fitting rooms? (7); **¿Dónde vives?** Where do you live? *(informal)* (1)

dormir (ue) to sleep (3); **dormirse (ue)** to fall asleep (5)

dormitorio bedroom (5)

dos two (1); **dos veces** twice (5)

ducha shower (5)

ducharse to take a shower (5)

duda doubt (10); **No hay duda de que...** There's not doubt that... (10)

dudar to doubt (10)

dulce sweet (6); **¿Es dulce?** Is it sweet? (6)

dulces *m. pl.* candy (8)

E

económico(a) inexpensive (4)

edad *f.* age (3)

edificio building (10)

educación *f.* education (P)

ejercicio exercise (6); **hacer ejercicio** to exercise, to work out (6)

él he (1)

el the *(sing., masc.)* (1)

elecciones *f. pl.* elections (12)

electricidad *f.* electricity (12)

electrónica electronics store / department (7)

elegante elegant (7)

elegir (i) to choose (8)

ella she (1)

ellos(as) they (1)

embajada embassy (12)

emocionado(a) excited (1)

emocionante exciting (3); **¡Qué emocionante!** How exciting! (8)

empanada savory turnover (6)

empanizado(a) breaded (6)

empezar (ie) to start, to begin (3)

empleado(a) employee (10)

empleo employment (10)

emprendedor(a) enterprising (10)

empresa firm (10)

empresario(a) entrepreneur (10)

en inside, in, on (1) (5); **en caso de** in case of (11); **en caso de que** in case (12); **en cuanto** as soon as (12); **en efectivo** cash (4); **en exceso** too much (6); **en medio** in the center (5); **en moderación** in moderation (6)

encantar to love (something) (7); **Me encanta...** I love to... (4); **Me encantaría.** I'd love to. (3) (8)

encender (ie) to light (8)

encima de on top of (5)

encontrar (ue) to find (5)

encontrarse (ue) to be located (11); to meet (up) (8)

enero January (4)

enfermarse to get sick (9)

enfermedad *f.* illness (9)

enfermero(a) nurse (9)

enfermo(a) ill, sick (1)

enfrente de across from, facing (1)

enigmático(a) enigmatic (11)

enojado(a) angry, mad (1)

enojarse to get angry, to get mad (5)

ensalada salad (6)

enseguida right away (6)

enseñar to teach (10)

entender (ie) to understand (3); **¿Entienden?** Do you understand? *(informal)* (P)

enterarse to find out (12)

Entonces... Then... (8)

entrada admission, entrance (4)

entre (in) between, among (5); **entre semana** during the week, on weekdays (2)

entrenador(a) trainer (6)

entrenamiento training (12)

entretenimiento entertainment (12)

entrevista interview (10)

entrevistado(a) interviewee (10)

entrevistador(a) interviewer (10)

envolver (ue) to wrap (3)

época time of year (8)

equilibrio balance (9)

equipaje (de mano) *m.* (carry-on) luggage (11)

equipo team (8)

erupción volcánica *f.* volcanic eruption (12)

escalada climb; **hacer escalada en roca** to go rock climbing (11)

escalera staircase (5)

escaparate *m.* display window (7)

escoger to choose, to pick, to select (9)

escribir to write (2); **Escriban la respuesta.** Write the answer. (P); **¿Cómo se escribe tu nombre?** How do you spell your name? *(informal)* (P)

escritorio desk (5)

escuchar to listen; **escuchar música** to listen to music (2); **Escuchen.** Listen. (P)

escuela school (10); **escuela primaria** elementary school (12)

ese(a) that (7)

eso that *(neuter)* (7)

esos(as) those (7)

espaguetis *m. pl.* spaghetti (6)

espalda back (part of body) (9)

especialidad *f.* specialty; **¿Cuál es la especialidad de la casa?** What's the house's specialty? (6)

espectáculo show (4); **¡Qué espectáculo!** What a show! (8)

espejo mirror (5)

esperar to hope (4)

espinacas spinach (6)

esposo(a) husband / wife; spouse (3)

esquiar to ski (4)

esquina corner (of a city street) (11); **en la esquina** on the corner (4)

estación *f.* station (4), season (4); **estación de lluvia** rainy season (4); **estación seca** dry season (4)

estacionar to park (11)

estadía stay (12)

estadio stadium (1)

estampado(a) patterned, printed (7)

estante *m.* shelf (5)

estar to be (1)

estatua statue (11)

este *m.* east (11)

este(a) this (7); **Este(a) soy yo.** This is me. (3)

estilo style (5) (7); **estilo de vida** lifestyle (6)

esto this *(neuter)* (7)

estómago stomach (9)

estornudar to sneeze (9)

estos(as) these (7)

estrella star (11)

estrés *m. sing.* stress (9)

estresado(a) stressed (1)

estudiante *m. f.* student (1)

estudiar to study (2); **estudiar en el extranjero** to study abroad (10)

estudios profesionales professional studies (P)

estufa stove (5)

estupendo wonderful (10); **Es estupendo que...** It's great / wonderful that... (10)

evacuar to evacuate (12)

evento event (8)

evitar to avoid (6)

examen *m.* test, exam (2); **examen médico** medical examination (9)

exceso excess (6)

excursión *f.* excursion, tour (4); **¿Qué excursión nos recomienda?** What tour do you recommend (to us)? *(formal)* (4)

exigente strict, demanding (2)

éxito success (10)

experiencia experience (10)

explicar to explain (6); **¿Me puede explicar qué es (el ceviche)?** Can you explain what (ceviche) is? *(formal)* (6)

explorar to explore (4)

exposición *f.* exhibition (8)

extranjero abroad (10)

extrañar to miss (someone) (12)

extraño(a) strange, odd (8)

extrovertido(a) outgoing (3)

F

fácil easy (2)

fácilmente easily (6)

facturar to check in (11)

facultad *f.* college (1)

falda skirt (7)

Falleció hace unos años. He/She passed away a few years ago. (3)

faltar to be missing or lacking (7)

familia family (2) (3)

fantástico fantastic (10); **Es fantástico que...** It's fantastic that... (10)

farmacia pharmacy, drugstore (4)

fastidio bother (5); **¡Qué fastidio!** What a bother! (5)

fatal awful (9)

febrero February (4)

fecha date (4); **¿Qué fecha es hoy?** What's today's date? (4)

¡Felices fiestas! Happy holidays! (8)

¡Feliz cumpleaños! Happy birthday! (3); **¡Feliz aniversario!** Happy anniversary! (3); **¡Feliz Día de (la Madre)!** Happy (Mother's) Day! (8); **¡Feliz Navidad!** Merry Christmas! (8)

feo(a) ugly (3)

feria fair (8)

festejar to celebrate (3)

festival *m.* festival (8)

festivo(a) festive (8)

fibra fiber (6)

fideo noodle (6)

fiebre *f.* fever (9)

fiesta party (2) (3); **fiesta de cumpleaños** birthday party (3); **fiesta sorpresa** surprise party (3)

fin de semana *m.* weekend (2); **fin de semana pasado** last weekend (5)

física physics (P)

flan *m.* custard dessert (6)

flexible flexible (10)

flojo(a) (too) baggy, loose (7)

flor *f.* flower (3)

folleto brochure (12)

foto *f.* photograph (3)

fractura fracture (9)
fregadero kitchen sink (5)
fresas strawberries (6)
fresco(a) cool (4); fresh (6); **Hace fresco.** It's cool. (4); **El pescado está muy fresco.** The fish is very fresh. (6)
frijol *m.* bean (6)
frío(a) cold (4); **Hace (un poco de) frío.** It's (a bit) cold. (4); **¡Qué frío!** It's so cold! (4)
frito(a) fried (6)
fruta fruit (6)
fuegos artificiales fireworks (8)
fuente *f.* fountain (5)
fuerte strong (12)
fumar to smoke (6)
furioso(a) furious (8)
fútbol *m.* soccer (2); **fútbol americano** football (2)

G

gafas eyeglasses (3)
galleta cookie (6)
ganar dinero to make / to earn money (10)
garganta throat (9)
gasolinera gas station (11)
gato(a) cat (3)
gaveta drawer (5)
generoso(a) generous (3)
gente *f.* people (4); **buena gente** a good person, "good people" (3)
geografía geography (11)
geometría geometry (P)
gerente *m. f.* manager (10)
gimnasio gym, fitness center (1)
glaciar *m.* glacier (11)
globo balloon (3)
gobierno government (10) (11)
gordo(a) fat (3)
gorra cap (hat) (7)
Gracias. Thank you; Thanks. (P); thank you (1); **Gracias por todo.** Thanks for everything. (3)
gracioso(a) funny, amusing (8)
grado degree (9)
graduación *f.* graduation (3)
graduarse to graduate (10)
grande big, large (1)
grano grain (6)
grasa fat (6)
gratis free, without charge (4)
gripe *f.* flu (9)
gris gray (7)
grupo estudiantil student organization (2)
guantes *m. pl.* gloves (7)
guapo(a) good-looking, handsome (3)
guardar to put away (5); to keep (somewhere) (12); **guardar cama** to stay in bed (9)
guardería day-care center (12)
guayaba (en almíbar) guava (in syrup) (6)
guerra war (12)
guitarra guitar (2)
gustar to like, to be pleasing to (3); **me gusta** I like (2); **¿Te gustaría ir... ?** Would you like to go to . . . ? (8)

H

Había una vez... Once upon a time, there was . . . (8)
habilidad *f.* skill (12)
habitación *f.* room (4)
hábito habit (6)

Hablamos más tarde. We'll talk later. (1)
hablar (por teléfono) to talk (on the phone) (2)
hacer to do, to make (4); **Hace muchos años...** A long time ago . . . (8); **Hace siete años que me lastimé la espalda.** I injured my back seven years ago. (9); **hace tres años** three years ago (5); **Hace una semana que me siento mal.** I've been feeling under the weather for a week. (9); **hacer rafting** to go (white-water) rafting (11); **hacer snowboard** to snowboard, to go snowboarding (11); **hacer surf** to surf (4)
Halloween *m.* Halloween (8)
hamaca hammock (7)
hamburguesa hamburger (6)
harto(a) fed up with (5); **Estoy harto(a) de...** I'm fed up with . . . (5)
hasta until (5); **Hasta luego.** See you later. (1); **Hasta mañana.** See you tomorrow. (1); **hasta que** until (12)
hay there is / there are (1); **¿Hay... por aquí?** Is there . . . around here? (4); **Hay que...** One / We / You must . . . (6)
haya there be (9)
hecho(a) a mano handmade (7)
helado ice cream (6)
herida wound, injury (9)
herido(a) wounded (person), injured (person) (12)
hermano(a) brother / sister; sibling (3)
hermoso(a) beautiful (8)
hielo ice (6); **Un (agua mineral) sin hielo.** Some (mineral water) with no ice. (6)
hijo(a) son / daughter; child (3); **hijo(a) único(a)** only child (3)
historia history (P)
hogar para ancianos *m.* nursing home (12)
hoja de papel sheet of paper (1)
hola hi, hello (P) (1)
hombre *m.* man (3); **hombre de negocios** businessman (10)
hombro shoulder (9)
hora time; hour (2); **¿A qué hora?** At what time? (2); **¿Qué hora es?** What time is it? (2); **No veo la hora de...** I can't wait to . . . (4)
horario schedule (2); **horario de oficina** office hours (10)
horno oven (5)
horror horror; **¡Qué horror!** That's awful! (8)
hostal *m.* guesthouse (12)
hotel *m.* hotel (4)
hoy today (2)
Hubo... There was . . . / There were . . . (6)
huelga strike (12)
hueso bone (9)
huésped *m. f.* guest (12)
huevo egg (6)
huir to run away, to escape (8)
humanidades *f. pl.* humanities (P)
húmedo(a) humid (11)
huracán *m.* hurricane (12)

I

idea idea (9); **Es buena idea...** It's a good idea . . . (6) (9); **Es buena idea que...** It's a good idea for (someone) to . . . (9)
ideal ideal, perfect (9)
idioma *m.* language (12)
iglesia church (8)
igualmente same here; likewise (1)
impartir clases to teach (12)

importante important (6) (9); **Es importante...** It's important . . . (6); **Es importante que...** It's important that . . . (9)
importar to care about, to matter (7); **No me importa.** I don't care. (5)
imposible impossible (10); **Es imposible que...** It's impossible that / for . . . (10)
incendio (forestal) (forest) fire (12)
incluido(a) included (11)
increíble incredible (8)
indicaciones *f. pl.* directions (11)
infección *f.* infection (9)
informal informal, casual (7)
informar to inform (10); to report (12); **informarse** to find out (12)
informática computer science (P)
informe *m.* paper, report (2)
ingeniería engineering (P)
ingeniero(a) engineer (10)
inmigrante *m. f.* immigrant (12)
inodoro toilet (5)
inolvidable memorable, unforgettable (3)
instrucción *f.* instruction (9); **instrucciones del profesor** professor's instructions (P)
integrarse to integrate yourself, to fit in (12)
intelectual intellectual (3)
inteligente smart, intelligent (3)
intensivo(a) intensive (12)
intercambiar regalos to exchange gifts (8)
interesado(a) interested (10)
interesante interesting (2)
interesar to be interested in (7)
intermedio(a) intermediate (12)
internacional international (8)
intoxicación alimenticia *f.* food poisoning (9)
inundación *f.* flooding (12)
investigación *f.* research (10); **hacer investigaciones** to research (10)
invierno winter (4)
invitación *f.* invitation (3)
invitado(a) guest (3)
invitar to extend an invitation (8)
inyección *f.* shot (9)
ir to go (1); **ir a pie** to walk, to go on foot (4); **ir de compras** to go shopping (2)
isla island (11)
izquierda left (5); **a la izquierda de** to the left of (5)

J

jamón *m.* ham (6)
Janucá Chanukah (8)
jarabe *m.* syrup (9)
jardín *m.* yard; garden (5)
jefe(a) boss (10)
joven young (3)
joyas *f. pl.* jewelry (7)
joyería jewelry (store / department) (7)
jueves *m.* Thursday (2)
jugar (ue) to play (a sport or game) (3)
jugo juice (6)
juguete *m.* toy (7)
julio July (4)
junio June (4)

K

kilómetro kilometer (11)

L

la the (*sing., fem.*) (1); **la** her (5)
laboratorio lab (1)
lago lake (11)
lámpara lamp (5)
lancha motorboat (4)
lápiz *m.* pencil (1)
largo(a) long (3); **a largo plazo** long-term (10)
las the (*pl., fem.*) (1)
lástima shame (10); **Es una lástima que...** It's a shame / too bad that . . . (10); **¡Qué lástima!** That's too bad! (9)
lastimarse to get hurt, to injure oneself (9)
lavamanos *m.* bathroom sink (5)
lavaplatos *m.* dishwashing machine, dishwasher (5)
lavar (la ropa) to wash (clothes) (2); **lavar los platos** to do the dishes (5)
lavarse to wash oneself (5); **lavarse los dientes** to brush one's teeth (5)
le to / for you (*sing., form.*) (6); to / for him or her (6)
leche *f.* milk (6)
lechuga lettuce (6)
leer to read (2)
lejos de far from (1); far (5)
lengua tongue (9)
lenguas languages (P)
les to / for you (*pl.*) (6); to / for them (6)
letrero sign (11)
levantarse to get up (5)
leyenda legend (8)
libertad *f.* freedom (12)
libre free, available (4)
librería bookstore (1)
libro book (1)
límite de velocidad *m.* speed limit (11)
limonada lemonade (6)
limpiar to clean (2)
limpio(a) clean (5)
lindo(a) cute, pretty (3)
líquido(a) liquid (9)
listo(a) ready (6); **¿Están listos para pedir?** Are you ready to order? (6)
literatura literature (P)
llamar to call; **¡Te llamo más tarde!** I'll call you later! (1)
llamarse to be named; **Me llamo...** My name is . . . (P) (1); **Se llama...** His/Her name is . . . (1)
llave *f.* key (5)
llavero key ring (7)
llegar to arrive (2); **¿Cómo llego a... ?** How do I get to . . . ? (11)
llenar to fill (out) (10)
llevar to wear, to carry; **llevar años aquí** to have been living here for years (3); **llevar (una vida)** to lead (a life) (6); **Me lo (la) llevo.** I'll take it. (7)
llover (ue) to rain; **Está lloviendo.** It's raining. (4); **Llueve...** It rains . . . (4)
lo him (5); **lo, la** you (*sing., form.*) (5); it (5); **Lo siento (mucho).** I'm (very) sorry. (1)
loco(a) crazy (3)
lógicamente logically (6)
los the (*pl., masc.*) (1); **los, las** you (*pl., form. in Spain*) (5); them (5)
luchar (por) to fight (for) (12)
luego then, next (5)
lugar *m.* place (4)
luna moon (8)
lunes *m.* Monday (2)
luz *f.* light (1)

M

madera wood (7)
madre *f.* mother (3)
madrugada early morning (2); **de la madrugada** a.m. (late night, early morning hours) (2)
maestría master's degree (10)
maestro(a) teacher, schoolteacher (10)
magnífico(a) magnificent (11)
maíz *m.* corn (6)
mal lousy, bad, not well (9)
malentendido misunderstanding (12)
maleta suitcase; **hacer la maleta** to pack a suitcase (4)
malo(a) bad (2)
mamá mom (3)
mandar to send (3); **mandar mensajes de texto** to text, to send text messages (2)
manejar to manage (10)
manera way, method (9)
manifestación *f.* demonstration (12)
mano *f.* hand (5) (9)
mantequilla butter (6)
manzana apple (6)
mañana tomorrow (2) (4); **de la mañana** a.m. (6 a.m. to noon) (2); **esta mañana** this morning (5); **por la mañana** in the morning (2)
mapa (del mundo) *m.* (world) map (1)
maquillarse to put on make-up (5)
mar *m.* sea, ocean (4)
mariscos seafood (6)
marrón brown (7)
martes *m.* Tuesday (2)
marzo March (4)
más more; **el (la) / los (las) más...** the most . . . (3); **más... que** more . . . than (3); **¿Quieres más... ?** Do you want more . . . ? (*informal*) (6)
máscara mask (7)
mascota pet (3)
matemáticas Math (P)
mayo May (4)
mayor (que) older (than) (3); **el (la) mayor / los (las) mayores** the oldest (with people) (3)
me to / for me (6); me (5); **Me alegra que...** It makes me happy that . . . / I'm happy that . . . (10); **Me alegro (mucho).** That's good; I'm (really) glad. (1); **Me encanta que...** I'm delighted that . . . / It delights me that . . . (10); **Me enfada que...** It angers me that . . . / I'm angry that . . . (10); **Me gusta que...** I like the fact that . . . (10); **Me molesta que...** It bothers me that . . . (10); **¿Me permite... ?** May I . . . ? (11); **Me preocupa que...** It worries (concerns) me that . . . / I am worried (concerned) that . . . (10); **Me sorprende que...** It surprises me that . . . / I'm surprised that . . . (10)
medianoche *f.* midnight (2); **Es medianoche.** It's midnight. (2)
medicamento medicine (9)
médico(a) doctor, physician (9)
medio tiempo half-time, part-time (10)
mediodía *m.* noon (2); **Es mediodía.** It's noon. (2)
mejor better, best (3); **(mejor) amigo(a)** (best) friend (3); **mejor que** better than (3); **el (la) mejor / los (las) mejores** the best (3)
mejorar to improve (12); **mejorarse** to get better, to improve (9); **¡Que te mejores!** I hope you feel better! (*informal*) (9); **¡Que se mejore!** I hope you feel better! (*formal*) (9)
memoria USB flash drive (1)
menor (que) younger (than) (3); **el (la) menor / los (las) menores** the youngest (with people) (3)
menorá *m.* menorah (8)
menos less (3); **el (la) / los (las) menos...** the least . . . (3); **Menos mal.** Thank goodness. (8); **menos... que** less . . . than (3)
mensaje de texto *m.* text (message) (2)
mente abierta *f.* an open mind (12)
mentor(a) mentor (12)
menú *m.* menu (6)
mercado market (4)
merienda snack (3)
mermelada marmalade, jelly (6)
mes *m.* month (4); **el mes pasado** last month (5); **el mes que viene** next month (4); **el próximo mes** next month (4)
mesa table (1); **poner la mesa** to set the table (3); **¿Una mesa para cuántos?** A table for how many? (6)
mesero(a) waiter / waitress (6)
mesita (de noche) nightstand (5)
meta goal (9)
metro subway (4); meter (11)
mezquita mosque (8)
mi(s) my (3)
microondas *m. sing.* microwave oven (5)
mientras while (5) (8); **mientras que** while (12)
miércoles *m.* Wednesday (2)
mil *m.* one thousand (4)
militar military (8)
millón *m.* million (4)
mimado(a) spoiled (3)
mío(s) / mía(s) mine (3)
mirar to look (at) (2); **mirar la tele** to watch TV (2); **Miren aquí.** Look over here. (P)
mismo(a) same; **misma edad** same age (3)
mito myth (8)
mochila backpack (1)
mocoso(a) having a runny nose (9)
moda fashion (7); **a la última moda** in the latest fashion (7)
moderno(a) modern (5)
mojar to get wet (9)
mola colorful appliqué panel (7)
molestar to bother (7)
montaña mountain (4); **montaña (de ropa sucia)** pile (of dirty clothes) (7)
montar a caballo to ride a horse (4); **montar en bicicleta** to ride a bike (4)
morado purple (7)
moreno(a) dark-haired (3)
morir (ue) to die (7); **Me muero por...** I'm dying to . . . (4)
mostrador *m.* counter (11)
mostrar (ue) to show (6)
¡Muchas felicidades! Congratulations! (3)
mucho(a) a lot of, many (1); **Mucho gusto.** Nice to meet you. (1)
mudarse to move (5)
muebles *m. pl.* furniture (5)
muerto(a) dead (7) (12)
mujer *f.* woman (3); **mujer de negocios** businesswoman (10)
muñeca wrist (9)
museo museum (4)
música music (P) (2)
muy very (1)

N

nada nothing (1); nothing, not anything (4)
nadar to swim (4)
nadie nobody / no one; not anybody / not anyone (4)
naranja orange (6)
nariz *f.* nose (9)
natación *f.* swimming (8)
naturaleza nature (11)
Navidad *f.* Christmas (8); **¡Feliz Navidad!** Merry Christmas! (8)
necesario necessary (6) (9); **Es necesario...** It's necessary . . . (6); **Es necesario que...** It's necessary that . . . (9)
necesitar to need (4); **Necesito talla pequeña / mediana / grande / 38.** I need size small / medium / large / 38. (7)
negocio business (10)
negro black (3) (7)
nevar (ie) to snow; **Está nevando.** It's snowing. (4); **Nieva...** It snows . . . (4)
(ni...) ni (neither . . .) nor (4)
nieto(a) grandson / granddaughter (3); **nietos** grandchildren (3)
nieve *f.* snow (4)
ninguno(a) none, not any (4)
niño(a) little boy / girl (3)
nivel *m.* level (10)
No. No. (P); **no dejar las cosas para más tarde** not to procrastinate (9); **No entiendo.** I don't understand. (1); **No es para tanto.** It's no big deal. (9); **No está mal.** It's okay. (2); **¡No me digas!** No way! / You're kidding! (12); **No sé.** I don't know. (1); **No vas a creer lo que pasó.** You won't believe what happened. (8)
noche *f.* night; **de la noche** p.m. (sundown to midnight) (2); **esta noche** tonight (4); **Noche de Brujas** Halloween (8); **por la noche** in the evening (2)
normalmente usually (2); normally (6)
normas de conducta norms of personal conduct (12)
norte *m.* north (11)
nos us (5); to / for us (6); **¡Nos vemos (en clase)!** See you (in class)! (1)
nosotros(as) we (1)
noticias news (12)
novela novel (2)
noveno(a) ninth (7)
noventa ninety (1)
noviembre *m.* November (4)
novio(a) boyfriend; groom / girlfriend; bride (3)
nublado(a) cloudy (4); **Está nublado.** It's cloudy. (4)
nuestro(s) / nuestra(s) our (3)
nueve nine (1)
nuevo(a) new (5)
número number (1); **Es calle..., número...** It's . . . Street . . . , number . . . (1)
nunca never (2); never, not . . . ever (4)
nutrición *f.* nutrition (6)

O

o or (3); **(o...) o** (either . . .) or (4)
obligación *f.* obligation (9)
obra de teatro (theater) play (8)
observatorio observatory (11)
océano ocean (11)
ochenta eighty (1)
ocho eight (1)
octavo(a) eigth (7)
octubre *m.* October (4)
ocupado(a) busy, occupied (1)
ocurrir to happen (8)
Odio... I hate . . . (5)
oeste *m.* west (11)
oferta offer (10); **Es mi última oferta.** It's my last offer. (7)
oficina de tursimo tourist office (4)
ofrecer to offer (7); **Le puedo ofrecer (veinte dólares).** I can offer you (20 dollars). *(formal)* (7)
oído inner ear (9)
oír to hear (4)
Ojalá que... I hope that . . . , May . . . (10)
ojo eye (3) (9)
olvidarse to forget (9)
once eleven (1)
oportunidad *f.* opportunity, chance (12)
oposición *f.* opposition (12)
optimista optimistic (3)
ordenado(a) tidy, neat (5)
ordenar to tidy up (5)
oreja ear (9)
organización *f.* organization (12)
organizado(a) organized (2)
organizar to organize (12)
oro gold (7)
os you (*pl., inf. in Spain*) (5); to / for you (*pl., inf. in Spain*) (6)
otoño fall, autumn (4)

P

paciente patient (10)
padre *m.* father (3)
padres *m. pl.* parents (3)
paella (valenciana) Spanish saffron rice dish (6)
pagar (en efectivo) to pay (in cash) (4); **¿Cómo desea pagar?** How do you want to pay? *(formal)* (7); **Voy a pagar en efectivo / con tarjeta de crédito.** I'm going to pay cash / with a credit card. (7)
página page; **¿En qué página estamos?** What page are we on? (1)
país *m. sing.* country (nation) (11)
paisaje *m.* landscape, scenery (11)
paja straw (7)
pájaro bird (3)
palabras útiles useful words (P)
pan *m.* bread (6)
panorámico(a) panoramic (11)
pantalones *m. pl.* pants, trousers (7); **pantalones cortos** shorts (7)
papá *m.* dad (3)
papas fritas French fries (6)
para for; **Para mí, (la paella).** I'll have (the paella). (6); **para que** so that (12); **¿Para qué?** What for? (2)
parada (de autobús) (bus) stop (4)
paralizar to paralyze (12)
parecer to seem, to appear, to look (7); **¿Qué le parece (esta camisa)?** What do you think about (this shirt) *(formal)*? (7)
parecido(a) alike, similar (3)
pared *f.* wall (1)
pareja couple (two people) (3); **la feliz pareja** the happy couple (3)
pariente *m. f.* relative (3)
parque *m.* park (2); **parque de diversiones** amusement park (4); **parque zoológico** zoo (11)

parte *f.* part (9)
participar to participate (2)
partido game (2)
pasado(a) de moda out of style (7)
pasado mañana the day after tomorrow (4)
pasajero(a) passenger (11)
pasantía internship (10)
pasaporte *m.* passport (11)
pasar to pass; to proceed (11); **¿Cómo pasó?** How did it happen? (8); **¿Me pasas..., por favor?** Could you please pass me . . . ? (6); **Pasa adelante.** Come in. (5); **pasar cerca de / por** to go near / by (11); **pasar (horas, el rato)** to spend (hours, time) (2); **pasar la aspiradora** to vacuum (5); **pasarlo bien** to have a good time; **Lo pasé / Lo pasamos muy bien.** I had / We had a great time. (3)
pasillo hallway (5)
pastel (de cumpleaños) *m.* (birthday) cake (3)
pastilla pill (9)
patio patio; courtyard (5)
patriótico(a) patriotic (8)
pavo turkey (8)
paz *f.* peace (12)
peaje *m.* toll (11)
pecho chest (9)
pedir (i) to ask for, to request (3); to order (6); **pedir ayuda** to ask for help (9); **pedir cita** to make an appointment (9); **pedir consejos** to ask for advice (6); **Te / Le pido que...** I ask you to . . . (9)
peinarse to comb one's hair (5)
pelirrojo(a) red-headed (3)
pelo hair (3)
pensar (ie) to think (3); to plan (4); **¿Qué piensas?** What do you think? *(informal)* (9)
peor (que) worse (than) (3); **el (la) peor / los (las) peores** the worst (3)
pequeño(a) small (1)
perderse (ie) to get lost (11)
perdón excuse me; sorry (1)
perezoso(a) lazy (3)
perfectamente perfectly (6)
perfecto(a) perfect (2)
perfumería perfume store / department (7)
periodista *m. f.* journalist (10)
permiso de conducir driver's license (11)
pero but (3)
perro(a) dog (3); **perro caliente** hot dog (6)
persona sin hogar homeless person (12)
personalidad *f.* personality (3)
personalizado(a) personalized (12)
pescado fish (as a food) (6)
pescar to fish (4)
pesebre *m.* manger (8)
pesimista pessimistic (3)
pez, peces *m.* fish (3)
piano piano (2)
picante spicy / hot (6); **¿Es picante?** Is it spicy / hot? (6)
picnic *m.* picnic (3)
pie *m.* foot (9); **a pie** on foot (11)
piel *f.* skin (9)
pierna leg (9)
pieza piece; item (11)
pimienta pepper (6)
pintar to paint (12)
piña pineapple (6)
piscina swimming pool (1)
piso floor; story (5); apartment (*in Spain*) (12); **de dos pisos** a two-story (5); **de un piso** a one-story (5)

pizarra (digital) (interactive) white board, chalk board (1)
placer *m.* pleasure (9)
plan *m.* plan (10)
planchar to iron (5)
planeta *m.* planet (12)
planta plant (5)
planta baja ground floor (7)
plata silver (7)
plátano plantain (6)
plato plate; dish (6); **¿Cuál es el plato del día?** What's today's special? (6)
playa beach (4)
plaza main square (of a town or city) (4)
pluma feather (8)
¡Pobrecito(a)! You poor thing! (9)
poco(a) little, not much (2); **un poco** a little (1)
pocos(as) few, not many (2)
poder (ue) to be able, can (3) (4)
política politics (12)
pollo chicken (6)
poner to put, to place (4); **poner la mesa** to set the table (3); **poner la tele / la radio** to turn on the TV / the radio (4); **ponerse** (+ *adj.*) to get (+ *adjective*), to become (5); **ponerse** (+ *noun*) to put on (clothing, perfume, etc.) (5); **ponerse en forma** to get in shape (6); **¡Pongamos manos a la obra!** Let's get to work! (12)
popular popular (8)
por for; **por dos horas** for two hours (5); **por ejemplo** for example (7); **por eso** for that reason, that's why (7); **Por eso...** That's why . . . (8); **por favor** please (1); **por fin** at last (7); **por lo general** usually (2); generally, in general (7); **por lo menos** at least (7); **por muchos años** for many years (5); **¿Por qué?** Why? How come? (2); **¿Por qué no...?** Why don't we . . . ? (2); **por supuesto** of course, certainly (7); **por último** finally, lastly (5)
porque because (2)
posibilidad *f.* possibility (10)
posible possible (10); **(No) Es posible...** It's (not) possible that . . . (10)
postgrado graduate degree (10)
postre *m.* dessert (6)
practicar (un deporte) to play (a sport) (2)
precio price (7)
preciso necessary, essential (6); **Es preciso...** It's necessary / essential . . . (6)
preferible preferable (6) (9); **Es preferible...** It's preferable . . . (6); **Es preferible que...** It's preferable that . . . (9)
preferido(a) favorite (2)
preferir (ie) to prefer (3); **Prefiero que...** I prefer that . . . (9)
pregunta question (1)
preguntar to ask (a question) (6)
premio prize; award (8)
preocupación *f.* worry, concern (9)
preocupado(a) worried, concerned (1)
preocuparse (por) to worry (about) (5) (9); **No te preocupes.** Don't worry. (9)
preparar to prepare, to make (3)
preparativo preparation (3)
preposición *f.* preposition (1)
presentar to introduce (1); to perform (a play) (8); **Le presento a...** I'd like you to meet . . . (*formal*) (1); **Te presento a...** I'd like you to meet . . . (*informal*) (1)
presión *f.* pressure (9)
prestar to lend (6)

prestigioso(a) prestigious (8)
presupuesto budget (12)
prevenir (ie) to prevent (9)
prever to foresee (12)
previo(a) previous (12)
primavera spring (4)
primer, primero(a) first (7); **¿A qué hora es tu primera clase?** What time is your first class? (2)
primero first (5)
primo(a) cousin (3)
principal main (6)
principalmente mainly (6)
prioridad *f.* priority (12)
probador *m.* fitting room (7)
probable likely (10); **(No) Es probable que...** It's (not) likely that . . . (10)
probar (ue) to taste, to try (a food) (3); **probarse (ue)** to try on (7)
problema *m.* problem (10)
producto lácteo milk product (6)
profesión *f.* profession (10)
profesor(a) professor (P) (1)
prohibir to forbid, to prohibit (9); **Te / Le prohíbo que...** I forbid you to . . . (9)
pronombre *m.* pronoun (1)
pronto soon (6)
propina tip (6); **¿Está incluida la propina en la cuenta?** Is the tip included in the bill? (6)
propio(a) own (10)
¡Próspero Año Nuevo! Happy / Prosperous New Year! (8)
proteína protein (6)
protestar to protest (12)
provocar to cause (12)
próximo(a) next (3) (4)
proyecto project (10)
psicología psychology (P)
psicólogo(a) psychologist (10)
publicidad *f.* publicity, advertising (12)
público public; audience (10)
pueblo small town (11)
puente *m.* bridge (11)
puerta door (1); gate (at an airport) (11)
puerto port (11)
puesto position; job (10)
pulmón *m.* lung (9)
punto dot (1); stitch (9); **Es... arroba... punto...** It's . . . @ . . . dot . . . (1); **punto cardinal** cardinal direction (11); **punto fuerte** strength (10)
pupitre *m.* desk (1)

Q

que that; who (11)
¿Qué? What? (2); **¿Qué es esto?** What is this? (1); **¿Qué hay de nuevo?** What's new? (1); **¿Qué se puede hacer por aquí?** What is there to do around here? (4); **¿Qué significa...?** What does . . . mean? (1); **¿Qué tal?** How's it going? (*informal*) (1); **¿Qué tal si...?** What if we . . . ? (2); **¿Qué te pasó?** What happened to you? (*informal*) (9); **¿Qué tienes?** What's the matter? (9)
quedar to fit; to have left, to remain (7); **Me queda bien / mal.** It fits me well / poorly. (7); **quedarse** to stay (5)
quehacer *m.* chore (5)
quemarse to burn, to get burned (9)
querer (ie) to want; to love (people, pets) (3); **¿Quieres ir... conmigo?** Do you want to . . .

with me? (*informal*) (8); **¿Quieres más...?** Do you want more . . . ? (*informal*) (6); **Quiero ir contigo.** I want to go with you. (4); **Quiero que...** I want (you) to . . . (9)
queso cheese (6)
quien(es) who (11); **¿Quién? / ¿Quiénes?** Who? (2); **¿Quién es...?** Who is . . . ? (1)
química chemistry (P)
quince fifteen (1)
quinto(a) fifth (7)
Quisiera probar (el plato del día). I'd like to try (today's special). (6)
Quizás en otra ocasión. Maybe some other time. (8)

R

radiografía x-ray (9)
Ramadán *m.* Ramadan (8)
rápido quickly (5)
rasgos físicos physical characteristics (3)
reaccionar to react (8) (9)
realizar to carry out (8); to achieve (10)
rebajado(a) on sale, reduced (price) (7); **Está rebajado(a). / Están rebajados(as).** It's / They're on sale. (7)
recetar to prescribe (9)
recibir to receive, to get (2)
recientemente recently (6)
reclamo de equipaje baggage claim (11)
recoger to pick up (8); **recoger basura** to pick up trash (12)
recomendable advisable (6); **Es recomendable...** It's advisable . . . (6)
recomendar (ie) to recommend (4); **Te / Le recomiendo que...** I recommend that you . . . (9); **¿Qué nos recomienda?** What do you recommend? (6)
reconstrucción *f.* rebuilding (12)
recordar (ue) to remember, to recall (3)
recorrer to go all over (a place) (4)
recuerdo souvenir (4)
reducir to relieve (9)
referencia reference (10)
refresco soft drink (4)
refrigerador *m.* refrigerator (5)
refugio de animales animal shelter (12)
regalar to give (as a gift) (6)
regalo gift, present (3)
regar (ie) to water (5)
regatear to bargain (7)
regateo bargaining (7)
región *f.* region (7)
regresar to go back, to return (2)
regular so-so (1)
rehusar to decline, to turn down (8)
relaciones internacionales *f. pl.* international relations (10)
relajarse to relax (5) (9)
reloj *m.* clock (1)
reparar to fix, to repair (12)
repartir a domicilio to home-deliver (12)
repetir (i) to repeat (3); **¿Puede repetirlo?** Can you repeat that? (*formal*) (1); **¿Puedes repetirlo?** Can you repeat that? (*informal*) (1); **Repitan.** Repeat. (P)
requisito requirement (10)
resfriado cold (illness) (9)
residencia estudiantil dorm, student residence hall (1)
resolver (ue) to solve (10); to get resolved (7)
respetar to respect (12)

respirar (hondo) to breathe (deeply) (9)
responsabilidad *f.* responsibility (10)
restaurante *m.* restaurant (2)
reunión familiar *f.* family reunion; family gathering (3)
reunirse to get together (8)
rezar to pray (8)
rico(a) good; tasty; rich (6); rich, wealthy (10); **¡Qué rico(a)!** It's really good! (6)
ridículo ridiculous (10); **Es ridículo que...** It's ridiculous that . . . (10)
rincón *m.* corner (of a room) (5); **en el rincón** in the corner (5)
río river (11)
rodilla knee (9)
rojo red (7)
romper to break (7); **romperse** to break (9)
rosado pink (7)
rubio(a) blond(e) (3)
rueda wheel (6)
ruido noise (5)
ruinas ruins (11)
ruta route (11)
rutina diaria daily routine (5)

S

sábado Saturday (2)
saber to know (information / how to do something) (4)
sacar to take out (5); **sacar fotos** to take pictures (3)
sacudir to shake (8)
sal *f.* salt (6)
sala living room (5)
salario salary (10)
salida exit (11)
salir to leave, to go out (4)
salón de clase *m.* classroom (1)
saltar to skip (6)
salud *f.* health (6); **¡Salud!** Cheers! (3); **la salud de...** the health of . . . (3)
saludable healthy (6)
saludo greeting (1)
sandalias sandals (7)
sándwich *m.* sandwich (6)
sano(a) healthy (6)
satisfecho(a) full; satisfied (6); **Estoy satisfecho(a).** I've had plenty; I'm full. (6)
se debe one should (6)
Se escribe... It's spelled . . . (P)
Se lo (la) dejo en solo (treinta dólares). I'll give it to you for only (30 dollars). (*formal*) (7)
seco(a) dry (11)
secreto secret (9)
sede *f.* seat, headquarters (11)
sedentario(a) sedentary (6)
seguir (i) to follow, to continue (3); **seguir derecho** to go straight (11)
según according to (6) (8)
segundo(a) second (7)
seguro insurance (11); **No estoy seguro(a).** I'm not sure. (9); **seguro(a)** safe (5) (12); **seguro médico** health insurance (10)
seis six (1)
semáforo traffic light (11)
semana week (2); **la próxima semana** next week (4); **la semana pasada** last week (5); **la semana que viene** next week (4); **entre semana** during the week, on weekdays (2); **Semana Santa** Easter week (8)

semestre *m.* semester (2)
sencillo(a) single (4)
senderismo hiking (4); **hacer senderismo** to hike, to go hiking (4)
sentir (ie) to be sorry, to regret; to feel; **sentirse (i)** to feel (5); **sentirse (muy) a gusto** to feel at home (12)
señor (Sr.) Mr. (P)
señora (Sra.) Mrs.; Ms. (P)
señorita (Srta.) Miss; Ms. (P)
septiembre *m.* September (4)
séptimo(a) seventh (7)
ser to be (1); **ser bueno(a) en / con...** to be good at / with . . . (10); **ser un amor** to be a dear (3)
serio(a) serious (3)
servicio al cliente customer service (7); **servicio público** public service (10)
servilleta napkin (6)
servir (i) to serve (3)
sesenta sixty (1)
setenta seventy (1)
sexto(a) sixth (7)
Sí. Yes. (P) ; **Sí, enseguida.** Yes, right away. (6); **Sí, entiendo.** Yes, I understand. (9)
si if (4); **Si compra...** If you buy . . . (7)
siempre always (4)
siete seven (1)
silla chair (1)
sillón *m.* armchair (5)
simpático(a) nice (2)
sin fines de lucro nonprofit (12)
sin que without (12)
sinagoga synagogue (8)
sincero(a) sincere, honest (3)
síntoma *m.* symptom (9)
sobre on top of (5)
sobrino(a) nephew / niece (3)
sofá *m.* couch, sofa (5)
sol *m.* sun (8); **Hace sol.** It's sunny. (4)
solamente only (6)
solicitar to apply for (10); to ask for, to request (formally) (12)
solicitud *f.* application (10)
Solo estoy mirando, gracias. I'm just looking, thank you. (7)
soltero(a) single (3)
sombrero hat (7)
soñar (ue) (con) to dream (about) (10)
sopa soup (6)
soportar to stand; **No soporto (a)...** I can't stand . . . (3)
sorprender to surprise; to be surprised (10)
¡Sorpresa! Surprise! (3)
su(s) your (*formal*) (3); his/her/its (3); your (*informal / formal*) (3); their (3); **Su atención, por favor.** Your attention, please. (P)
sucio(a) dirty (5)
sudadera sweatshirt (7)
sueño dream (10)
suero intravenoso IV fluids (9)
suerte luck; **con suerte** with luck (10); **¡Qué suerte!** How lucky! (8)
suéter *m.* sweater (7)
suficiente enough; plenty (6)
sugerir to suggest (9); **Te / Le sugiero que...** I suggest that (you) . . . (9)
sumergirse to immerse oneself, to become absorbed (12)
sur *m.* south (11)
suyo(s) / suya(s) (*pl.*) yours (*inf. / form. Lat. Am. / form. Spain*); theirs (3); **suyo(s) / suya(s)** (*sing.*) yours (*formal*); his; hers; its (3)

T

tableta tablet (computer) (1)
Tal vez otro día. Perhaps another day. (2)
talla size (7)
también also, too (1) (4)
tampoco neither, not . . . either (4)
tan... como as . . . as (3); as much / many . . . as (3); **tan pronto como** as soon as (12)
tanque de gasolina *m.* gas tank (11)
tanto como as much as (3)
tardarse to take long (11)
tarde *f.* afternoon; **de la tarde** p.m. (noon to sundown) (2); **por la tarde** in the afternoon (2)
tarde late (5)
tarea homework (2); **tarea escolar** schoolwork (12)
tarifa rate (11)
tarjeta card (8); **tarjeta de crédito / débito** credit / debit card (4); **tarjeta de embarque** boarding pass (11)
taxi *m.* taxi, cab (4)
taza cup (6)
te you (*sing., inf.*) (5); to / for you (*sing., inf.*) (6)
té *m.* tea (6)
teatro theater (P) (4) (8)
techo roof (12)
técnico(a) technician (10)
tecnología technology (10)
tele *f.* television (2)
teléfono phone; **¿Cuál es tu número de teléfono?** What's your phone number? (1); **teléfono celular** cell phone (1)
televisor *m.* television, TV (1)
templado(a) mild (11)
templo temple (8)
temporada alta peak season (11)
temprano early (5)
tenedor *m.* fork (6)
tener (ie) to have (1); **tener en cuenta** to take into account (12); **tener éxito** to succeed, to be successful (10); **tener lugar** to take place (8); **tener mal genio** to be ill-tempered (3); **tener (mucha) hambre** to be (very) hungry (1); **tener (mucha) prisa** to be in a (big) hurry (1); **tener (mucha) sed** to be (very) thirsty (1); **tener (mucho) calor** to be (very) hot (1); **tener (mucho) cuidado** to be (very) careful (1); **tener (mucho) frío** to be (very) cold (1); **tener (mucho) miedo** to be (very) afraid (1); **tener (mucho) sueño** to be (very) sleepy (1); **tener (mucha) suerte** to be (very) lucky (1); **tener que** (+ *infinitive*) to have to (do something) (1); **tener razón** to be right, to be correct (1); **Tengo...** I have . . . (P); **Tengo una pregunta.** I have a question. (1); **¿Tienes ganas de...?** Do you feel like . . . ? (2) (*informal*); **Tienes razón.** You're right. (*informal*) (9)
tercer, tercero(a) third (7)
terminar to finish, to end, to be over (2)
terremoto earthquake (12)
tiempo weather (4); **a tiempo completo** full-time (10); **¿Qué tiempo hace?** What's the weather? (4); **Hace buen / mal tiempo.** The weather's nice / bad. (4)
tienda store (7)
tierno(a) sweet, tender, affectionate (3)
tímido(a) shy (3)
tío(a) uncle / aunt (3)
típico(a) typical (2) (4)

título title (P)

tobillo ankle (9)

tocar to play (a musical instrument) (2); to touch (12)

tocineta bacon (6)

todavía still (5); **Todavía tengo que...** I still have to . . . (5)

todavía no not yet (7)

Todo bien. Everything's fine / okay. (1); **Todo estuvo delicioso, gracias.** Everything was delicious, thank you. (6)

todos all (of us) (3); **todos los días** every day (2) (5)

tomar to take (2); to drink (4); **tomar el sol** to sunbathe (4); **tomarse unos días libres** to take some days off (9)

tomate *m.* tomato (6)

tonto(a) dumb (3)

torcerse (ue) to sprain, to twist (9)

tos *f.* cough (9)

toser to cough (9)

tostaditas de maíz tortilla chips (6)

tostones *m. pl.* fried plantain chips (6)

trabajador(a) hardworking (3); **trabajador social** social worker (10)

trabajar to work (2); **trabajar en equipo** to work on a team (10); **trabajar para** to work for (10); **Trabajen con un(a) compañero(a) de clase.** Work with a classmate. (P)

trabajo work (9); **¿En qué consiste su trabajo?** What is his/her/your job? (10)

tradicional traditional (8)

traer to bring (4); **¿Me puede traer (otra servilleta)?** Can you bring me (another napkin)? (*formal*) (6); **¿Nos puede traer más (pan)?** Can you bring us more (bread)? (*formal*) (6); **¿Nos trae el menú, por favor?** Can you bring us the menu, please? (*formal*) (6)

traje *m.* suit (7); **traje de baño** bathing suit (7)

tranquilamente tranquilly, peacefully (6)

tranquilo(a) quiet, peaceful (5); **Tranquilo(a).** Relax. (9)

tratamiento treatment (9)

trece thirteen (1)

treinta thirty (1)

tren *m.* train (4)

tres three (1); **tres leches** *f. pl.* cake soaked in cream (6); **tres veces** three times (5)

triste sad (1)

tú you (*sing., inf.*) (1)

tu(s) your (*informal*) (3)

tuitear to tweet (2)

turismo (de aventura) (adventure) tourism (4)

tutor(a) tutor (10)

tuyo(s) / tuya(s) yours (*informal*) (3)

U

ubicado(a) located (11)

último(a) latest, last (12); **¿A qué hora es tu última clase?** What time is your last class? (2)

un(a) a/an (1); **un poco** a little (1)

una vez once (5); **Una vez...** One time . . . (8)

unido(a) close-knit (3)

universidad *f.* university (1); **universidad comunitaria** community college (2)

universitario(a) university (10)

uno one (1)

unos(as) some (1)

usted (Ud.) you (*sing., form.*) (1)

ustedes (Uds.) you (*pl.*) (1)

utilizar to use (12)

uvas grapes (6)

V

vacaciones *f. pl.* vacation (4); **vacaciones pagadas** paid vacations (10)

valle *m.* valley (11)

¡Vamos! Let's go! (1)

vaqueros jeans (7)

varias veces several times (5)

variedad *f.* variety (6)

vaso drinking glass (6)

vecino(a) neighbor (5)

veinte twenty (1)

vela candle (3)

velero sailboat (4)

venda bandage (9)

vendedor(a) vendor (7)

vender to sell (10)

venir (ie) to come (4)

ventana window (1)

ver to see, to watch (4)

verano summer (4)

verbo verb (1)

verdad true (10); **(No) Es verdad que...** It's (not) true that . . . (10); **La verdad es que...** Actually, . . . (5)

verde green (3) (7)

verdura vegetable (6)

vestido dress (7)

vestirse (i) to get dressed (5)

vez *f.* time, instance (5)

viajar to travel (4)

viaje *m.* trip (4)

videojuego videogame (3)

viejo(a) old (3)

viento wind; **Hace viento.** It's windy. (4)

viernes *m.* Friday (2); **el viernes pasado** last Friday (5)

villancico (Christmas) carol (8)

vino wine (6)

visa estudiantil student visa (12)

visitar to visit (2)

vista view (11)

vivienda housing, houses (12)

vivir to live (2); **Vivo con mi familia.** I live with my family. (1); **Vivo en una residencia / un apartamento.** I live in a dorm / an apartment. (1)

vocación *f.* vocation (10)

volar (ue) to fly (8)

volcán *m.* volcano (11)

voleibol *m.* volleyball (3)

voluntariado volunteering, volunteer work (12)

voluntario(a) volunteer (10)

volver (ue) to return, to go back, to come back (3)

vómito vomit (9)

vosotros(as) you (*pl, inf. used in Spain*) (1)

votar to vote (12)

vuelo flight (11)

vuestro(s) / vuestra(s) your (*informal, used in Spain*) (3); **vuestro(s) / vuestra(s)** yours (*informal, used in Spain*) (3)

Y

y and (3); **¿Y tú?** And you? (*informal*) (P) (1); **¿Y usted?** And you? (*formal*) (P)

ya already (6) (7)

ya no no longer (6)

yeso cast (9)

yo I (1)

yoga *m.* yoga (9)

yogur *m.* yoghurt, yogurt (6)

Yom Kipur *m.* Yom Kippur (8)

yuca cassava (6)

Z

zanahoria carrot (6)

zapatería shoe store / department (7)

zapatos (de vestir, deportivos) (dress, tennis) shoes (7)

zona arqueológica archaeological site (4)

Note: The English-Spanish Glossary is found online.

Index